Paul Leidinger, Ulrich Hillebrand (Hg.)

# Deutsch-Türkische Beziehungen im Jahrhundert zwischen Erstem Weltkrieg und Gegenwart

# Worte – Werke – Utopien

Thesen und Texte Münsterscher Gelehrter

Band 19

LIT

Paul Leidinger, Ulrich Hillebrand (Hg.)

# Deutsch-Türkische Beziehungen im Jahrhundert zwischen Erstem Weltkrieg und Gegenwart

Grundlagen zu Geschichte und Verständnis
beider Länder

100 Jahre Deutsch-Türkische Gesellschaft Münster

*Zweite Auflage*

LIT

Gedruckt auf alterungsbeständigem Werkdruckpapier entsprechend
ANSI Z3948  DIN ISO 9706

**Bibliografische Information der Deutschen Nationalbibliothek**
Die Deutsche Nationalbibliothek verzeichnet diese Publikation in der
Deutschen Nationalbibliografie; detaillierte bibliografische Daten sind
im Internet über http://dnb.dnb.de abrufbar.

2. Auflage 2020

ISBN 978-3-643-13558-2 (gb.)
ISBN 978-3-643-33558-6 (PDF)

© LIT VERLAG Dr. W. Hopf  Berlin  2020
  Verlagskontakt:
  Fresnostr. 2   D-48159 Münster
  Tel. +49 (0) 2 51-62 03 20
  E-Mail: lit@lit-verlag.de   http://www.lit-verlag.de

  **Auslieferung:**
  Deutschland: LIT Verlag, Fresnostr. 2, D-48159 Münster
  Tel. +49 (0) 2 51-620 32 22, E-Mail: vertrieb@lit-verlag.de

# Inhaltsverzeichnis

## GRUSSWORTE

Bundesminister des Auswärtigen: Sigmar Gabriel . . . . . . . . . . . . 1

Botschaft der Republik Türkei Berlin: Gesandter Ufuk Gezer . . . . . 3

Ministerin für Innovation, Wissenschaft und Forschung des Landes Nordrhein-Westfalen: Svenja Schulze MdL . . . . . . . . . . . . . . . 5

Generalkonsulat Münster: Generalkonsulin Pinar Kayseri . . . . . . . 7

Stadt Münster: Oberbürgermeister Markus Lewe . . . . . . . . . . . . 10

Westfälische Wilhelms-Universität Münster: Rektor Prof. Dr. Johannes Wessels . . . . . . . . . . . . . . . . . . . . . . . . . . . . 12

Vorwort der zweiten Auflage . . . . . . . . . . . . . . . . . . . . . . 14

## I  Deutsch-Türkische Beziehungen seit 1914

Aspekte deutsch-türkischer Beziehungen im Jahrhundert zwischen Erstem Weltkrieg und Gegenwart am Beispiel der Deutsch-Türkischen Gesellschaften Berlin (gegr. 1914), Münster (gegr. 1916) und Bonn (gegr. 1954). Exkurse: 1. Zur Armenierfrage 2. Zur deutsch-türkischen Rechtsannäherung im Ersten Weltkrieg . . 21
*Paul Leidinger*

Die Unterbringung türkischer Schüler und Lehrlinge in Deutschland im Ersten Weltkrieg . . . . . . . . . . . . . . . . . . . . . . . . . . 55
*Wilhelm Feldmann*

Atatürks Reise nach Deutschland 1917–1918
Begegnungen im deutschen Hauptquartier, an der Westfront, bei Krupp in Essen und in Berlin . . . . . . . . . . . . . . . . . . . . . 61
*Mehmet Önder*

# Inhaltsverzeichnis

Der türkische Unabhängigkeitskrieg (1919–1922) in neuer Sicht . . . 65
*Prof. Dr. Dr. h.c. Gotthard Jäschke (1894–1983)*

Wie wurde die Türkei eine Republik und Ankara ihre Hauptstadt? . . 79
*Prof. Dr. Dr. h.c. Gotthard Jäschke*

Erinnerungen an Gazi Mustafa Kemal Pascha: Kemal Atatürk . . . . 93
*Prof. Dr. Friedrich Christiansen-Weniger*

Deutschland und die Republik Türkei in der Weimarer und NS-Zeit
(1923–1945)
Hypothek der Pariser Vorortverträge . . . . . . . . . . . . . . . . . . . . 99
*Reiner Möckelmann*

Paul Hindemith (1895 – 1963). Zur Erinnerung an seine Tätigkeit
als Musiker und Erzieher in der Türkei 1935–1937 . . . . . . . . . . . 115
*Prof. Eduard Zuckmayer*

Prof. Eduard Zuckmayer (1890–1972) Ein Lebens- und
Schaffensbild . . . . . . . . . . . . . . . . . . . . . . . . . . . . . . . . . . 123
*Dr. Günter Bär*

Die Wiederaufnahme der deutsch-türkischen
Wirtschaftsbeziehungen nach 1945 und die Unterstützung der
deutschen Türkeipolitik durch die Deutsch-Türkischen
Gesellschaften Bonn und Münster . . . . . . . . . . . . . . . . . . . . . 129
*Wiebke Hohberger*

Zur Entwicklung des Unterrichtsfaches Türkisch an Gymnasien und
Gesamtschulen in Nordrhein-Westfalen . . . . . . . . . . . . . . . . . . 147
*Ulrich Hillebrand*

Zur Entwicklung und zu Grundsätzen eines Islamischen
Religionsunterrichts (IRU) in NRW . . . . . . . . . . . . . . . . . . . . 163
*Özcan Celik, Paul Leidinger*

Das Tragen eines Kopftuches oder eines Surrogates durch eine
Pädagogin an öffentlichen Schulen in Nordrhein-Westfalen . . . . . . 183
*Filiz Oruç-Uzun*

Ernst Jäckh (1875–1959) und die Deutsch-Türkische Freundschaft
Betrachtungen zu Ernst Jaeckhs Memoiren: „Der Goldene Pflug"
Zur Verleihung der Ehrenmitgliedschaft der DTG Bonn an dessen
80. Geburtstag 1955 . . . . . . . . . . . . . . . . . . . . . . . . . 201
*Dr. Max R. Kaufmann*

Prof. Dr. Drs. h.c. Fritz Baade (1893–1974). Zur Gründung der
Deutsch-Türkischen Gesellschaft Bonn 1953/1954 und ihrer
Entwicklung bis zur Gegenwart . . . . . . . . . . . . . . . 213
*Paul Leidinger*

Deutsch-Türkische Freundschaft – sehr persönlich gesehen –. . . . . 243
*Prof. Dr. Drs. h.c. Fritz Baade (1893–1974),* Vorsitzender der
Deutsch-Türkischen Gesellschaft Bonn (1954–1974)

Die Revolutionierung des Nahen und Mittleren Ostens durch den
Traktor: Beispiel Türkei. . . . . . . . . . . . . . . . . . . . . . 247
*Prof. Dr. Drs. h.c. Hans Wilbrandt*

„Begegnung auf Augenhöhe". Die Deutsch-Türkische Gesellschaft
Paderborn . . . . . . . . . . . . . . . . . . . . . . . . . . . . . 253
*Wolfgang Weigel*

## II Die Universität Münster und ihre deutsch-türkischen Beziehungen

Das Kulturgefüge der alten Türkei . . . . . . . . . . . . . . . . . 259
*Prof. Dr. Franz Taeschner*

Prof. Dr. Hubert Grimme (1864–1942) – Nachruf. . . . . . . . . . . 267
*Franz Taeschner*

Prof. Dr. Ernst Heinrich Rosenfeld (1869–1952)
Vorsitzender der Türkischen Gesellschaft Münster 1918–1921 und
Ehrenmitglied . . . . . . . . . . . . . . . . . . . . . . . . . . . 283
*Paul Leidinger*

## Inhaltsverzeichnis

Franz Taeschner (1888–1967) und Gotthard Jäschke (1894–1983)
Ein Doppelporträt Münsteraner Gelehrten . . . . . . . . . . . . . . . . 305
*Klaus Kreiser*

Prof. Dr. Ludwig Budde (1913–2007) und seine Forschungen zur
Archäologie in der Türkei . . . . . . . . . . . . . . . . . . . . . . . . 325
*Dieter Metzler*

Prof. Dr. Karl Hecker (1933–2017). Altorientalist, Vorsitzender der
DTG Münster 1993–1996 und Ehrenmitglied . . . . . . . . . . . . . 335
*Guido Kryszat*

Professor Dr. Friedrich Karl Dörner (1911–1992), die
Forschungsstelle Asia Minor und die deutsch-türkischen
Altertumswissenschaften an der WWU . . . . . . . . . . . . . . . . . 339
*Elmar Schwertheim*

Die Ausgrabungen in Alexandria Troas . . . . . . . . . . . . . . . . . 347
*Elmar Schwertheim*

*Caput gentis Lyciae*. Die epigraphische Arbeit der Forschungsstelle
Asia Minor in der lykischen Hafenmetropole Patara . . . . . . . . . . 355
*Klaus Zimmermann*

Die Arbeiten der Forschungsstelle Asia Minor in Kommagene und
Doliche . . . . . . . . . . . . . . . . . . . . . . . . . . . . . . . . . . 367
*Markus Strathaus, Sebastian Daniel Whybrew*

Das Archäologische Museum der WWU und die Türkei . . . . . . . . 385
*Katharina Martin, H.-Helge Nieswandt, Dieter Salzmann*

Das Institut für Byzantinistik und Neogräzistik in seinen
Beziehungen zur Türkei . . . . . . . . . . . . . . . . . . . . . . . . . 405
*Michael Grünbart*

Corpus Musicae Ottomanicae (CMO). Das DFG-Langfristvorhaben
zur kritischen Edition handschriftlicher Quellen der osmanischen
Kunstmusik aus dem 19. Jahrhundert in Münster . . . . . . . . . . . . 415
*Ralf M. Jäger*

Geteilte und strittige Räume: Islam und Christentum in Istanbul /
Shared and Contested Spaces: Islam and Christianity in Istanbul ... 431
*Norbert Hintersteiner, Aikaterini Pekridou*

Die Türkisch-Deutsche Universität (TDU) – zwei Länder, eine
Hochschule? .................................................. 443
*Prof. Dr. Dr. h.c. Klaus Backhaus, Maximilian Bader, Dr. Christina Carlsen*

Der Historisch-Archäologische Freundeskreis e.V. (Münster) und
die Türkei .................................................... 457
*Jörg Wagner*

Türkische Studierende an der Westfälischen Wilhelms-Universität
Münster ...................................................... 465
*Dana Jacob, Nina Karidio, Joachim Sommer*

## III Die Stadt Münster und ihre deutsch-türkischen Beziehungen

Die Stadt Münster und ihre kulturellen Beziehungen zur Türkei seit
osmanischer Zeit. ............................................. 475
*Paul Leidinger*

Die Türkeibilder des Malers Fritz Grotemeyer im Kriegsjahr 1916 .. 493
*Ludwig Budde*

Fritz Grotemeyer an den Dardanellen 1916 – Historischer
Hintergrund .................................................. 499
*Hans Galen*

Das Türkische Generalkonsulat Münster und die Deutsch-Türkische
Gesellschaft Münster von 1916 e.V. ............................ 503
*Ulrich Hillebrand*

Die DITIB-Gemeinde und Moschee in Münster
Geschichte, Organisation und Glaubenspraxis .................. 509
*Şuayip Seven*

Deutsch-türkische Beziehungen des Bürgerhauses Bennohaus in
Trägerschaft des Arbeitskreises Ostviertel e.V. . . . . . . . . . . . . . . 517
*Daniela Elsner, Seval Kocaman*

Interkultur in Münster gestalten
Seit über 35 Jahren verlässliches Zusammenwirken von Menschen
türkischer und deutscher Herkunft . . . . . . . . . . . . . . . . . . . . . 535
*Michael J. Rainer*

Kann Integration gelingen? Wie Engagement und Mitsprache
konkret möglich werden . . . . . . . . . . . . . . . . . . . . . . . . . . . 541
*Türkan Heinrich, Jennifer Best*

Interkulturelle Integration in der Schule – der Schlüssel für
gelingendes Zusammenleben . . . . . . . . . . . . . . . . . . . . . . . . 547
*Thomas M. Heitkemper im Gespräch mit Michael J. Rainer*

Menschen lernen von Menschen . . . . . . . . . . . . . . . . . . . . . . 555
*Molla Demirel*

Integration als Aufgabe
Münsterische Publikationen als Anregung. . . . . . . . . . . . . . . . . 561
*Paul Leidinger*

Ehrenmitglieder und Vorstand der DTG Münster von 1916 e.V.. . . . . 565

Autorinnen und Autoren . . . . . . . . . . . . . . . . . . . . . . . . . . 569

# Vorwort der ersten Auflage

*Titelseite des Programmhefts des Jubiläumskonzerts zum 100-jährigen Bestehen der Deutsch-Türkischen Gesellschaft Münster am 13. Februar 2016 in Münster. Das Konzert fand einen Tag später auch in Düsseldorf statt. Neben den Biografien der Künstler und der türkischen Komponisten, deren Werke vorgetragen wurden, enthielt das Programmheft auch eine kurze Entwicklungsgeschichte der türkischen Musik seit osmanischer Zeit (vgl. S.128).*

Am 4. Februar 2016 wurde die Deutsch-Türkische Gesellschaft Münster 100 Jahre. Als „Türkische Gesellschaft" 1916 begründet, ist sie heute die älteste der zahlreichen deutsch-türkischen Vereinigungen, die seit 1914 im Zusammenhang mit einer Deutsch-Türkischen Freundschafts-Bewegung noch vor Beginn des Ersten

Weltkriegs 1914 entstanden. Die älteste dieser Gesellschaften ist die am 16. Februar 1914 begründete „Deutsch-Türkische Vereinigung Berlin" und die gleichzeitig in Istanbul begründete „Türkisch-Deutsche Vereinigung", die beide Dachgesellschaften für Zweigvereine in ihren Ländern waren. Doch bis auf Münster überlebten alle diese Vereine die Wechselfälle der Zeit nicht.

Die Deutsch-Türkische Gesellschaft Münster eröffnete ihr Jubiläum am 13. Februar 2016 mit einem Konzert der türkischen Pianistin und Staatskünstlerin Drs. h.c. Gülsin Onay, London, und ihres Sohnes Erkin Onay, Violinsolist und Professor am zentralen Konservatorium der Türkei in Ankara. Es war der „Klassischen Türkischen Musik vom Osmanischen Reich bis zur Gegenwart" gewidmet. Schon das 75-jährige und 90-jährige Jubiläum der DTG Münster 1991 und 2006 leitete Gülsin Onay, Tochter eines deutschen Vaters und einer türkischen Mutter, in Münster mit Konzerten ein. 2016 ernannte sie die DTG Münster zu ihrem Ehrenmitglied.

Nunmehr kann auch die umfangreiche Festschrift der DTG Münster zum 100-jährigen Bestehen vorgestellt werden. Sie ist in den vergangenen zwei Jahren von über vierzig Autorinnen und Autoren und zahlreichen weiteren Mitarbeiterinnen und Mitarbeitern und Helfern im Hintergrund erstellt worden. Sie ist keine Vereinsschrift, die nur auf die Geschichte der Gesellschaft bezogen wäre. Eine solche soll zu einem späteren Zeitpunkt erstellt werden, da für sie ein umfangreiches Protokollbuch der fast wöchentlichen Sitzungen und Sprachkurse gerade für die Anfangsjahre 1916-1921 erhalten ist. Vielmehr ist es das Ziel der vorliegenden Festschrift, die deutsch-türkischen Beziehungen im Jahrhundert zwischen Erstem Weltkrieg und Gegenwart zum Thema zu machen. Die Gesellschaft erfüllt damit einen Satzungszweck.

Die Festschrift gibt in drei Teilen einen Überblick über die deutsch-türkischen Beziehungen des vielgestaltigen letzten Jahrhunderts: erstens allgemein, zweitens in Bezug auf die Universität Münster, drittens in Bezug auf die Stadt Münster und aktuelle Fragen der Integration türkischer Mitbürger, die seit der Arbeitsmigration der 1960er Jahre auch nach Münster gekommen sind. Die Festschrift vereinigt in einem weit gespannten Themenfeld neben aktuellen Beiträgen auch zentrale Aufsätze von verstorbenen Münsteraner Wissenschaftlern, die verdeutlichen, dass die Universität Münster seit über einem Jahrhundert ein Schwerpunkt der Erforschung des Orients und der Türkei ist. Manche der älteren Beiträge sind dabei aus unmittelbarer zeitgeschichtlicher Erfahrung des Ersten Weltkriegs, der Gründung und Entwicklung der Türkei 1923 und der persönlichen Begegnung mit ihrem Staatsgründer Mustafa Kemal Atatürk entstanden und daher bis heute von einem originären Wert. Sie schildern insbesondere die Umbrüche von der Osmanischen Sultansmonarchie zur säkularen Republik, aber auch die agrarwirtschaftlichen Umbrüche und Neuerungen seit dieser Zeit sowie den Anteil deutscher Emigranten in der Türkei in der NS-Zeit am Aufbau des kulturellen und wirtschaftlichen Lebens der jungen Republik.

Den Gründungen der Berliner „Deutsch-Türkischen Vereinigung" und ihrem Promotor Ernst Jäckh 1914 sowie der Bonner „Deutsch-Türkischen Gesellschaft" und ihrem Hauptinitiator Fritz Baade nach dem Zweiten Weltkrieg 1953/54 sind dabei besondere Schwerpunkte eingeräumt worden. Sie tragen mit den anderen Beiträgen des Buches dazu bei, in die Geschichte und Gesellschaft der Türkei seit dem Ausgang des Osmanischen Reiches einzuführen, Entwicklungen zu verdeutlichen, aber auch das anatolische Land als eines der ältesten Kulturländer der Welt vorzustellen, das insbesondere die Fächer Archäologie und Orientalistik an der Universität Münster zu ihrem besonderen Forschungsfeld gemacht haben. Neben Grundlagen der Geschichte und Kultur des Landes zeigen die Beiträge immer wieder auch Begegnungen auf, die vor allem die deutsch-türkische Gegenwart betreffen.

Es bleibt am Schluss herzlichen Dank zu sagen: an alle Autorinnen und Autoren der Festschrift sowie zahlreiche Mithelfer im Hintergrund, die dieses Werk erst möglich gemacht haben, für die Grußworte der türkischen und deutschen Institutionen, mit denen die DTG in Verbindung steht, der Deutsch-Türkischen Gesellschaft Bonn für die Genehmigung zum Wiederabdruck von Beiträgen aus den von ihr herausgegebenen „Mitteilungen", den Kontaktstellen der Universität und Stadtverwaltung Münster, insbesondere dem Universitätsarchiv und dem Stadtmuseum, für unterstützende Hilfen, Dokumente und Abbildungen. Für die Mitfinanzierung des Buches, das der unpolitischen Satzungsmaxime der DTG Münster folgt, ist vor allem der NRW-Stiftung des Landes Nordrhein-Westfalen (Natur – Heimat – Kultur) zu danken, aber auch der Sparkasse Münsterland Ost, ferner in besonderer Weise den Mitgliedern der DTG Münster für zahlreiche Einzelspenden, denen sich auch die seit langem mit Münster verbundenen Deutsch-Türkischen Gesellschaften in Bonn und Paderborn angeschlossen haben.

Besonderen Dank verdient auch der Cheflektor des LIT-Verlages Dr. Michael Rainer, dass er das vorliegende Werk in die der Universität Münster gewidmete Schriftenreihe WWU des Verlages: „Worte–Werke–Utopien. Thesen und Texte Münsterischer Gelehrter" aufgenommen und im Teil III selbst durch einen eigenen Beitrag sowie die Einwerbung aktueller Berichte zur Integration türkischer Mitbürger in Münster bereichert hat. Nicht zuletzt gebühren Vorstand und Beirat der DTG Münster Dank für die stete Unterstützung dieser Festschrift über manche Hürden hinweg von der Entstehung bis zur Drucklegung.

Münster, im März 2017

Paul Leidinger und Ulrich Hillebrand

# GRUSSWORTE

## Bundesminister des Auswärtigen: Sigmar Gabriel

Deutschland und die Türkei verbindet eine lange gemeinsame und für beide Länder fruchtbare Geschichte. Schon im 19. Jahrhundert wirkten deutsche Experten in der Türkei, in den Jahren 1933 bis 1945 fanden Verfolgte des nationalsozialistischen Regimes in der Türkei Zuflucht und zu Zeiten des Wirtschaftswunders kamen Hunderttausende von Türken nach Deutschland, um hier in Deutschland Arbeit und eine zweite Heimat zu finden. Ein enges Geflecht politischer, wirtschaftlicher und gesellschaftlicher Beziehungen verbindet uns heute miteinander. Wir fördern gemeinsam den deutsch-türkischen Jugendaustausch und arbeiten auch kulturell, wissenschaftlich und in regionalpolitischen Fragen eng zusammen.

Einen Fokus unserer gemeinsamen Anstrengungen bildet derzeit vor allem die Situation der türkischen Nachbarstaaten. Aufgrund ihrer geografischen Lage, aber auch aufgrund ihrer Geschichte und Stellung in der Region, ist die Türkei der wichtigste Partner des Westens bei der Lösung des Bürgerkriegs in Syrien, der Bekämpfung der Terrormiliz IS, der Befriedung der zahlreichen Konflikte in der Region und der Versorgung von Millionen von Flüchtlingen.

Das wichtigste Fundament, auf dem unsere Beziehungen fußen, ist und bleibt aber der außergewöhnlich enge gesellschaftliche Austausch. Jahr für Jahr reisen Millionen von Menschen aus beiden Ländern nach Deutschland oder in die Türkei, besuchen Freunde und Familien oder verbringen eine Studienzeit im jeweils anderen Land.

Um diesen Austausch weiter zu stärken, unterstützt das Auswärtige Amt Projekte wie die Deutsch-Türkische Jugendbrücke. Diese von der Mercator Stiftung gegründete Initiative hat es sich zum Ziel gesetzt, den Jugendaustausch zwischen Deutschland und der Türkei auszubauen, sichtbarer zu machen und auf diese Weise ein besseres Verständnis füreinander zu schaffen. Ein weiteres Beispiel ist die Kulturakademie Tarabya: Sie bringt Künstlerinnen und Künstler für mehrere Monate in Istanbul zusammen und gibt ihnen die Möglichkeit, andere Denkmuster, Geschichtsbilder und Zukunftshoffnungen kennenzulernen und zu entwickeln. Ein Leuchtturmprojekt der bilateralen Wissenschaftskooperation stellt die Türkisch-Deutsche Universität in Istanbul dar. Seit ihrer Eröffnung im Jahr 2014 sind die Studentenzahlen rasch angestiegen und beide Länder wollen den Ausbau der Universität in den nächsten Jahren weiter vorantreiben.

Der Pflege unserer Beziehungen, insbesondere auch der akademischen, hat sich die Deutsch-Türkische Gesellschaft Münster verschrieben. Mit ihrer Gründung im Jahr 1916 hat sie schon sehr früh intensive Beziehungen zwischen beiden Ländern gefördert. Im ersten Viertel des 20. Jahrhunderts gab es großes Interesse daran, die historischen Kontakte zwischen Deutschland und der Türkei auf institutionellen Boden zu stellen und zu vertiefen. Neben der Deutsch-Türkischen Gesellschaft Münster wurden zahlreiche ähnliche Organisationen gegründet. Nur erstere führte ihre Aktivitäten allerdings in den kommenden Jahrzehnten fast ohne Unterbrechung weiter – inzwischen seit bereits 100 Jahren! Ich gratuliere allen Mitgliedern ganz herzlich zum Jubiläum und wünsche mir, dass sie sich weiter so tatkräftig und leidenschaftlich für die deutsch-türkische Freundschaft und besonders für den wissenschaftlichen Austausch engagieren.

Sigmar Gabriel<br>
Bundesminister des Auswärtigen

# Botschaft der Republik Türkei Berlin: Gesandter Ufuk Gezer

Zunächst einmal beglückwünsche ich die Deutsch-Türkische Gesellschaft auch im Namen der Botschaft der Republik Türkei ganz herzlich zu ihrem 100-jährigen Bestehen. Dieses besondere Jubiläum stellt nun ein weiteres kostbares Juwel des kulturellen Reichtums der türkischen und der deutschen Gesellschaft dar.

Das 100-jährige Bestehen der Gesellschaft ist in vielerlei Hinsicht sehr bedeutsam. Man könnte sagen, dass durch dieses Jubiläum sich die Worte des renommierten Historikers, Herrn Professor Ilber Ortayli, bestätigt haben, dass die Einwanderung aus der Türkei nach Deutschland bereits vor den 1960er Jahren einsetzte und osmanische Gelehrte dabei Wegbereiter waren. Denn aus der Tatsache, dass der erste türkische Gesandte Ahmet Resmi Efendi 1763 nach Berlin gekommen war und die Beziehungen zwischen beiden Ländern danach weiter ausgebaut wurden, lässt sich schließen, dass es Türken gegeben haben muss, die bei der Gründung dieser Gesellschaft im Jahre 1916 in Münster eine Rolle gespielt haben.

Ein weiterer wichtiger Punkt ist der Erfolgsfaktor, der dabei eine Rolle spielt, dass sich eine Institution, insbesondere ein Verein, 100 Jahre halten kann. Wenn man bedenkt, dass allein in Münster von den Tausenden Vereinen, die nach 1916 gegründet wurden, heute nur noch sehr wenige aktiv sind, kann man durchaus sagen, dass schon allein die Tatsache, dass sie sich 100 Jahre halten konnte, ein Erfolg ist. Aber der eigentliche Erfolg der Gesellschaft besteht darin, dass sie ihren Weg gehen konnte ungeachtet der wirtschaftlichen und politischen Schwierigkeiten, die sich in diesen 100 Jahren auf beide Länder ausgewirkt haben.

Das Ende des Ersten Weltkrieges für das Osmanische Reich und die Geburt der neuen Republik Türkei, die Gründung internationaler Organisationen wie den Vereinten Nationen, der NATO, OECD, EU und OSZE und der Beitritt der Türkei zu diesen Organisationen – mit Ausnahme des EU-Beitritts, auf den sie noch immer wartet – der Beitrag der in den 1960er Jahren nach Deutschland eingewanderten türkischen Arbeitskräfte zum Wiederaufbau des Landes, der Fall der Berliner Mauer und die deutsche Wiedervereinigung. Die Deutsch-Türkische Gesellschaft, die in dieser langen Zeitspanne all diese Ereignisse erlebte, hielt sich jedoch stets aus der Politik heraus und war immerzu bemüht, durch eine Schwerpunktlegung auf Wissenschafts-, Kultur- und Kunstveranstaltungen, mittels derer die Völker beider Länder in Kontakt bleiben sollten, ein allzeit offener Kommunikationskanal zu sein.

In diesem Rahmen stellte die Deutsche-Türkische Gesellschaft durch spektakuläre Veranstaltungen der deutschen Öffentlichkeit eine Vielzahl bedeutender türkischer Gelehrter, Wissenschaftler und Künstler vor und trug dazu bei, dass weniger bekannte wichtige Themen thematisiert wurden. Dass die Gesellschaft die Feierlichkeiten aus Anlass ihres 100-jährigen Bestehens mit einem Konzert von Gülsin Onay krönt, ist ein Zeichen dafür, dass sie ihr Feingefühl und ihren konstruktiven Ansatz gewissenhaft beibehält. Wie auf keine andere Weise leisten diese Bemühungen zweifellos einen Beitrag zum Aufbau einer Empathie in der deutschen Öffentlichkeit für das türkische Volk und somit zu einem besseren Kennenlernen und zu einem besseren Verständnis.

Herr Professor Leidinger, ich schätze mich glücklich, sie persönlich kennengelernt zu haben und beglückwünsche Sie, stellvertretend für alle derzeitigen und ehemaligen Mitglieder, zu diesen bedeutsamen Leistungen der Deutsch-Türkischen Gesellschaft Münster.

In der Hoffnung, dass die Gesellschaft noch viele hunderte Jahre fortbesteht, verbleibe ich
mit freundlichen Grüßen

Ufuk Gezer
Gesandter

## Ministerin für Innovation, Wissenschaft und Forschung des Landes Nordrhein-Westfalen: Svenja Schulze MdL

„Heutzutage ist das wichtigste zu lernen, wie man andere Völker versteht. Und zwar nicht nur deren Musik, sondern auch ihre Philosophie, ihre Haltung, ihr Verhalten. Nur dann können sich die Nationen untereinander verstehen." Dieses Zitat stammt vom im letzten Jahr verstorbenen Altbundeskanzler Helmut Schmidt. Und beherzigt haben es kluge Wissenschaftler bereits vor genau 100 Jahren, als sie die Deutsch-Türkische Gesellschaft in Münster gründeten.

Einander zu verstehen, das setzt voraus, dass man miteinander spricht, sich kennenlernt, sich gegenseitig zuhört. Solche Verständigungen zu ermöglichen – dafür engagiert sich die Deutsch-Türkische Gesellschaft in Münster seit einem Jahrhundert – eine großartige Leistung. Allen, die daran mitgewirkt haben, gebührt unser Dank.

Die Relevanz und der Bedarf an interkulturellem Dialog, an Völkerverständigung ist hochaktuell. Wenn es die Deutsch-Türkische Gesellschaft nicht schon seit 100 Jahren gäbe, müsste man sie heute gründen.

Es ist und war stets der Drang von Wissenschaftlerinnen und Wissenschaftlern, nach neuen Antworten zu suchen, Dinge besser zu verstehen, Lösungen für die großen und die kleinen Probleme zu finden, Zusammenhänge zu erkennen und zu interpretieren. So ist es kein Wunder, dass die Deutsch-Türkische Gesellschaft aus der Universität Münster heraus gegründet wurde und auch heute noch eine enge Beziehung zur Wissenschaft besteht.

Ich bedanke mich bei allen, die sich im Sinne des Zitats von Helmut Schmidt für ein besseres Verständnis engagieren und wünsche der Deutsch-Türkischen Gesellschaft auch in den nächsten 100 Jahren viel Glück und Erfolg.

Svenja Schulze<br>
Mitglied des Landtags NRW

## Generalkonsulat Münster: Generalkonsulin Pinar Kayseri

Sehr geehrte Leserinnen und Leser,
liebe Mitglieder der Deutsch-Türkischen Gesellschaft Münster,

es ist mir eine besondere Freude und Ehre, der Deutsch-Türkischen Gesellschaft Münster von 1916 e.V. zum 100-jährigen Bestehen gratulieren zu dürfen.

Das Türkische Generalkonsulat Münster ist seit seiner Gründung 1982 in freundschaftlichem Kontakt mit den Mitgliedern dieses Vereins verbunden. Neben unseren primären konsularischen Aufgaben und unseren Bemühungen, unsere Landsleute darin zu unterstützen, an allen Bereichen des gesellschaftlichen Lebens auch in Deutschland teilzunehmen, ist es auch ein Ziel des Konsulats, die bilaterale Zusammenarbeit und die freundschaftlichen Beziehungen zu stärken. In diesem Sinne sucht das türkische Generalkonsulat stets die enge Kooperation mit Institutionen und Organisationen beider Länder, gleichermaßen sowohl mit staatlichen wie nichtstaatlichen. Besonderes Interesse gilt hierbei dem Aufbau einer guten Zusammenarbeit in den Bereichen Kultur, Bildung und Wissenschaft, da diese Felder von fundamentaler Bedeutung für jede Gesellschaft sind.

Aus diesem Grunde sind wir im offenen, freundschaftlichen Dialog auch mit der DTG Münster, die überzeugende Schritte unternommen hat, unsere beiden Länder enger zusammenzubringen. Die Präsenz und Arbeit der DTG ist dabei beispielhaft für die eng vernetzten und tief greifenden bilateralen Beziehungen zwischen der Türkei und der Bundesrepublik Deutschland.

Die türkisch-deutschen Beziehungen sind tief in der Vergangenheit verwurzelt. Die ersten diplomatischen Beziehungen wurden bereits 1755 mit der Entsendung eines preußischen Botschafters nach Istanbul sowie der Entsendung eines Botschafters des Osmanischen Reiches im Jahre 1763 nach Berlin aufgenommen. In der Zeit bis zum Ersten Weltkrieg 1914 haben gegenseitige Bewunderung, Freundschaft und wechselseitige Förderung die Beziehungen gekennzeichnet; manchmal war die gegenseitige Bewunderung dominant, zu anderen Zeiten das Selbstinteresse. Trotz gelegentlicher Schwankungen in den türkisch-deutschen Beziehungen hat sich die Zusammenarbeit auf Grund gegenseitiger Förderung stets weiter entwickelt. Inzwischen haben die Beziehungen durch starke zwischenmenschliche Bande unserer Länder ein besonderes Gewicht erhalten.

Die Deutschen, die während der NS-Diktatur in der Türkei Asyl fanden und in unserem Land beachtliche Beiträge besonders zur Entwicklung von Hochschulen, Architektur und Urbanismus geleistet haben, werden wir stets in guter Erinnerung behalten. Die türkischen Migranten, die Anfang der 1960er Jahre nach Deutschland kamen und beachtliche Beiträge zum Wiederaufbau der deutschen Wirtschaft geleistet haben, stellen die andere Seite dieser besonderen zwischenmenschlichen Beziehungen dar.

Es ist erfreulich, dass durch die türkische Arbeitsmigration viele Türken auch hier in Nordrhein-Westfalen heute zunehmend in vielen Bereichen der Gesellschaft erfolgreich tätig sind. Wir sind zuversichtlich, dass das Fortbestehen der größten türkischstämmigen Gemeinde außerhalb der Türkei, nämlich die türkische Gemeinde in Nordrhein-Westfalen, stets eine Basis der lang- und hoffentlich immerwährenden deutsch-türkischen Freundschaft sein wird.

Vielfach hatten wir Gelegenheit, gemeinsam mit der DTG Münster Projekte in Bildung, Kultur und Geschichte durchzuführen, zuletzt Anfang 2016 mit der türkischen Pianistin Gülsin Onay als Ehrengast des Jubiläumkonzerts zum 100-jährigen Bestehen der DTG Münster. Wir hoffen, diese wechselseitigen Beziehungen auch künftig weiter zu vertiefen.

Ich möchte der DTG Münster hiermit für ihren Einsatz für die türkisch – deutschen Beziehungen im vergangenen Jahrhundert durch künstlerische, wissenschaftliche und sonstige Veranstaltungen, Studien – und Forschungsförderungen herzlich danken. Die DTG Münster hat mit einer historischen Perspektive die damals von ihrem Standpunkt aus errichteten Freundschaftsbeziehungen über Jahrzehnte hinweg in die heutige moderne Zeit getragen.

Generalkonsulat Münster: Generalkonsulin Pinar Kayseri

Ich hoffe, dass die gemeinsamen Erfahrungen und der Wille für eine zukunftsorientierte Zusammenarbeit auch kommende Generationen unserer beiden Länder weiter bestimmen werden. Für die Zukunft wünsche ich der DTG Münster weiterhin viel Erfolg und einen weiteren intensiven Kontakt sowohl mit unserem Haus als auch mit der türkischen Gemeinde hier im Münsterland.

Mit freundlichen Grüßen

Pinar Kayseri
Generalkonsulin

## Stadt Münster: Oberbürgermeister Markus Lewe

Liebe Mitglieder und Freundinnen und Freunde
der Deutsch-Türkischen Gesellschaft Münster von 1916 e.V.

ganz herzlich gratuliere ich der Deutsch-Türkischen Gesellschaft Münster zu ihrem 100. Geburtstag. Das ist ein herausragendes Jubiläum, auf das die Deutsch-Türkische Gesellschaft Münster zu recht stolz sein kann.

In Münster leben fast 70.000 Frauen, Männer, Mädchen und Jungen mit Migrationsvorgeschichte. Sie oder ihre Eltern wurden in einem anderen Land geboren. Das sind fast 23% aller Münsteranerinnen und Münsteraner. Sie kommen aus mehr als 160 Ländern der Welt mit unterschiedlichen Religionen und Lebensweisen. Sie alle leben in unserer Stadt friedlich zusammen und bereichern sie. Sie tragen dazu bei, dass Münster eine Stadt kultureller Vielfalt ist. Wir sind stolz auf diese Vielfalt.

Dass alle Menschen, die hier leben, gleich welcher Kultur und Herkunft, hier Heimat erfahren, ist ganz wesentlich dem hervorragenden Wirken vieler Menschen, Institutionen, Einrichtungen und Vereine zu verdanken, die sich am gesellschaftlichen und kulturellen Leben unserer Stadt beteiligen und Integration leben.

Dazu zählt in besonderem Maße auch die Deutsch-Türkische Gesellschaft Münster von 1916 e.V., und dazu zählen die vielen türkischen und deutschtürkischen Vereine, die in unterschiedlichen Lebensbereichen aktiv sind und die fest in unserer Stadtgesellschaft verankert sind. Sie tragen zum guten und friedlichen Zusammenleben von deutschen und türkischen Bürgerinnen und Bürgern bei, indem sie den kulturellen Austausch und den gesellschaftlichen Dialog fördern. Das ist für Münster von großer Bedeutung, denn weit mehr als 2.000 Menschen mit türkischer Abstammung leben in unserer Stadt und sind Mitglieder unserer Stadtfamilie.

Daher danke ich der Deutsch-Türkischen Gesellschaft Münster von 1916 e.V. und allen türkischen und deutschen Vereinen, Institutionen und Einrichtungen für ihren Einsatz und ihr Engagement ganz herzlich. Sie stehen in unserer Stadt stellvertretend für das seit Jahrzehnten bestehende freundschaftliche Verhältnis zwischen Deutschland und der Türkei.

Dialog und Begegnungen gehören zu den Eckpfeilern für gegenseitiges Verständnis. Gerade in der gegenwärtigen Situation ist das von überragender Bedeutung. Wenn wir auch weiterhin das Verbindende sehen und nicht das Trennende suchen, bin ich mir sicher, dass wir im gemeinsamen Miteinander in eine gute und friedliche Zukunft gehen.

In diesem Sinne freue ich mich auf eine weiterhin gute Zusammenarbeit und gratuliere der Deutsch-Türkischen Gesellschaft Münster von 1916 e.V. nochmals ganz herzlich zu ihrem 100. Geburtstag!

Markus Lewe<br>
Oberbürgermeister der Stadt Münster

## Westfälische Wilhelms-Universität Münster: Rektor Prof. Dr. Johannes Wessels

Sehr geehrte Leserinnen und Leser,

die Wissenschaft lebt maßgeblich vom internationalen Dialog, wie wir ihn auch täglich an der Westfälischen Wilhelms-Universität praktizieren. Der Dialog geht jedoch weit über die Wissenschaft hinaus und ist seit jeher wichtige Basis des Friedens und Verständnisses zwischen den Menschen. Zivilgesellschaftliche Beziehungen zwischen Personen oder Gruppen verschiedener Länder können auch in Zeiten diplomatischer Schwierigkeiten eine Brücke des Dialogs fördern. Daher erfüllt es uns mit Stolz und Freude, dass nicht wenige Mitglieder der Deutsch-Türkischen Gesellschaft auch zeitgleich Angehörige der Universität sind.

Auch wenn die historische Situation bei der Gründung 1916 sicherlich eine andere war als heutzutage und sich sowohl die deutsche als auch die türkische Gesellschaft weiterentwickelt haben, so blieb die Deutsch-Türkische Gesellschaft doch stets ein verständiger Mittler zwischen den Ländern und Kulturen und spielt spätestens seit dem Zuzug türkischer GastarbeiterInnen ab den 1960er-Jahren eine bedeutende Rolle innerhalb der münsterschen Stadtgesellschaft.

Deshalb können Münster und damit auch die WWU als Teil dieser Stadt voller Stolz darauf zurückblicken, dass sich die Deutsch-Türkische Gesellschaft seit nun über einhundert Jahren dieser wichtigen und nicht immer leichten Aufgabe widmet und ich darf Ihnen im Namen der WWU weiterhin einen solchen Erfolg in den nächsten einhundert Jahren wünschen.
Ihr

Johannes Wessels
Rektor der WWU Münster

## Vorwort der zweiten Auflage

Der aus Anlass des hundertjährigen Bestehens der Deutsch-Türkischen Gesellschaft Münster 2017 herausgegebene Jubiläumsband wird angesichts des anhaltenden Interesses hier in einer unveränderten zweiten Auflage vorgelegt. Er behandelt die zivilgesellschaftlichen Beziehungen zwischen der Türkei und Deutschland im Jahrhundert zwischen Erstem Weltkrieg und Gegenwart, die auch die politischen, wissenschaftlichen, wirtschaftlichen und kulturellen Perspektiven zwischen beiden Ländern von den Monarchien des Ersten Weltkriegs über die verschiedenen politischen Systeme des Jahrhunderts bis zu den heutigen Republiken und NATO-Partnern Türkei und Deutschland einbeziehen.

Schwerpunkte bilden dabei seit dem Ersten Weltkrieg die deutsch-türkischen Gesellschaften Münster und Bonn. Der universitäre Standort Münster mit seinen verschiedenen orientalischen Forschungsdisziplinen seit dem 19. Jahrhundert hat sehr früh zu wissenschaftlichen Beziehungen zwischen der Türkei und Deutschland seit osmanischer Zeit geführt, die sich bis heute vor allem in der Altorientalistik und Archäologie, aber nunmehr auch in der Beteiligung an der im Aufbau begriffenen Türkisch-Deutschen Universität in Istanbul fortsetzen. Bonn wurde nach 1945 Hauptstadt und damit politisches Zentrum der westdeutschen Bundesrepublik. Die hier 1954 begründete Deutsch-Türkische Gesellschaft war der Ausgangspunkt neuer zivilgesellschaftlicher Beziehungen zwischen beiden Ländern, die vor allem durch die Gründung weiterer Deutsch-Türkischer Gesellschaften in den Universitätsstädten Nachhall fanden und wesentlich von deutschen Emigranten getragen wurden, die in der Zeit der NS-Diktatur in der neutralen Türkei Asyl fanden, an der weiteren Entwicklung des Landes in verschiedenen Wissenschaftsbereichen mitarbeiteten und dadurch zu Brückenbauern zwischen der Türkei und Deutschland nach 1945 wurden. Nicht zuletzt unterstützte die Türkei dabei als Gründungsmitglied der UNO 1945 und frühes Mitglied des Europarates seit 1952 die Rückkehr des geächteten Kriegsverlierers Deutschland in die nach 1945 begründeten internationalen Gemeinschaften. Am Anfang stand dabei die Gründung eines „Türkisch-Deutschen Freundschaftsvereins" 1952 in Ankara in enger Zusammenarbeit mit der 1951 wieder eröffneten Deutschen Botschaft in der Türkei, und die Begründung zahlreicher Zweigstellen und Kultureinrichtungen des Vereins in türkischen Städten, die zugleich Vermittler türkischer Studenten nach Deutschland waren.

Diese zivilgesellschaftlichen kulturellen Initiativen der Türkei in Bezug auf Deutschland wirkten in vieler Hinsicht förderlich auf die Türkei seit den 1950er Jahren zurück. Daran hatte die 1954 begründete Deutsch-Türkische Gesellschaft Bonn durch ihre Präsidenten Prof. Dr. Fitz Baade (1893-1974) und Prof. Dr. Hans Wilbrand (1903-1988), die beide seit 1934 Emigranten in der Türkei waren, besonderen Anteil, der erste seit 1948 als Direktor des Instituts für Weltwirtschaft in Kiel sowie als Bundestagsabgeordneter von 1949-1965, der zweite als Ordinarius für Ausländische Landwirtschaft in Berlin und Göttingen, die beide durch ihre Forschungen und praktische Tätigkeit die Türkei in besonderer Weise förderten.

Daneben stehen die Münsteraner Orientalisten Prof. Dr. Hubert Grimme (1864-1942), Prof. Dr. Franz Taeschner (1888-1967), Prof. Dr. Gotthard Jäschke (1894-1983), die als Zeitzeugen die kulturelle und politische Entwicklung der Türkei von der osmanischen Monarchie zur säkularen Republik erfahren und begleitet haben, so dass ihnen bleibende Erkenntnisse bis heute gerade zu den Vorgängen dieser Zeit zu danken sind. Das gilt in anderer Weise vor allem auch von den Professoren Dr. Karl Hecker (1933-2017) als Altorientalist und Kenner der frühen Keilschriften des Orients, Dr. Friedrich Karl Dörner (1911-1992) und Dr. Ludwig Budde (1913-2007) als Archäologen, deren Forschungen zu den frühen Kulturen Anatoliens, ihrer Städte und Götterwelten bis heute grundlegend sind und von Münsteraner Forschern bis heute weiter geführt werden.

Daneben zeigt das Buch insbesondere auch die maßgebenden Einflüsse deutscher Emigranten auf die Entwicklung der Musikwissenschaft und ihrer Praxis in der Türkei seit den 1933er Jahren durch Paul Hindemith (1895-1963) und Eduard Zuckmayer (1890–1972) auf, ferner die türkische Arbeitsmigration seit Mitte der 1950er Jahre nach Deutschland und die Lebenssituationen der türkischen Bevölkerung hier am Beispiel der Stadt Münster. Auch stellt es Grundsätze und die Entwicklung eines islamischen Religionsunterrichts in Deutschland sowie die Etablierung des Unterrichtsfaches Türkisch als gleichberechtigtes Abiturprüfungsfach vor. In seiner zivilgesellschaftlichen Ausrichtung zielt das Buch mit seinen fast 50 Beiträgen fachlich ausgewiesener Autoren auf ein grundlegendes Verständnis der deutsch-türkischen Beziehungen im politisch wechselvollen letzten Jahrhundert hin, das eine Basis für einen verständnisvollen Umgang beider Länder und ihrer Bürger(innen) – insbesondere in Deutschland und gerade auch in kritischen Zeiten – sein will. In diesem Sinn bewerten auch die vorstehenden Grußworte zur ersten Auflage des Buches seine Bedeutung für das Verständnis beider Länder, die jüngst auch das Bundespräsidialamt Walter Steinmeiers gegenüber den Herausgebern noch einmal besonders betont hat.

                                        Münster, März 2020
                                  Paul Leidinger und Ulrich Hillebrand

# Empfang im Rathaus der Stadt Münster

Künstler und Vorstand der DTG Münster wurden am 14.02.2016 im Historischen Friedenssaal des Rathauses durch die Stadt Münster empfangen. Anschließend erfolgte die Eintragung in das Gästebuch der Stadt im Stadtweinhaus: Gülsin Onay (im Vordergrund), von links: Veli Firtina (1. Vizepräsident der DTG Münster, Präsident der DITIB-Region Münster-Detmold), Prof. Dr. Paul Leidinger (Präsident der DTG Münster), Bürgermeisterin Wendela-Beate Vilhjalmsson, Generalkonsulin Pinar Kayseri (Türkisches Generalkonsulat Münster), Dr. Ulrich Hillebrand (2. Vizepräsident der DTG Münster) und Professor Erkin Onay (Violinsolist). Es fehlen: Dr. Durdu Legler (Schriftführerin) und Dr. Özcan Celik (Schatzmeister).

In dem Text bedankt sich Frau Gülsin Onay für sich und ihren Sohn für den gastfreundlichen Empfang in Münster anlässlich des Konzertes zum 100-jährigen Bestehen der DTG Münster und fährt fort: *„Ich glaube von ganzem Herzen, dass die freundschaftlichen Beziehungen in der langen Geschichte unserer beiden Länder und Gesellschaften sich in der Zukunft gerade durch die Kunst noch gut weiter entwickeln und unsere Freundschaft festigen werden."*

Der Vorsitzende der DTG Münster bedankte sich mit dem Satz: *„Die Aufgabe zivilgesellschaftlicher Organisationen besteht nicht darin Politik zu betreiben, sondern darin, durch kulturelle und soziale Beziehungen tragfähige Grundlagen für eine Politik zu schaffen, die auf Frieden, Freiheit, Gerechtigkeit und Freundschaft unter den Menschen und Völkern der Welt gerichtet ist."*

# I

# Deutsch-Türkische Beziehungen seit 1914

*Christel Aytekin, Ikarus*

# Deutsch-Türkische Vereinigung

Geschäftsstelle: Berlin W. 35, Schöneberger Ufer 36a
Fernsprecher: Nollendorf 928—930 / Telegrammadresse: Türkver

### Ehrenmitglieder:

Exz. Enver Pascha, Kaiserl. Türk. Kriegsminister und Vize-Generalissimus / Exz. Generalfeldmarschall Freiherr von der Goltz † / Seine Hoheit der Großwesir a. D. Hakki Pascha, Kaiserl. Türk. Botschafter / Exz. Marschall Liman von Sanders / Exz. General Mahmud Muchtar Pascha, Kaiserl. Türk. Botschafter a. D.

### Vorstand:

Vorsitzender: Generalkonsul Rudolph von Koch, Berlin
1. stellvertretender Vorsitzender: Dr. Schacht, Direktor der Nationalbank für Deutschland, Berlin /
2. stellvertretender Vorsitzender: Professor Dr. Wiedenfeld, Halle a. S.
Schriftführer: Professor Dr. Ernst Jäckh, Berlin, Schöneberger Ufer 36a.
Schatzmeister: Dr. Alexander, Direktor der Deutschen Orientbank, Berlin.

Albert Ballin, Generaldirektor der Hamburg-Amerika-Linie, Hamburg / Prof. Dr. C. H. Becker, Berlin / Franz Johannes Günther, Generaldirektor der Anatolischen Eisenbahnen, Konstantinopel / Dr. von der Nahmer, Köln / Landrat a. D. Rötger, Vorsitzender des Zentralverbands deutscher Industrieller, Berlin / Geh. Oberregierungsrat Dr. Sachau, Direktor des orientalischen Seminars, Berlin / Generalkonsul Dr. Paul v. Schwabach, Berlin.

## Die Deutsch-Türkische Vereinigung

ist (gemeinsam mit der Türkisch-Deutschen Vereinigung in Konstantinopel unter dem Vorsitz von Enver Pascha) die Zentrale für alle deutsch-türkische Arbeit.

## Die Deutsch-Türkische Vereinigung ist bestrebt,

die kulturellen Beziehungen zwischen Deutschland und der Türkei zu pflegen: durch Entsendung deutscher Lehrer und Aerzte an türkische Schulen und Spitäler, Errichtung von deutschen Büchereien und anderen Bildungsstätten, Gründung von Kranken- und Heilanstalten, Unterstützung türkischer Staatsangehöriger, die in Deutschland ihre Ausbildung vervollständigen wollen, und sonstige angemessene Mittel, die beide Völker einander geistig näherbringen; die wirtschaftlichen Beziehungen zwischen beiden Ländern in jeder Hinsicht ersprießlich zu gestalten und in geregelte Bahnen zu lenken, namentlich auch mit Hilfe der ihr zu diesem Zweck angegliederten Auskunftsstelle für deutsch-türkische Wirtschaftsfragen.

## Die Mitgliedschaft bei der Deutsch-Türkischen Vereinigung

wird erworben durch Entrichtung eines Jahresbeitrags von mindestens 20 Mark. Die bisherigen Jahresbeiträge bewegen sich zwischen 20 Mark und 5000 Mark.

## Die Mitglieder der Deutsch-Türkischen Vereinigung erhalten

kostenlos ein zweimal monatlich erscheinendes Vereinsorgan,

die Bände der „Deutschen Orientbücherei" und die türkische Grammatik von Habib Edib Bej mit 33¹/₃ Prozent Rabatt (Bestellung durch die Geschäftsstelle),

das „Archiv für Wirtschaftsforschung im näheren Orient" samt Sonderausgaben ebenfalls mit 33¹/₃ Prozent Rabatt (Bestellung durch die Geschäftsstelle),

unentgeltliche Auskunft und Beratung in allen Fragen deutsch-türkischer Wirtschafts- und Kulturbeziehung.

Druckerei für Bibliophilen, Berlin O. 34.

*Abb. 1: Werbeblatt der am 2. Februar 1914 gegründeten Deutsch-Türkischen Vereinigung Berlin (Archiv der DTG Münster)*

# Aspekte deutsch-türkischer Beziehungen im Jahrhundert zwischen Erstem Weltkrieg und Gegenwart am Beispiel der Deutsch-Türkischen Gesellschaften Berlin (gegr. 1914), Münster (gegr. 1916) und Bonn (gegr. 1954)[*]

Paul Leidinger

Die vielfältige deutsch-türkische Beziehungsgeschichte des letzten Jahrhunderts lässt sich in besonderer Weise an Aspekten deutsch-türkischer Gesellschaften verfolgen, die seit 1914 entstanden. Die älteste von ihnen ist die 1914 noch vor Beginn des Ersten Weltkriegs, aber unabhängig davon begründete „Deutsch-Türkische Vereinigung Berlin".[1] Sie verstand sich als Dachverband für die über hundert weiteren Deutsch-Türkischen Gesellschaften, die sich nach ihr in schneller Folge in den größeren Städten des Deutschen Reiches bildeten[2]. Zu ihnen gehörte auch die 1916 entstandene, heute einhundert Jahre alte „Türkische Gesellschaft" in Münster. Diese Vereinigungen überlebten – bis auf Münster – die politischen Wandlungen der Zwischenweltkriegszeit nicht, so dass nach dem Zweiten Weltkrieg ein Neuanfang erfolgte. Er beginnt mit der 1954 am neuen Regierungssitz der Bundesrepublik Deutschland in Bonn begründeten „Deutsch-Türkischen Gesellschaft Bonn", die gleichsam eine Pilotfunktion für die ca. ein Dutzend danach entstandenen deutsch-türkischen Vereinigungen hatte. Mit ihr entstand eine Art Netzwerk für den Austausch gleichgerichteter kulturell-wissenschaftlicher Beziehungen zur Türkei und von Vortragsveranstaltungen. Auch die Wiederaufnahme wirtschaftlicher Beziehungen mit der Türkei lief in dieser frühen Phase in beachtlicher Weise über die Deutsch-Türkischen Gesellschaften Bonn und auch Münster. Mit Beginn der Arbeitsmigration seit den 1960er Jahren entwickelten sich jedoch weitgehend neue Strukturen im deutsch-türkischen Beziehungsverhältnis, die über die ursprünglich kulturellen und wirtschaftlichen Beziehungen hinaus vornehmlich integrative gesellschaftspolitische Zielsetzungen verfolgten und weitgehend unabhängig von den älteren Initiativen blieben.

---

[*] Wesentlich erweiterte Fassung des Beitrags „Die Deutsch-Türkische Gesellschaft Münster e.V. von 1916 und die DTG Bonn" aus der „Festschrift 60 Jahre DTG Bonn", Bonn 2014, S. 17–34. Die 1954 begründete DTG Bonn hat von 1954–1997 ein eigenes Vereinsorgan: „Mitteilungen" in Einzelheften 1–120 herausgegeben, die nachfolgend als solche mit Nummer und Erscheinungsdatum zitiert werden.

[1] Siehe nebenstehendes Werbeblatt der am 2. Februar 1914 begründeten „Deutsch-Türkischen Vereinigung" in Berlin.

[2] Vgl. dazu die Karte unten S. 40.

## Grußwort der Türkei zur Aufnahme der Bundesrepublik Deutschland in die NATO 1955

*Grußwort des stellvertretenden türkischen Ministerpräsidenten Fatin Zorlu anlässlich der Aufnahme der Bundesrepublik Deutschland in die NATO am 9. Mai 1955 im Palais Chaillot in Paris:*

„Als Vertreter der Türkischen Regierung ist es mir ein Bedürfnis meiner besonderen Genugtuung darüber Ausdruck zu verleihen, in der Person des Bundeskanzlers Dr. Adenauer die Bundesrepublik Deutschland zu begrüßen, die nun als Mitglied des Atlantikpaktes ihren Sitz am Ratstisch eingenommen hat. Die Türkei war von jeher der Überzeugung, dass der Weltfrieden, das Wohlergehen und die Sicherheit der freien Völker von der Stärke und der Lebensfähigkeit unserer Allianz abhängt. Deshalb hat die türkische Regierung – und sie wird es immer tun – alles in ihrer Macht Stehende zur Stärkung der Allianz auf dem Felde ihrer Tätigkeit unternommen. Die Türkische Regierung war von Anfang an der Auffassung, dass der Beitritt der Bundesrepublik Deutschland zur NATO ein wichtiger Schritt zur Stärkung des Bündnisses bedeuten würde. Sie hat die verschiedenen Phasen der zu diesem Ziele führenden Bemühungen mit besonderem Interesse verfolgt und sich stets, wann immer es nötig war, dafür eingesetzt. Die Türkische Regierung beglückwünscht sich, feststellen zu können, dass diese Bemühungen nunmehr von einem vollen Erfolg gekrönt wurden.
Diesen Erfolg verdanken wir vor allen Dingen dem Geist der Zusammenarbeit, der Weitsicht und den konstruktiven Bemühungen aller beteiligten Regierungen.
Besondere Anerkennung verdienen die staatsmännischen Fähigkeiten und die Weitsicht Bundeskanzler Adenauers und das Verständnis, das Frankreich während der Entwicklung der oft schwierigen Verhandlungen gezeigt hat, die schließlich zu diesem glücklichen Ergebnis geführt haben. Der Beitritt der Bundesrepublik Deutschland bedeutet nicht nur eine Stärkung der Allianz vom militärischen Gesichtspunkt aus, sondern verleiht ihr auch politisches Gewicht. Diese Aufnahme ist ein neuer Beweis für den fortschreitenden Zusammenschluss der freien Völker. Sie ist ein Beweis für den Fehlschlag, der von der Gegenseite unternommenen Anstrengungen zur Schwächung der Allianz dadurch, dass versucht wird, Zwietracht unter ihren Mitgliedern zu säen. Außerdem wird dieser Beitritt der Bundesrepublik Deutschland den Bemühungen der Allianzmächte auf dem kulturellen und wirtschaftlichen Gebiet neuen Auftritt verleihen.
Viele Bande verbinden die Türkei mit Deutschland sowohl im politischen, wirtschaftlichen als auch im kulturellen Sektor, und ich bin davon überzeugt, dass die sich im Rahmen der Atlantischen Allianz entwickelnde Zusammenarbeit der beiden Länder diese Bande noch verstärken wird. Gestatten Sie mir nochmals meiner Freude darüber Ausdruck zu verleihen, dass die Bundesrepublik Deutschland ihren Sitz nun unter uns eingenommen hat."
*Entnommen: Mitteilungen der DTG Bonn, Heft 7, Juli 1955, S. 5.*

Die nach 1945 entstandenen Deutsch-Türkischen Vereinigungen sind weitgehend an Hochschulstandorten entstanden, nachdem 1951 die Wiederaufnahme diplomatischer Beziehungen zwischen beiden Ländern, der Republik Türkei und der 1949 begründeten Bundesrepublik Deutschland, erfolgt war. Sie sahen sich einem wissenschaftlich-kulturellen Auftrag verpflichtet, der vielfach an ältere wissenschaftliche und persönliche Beziehungen seit osmanischer Zeit anknüpfte und auch von türkischer Seite nach den Brüchen, die durch die NS-Zeit und den Zweiten Weltkrieg entstanden waren, zuvorkommend beantwortet wurde. Die Türkei war dabei politisch der Bundesrepublik Deutschland voraus, die als westdeutscher Teilstaat sich erst 1949 aus dem Chaos, das der besiegte NS-Staat hinterlassen hatte, gründen konnte und erst 1955 ihre Souveränität erlangte. Die Türkei blieb bis kurz vor Ende des von Hitler 1939 begonnenen Zweiten Weltkrieges neutral, schloss sich aber noch im Februar 1945 den Kriegsgegnern Deutschlands an. Aufgrund dessen gehörte sie 1945 zu den Gründungsmitgliedern der Vereinten Nationen. 1952 wurde sie Mitglied der NATO und des westlichen Bündnissystems. Als die Bundesrepublik Deutschland 1955 souverän wurde, war die Türkei ein wesentlicher Fürsprecher für die Aufnahme der Bundesrepublik Deutschland in die NATO, wie das nebenstehende Grußwort der Türkei verdeutlicht.

Durch die gemeinsame Westbindung war eine feste politische Grundlage für beide Staaten geschaffen, auf der die gesellschaftlichen, kulturellen und auch wirtschaftlichen deutsch-türkischen Beziehungen sich sehr förderlich entwickeln konnten. Die Leitfunktion der Deutsch-Türkischen Gesellschaft Bonn war dabei durch den neuen Regierungssitz am Rhein bedingt und durch den engen Zusammenhang der Gesellschaft und ihrer Mitglieder mit dem Bundestag und der Bundesregierung, insbesondere auch dem Auswärtigen Amt, das die kulturellen Initiativen der Gesellschaft lange Jahre finanziell förderte. Dies ermöglichte ihr, schon 1954 ein einfaches, aber sehr informelles Publikationsorgan, die „Mitteilungen", zu begründen, das über die schnell wachsende Zahl der Mitglieder hinaus, die schon 1955 die Schwelle von 300 überschritt und später etwa 800 erreichte, eine weite Verbreitung im In- und Ausland mit einer Auflagenhöhe in den 1970er und 1980er Jahren von bis 2.500 Exemplaren fand. Neben dominanten kulturgeschichtlichen Themen, zu denen bemerkenswerte Berichte über archäologische Ausgrabungen und kunsthistorische Forschungen anerkannter Fachleute gehörten, hatte das Mitteilungsblatt durch den Präsidenten der Gesellschaft, Prof. Dr. Fritz Baade, MdB und Direktor des Instituts für Weltwirtschaft an der Universität Kiel und später Direktor des Forschungsinstituts für Wirtschaftsfragen der Entwicklungsländer, auch einen kompetenten aktuellen Wirtschaftsschwerpunkt. Es behandelte insbesondere das Entwicklungsland Türkei, das Fritz Baade, aber auch dem Vorstandsmitglied und späteren Nachfolger Baades als Präsident Prof. Dr. Hans Wilbrandt, Agrar- und Forstwirtschaftler und später Prof. für ausländische Landwirtschaft in Göttingen, durch ihre gemeinsame politische Emigration 1935 bis 1945 Asyl und Arbeit gewährt hatte. Daher war es ihrer Förderung besonders angelegen, nicht zuletzt auch durch das von der Bonner Gesellschaft verantwortlich übernommene landwirtschaftliche Mustergut Tahirova als Entwicklungsprojekt 1957–1977. Aufgrund dieser unmittelbaren und auch sprachkundigen Verbundenheit mit der Türkei nahmen sich die „Mitteilungen" immer wieder auch aktuellen politischen Lageberichten an. Dazu kam mit Dr. Max Rudolf Kaufmann von Beginn an ein ehrenamtlich tätiger Schriftleiter, der als Schweizer seit 1910 als Journalist in Istanbul tätig war und seit 1953 im Bundespresseamt in Bonn arbeitete.[3]

Diese Gegebenheiten sicherten der Deutsch-Türkischen Gesellschaft in Bonn von Beginn an einen zentralen nationalen und internationalen Charakter, der weit über die Möglichkeiten einer üblichen zweckorientierten zivilgesellschaftlichen Vereinigung hinausging und darin auch gerade in den Aufbaujahren der jungen Bundesrepublik Deutschland seine zeitbedingte hohe Bedeutung hatte. Sie ist durch professionelle ehrenamtliche Initiativen geprägt, die heute in vielfacher Weise durch staatliche Amtsstellen und Kommissionen hauptamtlich wahrgenommen werden, aber damit nicht überflüssig geworden sind.

Dass in diesem Zusammenhang die Deutsch-Türkischen Gesellschaften Bonn und Münster von Beginn an zu einer engen Zusammenarbeit fanden, die sich zunächst seit 1954 in persönlicher Mitgliedschaft, dann aber seit 1956 in einer Fusion beider Gesellschaften bis 1988 – über 30 Jahre hinweg – ausdrückte, lag an gleichgerichteten Interessen. Dabei brachte die Münsteraner Gesellschaft mit ihrem Vorsitzenden Prof. Dr. Franz Taeschner (1888 – 1963) als ausgewiesenem Orientalisten und Osmanisten und ihrem rührigen Geschäftsführer Prof. Dr. Ludwig Budde (1913–2007) als Vertreter des Fachs Christliche Archäologie mit einem Schwerpunkt in der Türkei zwei anerkannte Wissenschaftler ein, die eifrige Mitarbeiter der „Mitteilungen" wurden und für Vorträge zur Verfügung standen. Das gilt auch für zwei weitere Wissenschaftler aus Münster: den Turkologen, Juristen und Zeitgeschichtler Prof. Dr. Gotthard Jäschke und den Archäologen und Althistoriker Prof. Dr. Dörner, die beide ihre Schwerpunkte in der Türkei hatten und auch dort als Vertreter ihres Fachgebietes wie auch Taeschner und Budde hoch angesehen waren.[4] Prof. Dr. Budde war überdies von 1986 bis

---

[3] Vgl. dazu die Beiträge über und von Fritz Baade, Hans Wilbrandt und Max. R. Kaufmann sowie den Beitrag von Wiebke Hohberger in diesem Band. Ferner Hans Wilbrandt, Ein deutsches Demonstrations- und Mustergut in der Türkei. Die Ausgaben der Deutsch-Türkischen Gesellschaft e.V. Bonn, in: Mitteilungen Heft 18, Oktober 1958, S. 1–6; A. Schwarck, 10 Jahre türkisch-deutsches Entwicklungsprojekt Tahirova (1957–1967), ebd. Heft 78, Mai 1969, S. 1–10; Hans Wilbrandt, Das Mustergut Tahirova hat seine Aufgaben erfüllt, ebd. Heft 99, Dezember 1977, S. 14–16, sowie zahlreiche weitere Berichte über das Mustergut in den Mitteilungen.

[4] Vgl. die Beiträge von ihnen und über sie in diesem Band.

1988/89 Präsident der fusionierten Gesellschaften Bonn und Münster. Aufgrund der veränderten Zeitbedingungen wurde die Fusion 1988/89 aufgelöst, doch stehen beide Vereinigungen seitdem weiter in einem engen freundschaftlichen und kooperativen Verbund.[5]

## 1. Die Gründung und Entwicklung Deutsch-Türkischer Gesellschaften seit 1914 und ihr Promotor Ernst Jäckh (1875–1959)

Die DTG Münster hat aber eine ältere Geschichte, die mit der Gründung am 4. Februar 1916 einsetzt und sie heute zur ältesten noch existierenden der vormals zahlreichen deutsch-türkischen Gesellschaften oder Vereinigungen in Deutschland macht, die seit der Zeit des Ersten Weltkriegs entstanden. Die erste von ihnen war die am 2. Februar 1914 – also wenige Monate vor Beginn des Krieges, der damals noch nicht absehbar war – begründete „Deutsch-Türkische Vereinigung" in Berlin, deren Initiator der politische Journalist Dr. Ernst Jäckh (1875–1959) war, der den Plan einer solchen Gründung bereits seit seinem ersten Besuch im Osmanischen Reich 1908 verfolgte.[6] Am 22. Februar 1875 in Urach (Württemberg) geboren, wandte er sich seit 1893 dem Studium von Sprachen und der Literaturgeschichte zu, promovierte 1899 zum Dr. phil. in Heidelberg, verzichtete aber auf eine angebotene akademische Laufbahn als Romanist, sondern sah seine Berufung im politischen Journalismus. In dieser Eigenschaft übernahm er 1902 die Leitung der Heilbronner Neckarzeitung, die er im Sinne Friedrich Naumanns zum maßgebenden Organ des politischen Liberalismus in Südwestdeutschland ausbaute. 1912 wurde darin Theodor Heuss sein Nachfolger. Er selbst wechselte im gleichen Jahr als Geschäftsführer des 1907 begründeten „Deutschen Werkbundes" in die Hauptstadt des Reiches nach Berlin, wo er seinen inzwischen weitgespannten journalistischen und politischen Tätigkeiten u.a. in enger Beziehung zum Außenministerium des Deutschen Reiches nachgehen konnte, für das er insbesondere während des Ersten Weltkriegs in Orientfragen, aber auch danach bis 1933 in ent-

---

[5] Die DTG Münster hat inzwischen ihr Schriftgut im Stadtarchiv Münster deponiert, das mit dem Protokollbuch der 1916 gegründeten „Türkischen Gesellschaft Münster" für die Jahre bis 1922 beginnt. Ferner enthält das Archiv aus dem Nachlass Prof. Buddes einzelne Materialien der DTG Bonn enthält, während die DTG Bonn offensichtlich keinen zugänglichen Archivbestand gebildet hat. In ihren „Mitteilungen" gibt sie nur gelegentlich auch Vereinsmeldungen bekannt.

[6] Jürgen Kloosterhuis: „Friedliche Imperialisten". Deutsche Auslandsvereine und auswärtige Kulturpolitik 1906–1918, Frankfurt a. M. u.a. 1993, Teil II, S. 595–647; Klaus Kreiser: Deutsch-Türkische Gesellschaften von Wilhelm II. bis Adenauer, in: Sabine Prätor, Christoph K. Neumann (Hg.), Frauen, Bilder und Gelehrte. Studien zu Gesellschaften und Künsten im Osmanischen Reich, Istanbul 2002, S. 675–683, wieder abgedruckt in: Dietrich Schlegel, Norbert Reitz (Hg.), Festschrift 60 Jahre Deutsch-Türkische Gesellschaft e.V. Bonn, Bonn 2014, S. 9–16.

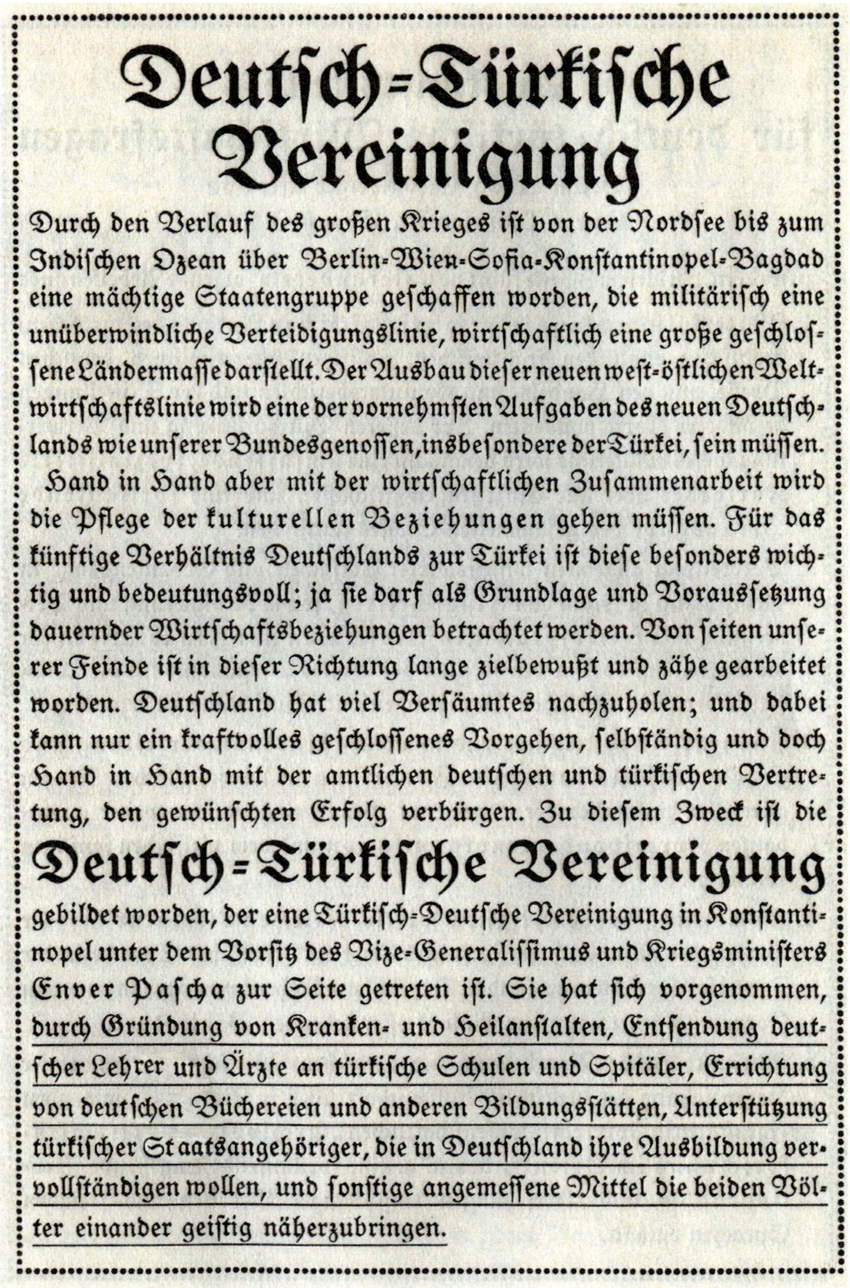

# Deutsch=Türkische Vereinigung

Durch den Verlauf des großen Krieges ist von der Nordsee bis zum Indischen Ozean über Berlin-Wien-Sofia-Konstantinopel-Bagdad eine mächtige Staatengruppe geschaffen worden, die militärisch eine unüberwindliche Verteidigungslinie, wirtschaftlich eine große geschlossene Ländermasse darstellt. Der Ausbau dieser neuen west-östlichen Weltwirtschaftslinie wird eine der vornehmsten Aufgaben des neuen Deutschlands wie unserer Bundesgenossen, insbesondere der Türkei, sein müssen.

Hand in Hand aber mit der wirtschaftlichen Zusammenarbeit wird die Pflege der kulturellen Beziehungen gehen müssen. Für das künftige Verhältnis Deutschlands zur Türkei ist diese besonders wichtig und bedeutungsvoll; ja sie darf als Grundlage und Voraussetzung dauernder Wirtschaftsbeziehungen betrachtet werden. Von seiten unserer Feinde ist in dieser Richtung lange zielbewußt und zähe gearbeitet worden. Deutschland hat viel Versäumtes nachzuholen; und dabei kann nur ein kraftvolles geschlossenes Vorgehen, selbständig und doch Hand in Hand mit der amtlichen deutschen und türkischen Vertretung, den gewünschten Erfolg verbürgen. Zu diesem Zweck ist die

## Deutsch=Türkische Vereinigung

gebildet worden, der eine Türkisch=Deutsche Vereinigung in Konstantinopel unter dem Vorsitz des Vize-Generalissimus und Kriegsministers Enver Pascha zur Seite getreten ist. Sie hat sich vorgenommen, durch Gründung von Kranken- und Heilanstalten, Entsendung deutscher Lehrer und Ärzte an türkische Schulen und Spitäler, Errichtung von deutschen Büchereien und anderen Bildungsstätten, Unterstützung türkischer Staatsangehöriger, die in Deutschland ihre Ausbildung vervollständigen wollen, und sonstige angemessene Mittel die beiden Völker einander geistig näherzubringen.

*Abb. 2: Werbeanzeige der DTV Berlin, die den geopolitischen Block eines „Größeren Mitteleuropa" kennzeichnet, aber zugleich auch eine idealistische Sicht der Entwicklungspolitik, in: Die deutsch-türkischen Wirtschaftsbeziehungen (=Flugschriften der Auskunftsstelle für deutsch-türkische Wirtschaftsfragen, erstes Heft), Weimar 1916, 60 S., hier S. 54. Vgl. dazu auch die Kommentierung unten S. 27.* [7]

scheidenden Fragen des Friedens und der Völkerverständigung als Berater u.a. Eberts, Rathenaus und Stresemanns fungierte. Mehrfache Reisen in das Osmanische Reich – auch als Kriegsbeobachter auf dem Balkan 1912 und in Libyen machten ihn zu einem besonderen Kenner des Orients, so dass er seit 1914 auch Lehraufträge u.a. an der Universität Berlin übernahm, die ihn 1916 zum Professor für die Geschichte der Türkei ernannte. Zugleich war er journalistisch als Herausgeber von Zeitschriften und Buchreihen zum Orient tätig, die angesichts einer auf Abhängigkeit und spätere Aufteilung zielenden imperialistischen Politik Englands und Frankreichs gegenüber dem Osmanischen Reich eine die Unabhängigkeit des Sultansreiches stärkende entwicklungspolitische Ausrichtung postulierte. Jäckh wandelte sich dabei von einem von führenden deutschen Wirtschaftskreisen 1914 unterstützten Verkünder eines gemäßigten Nah-Ost-Imperialismus „Das größere Mitteleuropa", das Deutschland, Österreich-Ungarn, Bulgarien und die Türkei noch während des Ersten Weltkriegs zu einem liberal demokratischen Vertreter einer Friedens- und Verständigungspolitik. Schon 1916 übergab er dem Auswärtigen Amt eine Denkschrift, in der er sich für die Einrichtung eines Völkerbundes einsetzte. Im Dezember 1918 unterstützte er die Gründung einer „Deutschen

---

[7] *Zur Werbeanzeige S. 26:*
Der Werbetext der DTV Berlin umreißt das Friedens- und seit 1914 auch Kriegsziel der Nah- und Mittel-Ost-Politik des Deutschen Kaiserreichs zur Bildung eines „größeren Mitteleuropa" als einer „mächtigen Staatengruppe", die „von der Nordsee bis zum Indischen Ozean über Berlin-Wien-Sofia-Konstantinopel-Bagdad" reichen und ein mehr auf zivilisatorische Entwicklung gerichtetes Pendant gegenüber der imperialistischen Kolonialpolitik der Kriegsfeinde Großbritannien, Frankreich und des zaristischen Russland sein sollte. Allerdings hat die Kriegslage bereits 1916 die Realisierungsmöglichkeiten dieser Politik widerlegt, an der aber immerhin der bedeutende Anteil einer kulturellen und zivilisatorischen Entwicklung der Länder mit der Betonung ihrer politischen Eigenständigkeit bemerkenswert bleibt, für die damals die DTV Berlin und ihr Begründer Prof. Dr. Ernst Jäckh sich mit einem hohen Anteil an Idealismus eingesetzt haben. Das weisen die nachstehend genannten konkreten kulturellen, gesundheitlichen und sozialen Ziele aus, die durchaus Grundlagen einer heutigen Entwicklungspolitik entsprechen.
Die Abbildung ist einer von der DTV Berlin herausgegebenen Schrift „Die deutsch-türkischen Wirtschaftsbeziehungen" (= Flugschriften der Auskunftsstelle für deutsch-türkische Wirtschaftsfragen, Erstes Heft), Weimar 1916, S. 54, entnommen. Darin heißt es S. 31: *„Der (gemeint: politische) Praktiker aber wird jetzt die ungeheuer großen Schwierigkeiten erkennen. Er wird die ganze Verfahrenheit der türkischen Wirtschaftszustände sehen und die völlige Verschiedenheit aller Dinge gegenüber unseren Verhältnissen. Er wird aber weiterhin immer klarer bemerken, dass auch die Türkei nicht aus sentimentalen Sympathiegefühlen sich mit uns eine, dass sie uns nicht als Allheilbringern oder Befreiern, nur auf uns wartend, mit offenen Armen zujubelt, sondern dass dort eines der stolzesten H e r r e n v ö l k e r der Erde mit eigener Faust sein eigenes Schicksal selbst in die Hand genommen hat und aus politischer Notwendigkeit heraus dieses Schicksal mit Deutschland verknüpfte. Und diese Erkenntnis wird unseren Praktiker vom Verständnis der türkischen Wirtschaft hinüberführen zu der Erfassung der türkisch-deutschen Beziehungen als eines von staatspolitischen und gesamtwirtschaftlichen Erfordernissen regierten organischen Ganzen."*

Liga für den Völkerbund" und gewann dadurch Kontakte mit anderen nationalen Ligen, insbesondere auch in Frankreich. Bereits 1919 und 1920 wurde er als Deutscher, dessen Vaterland der Ächtung der Siegermächte unterlag, zu Vorlesungen nach Genf und Paris eingeladen. Nach dem Vorbild der Pariser „Ecole libre des sciences politique" wandelte er u.a. mit Theodor Heuss die 1917 von Friedrich Naumann in Berlin begründete „Staatsbürgerschule" in eine „Hochschule für Wissenschaftliche Politik" um, deren erster Rektor er wurde. Sie konnte ihren Lehrbetrieb im Oktober 1920 beginnen, doch entzog sie Jäckh vor seiner Emigration 1933 nach England durch Auflösung einer Gleichschaltung durch das NS-System.[8]

Jäckhs gewandelte politische Einstellung, die zur Aufnahme Deutschlands in den Völkerbund 1926 beitrug, ermöglichte ihm seit 1924 Vortragsreisen nach Nordamerika, auf denen er um Vertrauen für die junge deutsche Demokratie des Weimarer Staates warb.[9] Ein Gespräch mit Hitler am 1. April 1933 wirkte so ernüchternd, dass er kurz danach aus Deutschland nach England emigrierte, wo er mit Hilfe der Rockefeller Stiftung u.a. die „New Commenwealth Society of Justice and Peace" mit 24 nationalen Sektionen aufbaute, deren Direktor er wurde. In dieser Eigenschaft war er für das Foreign Office des neuen Landes ehrenamtlich in internationalen Missionen und als Berater tätig, u.a. konnte er 1937 noch ein letztes Gespräch mit dem türkischen Staatspräsidenten Atatürk führen, den er seit 1909 kannte.[10] Mit Beginn des Zweiten Weltkriegs wurde er in das neu errichtete Ministry of Information als Abteilungsleiter für den Nahen Osten berufen, dem weiterhin sein besonderes Interesse galt. Doch wechselte er im August 1940 – mit inzwischen 65 Jahren – in die USA über, wo er an der Columbia University in New York eine Professur für Internationale Beziehungen im Nahen Osten über-

---

[8] Vgl. Ernst Jäckh, Zur Gründung und Entwicklung der Deutschen Hochschule für Politik, in: Ernst Jäckh (Hg.), Politik als Wissenschaft. Zehn Jahre Deutsche Hochschule für Politik, Berlin 1932, S. 175–202; Wilhelm Bleek, Geschichte der Politikwissenschaft in Deutschland, München 2001, S. 203–204. Er bezeichnet Jäckh als den eigentlichen Vater der „Politik als Wissenschaft" in der Weimarer Republik, der im Ersten Weltkrieg gegen überzogene Annexionen des europäischen Imperialismus eintrat, aber ein entschiedener Anhänger deutscher Größe „vor allem des kulturellen Einflusses" war und in der Weimarer Republik die deutsch-französische Aussöhnungspolitik Stresemanns entschieden unterstützte. Vgl. auch Manfred Gangl (Hg.), Das Politische. Zur Entstehung der Politischen Wissenschaft während der Weimarer Republik, Frankfurt a. M. 2004, darin mit kritischer Differenzierung Steven D. Korenblat, A School for the Republic? Cosmopolitans and their Enemies at the Deutsche Hochschule für Politik 1920–1933, S. 139–180.

[9] Vgl. dazu sein Buch: The new Germany, London 1927, Neudruck New York 1928. Seine politischen Vorstellungen von der Stellung und Aufgabe Deutschlands in der internationalen Welt legte er gleichzeitig in seinem Buch mit dem bezeichnenden Titel dar: Deutschland, das Herz Europas. Nationale Grundlagen internationaler Politik, Stuttgart 1928.

[10] Vgl. den nachstehenden würdigenden Beitrag über Ernst Jäckh von Max Rudolf Kaufmann, Die Deutsch-Türkische Freundschaft (mit drei Anhängen), unten S. 201–212.

nahm, die er zu einem Middle East Institut erweitern konnte, das 1948 eröffnet wurde und dem 1949 die Gründung einer Amerikanisch-Türkischen Gesellschaft an die Seite trat. Auch darin äußert sich eine Kontinuität seiner besonderen Türkeibeziehung.[11]

Mit dem Aufbau eines demokratischen Deutschland nach 1945 und der Gründung der Bundesrepublik Deutschland 1949 knüpfte Ernst Jäckh wieder freundschaftliche Kontakte zu seinem Heimatland an, in dem sein alter Freund Theodor Heuss der erste Bundespräsident wurde und auch der erste Bundeskanzler Adenauer ihm aus der politischen Tätigkeit der Weimarer Zeit bekannt war. Die im Herbst 1953 begründete Deutsch-Türkische Gesellschaft in Bonn verlieh bereits 1954 mit der Intensivierung der politischen Beziehungen zwischen der Bundesrepublik Deutschland und der Türkei Bundeskanzler Adenauer die erste Ehrenmitgliedschaft.[12] Es dürfte für Ernst Jäckh eine besondere Genugtuung gewesen sein, dass die Bonner Gesellschaft auch ihm anlässlich seines 80. Geburtstags am 22. Februar 1955 als Zweitem die Ehrenmitgliedschaft antrug und damit einen wesentlichen Teil seines Lebenswerkes würdigte, das unter verschiedenen Zeitbedingungen und mit einem gereiften Verständnis vier Jahrzehnte – die Hälfte seines

---

[11] Vgl. dazu Ernst Jäckh, Der goldene Pflug. Lebensernte eines Weltbürgers, Stuttgart 1954. Posthum erschien, von seiner Mitarbeiterin Dr. Ruth Nanda Anshen an der Columbia-Universität New York, mit der er seit 1953 in dritter Ehe verheiratet war, herausgegeben: Weltsaat – Erlebtes und Erstrebtes, Stuttgart 1960. Vgl. zu den Büchern die kenntnisreichen Besprechungen seines Zeitgenossen und Freundes Dr. Max R. Kaufmann in den vom ihm redigierten Mitteilungen der DTG Bonn, 2. Jahrgang, Heft Nr. 4, Januar 1955, S. 3–4, und Heft 36, Okt. 1960, S. 13–14, mit geringen Kürzungen abgedruckt in diesem Band unten S. 201–212. Unter den verschiedenen biographischen Lebensskizzen Ernst Jäckhs ist besonders die von Walter Mogk in der NDBiographie, Band 10 (1974), S. 264–267, hervorzuheben, der hier wesentlich gefolgt wird, insbesondere auch in der Auffassung zu einer grundlegenden Neubearbeitung der Biographie Ernst Jäckhs, die über dessen frühe politische Auffassungen hinaus wesentlich sein späteres Wirken in der Friedensbewegung und Völkerverständigung gewichten muss, aber auch in seinen imperialistischen Auffassungen gerade in Bezug auf das Osmanische Reich den der türkischen Bevölkerung zuerkannten Eigenwert beachten sollte. Verständnis und Achtung der türkischen Mentalität ermöglichten Ernst Jäckh eine freundschaftliche Beziehung auch zur neuen Türkei und insbesondere ihrem Gründer und ersten Präsidenten Atatürk über den Ersten Weltkrieg hinaus bis 1937, kurz vor dem Tod Atatürks 1938. Man wird davon ausgehen können, dass diese Verbindungen auch in der NS-Zeit alliierte Einflussnahmen auf die Türkei, so u.a. den Abschluss eines britisch-türkischen Vertrages 1938, ermöglichten und letztendlich mit der Auflösung der diplomatischen Beziehungen zu Deutschland seit August 1944 den schnellen Anschluss der Türkei an die westlichen Alliierten mit bewirkt haben, so dass die Türkei 1945 zu den Gründerstaaten der UNO gehören konnte. Vgl. auch Achim Frey, Der Journalist und Politiker Ernst Jäckh, in: Heilbronner Köpfe, Band 5, Heilbronn 2009, S. 53–70, insbes. S. 66–68; ferner nun Sabine Mangold-Will, Begrenzte Freundschaft. Deutschland und die Türkei 1918–1933, Göttingen 2013, insbesondere 249–268.

[12] Vgl. Mitteilungen der DTG Bonn, 1. Jg., Heft Nr. 2 (Juli 1954), S. 1.

Lebens – der Förderung der deutsch-türkischen Beziehungen und vor allem den Menschen des Landes unter dem Halbmond gedient hat.[13]

Im dem hier vorgestellten Zusammenhang ist die Gründung einer ersten „Deutsch-Türkischen Vereinigung" am 2. Februar 1914 in Berlin zu sehen. Ihr geht eine intensive Erkundung des Osmanischen Reiches durch Ernst Jäckh seit 1908 voraus, die den nationalliberal eingestellten 33-jährigen politischen Journalisten vor allem durch den erfolgreichen Aufstand der jungtürkischen Bewegung und die Beseitigung des absoluten Sultansregimes mit Unterstützung auch von Griechen und Armeniern faszinierte.[14] Dazu kam eine Reihe persönlicher Beziehungen Jäckhs zu jungtürkischen Politikern – insbesondere dem späteren Kriegsminister Enver Pascha, aber auch zu Mustafa Kemal Pascha, dem späteren Atatürk – die über den Weltkrieg hinaus bis in die Gründung der Türkei 1923 und darüber hinaus von Einfluss waren. Dabei war Jäckh daran gelegen, entgegen der von Europäern der Zeit vielfach gegenüber den Osmanen gezeigten Überheblichkeit vor allem deren nationalen Eigenwert zu betonen, ihn in seinen kulturellen Ausdrucksformen zu achten und in seinen technisch-zivilisatorischen Standards zu fördern, eine Einstellung, die imperialistischen Denkweisen eine Grenze setzte. In den Jahren 1910–1912 nahm Jäckh selbst an den Auseinandersetzungen des Osmanischen Reiches mit Albanien und mit Italien um Libyen teil. Auch bereiste er Bulgarien, so dass er in seiner Zeit als einer der besten Kenner der Verhältnisse des Balkans und des Osmanischen Reiches angesehen wurde.[15]

Dennoch war Ernst Jäckh auch ein Mensch seiner Zeit, der den Eintritt des Osmanischen Reiches in den Ersten Weltkrieg auf der Seite der Mittelmächte

---

[13] Die unten S. 201–212 abgedruckten Beiträge des Zeitgenossen und Freundes Max Rudolf Kaufmann (1886–1963) über Ernst Jäckh sind dabei aus lebenslanger Verbundenheit und Türkei-Erfahrung seit 1910 von besonderer Authentizität.

[14] Vgl. Ernst Jäckh, Der aufsteigende Halbmond. Auf dem Weg zum deutsch-türkischen Bündnis, 6. ergänzte Auflage, Stuttgart, Berlin 1916, S. 35: „Keine Muslims mehr gibt es und keine Christen, weder Türken mehr noch Griechen oder Armenier, sondern nur noch Osmanen." Bei aller Euphorie über die punktuelle politische Zusammenarbeit der griechischen, armenischen, türkischen und auch kurdischen Nationalitäten im Osmanischen Reich angesichts des erfolgreichen Putsches von 1908 übersah Jäckh jedoch nicht die strukturellen und weiter andauernden mentalen Unterschiede und widerstreitenden politischen Interessen zwischen den Nationalitätengruppen, die mit der Invasion der Ententemächte auf der Halbinsel Gallipoli im April 1915 in einer für die Armenier vernichtenden Weise wieder aufbrachen. Vgl. Jürgen Gottschlich, Beihilfe zum Völkermord. Deutschlands Rolle bei der Vernichtung der Armenier, Lizenzausgabe der Bundeszentrale für politische Bildung, Schriftenreihe Band 1561, Bonn 2015, S. 70, 75 ff., der in seinem Buch eingehender Ernst Jäckh zitiert und charakterisiert und sich dabei auch auf den in der Yale-Universität, New Haven, beruhenden Archiv-Nachlass Jäckhs bezieht. Zur Nationalitätenfrage in der Endphase des Osmanischen Reiches vgl. die instruktive Studie von Feroz Ahmad, The Young Türks and the Ottoman Nationalities: Armeniens, Greeks, Albanians, Jews, and Arabs, 1908–1918, Utah Press Salt Lake City, 2014.

[15] Vgl. die in Anm. 11 verzeichneten Schriften Ernst Jäckhs.

1914 entschieden unterstützte und auch die von der deutschen Kriegspropaganda betriebene Ausrufung des Dschihad, des „Heiligen Krieges", durch den Stellvertreter des Sultans im November 1914, nachdem durch die Kriegserklärungen der Ententemächte das Osmanische Reich in den Zweiten Weltkrieg einbezogen war. Der Dschihad sollte zum Abfall der von Jäckh geschätzten 135 Millionen Muslime in den englischen und französischen Kolonien in Indien, Pakistan und Afrika sowie im Zaristischen Russland führen und die noch unentschiedenen neutralen islamischen Länder Persien und Afghanistan auf die Seite der Mittelmächte ziehen. Dies Bestreben erwies sich auf deutscher Seite teilweise als plump und wenig erfolgreich, weil der Missbrauch der Religion zu politischen Zwecken bei den Adressaten als fadenscheiniger Vorwand für eine wenig überzeugende und erfolgreiche Sache erkannt wurde.[16]

In der bis heute umstrittenen Armenierfrage war Jäckhs Einstellung zurückhaltend. Er widersprach – wie die offizielle deutsche Politik – hier nicht der jungtürkischen Staatsraison, die die nach staatlicher Selbständigkeit strebenden Armenier mit Beginn des Ersten Weltkriegs als Terroristen und Landesverräter ausmachte und – mit der Invasion der Ententemächte auf der Halbinsel Gallipoli am 24. April 1915[17] – deren Elite in Istanbul in Haft nehmen ließ mit bis heute

---

[16] Vgl. für die außereuropäische Politik vor 1914 nunmehr: Manfred P. Emmen, Die Vorgeschichte des Ersten Weltkriegs außerhalb des europäischen Zentrums. Im Fokus: Kolonien, Bagdadbahn, Erdöl und türkische Meerengen (= Politik und Moderne, Band 24), Lit-Verlag Münster 2016; Björn Opfer-Klinger, Der Krieg an der Peripherie – Mittelasien und Nordafrika, in: Erster Weltkrieg (Aus Politik und Zeitgeschichte, Beilage zur Wochenzeitung Das Parlament), 64. Jg. (2014), Heft 16–17 vom 14.04.2014, S. 24–31; dazu Maren Bragulla, Die Nachrichtenstelle für den Orient. Fallstudie einer Propagandainstitution im Ersten Weltkrieg, Saarbrücken 2007; Marc Hanisch, Max Freiherr von Oppenheim und die Revolutionierung der islamischen Welt als antiimperiale Befreiung von oben, in: Wilfried Loth, Marc Hanisch: Erster Weltkrieg und Dschihad. Die Deutschen und die Revolutionierung des Orients, München 2014, S. 13–38; Tilman Lüdke, Jihad made in Germany. Ottoman and German Propaganda and Intelligence Operations in the First World War, Münster 2005 (= Dissertation Oxford 2001); Hans-Ulrich Seidt, Berlin, Kabul, Moskau – Oskar Ritter von Niedermayer und Deutschlands Geopolitik, München 2002, ferner die vorzügliche Biographie von Doris Götting, „Etzel". Forscher, Abenteurer und Agent. Die Lebensgeschichte des Mongolenforschers Hermann Consten (1878–1957), Berlin 2012, S. 223–303, die die näheren Umstände einer im Prinzip misslungenen deutschen Expedition nach Afghanistan darstellt, die auf die islamische Welt durch die Ausrufung eines „Dschihad" im Sinne der Mittelmächte einwirken sollte. Speziell auf Ernst Jäckh bezogen auch: Wolfgang E. Schwanitz, Islam in Europa. Revolten in Mittelost. Islamismus und Genozid von Wilhelm II. und Enver Pascha über Hitler und al-Husaini bis Arafat, Usama Bin Laden und Ahmadinejad sowie Gespräche mit Bernard Lewis, Berlin 2013; ferner Wolfgang G. Schwanitz, Die Berliner Djihadisierung des Islam. Wie Max von Oppenheim die islamische Revolution schürte, in: Auslandsinformationen der Konrad-Adenauer-Gesellschaft 2010, Heft 10, S. 8ff.; vgl. auch den Beitrag von Ernst Jäckh: Der türkische Bundesgenosse, in: Das Grössere Deutschland, Nr. 31 vom 7. November 1914 (wieder abgedruckt in: Ülger, Atatürk (wie Anm. 20), S. 18–19).

[17] Vgl. zur Invasion auf Gallipoli, mit der – nur 60 km von Istanbul entfernt – eine die Existenz des

ungewissem Ausgang und die armenische Wohnbevölkerung in ihren ostanatolischen Heimatgebieten einer vernichtenden Zwangsumsiedlung in die nordsyrischen Wüstengebiete zuführte[18]. Jäckh hat diese Vorgänge sehr wohl gekannt, sie als inhuman nicht gebilligt, aber sich der kriegspolitischen Forderung des öffentlichen Schweigens unterworfen, dagegen aber zusammen mit den betroffenen und durchaus befreundeten Zeitgenossen Johannes Lepsius wie des Vorsitzenden der Deutsch-Armenischen Gesellschaft Paul Rohrbach Möglichkeiten gesucht und wahrgenommen, individuelle humane Hilfsmaßnahmen für verfolgte Armenier durchzuführen.[19]

Überzeugender war jedoch das von Jäckh verfolgte Ziel der Hebung des Bildungs- und Sozialstandes der Bevölkerung des Osmanischen Reiches durch Gründung von Schulen, Bibliotheken und Hospitälern und auch der technischen und zivilisatorischen Landesentwicklung Anatoliens, zuförderst mit der Fertigstellung der Bagdadbahn, die im Taurusgebirge und um Mossul noch nicht vollendet war. In diesem Zusammenhang entstand im Februar 1914 – unterstützt von der Großindustrie und staatlichen Stellen, insbesondere auch dem Militär – die Idee zur Gründung einer Deutsch-Türkischen und einer Türkisch-Deutschen Vereinigung in den Hauptstädten beider Reiche, die durch Vorträge und Sprachkurse sowie Begegnungsangebote dem persönlichen Kennenlernen, der Unterstützung und der Verständigung beider Seiten dienen sollten. Auf türkischer Seite wirkte dabei Enver Pascha als Kriegsminister selbst mit und übernahm den Ehrenvorsitz der „Türkisch-Deutschen Vereinigung" in Istanbul. Die deutsche Schwestervereinigung in Berlin ernannte ihn zum Ehrenmitglied, um beide Vereinigungen zu verbinden. Die Gründung war in den Projekten der Zeit seit längerem angedacht, auch war bereits 1910 von Jäckh ein Grundstück für den Bau eines „Freundschaftshauses" in Istanbul erworben worden, das als Mittelpunkt der Begegnung und der Bildung dienen sollte und dessen Grundsteinlegung feierlich am 27. April 1917 erfolgte.[20] Doch ist das Projekt infolge des Weltkriegs nicht weiter gediehen.

---

Osmanischen Reiches gefährdende neue Kriegsfront entstand, Klaus Wolf, Gallipoli 1915. Das deutsch-türkische Militärbündnis im Ersten Weltkrieg, Sulzbach/Taunus und Bonn 2008; Robin Prior: Gallipoli. The End of the Myth, New Haven, London 2009, sowie neuerdings auch Fabian Münch, Der Erste Weltkrieg in der australischen Geschichtskultur (= Kulturwissenschaft(en) als interdisziplinäres Projekt, Band II), Frankfurt a. M. 2016.

[18] Vgl. zum Komplex Armenierfrage den Exkurs 1 am Ende dieses Beitrags.

[19] Jürgen Gottschlich, Beihilfe zum Völkermord. Deutschlands Rolle bei der Vernichtung der Armenier, Bonn 2015 (Lizenzausgabe der Bundeszentrale für politische Bildung, Schriftenreihe Band 1561), S. 86–256, mit Verweis insbesondere auf den Nachlass von Ernst Jäckh: Papers, Manuscripts and Archives, Yale University Library, Box 208240 New Haven CT 06520–8240, der künftig einer weiteren Bearbeitung harrt. Mit Rohrbach zusammen gab Jäckh die beiden Zeitschriften „Das größere Deutschland" und „Deutsche Politik" heraus.

[20] Frankfurter Zeitung Nr. 118 vom 30.04.1917, wieder abgedruckt in: Eris Ülger: Atatürk und die Türkei in der deutschen Presse (1910–1944), Schulbuchverlag Anadolu Hückelhoven 1992,

Noch 1955 bemüht sich die in der Nachfolge der ehemaligen Türkisch-Deutschen Vereinigung nach der Aufnahme diplomatischer Beziehungen 1951 in Ankara entstandene Türkisch-Deutsche Freundschaftsvereinigung, Zweigstelle Istanbul, darum, die Grundstücksrechte an dem von der „Deutsch-Türkischen Vereinigung" 1910 erworbenen Gelände zu erwerben, doch hatte sich die Deutsch-Türkische Vereinigung Berlin 1929 rechtswirksam aufgelöst.[21]

Der hohe Anspruch der Deutsch-Türkischen Vereinigung drückt sich in ihrer satzungsmäßigen Zielsetzung aus: „*gemeinsam mit der gleichzeitig in Konstantinopel gegründeten Türkisch-Deutschen Vereinigung unter dem Vorsitz von Enver Pascha die Zentrale für alle deutsch-türkische Arbeit zu sein.*" Dies kam auch in der Vorstandsbesetzung auf beiden Seiten mit hochrangigen Politikern, Industriellen, Militärs und Beamten zum Ausdruck. Auf deutscher Seite war der Vorsitzende Generalkonsul Rudolph von Koch (Berlin), der 1. stellv. Vorsitzende: Dr. Schacht, Direktor der Nationalbank für Deutschland (Berlin), der 2. stellv. Vorsitzende: Prof. Dr. Wiedenfeld (Halle/Saale). Als Schriftführer fungierte Dr. Ernst Jäckh, der seit 1914 einen Lehrauftrag am Orientalischen Seminar der Universität Berlin übernommen hatte und 1916 dort zum Professor ernannt wurde. Gleichzeitig lehrte er seit 1915 auch an der Handelshochschule Berlin „Deutsche Orientpolitik". Schatzmeister war Dr. Alexander, Direktor der Deutschen Orientbank (Berlin). Als Beirat fungierten Albert Ballin, Generaldirektor der Hamburg-Amerika-Linie (Hamburg), Prof. Dr. Becker (Berlin), Franz Johannes Günther, Generaldirektor der Anatolischen Eisenbahnen (Konstantinopel), Dr. von der Nahmer (Köln), Landrat a. D. Rötger, Vorsitzender des Zentralrats deutscher Industrieller (Berlin), Geh. Oberregierungsrat Dr. Sachau, Direktor des orientalischen Seminars (Berlin), und Generalkonsul Dr. Paul von Schwabach (Berlin).

Noch markanter ist das Institut der Ehrenmitglieder, das dem Vorstand der Vereinigung übergeordnet war und auch für die gleichzeitig in der Türkei gegründete Schwesternvereinigung galt und den Zusammenhalt der Gründungen in beiden Ländern gewährleisten sollte. Es bestand aus: Enver Pascha (Kaiserlich Türkischer Kriegsminister und Vizegeneralissimus), zu dem Ernst Jäckh seit 1908 ein unmittelbares persönliches Verhältnis gewonnen hatte, das den ganzen Gründungsvorgang beider Gesellschaften in Berlin und Konstantinopel bestimmte, Generalfeldmarschall Freiherr von der Goltz, Großwesir a. D. Hakki Pascha als kaiserlicher türkischer Botschafter, Marschall Liman von Sanders und General Mahmud Mukhtar Pascha als kaiserlich türkischer Botschafter a. D.[22]

---

S. 36. Bei seinem letzten Orientbesuch im Oktober 1917 in Konstantinopel besuchte Wilhelm II. auch den Standort des Geländes. Vgl. Ülger, Atatürk, S. 43–44.

[21] Vgl. Mitteilungen, Heft 10 (April 1956), S. 8.

[22] Siehe das Informationsblatt der Vereinigung von 1914 oben S. 20.

Vorstand und Ehrenmitglieder garantierten eine auf beide Länder bezogene wirksame Arbeit, die – nach einer weiteren Satzungsbestimmung – sowohl die kulturellen, sozialen wie wirtschaftlichen Beziehungen zwischen Deutschland und der Türkei mit einem Bündel anspruchsvoller Aktivitäten fördern sollte. Im wesentlichen waren es aber von deutscher Seite als Entwicklungshilfe angebotene Maßnahmen: die Entsendung von deutschen Lehrern und Ärzten zur Verbesserung des Schul- und Gesundheitswesens mit der Errichtung von Bildungsstätten, Büchereien, Krankenhäusern und Heilanstalten, die Aufnahme junger türkischer Bürger in Deutschland zur Ausbildung in den verschiedenen Sparten des kulturellen, sozialen und wirtschaftlichen Lebens, vor allem aber auch zielgerichtete Maßnahmen und Beratung zur wirtschaftlichen Entwicklung der Türkei. Die Durchführung eines solchen anspruchsvollen Programms erforderte erhebliche finanzielle Mittel und Rücklagen, die die dominante Vorstandsbesetzung der Deutsch-Türkischen Vereinigung aus Kreisen der Wirtschaft und der Banken erklären. Entsprechend waren auch die Mitgliedspreise von mindestens 20 bis 5000 Mark und mehr vorgesehen, wobei die Eingangssumme bereits die überwiegende Mehrheit der Bevölkerung von einem Beitritt abgehalten haben dürfte. Tatsächlich hatte die Vereinigung aber schon bald einen großen und potenten Mitgliederkreis aus wohlhabenden und vorwiegend industriellen Schichten, den Klaus Kreiser für 1917 auf 5000 Mitglieder in der Vereinigung angibt.[23] Sie verstand sich zugleich als Dachverband für Vereine in den Staaten des Deutschen Reiches auf Landes- und Ortsebene. So trat auch die 1916 gegründete „Türkische Gesellschaft" in Münster 1917 der Deutsch Türkischen Vereinigung in Berlin bei. Ihr Jahresbeitrag für ordentliche Mitglieder (die auch an den Sprachübungen teilnahmen) betrug 6,00 Mark, der für außerordentliche Mitglieder (die keine Sprachübungen belegten) 3,00 Mark.[24]

Die hohen Beitragseinkünfte der Berliner Vereinigung erklären die wirtschaftliche Leistungsfähigkeit der Vereinigung, die über Jahreseinkünfte von ca. 500.000,00 Goldmark verfügte, darunter waren zahlreiche Sonderzuwendungen einzelner Personen, Unternehmen und Kommunen, die für einzelne Projekte und langfristige Maßnahmen zur Verfügung standen. Ein Bericht der Deutsch-Türkischen Vereinigung von Mai 1918[25] listet dazu im einzelnen für Deutschland auf: das bereits seit 1914 bestehende „Haus der Freundschaft" in Berlin „Unter

---

[23] Kreiser (wie Anm. 6), S. 676.
[24] Kassenbuch der DTG Münster 1916 ff. (Universitätsarchiv Münster, Bestand 4, Nr. 722).
[25] Türkische Jugend in Deutschland. Jahresbericht der Schülerabteilung der Deutsch-Türkischen Vereinigung, Berlin Mai 1918, 68 S. (im Archiv der DTG Münster). Darin berichten: Hans-Hermann Russack über „Türkische Jugend in Deutschland" (S. 3–19), Gerhard Ryll über „Die türkischen Schüler" (S. 21–41), ders. über „Das türkische Schülerheim in Berlin-Grunewald" (S. 42–46) und Hans-Hermann Russack über „Die türkischen Lehrlinge" (S. 47–68). Vgl. den nachfolgenden Beitrag über türkische Gastschüler in Deutschland im Ersten Weltkrieg.

den Linden" zur Pflege geistiger und gesellschaftlicher Beziehungen zwischen Deutschen und Türken; Vortragsveranstaltungen und türkische Sprachkurse in ganz Deutschland, regelmäßige Mitteilungen der Vereinigung in Form von Monatsheften; Auskunft über Wirtschaftsfragen über die Türkei, für die speziell das mit der DTV Berlin in Verbindung stehende „Wirtschaftsinstitut für den Orient" in Berlin zuständig war.[26] Als Aktivitäten in der Türkei werden aufgezählt: der Unterhalt deutscher Schulen in Adana, Konstantinopel, Eskischehir und Jerusalem; die Unterstützung türkischer Schulen mit deutschen Lehrkräften in Damaskus, Konstantinopel, Tanail und Siwas; die Verbreitung deutschen Schrifttums in der Türkei durch Stiftung von Büchereien und Übersetzungen; ärztliche Arbeit durch Unterstützung von Krankenhäusern und die Lieferung von Arzneimitteln; den Ausbau des „Hauses der Freundschaft" in Konstantinopel, „das dem Orient ein Gesamtbild deutscher Kultur und Technik geben soll durch Ausstellungsräume für Industrie, Wissenschaft und Kunst, Theater, Lesesäle, Hörsäle, Bibliothek und Forschungsinstitut – dazu Clubräume nebst Restaurant und Kaffee". Hinzuweisen ist auch auf das Bemühen der Rechtsangleichung des Osmanischen Reiches noch im letzten Kriegsjahr 1918 (vgl. dazu den Exkurs 2 im Anhang dieses Beitrags).

Die fortschreitend schwieriger werdenden Kriegsverhältnisse mit der näher rückenden Palästinafront, die Ende 1917 Jerusalem erreichte, haben die genannten Vorhaben wesentlich behindert. Trotzdem fand noch am 28. März 1918 ein Vortrag der Türkisch-Deutschen Vereinigung zur Frauenfrage von Dr. Gertrud Bäumer, der Vorsitzenden der Deutschen Frauenvereine in der Aula der Universität Istanbul statt (vgl. die Einladung auf Seite 36). Das „Haus der Freundschaft" in Istanbul ist jedoch über die Grundsteinlegung 1917 nicht hinausgekommen. Sein attraktiver Platz war 1955 noch unbebaut, aber in das Interesse der 1951 neu begründeten Türkisch-Deutschen Freundschaftsvereinigung in Istanbul geraten. Das Vorhaben, dem im Osmanischen Reich stark ausgeprägten französischen Schulsystem ein deutsches entgegenzusetzen, war nur in bescheidener Weise mit wenigen Schulen bis zum Kriegsende 1918 vorangebracht worden.

---

[26] Das „Wirtschaftsinstitut für den Orient" und die von Ernst Jäckh persönlich geleitete „Deutsche Orient-Bücherei" haben in der kurzen Zeit ihres Bestehens seit 1914 und unter den Bedingungen des Ersten Weltkriegs bis 1918 eine bemerkenswerte Tätigkeit entfaltet. Allein in der Reihe der Orient-Bücher erschienen bis 1916 zwanzig Bände mit zumeist aktuellen Themen zum Nahen Osten. Im „Archiv für Wirtschaftsforschung im Orient", das von Reinhard Junge und einem Mitarbeiterkreis u.a. mit Prof. Dr. C.H. Becker, Berlin, Ernst Jäckh und weiteren drei Professoren in Bonn und Berlin herausgegeben wurde, erschienen wenige, aber sehr substantielle Hefte zur aktuellen Wirtschaftspolitik der Orientländer, vgl. dazu auch den Beitrag von Willbrandt in diesem Band (S. 247–251), der auf die Technisierung als zentralen Faktor der Modernisierung der Landwirtschaft hinweist.

> **VII. VORTRAG**
>
> DER
>
> **Türkisch-Deutschen Vereinigung**
>
> über
>
> **Bildung und Leistung der deutschen Frau**
>
> gehalten am 28. März 1918
>
> im Grossen Saal der Universität Stambul
>
> von
>
> **Frl. Dr. GERTRUD BÄUMER**
>
> VORSITZENDEN des BUNDES DEUTSCHER FRAUENVEREINE
>
> Druck von AHMED IHSAN & Cie.
>
> KONSTANTINOPEL
>
> 1918

*Abb. 3: Einladung der „Türkisch-Deutschen Vereinigung Istanbul" zum VII. Vortrag im Grossen Saal der Universität Istanbul noch am 28. März 1918. Die Vorsitzende des „Bundes Deutscher Frauenvereine" und Gründerin des „Katholischen Deutschen Frauenbundes" Dr. Gertrud Bäumer sprach über „Bildung und Leistung der deutschen Frau" vor der beachtlichen Kolonie Deutscher in Istanbul, zu der das Personal der Botschaft des Deutschen Kaiserreichs, des Evangelischen Krankenhauses, der Deutschen Schule (Gymnasium), der evangelischen wie der katholischen Kirchengemeinde u.a. gehörte. Die 1843 gegründete Universität Istanbul diente mit ihrem großen Hörsaal als Ersatz für das geplante „Türkisch-Deutsche Freundschaftshaus", das über die 1917 erfolgte Grundsteinlegung nicht hinaus gedieh.*

## 2. Die Ausbildung türkischer Schüler, Volontäre und Lehrlinge in Deutschland 1915–1918

Am erfolgreichsten war jedoch das 1915 vom Reich übernommene Projekt der Aufnahme und Ausbildung von türkischen Schülern, Volontären und Lehrlingen, bei denen vorausgesetzt wurde, dass sie bereits in der Türkei an Deutsch-Kursen teilgenommen und eine bestimmte Fertigkeit erreicht hatten. Der Andrang türkischer Bewerber war groß und übertraf die Aufnahmemöglichkeiten im Reich bei weitem, so dass eine durchaus strenge Auslese stattfand. Die Deutsch-Türkische Vereinigung Berlin hatte dazu extra einen Schülerausschuss gebildet, der für den seit August 1916 beginnenden Ausbildungszyklus zuständig war und zunächst nur männliche Jugendliche umfasste und nur 15 weibliche Bewerberinnen schon in fortgeschrittenem Alter und Studium u.a. als Lehrerinnen (4), Ärzte (5), Literaturstudierende (2), Zeichenlehrerin (1). Männliche Studenten waren nicht berücksichtigt, da man auf frühere weniger positive Erfahrungen mit ihnen verwies (ungeregeltes Studium mit vorzeitigem Abbruch).[27] Seit 1918 überlegte man, auch weibliche Schülerinnen als Bewerberinnen zuzulassen, doch kam darüber das Kriegsende.

Nach dem Bericht (S. 3) befanden sich Anfang 1918 300[28] türkische Schüler höherer Schulen auf deutschen Oberrealschulen und als Volontäre in Fabriken, für die ein Jahresaufwand von einer halben Million Mark notwendig war. Die Hälfte davon brachten die Schülereltern in der Türkei auf, die andere Hälfte die deutsche Seite. Hierzu gaben der Kaiser eine Spende von 100.000,00 Mark, die deutsche Industrie für das Schuljahr 1916/17 40.000,00 Mark, 48 deutsche Städte spendeten insgesamt 100.000,00 Mark (darunter waren u.a. aus dem Rheinland und Westfalen die Städte: Bochum, Bonn, Bottrop, Krefeld, Dortmund, Düren, Düsseldorf, Hagen, Herford, Minden, Münster und Remscheid); dazu bewilligten 153 Städte noch insgesamt 450 Freistellen für türkische Schüler *(siehe Karte S. 36)*. Private Gönner zahlten noch 60.000,00 Mark. Daraus ist zu ersehen, dass die deutsche Bevölkerung trotz der Kriegsverhältnisse und schwieriger werdenden Versorgungsproblemen in den Städten eine enorme Bereitschaft zur Aufnahme türkischer Schüler zeigte. Wie aus den Akten der DTG Münster hervorgeht, war das Angebot an Plätzen größer als der Bedarf. Erst 1917 gelang es der Stadt Münster, wenigstens einen türkischen Schüler zu erhalten, um den sich die Gesellschaft durchaus kümmerte.[29] Neben Schülern nahm das Deutsche Reich 1917 auch

---

[27] Türkische Jugend in Deutschland (wie Anm. 25), S. 14 ff.
[28] Vgl. den Bericht von Wilhelm Feldmann in diesem Band, S. 55–59.
[29] Sitzungsberichte der Türkischen Gesellschaft zu Münster (1916–1921). Das Original des Protokollbuches ist erhalten und wird heute im Stadtmuseum Münster verwahrt. Eine Kopie befindet sich im Besitz der DTG Münster. Im Protokoll der Sitzung vom 21.09.1917 heißt es unter Punkt 2 (Seite 114): „Herr Doiken teilt mit, dass nach Angabe der Deutsch-Türkischen Vereinigung

ca. 350 türkische Jungen aus Waisenhäusern in Konstantinopel und Anatolien als gewerbliche Lehrlinge auf, die eine Volksschulbildung abgeschlossen hatten und ca. 14 Jahre alt waren. Ihre Aufnahme war für eine Ausbildungsdauer von vier Jahren kostenlos. Es soll sich bei ihnen um türkische Kriegswaisen handeln, doch lässt ihre Herkunft aus dem Innern Anatoliens möglicherweise vermuten, dass es sich auch um ursprünglich armenische Waisen angesichts der Zwangsumsiedlung 1915 handeln könnte. Der größere Teil der Waisen fand bei Lehrmeistern Unterkunft, der kleinere Teil als Bergwerkslehrlinge bei verschiedenen Bergwerken im Reich vom Saarland bis Schlesien. Im Mai 1917 erfolgte auch die Übernahme von Lehrlingen zur Berufsausbildung, ein Projekt, das nach dem Wunsche Enver Paschas sich auf 1000 Lehrlinge pro Jahr ausweiten sollte, da nach seiner Auffassung „von der Tüchtigkeit der kommenden Generation die Zukunft des türkischen Staates abhänge" (Bericht, S. 12).

Fragt man nach den Entsendern der jungen Türken, so kamen fast ca. 60% aus Beamtenfamilien, 25% aus Kaufmannsfamilien und Familien freier Berufe (Arzt, Rechtsanwalt. Ingenieur), nur 6% aus bäuerlichen und 5% aus Handwerkerfamilien. 46% der türkischen Schüler wählten technische und handwerkliche Ausbildungsberufe, 26% wollten Ärzte, Kaufleute und Landwirte werden, die übrigen verteilten sich auf andere durchaus anspruchsvolle Berufsfelder (Architekt, Arzt, Apotheker, Fabrikant u.a.). Eine Bilanz des Berichts 1918 vermerkt, dass viele der türkischen Schüler ohne ausreichende Sprachkenntnisse nach Deutschland kamen, so dass sich ihr Bildungsgang dadurch verlängerte, weil sie zunächst sprachlich beigearbeitet werden mussten. Die türkische Regierung wünschte sich eine stärkere Berücksichtigung landwirtschaftlicher Berufsanwärter, weil sich die Türkei als großes Agrar-Land verstand.

---

keine Handwerkslehrlinge mehr zur Verfügung stehen, dagegen könnten wir einen türkischen Schüler haben, sofern die Stadt Münster einen monatlichen Zuschuß von 120 Mark zahle". Die Stadt erklärt sich am 16.11.17 zur monatlichen Zahlung von 120 Mark bereit. Am 22. März 1918 heißt es im Protokollbuch (S. 119) unter Punkt 3: „Der langersehnte türkische Schüler *(Name in Arabisch geschrieben vom Protokollanten Mense, der sich damit als gelehriger Schüler des Türkisch-Kursus zu erkennen gibt)* ist eingetroffen und hat – zu unserer Freude – bereits einige Mal an unseren Sprachübungen teilgenommen." Leider verzeichnet das Protokollbuch keine weiteren Nachrichten über den Schüler. Möglicherweise hieß er Suad Fuad und war noch bei der Auflösung der Gesellschaft am 17. März 1921 in Münster anwesend, da dieser Name im Protokoll (Blatt 145). für eines der anwesenden drei Mitglieder verzeichnet ist.

*Abb. 4: Die von der Deutsch-Türkischen Gesellschaft Berlin im Mai 1918 herausgegebene Schrift „Türkische Jugend in Deutschland" ist in einem Exemplar, das der Bergakademie Freiberg am 10.07.1918 zuging, erhalten. Die Schülerabteilung der DTV wurde im Oktober 1916 mit der Übernahme der Organisation der türkischen Schüler- und Lehrlingsbetreuung im Deutschen Reich begründet und von Dr. Hans Hermann Russak geleitet, der vordem türkischer Dolmetscher im Heeresdienst war. Dem damit seit Sommer 1917 verbundenen Ausschuss gehörten 5 Vertreter der DTV Berlin mit dem Vorsitzenden Prof. Dr. Jäckh an, je ein Vertreter des Preußischen Kultusministers, des Auswärtigen Amtes, der Generalsekretär des Deutschen Handwerks- und Gewerbekammertags, je zwei Vertreter des Handelsministeriums, des deutschen Ausschusses für technisches Schulwesen sowie von türkischer Seite der Botschaftsrat Edhem' Bey und der türkische Generalkonsul in Berlin, ferner der türkische Inspektor für die Lehrlinge, das Berliner Dezernat für die Ausbildung der Ingenieure und Arbeiter des türkischen Kriegsministeriums mit dessen Offizieren in Berlin.*
*Daraus wird deutlich, welche große Bedeutung beide Länder dem Projekt beimaßen, das zugleich mit einem hohen Finanzaufwand von über 500.000 Mark jährlich verbunden war.*

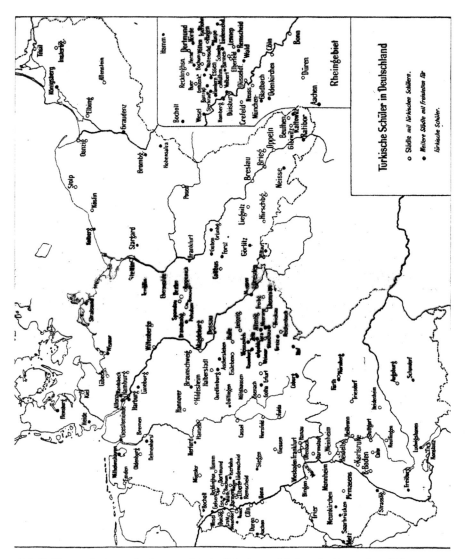

*Abb. 5: Karte mit Orten, in denen türkische Schüler und Lehrer im Deutschen Kaiserreich Aufnahme fanden und vielfach auch Deutsch-Türkische Vereinigungen entstanden. Entnommen der Schrift: Türkische Jugend in Deutschland (wie Anm. 25).*

Im Bericht über die Lehrlinge, die seit April 1917 in zehntägiger Fahrt in Berlin eintrafen, stellt der Berichterstatter fest, dass etwa ein Viertel von ihnen im Laufe der ersten Monate zurückgesandt wurden, die übrigen aber (182) mit sehr gut und gut (43%) und genügend (50%) von ihren Lehrherrn beurteilt wurden. Die meisten von ihnen waren im Metallgewerbe (64), im Holzgewerbe (44), im

Bekleidungsgewerbe (27), im Nahrungsgewerbe (11) und anderen 12 Gewerben tätig (36).

Ein zweiter Zug mit türkischen Lehrlingen, die teils von ihrer Heimat in Ostanatolien (heute Gaziantep) nach Konstantinopel 20 Tage und weiter nach Berlin noch einmal 10 Tage unterwegs waren, hatten eine Bergwerksausbildung gewählt und wurden deutschen Oberbergämtern im Rheinland, in Westfalen, Schlesien, Sachsen sowie im Saarland und im Harz zugewiesen. Untergebracht waren sie zumeist in Familien von Steigern. Zwei der Lehrlinge verunglückten allerdings tödlich, wie es heißt durch eigenes Verschulden. Auch hier stellen die Berichte durchaus günstige Zeugnisse über die Arbeit und das Verhalten der Lehrlinge aus, die alle Bereiche des Bergbaus über und unter Tage kennen lernen sollten. Nach einem Bericht der Deutsch-Türkischen Vereinigung von Juli–August 1918 weilten damals ca. 1500 junge Türken im Deutschen Reich, aber auch 400 in Österreich und 150 in der Schweiz, die ebenfalls Entwicklungshilfeprogramme für Schüler durchführten.[30]

Leider fehlen Berichte über das Schicksal der jugendlichen Türken für die Zeit des Kriegsendes 1918, das sowohl in Deutschland wie im Osmanischen Reich zu großen politischen und sozialen Umwandlungen geführt und vielen von ihnen keine Rückkehr ermöglicht hat. Daher hatte die Deutsch-Türkische Vereinigung auch nach Kriegsende weiter eine Fürsorgepflicht für die zumeist noch nicht mündigen, d.h. unter 21 Jahre alten Schüler und Lehrlinge. Wie Klaus Kreiser[31] mitteilt, wurden für sie die für den Bau des Freundschaftshauses in Konstantinopel vorgesehenen Gelder umgewidmet. Manche der türkischen Jugendlichen dürften nach ihrer Ausbildung in Deutschland verblieben sein, da in ihrer Heimat bis 1923 Bürgerkrieg herrschte. Den Niedergang der Deutsch-Türkischen Vereinigung, insbesondere seinen finanziellen Niedergang durch den Verlust von potentiellen Mitgliedern und der Inflation 1923 konnte sein Gründer in den schweren Jahren der Weimarer Republik nicht verhindern. 1929 sah er sich zu ihrer rechtlichen Auflösung in Berlin veranlasst. Auch andere Vereinigungen überdauerten nicht.

## 3. Die Gründung und Entwicklung der DTG Münster seit 1916

Die wesentlich von Ernst Jäckh und der von ihm begründeten Deutsch-Türkischen Vereinigung ausgehende „Türkenbegeisterung" fand im Vorfeld des Ersten Weltkriegs und mit dessen Beginn am 1. August 1914 im Reich durchaus großen Wi-

---

[30] Vgl. den Kurzbericht der DTV Berlin Nr. 5/6 vom Juli–August 1918 in: Ülger, Atatürk (wie Anm. 20), S. 58. Vgl. auch den nachfolgenden Beitrag von Wilhelm Feldmann in diesem Band; ferner Mangold-Will (wie Anm. 11), S. 253–268, hier S. 255–258, ferner S. 289–292 mit Einzelheiten für die schwierige Rückführung der Schüler und Lehrlinge nach Kriegsende 1918.
[31] Wie Anm. 6, S. 677.

# Türkische Gesellschaft

**Gegründet Februar 1916**

**Ehrenvorsitzender: Univ.-Prof. Dr. Grimme, Münster i. W.**

**Geschäftsstelle: Alter Fischmarkt 19/20.**

## Die Türkische Gesellschaft will

in Münster alle Kreise zu gemeinsamer Arbeit sammeln, deren Blicke sich aus Beruf oder Neigung dem Morgenlande zuwenden und die an der schöpferischen Tätigkeit, welche uns Deutsche in der Türkei erwartet, mitzuschaffen entschlossen sind.

## Die Türkische Gesellschaft ist deshalb bestrebt,

die türkische Sprache und Literatur zu pflegen und

Aufklärung zu schaffen über Bevölkerung, Natur und Wirtschaft jener weiten vorderasiatischen Landstrecken, die uns nunmehr als Betätigungsfeld erschlossen werden.

## Die Mitgliedschaft der Türkischen Gesellschaft

ist eine zweifache.

Wenn sich jemand an den Sprachübungen zu beteiligen gedenkt, kann er als ordentliches Mitglied aufgenommen werden. Der Jahresbeitrag beträgt 6 Mark.

Wer ohne sprachliche Betätigung die Zwecke der Gesellschaft fördern und an den allgemeinen Veranstaltungen teilnehmen will, wird durch Zahlung eines jährlichen Beitrages von 3 Mark außerordentliches Mitglied.

(Meldungen werden an die Geschäftsstelle erbeten.)

## Die Türkische Gesellschaft veranstaltet

für die ordentlichen Mitglieder wöchentlich Sprachübungsabende (Grammatik- und Konversation-, sowie Lektüre-Abteilung)

und für alle Mitglieder, mit Einschluß der außerordentlichen, monatlich einen „Kleinen Vortragsabend".

Im Winterhalbjahr werden außerdem öffentliche Vortragsabende abgehalten.

## Die Türkische Gesellschaft stellt

allen Mitgliedern ihre Bücherei und die von ihr gehaltenen Zeitschriften zur Verfügung

und vermittelt unentgeltlich Auskünfte und Rat in allen Fragen unseres Verhältnisses zur Türkei.

Westfälische Vereinsdruckerei, Münster i. W. 170

*Abb. 6: Werbeblatt der am 04.02.1916 gegründeten „Türkischen Gesellschaft" Münster.*

derhall. Ausdruck dessen war die Gründung von Deutsch-Türkischen Gesellschaften oder Vereinigungen in fast allen Landeshauptstädten des Reiches, vor allem aber in Universitätsstädten, wo Institute oder Lehrstühle für Orientalistik Anknüpfungspunkte darstellten. Die Waffenbrüderschaft des Deutschen und des Osmanischen Reiches mit dem Einsatz deutscher Soldaten an den Fronten in Nah-Ost rückte das Osmanische Reich unmittelbar in den Blickpunkt der deutschen Bevölkerung. Auch die Universitäten waren aufgefordert, sich mit deutsch-türkischen Beziehungen der Gegenwart intensiver zu beschäftigen und sich des Erlernens der türkischen Sprache (damals noch in Form des Alttürkischen in arabischer Schrift vor der Schriftreform von 1927) anzunehmen, eine Aufforderung, die sich vor allem an die Lehrstuhlinhaber für Orientalistik richtete, die neben Arabisch und Persisch vielfach auch Türkisch sprachen. Insofern war in Münster Prof. Dr. Hubert Grimme (1864–1942) ein spezieller Ansprechpartner.

Am 24.01.1864 in Paderborn geboren, bestand er 1881 das Abitur am Gymnasium in Heiligenstadt, wo sein aus dem Sauerland stammender Vater Gymnasialdirektor war. Das Studium der Orientalistik absolvierte er in Münster und Berlin, wo er 1886 promoviert wurde. 1887 legte er das Staatsexamen in Orientalistik und Germanistik in Münster ab, 1888/89 das Probejahr für das Gymnasium in Lippstadt, doch setzte er seine wissenschaftlichen Studien danach an der neu gegründeten Universität Freiburg/Schweiz fort, die ihn mit 25 Jahren 1889 habilitierte und 1892 auf einen Lehrstuhl für Orientalistik berief. 1910 folgte er einem Ruf an die Universität Münster als etatmäßiger Extraordinarius für orientalische Sprachen/semitische Philologie und altorientalische Geschichte. 1911 zum Ordinarius ernannt, hat er die Orientalistik in Münster bis zu seiner Emeritierung 1929 mit Umsicht vertreten und ausgeweitet.[32] Hier nahm er auch zu politischen Gegenwartsfragen Stellung wie u.a. „Die Mission der Türkei" oder „Islam und Weltkrieg". Auch wirkte er an den Kriegsvorträgen der Universität seit 1914 mit. Insofern war er der geeignete Ansprechpartner für die Gründung einer „Türkischen Gesellschaft". Die Initiative dazu ging aber von den „Damen und Herren" des von ihm geleiteten türkischen Kursus aus.[33] Prof. Dr. Grimme berief sie am Freitag, dem 4. Februar 1916, auf deren Veranlassung zu einem Vorgespräch in das Clubzimmer des „Fürstenhofes" in Münster *„zum Zwecke einer Diskussion betreffend*

---

[32] Universitätsarchiv Münster 10 Nr. 2301: Personalakte Hubert Grimme; Peter Heine, Geschichte der Arabistik und Islamkunde in Münster, Wiesbaden 1974, S. 19–20; Jürgen von Beekerath, Außereuropäische Sprachen und Kulturen an der Universität Münster, in: Heinz Dollinger (Hg.), Die Universität Münster 1780–1980, Münster 1980, S. 425 f.; ferner die jüngst von Ludger Hiepel, Hans Neumann, Ellen Rehm hg. Festschrift: Das Institut für Altorientalische Philologie und Vorderasiatische Altertumskunde. Über 100 Jahre: Geschichte einer Institution an der Westfälischen Wilhelms-Universität, Ugarit Verlag Münster 2016, S. 2–11.

[33] Universitätsarchiv Münster 10 Nr. 2301: Personalakte Prof. Dr. Hubert Grimme. Vgl. auch den Wiederabdruck des Nachrufs seines Nachfolgers Taeschner über ihn 1942 in diesem Band.

*die Gründung einer ‹Türkischen Gesellschaft› zur Hebung des Verständnisses für Sprache, Kultur und Litteratur der Türkei"*.[34]

Der Einladung folgten sieben Damen und 13 Herren, die nicht alle Studierende, sondern überwiegend Schüler von Münsteraner Gymnasien, Lehrer und andere Berufstätige waren. Sie sprachen sich nach angeregter Diskussion für die Gründung einer „Türkischen Gesellschaft" aus und wählten aus ihrer Mitte einen Ausschuss von fünf Teilnehmern zur organisatorischen Vorbereitung der Gründung unter dem Leiter der Gewerbeschule in Münster W. Stiller. Auch der Sekretär der Universitätsbibliothek Richard Heinze, der sich bereits berufsmäßig mit Semitologie beschäftigt hatte, war Mitglied des Ausschusses. Als Tagungslokal wählte man das zentral in der Innenstadt gelegene Gasthaus „Stieger" am Alten Fischmarkt. Hier tagten zwar bereits die Mitglieder des französischen, englischen und italienischen Clubs der Stadt, doch störte das – trotz Krieg und Kriegsfeindschaft der Länder – die Gesellschaften nicht. Als Tagungszeit bestimmte man wöchentlich den Freitagabend von 8.30 bis 10.00 Uhr. Die erste Hälfte davon war dem Erlernen der türkischen Sprache gewidmet, der zweite Teil der Diskussion, wozu eines der Mitglieder jeweils einleitend einen kurzen Sachvortrag vorbereitete. Es war für die Mitglieder der Gesellschaft selbstverständlich, dass das Programm eine weitgehend regelmäßige Teilnahme von allen voraussetzte.

Die Sprachübungen wurden teils von den Professoren Grimm und Rosenfeld[35] geleitet, überwiegend aber von den Teilnehmern im Wechsel selbst. Zusätzlich veranstaltete die Gesellschaft im Audi Max der Universität öffentliche Vorträge mit Referenten von Nah und Fern zu aktuellen Themen – auch des Krieges und der Kriegsmächte –, die zahlreiche interessierte Bürger anzogen, so dass die Gesellschaft durch die Eintrittsgelder auch ihre Kasse auffüllen konnte. Ein Werbeblatt (siehe S. 43) listete die Angebote der Gesellschaft durchaus einladend auf und hatte insofern Erfolg, als sich ein kleiner, aber beständiger und vor allem aktiver Kreis von Mitgliedern in der Vereinigung zusammenfand. Die etwa gleiche Zahl der ordentlichen und außerordentlichen Mitglieder (die an den Sprachkursen oder nur an den allgemeinen Veranstaltungen teilnahmen) erreichte zusammen etwa 90, sank aber mit den erschwerten Verhältnissen des Krieges bis 1918

---

[34] Das Nachfolgende nach den Sitzungsberichten der Gesellschaft (wie Anm. 29), S. 1–145.
[35] Prof. Dr. Ernst Heinrich Rosenfeld (1869–1952) war seit 1902 Ordinarius für Strafrecht an der Universität Münster, aber sprachbewandert und wohl auch des Türkischen mächtig. Er hat die Gründung der Deutsch-Türkischen Gesellschaft in Münster wesentlich unterstützt, nahm seit dem 14. Vereinsabend am 5. Mai 1916 an den Sprachkursen und Versammlungen der Gesellschaft teil. Am 4. August 1916 hielt er einen Vortrag über die verwandtschaftlichen Beziehungen der türkischen Sprache. Am 24. November 1916 wählte ihn die Gesellschaft zum Ehrenmitglied. Seit dem 5. April 1918 amtierte er als 1. Vorsitzender bis zur Auflösung der Gesellschaft 1921. Vgl. zur Person auch Universitätsarchiv Münster 31 Nr. 45 und den Beitrag über ihn in diesem Buch.

Abb. 7: Öffentliches Vortragsprogramm der „Türkischen Gesellschaft Münster" im Wintersemester 1919/20.

auf immer noch beachtliche 78. Eine weiterhin vaterländische Einstellung zeigte die Gesellschaft, als sie in der Generalversammlung am 05.04.1918 beschloss, von dem respektablen Kassenbestand von 507 Mark 300 Mark als Kriegsanleihe zu zeichnen. Anlässlich der Generalversammlung am 16.04.1920 betrug die Mitgliederzahl noch 52, doch erlosch das Veranstaltungsleben unter den schwigrien Umständen des Kriegsendes und der Revolution weitgehend.

Um die Vereinigung weiter attraktiv zu machen, benannte sie sich in der Generalversammlung am 16. April 1919 in „Gesellschaft für Orientkunde" um, weil sich damit über die durch den verlorenen Krieg ins Abseits geratene Türkei hinweg ein größeres Raum- und Sprachfeld öffnete, das der universitären Ausrichtung der Orientalistik in Münster entsprach. In der neuen Zielerklärung der Gesellschaft hieß es dazu:

*„Die hiesige Gesellschaft für Orientkunde will dazu beitragen, das Interesse am Orient wachzuhalten, die Kenntnis von Land und Leuten, Kultur und Religion des Orients in den Kreisen der Gebildeten zu verbreiten und zu vertiefen. Sie vereinigt ihre Mitglieder, männlichen und weiblichen Geschlechts, allmonatlich an zwei Abenden, um sie durch Vorträge, Demonstrationen und Diskussion über die verschiedenen Gebiete des orientalischen Wesens zu unterrichten. Sie verbindet damit noch den Sonderzweck, denjenigen Kriegsteilnehmern, die jetzt auf einen Aufenthalt im Orient zurücksehen, Gelegenheit zu geben, unter Gesinnungsgenossen ihre Erfahrungen auszutauschen und ihre Erlebnisse mitzuteilen. Sie stellt ihren Mitgliedern eine größere Zahl von Büchern und Zeitschriften zur Verfügung und wird für diejenigen, die sich um die Erlernung der orientalischen Sprachen bemühen, Sprachübungskurse einrichten."*

Der Jahresbeitrag sollte nur noch vier Mark betragen, für Studenten 2 Mark. Tagungsort blieb weiter das Gasthaus Stieger. Ein attraktives Vortragsprogramm für das Winterhalbjahr 1919/1920 machte auf die Gesellschaft aufmerksam (s. das nebenstehende Programm). Am 28. Januar 1920 wurde der neue Satzungsentwurf für sie erstellt, der im § 17 vorsah, dass bei Auflösung der Gesellschaft das Vermögen einschließlich Buchbeständen und Zeitschriften dem Orientalischen Seminar der Universität zufällt. Das ist offensichtlich geschehen, nachdem zur Generalversammlung am 17.03.1921 außer den vier Vorstandsvertretern nur noch drei Mitglieder kamen und der einzige Tagesordnungspunkt der Versammlung die Beratung über das Fortbestehen der Gesellschaft war, wozu das erhaltene Protokoll aber keine Aussage mehr enthält. Damit endete das Vereinsleben nach nur wenigen Jahren, die voller Aktivitäten der Mitglieder war und sich durch kontinuierliche Sprachübungen wie Vortragsveranstaltungen und auch gesellschaftliche Events wie jährliche Stiftungsfeste und Ausflüge trotz der Erschwernisse der

Kriegszeit auszeichneten, aber keineswegs durch aktuelle politische Erklärungen und Stellungnahmen.[36]

Die Ehrenmitglieder der Gesellschaft Prof. Dr. Hubert Grimme (Ehrenvorsitzender) und Prof. Dr. jur. utriusque Ernst Heinrich Rosenfeld (1869–1952) waren die besonderen Stützen der Gesellschaft, konnten aber deren Niedergang 1921 nicht aufhalten. Grimme gewann jedoch 1919 mit Dr. Franz Taeschner (1888–1953) einen hochbegabten Islamwissenschaftler und Turkologen für Münster, der 1912 in Kiel promoviert worden war, in den Kriegsjahren seit 1915 als türkischer Dolmetscher dem Stabe der Palästinaarmee angehörte und dort Ende September 1918 in englische Gefangenschaft geriet, aus der er allerdings noch Ende 1918 zurückkehren konnte. 1921 habilitierte er sich in Münster, 1929 wurde er zum nicht besoldeten a.o. Professor ernannt, 1935 zum außerplanmäßigen Ordinarius, 1942 zum planmäßigen für das Fach Islamwissenschaft, der die arabische, persische und türkische Sprache und Literatur sowie die Geschichte und Kultur des Vorderen Orients in islamischer Zeit vertrat.[37]

Damit hatte die Universität Münster einen der führenden Islamwissenschaftler und Turkologen in Deutschland gewonnen, der das Universitätsfach in der Nachfolge von Grimme weiterführte, aber nicht die „Gesellschaft für Orientkunde", die ihm gleichwohl seit seinem Wechsel nach Münster bekannt war. Taeschners Schüler wurde 1932 Ludwig Budde (1913–2007), der – 1937 durch das NS-System von der Universität Münster relegiert – sich 1947 hier für christliche Archäologie habilitierte. Ein Schwerpunkt seiner Forschung neben der römischen Kunst vor allem der Zeit der Severer sah er in der Türkei, wo er durch mehrere Forschungsreisen in den 1950er Jahren nicht nur die Mosaiken der Hagia Sophia erschloss, sondern auch antike Mosaiken in Kilikien, die Höhlenkirchen Kappadokiens und einzelne Orte im Südosten Anatoliens erforschte.[38] Taeschner wie Budde haben die Ge-

---

[36] Vgl. dazu die handschriftlichen Sitzungsberichte der Gesellschaft 1916–1921 (wie Anm. 29), S. 1–145; ferner die im Universitätsarchiv befindlichen Akten der Gesellschaft aus derselben Zeit: Bestand 4, Nr. 720 (Mitgliederverzeichnis), Nr. 721 (vereinzelte Akten der Jahre 1916–1921), Nr. 722 (Einnahmen und Ausgaben der Gesellschaft 1916–1921) und Nr. 723 (Kassenbuch).
[37] Universitätsarchiv Münster Bestand 5, Nr. 827; Bestand 10, Nr. 6885; Heine (wie Anm. 32), S. 23–25; Beekerath (wie Anm. 32), S. 428. Vgl. den Beitrag von Klaus Kreiser in diesem Band über Taeschner und Jäschke.
[38] Vgl. die Ludwig Budde gewidmete kleine Festgabe der DTG Münster anlässlich der Übergabe seiner Sammlung von Kupfer- und Stahlstichen an die Universitätsbibliothek Münster 2006: Hermann Haller, Paul Leidinger, Sehnsucht nach dem Orient. Bilderzyklen des Osmanischen Reiches um 1840. Begleitheft zur Ausstellung der Universitäts- und Landesbibliothek Münster vom 20. Januar bis 10. Februar 2006 aus Anlass des 90-jährigen Bestehens der Deutschen-Türkischen Gesellschaft Münster von 1916 e.V.; darin: Dieter Metzler, Ludwig Budde, Laudatio am 21.11.2003 anlässlich des Festaktes zum 90. Geburtstag Professor Ludwig Buddes, S. 16–20. Der Vortrag von Metzler ist in erweiterter Form zugleich mit einem Schriftenverzeichnis

schichte der kurzfristigen Türkischen und Orientalischen Gesellschaft 1916–1921 in Münster gekannt und dürften auch die heute noch erhaltenen Dokumente an das Universitätsarchiv vermittelt haben. Nach den Angaben Buddes hat Prof. Dr. Taeschner die Idee der Gesellschaft in seinem Forschungskreis weiter geführt, aber auf eine Vereinsgründung angesichts des Gleichschaltungszwangs in der NS-Zeit 1933 verzichtet, dagegen bereits im Herbst 1945 die Initiative zu einer Zirkelgründung wieder aufgenommen. Eine vereinsrechtliche Wiederbegründung einer Gesellschaft ist damit jedoch offenbar nicht verbunden gewesen, vielmehr ist diese erst durch die Begründung der Bonner Gesellschaft 1954 bewirkt worden, der Prof. Dr. Budde im Frühsommer beigetreten ist. Am 4. Juni 1954 bestätigt der Geschäftsführer der Bonner Gesellschaft den Beitritt Buddes. Er hofft, *„dass wir in Fragen der Zusammenarbeit zwischen der Türkei und Deutschland von Ihnen Anregungen und Unterstützung erhalten. Die Gesellschaft steht von sich aus jeder Zeit zu Ihrer Verfügung."*[39]

## 4. Die DTG Bonn und die DTG Münster seit 1953

Damit erfolgte ein Neuanfang, der 1956 zu einer vereinsrechtlichen Neugründung einer „Deutsch-Türkischen Gesellschaft" in Münster und gleichzeitig zu einer Fusion mit der „Deutsch-Türkischen Gesellschaft" in Bonn führte.[40] Dieser wuchs in der Folge – wie der Deutsch-Türkischen Vereinigung von 1914 in Berlin – die Funktion einer Art Dachverband für eine Reihe von Deutsch-Türkischen Gesellschaften oder Vereinen zu, die sich nachgehend in Göttingen, Hamburg, Gießen, Aachen, München, Stuttgart, Karlsruhe, Heidelberg u.a. gründeten und in Kontakt zu Bonn traten, weil Bonn nicht nur die erste nach 1945 neu gegründete Gesellschaft war, sondern auch durch den neuen Sitz der Bundesregierung und des Deutschen Bundestages eine zentrale Funktion in der Neubegründung und Entwicklung deutsch-türkischer Beziehungen zukam, die in allen anderen Orten nicht vergleichbar gegeben war.[41] Eine wesentliche Stütze waren dabei persönliche Ver-

---

in dieser Festschrift wieder aufgenommen worden. – Leider sind die vier Tagebücher der Forschungsreisen Buddes in die Türkei in den 1950er Jahren verschollen, nachdem sie 2006 bei der Übernahme der Akten der DTG Münster dem Seminar für Byzantinistik der Universität übergeben worden waren.

[39] Das Schreiben befindet sich im Schriftarchiv der DTG Münster, die seit 2005 ein Depositum im Archiv der Stadt Münster geschaffen hat.

[40] Protokoll der Gründungsversammlung der Zweigstelle der DTG Münster am 05.03.1956, 11–13.00 Uhr im Hause Taeschner, Münster, an der Herr Willbrandt von der DTG Bonn teilnahm und die allgemeinen Ziele der Gesellschaft erläuterte (Archiv der DTG Münster von 1916 e.V.).

[41] Vgl. dazu die bisher ungedruckte Magisterarbeit von Wiebke Hohberger, Die Arbeit der Deutsch-Türkischen Gesellschaft Bonn und Münster nach 1945: Spiegelbild der Türkeipolitik?, Münster 2010, und ihren Beitrag in diesem Buch.

## Aspekte deutsch-türkischer Beziehungen

bindungen, die sich zwischen politischen deutschen Emigranten in der Türkei in der NS-Zeit nach ihrer Rückkehr nach Deutschland 1945 durch ihre politische Arbeit mit Amtsstellen der Bundesregierung in Bonn ergaben.[42] Diese Verbindungen stützten nicht nur die Wiederaufnahme diplomatischer Beziehungen zwischen der Bundesrepublik und der Türkei 1951, sondern leiteten in bedeutendem Maße auch wirtschaftliche Verbindungen zwischen beiden Ländern ein. Fast kann in einem Vergleich mit der Deutsch-Türkischen Vereinigung 1914 gesagt werden, dass die Bonner Gesellschaft in ähnlicher Weise wie 1914 sich auch als wirtschaftliche Beratungsstelle verstand, die Verbindungen der deutschen Wirtschaft zu Ansprechpartnern in der Türkei förderte und überdies auch durch ein landwirtschaftliches Projekt in der Türkei selbst eine Art Entwicklungshilfe betrieb.[43] Schon ein Blick in die Mitgliederliste der Deutsch-Türkischen Gesellschaft Münster der 1950er Jahre verdeutlicht, wie übergewichtig dabei die Zahl der Wirtschaftsunternehmen war. Sie zählt über zweihundert Namen von Wirtschaftsunternehmen, die intensiv ökonomische Verbindungen zur Türkei suchten. Nicht von ungefähr hatte die Münsteraner Gesellschaft daher bei der rechtlich fixierten Neugründung 1956 drei Vorsitzende vorgesehen: mit Direktor Schreiber vom Osnabrücker Kupfer- und Drahtwerk und mit van Delden von der Textilindustrie zwei Vertreter der Industrie und mit Prof. Dr. Taeschner einen Vertreter der Universität, denen Prof. Dr. Budde als Geschäftsführer zur Seite stand.[44] Natürlich hatte das auch einen Vorteil für die Universität Münster, weil sie sich bei Forschungsprojekten in der Türkei finanzieller Förderungen durch die Industrie versichern konnte.

Noch ein anderer Vorteil war mit der zentralen Stellung der Bonner Gesellschaft verbunden: sie erfuhr eine zentrale finanzielle Förderung durch das Auswärtige Amt für den Aufbau und die Unterstützung von deutsch-türkischen Beziehungen kultureller Art, die die Bonner Gesellschaft mit den mit ihr verbunden deutsch-türkischen Zweigstellen teilte, in dem man gemeinsam Vortragsprogramme entwickelte, die nicht nur an einem Ort liefen, sondern an mehreren Orten der Zweigstellen. Leider ist diese Art der Förderung in den 1980er Jahren ausgelaufen, so dass sich auch der Sinn der Zweigstellen erübrigte, die nunmehr auf sich allein gestellt waren. Das ist der Grund, dass 1988 die Fusion der Bonner und Münsteraner Gesellschaften, die am engsten verbunden waren, gelöst wurde. Sie stehen aber bis heute weiter in einer freundschaftlichen Verbindung zu einander,

---

[42] Vgl. dazu insbesondere das kenntnisreiche Buch von Reiner Möckelmann, Wartesaal Ankara. Ernst Reuter – Exil und Rückkehr nach Berlin, Berlin 2013.
[43] Vgl. dazu Hans Wilbrandt, Deutsches Demonstrations- und Mustergut in der Türkei, in: Festschrift 60 Jahre DTG Bonn e.V. (wie Anm. *, S.21), S.112–116 (Nachdruck aus Mitteilungen, wie Anm. 4, Heft 18, Oktober 1957).
[44] Vgl. das in Anm. 40 angeführte Protokoll. Die frühen Mitgliederlisten der DTG Münster (und teils auch Bonn) sind erhalten und stehen mit den Akten der DTG Münster zur Archivierung im Stadtarchiv Münster an.

für die nicht zuletzt dieser Beitrag und auch dieses Buch ein dankbares Zeichen sind.

# Exkurs 1: Zur Armenierfrage

Der Komplex der Armenierfrage bedarf einer differenzierten Betrachtung. 2008 hatten die Türkei und Armenien in Genf vertraglich vereinbart, die Armenierfrage durch ein Sachverständigen-Gremium klären zu lassen, wobei der türkische Staatspräsident Gül erklärte, die von der Kommission erarbeiteten Ergebnisse anerkennen zu wollen. Nachträglich hat der armenische Staatsgerichtshof vor Beginn einer solchen Kommissionsarbeit von der Türkei die Anerkennung der Zwangsumsiedlung der Armenier, bei denen ca. 1,5 von 2 Millionen Armenier umgekommen sein sollen, als „Völkermord" und „Genozid" verlangt. Auf diese Forderung hat sich die Türkei nicht eingelassen. Sie besteht bis heute darauf, dass es – durchaus bei einem Eingeständnis von Massakern bei der Zwangsumsiedlung der Armenier, bei der ca. 400.000 von etwa 1,2 Millionen Armeniern im Osmanischen Reich umgekommen sein könnten – keinen dokumentarischen Nachweis für eine bewusste ethnische Vernichtung und Ausrottung der armenischen Bevölkerung des Osmanischen Reiches gibt, wie sie etwa die Wannsee-Erklärung des NS-Staates 1942 für die Judenvernichtung, den Holocaust, darstellt, den die Juden bis heute als einzigen Genozid bewerten. Außerdem werden von türkischer Seite die Kriegssituation mit der aufständischen Haltung vieler Armenier sowie deren Massaker etwa beim Eindringen mit dem zaristischen Heer nach Ostanatolien und auch der Tod zahlreicher Armenier durch Krankheit und Seuchen angeführt, die angesichts der Kriegssituation auch die türkische Bevölkerung durch Nahrungsmangel betroffen habe.

Die türkische Geschichtsforschung, die sich in den letzten Jahren vermehrt auch der Armenierfrage zugewendet hat, begründet ihre Auffassung inzwischen mit einer wachsenden Zahl von Publikationen, von denen nur die folgenden angeführt werden: Esat Uras, The Armeniens in History and the Armeniens Question. English translation of the revised an expanded second edition, Istanbul 1988, 1048 S.; Hüsamettin Yildirim, Armenische Behauptungen und die Wahrheit, Ankara 2001; Cem Özgönül, Der Mythos eines Völkermords – eine kritische Betrachtung der Lepsiusdokumente sowie der deutschen Rolle in Geschichte und Gegenwart der „Armenischen Frage", 2. Aufl. Köln 2006 (mit Benutzung der Jäckh-Papers in der Yale University Library); Sahin Ali Söylemezoglu, Die andere Seite der Medaille. Hintergründe der Tragödie von 1915 in Kleinasien. Materialien aus europäischen, amerikanischen und armenischen Quellen, Köln 2005; Kemal Cicek, Die Zwangsumsiedlung der Armenier 1915–1917, 2. überarbeitete Auflage, Pfungstadt 2012; Türkkaya Ataöv, Armenische Behauptungen und historische Tatsachen. Zehn Fragen – zehn Antworten, Ankara 2007; ferner in kritischer Antwort auf englische Unterstellungen: Türkkaya Ataöv, Antwort auf das Blaue Buch. Kriegspropaganda, 1914–1918: Antwort auf das Blaue Buch der Engländer, München 2010.

Demgegenüber steht eine große Zahl von Untersuchungen und Dokumentationen mit dem Ziel, die Massaker an den Armeniern aufgrund zeitgenössischer Quellenberichte zu dokumentieren und als zielgerichtete ethnische Vernichtung zu bewerten. Angeführt seien nur die nachfolgenden Werke: Taner Akcam, Armenien und der Völkermord. Die Istanbuler Prozesse und die türkische Nationalbewegung, Hamburg 2004 (enthält auch die Behandlung der wenig effektiven Istanbuler Kriegsverbrecherprozesse 1918–1920 und die Bewertung insbesondere Atatürks zur Armenierfrage, der diese nicht mit zu verantworten hat, da er nicht zum jungtürkischen Führungskreis des Osmanischen Reiches gehörte. Er bezeichnete nach Akcam die Armenierfrage 1920 als „Völkermord" (S. 124 f.), kam aber durch den armenisch-türkischen Krieg 1920–1922 und die feindliche Einstellung der Armenier auf der Seite Frankreichs im türkischen Unabhängigkeitskrieg 1920–1922 zu anderen Urteilen, die Akcam nicht anführt. Vgl. dazu u.a. Yücel Güclü, Armenians and the Allies in Cilicia 1914–1923, Utah Press, Salt Lake City 2010). Vgl. ferner Wolfgang Gust (Hg.), Der Völkermord an den Armeniern 1915/16. Dokumente aus dem Politischen Archiv des deutschen Auswärtigen Amtes, Springe 2005; Jörg Berlin, Adrian Klenner, Völkermord oder Umsiedlung. Das Schicksal der Armenier im Osmanischen Reich. Darstellung und Dokumente, Köln 2006; Taner Akcam, „The Young Turk's Crime against Humanity". The Armenian Genocide and Ethnic Cleansing in the Ottoman Impire, Princeton USA 2012; Hassan Cemal (Enkel von Cemal Pascha, der einer der Hauptverantwortlichen in der jungtürkischen Regierung für die Zwangsumsiedlung der Armenier war): 1915 – Ermeni Soykirimi (Genozid an den Armeniern), Ankara 2012; Jürgen Gottschlich, Beihilfe zum Völkermord. Deutschlands Rolle bei der Vernichtung der Armenier, Berlin 2015 (Lizenzausgabe der Bundeszentrale für politische Bildung, Band 1561, Bonn 2015), der eine zielgerichtete Vernichtung der Armenier annimmt und auch eine deutsche Mitschuld unterstellt; Annette Schaefgen, Schwieriges Erinnern: Der Völkermord an den Armeniern, Berlin 2006, die vor allem die erst in den 1970er Jahren einsetzende späte Rezeptionsgeschichte der Armenierfrage bis zu den Parlamentsanfragen der Gegenwart aufzeigt; Corry Guttstadt, Wege ohne Heimkehr. Die Armenier, der Erste Weltkrieg und die Folgen. Eine literarische Anthologie, Hamburg 2014 (Lizenzausgabe der Bundeszentrale für politische Bildung, Bonn 2014) mit einer Einleitung des Züricher Turkologen Hans-Lukas Kieser: Der Völkermord an den osmanischen Armeniern, S. 10–25. Zur Involvierung des Deutschen Reiches in die Armenierfrage vgl. nunmehr (mit weiterer Literatur) die umsichtige und differenzierende Untersuchung von Eckhard Lisec, Der Völkermord an den Armeniern im 1. Weltkrieg – Deutsche Offiziere beteiligt? Miles-Verlag Berlin 2017, der als Brigadegeneral a. D. vor allem die militärischen Befehlsstrukturen im Ersten Weltkrieg und die politischen und strukturellen Verhältnisse des Osmanischen Reiches verdeutlicht.

Eine vermittelnde Stellung nimmt ein: Guenter Lewy, Der armenische Fall. Die Politisierung von Geschichte. Was geschah, wie es geschah und warum es geschah, Klagenfurt 2009 (engl. 2005), insb. S. 275–306. Er verzichtet ausdrücklich auf den Begriff des ‚Genozids' „als systematisches und vorsätzliches Programm zur Vernichtung eines Volkes" im Zusammenhang mit der Zwangsumsiedlung der Armenier, „der nur zu gegenseitigen Schuldzuweisungen führt und letztenendes unproduktiv ist." Er rät sowohl Türken als auch Armeniern „öffentlich die Tatsache an(zu)erkennen, dass sie sich gegenseitig viel Schlimmes angetan haben" und auf diesem Wege Versöhnung zu suchen (S. 304), wie das in ersten Genfer Gesprächen schon 2008 versucht worden ist. Vgl. auch seine Essay-Sammlung: Guenter Lewy, Essays on Genocide and Humanitarian Intervention, University of Utah Press, 2012, insbesondere Kapitel 6 und 7, die die Armenierfrage behandeln (S. 110–164) und diese in den größeren geschichtlichen Zusammenhang stellen.

Eine solche Einordnung der Armenierfrage in den größeren zeitgeschichtlichen Zusammenhang des Imperialismus und der Nationalstaatsgründung des 19. und den Anfang des 20. Jahrhundert mit dem Ersten Weltkrieg ist notwendig, um vor einseitigen Verurteilungen und Schuldzuweisungen zu warnen. So gehört auch die Armenierfrage in den größeren Zusammenhang kriegerischer Bestrebungen zur Nationalstaatsbildung und Expansion seit Beginn des 19. Jahrhunderts in Südosteuropa und in den nördlich des Schwarzen Meeres gelegenen Gebieten, aus denen die muslimische Bevölkerung zumeist gewaltsam vertrieben wurde, wobei die Methode der Vertreibung weitgehend mit ethnischer Vernichtung durch Massaker verbunden war (vgl. das oben in Anm. 7 angeführte Beispiel in Thrakien, das sich vervielfältigen lässt und die These widerlegt, dass der „Völkermord an den Armeniern" der „erste" Genozid des Zwanzigsten Jahrhunderts gewesen sei, wie dies u.a. Hans Lemberg, „Ethnische Säuberungen". Ein Mittel zur Lösung von Nationalitätenproblemen? in: Aus Politik und Zeitgeschehen. Beilage zur Wochenzeitung DAS PARLAMENT Heft 46 vom 6.11.1992, S. 27–38, meint). Dies drückt auch Louis de Bernieres, der im Nahen Osten aufwuchs, in seinem Roman „Traum aus Stein und Federn", Frankfurt a. M. 2005 (englische Originalausgabe 2004), S. 315–319, aus, der als Hintergrund der Armenierfrage durchaus zutreffend auf das Schicksal zahlreicher seit Beginn des 19. Jahrhunderts vertriebener muslimischer Bevölkerungsgruppen aus dem Balkan und aus nördlichen und östlichen Randgebieten des Schwarzen Meeres verweist, die – soweit sie nicht Opfer von Massakern wurden – im Osmanischen Reich Aufnahme fanden.

Nicht außer Acht zu lassen, ist auch die Selbstbeurteilung der armenischen Politik durch Hovhannes Katchaznouni, den Führer der sozialistisch-revolutionären armenischen Daschnaken-Partei und ersten Ministerpräsidenten der 1918 gegründeten freien Armenischen Republik, in einer Rückschau von 1923, der dem Werben des zaristischen Russland und der westlichen Ententemächte um die Armenier eine Mitschuld an ihrer Misere gibt, vgl. Mehmet Perincek (Hg.), Hovhannes Katschaznouni, Für die Daschnakzutyun gibt es nichts mehr zu tun. Bericht zur Parteikonferenz 1923, Istanbul 2006; ferner Dogu Perincek, Die Großmächte und die Armenierfrage in sowjetischen Dokumenten, Istanbul 2004. Vgl. dazu auch den Bericht des Schweizers Jakob Künzler, Im Lande des Blutes und der Tränen. Erlebnisse in Mesopotamien während des Ersten Weltkrieges (1914–1918), hg. von Ludwig Kieser, Zürich 1999 (Originaldruck Potsdam 1921). Künzler arbeitete mit seiner Frau von 1899–1922 in einem evangelischen Missionshospital in Urfa und war Zeuge der damaligen Vorgänge in einer von den Zwangsumsiedlungen besonders betroffenen Region im Süden der Türkei. In einem Nachwort von 1928 zitiert er die Auffassung betroffener Armenier: „Hätten wir anno 1914 treu zu den Türken gehalten, wären wir heute die Lieblinge der Türken. Aber anstatt treu zu den Türken zu halten, zu denen wir doch seit Jahrhunderten gehörten, haben wir unser Ohr den Europäern geschenkt mit dem fürchterlichen Resultat der beinahe völligen Vernichtung" (S. 184). Künzler weist darauf hin, dass über 80.000 der vertriebenen Armenier, vor allem Kinder und junge Frauen, durch muslimische Familien vor dem Tod bewahrt worden sind und es in der muslimisch-osmanischen Gesellschaft durchaus auch Widerstand und verborgene Hilfsmaßnahmen gegeben hat. Vgl. auch die zusammenfassende Studie von Sibylle Thelen, Die Armenierfrage in der Türkei, Berlin 2010, die zur weiteren gemeinsamen Aufarbeitung der Armenierfrage von allen betroffenen Seiten aus anregt.

Nicht weiterführend sind die vielfachen Versuche vor allem der exilarmenischen Seite, die die Armenierfrage in den 1970 Jahren durch zahlreiche politische Morde wieder auf die Tagesordnung der Weltpolitik gehoben hat (vgl. dazu das eingangs angeführte Werk von Esat Uras, S. 97–179), politische Parlamentsentscheidungen europäischer Staaten in der Armenierfrage zur Verurteilung der heutigen Türkei einzufordern, statt mit der Türkei als Nachfolgestaat des Osmanischen Reiches zu einer angebotenen Klärung und Aussöhnung beider Nachbarstaaten zu kommen, die der Existenzsicherung des isolierten kaukasischen Bergstaates Armenien, aber auch der Erhaltung des gefährdeten armenischen Kulturerbes in der Türkei, das zum Welterbe der UNESCO gerechnet werden kann, dienen könnten.

Derzeit bereitet der türkische Historiker Dr. Ali Söylemezoglu (Universität Duisburg-Essen) eine sachbezogene Dokumentation zur Armenierfrage vor. Sie führt u.a. in Bezug auf die Armenierfrage in der Türkei an, dass die Große Kammer des Europäischen Gerichtshofes für Menschenrechte in Straßburg am 15.10.2015 rechtskräftig festgestellt hat, dass „Genozid" ein eindeutig definierter Rechtsbegriff ist. Er setzt den eindeutigen Beweis voraus, dass Verbrechen wie Massaker und Zwangsumsiedlung mit der Absicht ethnischer Vernichtung begangen worden sind, und es schwierig ist, diese zu beweisen. Nach diesem Urteil des Europäischen Gerichtshofes für Menschenrechte fehlt damit sowohl der öffentlichen Erklärung des Bundespräsidenten vom 24. April 2016, der in der Armenierfrage von einem „Völkermord" spricht, wie auch dem von allen Fraktionen des Deutschen Bundestages in der Armenierfrage am 2. Juni 2016 gefassten Beschluss eines Völkermords die notwendige Rechtsgrundlage, obgleich eine öffentliche Demonstration türkischer Mitbürger in Deutschland am 28. Mai 2016 eigens auf diese fehlende Rechtsgrundlage hingewiesen hat. Erst spät am 2. September 2016 hat der Sprecher der deutschen Bundesregierung eingeräumt, dass der Einwand der türkischen Demonstranten gerechtfertigt war und es sich bei der Erklärung der Fraktionen des Deutschen Bundestages um keine Rechtsentscheidung handelt, sondern um eine politische, der die Rechtsgrundlage fehlt. Eine verbindliche Rechtgrundlage können nur die betroffenen Parteien selbst durch eine umfassende Untersuchung und Klärung der Thematik auf beiden Seiten ermöglichen. Nur sie kann eine Basis der Versöhnung schaffen, für die das Wort des ehemaligen Bundespräsidenten Richard von Weizsäcker gilt: „Das Geheimnis der Versöhnung ist die Erinnerung".

## Exkurs 2: Zur deutsch-türkischen Rechtsannäherung im Ersten Weltkrieg

„Seit die Türkei an Deutschlands Seite in den Weltkrieg trat, ist unabhängig von beiden Seiten daran gearbeitet worden, das Bündnis zu festigen und zu vertiefen. Damit dieser Angleich (sic) fruchtbar werde, sind bekanntlich einige auserlesene türkische Juristen zum Besuch nach Berlin gekommen. ...

Endlich hat die Dauer des jetzigen Krieges ferneres Abwarten unmöglich gemacht., und die türkische Regierung hat sich entschlossen, schon jetzt den Grundstein zu einer methodischen juristischen Reform zu legen. Der Justizminister, Halil Bey, hat drei Kommissionen eingesetzt, deren Mitglieder sowohl im geistlichen Recht bewandert sind, als auch über europäische Rechtskenntnisse verfügen. Die erste Kommission beschäftigt sich mit dem Bürgerlichen Gesetzbuch; das deutsche, das schweizerische und das französische B.G.B. werden übersetzt, und in Anlehnung an sie soll – unter Berücksichtigung der türkischen Landessitten – ein neues türkisches B.G.B. entstehen. Die zweite Kommission ist eifrig am Werke, das Handelsgesetz umzuarbeiten, während die dritte damit beauftragt ist, das Familienrecht, das bisher ein rein geistliches Scheriatrecht und nicht paragraphiert war, in modernem Sinne umzugestalten.

Wie aus den Veröffentlichungen der deutschen Presse zu ersehen war, ist im vergangenen Jahr ein Familienrecht erschienen, das einen großen Schritt vorwärts bedeutet: Indessen sind seine Grundlagen nicht zivilrechtlicher, sondern religiöser Natur, so dass es für verschiedene Konfessionen verschiedene Paragraphen vorsieht. Außerdem hat das Justizministerium 15 türkische Juristen nach Deutschland entsandt, um hier praktische Jurisprudenz zu studieren. Wohl bedeuten sie eine große Hoffnung für die Zukunft, und dieser Schritt verdient rückhaltlose Anerkennung; ich glaube jedoch, dass – um den deutschen Rechtsgedanken in der Türkei, in der die Verbindung zwischen den einzelnen Provinzen recht schwierig ist, wirksam zu verbreiten – es dringend notwendig ist, die seit der Reform erschienenen Gesetze – abgesehen von den aufgehobenen – möglichst schnell zu sammeln und dadurch Licht in das Dunkel zu tragen, das bisher für die türkischen Juristen über vielen Rechtslagen lagert, und ferner über alle Zweige der Rechtswissenschaft in beiden Sprachen Bücher herauszugeben."[45]

---

[45] Auszug aus einem Beitrag des türkischen Rechtsanwalts und Privatdozenten an der Universität Konstantinopel Habib Edib über „Deutsch-türkische Rechtsannäherung" im Berliner Tageblatt Nr. 312 vom 21. Juni 1918, der zu der von der Regierung des Osmanischen Reiches entsandten Kommission von 15 Juristen gehörte, die den Auftrag hatten, vor allem das bürgerliche wie auch das Handels- und Familienrecht des Osmanischen Reiches an das europäischer Staaten anzugleichen. Es ist bemerkenswert, dass diese Bemühungen noch kurz vor der erkennbaren Niederlage der Mittelmächte 1918 mit Intensität verfolgt wurden. Sie gingen erst Jahre später in die Reformgesetze der 1923 begründeten Republik Türkei ein, wobei französische, schweizerische wie auch italienische Rechtsvorlagen die deutschen dominierten.

# Die Unterbringung türkischer Schüler und Lehrlinge in Deutschland im Ersten Weltkrieg[1]

## Wilhelm Feldmann

In der Morgennummer des Berliner Tageblattes vom 13.9.1916 lässt der Konstantinopeler Berichterstatter Dr. Wilhelm Feldmann anlässlich der Ankunft der türkischen Schüler in Deutschland einen Aufsatz über „unsere jungen türkischen Gäste" erscheinen, dessen Inhalt auf eine Reihe von Fragen Antwort gibt, die der Deutsch-Türkischen Vereinigung im Verlauf ihrer Arbeit auf diesem Gebiete bisher gestellt worden sind. Wir geben den Aufsatz Dr. Feldmanns deshalb gerne weiter und bitten zugleich um weitere Mitarbeit bei dieser wichtigen Aufgabe.

*Konstantinopel, Anfang September 1916*

Mit jedem Balkanzug reisen jetzt türkische Schüler nach Deutschland ab, um dort in die höheren Lehranstalten einzutreten, an denen Freistellen für junge Türken geschaffen wurden. Den roten Fes auf dem Kopf, das Herz voll Arbeitslust und Zukunftshoffnung, so treten diese Söhne des verbündeten osmanischen Volkes die Ausreise in das ferne Deutschland an, von dem sie Heil für sich und für ihr Vaterland erwarten. An wichtigen Knotenpunkten, wie Breslau, Dresden, Berlin, werden Vertreter der Deutsch-türkischen Vereinigung bereitstehen, um die Schüler in Empfang zu nehmen und eventuell in den richtigen Zug nach dem endgültigen Bestimmungsort zu setzen. Auch dort werden die Schüler natürlich erwartet und in das Haus geleitet, das ihnen für eine Reihe von Jahren zum zweiten Heim werden soll.

Im Unterrichtsministerium in Stambul war man in den letzten Wochen sehr tätig, um die Übersiedelung der Schüler nach Deutschland vorzubereiten. Geheimrat Schmidt, der deutsche Beirat des türkischen Unterrichtsministers, hat es sich nicht nehmen lassen, den größten Teil der Arbeit selbst zu erledigen. Sein Amtszimmer war vom Morgen bis zum Abend belagert von jungen Leuten, die allein oder von Verwandten begleitet gekommen waren, um sich vorzustellen und in die Liste der Kandidaten für die Freistellen eintragen zu lassen. Für die jungen Türken bedeutete das eine erste Bekanntschaft mit deutscher Ordnung. Die genauen Fragen bei Feststellung ihrer Personalien überraschten sie ein wenig. Die Unsicherheit der meisten Antworten bewies, dass sie an so etwas nicht gewöhnt waren. Und auf die Frage nach dem Geburtstag konnten viele überhaupt nicht antworten. In der Türkei, in der das Standesamtswesen nach westlicher Art noch unbekannt ist, besteht für den Tag der Geburt eines Staatsbürgers einstweilen kein amtliches Interesse. Wenn es hochkommt, führt der Personalausweis den Geburtsmonat auf, meist aber nur das Geburtsjahr.

---

[1] Bericht des Berliner Tageblatts vom 13.09.2016, entnommen einem Sonderdruck der DTV Berlin 1916 (Archiv der DTG Münster).

Im ganzen haben sich bisher rund 250 türkische Schüler gemeldet. Etwa ein Drittel davon bewirbt sich um eine volle Freistelle. Unter ihnen befinden sich einige Söhne armer Familien, die als beste Schüler ihrer Klasse vorgeschlagen worden sind. Erfreulicherweise werden fast alle Gesuche um völlig kostenfreie Ausbildung erfüllt werden können. Bisher wurden zwölf volle Freistellen von deutschen Städten bewilligt. Dreizehn weitere Stellen sind bestimmt in Aussicht gestellt. Das türkische Kriegsministerim hat die Kosten für die Reise und Ausrüstung von fünfzehn unbemittelten Schülern übernommen; die Deutsch-Türkische Vereinigung ist bereit, die Kosten für den Lebensunterhalt dieser Schüler zu tragen. Und annähernd dreißig gebildete deutsche Familien in Berlin und den Provinzen haben sich bereit erklärt, arme türkische Schüler ohne Entschädigung aufzunehmen. Das ergibt insgesamt rund siebzig volle Freistellen – eine über Erwarten große Zahl.

Ein weiteres Drittel der Schüler bewirbt sich um eine halbe Freistelle. In diesem Fall tragen die Eltern die Reisekosten und einen Teil der Unterhaltungskosten selbst. Da für manche dieser Bewerber nur geringe Zuschüsse erforderlich sind, wird es dank den von deutschen Städten bewilligten Mitteln möglich sein, auch diese Gesuche fast sämtlich zu genehmigen. Über die Zulassung der Schüler entscheidet der „Stipendienausschuss" der Türkisch-Deutschen Vereinigung, der wöchentlich einmal im Unterrichtsministerium tagt. Ihm gehören bekannte türkische Persönlichkeiten an: der bedeutende Romanschriftsteller Halid Sia Bey, früher erster Sekretär des Sultans, jetzt Professor für türkische Literatur an der Universität Stambul, der Vizepräsident der Abgeordnetenkammer Hüssein Dschahid Bey, ferner Dr. Nasim Bey, eins der wichtigsten Mitglieder des jungtürkischen Zentralkomitees, und der Ministerialdirektor für den höheren Schulunterricht Adil Bey, der kürzlich Deutschland bereist hat. Die vier deutschen Mitglieder des Ausschusses sind Geheimrat Schmidt, Direktor Tominsky von der deutschen Schule in Pera, Professor Bergsträßer von der Universität Stambul und Herr Gabel, einer der acht deutschen Lehrer der türkischen Sultaniehschule in Stambul.

Unter den voll zahlenden Schülern befinden sich Söhne wohlhabender oder gar reicher Väter, denen es nicht darauf ankommt, auch noch das Schulgeld selbst zu bezahlen. Ihnen liegt vor allem daran, dass die Deutsch-Türkische Vereinigung ihre Söhne ein wenig bemuttert. Das Vertrauen, mit dem die türkischen Väter ihre Kleinen den Deutschen überlassen, ist grenzenlos. Einer dieser Väter, ein würdiger alter Herr in feierlichem Gehrock, dankte für die Zulassung seines Sohnes, der jetzt ein Sohn der Deutsch-Türkischen Vereinigung geworden sei, und sagte weiter: *„Hier pflegt man dem Lehrer, dem man sein Kind übergibt, dabei zu erklären: Sein Fleisch ist dein, aber vergiss nicht, dass die Knochen mein bleiben. Ich sage Ihnen das nicht. Ich übergebe Ihnen meinen Sohn ganz, Leib und Seele. Nehmen sie ihn hin und machen Sie einen tüchtigen Menschen aus ihm!"* Ein anderer alter Türke ließ sich auf der Karte die Stadt zeigen, in die sein Enkel reisen wird. Auf die Bemerkung, dass man für den Jungen mit Absicht eine kleinere Stadt ausgesucht habe, erwiderte er: *„Es ist einerlei, ob die Stadt groß oder klein ist. Wenn nur die Menschen darin g r o ß sind!"*

Die meisten Väter und Schüler überließen die Wahl der Stadt dem Ausschuss mit der Erklärung, jede deutsche Stadt sei ihnen angenehm. Wo besondere Bitten laut wurden, handelt es sich fast immer um Berlin. Einer der Schüler wollte durchaus nach München, obgleich die bayrische Hauptstadt bisher überhaupt keine Freisteller bewilligt hat. Ein

Schüler, der für die Realschule in Geestemünde vorgemerkt war, bat nachträglich um Entsendung in eine andere Stadt, da es nach Versicherung seines Arztes in Geestemünde „zu kalt" sei. Ein anderer weigerte sich aus dem gleichen Grunde, nach Kiel zu übersiedeln, und ersuchte dafür um Entsendung nach dem „wärmeren" Köln. Der Ausschuss ist natürlich gern bereit, jeden Sonderwunsch nach Möglichkeit zu erfüllen.

Auf die Frage nach dem künftigen Beruf antwortete die große Mehrzahl der türkischen Schüler prompt: Ingenieur. Und fast alle, selbst die jüngsten, vermochten ohne weiteres anzugeben, welche Art von Ingenieur sie werden wollen. Etwa ein Dutzend der Schüler will später Medizin studieren. Ungefähr die gleiche Zahl hat Landwirtschaft oder Handel als Beruf gewählt. Nur vereinzelt wurden andere Berufe wie Rechtsanwalt, Oberlehrer, Nationalökonom, Soziologe, Sprachlehrer, Architekt, Kunstgewerbler, Musiker, Maler, Chemiker, Diplomat genannt. Drei Schüler wollen „Politiker und Journalisten" werden. Einer hat den Fliegerberuf gewählt. Zwei möchten in der Gerberei unterwiesen sein, und je einer will Weber, Tischler, Schmied werden. Die Vorliebe der türkischen Schüler für praktische Berufe ist doppelt beachtenswert, da es sich in der Mehrzahl um Söhne von höheren Beamten und Offizieren handelt. Sie überrascht weniger bei den Söhnen von Kaufleuten, Ärzten und Rechtsanwälten. Von den Vätern verdient ein wohlhabender Derwischscheich besondere Erwähnung.

Die Schüler sind fast durchweg türkische Mohammedaner im Alter von vierzehn bis siebzehn Jahren. Nur vereinzelt finden sich in der Liste die Namen von Arabern, osmanischen Griechen und christlichen Syrern. Von den fünf jungen Türkinnen, die sich gemeldet haben, wollen zwei Ärztinnen werden. Eine wird, wie schon telegraphisch gemeldet, das Lehrerinnenseminar in Bremen besuchen. Eine andere beabsichtigt, sich als Sprach- und Musiklehrerin ausbilden zu lassen. Die große Mehrzahl der Schüler stammt aus Konstantinopel. In letzter Zeit erst begannen auch Gesuche aus den Provinzen einzulaufen. Ihre Zahl wird voraussichtlich noch zunehmen, da die Entsendung der Schüler nach Deutschland erst jetzt in den Provinzstädten bekannt geworden zu sein scheint. Vierzig Schüler besuchten bisher das „Galata-Serai", das französisch organisierte Hauptlyzeum in Pera. Fünfunddreißig kommen von deutschen Schulen, zwölf von der österreichischen Schule St. Georg. Etwa ein Dutzend wurde bisher im amerikanischen Robert College unterrichtet. Nur der vierte Teil der Schüler besitzt bereits einige deutsche Sprachkenntnisse. Ein Drittel spricht einstweilen nur türkisch. Die übrigen sind mehr oder weniger mit der französischen Sprache vertraut. Für die große Mehrzahl der Schüler kam nach ihrer bisherigen Ausbildung nur der Eintritt in eine deutsche Oberrealschule in Frage. Einige Schüler werden sofort Fachschulen, wie die Ingenieurschule in Mannheim, die Webereischule in Krefeld, die Landwirtschaftsschule in Liegnitz beziehen können.

Das Fehlen ausreichender Sprachkenntnisse wird manchem jungen Türken die Eingewöhnung in Deutschland natürlich etwas erschweren. Aber bei der großen Begabung dieses Volkes für die Erlernung fremder Sprachen wird diese Schwierigkeit bald überwunden sein. Eine türkische Studentin, die im April ohne Kenntnis des Deutschen die Universität Würzburg bezog, spricht, wie ich höre, jetzt schon recht gut deutsch. Und auch die beiden Söhne Dschemal Paschas, die in Berlin-Friedenau die Schule besuchen, haben überraschend schnell Deutsch gelernt. Nach Erlernung unserer Sprache werden viele türkische Schüler, die jetzt wegen des Sprachmangels in eine untere Klasse eintreten müssen, ihren

*Türkisches Schülerheim der Deutsch-Türkischen Vereinigung in Berlin-Grunewald, Herthastr. 6. Die bürgerliche Villa wurde im Sommer 1917 für den neuen Zweck umgewidmet und im Oktober 1917 bezogen. Sie bot mit 50 Betten und einem Waschsaal mit 12 Becken sowie Aufenthaltsräumen eine damals durchaus moderne Herberge für türkische Schüler und Lehrlinge an, die zugleich auch ein deutsch-türkisches Begegnungszentrum war. Seine Leitung übernahm Dr. Georg Ryll, der früher als Oberlehrer an der deutschen Oberrealschule in Konstantinopel tätig gewesen war.*

deutschen Altersgenossen in den höheren Klassen vermutlich rasch nachkommen, zumal wenn ihre Fortschritte durch Nachhilfestunden beschleunigt werden.

Ziemlich schwer wird es den jungen Türken voraussichtlich fallen, sich an die deutsche Kriegsküche gewöhnen. Das alte Wort von „genügsamen Türken" passt nur auf das einfache Volk. In besseren türkischen Familien isst man gut und sehr reichlich. Die türkische Küche mit ihren schmackhaften Fleischgerichten, vorzüglichen Gemüsen und schönen Süßspeisen ist bekanntlich eine der besten Küchen der Welt. Sie ist durch den Krieg kaum beeinträchtigt worden, da wohlhabende Leute, welche die hohen Kriegspreise bezahlen können, hier noch alles finden, Fleisch, Eier, Fette, Früchte und herrliches Weißbrot. Eine Verteilung der Vorräte nach deutschen Vorbild wäre hier nicht am Platze, da die armen Leute auch im Frieden auf die meisten in Frage kommenden Lebensmittel zu verzichten pflegen. Man verdenke es unseren jungen türkischen Gästen daher nicht, wenn sie die neue ungewohnte Kost nicht gleich mit Begeisterung aufnehmen.

Überhaupt sei allen, die als Lehrer oder Pflegeeltern mit den türkischen Schülern in Berührung kommen werden, größte Nachsicht und Milde empfohlen. Die meisten jungen Türken sind in der Hinsicht sehr verwöhnt und daher überaus empfindlich. Wer ihren Stolz kränkt, bleibt ihnen verhasst. Wer aber durch freundliche Teilnahme und Berücksichtigung ihrer Eigenart einmal ihr Herr gewonnen hat, kann sicher sein, dass sie mit größter Verehrung an ihm hängen und für ihn durchs Feuer gehen. Manches, was vielleicht wie Unlust oder schlechter Wille anmutet, wird ganz einfach durch Heimweh zu erklären sein und bei entsprechender zarter Behandlung verschwinden. Wenn der zuerst eingeschlagene Weg nicht zum Herzen des Schülers führt, versuche man es mit einem anderen, statt dem jungen Mann etwas aufzwingen zu wollen. Es ist von großer Bedeutung, dass die türkischen Schüler sich in Deutschland wohlfühlen. Man darf wohl erwarten, dass Lehrer und Pflegeeltern der jungen Türken die Wichtigkeit der ihnen anvertrauten Mission klar erkennen.

---

### Zur Gesamtzahl der jungen Türken in Deutschland im Ersten Weltkrieg

Die Zahl der jungen Türken in Deutschland beträgt gegenwärtig etwa 1.500. Von diesen 1.500 sind 800 auf die Initiative der Deutsch-Türkischen Vereinigung (Berlin) nach Deutschland gekommen, und zwar rund 300 Schüler, rund 200 Handwerkslehrlinge, rund 150 Bergwerkslehrlinge und rund 150 Landwirtschaftslehrlinge. Von dem Kaiserlich-Osmanischen Kriegsministerium werden ungefähr 500 jugendliche Arbeiter in Deutschland ausgebildet sowie etwa 100 Techniker, Schüler und Fachschüler. Der Rest der Schüler ist vom Kaiserlich-Osmanischen Unterrichtsministerium und vom Marineministerium entsandt worden.

Ferner haben eine Reihe von kleinasiatischen Vilayets (Provinzen), so die Vilayets Adana, Konya ihrerseits junge Leute zur Ausbildung nach Deutschland geschickt. Der Rest der Schüler ist auf eigene Faust gekommen.

Gegenüber der Anzahl der Schüler in Deutschland tritt die Zahl der Schüler in Österreich, etwa 400, stark zurück. In der Schweiz befinden sich nach Mitteilung des türkischen Unterrichtsministeriums etwa 150.

Quelle: Deutsch Türkische Vereinigung (Berlin), Mitteilungen Nr. 5/6 vom Juli – August 1918 (entnommen: S. Eris Ülger, Atatürk und die Türkei in der deutschen Presse (1910-1944), Schulbuchverlag Anadolu Hückelhoven 1992, S. 58.

# Atatürks Reise nach Deutschland 1917–1918
# Begegnungen im deutschen Hauptquartier, an der Westfront, bei Krupp in Essen und in Berlin[1]

Mehmet Önder

Gegen Ende des ersten Weltkrieges besuchte der deutsche Kaiser Wilhelm II. zum dritten Mal Istanbul, die Hauptstadt des verbündeten Osmanischen Reiches. Der Sultan des Osmanischen Reiches, Mehmet V., empfing Kaiser Wilhelm am 15. Oktober 1917 mit einem prunkvollen Zeremoniell. Wilhelm II. trug bei seinem Besuch eine türkische Uniform und die hohe türkische Pelzmütze. Enver Pascha, der Stellvertretende Oberbefehlshaber der Osmanischen Armee und Sadrazam Talat Pascha hielten sich ständig in unmittelbarer Nähe des Kaisers auf. Nach seiner Rückkehr lud Wilhelm II. Sultan Mehmet V. nach Berlin ein, um die deutsche Westfront zu besichtigen.

Der osmanische Sultan Mehmet V. war bereits 73 Jahre alt und krank. Er ließ den Kaiser wissen, dass er dieser Einladung leider nicht nachkommen könne, an seiner Stelle aber Veliaht Vahideddin[2] schicken werde.

Veliaht Vahideddin nahm als Vertreter der türkischen Armee Mustafa Kemal Pascha (Atatürk) mit. Am 15. Dezember 1917 trat er zusammen mit Yaveri Albay Naci (Eldeniz) und einigen weiteren Personen die Reise nach Deutschland mit dem Zug an.

## Mustafa Kemal Pascha als Begleiter des Sultansbruders Vahideddin

Mustafa Kemal Pascha hatte sich während der Kämpfe um Çanakkale als „Held von Anafartalar und Retter Istanbuls" einen Namen gemacht. Nach den Kämpfen um Çanakkale erzielte er große Erfolge als Kommandant des 16. Armeekorps in Ostanatolien und später an der Kaukasusfront als Befehlshaber der 2. Armee und

---
[1] Entnommen den Mitteilungen der Deutsch-Türkischen Gesellschaft, Heft 104, Juli 1981, S. 36–38. Die Zwischenüberschriften sind zugefügt worden. Die offen dargelegte Auffassung Mustafa Kemal Paschas gegenüber den führenden Militärs im deutschen Hauptquartier über den nicht mehr zu gewinnenden Krieg schockierte die Militärs, führte aber zu keiner Wende. Vgl. dazu auch die Schrift von Mehmet Önder: Atatürks Reise nach Deutschland, Ankara 1981 (= Veröffentlichungen des Ministeriums für Kultur). Ferner Klaus Kreiser, Atatürk – eine Biographie, München 2008, S.115–122: Mit dem Thronfolger in Deutschland.
[2] Später Mehmet VI. Er folgte seinem Bruder Mehmet V. nach dessen Tod im Juli 1918 als letzter Sultan mit einem diktatorischen Regierungsstil bis zu seiner erzwungenen Abdankung und Abreise auf einem britischen Kriegsschiff am 1. November 1922.

dazu an der Syrien- und Sinaifront als Kommandeur der 7. Armee. Während seiner Zeit als Kommandeur der 7. Armee kam es zu Meinungsverschiedenheiten mit dem deutschen General von Falkenhayn, dem Befehlshaber der „Osmani Yildirim Ordulari" Heeresgruppe. Wegen dieser Meinungsverschiedenheiten schied Kemal aus seinen Funktionen als Kommandeur aus und ging nach Istanbul. Das Ausscheiden eines im Kriege siegreichen Generals aus seinem Dienst öffnete breiten Raum für alle möglichen Mutmaßungen. Man erwog, Mustafa Kemal Pascha – und sei es auch nur für kurze Zeit – aus Istanbul zu entfernen, um ihm später eine angemessene Aufgabe zu übertragen. So wurde beschlossen, ihn mit Veliaht zusammen nach Deutschland zu schicken.

## Im deutschen Hauptquartier in Bad Kreuznach Dezember 1917

Veliaht Vahideddin und Mustafa Kemal Pascha reisten über Sofia, Budapest und Wien nach Deutschland. Am 18. Dezember 1917 erreichten sie München und begaben sich von dort aus nach Bad Kreuznach, wo sich das deutsche Große Hauptquartier befand. Die osmanische Delegation wurde in Bad Kreuznach auf dem Bahnhof von Prinz Waldemar und der Generalität empfangen. Nachdem Veliaht im Wagen des Prinzen Waldemar und Mustafa Kemal Pascha in dem des Generalleutnants Baron von Süsskind Platz genommen hatten, fuhren sie direkt zum Hauptquartier.

Der weite Platz vor dem Hauptquartier war mit deutschen und türkischen Fahnen geschmückt. Eine Kompanie Soldaten war rechts vom Hauptquartier angetreten. Sobald die Gäste das Hauptquartier erreicht hatten, begann eine Kapelle die türkische Nationalhymne zu spielen. Nachdem Veliaht und Mustafa Kemal Pascha ihre Fahrzeuge verlassen hatten, wurden sie von Kaiser Wilhelm II., dem deutschen Heerführer Generalfeldmarschall von Hindenburg, dem Generalstabschef der 7. Armee Erich Ludendorff und anderen Generälen begrüßt. Veliaht stellte Mustafa Kemal Pascha dem Kaiser vor. Kaiser Wilhelm sagte zu Mustafa Kemal Pascha: „Sind Sie nicht der Befehlshaber von Anafartalar und der Kaukasusfront? Ich kenne Sie sehr gut." Nach Abschreiten der Ehrenkompanie betraten alle zusammen das Hauptquartier.

Sowohl Veliaht als auch Mustafa Kemal Pascha kamen an diesem Tage während der Mahlzeiten mit Kaiser Wilhelm, Marschall von Hindenburg und General Ludendorff zu gesonderten Gesprächen zusammen. Bei dem Bankett, das der Kaiser gab, wurde über die türkisch-deutsche Freundschaft und die militärische Zusammenarbeit gesprochen. Man erhob die Gläser auf die Fortdauer der traditionellen Freundschaft. Kaiser Wilhelm folgte aufmerksam den Ausführungen von Mustafa Kemal Pascha über den Krieg und bedeutete seinen Generälen, dass sie sich mit Mustafa Kemal Pascha beschäftigen und sich noch länger mit ihm unterhalten möchten.


## An der Südwestfront bei Colmar und bei Krupp in Essen

Die Gäste besuchten am 20. Dezember 1917 Straßburg und von dort aus den Frontabschnitt bei Colmar, nahe der französischen Grenze, und am 21. Dezember 1917 die deutsche Südwestfront im Elsass. Sie unterhielten sich mit den dort stationierten Generälen und Offizieren über die Lage an der Front. Bei diesen Gesprächen vertrat Mustafa Kemal Pascha eine recht realistische Ansicht. Er erklärte nämlich, dass er keine Hoffnung habe, dass ein deutscher Angriff Erfolg haben werde. Es ist verständlich, dass seine Worte bei niemandem Beifall fanden.

Die osmanische Delegation blieb einen Tag in Straßburg und begab sich dann nach Essen, um sich über die bei Krupp produzierten Waffen ein Bild zu machen. Der Eigentümer des Unternehmens, Krupp von Bohlen, empfing die Gäste und führte sie durch das Werk. Anschließend gab er in der Villa Hügel ein Essen.


## In Berlin und Rückreise

Am 23. Dezember 1917 kamen Veliaht und Mustafa Kemal Pascha in Berlin an und verbrachten zehn Tage als Gäste Kaiser Wilhelms im Hotel Adlon. Während ihres Berliner Aufenthalts machten sie der Kaiserin, die ihren Wohnsitz auf Schloss Bellevue hatte, einen Höflichkeitsbesuch. Auf Einladung der Kaiserin besuchten sie in der Königlichen Oper eine Operettenaufführung. Veliaht und Mustafa Kemal Pascha, die auch die Berliner Schlösser und Museen besuchten, gaben im Hotel Adlon eine Pressekonferenz. Sie sagten, dass die traditionelle deutschtürkische Freundschaft mehr und mehr zugenommen hätte; sie gaben ihrer Zufriedenheit Ausdruck, die sie beim Besuch Deutschlands und der Kriegsfront empfunden hatten, und erklärten, dass die Zusammenarbeit für beide Länder immer von Nutzen sein werde. Am 1. Januar 1918 begann ein neues Jahr. An diesem Tage wurde an den Balkanexpress, der von einem Berliner Bahnhof abfuhr, ein Sonderwagen angehängt. Die türkische Delegation wurde zu ihrer Rückreise nach Istanbul mit großem Zeremoniell verabschiedet.

Atatürk hat die Erinnerungen an diese Reise, die am 15. Dezember 1917 in Istanbul begonnen hatte und am 4. Januar 1918 ebenfalls in Istanbul endete, erst neun Jahre später, nämlich 1926, unter Verwendung seiner Aufzeichnungen, in türkischen Zeitungen veröffentlicht. In diesen Erinnerungen nahmen die mit Kaiser Wilhelm und der deutschen Generalität geführten Gespräche einen breiten Raum ein. Atatürk hatte mit den Generälen ausführlich über die möglichen Folgen des Krieges diskutiert und unverhüllt seine Besorgnis zum Ausdruck gebracht.

*

Der Autor des Beitrags Mehmet Önder (1926-2004) war Diplomat und Kulturwissenschaftler, von 1977–1983 Kultur-Attaché in der türkischen Botschaft in Bonn, danach bis zu seinem Ruhestand 1987 Botschaftsrat für Kultur und Tourismus in Ankara. Neben über 100 Aufsätzen publizierte er 74 Bücher zu kulturgeschichtlichen und musealen Themen und vertrat die Türkei auf über hundert nationalen und internationalen Kongressen. Er war Mitglied des Atatürk-Zentrums.    PL

# Der türkische Unabhängigkeitskrieg (1919–1922) in neuer Sicht

Prof. Dr. Dr. h.c. Gotthard Jäschke (1894–1983)

*Der Beitrag entspricht Vorträgen vor den Deutsch-Türkischen Gesellschaften in Bonn und Münster 1969 aus Anlass des 50. Jahrestages der Ankunft Mustafa Kemals am 19. Mai 1919 in Samsun, die den Beginn des türkischen Unabhängigkeitskrieges 1919–1922 bezeichnet. Der Aufsatz ist den Mitteilungen der Deutsch-Türkischen Gesellschaft, Heft 78, Bonn, Mai 1969, S. 11–17, entnommen. Der Verfasser, Professor Dr. Gotthard Jäschke (1894–1983), dem die Universität Ankara 1974 die Ehrendoktorwürde verlieh, hat die geschilderten Ereignisse als Zeitgenosse im deutschen diplomatischen Dienst in der Türkei unmittelbar erlebt und gilt bis heute als „einer der ersten und vielleicht wichtigsten Vertreter einer zeitgeschichtlichen Schule im Rahmen der Turkologie" (Klaus Kreiser in seinem Beitrag über Taeschner und Jäschke in diesem Buch). Beide lehrten an der Universität Münster: Taeschner von 1922–1953, Jäschke von 1947–1959. Die DTG Münster ist Beiden in besonderer Weise verbunden und dankbar, so dass sich daraus auch der Wiederabdruck ihrer Beiträge in dieser Festschrift erklärt, die nichts von ihrer früheren Aktualität eingebüßt haben. Jäschke kann dabei die damals zugänglich gemachten britischen Akten des Foreign Office erstmals heranziehen. Der Text ist durch Zwischenüberschriften gegliedert worden.*  *(PL)*

## Die historische Bedeutung Mustafa Kemals für die Gründung der Türkei 1923

Am 19. Mai jährt sich zum 50. Male der Tag, an dem Mustafa Kemal Pascha, der heutige Kemal Atatürk, in Samsun landete, um in Ostanatolien die Demobilmachung zu überwachen und die Autorität des Sultans wiederherzustellen, in Wirklichkeit aber, um die Führung im türkischen Unabhängigkeitskriege zu übernehmen, der kurz vorher nach Besetzung Smyrnas durch hellenische Truppen spontan ausgebrochen war.[1] Wie ihm das gelang, was damals der ganzen Welt als ein Wunder erschien, hat er in seiner großen Rede von 1927[2] ausführlich geschildert. Sie

---

[1] Vgl. Gotthard Jäschke, Die grichische Landung in Izmir im Lichte der britischen Dokumente, in: Mitteilungen Heft 73, März 1968, S. 9–13.

[2] Neue Übersetzung des Unterrichtsministeriums: A Speech Delivered by Mustafa Kemal, Istanbul 1963.

ist auch heute noch die wichtigste Quelle für das Studium des dramatischen Geschehens, das sich vor den Augen der Siegermächte vollzog. Im zweiten Teil der Rede bezeichnet er jedoch weiteres Dokumentenmaterial, dessen Heranziehung ihm erwünscht sei: die Protokolle der Großen Nationalversammlung, die Archive der Ministerien und Zeitungssammlungen. Außerdem sind hier zu nennen: die inzwischen schier unübersehbar gewordene Literatur des In- und Auslandes, insbesondere die Memoiren seiner engsten Mitarbeiter, die vom Großen Generalstab herausgegebenen „Kriegsgeschichtlichen Urkunden" und das sechsbändige amtliche Werk über den Unabhängigkeitskrieg, sowie die vom Institut für Geschichte der Türkischen Revolution veröffentlichten Reden und Erklärungen Atatürks und die verschiedenen Publikationen der Türkischen Historischen Gesellschaft.

Von hohem Wert sind endlich die Akten des Foreign Office, die Premierminister Harold Wilson bis Ende 1922 für die Forschung freigegeben hat.

Alles dies gewährt heute ein erheblich lückenloseres Bild, als es vor 40 Jahren möglich war. Die gewaltige Leistung Atatürks tritt jetzt in einem noch helleren Lichte hervor. Sie wird auch dadurch nicht beeinträchtigt, dass man, um nur das eine aus vielem herauszuheben, feststellen kann, wie schnell die türkische Bevölkerung von Istanbul bis auf wenige Ausnahmen, zu denen freilich der Sultan gehörte, auf die Seite Mustafa Kemals trat, und wie bald zahlreiche Engländer, vor allem der britische Hochkommissar Admiral Calthorpe und seine Beamten und sogar General Milne mit den britischen Kontrolloffizieren in Anatolien, die Gerechtigkeit des türkischen Abwehrkampfes erkannten, während in England die von Lloyd George geführte Regierung „auf das falsche Pferd setzte."

Der amerikanischen Botschafter Sherrill schreibt in seinen „Erinnerungen" von 1934: „Das Schicksal liebt dramatische Entwicklungen. Es spritzte das Gift der griechischen Besetzung Smyrnas aus und verabreichte gleichzeitig das Gegengift in Form der Landung Mustafa Kemals in Samsun. Dabei bediente es sich zweier Puppen in Gestalt von Lloyd George und Mehmed VI." So zutreffend dieser Grundgedanke ist, so bedarf er doch einer Einschränkung.

Der Sultan vollzog die Ernennung Mustafa Kemals bereits am 30. April 1919, als der Oberste Kriegsrat in Paris seinen Beschluss noch nicht gefasst hatte.

## Der Auftrag Mustafa Kemals zur Demobilisierung der 9. Armee in Anatolien und die darüber hinausgehende Vollmachterteilung

Der Auftrag an Mustafa Kemal verfolgte einen anderen Zweck, der mit den Ereignissen in Smyrna nicht zusammenhängt. Über seine Vorgeschichte geben die britischen Akten Auskunft. Danach beschwerte sich Admiral Calthorpe am 21. April über die „sehr unbefriedigende Demobilmachung der 9. Armee." Über diese Note beriet Großwesir Damad Ferid Pascha mit dem Minister des Inneren Mehmed Ali, der ihm vorschlug, einen fähigen General in das betreffende Gebiet zu schicken. Auf die Frage, an wen er denke, erwiderte er: „Mir fällt Mustafa Kemal Pascha ein." Er hatte ihn durch Ali Fuad Pascha kennengelernt, als dessen Bruder seine Tochter heiratete, und wusste, dass er ein erbitterter Gegner Enver Paschas war. Auch Damad Ferid gewann bei einem Essen, zu dem er ihn einlud, einen vorzüglichen Eindruck von ihm. Daher betraute er den Kriegsminister Şakir Pascha mit der Erledigung der Angelegenheit. Mustafa Kemal nahm die ihm zugedachte Aufgabe an; zu ihrer Ausführung hielt er indessen eine weitgehende Vollmacht für notwendig, was Şakir Pascha einsah. Aufgrund seines eigenen Diktats entwarf sie Kâzim Pascha, der stellvertretende Generalstabschef. Als sie ihm am 6. Mai ausgehändigt wurde, empfand er, wie er später erzählte, ein unbeschreibliches Glücksgefühl. Er sei sich wie ein Vogel vorgekommen, vor dem sich der Käfig öffnet und die weite Welt offen liegt. Sehr hübsch und glaubhaft ist, was er nach der alliierten Kontrolle bei der Abfahrt am 16. Mai zu seinen Begleitern sagte: „Was für eine Dummheit! Sie suchen Waffen und Munition. Wir aber bringen mit unserem Kopf unseren Glauben fort." Im Jahre 1937 hat er seine damalige Lage wie folgt beschrieben: „Als ich nach Samsun abreiste, hatte ich keinerlei materielle Gewalt, sondern bloß den Glauben an den Seelenadel der türkischen Nation." Ihn trug er als „nationales Geheimnis" in seinem Herzen.

Wie ist die auffallende Tatsache der weitgehenden Vollmacht zu erklären angesichts der diametral entgegengesetzten Meinungen Mustafa Kemals und der Regierung über die Aussichten eines Widerstandes der besiegten Türkei? Die Lösung des Rätsels ist ziemlich einfach. Er wusste seine wahren Absichten meisterhaft geschickt zu tarnen, in erster Linie vor dem Sultan, der ihm seit der gemeinsamen Reise ins deutsche Große Hauptquartier um die Jahreswende 1917/18 unbedingtes Vertrauen schenkte.[3]

Der britische Oberbefehlshaber Sir Georg Milne befand sich Ende April (1919) gerade in Transkaukasien. Nach seiner Rückkehr äußerte er lediglich seine Verwunderung über den Auftrag Mustafa Kemals und über seinen großen Stab. Kâzim Pascha fragte den Verbindungsoffizier, wie viele Offiziere zu einem englischen Armeestabe gehörten. Als ihm dieser sagte „etwa 200", entgegnete er: „Und Mustafa Kemal hat nicht einmal 20; das ist doch wirklich nicht viel!" Die schriftliche Antwort verzögerte er bis zum 24. Mai, dem letzten Tage Mustafa Kemals in Samsun. Am nächsten Tage erwiderte der Minister des Äußeren auf die Note Calthorpes vom 21. April, dass er die Aufgabe habe, jede Störung der öffentlichen Ordnung im Osten der Türkei zu verhindern.

---

[3] Vgl. den vorangehenden Beitrag von Mehmet Önder in diesem Band.

Prof. Dr. Dr. h.c. Gotthard Jäschke

# Protestkundgebungen offenbaren die Widerstandsabsichten Mustafa Kemals

Damad Ferid hegte zu dieser Zeit noch keinerlei Argwohn. Am 21. Mai wünschte er Mustafa Kemal „Erfolg in allen Angelegenheiten," und noch am 29. teilte er ihm mit, dass er den Minister des Innern ersuchte habe, die Bezüge für ihn und seinen Stab beschleunigt zu überweisen. Über die Bandenkämpfe im Hinterland von Samsun telegraphierte Mustafa Kemal fünf vorsichtig abgefasste Berichte, die in Istanbul keinen Verdacht erregten.

Armenische Rückwanderer brachten den Stein ins Rollen. Am 23. Mai fand, wie überall in Anatolien und sogar in Istanbul, auch in Sivas eine Protestkundgebung gegen die griechische Landung statt. Als sich das Armenisch-Gregorianische Patriarchat darüber beklagte, bat Calthorpe energisch um Schutz der Rückwanderer. Damad Ferid wies den Kriegsminister an, den zuständigen Behörden entsprechende strenge Befehle zu erteilen. Şevket Turgut Pascha machte auf den Erlass Damad Ferids nur den Vermerk: „Mustafa Kemal Paşaya yazalım" (Wir wollen an M. K. schreiben). Am 2. Juni wurde dieser um Stellungnahme gebeten. Er antwortete umgehend wie folgt: „... Weder in Sivas noch sonst wo gibt es einen Anlass zur Beunruhigung. ... Möglicherweise sind manche Leute durch die Nachricht über die Besetzung Smyrnas und die dagegen erhobenen Proteste in Aufregung geraten. Es besteht aber kein Grund zu Befürchtungen für die nichtmuslimische Bevölkerung, solange die Ententemächte die Rechte und die Unabhängigkeit unserer Nation achten. ... Weder ich noch andere sind jedoch imstande, die Empörung über Angriffe auf ihre Freiheit und Existenz zu unterdrücken. Ich kann mir keinen Kommandeur oder Zivilbeamten denken, der die Verantwortung für die daraus erwachsenden Folgen übernehmen könnte."

Nun gab es für die Sultansregierung und die Engländer keinen Zweifel mehr. Sie erkannten, dass sie sich in Mustafa Kemal gründlich getäuscht hatten. General Milne forderte daher am 6. Juni seine unverzügliche Rückberufung nach Istanbul, weil es „die öffentliche Meinung verwirre, wenn ein General, der sich im Kriege ausgezeichnet habe, mit einem Stabe im Lande herumreise." Bewundernswert mutig ist die von Cevad Pascha entworfene Antwort. Die Ernennung Mustafa Kemals zum Inspekteur der 9. Armee beruhe auf einer Note des britischen Hochkommissars. Sein politischer Vertreter habe im Gespräch mit dem Großwesir keine Bedenken geltend gemacht. (Dazu schreibt Sir Andrew Ryan in seinen Memoiren, er habe zwar Zweifel am Nutzen der Armeeinspektorate geäußert, Damad Ferid habe ihm aber versichert, dass er von der Loyalität Mustafa Kemals überzeugt sei.) Zum Schluss seiner Antwort bat Cevad Pascha „ehrerbietigst", man möge ihm als einem erfahrenen Soldaten und verantwortlichen Minister die Beurteilung der Frage überlassen, ob die Reisen eines solchen Inspekteurs die öffentliche Meinung beunruhigten oder im Gegenteil beschwichtigten.

Kriegsminister Şevket Turgut Pascha ersuchte indessen auf Beschluss des Ministerrates Mustafa Kemal, mit seiner Begleitung nach Istanbul zu kommen. Darauf telegraphierte dieser unmittelbar an den Sultan, die Nation sei von dem festen Willen beseelt, die Unabhängigkeit des Staates und die Rechte des Sultanats und Kalifats zu verteidigen. Er betrachte es als seine Pflicht, ihr dabei nach Kräften zu helfen, und habe nicht die Absicht, sich nach Malta verbannen oder im günstigsten Falle zur Untätigkeit verurteilen zu lassen. Gleichzeitig gab er allen Behörden seines Bezirks bekannt, dass er einen heiligen Eid geschworen habe, mit der Nation zusammenzuarbeiten, bis die Unabhängigkeit des Staates erreicht sei. Nach Beendigung des Krieges fragten ihn einmal Journalisten, womit er ihn eigentlich zu Anfang geführt habe. „Mit Telegrammen!" lautete seine Antwort. Von großem Wert war hierbei der Chiffreschlüssel, den er mit Cevad Pascha vereinbart hatte.

## Die griechische Invasion als Ursache des Unabhängigkeitskrieges

So sehr Mustafa Kemal die tapferen Freischärler, die Efe's, moralisch unterstützte, die zuerst die Hauptlast im Kampfe gegen die eindringenden Griechen trugen, so wenig war er sich über ihre Schwäche gegenüber einem modern ausgerüsteten Heer im Zweifel. Die kümmerlichen Reste der osmanischen Armee, die General Milne zugelassen hatte, waren von fast zehnjährigen Kriegen physisch erschöpft und strebten zu ihren Familien. Die Sultansregierung hielt einen neuen Krieg für völlig aussichtslos und versprach sich nur etwas von diplomatischen Schritten. So protestierte sie unentwegt gegen die dem Selbstbestimmungsrecht der Völker Hohn sprechende Zuteilung des Smyrnagebietes an Griechenland und gegen die beim Eindringen in das rein türkische Hinterland begangenen Grausamkeiten. Eine auf ihren Antrag eingesetzte internationale Untersuchungskommission unter Vorsitz des amerikanischen Hochkommissars Admiral Bristol legte die Schuld eindeutig den Griechen zur Last. Vor allem bat die Hohe Pforte immer wieder um Begrenzung der Besatzungszone, was auch Admiral Calthorpe als berechtigt anerkannte. Leider hatte der Oberste Rat in Paris nicht schon vor der Landung, sondern erst vier Tage danach beschlossen, das von den Griechen zu besetzende Gebiet auf den Sandschak Izmir und den Kreis Ayvalik zu beschränken. Aber weder Veniselos noch die griechischen Generale kümmerten sich um diese Entscheidung, die sie für strategisch unausführbar ansahen. Nach monatelangem erbittertem Kleinkrieg gelang es dem von den Ententemächten beauftragten General Milne, eine Demarkationslinie festzulegen (2. Oktober 1919).

Prof. Dr. Dr. h.c. Gotthard Jäschke

## Die Organisation des politischen Widerstandes für ganz Anatolien: Nationalkongresse in Erzurum und Sivas und der Nationalpakt geben die Grenzen eines neuen Staates vor

Mustafa Kemal hielt im Jahre 1919 für die wichtigste Aufgabe, die verschiedenen nationalen Gruppen und Vereinigungen, die sich schon bald nach dem Waffenstillstand in der Türkei gebildet hatten, auf ein klar umrissenes Programm zu einigen. Zu diesem Zwecke beschloss er mit Rauf Bey und Ali Fuad Pascha im Juni in Amasya die Einberufung von zwei Nationalkongressen, von denen der erste am 23. Juli in Erzurum zusammentrat, das von den armenischen Aspirationen am meisten bedroht war. Hatte die Regierung bis zu diesem Zeitpunkt gütlich versucht, Mustafa Kemal zur Rückkehr zu bewegen, zuletzt der Sultan persönlich mit dem Angebot eines zweimonatigen Urlaubs an einem beliebigen Orte zwecks Luftveränderung (tebdil-i hava), einer früher oft gebrauchten Begründung, so sah sie sich wegen des zunehmenden diplomatischen Drucks der Engländer genötigt, energischer gegen den abtrünnigen „Rebellen" vorzugehen. Die Rückziehung seines Inspektionsauftrages erwiderte er mit der Bitte um Entlassung aus dem Militärdienst. Indem er allen Militär- und Zivilbehörden sein Ausscheiden aus dem Heere mitteilte, verständigte er sie von seinem Entschluss, fortab als einfacher Staatsbürger für das heilige Ziel der Befreiung kämpfen zu wollen. Nun griff die Regierung zu schärferen Waffen. Nach heftigen Debatten im Ministerrat erlangte Damad Ferid den Beschluss, Mustafa Kemal und Rauf zu verhaften. Natürlich war dies ein Schlag ins Wasser. Selbst die Zeitung „The Orient News" in Istanbul höhnte, dieser Befehl gleiche dem Versuch, Lenin und Trotzki zu verhaften. Nun ging der Sultan sogar so weit, Mustafa Kemal den Titel „Ehrenadjutant" abzuerkennen und ihm seine Orden abzufordern.

Überraschenderweise hatte dieser inzwischen einen Bewunderer gewonnen in Oberstleutnant Rawlinson, der seit April in Erzurum weilte, um die Demobilmachung zu überwachen. Als am 25. Juli 1919 der Nationalkongress beschloss, die weitere Waffenablieferung einzustellen, fiel ihm die undankbare Aufgabe zu, dies seinem Chef General Milne telegraphisch zu melden, der ihn zur Berichterstattung nach Istanbul beorderte. Bei seinem Abschied von Mustafa Kemal erklärte er sich bereit, den Text des Kongressmanifestes seiner Regierung zu überbringen. Als Neffe von Lord Curzon wurde er von diesem persönlich empfangen, ohne ihn freilich von der Entschlossenheit der türkischen Nationalisten überzeugen zu können, den Kampf bis zur Räumung Anatoliens und Anerkennung der vollen Unabhängigkeit zu führen. Mehr beeindruckt von dem Bericht Rawlinsons zeigte sich der Generalstabschef Sir Henry Wilson, der die Besetzung Smyrnas von Anfang an aufs schärfste missbilligt hatte.

Der wichtigste Punkt des Manifestes von Erzurum betraf die Grenze der neuen Türkei. Es sollte nach dem Willen Mustafa Kemals die beim Abschluss des Waffenstillstandes am 30. Oktober 1918 von den türkischen Truppen gehaltene Linie sein. Damit verzichtete er nicht nur auf die großen arabischen Gebiete, die im Weltkriege verloren gegangen waren, sondern auch auf Westthrakien, das damals noch eine relative türkische Mehrheit aufwies. Dieses Opfer zeigt, wie maßvoll Mustafa Kemal in seinen Forderungen war.

## Sieg der ‚Nationalarmee' über Armenier und das von Franzosen besetzte Kilikien 1919

Das Repräsentativkomitee des Kongresses, zu dessen Vorsitzendem er gewählt wurde, übernahm nach seiner Erweiterung in Sivas auf die ganze Türkei mit dem Abbruch der Beziehungen zur Regierung und der Sperre des Telegraphenverkehrs mit ihr (12. September) praktisch die Verwaltung Anatoliens, die es „im Namen des Sultans" weiterführen werde. Damad Ferid bat nun die Engländer, mit 2000 Mann die „Rebellen" niederwerfen zu dürfen, und, als sie diesen phantastischen Plan ablehnten, um die Erlaubnis, mit Mustafa Kemal direkte Verhandlungen aufzunehmen, was der neue Hochkommissar Admiral Sir John de Robeck im Bericht an das Foreign Office als „zu grandios" bezeichnete.

Die britische Regierung wies General Milne an, einen bewaffneten Zusammenstoß mit dem Nationalisten zu vermeiden, worauf dieser anfragte: „Soll ich die Sultansregierung in der Provinz unterstützen oder nicht?" Sir John de Robeck fügte in seinem Begleitbericht zu diesem Schreiben Milnes hinzu: „Es ist äußerst schwierig, drei einander widersprechende Ziele zu verfolgen: 1. die legale Regierung zu unterstützen, 2. die strikte Einhaltung der Waffenstillstandsbedingungen zu erzwingen und 3. passiv zu bleiben gegenüber dem wachsenden Einfluss der Nationalisten." Darauf ermächtigte das Kriegsministerium Milne, die Truppen von der Anatolischen und Bagdadbahn zurückzuziehen, falls ihnen die Gefahr drohe, in offene Feindseligkeiten mit den Nationalisten verwickelt zu werden. Milne machte von dieser Befugnis noch keinen Gebrauch; er zog aber die britische Besatzung von Merzifon und Samsun Ende September zurück. Admiral de Robeck bedeutete nun Damad Ferid, dass seine Stellung unhaltbar geworden sei. Wenige Tage vorher empfing Mustafa Kemal den amerikanischen General Harbord, der von Präsident Wilson beauftragt war, die Möglichkeit eines Mandats für Armenien in Anatolien und Transkaukasien zu prüfen. Er kam zu dem Ergebnis, dass es ohne eine große Armee ausgeschlossen sei. In seinem Bericht ist er des Lobes voll über die „hochangesehenen und fähigen Führer der türkischen Nationalbewegung."

Prof. Dr. Dr. h.c. Gotthard Jäschke

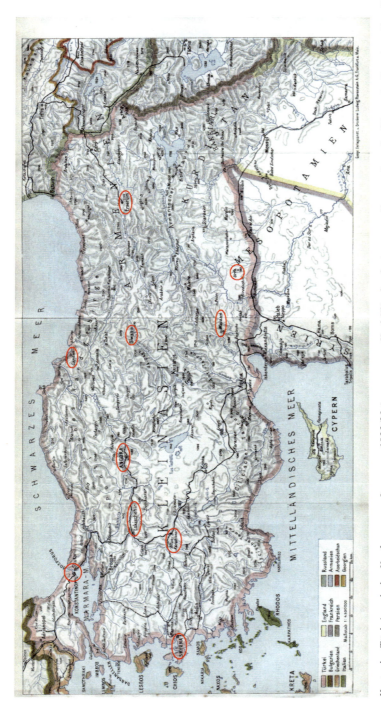

Karte der Türkei nach der Konferenz von Lausanne 1922/23 (entnommen: Karl Klinghardt, Angora – Konstantinopel – Ringende Gewalten, Frankfurt a. M. 1924). Die Südostgrenze gegenüber Mossul ist noch nicht eindeutig festgelegt. Gekennzeichnete Orte sind: die Hafenstadt Samsun, die Orte der Nationalversammlungen in Erserum, Siwas und Ankara (Angora), die Schlachtorte im Süden: Marasch und Urfa, die griechische Invasion von Smyrna (Izmir) südlich von Eskischehir mit Zielrichtung Ankara und der letzte Schlachtort Affium-Karahissar, wo sich die griechische Invasionsarmee auflöste und eine verbrannte Erde zurückließ. Vgl. dazu die jüngst erschienene Schrift: Eckhard Lisec, Der Unabhängigkeitskrieg und die Gründung der Türkei 1919–1923, Berlin 2016.

Die von Lloyd George schon am 30. Januar 1919 angekündigte Demobilmachung der britischen Truppen im Vorderen Orient überließ nicht nur die Armenier im Kaukasus ihrem Schicksal, sondern bedingte auch die Ablösung der Engländer in Syrien und Kilikien durch die Franzosen (Abkommen vom 15. September 1919). Mustafa Kemal betrachtete dies mit Recht als eine neue Besetzung, da sie offenkundig der Ausführung des Sykes-Picot-Abkommens von 1916 über die Aufteilung Anatoliens in Interessenzonen diente. Er wies nun die Führer der nationalen Komitees in den türkischen Randgebieten dieser Zone an, einen Kleinkrieg gegen die Franzosen zu eröffnen. Mit weit unterlegenen Kräften gelang den Truppen der Nationalarmee die Befreiung von Marasch und Urfa sowie die Einschließung eines französischen Detachments in Pozanti im Taurus. Man hat gefragt, warum dieselben Soldaten, die sich 1916 so tapfer vor Verdun geschlagen hatten, in Kilikien versagten. Zweifellos sahen sie ebenso wie das ganze französische Volk den Sinn solcher Opfer „weit hinten in der Türkei" (Goethe) nicht ein. In der öffentlichen Meinung gewann Pierre Loti mit seinen Freunden immer mehr Boden mit ihrer türkenfreundlichen Propaganda.

Diese Kämpfe, die auf dem Rücken armenischer Heimkehrer ausgetragen wurden, bedeuteten eine schwere Belastung für den Großwesir Ali Riza Pascha, der Anfang Oktober an die Stelle von Damad Ferid getreten war. Schließlich blieb ihm nichts weiteres übrig, als zu demissionieren, als die drei Hochkommissare den Kriegsminister Cemal Pascha und den Generalstabschef Cevad Pascha wegen angeblicher Nichtbeachtung der von Milne gezogenen Demarkationslinie zum Rücktritt zwangen.

## Die Große Nationalversammlung in Ankara und ihr Sieg über die Sultansregierung in Istanbul 1920

Inzwischen hatte Mustafa Kemal den Sitz seiner Gegenregierung von Sivas nach Ankara verlegt. Die kurze Session, die Anfang 1920 das letzte osmanische Parlament in Istanbul abhielt, ist berühmt geworden durch die Annahme des „*Nationalpakts*", der in der Hauptstadt der Türkei der nationalen Bewegung einen solchen Auftrieb verlieh, dass sich die dortigen Ententetruppen bedroht fühlten. Daher griffen sie zu dem Verzweiflungsmittel der sogenannten „disziplinaren Besetzung". Sie drückte Mustafa Kemal die wirksamste Waffe in die Hand. Denn nun besaß er einen Rechtstitel, um das Parlament nach Ankara zu verlegen. Die gleichzeitige Verhaftung der Nationalisten, vor allem Rauf Beys, erwiderte er mit der Festsetzung des Oberleutnants Rawlinson, den Lord Curzon unbegreiflicherweise nochmals nach Erzurum geschickt hatte, um zu erfahren, über welche etwaigen Konzessionen mit Mustafa Kemal zu verhandeln wäre. Zu dessen offener Desavouierung, die die drei Hochkommissare verlangten, sah sich das Kabinett

Salih Pascha, das Ali Riza gefolgt war, außerstande. So übernahm Damad Ferid wieder die Regierung. Er rief zum Kampfe auf „gegen die verlogenen Anwälte der Nation" und ließ durch den Scheichülislam Dürrizade Abdullah den Heiligen Krieg gegen sie verkünden. Aufgrund der diesbezüglichen Fetwas verurteilte ein Kriegsgericht Mustafa Kemal zum Tode, wozu man nur unser schönes Sprichwort zitieren kann: Die Nürnberger henken keinen, sie hätten ihn denn."

Angefeuert von den Engländern, die er irrtümlich für seine „Freunde" hielt, stellte Damad Ferid „Ordnungskräfte" auf, die man im Volksmunde „Kalifatsarmee" nannte. Beim ersten Angriff liefen sie zu den Nationaltruppen über, soweit sie nicht in Panik zurückfluteten und (in Izmit) von den Engländern entwaffnet wurden. Trotz dieses Misserfolgs und der Niederlage des Tscherkessen Anzavur bat Damad Ferid nochmals um 7–50 000 (!) Mann, um die Rebellen" zu unterwerfen. Die Alliierten beschlossen jedoch auf der Konferenz von Hythe im Juni 1920, Veniselos das von ihm beantragte „Mandat" zu erteilen, den endlich in San Remo ausgehandelten Frieden mit der Türkei zu erzwingen. Die erheblich verstärkte griechische Armee eroberte nach fast kampflosem Vormarsch am 8. Juli Brussa und am 25. Edirne. Das Angebot des Generals Paraskevopulos, mit einer Kolonne nach Ankara vorzustoßen, lehnten sie ab, weil sie im wegelosen Innern Anatoliens leicht in eine schwierige Lage geraten könnten. Auch von einer Aufstachelung der Kurden gegen Mustafa Kemal, die Damad Ferid schon 1919 vergeblich versucht hatte, wollten sie nichts wissen. Schließlich sah sich dieser auf allen Seiten von politischen Gegnern umgeben. Sogar Lord Curzon gab später zu, es sei ihm seit der griechischen Landung klar gewesen, dass jeder denkende Türke im Herzen auf der Seite Mustfa Kemals stehen musste. Auch Lloyd George stellte im Herbst 1920 fest, dass die griechischen Siege „keinen großen strategischen Wert" hätten.

Immerhin bewirkten sie in der Großen Nationalversammlung vorübergehend einen Schock. Was Mustafa Kemal vorausgesehen hatte, war eingetreten. Die mangelhaft bewaffneten, schlecht geführten Freischärler waren einem größeren modern ausgerüsteten Heere nicht gewachsen. Deshalb war nun seine Hauptsorge die Aufstellung einer straff disziplinierten Truppe. Er stampfte sie buchstäblich aus dem Boden und erkor im November 1920 Ismet Pascha zu ihrem Führer, dem er sie unbesorgt anvertrauen zu können glaubte.

## Der Umschwung der politischen Großwetterlage durch den Regierungswechsel in Griechenland und den Aufstieg des bolschewistischen Russland: Der Friede von Gümrü und Freundschaftsvertrag von Moskau 1920

Zu derselben Zeit traten zwei Ereignisse ein, die einen radikalen Wechsel der Lage mit sich brachten: die für Veniselos unerwartete Wahlniederlage mit nachfolgendem Volksentscheid für König Konstantin, der Frankreich den erwünschten Vorwand lieferte, offen auf die Seite Mustafa Kemals überzugehen, sowie der Zusammenbruch der Republik Armenien. Hatte Frankreich schon im Vertrag von Sèvres auf Adana und Marasch verzichtet und die syrische Grenze an den Ceyhan, an Missis vorbei gezogen, so verlegte es sie nun an die Bagdadbahn, wo sie noch heute verläuft.

Die Moskauer Regierung hatte Armenien zuerst in seinen Gebietsforderungen unterstützt, wenigstens in den Vilayets Van und Bitlis, dann aber angesichts der festen Haltung Ankaras ihre Meinung geändert. Yusuf Kemal berichtet in seinen Erinnerungen „Im Dienste des Vaterlandes" von einem dramatischen Gespräch mit Lenin und Stalin, das kurz nach dem Umschwung im polnisch-russischen Krieg stattfand. Sie deuteten vorsichtig an, dass sie ein türkisches Vorgehen gegen Armenien dulden würden. In zweimaligem Anlauf überrannte die Ostarmee unter Kâzim Karabekir Pascha den Feind, zuerst bei Sarikamiş, wo Ende Dezember 1914 Enver Pascha eine ganze Armee geopfert hatte, und dann vor Kars. Im Frieden von Gümrü gewann die Türkei die Grenze am Araxes und im nächsten Frühjahr von Georgien Ardahan und Artvin. Mit dem Freundschaftsvertrag von Moskau (16. März 1921) erkannte die Sowjetregierung die Rückgabe der 1878 an Rußland abgetretenen Gebiete an mit Ausnahme von Batum, auf das sie großen Wert legte. Präsident Wilson aber zog mitten während der Niederlage Armeniens zu seinen Gunsten eine Grenze quer durch die östliche Türkei – auf dem Papier!

König Konstantin sah bald nach seiner Rückkehr ein, dass auch ihm kein anderer Weg blieb, als die Politik von Veniselos fortzusetzen. So stürzte er sich mit seinem kriegsmüden Volke in das Abenteuer eines „Marsches auf Ankara". Im Januar und März machte Papulas, der neue Oberbefehlshaber, zunächst zwei Vorstöße auf Eskisehir, die beide scheiterten. Mustafa Kemal hat den zweiten Sieg von Inönü, den die neuformierte Nationalarmee errang, richtig charakterisiert, indem er an Ismet Pascha telegraphierte: „Sie haben nicht nur den Feind, sondern auch unser widriges Geschick besiegt."

General Harington, der Nachfolger von Sir George Milne, bezweifelte in einem Gutachten vom 26. Mai den griechischen Enderfolg im Kriege, besonders wegen Zersetzung der Moral durch den Zwist zwischen Konstantinisten und Veniselisten. Großsprecherisch verkündete indessen Ministerpräsident Gunaris in Smyrna den Kampf um die Befreiung der „versklavten Christen" der Türkei „bis zum bitteren Ende." Papulas brüstete sich nach Besetzung von Eskişehir im Juli, in Kleinasien weiter eingedrungen zu sein als jemals eine griechische Armee seit 1071, der Seldschukenschlacht von Malazgirt. Kriegsminister Fevzi Pascha dagegen prophezeite, dass sich der Feind „seinem Grabe nähere". Während Konstantin den Tagesbefehl ausgab: „Vorwärts, nach Ankara!", hielt Lloyd George eine Rede, die zeigt, dass er nicht mehr so sicher war, wer siegen würde. Er sagte: „Wir haben niemals die Entsendung einer Armee in die Berge von Kleinasien angeregt. Jetzt gibt es für uns nur eine Alternative: Lasst beide ihre Sache ausfechten! Der Krieg hat ein Verdienst: er lehrt Respekt vor den Tatsachen." In der blutigen 23tägigen Sakaryaschlacht erkannte man bald auch in Athen den Wendepunkt des Krieges. Mit Recht verlieh die Große Nationalversammlung Mustafa Kemal den Ehrentitel „Gazi".

## Der Sieg der türkischen Nationalarmee über die Griechen 1922, der Anteil der türkischen Frauen daran und diplomatische Erfolge

Wenn die griechische Armee vor Eskişehir und Afyoşn Karahisar noch einmal eine Defensivfront aufbauen konnte, so verdankt sie das ihrer brutalen Taktik der „verbrannten Erde." Selbst Papulas bewunderte die überlegene Führung Mustafa Kemals und die Tapferkeit des türkischen Soldaten. Dieser konnte nun zwei diplomatische Erfolge erringen. Am 13. Oktober bestätigten Vertreter der drei transkaukasischen Republiken in Kars den Vertrag von Moskau und eine Woche später unterzeichnete Franklin Bouillon in Ankara ein Abkommen, das praktisch einem Sonderfrieden Frankreichs mit der nationalen Türkei gleichkam.

Jetzt stand der Überführung von Truppen aus dem Osten und Süden an die Westfront nichts mehr im Wege. Mustafa Kemal wusste aber, dass es noch großer Anstrengungen bedurfte, um auch das rüstungsmäßige Gleichgewicht mit dem griechischen Gegner zu erreichen. In bewundernswerter Kleinarbeit, zum größten Teil mit primitivem Werkzeug, wurden in den nächsten Monaten Waffen und Munition hergestellt und vielfach mit zweirädrigen Ochsenkarren von Frauen Hunderte von Kilometern durch Anatolien an die Front gefahren. Von dieser stillen, aber sehr wichtigen Vorbereitung des Endsieges ist wenig ins Ausland gedrungen. Am Ehrenmal in Ankara hat sie in Gestalt einer Bäuerin mit Granate beredten Ausdruck gefunden.

Hatte die Athener Regierung auf der Revisionskonferenz von London, zu der sich Lloyd George, obwohl mit einem gewissen Widerwillen, bereit erklärte, im März 1921 jede Änderung des Vertrags von Sèvres brüsk abgelehnt, so wünschte sie ein Jahr später in Paris einen Waffenstillstand. Mustafa Kemal war damit einverstanden, jedoch unter der Bedingung der gleichzeitig beginnenden Räumung Anatoliens. Dazu sah sich Papulas außerstande. Hadjiyanesti, der ihn ablöste, zog freiwillig einen Teil der Truppen von der Front ab, um sie zu dem wahnsinnigen Vorstoß gegen Konstantinopel zu verwenden. Welche Illusionen sich auch der Sultan und seine Regierung bis in den August 1922 hinein machten, beweist ihre wiederholte Bitte an den Hochkommissar Sir Horace Rumbold, das von den Griechen zu räumende Gebiet der rein fiktiven Sultansarmee zu übergeben.

Dem Traum Athens von Großgriechenland, den es durch die militärische Aktion in Ostthrakien und die Verkündung der Autonomie Joniens in Smyrna verwirklichen wollte, folgte ein schreckliches Erwachen. Am 26. August brach in der „Schlacht des Oberbefehlshabers" (Baş Kumandan Muharebesi) bei Afyon Karahisar die griechische Front zusammen. Brennende Städte und Dörfer bezeichneten die Rückzugsstraße des in panischer Angst fliehenden Heeres. Was 1921 nach der Sakaryaschlacht noch als operative Notmaßnahme gelten konnte, war jetzt nur Ausdruck eines sinnlosen Hasses. Törichterweise hatte Lloyd George noch am 4. August die Griechen zum Widerstand ermuntert, indem er ihre angebliche „militärische Überlegenheit in jeder bisherigen Schlacht" rühmte. Mustafa Kemal bekannte in einem Interview mit dem englischen Journalisten Ward Price in Smyrna, das am 9. September kampflos fiel, er hätte diese letzte Schlacht gern vermieden, aber auf andere Weise die Griechen von der Notwendigkeit der vollständigen Räumung Anatoliens nicht überzeugen können.

Der Vormarsch der siegreichen türkischen Armee gegen die Dardanellen rief in London Bestürzung hervor. Lloyd George und seine Anhänger sahen sie im Geiste bereits wie 1357 die Meerenge überqueren und die Balkanhalbinsel überschwemmen. In aller Eile beschloss das britische Kabinett eine Verstärkung der Besatzung an den Dardanellen. Noch während der Konferenz von Mudanya, die nach mühsamen Verhandlungen zwischen Lord Curzon und Poincaré zustande kam, gab es kritische Augenblicke, in denen der Friede Europas an einem Haar zu hängen schien. Man hatte jedoch nicht mit der staatsmännischen Besonnenheit Mustafa Kemals gerechnet. So unbeugsam er die Ziele verfolgte, deren Erreichung er als lebenswichtig für die Türkei ansah, so wenig war er geneigt, Utopien nachzujagen. Völlig fern lag ihm die Absicht, einen neuen Krieg zu beginnen.

Auf der Gegenseite war es Sir Charles Harington, der einen kühlen Kopf bewahrte und u.a. ein nervöses Telegramm mit ultimativen Forderungen der britischen Regierung einfach in seiner Tasche verschwinden ließ. Auf diese Weise konnte am 11. Oktober 1922 in Mudanya der Waffenstillstand geschlossen werden, der den unseligen, von Lloyd George und Veniselos heraufbeschworenen Krieg mit viel Blut und Tränen beendete. Mustafa Kemal dankte Harington telegraphisch für die aufrichtigen Gefühle beiderseitiger Hochachtung, die zwischen ihm und Ismet Pascha während der Konferenz geherrscht hätten. Mit Recht hat Churchill den General gelobt wegen seines Taktes und seiner Geduld.

Generalstabchef Sir Henry Wilson hatte schon ein Jahr vorher an Harington geschrieben, England könne nicht umhin, mit der Türkei Frieden zu schließen Nun erklärte Dr. Nihat Resat, der vorläufige Vertreter der Ankara-Regierung in London bei seiner Abreise am 15. Oktober, er sei sehr glücklich, in der öffentlichen Meinung und der Presse eine wachsende Sympathie für die nationale Türkei feststellen zu können, was er als Beginn einer neuen Ära freundschaftlicher Beziehungen zwischen beiden Ländern werte.

Allerdings sollte sich die Friedenskonferenz von Lausanne, die am 20. November 1922 eröffnet wurde, volle acht Monate hinziehen und erst nach einer Unterbrechung, während der Lord Curzon durch den geschmeidigeren Diplomaten Sir Horace Rumbold abgelöst wurde, und nach dem Verzicht auf die unzeitgemäß gewordenen Kapitulationen, der den Franzosen besonders schwer fiel, am 24. Juni 1923 endlich zum Abschluss kommen. Dann ließen sich die drei Ententemächte noch ein ganzes Jahr Zeit mit der Ratifikation. Immerhin konnte die Türkei mit Hilfe eines Sonderprotokolls die Räumung der Meerengen mit der Stadt Istanbul schon Anfang Oktober 1923 erlangen. Damit war die Unabhängigkeit erreicht, die Mustafa Kemal bei seiner Landung in Samsun am 19. Mai 1919 als unverrückbares Ziel vor Augen geschwebt hatte.

Damals ahnte wohl niemand, welche zweite, ihm gleichwichtig dünkende Aufgabe er sich gestellt hatte. Zur großen Überraschung der ganzen Welt begann er nun, das türkische Volk aus den Fesseln mittelalterlicher Anschauungen zu lösen. Dabei ging er ebenso wie zu Beginn seines militärischen Befreiungskampfes sehr behutsam vor und mutete dem Volke immer nur so viel zu, als es nach seiner Meinung in sich aufnehmen konnte. Den letzten großen Schritt wagte er 1928 mit der Abschaffung der arabischen Schrift, in der er einen Hemmschuh auf dem Wege zu Zivilisation erblickte, durch das Türkische. Es würde hier zu weit führen, die Fülle der einzelnen Maßnahmen zu schildern, die Mustafa Kemal für notwendig hielt. Bei Einführung von Familiennamen 1934 wurde ihm von der Nationalversammlung der Ehrenname Atatürk, Vater der Türken, verliehen. Nicht zu leugnen ist jedenfalls die Tatsache, dass es ihm gelang, die Türkei auf das Niveau eines modernen hochgeachteten Staates zu erheben. Fürwahr, die türkische Nation hat alle Ursache, heute nach 50 Jahren ihres großen Befreiers dankbar zu gedenken.

# Wie wurde die Türkei eine Republik und Ankara ihre Hauptstadt?

Prof. Dr. Dr. h.c. Gotthard Jäschke

*Vortrag des Autors vor der DTG Bonn am 15. Mai 1963, gedruckt in: Mitteilungen der DTG Bonn, Heft 52, Juli 1963, S. 1–6. Der Autor lehrte als Prof. für Turkologie seit 1947 an der Universität Münster und kann als einer der Begründer der modernen türkischen Zeitgeschichte bezeichnet werden. Vgl. den vorangehenden Beitrag von ihm und die Doppelbiographie von Klaus Kreiser über Taeschner und Jäschke in diesem Buch. In diesem Zusammenhang wird hier noch einmal auf die wissenschaftliche und zeitgeschichtlich dokumentarische Bedeutung der von der DTG Bonn zwischen 1954 und 1997 herausgegebenen „Mitteilungen" hingewiesen. Der Text ist um Zwischenüberschriften und kursiv in Klammern gesetzte Ergänzungen erweitert worden.*                                                                PL

Der französische Turkologe Jean Deny hat die Problematik der Persönlichkeit Mustafa Kemals mit folgenden Worten ausgedrückt: *„Hat er schon von Anfang an den Sturz des Sultans und Kalifats sowie die republikanische Staatform ins Auge gefasst?"* Zeitgenossen, die die Ausrufung der Republik in Ankara *(am 29.10.1923)* miterlebt haben, berichten, dass sie eine große Überraschung sogar für diejenigen war, die den Unabhängigkeitskrieg *(1919–1922)* von den ersten Tagen an mitgemacht hatten. In Istanbul, der alten Hauptstadt des Osmanischen Reiches und im Auslande war man noch weniger darauf vorbereitet, hatte doch die Große Nationalversammlung (G.N.V.) jahrelang immer wieder versichert, ihr Ziel sei „die Befreiung des Sultanats und des Kalifats aus den Händen der Feinde". Noch bei der Abschaffung des Sultanats hatte sie *(am 3. März 1924)* feierlich erklärt, dass das Kalifat dem „an Wissen und Charakter reifsten und besten Mitglied der Dynastie Osman" gebühre.

## Von der osmanischen Monarchie zu türkischen Republik

Ich glaube, man muss die Persönlichkeit Atatürks gründlich studieren, um die Frage Denys beantworten zu können. Ohne Zweifel hat er sich schon frühzeitig mit dem Problem der besten Staatsform beschäftigt. Yakub Kadri K a r a o s m a n o ğ l u, einer der fähigsten und bekanntesten Schriftsteller der neuen Türkei, hat erst kürzlich die Frage aufgeworfen: „Von wem hat der junge Kriegsschüler Mustafa Kemal die republikanische Staatsverfassung gelernt?" Er untersucht dabei den Einfluss, den möglicherweise Namik Kemal und Ziya Gökalp auf ihn ausgeübt haben, und stellt dann fest: „Es ist nicht möglich, die ideologischen Quellen der umstürzenden Reformen Atatürks auf irgendeiner Seite unserer Geistesgeschichte zu finden. Daher kommt ihre Originalität." Hiermit gibt uns Yakub Kadri den Schlüssel zur Lösung des anscheinend komplizierten Problems.

Vermutlich hat Mustafa Kemal, angeregt durch das Studium der großen französischen Revolution, die Überzeugung gewonnen, dass die Republik grundsätzlich der Monarchie vorzuziehen sei; er hat aber auch gewusst, wie stark der monarchische Gedanke im türkischen Volk eingewurzelt war. Der letzte Sultan, Mehmed VI. Vahideddin, erfreute sich sogar einer gewissen Zuneigung in weiten Volkskreisen, weil er versucht hatte, das Joch der Diktatur des jungtürkischen Triumvirats Enver-Cemal-Talat abzuschütteln. Mustafa Kemal war davon überzeugt, dass es einer langen Erziehungsarbeit bedürfte, um das Volk für das Ideal der republikanischen Staatsform zu gewinnen. Er hat diese Aufgabe jedoch außerordentlich behutsam in Angriff genommen. Nur wenigen Freunden offenbarte er seine innersten Gedanken. Selbst unter diesen gab es solche, die sie bloß ahnten. R u s ş e n  E ş r e f besaß eine Photographie Atatürks mit folgender Widmung vom 24. Mai 1918:

*„Trotz allem gehen wir auf ein sicheres Licht zu. Die Kraft, die mich glauben lässt, liegt nicht nur in meiner grenzenlosen Liebe zu meinem teuren Vaterlande und meinem geliebten Volke, sondern auch in dem Bewusstsein der Tatsache, dass es eine Jugend gibt, die inmitten der Finsternis, des Charaktermangels und der Schaumschlägerei dem Lichte zustrebt, getrieben von reiner Liebe zum Vaterlande und zur Wahrheit."*

Nach außen gab sich Mustafa Kemal den Anschein, als ob er an die Abschaffung der Monarchie nicht dächte, selbst dann nicht, als die anatolische Revolution schon eine vollzogene Tatsache war. Natürlich gab es einsichtige Politiker, die sich durch die immer wiederholten Treuekundgebungen nicht täuschen ließen. So soll im Herbst 1919 der Großwesir A l i  R i z a  P a s c h a zu Marschall Izzet Pascha gesagt haben: „Sie werden die Republik errichten, die Republik!" Mustafa Kemal, der dies in seiner großen Rede vom Oktober 1927 berichtet, fügt hinzu: „Muss man nicht seinen Weitblick bewundern?" Auch der britische Hohe Kommissar Admiral d e  R o b e c k machte zu dieser Zeit das Foreign Office auf die fortschreitende Lage in Anatolien in Richtung auf die Republik hin aufmerksam. Als der Abgeordnete M a z h a r  M ü f i d während des Nationalkongresses von Erzurum Mustafa Kemal fragte: „Was wird das Ende dieser Bewegung sein? Gehen wir etwa auf eine Republik zu?", erhielt er die Antwort: „Kann man daran zweifeln?" Münir H a y r i  E g e l i schreibt in seinem Büchlein „Unbekannte Erinnerungen an Atatürk", dass ihm Mustafa Kemal erzählt habe, er sei vom republikanischen Ideal schon seit seinem letzten Empfang durch den Sultan überzeugt gewesen. Dieser habe durch seine Worte den Eindruck erweckt, als denke er nur an seinen Thron, nicht aber an die Zukunft des Landes. Denselben Gedanken äußerte

H a l i d e   E d i b im 2. Teil ihrer Memoiren „The Turkish Ordeel": „Als ich den Yildiz-Palast verließ (nach dem Versuch, dem Sultan die tiefe Sorge der studentischen Jugend um die Zukunft der Türkei vorzutragen), hatte ich das dunkle Gefühl, dass die osmanische Dynastie unterging."

Edgar P e c h notiert in seinem Tagebuch „Les Alliés et la Turquie" *(Die Alliierten und die Türkei)*, dass bereits im Februar 1919 in Istanbul das Gerücht umlief, einzelne „Jungtürken" planten die Ausrufung der Republik. Ganz überzeugt davon ist er freilich erst nach dem Scheitern der abenteuerlichen Unternehmung des Prinzen Ömer Faruk Efendi, der Ende April 1921 ohne Wissen des Sultans und gegen den Willen seines Vaters nach Ankara *(zur Großen Nationalversammlung und zu Mustafa Kemal)* reisen wollte. Er kam tatsächlich bis Inebolu, wo die ganze Stadt ihm zu Ehren geflaggt war und die Bevölkerung ihm begeisterte Ovationen bereitete. Auf seine Bitte, ihm die Weiterreise zu gestatten, erhielt er folgende Antwort *(aus Ankara)*:

*„Wir beehren uns, den Empfang des Telegramms Euerer Kaiserlichen Hoheit zu bestätigen. Leider müssen wir Sie davon in Kenntnis setzen, dass Ihr Aufenthalt in Anatolien, wie bedauerliche geschichtliche Beispiele beweisen, von einigen Mitgliedern des kaiserlichen Herrscherhauses bestimmt falsch ausgelegt würde. Er brächte auch die einheitliche öffentliche Meinung der Nation von neuem in Verwirrung. Daher ist es in Erwartung des Zeitpunktes, zu dem Vaterland und Nation die Dienste aller Mitglieder des kaiserlichen Herrscherhauses in Anspruch nehmen können, als Ihre patriotische Pflicht anzusehen, dass Sie einstweilen Ihren Aufenthalt in Istanbul fortzusetzen geruhen. Dies wird Ihnen mit dem Ausdruck meiner vorzüglichsten Hochachtung unterbreitet.*

*Mustafa Kemal Pascha, Präsident der Großen Nationalversammlung."*

Edgar Pech meint hierzu mit Recht: „Der türkische Staat ist bestimmt, in einer mehr oder weniger nahen Zukunft eine Republik zu werden. Übrigens trägt die Verfassung Ankara nicht nur republikanische Züge, sondern sie bezeichnet auch die G.N.V. ausdrücklich als einzige legitime Vertretung der souveränen Nation." Damit hebt er ganz richtig den springenden Punkt hervor: das Prinzip des provisorischen Staatsgrundgesetzes vom 20. Januar 1921: *„Die Staatsgewalt geht vom Volke aus"*, das ungeschrieben schon über dem ganzen Unabhängigkeitskriege seit der Landung Mustafa Kemals in Samsun *(300 km nordöstlich von Ankara an der Schwarzmeerküste am 19. Mai 1919)* stand, musste logischerweise zur Republik führen. *(Das osmanische Grundgesetz von 1877 mit dem in ihm verankerten monarchischen Prinzip „alle Gewalt geht vom Sultan aus" war damit faktisch* *aufgehoben).* Denn was sollte sonst der in den Manifesten der Kongresse von Erzurum und Sivas enthaltene Satz bedeuten: „Es ist von größter Wichtigkeit, die nationalen Kräfte zur Geltung und den nationalen Willen zur Herrschaft zu bringen"?

Die Reise Ömer Faruks hat übrigens eine nicht uninteressante Vorgeschichte. Sein Vater Abdülmecid war wiederholt gegen die Politik der Unterwürfigkeit aufgetreten und hatte mit seiner Denkschrift vom 16. Juli 1919 zum Sturze des Kabinetts Damad Ferid Pascha beigetragen. Damit war er in Anatolien „persona gratissima" geworden. Als Mustafa Kemal im März 1920 hörte, er wolle sich nach Ankara begeben, lud er ihn durch Yümnü Bey, den Adjutanten des Prinzen, dorthin ein. Abdülmecid wagte indessen nicht, dieser Einladung Folge zu leisten angesichts der scharfen Überwachung seiner Villa durch die alliierte Militärpolizei.

Das Datum dieser Einladung ist besonders zu beachten. Damals erschien die Lage der soeben gegründeten Nationalversammlung *(in Ankara am 24. April 1920)* nahezu verzweifelt, denn die mit der Kalifatsarmee zusammenarbeitenden Aufständischen waren bis auf 80 km an Ankara herangekommen. Daher konnte sich Mustafa Kemal vom Besuch des Thronfolgers einen Nutzen versprechen. Dagegen konnte ihm nach dem siegreichen Feldzug nach Armenien, dem Abschluss des Freundschaftspaktes mit der RSFSR *(Russisch-sozialistischen Förderativen Sowjet-Republik, dem bolschewistischen Russland am 24.08.1920)* und der Bereitschaft der Ententemächte zur Revision des Friedensvertrages von Sèvres an monarchistischen Kundgebungen, wie sie Inebolu stattfanden, wahrlich nichts gelegen sein. Denn sie mussten die Ausführung seiner Pläne erschweren, die darauf hinausliefen, das Volk an den republikanischen Gedanken zu gewöhnen. Während er kein Mitglied der Dynastie in Anatolien mehr zuließ, zeigte er weiter seine diplomatische Geschicklichkeit, indem er das Spiel mit der Fiktion des „in die Hände der Feinde gefallenen Sultan-Kalifen" fortsetzte. Das einfache Volk glaubte tatsächlich bis zur Abschaffung des Sultanats, dass Mehmed VI. und Mustafa Kemal ein Herz und eine Seele seien. Zu dieser Auffassung war es insofern berechtigt, als in allen Moscheen Anatoliens bis zum November 1922 der Name des Sultans in der Fürbitte am Freitag genannt wurde. So erklärt sich das merkwürdige Wort eines türkischen Bauern, das Sir H a r r y L u k e in seinem Buche „The Old Turkey and the New" wiedergibt. Auf die Frage, was er von Mustafa Kemal halte, habe er geantwortet: „Er ist ein treuer Diener des Padischah."

Man muss dabei bedenken, dass Mustafa Kemal seinen Kampf als Generalinspekteur der 9. Armee mit dem Titel „Ehrenadjutant des Sultans" begonnen hatte. Die Bevölkerung konnte daher mit Recht annehmen, er handle im stillen Einvernehmen mit dem Herrscher. Als sie später – wenigstens an einzelnen Orten – von Strafmaßnahmen gegen Mustafa Kemal erfuhr, konnte man sie leicht glauben machen, dass diese von den Engländern erzwungen seien. Sogar hohe Staatsbeamte wie z. B. der Vali von Sivas Reşid Pascha, die von vorn herein an der Loyalität Mustafa Kemals zweifelten, mussten zu ihrer Überraschung erfahren, dass er an einer Thronbesteigungsfeier am 4. Juli 1919 teilgenommen habe. Noch erstaunlicher ist eine Parade am Geburtstage Mehmeds VI. in Erzurum am 1. April 1921, bei der eine Rede auf die „Güte des Monarchen und das Genie Mustafa Kemals" gehalten wurde, wie man im Buche O l i v e r  B a l d w i n s „Six Prisons und Two Revolutions" nachlesen kann. Im allgemeinen ließ sich das Volk nicht durch Damad Ferid Pascha irremachen, der die Kemalisten „falsche Anwälte der nationalen Sache" nannte, und auch nicht durch das Fetwa des Scheichülislams Dürrizade Abdullah *(das bindende Rechtsgutachten des Müftis, des obersten islamischen Theologen und Gelehrten des islamischen Rechts beim Kalifen in Istanbul)* zum Aufstand bewegen. Allerdings wusste Mustafa Kemal, wie wichtig es war, gerade in diesem Augenblick dem Sultan die Treue zu bekunden und in einem Gegenfetwa des Müftis von Ankara betonen zu lassen, dass der Kampf um die Befreiung des Kalifsitzes religionsrechtlich geboten sei. Die Protokolle der Nationalversammlung enthalten eine interessante Äußerung des Abgeordneten M e h m e d  Ş ü k r ü vom 15. April 1920: „ Ich habe gehört, dass in Anatolien das wirklich abscheuliche Gerücht umläuft, man beabsichtige, eine provisorische Regierung zu errichten mit Mustafa Kemal als Präsidenten der Republik." Damit wird verständlich, was die G.N.V. am nächsten Tage nach Istanbul telegraphierte:

*„Unser geliebter Padischah! Wir sind in diesem Augenblick um ihren Thron versammelt. Erfüllt von den Gefühlen der Ergebenheit und Treue, sind wir mehr denn je mit Euerer Majestät verbunden. Die G.N.V. versichert, dass ihr erstes und letztes Wort in jeder Sitzung auf dieser Treue beruht."*

Zwei Tage vorher hatte Mustafa Kemal in einem großen Rechenschaftsbericht über seine bisherige Tätigkeit seit der Landung in Samsun erklärt:

*„Sobald der Sitz des Kalifats und Sultanats befreit ist, wird unser Monarch, ledig jeden Drucks und Zwanges und vollständig unabhängig, umgeben von seinem treuen Volke, seine hohe Stellung zurückerhalten gemäß den von der G.N.V. zu beschließenden Gesetzen."*

Die Fiktion des in die Hände der Feinde gefallenen Kalifen findet sich auch in dem Schreiben vom 30. April 1920, mit dem Mustafa Kemal den Außenministerien Europas und Amerikas die Eröffnung der G.N.V. und die Bildung ihrer Regierung anzeigte:

*„Ich beehre mich, Eurer Exzellenz mitzuteilen, dass infolge der unberechtigten Besetzung der Stadt Konstantinopel durch die alliierten Truppen die osmanische Nation ihren Kalifen und seine Regierung als Gefangene betrachtet. Sie hat daher nach Neuwahlen eine G.N.V. einberufen, die in ihrer Eröffnungssitzung vom 23 April (1920 in Ankara) feierlich*

*erklärt hat, die Geschicke des Vaterlandes in die Hand zu nehmen, solange ihr Sultan-Kalif und ihre ewige Stadt unter fremder Herrschaft bleiben ....*

*Das osmanische Volk hat, angesichts der Verletzung aller seiner Rechte und seiner Souveränität, durch seine in Angora versammelten Vertreter einen Vollzugsausschuss wählen lassen, der die Regierung in die Hand genommen hat."*

Das anscheinend schwierige Problem, ob Abdülmecid die Monarchie hätte retten können, wenn er im Sommer der Einladung Mustafa Kemals gefolgt wäre, ist leicht zu lösen. Diesem kam es immer mehr auf die Sache an als auf die Form, in der er zu Konzessionen bereit war. Ein Musterbeispiel dieser Politik ist die Art und Weise, wie er auf die Einladung zur Londoner Revisionskonferenz einging. Um die Beteiligung einer Delegation der Istanbuler Regierung zu verhindern, machte er dem Großwesir Tevfik Pascha folgenden Vorschlag:

*„1. Seine Majestät erkennt durch Kaiserliche Verordnung (hatti humayun) die Rechtmäßigkeit der G.N.V. an.*

*2. Seine Majestät wird wie bisher in Istanbul residieren. Die G.N.V. hat gegenwärtig ihren Sitz in Ankara ebenso wie ihre Regierung. Natürlich wird es in Istanbul keine Körperschaft unter dem Namen ‚Kabinett' mehr geben. Mit Rücksicht auf die außergewöhnliche Lage dieser Stadt kann eine Mission der G.N.V. beim Sultan bestehen."*

In seiner Antwort betonte Tevfik Pascha, dass dieser Vorschlag der osmanischen Verfassung widerspreche und auch für die Alliierten unannehmbar sei, die eine gemeinsame Delegation von Istanbul und Ankara wünschten. Gleichwohl trat Tevfik Pascha in London das Wort an Bekir Sami Bey ab, der somit im Namen der ganzen Türkei sprechen konnte.

Ein Jahr später wiederholte Mustafa Kemal seinen Vorschlag, als eine zweite Revisionskonferenz, diesmal nach Paris einberufen wurde. Es ist schwer zu verstehen, warum der Sultan ihn wiederum ablehnte, denn er hatte nichts mehr zu befürchten, da selbst die Alliierten bereit waren, die Rechtmäßigkeit der G.N.V. anzuerkennen. Allerdings wäre seine Stellung im Falle der Annahme des Vorschlags verfassungsrechtlich dieselbe gewesen, wie sie Abdülmecid, sein Nachfolger, später einnahm: Kalif der Muslime (halife-i-müslimin), ohne jegliche Herrschaftsrechte!

Die Form der demokratischen Demokratie, wie sie in England besteht, hat Mustafa Kemal offenbar niemals in Betracht gezogen, schon deshalb nicht, weil sie seiner Meinung nach dem religiösen Recht (Şeriat) widersprochen hätte, das er genau kannte. Im Sommer 1920 waren einige Abgeordnete von dem Gedanken begeistert, Mehmed VI. abzusetzen und Abdülmecid zum Kalifen zu wählen. Über diesen Plan machte sich Mustafa Kemal in der Geheimsitzung vom 25. September lustig, indem er sagte: „Der in die Gewalt des Feindes gefallene Sultan-Kalif gedenkt nicht abzudanken. Wählen wir Abdülmecid, so haben wir also zwei Kalifen.

Will das Hohe Haus wirklich einen Kalifenstreit wie zu Zeiten von Ali und Muaviya Schiiten und Sunniten heraufbeschwören?"

Aus demselben Grunde hatte er bereits am 24. April 1920 *(bei der Eröffnung der G.N.V. in Ankara)* erklärt, es sei nicht angängig, ein vorläufiges Regierungsoberhaupt oder einen Regenten zu wählen. Man müsse daher eine Regierung ohne Spitze bilden, indem man den Sultan des jure weiter anerkenne. Hierin finden wir die Lösung der von Jean Deny gestellten Frage. Dem Scheine nach wollte Mustafa Kemal an der osmanischen Verfassung festhalten, um nicht vorzeitig die Konservativen vor den Kopf zu stoßen; in Wirklichkeit sah er aber von Anfang an die geschichtliche Entwicklung in Richtung auf die Republik voraus. Er bewahrte sie als nationales Geheimnis in seinem Herzen, während er mit verdeckten Karten spielte.

Den Gedanken, der Staatsform, die de facto seit Eröffnung der G.N.V. bestand, den ihr zukommenden Namen zu geben, hat Mustafa Kemal zum ersten Male während der Lausanner Friedenskonferenz *(die am 1. November 1922 begann und bei der die Große Nationalversammlung gegenüber der Sultansregierung ein Alleinvertretungsrecht durchgesetzt hatte, so dass damit bereits die wichtigste Grundlage für eine verfassungsrechtliche Neugestaltung der Staatsverhältnisse gegeben war)* im engsten Kreis angedeutet, sodann am 11. September 1923 – kurz vor der Räumung Konstantinopels durch die alliierten Truppen – mit einigen Parteifreunden besprochen. In der Zeitung „Cumhuriyet" vom 8. April 1961 ist eine Kopie des Zettels erschienen, auf dem er den Gedanken formuliert hat: *„Die Regierungsform des türkischen Staates ist die Republik"*. Denselben Satz gebrauchte er einige Tage darauf in einem Interview, das er Hans L a z a r, dem Korrespondenten der „Neuen Freien Presse" gewährte. Als die amtliche Telegraphenagentur „Anadolu Ajansi" die Richtigkeit seiner Meldung bestätigte, begann eine lebhafte Auseinandersetzung in den Istanbuler Zeitungen. Mustafa Kemal wartete noch einen Monat *(bis kurz vor dem 29. Oktober 1923).* Dann schlug er blitzartig zu. Er bewog seinen Freund Fethi Bey zur Demission, zuerst als Minister des Innern und drei Tage später als Ministerpräsident. Für die Schwierigkeiten der neuen Kabinettsbildung, die sich in die Länge zog, machte er mit Recht die bestehende provisorische Verfassung von 1921 verantwortlich, nach der jeder Minister vom Plenum der G.N.V. zu wählen war, ohne dass ihr Präsident ein Vorschlagsrecht hatte, weil selbst dieses bescheidene Recht der Opposition ein Dorn im Auge war und darum nach vorübergehender Gültigkeit wieder aufgehoben war. Es gelang ihm nun, einen engeren Kreis seiner Anhänger von den Vorteilen einer starken Regierung zu überzeugen. Beim Essen mit ihnen sagte er spontan: *„Morgen werden wir die Republik ausrufen."* Über die dramatischen Umstände, unter denen dies geschah, berichtet er in seiner großen Rede vom Oktober 1927. Noch in der Nacht vom 28. zum 29. Oktober 1923 entwarf er gemeinsam mit Ismet Pascha ein verfassungsänderndes Gesetz. Es wurde am nächsten Tag dem Plenum der Volkspartei *(die Mustafa Kemal zur Durchsetzung seiner politisch-republikanischen Ziele am 8. April 1923 begründet hatte, um eine Entscheidungsmehrheit in der G.N.V. zu gewinnen)* vorgelegt und stundenlang beraten. Um 18.00 Uhr trat die G.N.V. zusammen und überwies den Gesetzentwurf sofort dem Verfassungsausschuss, der ihm bloß die Klausel zufügte: *„Die Religion des Türkischen Reiches ist der Islam."*

Die unmittelbar folgende Plenardebatte war von kurzer Dauer. Um 20 Uhr 30 waren die nach der Geschäftsordnung erforderlichen beiden Lesungen beendet und das Gesetz auf Grund eines Dringlichkeitsantrags angenommen. 1/4 Stunde später konnte der Vizepräsident der G.N.V. verkünden, dass *„Gazi Mustafa Kemal Pascha einstimmig zum Päsidenten der Republik gewählt"* sei. Dieser sprach in einer kurzen Rede für das ihm erneut bewiesene Vertrauen seinen Dank aus. Dann sagte er:

*„Unserer Nation wird es mit dem neuen Namen ihrer Regierung gelingen, der zivilisierten Welt ihre Fähigkeiten und Verdienste zu zeigen. Die Türkische Republik wird durch ihre Werke beweisen, dass sie des Platzes würdig ist, den sie in der Welt einnimmt ... Ich werde auch fernerhin des Vertrauens Ihres Hohen Hauses bedürfen. Nur so kann ich hoffen, die Aufgaben, die Sie mir in Zukunft übertragen, mit Gottes Hilfe zu bewältigen ... Gestützt auf die Liebe der Nation werden wir gemeinsam vorwärts schreiten. Die Türkische Republik wird glücklich, erfolgreich und siegreich sein."*

## Wie Ankara Hauptstadt wurde

Wie kam nun Ankara zu der Ehre, die Hauptstadt dieser Republik zu werden? Im Oktober 1897 schrieb Freiherr v o n  d e r  G o l t z die prophetischen Worte:

*„Konstantinopel gleicht der Sirene des Ostens, welche alle ins Verderben zog, die sich von ihr anlocken ließen. Die herrliche Lage der Stadt, die Schönheit der umgebenden Natur, der blaue, heitere Himmel und die laue, erschlaffende Luft beherrschen den Menschen, indem sie ihn durch ihre Reize gewinnen, und rauben ihm allmählich die Tatkraft. Sodann erhält Konstantinopel durch seine Beziehungen mit dem gesamten Auslande, welche die Weltverkehrsstraße der Meerengen ihm naturgemäß zuführt, ein internationales Gepräge. Man weiß dort sehr viel mehr von dem, was in London, Paris und St. Petersburg zugeht, als vom eigenen Lande. Ein großer Fürst, der die Rettung des Reiches und seine Umwandlung mit heiligem Ernst in Angriff nehmen wollte, müsste die Hauptstadt auf die Grenze der türkischen und arabischen Reichshälfte verlegen – vielleicht nach Konia oder Caesarea (Kayseri), vielleicht noch weiter nach Süden."*

Als nach der tiefsten Erniedrigung im Balkankriege *(1912–1913)* die Hauptstadt ihr leichtes Leben wieder aufnahm, rief ihr der Dichter S ü l e y m a n  N a z i f im August 1913 warnend zu:

## Wie wurde die Türkei eine Republik und Ankara ihre Hauptstadt?

*"Anatolien, das auch in seinen fruchtbaren Gebieten Hunger, Elend und Verzweiflung leidet, wird nicht länger schweigen. Gottvertrauen und Geduld haben eine Grenze. Anatolien erwacht! Wenn es lernen wird, dass es noch etwas anderes ist als ein Mittel, die Lüste Stambul zu bezahlen, dann wird ihm eine neue und widerstandsfähige Kraft zukommen... Es wird sich mit der heiligen Waffe des Rechts rüsten, wird sich vor der übermütigen und verdorbenen Hauptstadt aufrichten und Abrechnung von ihr verlangen und erhalten."*

Zweifellos waren solche Gedanken Mustafa Kemal nicht fremd. Entscheidend war aber für ihn die ungenügende Sicherheit der Stadt, die sich mit dem Einlaufen der alliierten Flotte in den Bosporus am 13. November 1918 schlagartig zeigte. Er selber war Zeuge dieses Schauspiels, als er an diesem Tage von Adana eintraf. Bei der Überfahrt von Haydarpaşa nach Istanbul sagte er im Anblick der Geschwader zu seinem Adjutanten C e v a d  A b b a s: *"Wie sie kamen, so werden sie auch wieder gehen."*

Indessen merkte er bald, dass er in Istanbul nichts machen konnte. Darum suchte er einen sicheren Punkt. Ismet Bey, damals Militärsachverständiger in der vorbereitenden Friedenskommission, dem Mustafa sein Herz offenbarte und die Frage vorlegte, ob er nicht eine sichere Zone in Anatolien wüsste, erwiderte er: *"Es gibt viele Wege dahin, aber keine solche Zone."* Als ein Geschenk des Himmels dünkte ihm daher der Auftrag, die Ruhe und Ordnung im Hinterland von Samsun wiederherzustellen. Seine Ernennung zum Generalinspekteur mit einer erstaunlich weitgehenden Vollmacht war ein ideales Sprungbrett nach Inneranatolien *(wo er in der Hafenstadt Samsun am Schwarzen Meer am 19. Mai 1919 ankam)*. In Amasy *(ca. 120 km südlich von Samsun, ca. 150 km nordwestlich von Sivas)* wohin er bald seinen Amtssitz verlegte, lud er am 21. Juni 1919 zu einem Nationalkongress nach Sivas ein, wie es in seinem Aufruf wörtlich heisst, als dem *"in jeder Sicht sichersten Ort Anatoliens"*. An demselben Tage richtete er einen Brief an etliche Freunde in Istanbul, die im Namen des „Türk Ocaği" *(Türkisches Parteikorps)* eindrucksvolle Kundgebungen gegen die Besetzung Smyrnas durch die Hellenen veranstaltet hatten. Er schrieb ihnen, solche Proteste genügten nicht, sofern sie sich nicht auf die Kraft der ganzen Nation stützten, indem er hinzufügte: *"Das Wohl des Vaterlandes verlangt, dass Istanbul vor Anatolien zurücktritt. ... Ich werde Anatolien, das Herz der Nation, nicht mehr verlassen, solange wir unser nationales Ziel nicht erreicht haben. ... Keine Macht der Welt kann den Willen der Nation hemmen."*

Die Stadt Sivas blieb 3 1/2 Monate das Zentrum der nationalen Revolution. Dann verlegte es Mustafa Kemal nach Ankara,[1] wie er sagt, als einem *"Istanbul*

---

[1] Der Autor übergeht hier, dass Kemal Pascha die Demobilisierung von türkischen Armee-Einheiten in dem nicht von alliierten Truppen besetzten sog. freien Anatolien aufgegeben war, er aber den politischen und militärischen Widerstand zur Gründung eines türkischen Nationalstaates in Anatolien organisierte, der ihn von Samsun aus zunächst nach Erzurum führte, wo an

*nahegelegenen Orte"* *(ca. 400 km westlich),* der gleichzeitig dieselbe Sicherheit wie Sivas bot. Mit Recht wird der 27. Dezember, an dem er mit dem Repräsentativkomitee 1919 in Ankara einzog, als Geburtstag der neuen Hauptstadt gefeiert.

Nach dem Sturz des Kabinetts Damad Ferid Pascha *(in Konstantinopel)* bemühte sich die Sultansregierung um eine Verständigung mit Mustafa Kemal. Er überzeugte *(den von der neuen Regierung in Istanbul abgesandten)* Salih Pascha, der mit ihm in Amasya verhandelte, von der Zweckmäßigkeit, die neue Kammer *(das neu zu wählende Parlament nicht in Istanbul, sondern)* an einen Ort in Anatolien einzuberufen. Der Sultan und Großwesir Ali Riza Pascha wagten jedoch nicht, einen so revolutionären Beschluss zu fassen. So wurde das *(neu gewählte)* Parlament am 12. Januar *(1920)* in der alten Hauptstadt (Istanbul) eröffnet.

Um diese Zeit beschäftigte sich auch die Friedenskonferenz in Paris *(und den Vororten)* mit der Frage der künftigen Hauptstadt der Türkei. Während Clemenceau und Venizelos *(der französische und der griechische Ministerpräsident)* wünschten, den Sultan in Konstantinopel zu belassen, um ihn besser überwachen zu können, indem sie eine Art „Vatikanisierung" des Kalifats ins Auge fassten, zog Lloyd George *(der englische Ministerpräsident)* seine Verlegung nach Brussa *(Bursa)* vor, was Clemenceau mit folgenden Worten bespöttelte: *„In diesem Fall wäre der Sultan in einer besseren Lage als Papst Pius VII. in Fontainebleau"* *(1812).* Im Vertragsentwurf des Staatssekretärs Berthelot vom 12. Dezember 1919 ist K o n y a als Regierungssitz vorgesehen. In der Sitzung vom 22. Dezember stritt man über die Frage, ob B r u s s a oder K o n y a den Vorzug verdiene als Hauptstadt der kleinen Restürkei, die man gnädigerweise bestehen lassen wollte.

Im Januar 1920 rang sich die britische Regierung unter dem Druck der indischen (heute pakistanischen) Muslime zu dem Entschluss durch, den Sultan in K o n s t a n t i n o p e l zu dulden, und ließ ihm diese Entscheidung nach Annahme im Obersten Rat durch die alliierten Hohen Kommissare mitteilen. Kurz darauf aber beschloss dieser *(der Oberste Rat)* auf britischen Antrag die „disziplinare" Besetzung der Stadt, um die auch dort beängstigend wachsende nationale Bewegung zu unterdrücken. Die Ausrufung des Ausnahmezustandes und die Verhaftung von Abgeordneten im Parlamentsgebäude am 16. März *(1920)* lieferten Mustafa Kemal den gewünschten Vorwand, um das Parlament *(den Nationalkongress von Sivas)* nach A n k a r a zu verlegen und nun auch de jure eine Gegenregierung zu errichten., ohne freilich damit die Frage der Hauptstadt zu berühren.

---

der Grenze zu den neu entstandenen Republiken Georgien und Armenien, die seit 1919 Sowjetrepubliken wurden, ein erster Nationalkongress von Atatürk vom 23. Juli – 7. August 1919 einberufen wurde, ein zweiter dann in Sivas vom 4.- 11. September 1919, danach dann 1920 die Große Nationalversammlung in Ankara, die am 24. April 1920 eröffnet wurde. Vgl. dazu den vorangehenden Beitrag Jäschkes.

## Wie wurde die Türkei eine Republik und Ankara ihre Hauptstadt?

Keinem einzigen Abgeordneten wäre es damals in den Sinn gekommen, Istanbul seiner Würde zu berauben.

Trotzdem wurde diese Frage schon am 28. November desselben Jahres, wenigstens vorbeugend, im Ministerrat *(der G.N.V)* erörtert. Er beschloss, eine Kommission aus Mitgliedern mehrerer Ministerien zu bilden unter Zuziehung von drei Abgeordneten, um die Bedingungen einiger anatolischer Städte zu prüfen in Hinsicht auf die militärische Sicherheit, die Verkehrswege zu Wasser und zu Lande, die Voraussetzungen für die Schaffung einer Industrie und elektrischer Kraftwerke. Nach Vorprüfung durch den Generalstab beriet die G.N.V. am 31. Januar 1921. Ein Abgeordneter sprach sich gegen den Vorschlag wie folgt aus:

*„Um einen strategisch sicheren Punkt zu finden, muss man auf den Mars oder die Venus gehen. Was würde die islamische Welt von einem Parlament denken, das bei jeder Gelegenheit seine Absicht betonte, Istanbul, die Stadt des Kalifats aus den Händen der Feinde zu befreien, und nun beschlösse, die Hauptstadt zu verlegen? Anstatt über ein unzeitgemäßes Projekt zu beraten, sollte man über die beste Methode zur Eroberung Istanbuls nachdenken wie Mehmed der Eroberer."*

Der Regierungsvorschlag wurde nahezu einstimmig abgelehnt.

Man kann sich kaum die jämmerlichen Lebensbedingungen vorstellen, die damals in Ankara herrschten, das im Laufe des 19. Jahrhunderts zu einem Marktflecken herabgesunken war, von Malaria verseucht und von häufigen Sandstürmen heimgesucht, inmitten einer wahrhaft trostlosen Umgebung. Das beste Stadtviertel lag seit der Feuersbrunst vom 13. September 1916 in Trümmern. Gleichwohl ertrugen Abgeordnete und Beamte alle Entbehrungen, beseelt von dem Willen zur Verwirklichung des nationalen Ideals. Dieser Geisteszustand änderte sich jedoch nach dem entscheidenden Siege von Dumlupinar *(über die Griechen am 30. August 1922)*. Am 19. Oktober 1922 wurde folgender Antrag in der G.N.V. verlesen:

*„Solange die hellenistische Armee auf anatolischem Boden stand, war der Sitz des Parlaments in A n k a r a eine Notwendigkeit. Gott sei Dank ist dieses Hindernis jetzt beseitigt. Daher brauchen die Abgeordneten, Beamte und Offiziere sich nicht mehr zu plagen, um für ihre Familien ein Haus oder eine Wohnung zu finden und in einer beispiellosen Not zu leben. Wir schlagen deshalb die Verlegung der G.N.V. nach Brussa, Konya oder Smyrna vor, wo bessere Lebensbedingungen bestehen."*

Ministerpräsident R a u f B e y erreichte mit Mühe die Vertagung der Abstimmung über diesen Antrag bis zu einem günstigeren Zeitpunkt, mit der Begründung, dass das Parlament während der Friedensverhandlungen *(in Lausanne seit 1. November 1922)* arbeitsfähig bleiben müsse. Unmittelbar vor deren Beginn kam es wegen der Flucht *(des Sultan und Kalifen)* Mehmed VI. auf ein britisches Kriegsschiff zur Kalifenwahl am 18. November 1922. Bei dieser Gelegen-

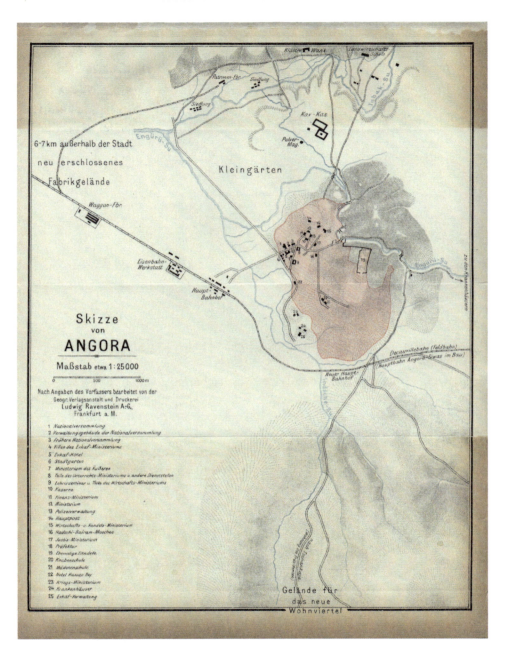

heit traten einige Hodschas dafür ein, Abdülmecid nach Ankara einzuladen, um hier den religionsrechtlich vorgeschriebenen Akt der Huldigung (bai'at) vorzunehmen. Während der erregten Aussprache von mehr als drei Stunden rief ein Hodscha: *„Ist der Kalif nicht der legitime Präsident der muslimischen Versammlung?"* Mustafa Kemal erwiderte: *„Die Frage ist heikel. Sie geht die islamische Welt mehr als uns an. Die G.N.V. ist nicht befugt, allein eine Entscheidung zu treffen. Jedenfalls besitzt sie aber alle Herrschaftsrechte."* Schließlich begnügte man sich mit der Wahl des Kalifen. Die Huldigung fand vor den Augen der alliierten Truppen ohne Zwischenfall in Istanbul statt.

Nach Abschluss des Friedens von Lausanne *(24. Juli 1923)* und der in einem Zusatzprotokoll vereinbarten Räumung Istanbuls und der Meerengen bedurfte die Frage der Hauptstadt endgültiger Klärung. Zwar war sie durch den Verlauf der Geschichte eigentlich schon entschieden, aber die Hoffnung gewisser Kreise des In- und Auslands auf Rückkehr der Regierung nach Istanbul, dem „Tor der Glückseligkeit" (Derseadet), wie die Stadt im amtlichen Sprachgebrauch hieß, musste noch zerstört werden. Darum begründete I s m e t  P a s c h a als Minister des Auswärtigen am 9. Oktober *(1923)* einen von ihm und 14 Abgeordneten gestellten Antrag wie folgt:

*„Das den Vertrag von Lausanne ergänzende Räumungsprotokoll ist durchgeführt und die von fremder Besatzung vollständig befreite Türkei hat ihre Integrität erlangt. Unser Istanbul, das zu den wertvollsten Gütern unserer Nation gehört, wird seine Stellung als Sitz des islamischen Kalifats, dessen Verteidigung der türkischen Nation anvertraut ist, in Ewigkeit bewahren. Indessen ist die Zeit gekommen, dass die G.N.V. über den Verwaltungssitz des Türkischen Staates Beschluss fasst.*

*Die für die Bestimmung der Hauptstadt eines Staates maßgebenden Erwägungen zwingen, den Verwaltungssitz der neuen Türkei in Anatolien, und zwar in der Stadt A n k a r a zu wählen. Diese Erwägungen können zusammengefasst werden in den Bedingungen des Vertrages über die Meerengen, in der Notwendigkeit, die Existenzgrundlage der neuen Türkei, die Quellen der Kraft und Entwicklung des Landes im Zentrum von Anatoliens zu schaffen, in der Gunst der geographischen und strategischen Lage und in den früheren Erfahrungen bezüglich der inneren und äußeren Sicherheit. Jede dieser Erwägungen ist für sich allein von entscheidender Wichtigkeit. Wir beantragen daher die Annahme folgenden Gesetzesartikels, um mit inneren und äußeren Zweifeln Schluss zu machen und unverzüg-*

---

*Abbildung links: Grundriss Ankaras, der neuen Hauptstadt der Republik Türkei, 1923 (entnommen: Karl Klinghardt, Angora – Konstantinopel. Ringende Gewalten, Frankfurt a. M. 1924). Die Skizze zeigt die seit der Antike bestehende Burgstadt Angora mit der Zitadelle (Nr. 19), an deren nordwestlichem Fuß sich über das Mittelalter hinweg eine Mittelstadt gebildet hatte, die vor 1914 bereits durch die Eisenbahn mit Istanbul verbunden wurde und etwa 40.000 Einwohner zählte. Sie war eine ländlich geprägte Stadt, die aber durch den Eisenbahnanschluss sich der Moderne und insbesondere der Industrie öffnete und den Süden der Stadt für Regierungsgebäude und den Ortsteil Tschankaya als Wohnsitz des Staatspräsidenten sowie neue Wohnviertel für Regierungsbeamte und ausländische Botschaften vorsah.*

*lich damit zu beginnen, den Verwaltungssitz des Staates in einer neuen Form einzurichten und zu entwickeln."*

## Gesetzesartikel:
## „Der Verwaltungssitz des Türkischen Reiches ist die Stadt A n k a r a."

Nach lebhafter Debatte, in der ein Abgeordneter u.a. die militärische Sicherheit vom Standpunkt der modernen Technik bezweifelte, wurde der Antrag mit großer Mehrheit angenommen. T u n a i  H i l m i  Bey, ein nationalistischer Abgeordneter, bezeichnete es als ein gutes Omen, dass am selben Tag das Organisationsgesetz für das Wiederaufbauministerium beschlossen worden sei, und rief aus: *„Was wird Istanbul sein? Die Residenz des Kalifen! Unser Prophet nannte sie eine ausgezeichnete Stadt und sagte ihre Einnahme durch die Türken voraus. Sie haben sie erobert und fünf Jahrhunderte lang verteidigt. Sie schwören, sie bis zum Jüngsten Tage zu verteidigen. Ich zweifle nicht daran, dass unsere Regierung für den Ausbau und die Verschönerung Istanbuls sorgen wird."*

Das Scheinkalifat, für das sich manche Abgeordnete so begeistert hatten, fiel bereits nach fünf Monaten fort, weil es im Gesetz vom 3. März 1924 heißt: *„das Kalifat im Sinn und Begriff von Regierung und Republik* (ist in diesem Gesetz) *wesenhaft enthalten."*


Es ist nicht meine Aufgabe, von der gewaltigen Aufbauarbeit zu berichten, die Ankara im Laufe von 39 Jahren *(1923–1963)* zu einer gesunden und schönen Stadt von fast 700.000 Einwohnern *(1963; 2015: über 5,27 Mio)* mit Grünanlagen werden ließ. Atatürk hat diese stürmische Aufwärtsentwicklung großenteils noch miterlebt *(gest. 1938)*. Wer je diese Stadt mit der eindrucksvollen Silhouette ihrer altehrwürdigen Burg gesehen hat und Zeuge eines Sonnenuntergangs mit einer unvergleichlichen Farbensymphonie geworden ist, der versteht Atatürks Vorliebe für  A n k a r a, die Stadt der Wiedergeburt des türkischen Volkes.

# Erinnerungen an Gazi Mustafa Kemal Pascha: Kemal Atatürk[1]

## Prof. Dr. Friedrich Christiansen-Weniger

*Vorbemerkung: Der Autor Prof. Dr. Friedrich Christiansen-Weniger wurde am 17.04.1897 in Hamburg geboren, studierte 1919–1921 in Göttingen und Breslau Landwirtschaft. 1922 promovierte er bei Prof. Dr. Berkner in Breslau, dessen Assistent er wurde. 1924 habilitierte er sich bei ihm für Pflanzenbau und Pflanzenzüchtung, 1928 wurde er zum Professor ernannt. Er folgte 1928–1930 Rufen als Hochschullehrer für Pflanzenbau und Pflanzenzüchtung an die neu gegründete Landwirtschaftliche Hochschule in Ankara, die Landwirtschaftliche Fakultät der Universität Kiel, an die Universität Breslau sowie von 1931 bis 1940 als ordentlicher Professor und Institutsdirektor wieder an die Landwirtschaftliche Hochschule in Ankara, wo er zugleich Sachverständiger des türkischen Landwirtschaftsministeriums war. Hier verfasste er das Lehrbuch: Die Grundlagen des türkischen Ackerbaus, das 1934 in Leipzig in Deutsch, 1935 in Türkisch und 1940 in einer 2. erweiterten Auflage in Deutsch und Türkisch erschien.*

*1940 folgte er kriegsbedingt einem Ruf als Leiter der bereits 1862 begründeten Landwirtschaftlichen Forschungsanstalt Puławy im damaligen Generalgouvernement (Polen), heute eine Mittelstadt von ca. 50.000 Einwohnern am Weichselübergang 50 km nordwestlich der Universitätsstadt Lublin in Polen, wo er eine jüdische Mitarbeiterin vor der NS-Verfolgung schützte. Gleichzeitig knüpfte er Kontakt zum Kreisauer Kreis des Grafen Helmuth von Moltke, der ihn in seine Pläne für die künftige Neuausrichtung der deutschen Landwirtschaft einbezog.*

*Nach 1945 leitete Christiansen-Weniger zunächst von Schleswig-Holstein aus den Aufbau und die Stiftung der deutschen Landerziehungsheime, um von 1952 bis zur altersbedingten Pensionierung 1965 als Landwirtschaftsreferent in den diplomatischen Dienst der Bundesrepublik Deutschland zu treten, wo er in den deutschen Botschaften des Nahen Ostens (Türkei, Iran, Irak, Jordanien und Syrien) beratend für den Ackerbau und die Bewässerungslandwirtschaft tätig wurde. 1989 starb er in Eckernförde.[2]* PL

---

[1] Der Text ist entnommen: Mitteilungen der Deutsch-Türkischen Gesellschaft Heft 104, Bonn, Juli 1981, S. 32–36, und hier durch Zwischenüberschriften ergänzt.

[2] Vgl. Wolfgang Böhm, Biographisches Handbuch zur Geschichte des Pflanzenbaus, München 1997; Tarman Ömer und Valentin Horn, Prof. Dr. Fritz Christiansen-Weniger. Ein Nachruf aus der Türkei und Deutschland, in: Mitteilungen der Deutsch-Türkischen Gesellschaft, Heft 113, Bonn 1989, S. 47–50; Stanislaw Meducki, Agrarwissenschaftliche Forschungen in Polen während der deutschen Okkupation. Die Landwirtschaftliche Forschungsanstalt des Generalgouvernements in Puławy, in: Susanne Heim (Hg.), Autarkie und Ostexpansion: Pflanzenschutz und Agrarverfassung im Nationalsozialismus, Göttingen 2002, S. 242–248; Günter Brakelmann, Die Kreisauer: folgenschwere Begegnungen. Biographische Skizzen, Münster 2. Aufl. 2004; Günter Brakelmann, Helmuth James von Moltke: 1907–1945. Eine Biographie, München 2009, S. 47, 205 und 249.

Im Juni 1927 fanden sich in meiner Vorlesung über Vererbungslehre an der Universität Breslau unerwartet zwei Herren ein. Der eine war Professor Dr. B e r k n e r, der andere augenscheinlich ein Ausländer. Wie sich dann herausstellte, war der Fremde ein hoher Beamter der neuen türkischen Regierung, der beauftragt war, deutsche Professoren auswählen zu helfen, die in einer von Geheimrat O l d e n b u r g zu leitenden Delegation in Ankara eine moderne landwirtschaftliche Hochschule aufbauen und bei der Beratung der türkischen Bauern in der Entwicklung zeitgemäßer Produktionsmethoden das Ankaraner Landwirtschaftsministerium unterstützen sollten. Ich wurde aufgefordert, in der Delegation den Pflanzenbau und die Pflanzenzüchtung zu vertreten. Es wurden nicht nur die zukünftigen deutschen Institutsdirektoren sorgfältig ausgewählt, es wurden auch Absolventen der früheren türkischen landwirtschaftlichen Hochschule Halkali zu Spezialstudien und zum Erlernen der Sprache nach Deutschland geschickt. Sie sollten später die deutschen Professoren als Assistenten und Dolmetscher unterstützen.

## 1. Ankara

Im März 1928 trafen wir in Ankara ein. Ankara war damals noch eine inneranatolische Mittelstadt. Zwar hatte die Zählung 1927: 74.553 Einwohner festgestellt. Davon waren zwei Drittel, nämlich 49.348, Männer. Ihre überproportionale Zahl war bedingt durch die nach Ankara als neuer Hauptstadt ohne Familie gekommenen Abgeordneten, Beamten und Angestellten. Damit Ankara zu einer modernen Hauptstadt entwickelt werden konnte, beauftragte der Gazi den deutschen Städteplaner Professor J a n s e n, einen Plan für eine Bevölkerung von 100.000 Einwohnern zu entwerfen. Wie Herr Jansen mir berichtete, hatte er seinem Plan 150.000 zu Grunde gelegt. 1980 weist die Statistik für Ankara 2.203.729 Einwohner auf (2016: über 5 Mio).

Als Professor Jansen noch mitten in der Arbeit war, brannte das alte Bazarviertel von Ankara, verwinkelte Gassen unterhalb der Burg, ab. Die Ankaraner sagten darauf: „Es ist doch kein Wunder, dass unschöne Stadtteile abbrennen, wenn der Gazi sich einen Stadtplaner „Yansin" (Es soll brennen) holt."

## 2. Von der arabischen zur lateinischen Schrift

Bei unserer Ankunft wurde in der Türkei noch die arabische Schrift gebraucht. Vor den Ministerien, vor der Tür von Notaren und vor allem vor der Hauptpost standen Hocas, um nach Diktat Schriftstücke oder für die Soldaten Briefe aufzusetzen. Auch wir bemühten uns, die arabische Schrift zu erlernen. Im Sommer hieß es dann, dass der Gazi nach Istanbul gefahren sei, um von der Kommission, die er mit der Schaffung eines für die türkische Sprache geeigneten Alphabets mit den europäischen Buchstuben beauftragt hatte, die neue Schrift zu übernehmen.

Der Wunsch des Gazi für die türkische Sprache eine neue Schrift zu schaffen, hatte sachliche und politische Gründe. Einmal war die arabische Schrift, die keine Vokalzeichen kennt, für die türkische Sprache wenig geeignet, darüber hinaus war sie schwer zu erlernen und förderte dadurch das Analphabetentum. Politisch war wichtig, dass ein europäisches Alphabet die Modernisierung des Landes und die Verständigung mit Europa erleichtern und überdies der Geistlichkeit die Vorherrschaft in der schriftlichen Kommunikation genommen würde.

Zum Cumhuriyet Bayram 1928 wurden in Ankara umfassende Vorbereitungen getroffen. Hinter dem Atatürkdenkmal im Stadtzentrum hatte die Elektrizitätsgesellschaft ein Leuchtalphabet in den gewählten Buchstaben aufgestellt. Beim abendlichen Festball im Ankara Palast Oteli wurden seidene Taschentücher verteilt, die in einer Ecke die Aufschrift „Cumhuriyet Bayrami 1928" trugen. Auf dem Fest gab es dann noch ein Zwischenspiel, das fast zu Schwierigkeiten zwischen der Türkei und Ägypten geführt hätte. Gegen Mitternacht hielt der Gazi den Tanz an und teilte jedem der anwesenden Herren eine Dame zu. Er selbst wählte sich die zufällig anwesende Tochter von König Faruk.

Bei der Eröffnung der Nationalversammlung im Oktober 1928 ließ der Gazi ein Gesetz einbringen, das das neue Alphabet zur offiziellen und alleinigen Schrift der Türkei bestimmte. Es wurde bestimmt, dass in amtlichen Stellen ab 1.1.1929 keine andere Schrift mehr benutzt werden durfte.

Die Einführung der neuen Schrift löste, soweit wir beobachten konnten, eine Begeisterungswelle unter den Türken aus. Die Ankaraner Stadtverwaltung bestimmte, dass in allen Schulen nachmittags Klassen frei zu halten seien, in denen Personen, die infolge Kenntnis einer europäischen Schrift das neue Alphabet, das nur wenige Sonderbuchstaben hatte, kannten, Erwachsene unterrichten sollten. Wenn wir morgens zur Arbeit auf das Versuchsfeld kamen, saßen unsere Hilfskräfte im Türkensitz und übten die neue Schrift. Bevor wir anfangen konnten, mussten wir ihre Versuche beurteilen und korrigieren. In der Stadt verschwanden die nach Diktat schreibenden Hoca von den offiziellen Stellen und vor der Hauptpost.

Natürlich gab es überall Schwierigkeiten, bis alle Beamten die neue Schrift voll beherrschten. So war ich einmal Anfang 1929 zu Besuch bei dem Wirtschaftsminister, als ein Telegramm hereingebracht wurde. Er sah es an, gab es mir und sagte: „Bitte Professor, lesen Sie mir das vor."

## 3. Begegnung mit Atatürk

Der Gazi war häufiger mit Freunden unterwegs in Ankara und später auch in Istanbul. Anfang der dreißiger Jahre waren wir während eines Urlaubs mit unseren Kindern am Strand des Marmarameeres bei Florya. Wir wohnten in einem sauberen kleinen Hotel, das ein russischer Emigrant führte. Eines Nachts werden wir durch eine Gruppe Unterkunft fordernder Männer aus dem Schlaf geweckt und können die Kinder nur schwer beruhigen. Am nächsten Morgen klopft schon früh der Wirt vorsichtig bei uns an und bittet, doch recht leise zu sein und vor allen Dingen die Kinder vom Lärmen abzuhalten. In der Nacht sei der Gazi gekommen und schlafe noch.

Weiter wurde damals noch folgende Anekdote vom Gazi und seinen Freunden berichtet. Eines Tages sucht die Gruppe, die ungefähr achtzehn Personen umfasste, ein Kaffeehaus auf und bestellte Kaffee nach türkischer Art, das heißt, einige verlangen ihn sehr süß, andere süß, wenig gesüßt oder ohne Zucker. Nach kurzer Zeit kam der Wirt mit achtzehn Tassen und einer großen Kanne Kaffee. Nachdem der Gazi seine Tasse erhalten hatte, sagte der Wirt zu den anderen Herren: „Sie haben sehr süß gewünscht", goss Kaffee in eine Tasse und gab sie dem Herren, „Sie haben ungesüßt verlangt", goss wieder aus der großen Kanne Kaffee in eine Tasse und gab sie dem Herren. So erhielt jeder seinen Kaffee aus der gleichen Kanne und trotzdem waren alle so, wie sie bestellt waren: sehr süß, süß, leicht gesüßt oder bitter. Erstaunt fragte der Gazi den Wirt: Wie hast Du das fertig gebracht?" Der antwortete: „Ich habe mir eine konzentrierte Zuckerlösung gemacht. Davon habe ich viel, mittel, wenig oder nichts in die Tassen gefüllt, je nachdem wie viel von jeder Sorte gewünscht waren. Hier habe ich nur den guten Kaffee eingefüllt und jeder Herr bekam den Kaffee so, wie er ihn gewünscht hatte."

Wir erlebten dann die Abschaffung des Fez für die Männer und des Carsaf mit Schleier für die Frauen. Maßnahmen, die das Bild der Bevölkerung in den Städten wesentlich veränderten und dem in Europa üblichen anpassten.

## 4. Zur Außenpolitik der Türkei

Außenpolitisch gewann die Türkei im Nahen Osten immer mehr an Ansehen. Am 10. August 1920 hatte unter dem Zwang der Alliierten der Sultan den Vertrag von Sèvres unterschreiben lassen, der den völligen und unwiderruflichen Verlust der Unabhängigkeit für die Türkei besiegeln sollte. Darüber hinaus wäre der türkische Staat auf landwirtschaftlich wenig fruchtbare Gebiete Inneranatoliens und einige unbedeutende Häfen am Schwarzen Meer beschränkt worden. An der Westküste Anatoliens wäre ein umfangreiches griechisches Gebiet entstanden. Im Osten wäre die Türkei von einem neu zu schaffenden armenischen Staat begrenzt worden. Im Süden waren Einflusszonen von Frankreich und Italien vorgesehen. Der türkische Staat hätte weiterhin dauernd unter der Fuchtel von England gestanden. Dadurch, dass Mustafa Kemal, unterstützt durch Ismet Pascha, zum Widerstand aufrief, mit den Franzosen und Italienern Vereinbarungen traf und die in Anatolien gelandeten Griechen besiegte, wurde die Annullierung des Sèvres-Diktates (1920) und der Abschluss des Lausanner Friedensvertrages (1923) möglich. In ihm wurde die neue auf das eigentlich türkische Gebiet beschränkte Türkei anerkannt; sie erreichte die volle Souveränität über ihr Staatsgebiet.

1925 wurde bereits ein russisch-türkischer Neutralitäts- und Nichtangriffsvertrag unterzeichnet. 1926 kam es zu einem türkisch-persischen Freundschaftsvertrag, der 1928 ergänzt wurde. Im Mai 1928 kam König Amanullah (*von Afghanistan*) mit der Königin zu Besuch nach Ankara, und es wurde zwischen der Türkei und Afghanistan ein Vertrag der Freundschaft und Zusammenarbeit geschlossen.

## 5. Sprachreinigung des Türkischen

Ein gewaltiges, alle Bürger betreffendes Unternehmen regte der Gazi an mit dem Beschluss, die türkische Sprache von ihren fremden Bestandteilen zu reinigen. Die Sprache der gebildeten Türken enthielt damals nach Angabe der Sprachforscher zu einem Drittel arabische, zu einem Drittel persische und nur zu einem Drittel türkische Wörter. Als das Unternehmen angelaufen war, brachte die führende türkische Zeitung, der Ulus, täglich Vorschläge, gebräuchliche nicht türkische Wörter durch rein türkische zu ersetzen. Mein Buch, das Dr. Ö m e r  B e y und Dr. V a m i k  B e y gerade übersetzten, wurde voll in die Sprachreinigung hineingezogen. Laufend berichteten mir beide Herren, der Ulus habe neue türkische Wörter gebracht, die sie in die Übersetzung hineinarbeiten wollten. Das Endergebnis war für das Buch wenig erfreulich, aber für diese Zeit charakteristisch. Als das Buch fertig gedruckt vorlag und den Studenten zur Verfügung stand, kamen verschiedentlich Studenten, die etwas Deutsch konnten, zu mir, und baten, ob ich ihnen nicht ein deutsches Exemplar des Buches zur Verfügung stellen könnte, das türkische sei für sie zu schwer verständlich.

## 6. Die Einführung von Rufnamen in der Türkei

Als nach 1933 der Nationalsozialismus viele hervorragende deutsche Fachkräfte veranlasste zu emigrieren, bot die Regierung des Gazi Wirtschaftlern, Künstlern und Wissenschaftlern Unterkunft und Arbeit in der Türkei. Am 2. Juli 1934 wurde ein Gesetz erlassen, das jeden einzelnen Türken vom Gazi bis zum letzten Arbeiter betraf. Bisher war es üblich gewesen, alle Leute mit dem Rufnamen zu nennen, der, wenn es erforderlich war, durch den Zusatz „Sohn des..." ergänzt wurde. Nun musste jeder einen Familiennamen wählen und bis Ende Dezember 1936 anmelden. Wir alle mussten umlernen. Aus Bay Dr. Ömer wurde Dr. Tarman, aus Bay Dr. Vamik wurde Dr. Taysi und so fort.

In einigen Fällen regte der Gazi Nachnamen an, so für Ismet Pascha den Nachnamen „Inönu" nach der Schlacht, die er gegen die Griechen gewonnen hatte. In Ankara erzählte man sich damals eine Anekdote. Der Gazi spielte gerne Karten. Eines Tages war der Landwirtschaftsminister mit von der Partie. Er machte einige grobe Fehler, die den Gazi ärgerten, der darauf zum Minister sagte: „Ich weiß einen guten Namen für Dich, Du solltest Dich Esek (Esel) nennen". Einen Vorschlag des Gazi konnte der Minister schlecht ablehnen. Er bat deshalb Ismet Pascha um Hilfe. Der sprach mit Atatürk und erhielt, so sagte man, folgende Antwort: „Ich werde doch unserem Landwirtschaftsminister nicht vorschlagen, sich Esel zu nennen: Ich habe angeregt, er solle den Namen Es-Ek (Hacke, Säe) wählen. Das ist für einen Landwirt doch ein vorzüglicher Name. Wenn er ihm aber nicht gefällt, soll er sich einen anderen suchen."

## 7. Der Tod Atatürks 1938

Nach 1936 zeigte es sich immer mehr, dass Atatürk krank war. 1938 befand er sich in Dolmabahce, dem früheren Sultanspalast am Bosporus. Auch einer der deutschen Professoren wurde noch zu ihm gerufen, konnte aber nicht helfen. Am 10. November 1938 starb Atatürk in Istanbul. Das türkische Volk wurde in tiefe Trauer gestürzt, als es den Schöpfer seines neuen Staates verlor. Auch wir trauerten mit ihm; denn wir hatten in Atatürk einen der großen Menschen unserer Zeit kennenlernen und in seinem Wirken beobachten dürfen. In einem gewaltigen Trauerzug, in dem auch viele Ausländer mitgingen, so von Deutschland die Besatzung eines nach Istanbul gekommenen Kreuzers, folgten wir dem Sarg zu seiner vorläufigen Ruhestätte.

# Deutschland und die Republik Türkei
# in der Weimarer und NS-Zeit (1923–1945)
# Hypothek der Pariser Vorortverträge

Reiner Möckelmann

Die Ausgangslage der beiden jungen Republiken war ähnlich: Beide Vorgängerreiche, das Osmanische und das Wilhelminische, hatten den Krieg imF Jahre 1918 verloren und waren zugrunde gegangen; beide Reiche harrten einer Neuordnung ihrer Völker und ihres Staatswesens. Deutschland wurde zur demokratischen Republik von Weimar, die Türkei zum Nationalstaat mit dem System einer autoritär, vom Nimbus Kemal Atatürks getragenen Republik. Die Erinnerungen an die „Waffenbrüderschaft" waren frisch, doch auch die an ein gemeinsames Scheitern. Die beiden Staaten teilten die Erfahrung der verdrängten Niederlage und der als ungerecht empfundenen Pariser Vorortverträge von Versailles und Sèvres. Die Siegermächte sorgten in ihrem Friedensdiktat bewusst dafür, dass die alten Beziehungen abrupt gekappt wurden. Bis in die Infrastruktur hinein sollten die Verbindungen beider Völker aufgelöst werden, um deren Wiedererstarken zu Großmächten zu verhindern.

Über Weimar lag von Beginn an der Schatten von Versailles. Die Türkei dagegen konnte zwar die demütigenden Abmachungen von Sèvres revidieren und in Lausanne 1923 weit günstigere Bedingungen aushandeln, doch die Gefahr des Überwältigt- und Zerstückeltwerdens nach dem Krieg prägte das türkische Bewusstsein tief. Die politisch Verantwortlichen der beiden jungen Republiken wollten keinen Rückfall in alte Sentimentalitäten. Die deutsche Diplomatie war bemüht, jede symbolische und damit öffentlich sichtbare Politik im Verhältnis zur Türkei zu vermeiden. Die türkischen Außenpolitiker waren bestrebt, von Deutschland die Souveränität der neuen Türkischen Republik, ihre territoriale Integrität und politische Gleichberechtigung in der internationalen Staatengemeinschaft anerkannt und unterstützt zu bekommen. Das Deutsche Reich wiederum versprach sich von der Türkei Verständnis für seine begrenzten internationalen Handlungsspielräume und konnte bzw. wollte den türkischen Erwartungen auf internationale Gleichberechtigung nur in geringem Umfang gerecht werden.

Für den Aufbau des neuen Staates wählten die türkischen Reformer nach Abschaffung des Sultanats und Kalifats den früheren Bündnispartner Deutschland nur noch als ein Vorbild unter mehreren. Bei der Ausarbeitung der Verfassung von 1924 spielte das französische Modell eine wichtige Rolle. Das Schweizer Zivilrecht, das italienische Strafrecht und das deutsche Handelsrecht bildeten wenig später wesentliche gesetzliche Grundlagen für das moderne Rechtssystem.

Im Mai 1924 nahmen Ankara und Berlin schließlich die diplomatischen Beziehungen wieder auf. Botschafter Rudolf Nadolny kam in ein Land, in dem das militärische und nationalistische Selbstbewusstsein bei vielen hochrangigen türkischen Militärs und Politikern durch den erfolgreichen Unabhängigkeitskrieg stark gewachsen war. Sie sahen ihr Verhältnis zu Deutschland nicht mehr wie zuvor in Form einer Juniorpartnerschaft. In den wechselseitigen politischen Beziehungen wollten sie keine Ungleichgewichte sehen. Sie erwarteten von Deutschland, Konsequenzen aus den radikalen politischen und gesellschaftlichen Veränderungen in der Türkei zu ziehen.

Die deutsche Diplomatie und Politik verzichteten ihrerseits auf eine ausformulierte Türkeipolitik. Offizielle Bekenntnisse zur „traditionellen deutsch-türkischen Freundschaft" wurden ergänzt durch Äußerungen, die ein politisches Desinteresse Deutschlands in und an der Türkei ausdrückten. Die Sorge um Gefährdung der Beziehungen zu den Alliierten bestimmte maßgeblich den Verzicht der Regierungsverantwortlichen in Berlin auf eine aktive Gestaltung des deutsch-türkischen Verhältnisses. Eine staatliche Mitgestaltung zeigte sich in den deutsch-türkischen Beziehungen nur dann, wenn Deutschland als Industrie-, Wissenschafts- und Militärstandort darzustellen war. Die in den Pariser Vorortverträgen verbotene militärische und rüstungswirtschaftliche Zusammenarbeit überließ die Politik der Reichswehr und dem türkischen Generalstab.

Schon kurz nach Aufnahme der diplomatischen Beziehungen zeigte sich erneut türkisches Interesse an deutschen Lehrern für Militärschulen. Anders als in den Zeiten der „Waffenbrüderschaft" kamen allerdings nur kurzfristige, individuelle Verträge für eine geringe Zahl an Offizieren zustande. Den türkischen Reformern war es wichtig, dass die deutschen Offiziere nicht auch nur annähernd in eine Machtposition gerieten, wie sie die Mitglieder der zurückliegenden deutschen Militärmissionen im Osmanischen Reich innehatten. Dementsprechend wurden sie berufen, um Hilfestellung bei der Ausbildung künftiger Ausbilder zu leisten, um sich also selbst überflüssig zu machen. Organisation und militärische Führung blieben in der neuen Türkei komplett in türkischer Hand.

Auf rüstungswirtschaftlichem Gebiet ging die Initiative zur Zusammenarbeit vom türkischen Generalstab aus. Der 1. Weltkrieg und die Befreiungskriege bis 1922 hatten nicht nur hohe Menschenopfer gefordert, sondern die Ausrüstung des türkischen Militärs so stark dezimiert, dass die Verteidigungsfähigkeit des Landes kaum mehr gegeben war. Das Interesse des Reichswehrministeriums lag vornehmlich darin, durch Handelsbeziehungen mit der Türkei bevorzugt finanzielle und technische Fähigkeiten zu erlangen, die trotz der Einschränkungen von Versailles die Produktion von Militär- und Rüstungsgütern im Inland stärken könnten.

Es ging um die Möglichkeit, Menschen und Material auszubilden bzw. zu entwickeln und in der Türkei praktisch zu erproben. Nicht zuletzt um die französische wehrwirtschaftliche Dominanz in der Türkei zu schmälern, unterstützte die Berliner Regierung das Engagement der Wirtschaft. Vom Transfer profitierten dennoch weitgehend nur die Türken. Sie erhielten aus Deutschland neues Material, Wissen und Können.

Ein offizielles deutsches Interesse bestand in der Bildungs- und Wissenschaftszusammenarbeit. Im Vordergrund stand die baldige Wiederaufnahme des Schulbetriebs am traditionsreichen deutschen Gymnasium in Istanbul. Die im Jahre 1868 gegründete „Private Deutsche Schule" war Ende 1918 mit der Ausweisung aller Deutschen aus der Türkei geschlossen worden. Im November 1924 konnte sie wiedereröffnet werden und verzeichnete bald 600 Schüler. Wie in früheren Zeiten vermittelte das Reich deutsche Lehrer und unterstützte die Schule finanziell. Mit der Gründung der Nebenstelle Istanbul der „Deutschen Morgenländischen Gesellschaft" im Jahre 1926 kam die Türkei dem Wunsch Berlins nach, die islamwissenschaftliche Forschung zu fördern und in Deutschland verstärktes Interesse an den bislang nur marginal vertretenen Disziplinen Turkologie, Osmanistik und Türkeikunde zu wecken. Auch die Gründung der „Abteilung Istanbul des Deutschen Archäologischen Instituts" in Istanbul im Jahre 1929 entsprang weitgehend deutschem Interesse. Seit dem späten 19. Jahrhundert waren die Berliner Museen in Kleinasien tätig. In Kooperation mit verschiedenen deutschen Universitäten setzte die neue Abteilung Grabungen in der Türkei fort, welche schon früh unter deutscher Leitung gestanden hatten.

Bei ihren ehrgeizigen Plänen zur Entwicklung der rückständigen Landwirtschaft setzten die türkischen Reformer ganz auf deutsches Wissen. Sie holten deutsche Sachverständige ins Land, die Gutachten zur Förderung der Landwirtschaft nach neuzeitlichen Grundsätzen ausarbeiten sollten. Daraus entstand Ende der 1920er Jahre die konkrete Planung einer kombinierten landwirtschaftlichen, veterinärmedizinischen, naturwissenschaftlichen und technischen Hochschule in Ankara. Sie wurde im Jahre 1930 mit drei deutschen Professoren vorläufig eröffnet und nahm ihren vollen Betrieb im Jahre 1933 unter dem Rektorat des Leipziger Agrarprofessors Friedrich Falke auf. Bis zu 22 Lehrbeauftragte aus dem Reich unterrichteten in allen Disziplinen in deutscher Sprache. Der industrialisierungsfeindliche Nationalkonservatismus des langjährigen Rektors Prof. Falke sowie die Bauern- und Bodenideologie der Nationalsozialisten widersprachen aber zunehmend dem Fortschrittsidealismus und die Sprachenpolitik darüberhinaus dem nationalen Selbstverständnis der kemalistischen Türkei.

Auf der Ebene des nichtpolitischen Austausches zwischen Deutschen und Türken hatten auf türkischer Seite vor allem in Deutschland ausgebildete Akademiker, die aus ihrer Studienzeit das deutsche Vorbild für den eigenen Europäisierungsprozess in die Heimat brachten, eine Mittlerfunktion. In Deutschland spielte der „Bund der Asienkämpfer" eine wichtige Rolle. Diese Veteranenorganisation setzte sich aus Personen zusammen, die während des Krieges im Osmanischen Reich gedient hatten. Sie begründeten den Mythos der „Waffenbrüderschaft" und propagierten das Vorbild der Türkei für den deutschen Widerstand gegen Versailles. Der autoritär herrschende Mustafa Kemal erregte ihre Bewunderung, da er aus ihrer Sicht eine willkommene Alternative zu den Weimarer „Erfüllungspolitikern" bot: Denn wenn die wirtschaftlich wesentlich schwächere Türkei die Siegermächte in die Schranken weisen konnte, dann sollte dies auch für das gedemütigte Deutschland möglich sein. Der „Bund der Asienkämpfer" wahrte zwar eine konservative Distanz zum Nationalsozialismus, zeigte dennoch in der Verwendung der Türkei als politisches Argument Nähe zu Adolf Hitler.

## 1. Türkentum und Rassenwahn

Die neue Türkei diente Hitler als politisches Argument, deren Schöpfer als Vorbild. Einem türkischen Besucher gestand er nach dem Tod Atatürks:[1] „Mustafa Kemal hat bewiesen, dass ein Land alle seine Ressourcen, die es verloren hat, für die Befreiung wieder erschaffen kann. Sein erster Schüler ist Mussolini, der zweite bin ich." In vertrautem Kreis ‚nordete' Hitler den türkischen Staatschef Atatürk zum ‚Arier' auf als er erklärte:[2] „Wir haben Germanen verloren, die als Berber in Nordafrika und als Kurden in Kleinasien sitzen. Einer von ihnen war Kemal Atatürk, ein blauäugiger Mensch, der mit den Türken doch gar nichts zu tun hatte." Atatürk seinerseits hatte Hitlers ‚Mein Kampf' gelesen und erklärte Freunden, dass ihm nach Lektüre des Werkes „wegen Hitlers wilder Sprache und seinen irrsinnigen Gedanken" schlecht geworden sei. Im Privatkreis nannte Atatürk Hitler einen ‚Bleisoldaten'. Und wenige Jahre nach Hitlers Machtantritt warnte der türkische Staatspräsident seine Landsleute vor Hitler, aber auch vor Mussolini:[3] „Vorsicht vor diesen Größenwahnsinnigen! Sie werden vor nichts halt machen, um ihre persönlichen Ambitionen zu befriedigen. Es wird ihnen nichts ausmachen, wenn dabei ihre eigenen Länder wie auch der Rest der Welt zerstört werden."

Zu Hitlers „irrsinnigen Gedanken" zählte Atatürk zweifellos die Rassenfrage. Die Verfassung der türkischen Republik aus dem Jahre 1924 kannte in ihrem Artikel 88 nur Türken. Jeder Bürger auf türkischem Staatsgebiet war Türke und

---

[1] zit. nach Falih Rifki Atay, Cankaya, Atatürk'ün dogumundan ölümüne kadar, Istanbul 1969, S. 319 u. S. 451.
[2] Henry Picker, Hitlers Tischgespräche im Führerhauptquartier, Stuttgart 1976, S. 87 f.
[3] zit.nach Halil Gülbeyaz, Mustafa Kemal Atatürk. Vom Staatsgründer zum Mythos, Berlin 2003, S. 221.

somit gleichberechtigtes Mitglied der türkischen Nation – unabhängig von seiner ethnischen, religiösen oder sprachlichen Herkunft. Es gab also keine ‚Unterrasse', die sich von einer überlegenen ‚Oberrasse' unterscheiden ließe, also keine ‚artverwandten' und ‚artfremden' Bürger. Dass die Deutschen dagegen bald nach Beginn ihres „Dritten Reichs" in eine ‚arische Herrenklasse' und in ‚artfremde Elemente' unterteilt wurden, erfuhr die türkische Öffentlichkeit erstmals durch den deutschlandweiten Boykott jüdischer Geschäfte am 1. April 1933.

Hatte das NS-Regime mit den Nürnberger Rassegesetzen von 1935 die Bürger jüdischer Herkunft in den Grenzen des Reichs nach rigiden Merkmalen als „nicht-arisch" aus der „Volksgemeinschaft" ausgegrenzt, so tat es sich jenseits der Grenzen schwerer festzustellen, welche Völker als „arisch", „artverwandt" oder „artfremd" einzuordnen waren. Dies galt auch für die Türken. Anfang des Jahres 1936 drängte das Auswärtige Amt, die „Frage, ob das türkische Volk als arisch im Sinne der deutschen Gesetzgebung zu betrachten ist, mit möglichster Beschleunigung in einem positiven Sinne zu entscheiden."[4] Für einen positiven Beschluss sprachen einmal die engen kulturellen und wirtschaftlichen Beziehungen zur Türkei. Noch wichtiger war aber die „Waffenbrüderschaft" im 1. Weltkrieg und die Mitwirkung deutscher Militärs im osmanischen Heer. Mit der Begründung, dass ein deutscher ‚Arier' im 1. Weltkrieg unmöglich den Waffenrock eines Landes hätte tragen können, dessen Soldaten ‚nichtarisch' waren, wurden die Türken von den deutschen Rassenpolitikern zu einem ‚geschlossenen in Europa siedelnden artverwandten Volk' erklärt.

Im Verlaufe des 2. Weltkrieges machte das NS-Regime unter den ‚artverwandten' Türken sehr wohl auch ‚artfremde' aus, denen das Handwerk zu legen war. So meldete Botschafter Franz von Papen im November 1942 nach Berlin, dass „die Ausschaltung der jüdischen Angestellten und Redakteure der ‚Agence Anatolie' im Mai d.J. erfolgt" sei.[5] Der „zähen Arbeit der Botschaft" hatte sich der türkische Ministerpräsident Refik Saydam schließlich gebeugt und alle jüdischen Angestellten der anatolischen Nachrichtenagentur, insgesamt 26 Personen, entlassen. Hartnäckig betrieb der Botschafter auch die „Entfernung der Juden aus den türkischen Ministerien" und konnte hoffnungsvoll nach Berlin vermelden, dass „die Missstimmung breiter Kreise des hiesigen Volkes gegen die Juden als typische Vertreter des Wuchertums im Wachsen ist."

Die reichsdeutschen Propagandisten nutzten bald das Signal, welches die türkische Regierung mit der Entlassung der jüdischen „Agence Anatolie"-Mitarbeiter gesetzt hatte, um die Missstimmung gegen die Juden weiter zu fördern: Erstmals erschienen in der Türkei einschlägige antisemitische Schriften wie

---

[4] Schreiben des Auswärtigen Amts an Reichsinnenministerium, Propagandaministerium, NSDAP-Amt, 17. Januar 1936 in: PA AA. R 99174.
[5] Papen an Auswärtiges Amt, 11. November 1942 in: PA AA, R 994 G.

die „Protokolle der Weisen von Zion", „Mein Kampf" oder „Der Internationale Jude", ohne dass die Verteiler der Materialien wie zuvor von der türkischen Regierung belangt wurden. Türkische NS-Sympathisanten veröffentlichten Hetzartikel und druckten in den Bildheften „Karikatür" und „Akaba" Karikaturen von Juden als Schieber und Betrüger. Teilweise hatten sie diese dem NS-Organ „Der Stürmer" entnommen. Die kriegsbedingte Wirtschaftskrise in der Türkei, die im Januar 1942 zur Zwangsbewirtschaftung und Brotrationierung geführt und einigen jüdischen Händlern zu Spekulationsgewinnen verholfen hatte, diente als Hintergrund. In Berlin wunderte man sich, dass die Karikaturen angesichts der straff gelenkten türkischen Presse überhaupt veröffentlicht wurden, weil doch die Türkei den „Gedanken der Rassereinheit bewusst ablehnt."[6]

Weniger an rassischen als an materiellen Kriterien orientierte sich die türkische Regierung, als sie Ende des Jahres 1942 eine Vermögenssteuer (Varlık Vergisi) für In- und Ausländer einführte. Die extrem niedrigen Steuersätze für muslimische Türken im Vergleich zu Dreistelligen für Nicht-Muslime zeigte, dass auch die türkische Regierung durchaus Unterschiede im Türkentum kannte. Die Steuer, offiziell zur eventuellen Kriegsfinanzierung vorgesehen, betraf nahezu ausschließlich nicht-muslimische Türken und trieb manche von ihnen in Ruin und Selbstmord. Indem sie vor allem wohlhabende Vertreter der religiösen Minderheiten der türkischen Armenier, Griechen und Juden traf, zielte sie auf deren wirtschaftliche Vormachtstellung.

## 2. Stützen der Reformer und Volksverräter

Opfer der türkischen Vermögenssteuer wurden nur in Ausnahmefällen aus dem Reich emigrierte und damit weitgehend vermögenslose Juden. Die ersten von ihnen waren kurz nach Antritt der Hitler-Regierung aus Deutschland in die Türkei geflüchtet. Die NS-Machthaber hatten sich mit dem am 7. April 1933 erlassenen „Gesetz zur Wiederherstellung des Berufsbeamtentums" eine scheinlegale Grundlage geschaffen, um jüdische und politisch missliebige Staatsbedienstete aus ihrer Anstellung zu entfernen. Als Folge verloren rund 2000 meist jüdische Wissenschaftler und Hochschullehrer ihre Arbeitsplätze an Universitäten und Instituten und wurden als „Volksverräter" aus der „Volksgemeinschaft" ausgestoßen.

Auch der „nicht-arische" Pathologe Philipp Schwartz wurde zur Aufgabe seines Frankfurter Lehrstuhls gezwungen. Unter seiner Leitung gründeten gestrandete Wissenschaftler in Zürich die „Notgemeinschaft deutscher Wissenschaftler im Ausland". Sie erhielt zahlreiche Anfragen und Anmeldungen von entlassenen Akademikern aller Universitäten und Hochschulen Deutschlands. Angebote

---

[6] vgl. Berna Pekesen, „Pénétration pacifique?" Eine Analyse zu Methoden der Pressebeeinflussung am Beispiel des türkischen Pressewesens 1939 bis 1943, Köln 2000, S. 101.

ausländischer Universitäten blieben indessen bis zu dem Tage aus, an welchem Schwartz im Mai 1933 auf die türkische Hochschulreform Atatürks und die hierfür dringlich benötigten westlichen Akademiker aufmerksam gemacht wurde.

Schnell und unbürokratisch einigte sich der türkische Erziehungsminister Reşit Galip mit Philipp Schwartz im Juli 1933 auf Anstellungsverträge für entlassene Wissenschaftler aus dem Deutschen Reich. Sie ermöglichten es, dass bereits Mitte November 1933 die „Istanbul Üniversitesi" mit 38 ausländischen, überwiegend deutschen Ordinarien – vom Archäologen bis zum Zoologen – und 85 wissenschaftlichen Hilfskräften neu eröffnet werden konnte. Die Gleichzeitigkeit der türkischen Suche nach qualifizierten ausländischen Experten mit der Entlassung von rassisch und politisch unerwünschten Wissenschaftlern, Politikern und Künstlern in Deutschland bezeichnete Fritz Neumark als ein „deutsch-türkisches Wunder".

Der ebenfalls in Frankfurt entlassene ‚Nichtarier' Neumark übernahm an der Istanbul Üniversitesi den Lehrstuhl für Nationalökonomie, Philipp Schwartz das Ordinariat für Pathologie. Um ihr ehrgeiziges Ziel einer schnellen Hochschulreform erreichen zu können, scheute die türkische Regierung auch nicht davor zurück, die in Deutschland festgenommenen Professoren Alfred Kantorowicz und Friedrich Dessauer aus der KZ-Haft freizubekommen und dem untergetauchten Leipziger Professor Gerhard Kessler den Weg nach Istanbul zu ebnen. Ab dem Jahre 1933 kamen Fachkräfte und Experten nicht nur aus der Wissenschaft, sondern auch aus Verwaltung, Wirtschaft, Verkehrswesen, Medizin, Bergbau, Kunst, Musik und Theaterwesen in die Türkei.

Insgesamt mehr als tausend deutschsprachige Emigranten fanden in der Türkei Aufnahme. Nicht hoch genug kann der Beitrag der fast 100 deutschsprachigen Professoren ab dem Jahre 1933 in Istanbul und später in Ankara als akademische Lehrer zum Aufbau der Universitäten sowie zur Heranbildung einer akademischen und intellektuellen türkischen Elite eingeschätzt werden. Wichtige Reformbeiträge leisteten auch Regierungsberater wie Ernst Reuter, Fritz Baade, Paul Hindemith, Martin Wagner, Oscar Weigert oder Hans Wilbrandt. Nicht zu unterschätzen ist der Beitrag von deutschsprachigen Assistenten, Lektoren, Bibliothekaren und von technischem sowie wissenschaftlichem Hilfspersonal. Im Ergebnis machten die deutschsprachigen Wissenschaftler, Künstler und Praktiker mit ihren Beiträgen die Türkei zu einem Modellfall der Elitenmigration und nach den USA zum bedeutendsten Emigrationsland für diese Gesellschaftsgruppe.

Indem die Exilanten nahezu ausschließlich in Ankara und Istanbul tätig waren, konnten sie einen intensiven Kontakt zu den türkischen Reformern aufbauen und pflegen, waren andererseits aber – weit mehr als Emigranten in anderen Aufnahmeländern – der direkten Kontrolle der reichsdeutschen Auslandsvertretungen ausgesetzt. Diese wurden schon Mitte Mai 1933 angewiesen, die deutschen Exilanten zu überwachen und bald darauf beauftragt, sie auch listenmäßig zu registrieren. Nur zwei Monate später wurde in Deutschland das Gesetz über den ‚Widerruf von Einbürgerungen und die Aberkennung der deutschen Staatsangehörigkeit' verabschiedet; Ende Juli 1933 die ‚Verordnung zum Ausbürgerungsgesetz'. Als ausgebürgerte Staatenlose, denen ihre akademischen Grade und Versorgungsansprüche aberkannt sowie ihr Vermögen im Reich eingezogen worden waren, mussten die Exilanten wegen einer möglichen Abschiebung aus ihrem Gastland in permanentem Ausnahmezustand leben.

Die NS-Kulturpolitik in der Türkei stand zu Beginn weit mehr als in anderen Exilländern vor der Herausforderung, dass die deutsche Wissenschaft und Kultur im Gastland unabhängig davon, ob Reichsdeutsche oder Emigranten sie repräsentierten, in einem hohen Ansehen standen. Das NS-Regime hatte die propagandistische Wirkung der Tätigkeit deutscher Hochschullehrer und Berater in der Türkei erkannt und versuchte, daraus möglichst viel Kapital zu schlagen. Es sollte die Fiktion einer undifferenzierten deutschen Bildungshilfe suggeriert werden. Man suchte den Eindruck aufrecht zu erhalten, dass die Berufung der Exilprofessoren und -berater in deutschem Interesse sei. Lange war die Fiktion indessen nicht zu halten und Konsequenzen waren zu ziehen: Linientreue Professoren sollten den türkischen Reformern vermittelt und die abtrünnigen ‚Volksverräter' ersetzt werden.

Mit diesem Auftrag schickte das Reichsministerium für Wissenschaft, Erziehung und Volksbildung erstmals im Jahre 1937 und erneut im Mai 1939 den Experten Dr. Herbert Scurla nach Ankara und Istanbul. Seine Mission zielte darauf ab, besonders die jüdischen Exilprofessoren aus ihren Ämtern in der Türkei zu entfernen bzw. deren Kommen zu verhindern. Scurla scheiterte indessen am Widerstand der türkischen Regierung und der Hochschulverantwortlichen, welche die deutschen Emigranten für ihre ehrgeizigen Reformziele dringlich benötigten. Auch zeigte sich wenig Interesse von qualifizierten Reichsdeutschen, eine Stelle in der Türkei anzutreten. Folglich konzentrierte sich Scurla darauf, seinen Vorgesetzten wiederholt zu empfehlen, die Emigranten mit der Begründung ausbürgern zu lassen, sie seien wissenschaftlich oder menschlich unqualifiziert.

Bei Fragen zur Ausbürgerung von Exilanten beteiligten die NS-Reichsstellen die Auslandsvertretungen bis November 1941 regelmäßig. Diese konnten außenpolitische oder wirtschaftliche Bedenken gegen Ausbürgerungen geltend machen. Während Botschafter Friedrich von Keller bei seinen Bedenken bis zu seinem Abschied aus Ankara im Herbst 1938 stets das Los der Exilanten im Auge hatte, bestimmten Gründe der Opportunität diejenigen seines Nachfolgers Franz von Papen ab April 1939. Aufgrund ihrer Leistungen war der Einfluss der Exilanten bei türkischen Verantwortlichen in Politik, Verwaltung, Wissenschaft und Wirtschaft so gewachsen, dass deren Ausbürgerung auf völliges Unverständnis gestoßen wäre. Der Musik- und Theaterliebhaber Staatspräsident İsmet İnönü stellte zudem den emigrierten Leiter des philharmonischen Orchesters in Ankara, Ernst Praetorius, den Theater- und Opernleiter Carl Ebert oder den Chorleiter und Pianisten Eduard Zuckmayer unter seinen persönlichen Schutz. Darüber hinaus praktizierten die zahlreichen Exilmediziner neben der eigentlichen Behandlung von hochrangigen Türken und deren Angehörigen eine Art „Patientendiplomatie" zugunsten von gefährdeten Exilanten.

Die Früchte des unter außergewöhnlichen Umständen während der NS-Zeit begonnenen deutsch-türkischen Wissenschaftsaustauschs zeigen sich heute in einer großen Zahl von Universitätspartnerschaften sowie in der Zusammenarbeit im Rahmen europäischer Programme. Die von Exilprofessoren und -künstlern ausgebildete türkische Elite hat die türkische Forschung, Lehre und Kunst auf einen Stand gebracht, der in vielen Bereichen demjenigen von EU-Mitgliedstaaten gleicht. Ehemalige Exilanten wie Fritz Baade und Hans Wilbrandt gründeten in Bonn die Deutsch-Türkische Gesellschaft und leiteten sie über Jahrzehnte. Stets erinnerten sie an die Aufnahmebereitschaft und Gastfreundschaft, welche die Türkei den Exilanten in ihrer vom NS-Regime hervorgerufenen existentiellen Bedrängnis erwies. Auch beherrschte sie die Erkenntnis, dass vertieftes Wissen über die wechselseitige Geschichte und genaue Kenntnisse über Kunst, Kultur, Religion und Mentalität des jeweils anderen für das Miteinander von Türken und Deutschen in Deutschland und in der Türkei unverzichtbar sind.

## 3. Wirtschaftlicher Aufbau und Großraumwirtschaft

Seit dem Jahre 1934 regelte ein Handels- und Clearingabkommen die bilateralen Wirtschaftsbeziehungen zwischen dem Deutschen Reich und der Türkei. Das NS-Regime betrachtete die Türkei als agrar- und rohstoffwirtschaftlichen Ergänzungsraum des Reichs und bezog von dort in erster Linie Baumwolle, Rohstoffe, Getreide und Nahrungsmittel. Im Gegenzug zahlten die Deutschen mit Investitionsgütern aller Art. Vertieft wurden die Handelsbeziehungen, als Deutschland im Jahre 1935 begann, auch Waffen an die Türkei zu liefern, welche die Türkei wiederum mit wichtigen Chromlieferungen für die deutsche Maschinen- und Waffenindustrie ausglich. Die wirtschaftliche Abhängigkeit der Türkei vom Deutschen Reich wuchs im Weiteren rasant: Während der deutsche Anteil an den türkischen Exporten im Jahre 1933 bei knapp 20% und an den Importen bei 25% lag, rückte Deutschland fünf Jahre später beim türkischen Export mit einem Anteil von 40% und beim Import mit 45% an die führende Stelle der Handelspartner. Die Türkei bezog ihrerseits im Jahre 1938 70% ihres Eisen- und Stahlbedarfs, 60% der Maschinen und über 55% der Chemikalien aus Deutschland.

Im Verlauf von lediglich einem halben Jahrzehnt gewann damit das Deutsche Reich im türkischen Außenhandel eine dominierende Stellung. Parallel stieg das Handelsvolumen zwischen beiden Ländern um das Vierfache. Zwar konnte die Türkei ihre Stellung unter den Handelspartnern Deutschlands in dieser Zeit deutlich verbessern, doch ging ihr Anteil an den deutschen Ein- und Ausfuhren nie über 3% hinaus. Lediglich die rüstungswirtschaftlich bedeutsamen Chromlieferungen boten der Türkei einen politisch nutzbaren Hebel. Die Berliner Strategen der ‚Großraumwirtschaft' mussten im Falle von türkischen Liefereinschränkungen und -stopps ihr Konzept einer ‚erweiterten Autarkie' beeinträchtigt sehen. Ihr Bestreben war es, jederzeit gesichert und in ausreichendem Umfang Nahrungsmittel und Rohstoffe aus dem ‚Versorgungsraum' Südosteuropa beziehen zu können.

Die Bedeutung des türkischen Chromerzes für das Reich zeigte sich darin, dass Deutschland in den Jahren 1936 und 1937 die Hälfte, 1938 noch ein Drittel seines Chrombedarfs aus der Türkei bezog. Südafrika, Neuseeland und die Sowjetunion deckten im Wesentlichen den Rest des Bedarfs. Mit der Kriegserklärung Englands an das Reich am 3. September 1939 entfielen die Lieferungen aus den beiden Commonwealth-Staaten, knapp zwei Jahre später mit dem Überfall der Wehrmacht auf die Sowjetunion auch die russischen. Die Türkei rückte damit in eine strategisch sehr bedeutsame Rolle für die deutsche Rüstungswirtschaft. Im Rahmen ihrer ‚aktiven Neutralitätspolitik' und beim Lavieren zwischen Alliierten und Achsenmächten regelte die türkische Regierung ihre Chromerzlieferungen dann auch vorzugsweise in Geheimprotokollen.

Die Türkei betrachtete bereits die deutsche Besetzung des tschechischen Rumpfstaates im März 1939 und den italienischen Einfall in Albanien im April als bedrohliche Ausweitung des Machtbereichs der Achsenmächte in den Südosten Europas. Um möglichen weiteren Aggressionen der beiden Staaten auf dem Balkan begegnen zu können, suchte sie Partner. Sie nahm sowohl mit der Sowjetunion wie auch mit England und Frankreich Gespräche auf. Als sie daraufhin Mitte Mai 1939 mit England eine Beistandserklärung und einen Monat später eine solche mit Frankreich veröffentlichte, reagierte Berlin prompt mit einer Liefersperre von bereits in Deutschland bestellten Rüstungslieferungen. Im Gegenzug verzögerte die Türkei Chromexporte ins Reich und kündigte Verträge von deutschen Experten, die in staatlichen und halbstaatlichen türkischen Unternehmen tätig waren. Berlin wiederum legte Verhandlungen auf Eis, welche der Verlängerung eines Verrechnungsabkommens und Abkommens über Waren- und Zahlungsverkehr mit der Türkei dienen sollten.

Mit Beginn des 2. Weltkriegs verschärften sich die Auseinandersetzungen auf dem Wirtschaftsgebiet noch weiter. Die Türkei hatte am 3. September 1939 ihre Neutralität erklärt, sechs Wochen darauf aber mit England und Frankreich einen Dreierpakt abgeschlossen. Dieser verpflichtete sie zwar nicht zum Beistand gegen das Reich. Auf Druck der Partner stellte Ankara aber sofort die Chromlieferungen nach Deutschland ein. Auch zwang die Regierung die letzten deutschen Militärberater, das Land zu verlassen. Wenig später, im Januar 1940, schlossen die neuen Partner ein geheimes Handelsabkommen über Chromlieferungen gegen Finanzhilfe ab. Die Türkei verpflichtete sich darin, ihre gesamte Chromförderung für zwei Jahre und mit der Option für ein weiteres Jahr an England und Frankreich abzutreten. Beide Länder wiederum stellten der Türkei umfangreiche Kredite und Waffenlieferungen in Aussicht.

Mit den Eroberungen auf dem Balkan und dem Einbau der in das Reich eingegliederten und besetzten Gebiete in die großdeutsche Wirtschaft sahen sich die Berliner Strategen ihrem Ziel eines Neuaufbaus der von Deutschland geführten kontinentalen Wirtschaft nahe. Nur die Türkei mit ihren strategisch bedeutsamen Chromvorkommen zögerte, ihre Rolle im ‚Ergänzungsraum Südosteuropa' zu übernehmen. Der Russlandfeldzug erhöhte ab Sommer 1941 den Chrombedarf des Reichs dramatisch. Um Flugzeuge, Panzer, U-Boote, Kraftfahrzeuge und Geschütze herstellen zu können, mussten die Erze gesichert und ausreichend gefördert sowie reibungslos transportiert werden können.

Während die Chromreserven im Reich zunehmend knapper wurden, verfügte die Türkei über weit umfangreichere Chromvorkommen als die Balkanländer. Das ‚Dritte Reich' hatte schon bald nach der Machtübernahme und den beginnenden Aufrüstungsplänen begonnen, Abbauanlagen für Chromerze sowie Lokomotiven und rollendes Material für deren Transport nach Deutschland in die Türkei zu exportieren. Mit Kriegsbeginn und der von der Türkei verkündeten ‚aktiven Neutralität' brach der Austausch dann abrupt ein. Spätestens mit dem Russlandfeldzug musste es deshalb Ziel der Reichsregierung und deren Vertreter in Ankara sein, die Türkei nicht nur als Chromlieferant unter Kontrolle zu bekommen. Eine Besetzung der Türkei stand in Berlin trotz zeitweiliger türkischer Befürchtungen allerdings nicht ernsthaft zur Diskussion. Angesichts der Lage der Türkei an der Südflanke der Sowjetunion war es aber nicht nur rüstungswirtschaftlich, sondern auch strategisch von größtem Interesse für das Reich, die Türkei für die Achse zu gewinnen.

## 4. Aktive Neutralität und Weltmachtwahn

Die Nachricht vom Kriegsausbruch am 1. September 1939, die Ereignisse, die dem Krieg vorausgingen und die Begleiterscheinungen zum Kriegsbeginn vermeldete die türkische Presse in großer Aufmachung und vorwiegend mit beifälligen Beurteilungen versehen. Dem entsprach die Stimmung in der türkischen Öffentlichkeit. An Sympathie für Hitler und seinem Vorgehen wurde nicht gespart. Deutschland hatte nach Meinung Vieler etwas nachzuholen, was die Türkei unter

Abb. 1 Inönü und Atatürk im Jahr 1936

Atatürk nach dem 1. Weltkrieg hinter sich gebracht hatte: Reparationszahlungen abzuschütteln, die Fremdherrscher aus dem Land zu jagen und die Bevölkerungen formalverschiedener Staatsangehörigkeit, aber gleicher Muttersprache und Lebensart zusammenzuführen.

Ihre geo-strategische Lage mit der im Jahre 1936 in Montreux gewonnenen vollen Souveränität über die Meerengen brachte die Türkei in eine Schlüsselstellung als Herr über die verschließbaren Passagen zwischen Schwarzem Meer und Mittelmeer. Gegen ihre Absicht wurde die Türkei in den Streit der großen Interessen hineingezerrt. Expansionistische Bestrebungen kannte sie nicht, zumal Kemal Atatürk imperialen Träumen gründlich und für immer abgeschworen hatte. Atatürk starb allerdings im November 1938 vor Beginn des Krieges. Nach dem Überfall der Wehrmacht auf die Sowjetunion und mit dem Vorrücken der NS-Truppen auf dem Kaukasus gab es durchaus panturanische Träumer im türkischen Generalstab und Offizierskorps. Bemüht, die Türkei an ihre Seite in den Krieg zu ziehen, unterstützte das Deutsche Reich, namentlich ihr Botschafter Franz von Papen, türkische panturanistische Tendenzen ab Mitte des Jahres 1941 mit erheblichen propagandistischen Mitteln. Bereits zuvor hatte der Botschafter aktiv für die türkische Teilnahme an der vom NS-Regime geplanten ‚Neuordnung Europas' geworben.

Atatürks Nachfolger İsmet İnönü konnte weder sein eigenes Militär noch die massive NS-Propaganda von panturanischen Vorhaben überzeugen und dazu verleiten, die kaukasischen und zentralasiatischen Turkvölker gegen die Sowjets aufzuwiegeln. Die türkische Regierung wusste ihre Schlüsselstellung richtig einzuschätzen und hielt noch strikter an ihrer „aktiven" Neutralitätspolitik fest. Ein bereits vor Kriegsausbruch fein gesponnenes und austariertes Netz von Verträgen mit den maßgeblichen kriegsführenden Parteien ermöglichte der Türkei bis zum August 1944, sich ohne militärische Vereinnahmung zwischen den Kontrahenten bewegen zu können. Mit den USA schloss sie am 1. April 1939 und mit dem Deutschen Reich am 8. Mai ein Handelsabkommen ab. Am 12. Mai, nach dem Überfall Mussolinis auf Albanien im April 1939, vereinbarte sie mit Großbritannien einen Beistands- und Nichtangriffspakt, am 23. Juni einen solchen mit Frankreich.

Auf den Polenüberfall des Deutschen Reichs am 1. September 1939 hin schloss die Türkei am 19. Oktober einen Dreierpakt mit England und Frankreich. Am 8. Januar 1940 ergänzte sie ihn durch ein geheimes Handelsabkommen über Chromlieferungen gegen Finanzhilfe. Wenige Tage nach Einmarsch der deutschen Truppen in Frankreich Anfang Juni 1940 lehnte die türkische Regierung dann allerdings die Forderung Frankreichs ab, den Beistandspakt zu erfüllen und in den Krieg gegen Hitler-Deutschland einzutreten. Die französische Regierung brüskierte sie zusätzlich dadurch, dass sie mit dem Deutschen Reich im selben Monat ein neues Handelsabkommen abschloss.

Nach diesen Signalen konnte Präsident İnönü am 1. November 1940 weder Frankreich noch England mit seiner erneuerten Neutralitätserklärung beruhigen. Ebenso wenig vermochte dies das Kriegsrecht, welches die türkische Regierung für Istanbul sowie für die Griechenland und Bulgarien benachbarten türkischen Provinzen und kurz darauf für die gesamte Türkei wegen einer befürchteten Invasion deutscher und italienischer Truppen wenige Tage nach dieser Neutralitätserklärung ausrief.

Abb. 2 Hitler und von Papen 1940 auf dem Obersalzberg

Mit dem weiteren Vorrücken der deutschen Truppen nach Jugoslawien, Griechenland und Bulgarien sah sich die Türkei im Jahre 1941 in hohem Masse bedroht. Zwar schloss die Regierung Mitte Februar noch einen Nichtangriffspakt mit Bulgarien ab, konnte aber nicht verhindern, dass der Partner Anfang März den Achsenmächten beitrat und dass deutsche Truppen bis an die türkische Grenze vordrangen. In einem handgeschriebenen Brief versuchte Hitler Präsident İnönü Ende Februar 1941 mit der Erklärung zu beruhigen, dass Deutschland keine Angriffsabsichten gegen die Türkei habe.

Ungeachtet dessen ließ die türkische Regierung sicherheitshalber Anfang April 1941 am türkisch-bulgarisch-griechischen Dreiländereck in der Provinz Edirne die Eisenbahnbrücken sprengen. Den Einmarsch deutscher Truppen in die Sowjetunion am 22. Juni 1941 schien die Türkei andererseits geahnt zu haben, zumal sie den Sowjets am 2. Juni erklärte, dass sie sich im Falle eines Krieges neutral verhalten werde. Zusätzlich sicherte sie sich vier Tage vor dem deutschen Überfall auf die Sowjetunion durch ein Freundschafts- und Nichtinterventionsabkommen mit dem Deutschen Reich ab. Präsident İnönü drahtete an Hitler:[7] „Unsere Völker und Länder treten von heute ab in eine Ära gegenseitigen Vertrauens ein mit dem festen Willen, stets darin zu verbleiben." Im Oktober 1941 ermöglichte das gegenseitige Vertrauen ein neues deutsch-türkisches Handelsabkommen, das Kupfer- und Chromlieferungen der Türkei mit Rüstungslieferungen des Reichs verrechnete. Die neue Ära nutzten hohe türkische Generäle ihrerseits im Oktober. Sie flogen an die deutsche Ostfront und wurden von Hitler im Führerhauptquartier empfangen.

Gegen Jahresende 1941 bilanzierte Staatspräsident İnönü anlässlich der Eröffnung der Nationalversammlung die Haltung zu den Kriegsparteien und die Rolle der Türkei:[8] „Unsere Beziehungen zu Deutschland haben während des Balkanfeldzuges die schwerste Prüfung bestanden. Hitler sah unsere Beunruhigung und versicherte mir zweimal seine Freundschaft ... Die Türkei bewies England in den schwärzesten Tagen ihre Treue ... Eine unabhängige und starke Türkei ist ein Hort des Friedens und ein Faktor der Zivilisation."

Für die Folgejahre und bis kurz vor Abbruch der diplomatischen Beziehungen der Türkei mit dem Deutschen Reich verfolgte die Türkei eine austarierte Neutralitätspolitik der kleinen Gesten und ohne nennenswerte weitere Verträge mit einer der Kriegsparteien. Anfang August 1942 fasste der neu zum Ministerpräsidenten ernannte vorherige Außenminister Şükrü Saracoğlu vor der Nationalversammlung das Verhältnis zu den Kriegsgegnern Deutschland und England in

---

[7] zit. n. Gotthard Jäschke, Die Türkei in den Jahren 1935–1941. Geschichtskalender mit Personen- und Sachregister, Leipzig 1943, S. 121.

[8] zit. n. ebd., S. 131 f.

dem knappen und vielsagenden Satz zusammen:[9] „Wir sind mit England verbündet und mit Deutschland befreundet."

Mit der Casablanca-Konferenz im Januar 1943 nahm der Druck der Verbündeten USA und England auf die Türkei deutlich zu, ihren Verpflichtungen aus dem Beistandsabkommen mit England nachzukommen. Nach der Konferenz traf sich Churchill mit İnönü im türkischen Adana und musste feststellen, dass Ankara nicht gewillt war, seine Außenpolitik grundlegend zugunsten der Alliierten zu ändern. Dennoch stellte Churchill den Türken amerikanisch-englische Waffenhilfe in Aussicht, die İnönü auch akzeptierte. Ministerpräsident Saracoğlu bilanzierte daraufhin Ende Februar:[10] „Wir beziehen Rüstungsmaterial aus Deutschland und den USA."

Auch im Jahre 1943 blieb indessen ein Beschluss der türkischen Regierung aus, sich den Alliierten anzuschließen. Die Türkei hielt es im Gegenteil für angebracht, am 19. April ein neues Handelsabkommen mit dem Deutschen Reich abzuschließen und im Juli eine hochrangige Militärabordnung nach Besichtigung des Atlantikwalls und der Ostfront von Hitler empfangen zu lassen. Präsident İnönü setzte mit dem Besuch der Carl-Ebert-Inszenierung des „König Ödipus" am 12. Mai und einen Tag darauf mit dem der „Antigone" ebenfalls ein Zeichen. Zudem hob die türkische Presse in dieser Zeit groß hervor, dass die Türkei sich vom Reich 25 Lokomotiven und 250 Güterwagen ausgeliehen und 80 deutsche Firmen ihre Produkte auf der Wirtschaftsmesse in Izmir vorgestellt hatten.

Während der Teheran-Konferenz Ende November–Anfang Dezember 1943 erhöhten Churchill und Roosevelt, verstärkt um Stalin, den Druck auf die Türkei zur Aufgabe ihrer Neutralität. Kurz danach wirkten Churchill und Roosevelt auf der Konferenz von Kairo direkt auf İnönü ein und forderten ihn auf, bis zum 15. Februar 1944 die Kriegsteilnahme der Türkei an der Seite der Alliierten zu erklären. Das Ergebnis der alliierten Versuche fasste Außenminister Menemencioğlu zum Jahresende 1943 vielsagend zusammen:[11] „Unser Bündnis ging aus der Konferenz gestärkt hervor. Unsere Beziehungen zu den USA und der UdSSR sind fast ebenso herzlich wie zu England. Wir sind uns näher gekommen. Unsere Außenpolitik bleibt unverändert."

Die Türkei konnte dem wachsenden Druck der Alliierten bis zum April 1944 standhalten. Erst als diese konkrete Maßnahmen androhten, ließ man sich notgedrungen umstimmen. Außenminister Menemencioğlu benannte in der Nationalversammlung am 20. April die Druckmittel, die ihm die Alliierten per Note mitgeteilt hatten, und gab die Entscheidung der türkischen Regierung hierzu be-

---

[9] zit. n. Gotthard Jäschke, Die Türkei in den Jahren 1942–1951, Geschichtskalender mit Personen- und Sachregister, Wiesbaden 1955, S. 8.
[10] zit. n. ebd., S. 13.
[11] zit. n. ebd., S. 20.

kannt:[12] „Großbritannien und die USA kündigten bei Fortsetzung der Chromausfuhr nach Deutschland Maßnahmen wie gegen andere Neutrale an. Für uns ist die Zusammenarbeit mit Großbritannien und seinen Verbündeten ein natürliches Erfordernis unserer auswärtigen Politik. Wir können daher diese Noten nicht als Neutrale prüfen und beschlossen die Einstellung der Lieferungen vom 21. April ab."

Die „Maßnahmen wie gegen Neutrale" bedeuteten, dass die alliierten Waffenlieferungen an die Türkei eingestellt und die wichtigsten türkischen Ausfuhrwaren einem Importembargo unterworfen werden sollten. Die türkische Regierung setzte ihre diplomatische Verzögerungstaktik aber noch bis zum Juli 1944 fort. Sie nutzte die Zeit bis zum Abbruch der Beziehungen zu Deutschland am 2. August 1944, um den Alliierten „zur Überwindung der entstehenden Schwierigkeiten" Wirtschafts-, Rüstungs- und Finanzhilfen abzuhandeln.

Mitte Januar 1945 endlich öffnete die Türkei die Meerengen für Handelsschiffe der Alliierten ohne Rücksicht auf deren Ladung. Aber erst der Beschluss der Konferenz von Jalta vom 11. Februar, nur diejenigen Länder in die Vereinten Nationen aufzunehmen, die dem Deutschen Reich den Krieg erklärt hatten, veranlasste die türkische Regierung schließlich am 23. Februar 1945, auch diesen Schritt zu tun. Die Türkei erklärte Deutschland zwar offiziell am 1. März den Krieg, trat aber nicht mehr in ihn ein.

## Literaturhinweise

Udo Steinbach (Hrsg.), Länderbericht Türkei, Bonn 2012
Sabine Mangold-Will, Begrenzte Freundschaft. Deutschland und die Türkei 1918–1933, Göttingen 2013
Reiner Möckelmann, Wartesaal Ankara. Ernst Reuter – Exil und Rückkehr nach Berlin, Berlin 2013
Reiner Möckelmann, Franz von Papen. Hitlers verblendeter Vasall, Darmstadt 2016

---

[12] zit. n. ebd., S. 25.

# Paul Hindemith (1895 – 1963).
# Zur Erinnerung an seine Tätigkeit als Musiker und Erzieher in der Türkei 1935–1937

Prof. Eduard Zuckmayer

## Vorbemerkung

*Der hier abgedruckte Beitrag von Prof. Eduard Zuckmayer ist den „Mitteilungen der Deutsch-Türkischen Gesellschaft" Bonn-Münster, Heft 55 von Februar 1964, S. 1–3, entnommen und durch Überschriften ergänzt worden. Er weist auf die grundlegende Bedeutung hin, die deutsche Musiker für den Aufbau und die Entwicklung sowohl der Musikwissenschaft wie auch des Musiklebens in der jungen Türkei gerade in den Jahren der NS-Diktatur seit 1933 haben. Diese Bedeutung ist in besonderer Weise mit den Namen des Komponisten Paul Hindemith und des von ihm 1936 berufenen Pianisten, Komponisten und Musikprofessors Edmund Zuckmayer verbunden. Hindemith wirkte von 1935 – 1937 an der Musiklehrerschule in Ankara und begründete in dieser Zeit dort auch das Staatskonservatorium. Zuckermayer setzte seine Tätigkeit in vielseitiger und befruchtender Weise fort, und zwar über die Zeit seiner Verfemung in der NS-Zeit hinaus bis zu seinem Tod 1972.*
*Er wurde am 3. August 1890 als ältester Sohn eines im Weingeschäft tätigen rheinhessischen Fabrikanten und seiner jüdischen Gattin geboren. Sein um sechs Jahre jüngerer Bruder war der deutsche Schriftsteller Carl Zuckmayer (1896–1977), der in der NS-Zeit in die USA emigrierte. Bei Eduard setzte sich die musikalische Begabung früh mit Klavierunterricht und Kompositionen durch. 1914 erlangte er bereits als Dirigent und Pianist Konzertreife, meldete sich aber mit seinem Bruder Carl freiwillig zum Kriegsdienst, aus dem er mit dem Eisernen Kreuz 2. und 1. Klasse, aber schwer verwundet heimkehrte. Seit 1918 war er als freier Pianist und Dirigent in Frankfurt a. M. tätig, wo er u.a. Paul Hindemiths Sonate in D für Violine und Klavier (op. 11, Nr. 2) zusammen mit dem Violinsolisten Max Strub uraufführte. Dann brach er mit dem klassischen Musikbetrieb und einer weiteren Laufbahn als Konzertpianist und folgte einem Ruf als Musikerzieher an renommierte private Lehranstalten, bis er 1935 aus rassischen Gründen seine Existenz verlor und auch aus der Reichskulturkammer durch die NS-Partei ausgeschlossen wurde. Paul Hindemith, selbst Verfolgter des NS-Regimes und Emigrant aus Deutschland in die USA, vermittelte ihn 1936 an die neu aufgebaute Musiklehrerschule in Ankara, wo Zuckmayer die Leitung des Schülerorchesters sowie die Chorleitung für die Schauspiel- und Opernabteilung des durch Paul Hindemith begründeten und 1936 eröffneten Staatskonservatoriums übernahm, außerdem die Stelle des Pianisten beim Symphonieorchester der Hauptstadt Ankara, das sich damit neben der ehemaligen Metropole Istanbul als eine weitere Kulturhauptstadt der jungen Republik entwickelte. Mit der Gründung der Hochschule für Lehrerausbildung (Gazi-Egitim-Enstitüsü GEE) 1938 in Ankara übernahm Zuckmayer dort als Musikdirektor die Musikabteilung. Damit wurde er zum prägenden Gestalter der*

### Prof. Eduard Zuckmayer

*Musikpädagogik in der Türkei, der bis zu seinem 80. Geburtstag 1970 über 600 Musiklehrer – nahezu alle Musiklehrer für die Schulen der Türkei im ganzen Land – ausbildete. Dazu lehrte er seit 1946 Musiktheorie am Konservatorium in Ankara. Angesichts dieser Verbundenheit mit der Türkei, ihren Menschen, ihrer Landschaft, Kultur und Musik lehnte er Angebote zur Rückkehr nach Deutschland nach 1945 ab.*

*Zuckmayers besondere Bedeutung liegt neben der grundlegenden Musikerziehung, mit der er die junge türkische Generation an die dieser bis dahin weitgehend unbekannte und fremde europäische Musik heranführte, vor allem auch darin, dass er nicht nur die türkische Sprache vorzüglich beherrschte, sondern auch die türkische Musik verinnerlichte und insbesondere mit der deutschen Volksmusik und ihren Liedern verband und durch Kompositionen erweiterte und zu einer Symbiose vor allem in polyphonen Chorgesängen führte. Er gehört damit zu den profiliertesten Begründern der türkischen Musikgeschichte und speziell der nationalen Musikerziehung in der Türkei, dem diese anlässlich seines 20-jährigen Todestages 1992 ein Symposium in Ankara über „Musikerziehung in der Türkei und in Deutschland" gewidmet hat. Weit über sein Leben hinaus hat er sich damit um den Brückenschlag zwischen Okzident und Orient nicht nur in der Musik verdient gemacht.*

*Der Wiederabdruck dieses Beitrags ist nicht zuletzt auch eine Hommage an die türkische Pianistin und Staatskünstlerin Dr. Dr. h.c. Gülsin Onay, London, und ihren Sohn, den Violinsolisten und Kapellmeister des Staatsorchesters in Ankara Erkin Onay, Honorarprofessor am Staatlichen Konservatorium in Ankara. Beide eröffneten das 100-jährige Jubiläum der Deutsch-Türkischen Gesellschaft Münster am 13. Februar 2016 mit einem Konzert „Klassische türkische Musik – Vom Osmanischen Reich bis zur Gegenwart" im Konzertsaal der Waldorfschule in der Westfalenmetropole. Gülsin Onay, die Tochter einer türkischen Mutter und eines deutschen Vaters, geboren in Istanbul, konzertierte damit bereits zum dritten Mal für die DTG Münster: anlässlich des 75-jährigen, 90-jährigen und nun hundertjährigen Jubiläums in den Jahren 1991, 2006 und 2016. Sie ist seit 2016 Ehrenmitglied der DTG Münster.* (PL)

## 1. Ankunft in Ankara

Als ich am frühen Sonntagvormittag eines schon recht warmen Apriltages im Jahre 1936 zum ersten Mal nach Ankara kam, stand auf dem Bahnsteig „Willkommen winkend" das Ehepaar Hindemith. Freudig erregt, eine schon seit 1920 bestehende Bekanntschaft erneuernd, gingen wir zu Fuß die Straße zum „Ulus" hinauf, der damals im Volksmund auch „Taşhan" genannt wurde. Links gab es bereits das „19 mayis stadyonu", zur rechten Hand aber, da wo heute der „Gençlik Parki" sich befindet, war noch unbebautes Land, Steppe.

Am Nachmittag des gleichen Tages hörte ich zusammen mit Hindemith vom Balkon des kleinen Saales der damaligen „Musiki Muallim Mektebi" (Musiklehrerschule) aus – typisch für Hindemith, nicht in der ersten Reihe des Saales, sondern „oben unter den Schülern" zu sitzen – ein Orchesterkonzert des Staatsorchesters (Riyaseticumhur flârmoni orkestrasi) unter der Leitung von Ernst Praetorius, der wenige Monate vorher der durch Hindemith vorgeschlagenen Berufung des „Kültür Bakanliği" nach Ankara gefolgt war.

Am nächsten Vormittag schon stand ich, mich auf deutsch, französisch und italienisch mühsam verständigend, im gleichen Saal vor dem Schülerorchester der Musiklehrerschule, in der Hindemith einen Wirbel von neuer Bewegung und Arbeitsenergie unter Lehrern und Schülern entfacht hatte. Im Verein mit den türkischen Musikern, darunter die Vertreter der ersten jungen Generation, die mit Staatsstipendien der noch jüngeren türkischen Republik in Europa studiert hatten (unter ihren H. Ferid Alnar, Necdet R. Atak, Necil Kâzim Akses, Ferhunde und Ulvi Cemal Erkin, Halil Bedi Yönetken), unterrichteten eine ganze Reihe europäischer, meist deutsche Lehrkräfte in allen Fächern, die in einer Musikhochschule gelehrt werden müssen, vom Gesangslehrer und Stimmbildner, den Vertretern aller Orchesterinstrumente bis zum Instrumentenbauer und Klavierstimmer. Sie alle hatte Hindemith in kurzer Zeit nach Ankara holen lassen. Auch die Berufung Carl Eberts, der bald nach mir eintraf, zum Leiter der Opern- und Schauspielklassen ist, wenn ich mich recht erinnere, auf die Empfehlung Hindemiths zurückzuführen.

Die Lehrer für Orchesterinstrumente saßen gleichzeitig neben ihren türkischen Kollegen im Staatsorchester. Großzügig, wie die Atatürk'sche Zeit und ihre Vertreter in der Regierung es waren, hatte man die Verwirklichung einer von Hindemith ebenso großzügig geplanten musikalischen Reform in die Praxis umzusetzen begonnen. Auch in der Aufnahme zahlreicher aus Deutschland emigrierter Professoren aller Fakultäten war man ja mit der gleichen Großzügigkeit zu Werke gegangen.

## 2. Hindemith als musikalischer Erneuerer der jungen Republik

Die Vorbereitungen zu diesem groß angelegten Unternehmen waren bereits ein Jahr vorher, 1935, getroffen worden. Hindemith war damals mehrere Monate in Ankara und besuchte auch andere Teile der Türkei. Vor allem blieb er längere Zeit in Izmir und in Istanbul. Das Ergebnis seiner Einsichtnahme in die Verhältnisse veranlasste ihn zu dem Vorschlag an die Regierung, mit der musikalischen Reform (dem musiki inkilâbi) sobald wie möglich gleichzeitig in den drei großen Städten anzufangen. Die türkischen Behörden hatten jedoch Bedenken und beschlossen, zunächst einmal nur in der Hauptstadt Ankara zu beginnen, wo die unmittelbare Fühlungnahme und Beratung mit ihnen jederzeit und in jedem Falle möglich war. Diese Entscheidung war vermutlich richtig im Blick auf die sich widerstreitenden Gruppen und Richtungen auch auf dem Gebiet der Musik. Andererseits wurde dadurch die Entwicklung in den beiden anderen Städten in einer noch heute fühlbaren Weise verzögert.

Das Verdienst, eine so überragende und universelle Musikerpersönlichkeit wie Hindemith in die Türkei zu holen – und es w a r ein Verdienst, dessen positive Auswirkungen bis heute andauern – gebührt Cevat Dursunoğlu, einem der besten Männer des damaligen „Maarif ailesi", dessen bedeutsames Wirken später leider durch die politischen Veränderungen unterbrochen wurde.

Den „großen Cevat" nannten wir ihn damals, weil er die Generaldirektionen des „Höheren Unterrichts" und der „Schönen Künste" in seiner Hand vereinigte, zugleich zum Unterschied vom „kleinen Cevat", seinem şube müdürü, Cevat Memduh Altar, der noch heute am Staatskonservatorium Musik- und Kunstgeschichte lehrt. Das Verdienst wiederum, Cevat Dursunoğlu auf Hindemith hingewiesen zu haben, hat kein geringerer als Wilhelm Furtwängler, an dem der „große Cavat" sich auf der Suche nach einem Organisator für die türkische Musikreform gewandt hatte. Hindemith aber, der seit Beginn seiner Laufbahn ein begeisterter Erzieher war, wofür seine Begegnung mit der Jugendmusikbewegung Fritz Jöde's (1925) und die Übernahme eines Lehrauftrages für Komposition an der Berliner Staatl. Hochschule für Musik (1927) besonders beredtes Zeugnis ablegen, hat jedenfalls die Möglichkeit, den Grund zur musikalischen Erneuerung eines ganzen großen Landes zu legen, mit beiden Händen ergriffen und diese Aufgabe mit der ihm eigenen, auch die geringsten Einzelheiten mit liebender Gewissenhaftigkeit betreuenden Arbeitsenergie und mit seinem ordnenden Geist in Angriff genommen. Nach der Rückkehr von seinem ersten Türkei-Aufenthalt traf sich Hindemith mit mir in Heppenheim an der Bergstraße. In einem Hotel, das den für diese Begegnung recht passenden Namen „Zum halben Mond" führte, erzählte er mir von seinen Plänen. Seinen Vorschlag, an der Pionierarbeit in der Türkei teilzunehmen, nahm ich mit Freuden an.

## 3. Die noch ländliche Residenz als Ort musikalischer Erneuerung

Kehren wir zurück ins Jahr 1936, von dem diese Erinnerungen ihren Ausgang nahmen. Die junge und noch kleine, autoritär gelenkte Residenz, die der Wille des genialischen Atatürk mitten in Anatolien aus einem abgelegenen Provinzstädtchen hervorgezaubert hatte, schien gleichsam selbst verzaubert und verliebt in ihr neues Sein und Werden, an dem die besten Kräfte des Landes und Auslandes teilnahmen. Noch gingen städtische und ländliche Atmosphäre, Erneuerungswille und liebgewordene Tradition ineinander über. Wenn man an diesen Maitagen früh aufstand und über die Dächer der Altstadt hinauf zur Burg blickte, vernahm man zugleich mit dem überwältigend großartigen Sonnenaufgang tausendfachen Hahnenschrei, und in ihn mischte sich oft das dissonanzreiche Quietschen der von schwarzen Büffeln gezogenen charakteristischen alten zweirädrigen Karren (kagni), die aus den nahen Dörfern zum Markte in die Stadt fuhren. Die damals noch

## Paul Hindemith (1895 – 1963)

prächtig blühende Steppe zog sich wie tief einschneidende schmale Buchten in die Stadt hinein, die noch mehr einem stillen See als dem brausenden Meer moderner Städte glich. In den frühen Morgenstunden und zur Zeit der berühmten Ankaraner Sonnenuntergänge atmete man noch mehr als Benzingeruch den Duft der Silberweiden, die überall auf den unbebauten Stellen, in den zahlreichen Gärten und Grünflächen vorhanden waren.

Dies sollen keine Rückerinnerungen an die „gute alte Zeit" sein. Dass es damals nur zahlenmäßig geringe Teile der Bevölkerung waren, die die Erneuerungsbewegung trugen, dass die Provinz und gar das Dorf noch weit entfernt davon war, sich dem neuen Wollen zu erschließen, dass Gegnerschaft grollte, dass schließlich besonders die musikalische Reform naturgemäß auf den Widerstand altererbter Gewohnheiten stoßen musste, dies alles soll hier nicht übersehen oder gar geleugnet werden. Die Problematik des Anschlusses an die abendländische Zivilisation und Kultur dauert noch heute an. Aber, dass es damals hier in Ankara und im Kreise von Hindemith und seiner Helfer zu leben eine Lust war, dass in dieser Gemeinschaftsarbeit sich der Geist des „devrim" in gleichnishafter und reiner Inkarnation widerspiegelte, dass ein schöner Zusammenklang bestand zwischen der Musikarbeit in Cebeci, wo die drei großen „M" über dem Eingang der Schule schon viele Jahre vor Hindemiths Kommen den Willen zu neuer Grundlegung der Musikerziehung verkündeten, und dem Geist, der die ganze neugegründete Stadt zu beleben schien, daran sollte hier erinnert werden.

An einem Morgen dieses „musikalischen Mai in Cebeci" stellte Hindemith den ersten Satz seiner Klaviersonate Nr. I in einer schönen und klaren Handschrift auf das Pult des Flügels und fragte in seinem mainfränkischen Dialekt: „Na wolle S' es mal probiere?" Die Niederschrift war gerade eben fertig geworden. Ich „probierte" sie. Diese Sonate, in der Hindemiths Wille, den unbändigen Expressionismus seiner Frühwerke durch eine Neuordnung des Tonmaterials und durch Wiederbindung an tonale Gegebenheiten zu überwinden, in besonders überzeugender Weise offenbar wurde, ist also in Ankara geschrieben. Jedoch, nach dem Erscheinen des Werkes im Schott-Verlag, fand sich hinter dem Titelblatt auf einer sonst ganz leeren Seite in kleinen Lettern gedruckt der Vermerk: „Das Gedicht 'Der Main' von Friedrich Hölderlin gab die Anregung zur Komposition dieser Sonate". Die Schwere des Schicksals der Emigration für einen großen Künstler, der als Mensch und Musiker ungleich stärker in Deutschland und seiner musikalischen Überlieferung wurzelte, als es damals zu erkennen möglich war, spiegelt sich in dieser Bezugnahme auf seine engere Heimat.

Für die Türkei aber war es ein Glücksfall, dass Hindemith ein Mann der „neuen Musik" war, der weder verschlampte Lehrtradition noch veraltete Haltung zur Musik in den anatolischen Boden verpflanzen, sondern nur sauberem Musizieren und dem Werden neuer türkischer Musik einen soliden Grund legen sollte. Dies tat er mit seiner unerschöpflichen Arbeitskraft und seinem sachlichen und klaren Denken und Urteilen in überwältigender Fülle und auf jede nur mögliche Weise. Zahlreich sind die Memoranden, die Eingaben an das Kultusministerium, die Schreiben an die Lehrerschaft und an die Schüler der Musikschule, Pläne für den Ausbau und die Arbeit des Staatsorchesters. Diese enthielten sogar Programmvorschläge, durch die die Hörer allmählich an die mehrstimmige Orchesterliteratur gewöhnt werden sollten. Auch über die Möglichkeit der Einbeziehung der vorhandenen türkischen Kunst- und Volksmusik in die Musikarbeit hat er wertvolle Gedanken hinterlassen, die vielleicht heute irgendwo in einem Aktenarchiv schlummern.

## 4. Hindemiths praktische Arbeit und Organisation des Musikwesens

Mehr aber als an der theoretischen Grundlegung seiner Pläne lag ihm am praktischen Beispiel. Seine ganze Natur verlangte immer wieder danach, sich mit Menschen zusammenzusetzen und gemeinsam zu arbeiten und zu musizieren. Noch in seinem in Amerika geschriebenen und zuerst dort erschienenen Buch „Komponist in seiner Welt" (deutsch im Atlantis-Verlag 1959) betonte er nachdrücklich, dass Musik „eine Kommunikation von Mensch zu Mensch" sei und bleiben müsse. Während der relativ kurzen, jeweils bis zu drei Monaten dauernden Zeit seiner Anwesenheit in Ankara hat er die Praxis der musikalischen Erziehung auf jedem Gebiet verwirklicht und selbst mitgemacht. Kammermusikpflege, Chorsingen im Kreis eines kleinen Madrigalchores, „Geigenchöre" der Violinschüler, Schulorchester, Schülerkonzerte hat er in der Musikschule ins Leben gerufen. Neben den Orchesterkonzerten plante er eine fortlaufende Reihe von Kammerkonzerten, mit deren Verwirklichung er auch alsbald begann. In seinen Vorschlägen ans Ministerium verlangte er die sofortige Gründung eines städtischen Volkschores. Um die Probleme der Schulmusik kümmerte er sich eingehend und gab zum Schluss auch seine Einwilligung zu den vom Ministerium gewünschten Trennung der Musiklehrerschule aus ihrer Symbiose mit dem neugegründeten Konservatorium und ihre Verlegung ins Gazi Terbiye Enstitüsü. Die türkischen Komponisten regte er an, zweistimmige Sätze über türkische Volkslieder zu schreiben, von denen viele noch heute gesungen werden. Durch seine – bei aller Unbedingtheit seiner Forderungen und dem Bewusstsein seines Wertes – überaus bescheidene und einfache Art des Sich-Gebens, durch seine sprudelnde Lebendigkeit und seinem Humor gewann er sich viele Sympathien und die gute Kameradschaft der türkischen Kollegen. Noch erinnere ich mich, wie wir eines Abends nach der Arbeit ins „Gazino" nach Keçiören fuhren, wo die Stimmung durch Hindemiths Temperament so heiter wurde, dass die türkischen Komponisten und Musiker, die heute würdige „hocas" sind, aufstanden und ihre heimatlichen Volkstänze tanzten. – Neben der

Befruchtung des Musizierens nahm Hindemith aber auch die Ordnung der Musikschule bis in alle Kleinigkeiten selbst in die Hand. Noch sehe ich ihn im Geiste bei der Anfertigung des Stundenplans gebückt über einen riesigen, noch leeren Plan, auf dem er verschiedenfarbige Fähnchen wie bei einem Schachspiel hin- und herwandern ließ, bis der für ein Musikinternat besonders komplizierte Plan zu seiner Zufriedenheit beendet war. Schüler, deren Begabung ihm auffiel, bestellte er sich zu privaten Stunden in Theorie und Komposition.

Um dem Mangel an Unterrichts- und Übungsräumen abzuhelfen, erwirkte Hindemith den sofortigen Bau eines Nebengebäudes, dessen Plan er selbst entwarf, wie ihm ja stets Zeichnen und Komponieren Freude machte. Den kleinen „Zentralbau", der so entstand, nannten die Musiker später „St. Paulemith"

## 5. Die Gründung des Staatskonservatoriums

Die Arbeit Hindemiths gipfelte in der Gründung des Staatskonservatoriums. Praktisch machte er das so, dass die vorhandenen Schüler der „Musiki Muallim Mektebi" einer Eignungsprüfung unterzogen und so aus den künstlerisch oder stimmlich Begabtesten ein Stamm von Studierenden für die neue Anstalt gewonnen wurde. Ich erinnere mich, wie manche Prüflinge auf die Frage, ob sie gern Opernsänger werden möchten, erstaunt fragten, was das denn sei. Die mehr zum Musiklehrerberuf geeigneten oder neigenden Schüler bildeten die nunmehr „Müzik Öğretmen Okulu" genannte Musiklehrerschule. Durch seine oben geschilderte Tätigkeit hatte Hindemith dem Staatskonservatorium eine für die erste Zeit hinreichende Verfassung und Gestalt gegeben, zugleich mit den zahlreichen Anregungen für die zu leistende musikalische Erziehung. Die Theater- und Opernabteilung wurde danach durch Carl Ebert erweitert und ausgebaut.

## 6. Abschied von Ankara – eine Würdigung

Die Arbeit Hindemiths in der Türkei und für sie endet mit dem Jahr 1937. Auch außerberuflich hat er für die damalige Türkei Aufgeschlossenheit, Interesse und Neigung bekundet und sich sogar im Laufe seiner mehrmaligen Anwesenheit einige Kenntnis der Sprache angeeignet. Natürlicherweise konnte eine Tätigkeit wie die seine nicht immer ohne Zusammenstöße und Reibungen verlaufen. In einem Land, wo selbst das dringendste Telefongespräch nicht ohne einleitende Bezeugungen der Höflichkeit geführt werden kann, hat seine nüchtern-sachliche, oft kurz angebundene und entschiedene Art der Rede wohl manchmal Befremden erregt. In seinem Charakter mischte sich ja die herzlich aufgeschlossene südwestdeutsche Art rheinmainischer Provenienz mit dem väterlichen Erbe, dem Schlesiertum. Die völlige Konzentration auf seine Kunst und auf seine organisatorische Aufgabe ließen ihm wenig Zeit, sich in die Eigentümlichkeiten türkischen Wesens und Lebens einzufühlen. Wenn der kleine stämmige Mann, um die Lehrkräfte zu intensiver Tätigkeit anzufeuern, in seiner deutschen Aussprache „deers, deers" rief (ders = Unterrichtsstunde), war das möglicherweise nicht jedem angenehm. Aber die Stärke seiner Persönlichkeit und seines Künstlertums wurde gewiss ebenso wenig angezweifelt wie sein Wille, das Beste zu tun. Was er verwirklichen wollte, wurde damals nicht von jedem begriffen, was er an Anregungen und Plänen hinterließ, nicht voll verwirklicht. Hätte man es getan, so wären wir vermutlich heute weiter, besonders in der Schulung des musikalischen Nachwuchses. Auch in der Zusammenarbeit unter den deutschen Künstlern gab es leider Spannungen und Machtkämpfe. Dies mag der Anlass gewesen sein, dass Hindemith ab 1938 seine Mission in der Türkei für beendet ansah und sich den USA zuwandte, wo er ab 1940 eine für sein Leben und Schaffen bedeutungsvolle Zeit verbrachte, bis er zu Beginn der 50er Jahre nach Europa zurückkehrte.

In seiner Bescheidenheit hatte Hindemith gebeten, für die Zeit seiner Tätigkeit in der Türkei von Aufführungen seiner Werke abzusehen. Es sollte nicht scheinen, als ob er seine Position dazu ausgenutzt hätte. Leider ist die Anordnung später zu einer allzu strikt befolgten Gewohnheit geworden. 1960 plante zwar der damalige Intendant der Staatstheater, der Komponist Necil Kâzim Akses die Aufführung von Hindemiths Oper „Cardillac", die dann aber durch das Ausscheiden Akses aus seinem Amt unterblieb. Gewiss sind manche Werke Hindemiths in der Türkei in Konzerten und im Unterricht gespielt und gesungen, auch im Rundfunk gesendet worden. Es wäre aber zu wünschen, dass man sich nach dem für unser menschliches Fühlen und Verstehen vorzeitigen Tode Hindemiths (1963) entschließen würde, auch im offiziellen Musikleben der Türkei eines oder das andere der großen Werke dieses großen Musikers herauszustellen, der – etwa in einer Reihe mit Bartok und Strawinsky – repräsentativ ist für die Musik der ersten Hälfte des 20. Jahrhunderts und dessen Bedeutung und Einfluss vielleicht erst in der Zukunft ganz sichtbar und wirksam werden wird.

# Prof. Eduard Zuckmayer (1890–1972)
# Ein Lebens- und Schaffensbild[1]

## Dr. Günter Bär

Wer einmal die Geschichte der Musik der neuen Türkei schreiben wird – und das ist die Geschichte der Aufnahme der europäischen Musik und deren Verschmelzung mit vielen Elementen der alten türkischen Musik –, der wird immer wieder auf den Namen eines Deutschen stoßen, der seit 26 Jahren als Interpret, Dirigent und Komponist, vor allem aber als Musikerzieher dem Musikleben in der Türkei entscheidende Impulse gegeben hat: Eduard Zuckmayer. Seinem überaus bescheidenen Charakter entsprechend, der den entsagungsvollen Dienst an einem selbst gewählten Ideal weit über den persönlichen Ruhm stellt, vollzieht sich sein Wirken mehr in der Stille als im grellen Licht der Öffentlichkeit. Doch welche Fülle der Musiker wie der Pädagoge Zuckmayer aus dieser zurückhaltenden Bescheidenheit, aus dieser Stille des ernsten Schaffens und Strebens schon zu geben wusste, das zeigt ein Blick auf sein Leben.

## 1. Zum musikalischen Werdegang

Der 1890 in Nackenheim geborene Rheinhesse studierte Musik in München, Berlin, Bonn und Köln. Als er beim Abschluss seines Studiums 1914 mit dem Wüllner-Preis der Stadt Köln ausgezeichnet wurde, lag eine viel versprechende

---

[1] Wiederabdruck aus: Mitteilungen der DTG Bonn-Münster, Heft 45, Oktober 1962, S. 11–13, mit Zufügung von Zwischenüberschriften. Der Autor Dr. Günter Bär kam im Herbst 1960 nach Ankara, um dort die Leitung der Deutschen Bibliothek zu übernehmen, die nach der Wiedereröffnung der Deutschen Botschaft dort 1951 begründet und insbesondere durch Dr. Bär zu einem deutschen Kulturzentrum in erweiterten Räumen ausgebaut wurde. Es umfasste eine Bibliothek, die schon 1965 über 10.000 Bücher, 145 Zeitungen und Zeitschriften zählte, regelmäßige deutsche Sprachkurse durchführte (1965 waren über 1.300 Teilnehmer eingeschrieben) und einen Saal für Konzerte, Theateraufführungen und Vorträge besaß. Die Bibliothek diente zugleich dem internationalen Leihverkehr, aber auch mit einer Schallplattensammlung der modernen Musikvermittlung. Neben seinen Leitungsfunktionen war Dr. Bär auch gesellschaftlich als Mitglied im Vorstand des Türkisch-Deutschen Kulturrates und des Türkisch-Deutschen Freundschaftsvereins (beides türkische Gründungen) tätig, so dass er das türkisch-deutsche Beziehungsverhältnis zu seiner Zeit in besonderer Weise gefördert hat. Er knüpfte dabei zu den in Ankara tätigen Deutschen besondere Beziehungen, so auch zu Prof. Dr. Zuckmayer, dem er mit seinem Beitrag eine besondere Anerkennung seiner grundlegenden musikalischen Arbeit in der Türkei aussprach. Er verließ 1965 die Türkei, um die Leitung des deutschen Kulturinstituts in Santiago de Chile zu übernehmen. (PL)

Laufbahn nicht nur als Pianist, sondern auch als Dirigent und als Komponist vor ihm. Nach einjähriger Tätigkeit als Kapellmeister an der Oper in Mainz und als Konzertpianist rief ihn das Vaterland zu den Waffen. Mit hohen Tapferkeitsauszeichnungen, aber auch schwer verwundet, kehrte er nach Beendigung des Krieges nach Deutschland und zu seinem Beruf als Musiker zurück. Schnell stieg er in die Spitzenklasse der deutschen Pianisten und Dirigenten auf. 1923 gründete er in Mainz die Gesellschaft für Neue Musik, mit der er Werke von Schönberg und Strawinsky zur Uraufführung brachte. Zwei Jahre später aber gab Zuckmayer plötzlich und unerwartet seine glänzende Karriere als Pianist und Dirigent auf und ging als Musikerzieher an die „Schule am Meer" auf Juist. Was war geschehen?

So unbegreiflich dieser Schritt des Künstlers zunächst für die Mitwelt war, so typisch war er für den Menschen Zuckmayer, den nicht die äußere Sucht nach Wirkung und Ruhm, sondern eine tiefe ethische Verpflichtung mit der Musik verbindet. Schon lange hatte ihn der Konzertbetrieb angeekelt, war er doch überzeugt, dass der neuen Musik nicht durch ein Publikum gedient war, das sie aus Unkenntnis oder Traditionalismus ablehnte oder – noch schlimmer – aus Snobismus kritiklos verherrlichte, sondern dass die neue Musik auch ein neues Musikbewusstsein erforderte. Dies aber war eine Erziehungsfrage. Die Musikerziehung musste bewusst zurückgreifen auf die ganz alte Musik, um die einseitige Bindung an die Formen der Klassik und Romantik zu lösen; eine neue Elite von unvoreingenommenen Hörern musste herangebildet werden.

## 2. Die Entscheidung zur Musikerziehung

Den entscheidenden Anstoß, mit seiner bisherigen Kariere zu brechen und vorwiegend als Erzieher tätig zu sein, gab Zuckmayer die Begegnung mit dem großen Pädagogen Luserke im Sommer 1925 auf der Nordseeinsel Juist. Dort hatte Luserke seine „Schule am Meer" gegründet, eine staatlich anerkannte Privatschule mit Abitur, in deren Zentrum die musischen Fächer standen. In ihrer Zielsetzung suchte diese Schule sowohl der Gefahr des esoterischen Ästhetizismus wie der des alleinigen Dienstes für die Gemeinschaft zu entgehen, indem sie sowohl die freie Entfaltung der Eigenpersönlichkeit wie der Verantwortung innerhalb der Gemeinschaft forderte. In dieser Schule fand Zuckmayer all die Wirkmöglichkeiten als Musikpädagoge, die er sich gewünscht hatte. Im Sinne der Erziehung zu einem neuen Musikbewusstsein schrieb er Singspiele, die von den Schülern unter seiner Leitung aufgeführt wurden. In der Komposition widmete er sich vor allem der Vokalmusik. Wohl war er zwischendurch noch als Konzertpianist tätig, aber alle Berufungen als Dirigent lehnte er ab.

Die goldenen Jahre waren zu Ende, als der Schule 1934 die Gleichschaltung durch den Nationalsozialismus drohte. In der Erkenntnis, dass dadurch die Schule ihre eigene Zielsetzung verraten würde, löste sie sich selbst auf. Für Zuckmayer ergab sich die Notwendigkeit der Emigration. Auf Veranlassung von Paul Hindemith wurde er 1936 in die Türkei berufen und übernahm als dessen Nachfolger die künstlerische Leitung des Konservatoriums in Ankara, die er bis zum Jahre 1938 innehatte.

## 3. Emigration in die Türkei 1936 und Aufbau der Musikerziehung

Danach entstand ihm im Aufbau und der Leitung der Musikabteilung des Gazi Eğitim Enstitüsü, d.h. der Höheren Lehrerbildungsanstalt, eine neue schwierige, aber für das Musikleben in der Türkei höchst wichtige pädagogische Aufgabe, der er bis zum heutigen Tag verpflichtet blieb. Wohl ruhte auch seine Konzerttätigkeit nicht. Er war der erste Pianist, der die beiden Brahmskonzerte in der Türkei aufführte; Konzertreisen wechselten mit Konzerten im Radio und mit der Pflege von Kammermusik; 1946–53 war er nochmals am Konservatorium, diesmal nebenamtlich als Kompositions- und Theorielehrer, tätig. Aber sein größtes Verdienst bleibt zweifellos der Aufbau der Musik e r z i e h u n g, speziell der Schulmusik in der Türkei. Wiederum verzichtete er weitgehend auf den Ruhm als Interpret um erzieherischer Aufgaben willen.

Die meisten Konzerte, die Zuckmayer heute gibt (1962), sind Chorkonzerte mit dem Chor seiner Studenten der Musikabteilung der Höheren Lehrerbildungsanstalt. Alle Studenten dieser Abteilung, etwa 65–70, gehören dem Chor an; denn Chor, Chorleitung, Gesang und Stimmbildung sind wichtige Ausbildungsfächer für die zukünftigen Musikerzieher an den Höheren Schulen der Türkei.

Voraussetzung für den Besuch dieser Anstalten ist das Abitur. Die Studenten sind intern und studieren auf Staatskosten. Dafür ist für sie nach Abschluss ihres dreijährigen Studiums der Staatsdienst als Lehrer an Höheren Schulen oder Lehrerbildungsanstalten, wenigstens für einige Jahre, obligatorisch. Alle Studenten müssen zwei Instrumente spielen lernen, gewöhnlich ein Streichinstrument und Klavier. Vielen fehlt bei Eintritt in die Anstalt noch das tonale Gehör, so dass die Gehörbildung und der Musiktheorie eine besondere Bedeutung zukommt. Musikgeschichte, Instrumenten- und Formkunde sowie die Methodik des Schulmusikunterrichts, die stets mit einem Praktikum verbunden ist, sind weitere wichtige Unterrichtsfächer. In einem Lande, in dem es noch wenige Instrumentenbauer gibt, ist es wichtig, dass die jungen Musikerzieher auch etwas von der Instrumentenreparatur verstehen, was ebenfalls gelehrt wird. Wie auch bei den deutschen Musikerziehern an Höheren Schulen tritt neben die Musik noch ein anderes wissenschaftliches Fach.

Die türkischen Mitarbeiter von Prof. Zuckmayer haben meist in Deutschland studiert. Im November 1961 gab der Violinlehrer der Musikabteilung, Ömer Can, der augenblicklich mit einem türkischen Staatsstipendium zu einem weiteren Studienaufenthalt in Deutschland weilt, zusammen mit seinem Lehrer Zuckmayer ein viel beachtetes Konzert in der Deutschen Bibliothek Ankara.

## 4. Die Synthese von türkischer und europäischer Musik als Ziel

In seiner musikpädagogischen Zielsetzung geht Eduard Zuckmayer bewusst auf eine Synthese der türkischen folkloristischen Musik mit der europäischen Musik aus. Im Studiengang soll die türkische Musik nicht durch die europäische verdrängt, sondern mit eingebaut werden. Die türkischen Tonarten erinnern an die Kirchentonarten. Damit ist die Brücke gerade zur modernen europäischen Musik – man denke nur an Béla Bartók und Paul Hindemith – besonders leicht.

Auch in seinen Kompositionen berücksichtigt Zuckmayer diese Zielsetzung. Oft sind sie Adaptionen der türkischen Folklore für Orff-Instrumentation, sowohl rein instrumental als auch vokal.

## 5. Konzertreisen und Konzertveranstaltungen

Seit einer Reihe von Jahren unternimmt Zuckmayer mit seinem Chor im Frühjahr gegen Ende des Schuljahres Konzertreisen in die Provinz. Die Wirkung dieser Chorkonzerte in den kleinen Provinzstädten, in denen nur ganz selten einmal ein Konzert mit europäischer Musik zu hören ist, ist außergewöhnlich. Die Konzertreisen, die oft in klapprigen alten Omnibussen (denn viel Geld steht nicht zur Verfügung) auf schlechten Straßen in Staub und Hitze unter großen Strapazen für alle Teilnehmer unternommen werden, gleichen wahren Triumphzügen, die dann auch die schlimmsten Anstrengungen wieder vergessen lassen. So war der Chor 1957 im Südosten *(der Türkei),* und zwar in Hatay, in Iskenderun und Antakya, 1958 am Schwarzen Meer in Samsun, Giresun und Trabzon, 1959 in Sivas, 1960 in Diyabakir und Elazig, 19161 in Thrazien und Edirne und dieses Jahr in Gazi Antep, Adana, Tarsus, Mersin und Silifke.

Dem gleichen Zweck, nämlich einen ersten Kontakt mit der europäischen Musik zu schaffen, dienen die Konzerte des Chors in der Lehrerbildungsanstalt selbst; denn die meisten der zukünftigen Lehrer kommen ja aus der Provinz. 1959 gab der Chor hier das einzige Gedächtniskonzert in der Türkei zum 200. Todestag von G. Fr. Händel. Das Programm umfasste Teile aus dem Oratorium „Samson" sowie das berühmte Hallelujah aus dem „Messias". Prof. Zuckmayer hatte wie bei vielen anderen Chorwerken selbst die Texte ins Türkische übersetzt. Im folgenden Jahr fand ein Schumann-Gedächtnis-Konzert statt. Seit einer Reihe von Jahren bilden auch die Konzerte des Chors unter Zuckmayers Leitung den unbestrittenen Höhepunkt der Konzertveranstaltungen der Deutschen Bibliothek in Ankara.

## 6. *Präceptor Musicae Turcae*

Wenn man einmal gesehen hat, wie Eduard Zuckmayer seinen Chor dirigiert, wie seine Studenten mit Hingabe, mit bewundernder Verehrung und durchglüht vom Eifer, ihr Bestes geben, an ihrem Lehrer und Dirigenten hängen, dann begreift man etwas von der Faszination, die von diesem Manne ausgeht, vom pädagogischen Eros, der ihn zum *Präceptor Musicae* (Lehrer der Musik) einer ganzen Generation werden ließ.

Eduard Zuckmayer hat am 3. August schon das 72. Lebensjahr vollendet, und noch immer widmet er sich mit ungebrochener Schaffenskraft seiner großen und schönen Aufgabe. Wir wünschen ihm noch viele Jahre fruchtbaren Wirkens, ihm, dem Künstler, dem Pädagogen, dem Menschen und dem großen Freund der Türkei.[2]

## Nachtrag

*Neben Eduard Zuckmayer waren beim Aufbau des Musik-, Opern- und Theaterwesens in Ankara und der Türkei weitere deutsche Emigranten tätig, von denen hier wenigstens Carl Ebert und Ernst Praetorius namentlich genannt sein sollen. Vermittler war dabei Paul Hindemith, der in den Jahren 1935–1937 vier Mal für jeweils mehrere Wochen seine Beauftragung in der Türkei wahrnahm und dort „nicht nur Gründungsvater der drei türkischen Musikkonservatorien" war, sondern sich auch bemühte, deutsche Experten für die Leitung zu vermitteln, unter ihnen Carl Ebert, der 1933 als Intendant der Städtischen Oper Berlin wegen seiner Bevorzugung der künstlerischen Moderne entlassen worden war. Seit 1936 war er als Experte für Theaterfragen und Lehrer am Konservatorium in Ankara durch zeitgebundene Verträge tätig, seit 1940 bis 1947 als Emigrant. Er wird als „Gründer des modernen türkischen Theaters, Ballets und der Oper" angesehen.*

*Ernst Praetorius, der mit Beginn der NS-Diktatur 1933 sein Amt als Generalmusikdirektor des Deutschen Nationaltheaters niedergelegt hatte, wurde durch Vermittlung Hindemiths 1935 Dirigent des Staatlichen Sinfonieorchesters in Ankara, in das er danach 21 deutsche und österreichische Musiker als Emigranten aufnahm. Er starb 1946 in Ankara.[3]*

*Vgl. zur Begründung der Deutschen Bibliothek in Ankara und der Goethe-Institute in der Türkei nunmehr: Ahmet, Terkivatan, Kurze Geschichte der Gründung des Goethe-Instituts Ankara (Deutsche Bibliothek Ankara, Sonderdruck, S.16 (Archiv der DTG Münster). PL*

---

[2] Eduard Zuckmayer starb am 2. Juli 1972 in Ankara, wenige Wochen vor der Vollendung seines 82. Lebensjahres in der Folge eines Herzinfarkts. Zu seinem 75. Geburtstag am 3. August 1965 widmete ihm Dr. Kurt Laqueur, der an der Deutschen Botschaft in Ankara als Pressereferent tätige Schwiegersohn Prof. Dr. Fritz Baades, einen kenntnisreichen Glückwunsch (Mitteilungen 62, Juli 1965), S. 1–3, anlässlich des Todes 1972 einen Nachruf (Mitteilungen 88, September 1972, S. 1–2).

[3] Vgl. dazu nunmehr Rainer Möckelmann, Wartesaal Ankara. Ernst Reuter – Exil und Rückkehr nach Berlin. Berlin 2013, S. 35-47, hier 39-40.

Dr. Günter Bär

## Zur Entwicklung der Musik im osmanischen Reich

Die seit dem Mittelalter ausgeprägte Osmanische Kunstmusik wurde seit dem 16. und 17. Jahrhundert durch die Aufnahme polyphoner Musik aus Europa – vermittelt durch Tanzgruppen, Opern und Operetten – weiter entwickelt. Als 1826 mit der Auflösung der Janitscharentruppen auch deren Musikkapellen aufgelöst wurden, gewann die Mehrstimmigkeit Raum. Es entstand ein neues musikalische Bildungskonzept, das sich an der europäischen Musik orientierte. Zu diesem Zweck wurde die neue Musikschule *„Müzika-i Humayun"* begründet und zu ihrer Leitung 1828 der italienische Musiker Guiseppe Donizetti (1788-1856) als Musikdirektor, später mit dem Rang eines Pascha (General), berufen. Seine Nachfolger wurden seine Landsleute Guatelli Pascha sowie Aranda Pascha, die zahlreiche Musiker nach dem neuen Plan ausbildeten und durch Operetten, Ballettaufführungen sowie Konzerte die Verbreitung der polyphonen Musik im Osmanischen Reich förderten, so dass europäische Musik gleichwertig neben der vor allem im ländlichen Raum weiter dominierenden einheimischen Musik gepflegt wurde.

Unterstützend wirkten seit den 1830er Jahren die Tanzimat-Reformen des Osmanischen Reiches, durch die sich dieses in allen Bereichen – vor allem auch der Kunst und Kultur – der westlichen Welt öffnete. 1842 wurde das erste türkische Opernhaus im Istanbuler Ortsteil Beyoglu durch den Italiener Bosco eröffnet. Er gab die Leitung jedoch schon nach zwei Jahren an den türkischen Musiker Tütüncüoglu Mihail Efendi weiter. Insbesondere Sultan Abdül-Medjid I. (1839-1861) förderte die europäische Musikausrichtung. Er ließ 1856 in seinem neuen Palast Dolmabahce eigens ein Theater einbauen und verpflichtete zu dessen Betrieb berühmte italienische Operettenkünstler. In diesem Zusammenhang kam auch der deutsche Komponist und Pianist Franz Liszt 1856 nach Istanbul an den Hof des Sultans und gab dort zwei Konzerte, in denen er auch den schon von Donizetti komponierten *„Großen Marsch des Sultan Abdul Medjit-Khan"* aufnahm.

Die nachfolgenden Sultane zeigten jedoch aufgrund der übermächtigen Politik europäischer Mächte weniger Interesse an der europäischen Musik, so dass auch Impulse zur Weiterentwicklung dieser Musik im Osmanischen Reich ausblieben. Es gab nun nur noch die Palastkapelle, die Militärkapelle sowie das Palastorchester. Bis zur Gründung der Türkischen Republik am 29. Oktober 1929 dauerte diese Unproduktivität an.

Im Zuge neuer Reformen in der Türkischen Republik wurde auch die Problematik im Bereich der Kunst und Musik in die Betrachtung einbezogen. Neue Studien im Rahmen des von Mustafa Kemal Atatürk entworfenen Planes wurden durchgeführt. Dazu gehörte die Gründung einer Musikhochschule in Ankara, um neue Musiklehrer heranzubilden. Außerdem verlegte man die ehemalige Musikkapelle des Palastes nach Ankara. Unter dem neuen Namen *„Philharmonie-Orchester des Staatspräsidiums"* gab sie nun zahlreiche Konzerte. Außerdem wurden begabte Schüler (und Schülerinnen) zu hochwertiger musikalischer Ausbildung nach Europa, insbesondere nach Paris, geschickt. Auch die Umgestaltung der Schule zu einem Staatlichen Konservatorium war ein wichtiger Schritt auf dem Weg zu einer eigenständigen nationalen Musikkultur.

Die Rückkehr der zur Ausbildung nach Europa entsandten Musiker in die Türkei war ein wichtiger Schritt, die musikalische Polyphonie Im Musikschaffen der Türkei durchzusetzen und damit eine eigenständige türkische Klassik in der Musik zu schaffen, die der Europas und der Welt als eine wesentliche Bereicherung des musikalischen Schaffens in der Welt an die Seite getreten ist. Folgende Musiker können dabei genannt werden, die als Lehrer der Musikschule in Ankara an dieser Entwicklung der türkischen Musik wesentlichen Anteil haben: Cemal Resit Rey (1904-1985), Ulvi Cemal Erkin (1906-1972), Hasan Ferid Alknar (1906-1978), Ahmed Adnan Saygun (1907-1991) und Necil Kazim Akses (1908-1999). Sie zählen zugleich zu den prominentesten Wegbereiternrn der mehrstimmigen Musik in der Türkei. Auch in der internationalen Musikszene hält man sie für bedeutende Komponisten, nachdem im Ausland ihre Werke auf Schallplatten und CDs veröffentlicht wurden. Als „Türkisches Quintett" sind sie inzwischen in die Musilgeschichte eingegangen. (PL)

(Entnommen dem Programm des Jubiläumskonzerts der DTG Münster zum 100-jährigen Bestehen 2016)

# Die Wiederaufnahme der deutsch-türkischen Wirtschaftsbeziehungen nach 1945 und die Unterstützung der deutschen Türkeipolitik durch die Deutsch-Türkischen Gesellschaften Bonn und Münster[1]

Wiebke Hohberger

Vor dem Abbruch der deutsch-türkischen Beziehungen 1944 – der für die Türkei notwendig war um an der Gründungskonferenz der Vereinten Nationen teilzunehmen – war Deutschland der wichtigste Handelspartner der Türkei.[2] Nach Ende des Zweiten Weltkriegs legte nun genau diese intensive Handelspartnerschaft den Grundstein zum Neuaufbau der Beziehungen zwischen den beiden Staaten. Wie sich die bilateralen Wirtschaftsbeziehungen in den nächsten drei Jahrzehnten entwickelten und welche Rolle die Deutsch-Türkischen Gesellschaften (DTG) Bonn und Münster dabei einnahmen, soll im Folgenden beleuchtet werden.[3] Dabei wird anhand des zentralen DTG-Mitteilungsblattes sowie von Jahresberichten und Sitzungsprotokollen gezeigt, dass die beiden Vereinigungen, insbesondere durch die fachliche Expertise einzelner Mitglieder, durchaus einen erheblichen Beitrag zur Unterstützung der bilateralen wirtschaftlichen Kooperationen leisteten.

## 1. Deutschland als Handelspartner der Türkei und die deutsche Türkei-Wirtschaftshilfe

Die wirtschaftlichen Beziehungen setzten nach dem Zweiten Weltkrieg noch vor der Wiederaufnahme der diplomatischen Kontakte ein und bildeten somit den Anknüpfungspunkt an die vergangenen Strukturen der deutsch-türkischen Beziehungen. Noch während der Besatzungszeit der Alliierten traten Handelsabkommen

---

[1] Dieser Aufsatz ist ein modifizierter Auszug aus der von der Autorin 2010 an der WWU Münster verfassten Magisterarbeit „Die Arbeit der Deutsch-Türkischen Gesellschaft Bonn und Münster nach 1945: Spiegelbild der deutschen Türkeipolitik?".
[2] Einen Überblick über die deutsch-türkischen (Wirtschafts-)Beziehungen vor 1945 geben u.a.: Andreas *Refflinghaus*, Deutsche Türkeipolitik in der Regierungszeit Helmut Kohls, 1982 bis 1998: Regierung, Bundestag, Presse, Berlin 2002, S. 12–15, Heinz *Kramer*/Maurus *Reinkowski*, Die Türkei und Europa. Eine wechselhafte Beziehungsgeschichte, Stuttgart 2008, S. 141–153.
[3] Die DTG Münster war von 1956–1988 Zweigstelle des Dachverbands in Bonn. Näheres zur 100jährigen Geschichte der DTG Münster vgl. den Beitrag von Paul Leidinger in dieser Festschrift; zur Geschichte der DTG Bonn vgl. die Magisterarbeit der Autorin (siehe Anm. 1), ferner den Beitrag über Fritz Baade in diesem Band.

in Kraft: Zwischen der französischen Zone und der Türkei wurde bereits am 19. April 1948 das erste Waren- und Zahlungsabkommen unterzeichnet. Kurze Zeit später kam es zur Verabschiedung eines Waren- und Zahlungsabkommens zwischen der Türkei und den amerikanischen, britischen und französischen Besatzungsgebieten, welches am 1. Januar 1949 schließlich in Kraft trat.[4] Mit der neugegründeten Bundesrepublik Deutschland kam dann noch im selben Jahr die Verlängerung des Handelsabkommens zustande.[5] Mit der Aufhebung des Kriegszustandes im Juli 1951 und der gleichzeitigen Aufnahme der diplomatischen Beziehungen intensivierte sich der wirtschaftliche Austausch weiter, sodass Deutschland 1954 erneut die Spitzenstellung im türkischen Außenhandel besetzte.[6] Diese Position als wichtigster Handelspartner der Türkei konnte die Bundesrepublik bis heute bewahren.[7]

Neben der stark ausgeprägten Handelspartnerschaft äußerte sich das deutsche Engagement unmittelbar nach Aufnahme der diplomatischen Beziehungen 1951 auch in der Gewährung von Bürgschaften und Garantien, die bis 1954 insgesamt etwa 533 Millionen DM umfassten.[8] Dies war selbstverständlich im Interesse der Bundesrepublik, die bestrebt war, ihre Rolle als wirtschaftlicher Vorzugspartner zügig wiederzuerlangen. Angesichts der anhaltenden türkischen Zahlungsunfähigkeit aufgrund politischer und wirtschaftlicher Instabilität sah die Bundesrepublik jedoch eine Lösung des Problems nur auf multilateraler Ebene in Form einer breit angelegten Hilfe zur Sanierung der türkischen Wirtschaft.[9]

---

[4] Vorausgegangen waren Verhandlungen zwischen einer türkischen Delegation und der „Joint Export/Import Agency", der Außenhandelsbehörde der westlichen Besatzungsmächte. Das Abkommen regelte Einfuhren in die drei Besatzungszonen im Wert von 43,4 Mio. US-$ sowie eine Ausfuhr in Höhe von 32,4 Mio. US-$. Türkische Exportprodukte waren vor allem Tabak, Baumwolle, Nahrungsmittel wie Trocken- und Hülsenfrüchte sowie Erze, während die westlichen Zonen Lokomotiven, Kraftfahrzeuge, Maschinen jeglicher Art, elektronische Geräte sowie Materialien wie Glas und Porzellan lieferten. Vgl. Gülüzar *Gürbey*, Die Türkei-Politik der Bundesrepublik Deutschland unter Konrad Adenauer (1949–1963), Pfaffenweiler 1990, S. 109/110.

[5] Vgl. Can *Özren*, Die Beziehungen der beiden deutschen Staaten zur Türkei (1945/49–1963). Politische und ökonomische Interessen im Zeichen der deutschen Teilung, Münster 1999, S. 56.

[6] Vgl. Curd-Torsten *Weick*, Die schwierige Balance. Kontinuitäten und Brüche deutscher Türkeipolitik, Münster u.a. 2001, S. 363.

[7] Nach dem Rekordjahr 2013 verringerte sich das bilaterale Handelsvolumen in den ersten zehn Monaten des Jahres 2014 zwar im Vergleich zum Vorjahr um 4,2% und betrug 27,1 Mrd. €, die BRD konnte damit jedoch ihre Stellung als wichtigster Handelspartner der Türkei aufrecht erhalten. Vgl. http://www.auswaertiges-amt.de/sid_39E26688CFA52969845689A950379F7C/DE/Aussenpolitik/Laender/Laenderinfos/Tuerkei/Bilateral_node.html#doc336370bodyText3 (aufgerufen am 02.04.2015).

[8] Vgl. Heinz *Kramer*/Maurus *Reinkowski*, Die Türkei und Europa. Eine wechselhafte Beziehungsgeschichte, Stuttgart 2008, S. 145.

[9] Zunächst standen sowohl die Türkei als auch die USA und andere Gläubigerländer diesem Vorschlag skeptisch gegenüber, letztlich ließen sie sich jedoch vom damaligen Wirtschaftsminister

Das Ergebnis mehrerer Verhandlungsetappen lag schließlich im Juli 1958 vor und umfasste ein Stabilisierungsprogramm der türkischen Regierung in Zusammenarbeit mit der Organisation für europäische wirtschaftliche Zusammenarbeit (OEEC) und dem Internationalen Währungsfond (IWF). Dieses setzte sich aus Krediten einzelner OEEC-Mitgliedsländer und einer Finanzhilfe von internationalen Organisationen zusammen.[10] Gleichzeitig waren diese Hilfsmaßnahmen an Reformen im türkischen Wirtschaftssystem gekoppelt.[11]

Nachdem sich die finanzielle Lage der Türkei auch nach weiteren bilateralen Rettungskrediten durch die USA und die BRD nicht verbessert hatte, wurde im Sommer 1962 innerhalb der ein Jahr zuvor als Nachfolger der OEEC gegründeten Organisation für wirtschaftliche Zusammenarbeit und Entwicklung (OECD)[12] ein Türkei-Konsortium eingerichtet. Es hatte die Aufgabe, die ökonomische Situation der Türkei eingehend zu prüfen. Auf ausdrücklichen Wunsch der USA und der Türkei sowie entsprechend der mittlerweile gestiegenen internationalen Bedeutung der Bundesrepublik übernahm ein Deutscher den Vorsitz des Konsortiums: der frühere Präsident der Europäischen Zahlungsunion (EZU) sowie Vizepräsident der EWG, Hans-Karl von Mangoldt-Reiboldt.[13] Innerhalb der gesamten OECD-Türkeihilfe nahm der deutsche Beitrag bis Ende der 70er Jahre einen jährlichen Umfang von etwa 170 Millionen DM ein und besetzte damit den zweiten Platz hinter den USA.[14] Trotz der multilateralen Verhandlungsebene wurde die

---

Ludwig Erhard überzeugen. Vgl. Can *Özren*, Die Beziehungen der beiden deutschen Staaten zur Türkei (1945/49–1963). Politische und ökonomische Interessen im Zeichen der deutschen Teilung, Münster 1999, S. 140/141.

[10] Die Kredite wurden in bilateralen Abkommen festgelegt. Insgesamt erhielt die Türkei 225 Mio. US-$ von den europäischen Mitgliedsstaaten und internationalen Organisationen, zusätzlich 135 Mio. US-$ von den USA. Vgl. Can *Özren*, Die Beziehungen der beiden deutschen Staaten zur Türkei (1945/49–1963). Politische und ökonomische Interessen im Zeichen der deutschen Teilung, Münster 1999, S. 144.

[11] So wurde etwa anstelle des Exportprämiensystems ein Importquotensystem eingeführt, das bilaterale Handelsabkommen in Zukunft ersetzen sollte. Vgl. Can *Özren*, Die Beziehungen der beiden deutschen Staaten zur Türkei (1945/49–1963). Politische und ökonomische Interessen im Zeichen der deutschen Teilung, Münster 1999, S. 145.

[12] Bestand die OEEC ausschließlich aus europäischen Staaten, erweiterte sie sich mit Gründung der OECD um Kanada und die USA. Später traten ihr weitere sowohl europäische als auch außereuropäische Länder wie Australien oder Mexiko bei. Vgl. http://www.oecd.org/about/history/ (aufgerufen am 04.04.2015).

[13] Vgl. Curd-Torsten *Weick*, Die schwierige Balance. Kontinuitäten und Brüche deutscher Türkeipolitik, Münster u.a. 2001, S. 36, sowie Can *Özren*, Die Beziehungen der beiden deutschen Staaten zur Türkei (1945/49–1963). Politische und ökonomische Interessen im Zeichen der deutschen Teilung, Münster 1999, S. 222.

[14] Bezüglich der jährlichen Menge des deutschen Beitrags vgl. Heinz *Kramer*/Maurus *Reinkowski*, Die Türkei und Europa. Eine wechselhafte Beziehungsgeschichte, Stuttgart 2008, S. 145; bezüglich der deutschen Position hinter den USA auf Platz zwei vgl. Ziya *Müezzinoğlu*, Die deutsch-türkischen Wirtschaftsbeziehungen im Spiegel der Entwicklung der türkischen Wirt-

spezifische Menge jeweils in bilateralen Protokollen festgelegt. Insgesamt resultierte daraus, „dass die türkische Regierung in der Bundesrepublik nicht nur einen ‚Vorzugspartner' in Europa sah, sondern Bonn zunehmend als europäischer Sachwalter türkischer Interessen angesehen wurde."[15]

Äußerst bedeutungsvoll war Deutschlands Einsatz im Rahmen der OECD im Jahre 1979, als die Wirtschaft der Türkei infolge der heftigen innenpolitischen Krise und der weltwirtschaftlichen Irritationen nach der ersten Ölkrise 1973/74 auf dem Tiefpunkt angekommen war. Die Inflationsrate betrug nahezu 70%, die Auslandsschulden waren immens gestiegen und das Zahlungsbilanzdefizit schien unüberwindbar.[16] Wiederum drängten die Vereinigten Staaten die Bundesrepublik zur Übernahme der Führungsrolle in einer international angelegten umfassenden Hilfaktion im Rahmen des OECD-Konsortiums. So sah sich zunächst Walther Leisler Kiep, der damalige Finanzminister Niedersachsens und 1980 schließlich Bundesfinanzminister Hans Matthöfer in der leitenden Position.[17]

Neben der Handelspartnerschaft resultierte das Interesse Deutschlands am wirtschaftlichen Aufschwung der Türkei auch aus dem Bestreben, die Türkei verteidigungspolitisch als einen stabilen und wirksamen NATO-Partner zu behalten. Mit diesem Argument rechtfertigte Matthöfer in einem veröffentlichten Bericht des Sozialdemokratischen Pressedienstes den deutschen Einsatz:

„Die Türkei steht unmittelbar vor einer wirtschaftlichen Katastrophe, deren Auswirkungen nicht nur in der Innenpolitik dieses Landes unabsehbar wären, sondern die auch die NATO in eine äußerst schwierige Lage bringen würde. [...] Zwischen der Türkei bestehen seit jeher enge freundschaftliche Bindungen. [...] Eine Million türkischer Gastarbeiter in der Bundesrepublik tragen zu unserem Wohlstand bei und können erwarten, daß wir den Problemen ihrter [sic] Heimat nicht gleichgültig gegenüberstehen. Die außen- und sicherheitspolitische Bedeutung der Türkei für das westliche Bündnis ist unbestritten und spätestens seit den Vorgängen in Afghanistan jedem einsichtig. Es ist auch und gerade für unsere Sicherheit von ganz entscheidender Bedeutung, daß dieses strategisch wichtige und übrigens an natürlichen Hilfsquellen durchaus reiche Land nicht nur weiterhin im westlichen Bündnis verbleibt, sondern auch wirksam und eindrucksvoll zu seiner Ver-

---

schaft, in: Mitteilungen der DTG Bonn, Heft 66, Juli 1966, S. 5.

[15] Heinz *Kramer*/Maurus *Reinkowski*, Die Türkei und Europa. Eine wechselhafte Beziehungsgeschichte, Stuttgart 2008, S. 146.

[16] Vgl. Uwe-Jens *Pasdach*, Die deutsch-türkischen Wirtschaftsbeziehungen seit dem Ecevit-Besuch (Ergebnisse des Jahres 1978), in: Mitteilungen der DTG Bonn, Heft 101, Januar 1979, S. 17/18.

[17] Beide organisierten mit erheblichem persönlichen Einsatz Hilfspakete in Höhe von 989 Mio. US-$ (1979) und 1,16 Mrd. US-$ (1980). Der deutsche Anteil betrug jeweils etwa ein Viertel. Vgl. Heinz *Kramer*/Maurus *Reinkowski*, Die Türkei und Europa. Eine wechselhafte Beziehungsgeschichte, Stuttgart 2008, S. 146.

teidigung beiträgt. [...] Die wirtschaftliche Gesundung ist aber die Voraussetzung dafür, daß die Türkei auch in Zukunft ein stabiler Eckpfeiler der NATO bleibt."[18]

Seit Anfang der 80er Jahre war der deutsche Einsatz im Rahmen der OECD jedoch vor dem Hintergrund des dritten türkischen Militärputsches im September 1980 und einer dreijährigen Militärregierung zunehmender Kritik ausgesetzt.[19] Trotz dessen konnte die sozial-liberale Regierung unter Bundeskanzler Schmidt und Außenminister Genscher vor allem mit verteidigungspolitischen Argumenten ihre Vorstellungen vom finanziellen Beitrag Deutschlands innerhalb der multilateralen Türkeihilfe auch 1981 und 1982 im Bundestag durchsetzen.[20] Diese Haltung der Regierung nimmt jedoch nicht aus, dass auch sie den Entwicklungen in der Türkei kritisch gegenüberstand.[21] Die sicherheitspolitische Verantwortung überwog jedoch in der Entscheidungsfindung. So charakterisiert Curd-Torsten Weick die deutsche Position wie folgt: „Eine Haltung, die auf der einen Seite zwar von Besorgnissen begleitet wurde und aufgrund dessen den ‚erhobenen Zeigefinger' signalisierte, die auf der anderen Seite aufgrund sicherheitspolitischer und traditionell freundschaftlicher Beziehungsstrukturen jedoch die Politik der ‚ausgestreckten Hand' bevorzugte."[22]

Angesichts der stabilisierenden Wirtschaftspolitik unter der Regierung Turgut Özals seit den 80er Jahren[23] setzte sich die deutsche Wirtschaftshilfe zwar generell fort, nun aber unter neuen Voraussetzungen: Das deutsche Engagement äußerte sich seitdem weniger in Form einer reinen Zahlungsbilanzhilfe, sondern

---

[18] Bericht von Hans *Matthöfer*, Auch im deutschen Interesse, in: Sozialdemokratischer Pressedienst, Bonn, 35. Jg., Nr. 35 vom 20.02.80.

[19] Die innenpolitischen Krisen der Türkei können in diesem Artikel nicht näher erläutert werden, für detaillierte Informationen zum dritten Militärputsch 1980 vgl. u.a.: Kerem *Öktem*, Turkey since 1989. Angry Nation, London u.a. 2011, S. 56–75, Erik J. *Zürcher*, Turkey. A Modern History, London u.a. 2004, S. 278–288, Klaus *Kreiser*/Christoph K. *Neumann*, Kleine Geschichte der Türkei, Lizenzausg. bpb, Bonn 2006, S. 451ff., Udo *Steinbach*, Geschichte der Türkei, 4. durchges. und aktualisierte Ausg., München 2007, S. 52ff.

[20] Vgl. Curd-Torsten *Weick*, Die schwierige Balance. Kontinuitäten und Brüche deutscher Türkeipolitik, Münster u.a. 2001, S. 62 u. 69.

[21] Die deutsche Wirtschaftshilfe 1981 wurde von Seiten der Regierung letzten Endes nicht konsequent in Frage gestellt. Diese Haltung wurde in der Öffentlichkeit und im Bundestag, auch parteiintern innerhalb der Regierungsparteien, teilweise stark kritisiert. Vgl. Curd-Torsten *Weick*, Die schwierige Balance. Kontinuitäten und Brüche deutscher Türkeipolitik, Münster u.a. 2001, S. 64/65, Heinz *Kramer*/Maurus *Reinkowski*, Die Türkei und Europa. Eine wechselhafte Beziehungsgeschichte, Stuttgart 2008, S. 146.

[22] Curd-Torsten *Weick*, Die schwierige Balance. Kontinuitäten und Brüche deutscher Türkeipolitik, Münster u.a. 2001, S. 69.

[23] Turgut Özal war ab 1980 als stellvertretender Ministerpräsident in der Militärregierung unter Bülent Ulusu für den Bereich der Wirtschaft verantwortlich. Von 1983 bis 1989 war er Ministerpräsident und anschließend bis zu seinem Tod 1993 Staatspräsident. Vgl. Udo *Steinbach*, Geschichte der Türkei, 4. durchges. und aktualisierte Ausg., München 2007, S. 55/56.

konzentrierte sich stärker auf projektbezogene Hilfe, durch die die türkische Infrastruktur und Energieversorgung im Rahmen deutsch-türkischer Zusammenarbeit verbessert werden konnte.[24]

## 2. Unterstützung und Informationsvermittlung: Die Position der DTG Bonn und Münster zur deutschen Wirtschaftspolitik

Mit Beginn der sich erholenden Handels- und Wirtschaftsbeziehungen zwischen der Bundesrepublik und der Türkei in den frühen 50er Jahren schaltete sich auch die Deutsch-Türkische Gesellschaft in die bilaterale Zusammenarbeit ein. Bevor im Detail auf dieses Engagement eingegangen wird, soll zunächst die Gründung der DTG Bonn als langjähriger Dachverband skizziert werden.

### 2.1. Die Gründung der DTG Bonn

Die Deutsch-Türkische Gesellschaft Bonn wurde im Jahre 1953 gegründet. Jahrzehnte zuvor hatte zwischen 1914 und 1930 eine Deutsch-Türkische Vereinigung in Berlin existiert, die ebenfalls auf zivilgesellschaftlicher Ebene mit enger Bindung an die Regierung das Ziel der Förderung der deutsch-türkischen Beziehungen verfolgt hatte und deshalb als eine Art Vorreiter der 1953 errichteten Gesellschaft bezeichnet werden kann.[25]

Die Idee, nach dem Zweiten Weltkrieg eine Deutsch-Türkische Gesellschaft mit Sitz in der damaligen Bundeshauptstadt zu gründen, entstand in der Türkei: 1952 wurde in Ankara eine Türkisch-Deutsche Freundschaftsvereinigung errichtet mit dem Ziel, die historisch freundschaftlichen Beziehungen zwischen Deutschland und der Türkei nach einem kurzzeitigen Abbruch 1944 und der anschließenden Wiederaufnahme der diplomatischen Kontakte im Jahre 1951 wieder zu intensivieren. Als etwa ein Jahr später eine Gruppe von deutschen Abgeordneten auf Einladung des türkischen Parlaments in die Türkei reiste, berieten sie mit der Türkisch-Deutschen Freundschaftsvereinigung in Ankara und dem damaligen deutschen Botschafter Wilhelm Haas, einen solchen Zusammenschluss auch auf deutscher Seite zu gründen.[26] Somit sollte sowohl in der Türkei als auch in

---

[24] Vgl. Heinz *Kramer*/Maurus *Reinkowski*, Die Türkei und Europa. Eine wechselhafte Beziehungsgeschichte, Stuttgart 2008, S. 146.

[25] Vgl. Klaus *Kreiser*, Deutsch-Türkische Gesellschaften von Wilhelm II. bis Konrad Adenauer, in: Sabine Prätor/Christoph K. Neumann (Hrsg.), Frauen, Bilder und Gelehrte – Studien zu Gesellschaft und Künsten im Osmanischen Reich, Festschrift für Hans Georg Majer, Istanbul 2002, S. 675/676. Ausführliche Informationen zur Deutsch-Türkischen Vereinigung Berlin vgl. Jürgen *Kloosterhuis*, „Friedliche Imperialisten". Deutsche Auslandsvereine und auswärtige Kulturpolitik, 1906–1918, Frankfurt a.M. u.a. 1994, S. 595–661.

[26] Vgl. Johannes *Bergius*, Aus dem Arbeitsgebiet der Deutsch-Türkischen Gesellschaft, in: Institut

Deutschland auf der Ebene von zivilgesellschaftlichen Vereinigungen begonnen werden, die deutsch-türkischen Beziehungen wiederherzustellen und langfristig zu pflegen. Inmitten der türkischen und deutschen Gesellschaft und unabhängig von politischen Prozessen sollte das oberste Ziel, die Förderung der bilateralen Beziehungen, erreicht werden.

Als Ergebnis der Unterredungen in der Türkei wurde im Sommer 1953 mit Unterstützung des damaligen Bundestagspräsidenten Ehlers schließlich die Deutsch-Türkische Gesellschaft ins Leben gerufen, der „Politiker, Wirtschaftler, Wissenschaftler und ehemalige Militärs"[27] angehören sollten. Der Vorstand setzte sich aus dem Vorsitzenden Fritz Baade, dem stellvertretenden Vorsitzenden Friedensburg[28], der kurze Zeit später durch Günther Serres ersetzt wurde, sowie Erich Mende, Johannes Bergius und Hans Wilbrandt zusammen. Neben der Gemeinsamkeit, dass alle Gründungsmitglieder, inklusive des Vorstands, Abgeordnete des deutschen Bundestags waren, verband einige von ihnen eine ähnliche Vergangenheit: Sie waren nach der Machtergreifung der Nationalsozialisten 1933 in die Türkei emigriert. Der Vorsitzende Baade war beispielsweise, nachdem er von 1931 bis 1933 die SPD im Reichstag vertreten hatte, 1935 in die Türkei emigriert und hatte dort als Berater im türkischen Landwirtschaftsministerium aktiv am Aufbau der Türkischen Republik Atatürks mitgewirkt.[29] Auch Hans Wilbrandt war 1934 in die Türkei emigriert und hatte dort als Agrarwissenschaftler am türkischen Wirtschaftsministerium mitgewirkt, etwa am organisatorischen Aufbau von landwirtschaftlichen Absatz- und Kreditgenossenschaften.[30] Zum Kreis der

---

für Auslandsbeziehungen Stuttgart (Hrsg.), Zeitschrift für Kulturaustausch, 12/1962, Sonderheft „Die Türkei", S. 222.

[27] Institut für Auslandsbeziehungen (Hrsg.), Geistige Brücken, in: Mitteilungen des Instituts für Auslandsbeziehungen, 7(07/1953), S. 1.

[28] Vorname aus dem Quellenmaterial nicht bekannt. Vermutlich Ferdinand (1886–1972); dieser war Wirtschaftswissenschaftler und von 1952 bis 1965 Bundestagsabgeordneter, vgl. Marc *Zirlewagen*, Ferdinand Friedensburg, in: Biographisch-Bibliographisches Kirchenlexikon (BBKL), Bd. 26, Nordhausen 2006, Sp. 313–321.

[29] Vgl. Hans *Wilbrandt*, Fritz Baade, in: Mitteilungen der DTG Bonn, Heft 92, Juli 1974. Von 1949–1965 war er SPD-Bundestagsabgeordneter und von 1948 bis 1961 zudem Direktor des Instituts für Weltwirtschaft in Kiel. Vgl. Bundesarchiv, online-Personenregister, Fritz Baade: http://www.bundesarchiv.de/cocoon/barch/0000/z/z1960a/kap1_2/para2_1.html (aufgerufen am 12.06.2015). Vgl. den Beitrag über Baade in diesem Band.

[30] Vgl. Werner *Schiffgen*: Deutsch-Türkische Zusammenarbeit im Bereich des Genossenschaftswesens, in: Mitteilungen der DTG Bonn, Heft 84, April 1971, S. 1. Wilbrandt kehrte erst 1953 mit seiner Familie zurück nach Deutschland, wo er später als Professor für ausländische Landwirtschaft an den Universitäten Berlin (TU) und Göttingen tätig war. Vgl. Hans Wilbrandt 75 Jahre, in: Mitteilungen der DTG Bonn, Heft 99, Dezember 1977, S. 19. Während seiner Zeit in der Türkei war er zudem äußerst aktiv in der internationalen Flüchtlingshilfe. Vgl. Hans Wilbrandt 70 Jahre, in: Mitteilungen der DTG Bonn, Heft 89, Dezember 1972–Januar 1973, S. 6/7. Er trat zudem 1974 die Nachfolge Baades als Vorsitzender der DTG an und führte dieses Amt

Emigranten gehörte ferner das Vorstandsmitglied Bergius sowie einige weitere Vereinsmitglieder.[31] Infolgedessen waren bei einer großen Zahl der Gründungsvertreter der persönliche Bezug zur Türkei sowie ein ausgeprägtes Interesse an der Entwicklung des Landes und der zwischenstaatlichen Beziehungen gegeben.[32]

Neben Einzelmitgliedern konnte die Gesellschaft einige Vertreter wichtiger Wirtschaftsunternehmen wie Bosch, Krupp, Rheinstahl oder Philipp Holzmann, die bereits seit Ende des Ersten Weltkrieges in der Türkei geschäftlich tätig waren, als Mitglieder gewinnen.[33] Diese direkten Kontakte in die Privatwirtschaft waren für de DTG von erheblicher Relevanz in ihrem Bestreben, die bilateralen Wirtschaftsbeziehungen zu fördern. Zudem wurde die DTG so stets mit aktuellen Wirtschaftsinformationen versorgt.

Mit der Wahl Ernst Jäckhs zum Ehrenmitglied sollte darüber hinaus der Anschluss an die Deutsch-Türkische Vereinigung Berlin hergestellt werden, dessen Mitbegründer sowie Schriftführer und leitender Geschäftsführer er war.[34] Die Ernennung Konrad Adenauers zuvor zum ersten Ehrenmitglied betonte symbol-

---

bis 1986. Vgl. Hans Wilbrandt verstorben, in: Mitteilungen der DTG Bonn, Heft 111, Dezember 1988, S. 54.

[31] Der genaue Anteil der ehemals Emigrierten unter den Vereinsmitgliedern kann aufgrund nicht vorhandener Mitgliederlisten nicht ermittelt werden. Einige Namen erwähnt jedoch Kreiser: Fritz Baade, Johannes Bergius, Hans Wilbrandt, Carl Ebert, Alfred Heilbronn, Ernst Hirsch, Curt Kosswig, Alfred Marchionini, Fritz Neumark, Georg Rhode, Paul Bonatz u. Friedrich Christiansen-Weniger. Vgl. Klaus *Kreiser*, Deutsch-Türkische Gesellschaften von Wilhelm II. bis Konrad Adenauer, in: Sabine Prätor/Christoph K. Neumann (Hrsg.), Frauen, Bilder und Gelehrte – Studien zu Gesellschaft und Künsten im Osmanischen Reich, Festschrift für Hans Georg Majer, Istanbul 2002, S. 678/679.

[32] Hinzugefügt sei zudem, dass die Tatsache, dass der türkische Staat einigen Emigrierten nicht nur Exil gewährte, sondern sie auch ihrer Profession nachgehen ließ, nicht ganz uneigennützig war. Im Zusammenhang mit der Emigration von deutschen Wissenschaftlern etwa, die am Aufbau der neu gegründeten Universität Istanbul mitwirkten, betont Heinz Kramer genau dies: „Dabei gilt, dass auf Seiten der deutschen Wissenschaftler das individuelle Empfinden eines politisch-humanitären Aktes der Türkei überwog, die türkischen Stellen jedoch mindestens ebenso sehr aus einer Notwendigkeit mit Blick auf die neue Universität und die ihr staatlicherseits gestellte Aufgabe handelten." Heinz *Kramer*/Maurus *Reinkowski*, Die Türkei und Europa. Eine wechselhafte Beziehungsgeschichte, Stuttgart 2008, S. 148.

[33] Vgl. Klaus *Kreiser*, Deutsch-Türkische Gesellschaften von Wilhelm II. bis Konrad Adenauer, in: Sabine Prätor/Christoph K. Neumann (Hrsg.), Frauen, Bilder und Gelehrte – Studien zu Gesellschaft und Künsten im Osmanischen Reich, Festschrift für Hans Georg Majer, Istanbul 2002, S. 679.

[34] Näheres zu Ernst Jäckhs Beitrag zur Intensivierung der deutsch-türkischen Beziehungen zu Beginn des 20. Jahrhunderts, insbesondere im Bereich der Kulturpolitik im Rahmen der DTV Berlin, vgl. Jürgen *Kloosterhuis*, „Friedliche Imperialisten". Deutsche Auslandsvereine und auswärtige Kulturpolitik, 1906–1918, Frankfurt a.M. u.a. 1994, S. 595–661. Zur Ernennung Jäckhs zum Ehrenmitglied vgl. Max R. *Kaufmann*, Die Deutsch-Türkische Freundschaft. Betrachtungen zu Ernst Jaeckhs Memoiren: „Der Goldene Pflug", in: Mitteilungen der DTG Bonn, Heft 4, Januar 1955, S. 3.

trächtig seine Verdienste um die Aufnahme der deutsch-türkischen Beziehungen nach dem Zweiten Weltkrieg und stellte gleichzeitig eine Verbindung zur Regierung her.[35]

Die Festlegung des Standortes Bonn war naheliegend und hatte einige Vorteile: Durch die geografische Nähe zum Parlament und zur Bundesregierung sollte eine enge Zusammenarbeit mit Abgeordneten, Ministerialbeamten und Regierungsmitgliedern ermöglicht werden. Zudem kamen hochrangige Politiker sowie (Wirtschafts-) Wissenschaftler aus dem Ausland, so auch aus der Türkei, bei ihren Deutschlandreisen in der Regel zuerst in die Bundeshauptstadt. Die Deutsch-Türkische Gesellschaft hatte dadurch die Möglichkeit, die türkischen Gäste ebenfalls zu empfangen und zu betreuen.[36] Doch auch in weiteren bundesdeutschen Städten entstanden in der Folge Zweigstellen des DTG-Dachverbands, die sich ebenfalls, mit unterschiedlichen Schwerpunkten, der Förderung der bilateralen Beziehungen widmeten. Auch die 1916 gegründete Münsteraner Gesellschaft gliederte sich von 1956 bis 1991 dem Bonner Dachverband an und steht auch heute noch, nachdem Bonn seine Funktion als Dachverband aufgegeben hat, in freundschaftlicher Verbindung zu ihr.[37]

## 2.2. Das Engagement der DTG in bilateralen Wirtschaftsfragen

Seit Mitte der 50er Jahre wurden in den Mitteilungen, dem Mitteilungsblatt der DTG Bonn[38], vor allem die guten Kontakte der DTG zur Deutsch-Türkischen Handelskammer in Frankfurt betont und als äußerst fruchtbar beschrieben. Konkret äußerten sie sich zunächst darin, dass in unbestimmtem Abstand ein Vorstandsmitglied der DTG bei der Jahreshauptversammlung der Handelskammer teilnahm.[39] Diese Möglichkeit ist wohl auf die Tatsache zurückzuführen, dass der

---

[35] Zur Ernennung Konrad Adenauers zum Ehrenmitglied der DTG Bonn vgl. Erste Veranstaltung der Deutsch-Türkischen Gesellschaft. Bundeskanzler Dr. Adenauer Ehrenmitglied, in: Mitteilungen der DTG Bonn, Heft 2, Juli 1954, S. 1.

[36] Zum Beispiel: Empfang mehrerer türkischer Professoren 1958, vgl. Deutsch-Türkische Kulturnachrichten, in: Mitteilungen der DTG Bonn, Heft 21, April 1958, S. 14, sowie Konsultationen zwischen dem Vorstandsmitglied Mende und dem türkischen Außenminister Erkin in Begleitung mit hochrangiger Delegation, vgl. Besuch des türkischen Außenministers in Deutschland, in: Mitteilungen der DTG Bonn, Heft 55, Februar 1964, S. 10.

[37] Zur DTG Münster und ihrer Zeit als Zweigstelle des Dachverbands Bonn siehe den Beitrag von Paul Leidinger in dieser Festschrift.

[38] Insgesamt wurden zwischen 1954 und 1997 120 Mitteilungen herausgegeben.

[39] Genaueres über die Zusammenarbeit zwischen der DTG und der Handelskammer ist den Mitteilungen nicht zu entnehmen. In Heft 6 betont das Vorstandsmitglied Bergius auf der Jahreshauptversammlung der Handelskammer allgemein die gute Zusammenarbeit zwischen ihr und der DTG. Vgl. Deutsch-Türkische Kulturnachrichten, in: Mitteilungen der DTG Bonn, Heft 6, Mai 1955, S. 3/4. In Heft 57 hebt der Präsident der Handelskammer die fruchtbare Zusammenarbeit

langjähriger Leiter der DTG-Zweigstelle in Frankfurt, Georg Geist, Mitarbeiter der Handelskammer war.[40] Doch welcher konkrete Nutzen ergab sich dadurch explizit für die Arbeit der DTG? Sicherlich diente der DTG dieser Kontakt bei der Beantwortung von Anfragen, die wirtschaftliche Themen betrafen, denn wie die Gesellschaft berichtete, mussten „die fast täglich eingehenden Fragen [...] zum Teil mit politischen, wissenschaftlichen oder wirtschaftlichen Ratgebern aus unserem Freundes- oder Mitgliederkreis geklärt werden."[41] Augenscheinlich ist zumindest, dass die DTG, in erster Linie Bonn als Dachverband, stets mit detaillierten Informationen über den deutsch-türkischen Warenverkehr versorgt wurde, die dann teilweise über die Mitteilungen auch die Mitglieder der Gesellschaft und andere interessierte Leser erreichten.[42]

Einzelne Mitglieder der DTG waren darüber hinaus durch ihre berufliche Situation unmittelbar an der Entwicklung der deutschen Wirtschaftsbeziehungen zur Türkei beteiligt. Der Textilindustrielle Bernhard van Delden ist eine dieser Persönlichkeiten, die im wirtschaftlichen Bereich auf Bundesebene tätig und im Sinne des zivilgesellschaftlichen Engagements Mitglieder der DTG waren: Van Delden war von 1956 bis zu seinem Tod 1967 Vorstandsmitglied der Zweigstelle Münster und hatte als wirtschaftlicher Berater und Vermittler an den ersten Handelsverträgen zwischen der neugegründeten Bundesrepublik und der Türkei mitgewirkt.[43] Er erfüllte mit dieser Funktion eine Auflage in den Bestimmungen der DTG Münster, wonach sich die Leitung neben Vertretern der Wissenschaft aus Vertretern

---

mit der DTG hervor. Vgl. Türkisch-Deutsche Handelskammer in Frankfurt, in: Mitteilungen der DTG Bonn, Heft 57, Juli 1964, S. 15.

[40] Vgl. Georg Geist verstorben, in: Mitteilungen der DTG Bonn, Heft 102, Oktober 1979, S. 19.

[41] Jahresbericht der DTG Bonn von 1969 (Archiv der DTG Münster e.V., aus dem Nachlass von Ludwig Budde).

[42] Alle in den Mitteilungen enthaltenen Aufsätze und Nachrichtenartikel über den deutsch-türkischen Handel aufzuzählen wäre ein ambitioniertes Unterfangen. Einige Beispiele sind: Türkischer Außenhandel Januar/Mai 1960, in: Mitteilungen der DTG Bonn, Heft 35, August 1960, S. 15/16, Wirtschaftspolitik, Außenhandel und Industrie in der Türkei, in: Mitteilungen der DTG Bonn, Heft 65, April 1966, S. 14, Türkei – Außenhandel, Verkehr, Industrie, in: Mitteilungen der DTG Bonn, Heft 67, Oktober 1966, S. 12/13, V. *Özkan*, Struktureller Aufbau und Entwicklungstendenzen des türkischen Außenhandels, in: Mitteilungen der DTG Bonn, Heft 97k, Dezember 1976, S. 6–8.

[43] Vgl. Ludwig *Budde*/Johannes *Bergius*, Prof. Dr. Taeschner und Bernhard van Delden verstorben, in: Mitteilungen der DTG Bonn, Heft 73, März 1968, S. 8: „Er [Bernhard van Delden] gehörte nach dem Kriege verschiedenen offiziellen deutschen Delegationen an und wirkte bereits am Abschluß der ersten Handelsverträge zwischen der Bundesrepublik und der Türkei beratend und vermittelnd mit. Es war eine glückliche Wahl der deutschen Verwaltung, einen so weltoffenen, gütigen und erfahrenen Mann der Wirtschaft in diesen Jahren des Wiederbeginns der Deutsch-Türkischen Beziehungen zur Mitarbeit heranzuziehen."

## Die Wiederaufnahme der deutsch-türkischen Wirtschaftsbeziehungen nach 1945

der Wirtschaft zusammensetzen sollte.[44] Seine Aufgabe bestand darin, Kontakte zu Unternehmen herzustellen, die an Investitionen in der Türkei interessiert waren. Zudem beriet er türkische Gäste aus dem industriellen Bereich, die über die Gesellschaft Verbindungen zu deutschen Firmen suchten. Auch das zweite in der Wirtschaft tätige Vorstandsmitglied, Direktor Schreiber vom Osnabrücker Kupfer- und Drahtwerk, konnte seine wirtschaftliche Expertise sowie seine Kontakte in die Beratungstätigkeit der DTG Münster einfließen lassen. Insgesamt zeigen die Mitgliederlisten der Zweigstelle Münster der 1950er Jahre, dass sich unter den Mitgliedern eine Vielzahl an Wirtschaftsunternehmen befand.[45] Auch die Wissenschaft profitierte durchaus von der engen Verbindung zur Privatwirtschaft: Durch den persönlichen Kontakt zwischen Vertretern der Wissenschaft und Wirtschaft innerhalb der Münsteraner Gesellschaft konnten etwa diverse Forschungsprojekte in der Türkei finanziell gefördert werden. Dies kam nicht zuletzt der Forschung an der Universität Münster zugute, die durch zwei ihrer Professoren – Franz Taeschner, Islamwissenschaftler und Orientalist, sowie Ludwig Budde aus der Klassischen Archäologie – in der lokalen Zweigstelle vertreten war.[46]

Eine weitere Persönlichkeit, die das Programm der DTG durch wirtschaftliche Kenntnisse und Kontakte bereicherte, war Johannes Bergius, langjähriges geschäftsführendes Vorstandsmitglied der Zentrale in Bonn. Wie genau er seine wirtschaftlichen Kontakte und Kenntnisse in die Vereinsarbeit einbrachte, berichtet das Mitteilungsblatt jedoch nicht. Vielmehr wird allgemein angeführt, dass er „seine berufliche Arbeit – als Repräsentant eines der größten Importhäuser – in geschickter Weise mit seinem Wirken für die DTG"[47] verband.

Auch der erste Vorsitzende der DTG Bonn, Fritz Baade, war als Direktor des Instituts für Weltwirtschaft der Universität Kiel an der wirtschaftlichen Entwicklung der Türkei unmittelbar beteiligt und brachte seinen Beruf gleichzeitig in die Vereinsarbeit mit ein: In einer Vortragsveranstaltung der DTG Bonn 1960 bezog er sich beispielsweise mehrfach auf einen Bericht der *Food and Agriculture Organi-*

---

[44] Vgl. Protokoll der Gründungsversammlung der DTG Münster als Zweigstelle der DTG Bonn am 05.03.1956 (Archiv der DTG Münster e.V.).

[45] Dem heutigen Präsidenten der DTG Münster Paul Leidinger zufolge beinhalten die Mitgliederlisten über 300 Namen von Unternehmen. Vgl. Paul *Leidinger*, Die Deutsch-Türkische Gesellschaft Münster e.V. von 1916 und die DTG Bonn, in: Dietrich Schlegel/Norbert Reitz (Hrsg.), 60 Jahre Deutsch-Türkische Gesellschaft e.V. Bonn, Festschrift zum 60jährigen Bestehen, Bonn 2014, S. 17–34, hier S. 34.

[46] Zu den beiden Professoren und Mitbegründern der Zweigstelle Münster: Ludwig Budde war zunächst Geschäftsführer, dann von 1961 bis 1993 Präsident der DTG Münster sowie von 1986 bis 1988 gleichzeitig Vorsitzender der DTG Bonn. Franz Taeschner war zunächst Vorsitzender, dann Ehrenvorsitzender der DTG Münster. Vgl. Ludwig *Budde*/Johannes *Bergius*, Prof. Dr. Taeschner und Bernhard van Delden verstorben, in: Mitteilungen der DTG Bonn, Heft 73, März 1968, S. 8.

[47] Johannes Bergius verstorben, in: Mitteilungen der DTG Bonn, Heft 111, Dezember 1988, S. 54.

*zation (FAO)* der Vereinten Nationen, der eine umfassende Arbeitsplanung zur Behebung der landwirtschaftlichen Entwicklungsprobleme der Türkei aufstellte. Der Bericht enthielt zudem auch eigene Recherchen und Ideen des DTG-Vorsitzenden. Wie das 32. Mitteilungsblatt in einem kurzen einleitenden Abschnitt des Artikels „Die Türkei bewältigt Probleme" vermerkt, wurde sein Vortrag über die türkische Wirtschaftslage „in der deutschen Öffentlichkeit stark beachtet"[48]. Nach dieser knappen Berichterstattung über den DTG-Vortragsabend zitiert der Artikel im Folgenden den türkischen Außenminister, Fatin Rüştü Zorlu, hinsichtlich seiner Bewertung des Berichts auf der Jahresversammlung der FAO. Zusammengefasst zeichnete Zorlu ihn als „lückenlos" und „vollkommen" aus und betonte vor allem die Erkenntnis, dass internationale Hilfe beim wirtschaftlichen Aufbau der Türkei zukünftig noch stärker nötig sein werde. Dass bei diesem Ergebnis Fritz Baade eine zentrale Rolle gespielt hatte, wird durch folgende Aussage des Außenminister Zorlus deutlich: „Um den für die Türkei erforderlichen Aufbau zu verwirklichen, ergibt sich die Notwendigkeit – wie auch Herr Prof. Baade im FAO-Bericht mit besonderer Kompetenz und Unparteilichkeit hervorgehoben hat – die Investitionen um 20%, ja in noch stärkerem Maße, zu erhöhen."[49]

Auch an anderer Stelle schenkte Außenminister Zorlu dem Beitrag Baades im FAO-Bericht besondere Beachtung: „Wenn sich auch die türkische Regierung bemüht, dieses Ziel aus eigenen Mitteln zu verwirklichen, so ist sie doch auf die Hilfe der befreundeten Regierungen und anderer Organisationen angewiesen. Wir begrüßen es sehr, daß diese treffende Feststellung des Herrn Prof. Baade in dem Bericht einer so bedeutenden Institution, wie die FAO es ist, aufgenommen worden ist, und bei uns große Hoffnungen für unsere zukünftige Arbeit erweckt hat."[50]

Diesen beiden Aussagen ist zu entnehmen, dass der Vorsitzende der DTG durch seine berufliche Position auch auf internationaler Ebene die Wirtschaftspolitik bezüglich der Türkei mitbestimmte. Seine Expertise setzte er schließlich auch innerhalb der Vereinsarbeit nicht zuletzt in Form von Beratungen von deutschen Unternehmen ein, die an Investitionen in der Türkei interessiert waren.[51]

Auch an der OECD-Hilfsaktion 1978/79 waren Mitglieder der DTG aufgrund ihrer Profession beteiligt. Hervorzuheben ist hier Uwe-Jens Pasdach, der im Bundeswirtschaftsministerium seit 1978 speziell für den Nahen Osten zuständig war.[52] Einen Beitrag zur Gesellschaftsarbeit leistete er, indem er erstens zahlreiche Ar-

---

[48] Vgl. Die Türkei bewältigt Probleme (aus der Rede des Außenministers Fatin Rüştü Zorlu bei der FAO-Konferenz), in: Mitteilungen der DTG Bonn, Heft 32, Februar 1960, S. 5/6.
[49] Ebd. S. 6.
[50] Ebd. S. 6.
[51] Zur Beratungstätigkeit der DTG vgl. etwa Jahresbericht der DTG Bonn von 1969.
[52] Vgl. Hedda *Reindl-Kiel*, Uwe-Jens Pasdach, in: Mitteilungen der DTG Bonn, Heft 112, Dezember 1989, S. 50/51.

tikel über die wirtschaftlichen Beziehungen in den Mitteilungen veröffentlichte, womit er die Mitglieder und auswärtigen Leser mit aktuellen Informationen versorgte, und zweitens Vorträge mit anschließenden Diskussionen im Rahmen des Gesellschaftsprogramms hielt. So referierte er vor zahlreichen Zuhörern im Jahre 1979 beispielsweise über die internationale Türkeihilfe. Mit diesem Vortrag und seiner veröffentlichten Fassung in den Mitteilungen vermittelte er den Interessierten die wichtigsten Punkte hinsichtlich der OECD-Sonderhilfsaktion und bot gleichzeitig Raum für Diskussionen.[53] Vor dem Hintergrund seiner beruflichen Position im Bundeswirtschaftsministerium fiel seine Beurteilung der deutschen Türkeihilfe innerhalb der OECD positiv aus. Er betonte, wie wichtig derartige Hilfsaktionen seien, da sie bewiesen, dass die westlichen Länder in der Lage wären, „einem in Not geratenen Partner rasch und wirksam zu helfen."[54] Die aufgetretenen Schwierigkeiten, so Pasdach, zeigten jedoch auch, dass Aktionen dieser Art nur unter bestimmten Voraussetzungen und nicht allzu häufig durchzuführen seien. Zudem hob er hervor, dass weitere Finanzhilfen nur dann Sinn machten, wenn „eine straffe Anti-Inflationspolitik und eine Korrektur der mittelfristigen türkischen Wirtschaftspolitik"[55] vollzogen werden würde. Als Mitglied der Ministerialbürokratie vertrat er damit verständlicherweise sehr deutlich den Standpunkt der deutschen Wirtschaftspolitik hinsichtlich der Türkei und übertrug diese Haltung auch auf die Arbeit der DTG.

### 2.3. Ein besonderer Fall der wirtschaftlichen Zusammenarbeit: Das Demonstrations- und Mustergut „Tahirova"

Ein Engagement besonderer Art seitens der DTG Bonn bestand zudem im Bereich der bilateralen Entwicklungszusammenarbeit: Hier fungierte sie als deutscher Träger der Stiftung *Türkisch-Deutsche Demonstrations- und Mustergüter* und übernahm so Mitte der 50er Jahre als Regierungsvertretung die Organisation der 20jährigen Zusammenarbeit zwischen deutschen und türkischen Agrarwissenschaftlern und Landwirten auf dem Mustergut *Tahirova* am Marmara-Meer, etwa 150 km westlich der Stadt Bursa gelegen. Die Projektidee entstand im Jahre 1954: Beim ersten Besuch einer türkischen Delegation seit Wiederaufnahme der diplomatischen Kontakte in der Bundesrepublik einigten sich die deutschen und türkischen Regierungsvertreter darauf, nicht einfach fortschrittliche Geräte,

---

[53] Zur schriftlichen Kurzfassung des Vortrags mit kurzer Einleitung über den Vortragsabend vgl. Uwe-Jens *Pasdach*, Internationale Türkeihilfe 1979 (Die OECD-Sonderhilfsaktion: OECD-Special Assistance Action for Turkey), in: Mitteilungen der DTG Bonn, Heft 102, Oktober 1979, S. 8–14.
[54] Ebd. S. 12.
[55] Ebd. S. 13.

Saatgut oder in Deutschland gezüchtetes Vieh in die Türkei zu importieren, sondern ein Mustergut in deutsch-türkischer Zusammenarbeit zu schaffen um „die Erzeugungsmöglichkeiten mit modernen landwirtschaftlichen Methoden und die Zusammenarbeit von Ackerbau und Tierhaltung im praktischen Betrieb zu zeigen"[56]. Da die deutsche Regierung aus rechtlichen Gründen nicht als Stifter im Ausland auftreten konnte, ernannte sie die DTG Bonn als ihre Vertretung und stellte sie damit an die Seite des türkischen Landwirtschaftsministeriums.

Sowohl der Aufsichtsrat als auch der Vorstand der Stiftung setzten sich paritätisch zusammen und wechselten alle fünf bzw. vier Jahre ihren Vorsitz von deutschen zu türkischen Vertretern. Den Vorsitz im Aufsichtsrat übernahm in den ersten Jahren der Vorsitzende der DTG, Fritz Baade; den Vorstandsvorsitz führte zunächst Friedrich Christiansen-Weniger als damaliger Landwirtschaftsreferent der deutschen Botschaft in Ankara. Als weiteres Vorstandsmitglied ist zudem Hans Wilbrandt hervorzuheben, der später Vorsitzender der DTG Bonn wurde und als einziger die gesamte Dauer von 20 Jahren an der Stiftungsarbeit beteiligt war.[57] Auch die übrigen Mitglieder der beiden Stiftungsgremien waren Experten auf dem Gebiet der Landwirtschaft und wurden auf türkischer Seite durch den Ministerrat und den Landwirtschaftsminister, auf deutscher Seite durch die DTG, das Auswärtige Amt, das Bundesministerium für Ernährung, Landwirtschaft und Forsten sowie das Bundeswirtschaftsministerium ernannt.[58] Die Leitung und Organisation des Guts übernahm der Landwirtschaftsattaché der deutschen Botschaft in Ankara, Arnold Schwarck.[59]

Insgesamt war die Organisation durch den paritätisch besetzten deutsch-türkischen Vorstand und Aufsichtsrat des Musterguts etwas Besonderes, denn eine derartige gleichwertige Zusammenarbeit beider Nationen entsprach nicht der Norm der damaligen deutschen Entwicklungspolitik.[60] Wilbrandt stellt in seiner

---

[56] Friedrich *Christiansen-Weniger*, Planung und Aufbau von Tahir-Ova. Einzelheiten über das erste deutsch-türkische Demonstrations- und Mustergut, in: Entwicklungsländer. Zeitschrift für Information und Diskussion über wirtschaftliche und soziale Zusammenarbeit, I. und II. Jg. 1959/60, S. 158.

[57] Vgl. Hans *Wilbrandt*, Das Mustergut Tahirova hat seine Aufgabe erfüllt, in: Mitteilungen der DTG Bonn, Heft 99, Dezember 1977, S. 14.

[58] Fachliche Vorstellung der einzelnen Mitglieder vgl. Friedrich *Christiansen-Weniger*, Planung und Aufbau von Tahir-Ova. Einzelheiten über das erste deutsch-türkische Demonstrations- und Mustergut, in: Entwicklungsländer. Zeitschrift für Information und Diskussion über wirtschaftliche und soziale Zusammenarbeit, I. und II. Jg. 1959/60, S. 160.

[59] Schwarck schien als Leiter des Guts besonders geeignet, da er bereits 1935 als Tierzüchter in der Türkei gearbeitet und nach dem Zweiten Weltkrieg in der turkmenischen Steppe Irans einen landwirtschaftlichen Betrieb aufgebaut hatte. Vgl. Friedrich *Christiansen-Weniger*, Stiftung türkisch-deutscher Demonstrations- und Mustergüter. Aufbau des Betriebes Tahirova, in: Mitteilungen der DTG Bonn, Heft 59, Dezember 1964, S. 2.

[60] Üblich war, dass deutsche Berater ein Projekt mit Hilfe eines vom Empfängerland zugeteil-

## Die Wiederaufnahme der deutsch-türkischen Wirtschaftsbeziehungen nach 1945

Bewertung des Projekts jedoch fest: „Diese zunächst in der Bundesrepublik sehr kritisch, ja als abwegig angesehene Gemeinschaftsform der Leitung hat sich außerordentlich gut bewährt."[61] Die deutschen und türkischen Landwirtschaftsexperten bewiesen, dass eine enge gleichwertige Zusammenarbeit durchaus erfolgreich sein und als Pilotmodell für spätere Leitungsgremien dienen konnte. So schrieb Wilbrandt 1977 nach der Übergabe des Guts an das türkische Schatzamt: „Diese Form der Projektleitung wurde inzwischen in der Bundesrepublik anerkannt und dürfte in Zukunft in zunehmendem Maße in von dieser getragenen Entwicklungsprojekten Anwendung finden."[62] Die DTG leistete demnach durch ihre Stiftungsträgerschaft in Zusammenarbeit mit den türkischen Partnern einen direkten Beitrag zum Fortschritt der deutschen Entwicklungspolitik.

Mit Blick auf die praktische Arbeit vor Ort wurden zur Ertragssteigerung neben der Bewirtschaftung der Anbauflächen nach deutschem Vorbild und dem Einsatz moderner Technologien auch Landwirte aus der Umgebung beraten und Lehrlinge sowohl in landwirtschaftlichen als auch betriebswirtschaftlichen Methoden ausgebildet. Nach 20 Jahren Zusammenarbeit fiel das Urteil schließlich insgesamt positiv aus: Das Entwicklungsprojekt konnte nachhaltige Erfolge verbuchen und die Beratungstätigkeit wurde sogar im Anschluss von türkischer Seite auf weitere Gebiete ausgedehnt. Die DTG war also insgesamt ihrer Rolle als Regierungsvertretung im Rahmen der deutsch-türkischen Entwicklungszusammenarbeit gewissenhaft und erfolgreich nachgekommen.[63]

---

ten „Counterparts" durchführten und es diesem Nachfolger anschließend übergaben. Vgl. Hans *Wilbrandt*, Das Mustergut Tahirova hat seine Aufgabe erfüllt, in: Mitteilungen der DTG Bonn, Heft 99, Dezember 1977, S. 15.

[61] Hans *Wilbrandt*, Das Mustergut Tahirova hat seine Aufgabe erfüllt, in: Mitteilungen der DTG Bonn, Heft 99, Dezember 1977, S. 15.

[62] Ebd. S. 15.

[63] Ebd. Siehe auch die Magisterarbeit der Autorin (siehe Anm. 1), Kapitel zum Engagement der DTG in Projekten der Entwicklungszusammenarbeit, S. 61–71. Vgl. auch den Zwischenbericht des Gutsleiters Arnold *Schwarck,* 10 Jahre türkisch-deutsches Entwicklungsprojekt Tahirova (1957–1967), in: Mitteilungen der DTG Bonn, Heft 78, Mai 1969, Der Erfolg des Projekts konnte jedoch nicht darüber hinwegtäuschen, dass die Ausgaben des Bundes statt der geplanten 2 Mio. DM mehr als 10 Mio. DM betrugen. Vgl. dazu Hans *Wilbrandt*, Das Mustergut Tahirova hat seine Aufgabe erfüllt, in: Mitteilungen der DTG Bonn, Heft 99, Dezember 1977, S. 15. An anderer Stelle ist sogar von 14 Mio. DM die Rede, vgl. L. *Pielen*, Zwanzig Jahre Deutsch-Türkisches Demonstrations- und Mustergut Tahirova – ein Podiumsgespräch, in: Mitteilungen der DTG Bonn, Heft 98, Juli 1977, S. 15.

## 3. Fazit: Die Bedeutung der DTG für die deutsch-türkischen Wirtschaftsbeziehungen nach 1945

Neben der Förderung der kulturellen und wissenschaftlichen Beziehungen zwischen der Türkei und der Bundesrepublik widmete sich die DTG, wie in diesem Beitrag gezeigt wurde, auch intensiv der Stärkung der wirtschaftlichen Beziehungen.[64] Dabei spielten die einzelnen Biographien der Mitglieder, vor allem die des Vorstands, eine zentrale Rolle. Mehrere Vorstandsmitglieder waren im wirtschaftlichen Bereich mit Fokus auf die Türkei tätig, meist sogar in höheren Diensten. Die DTG profitierte damit erstens von ihren Fachkenntnissen und zweitens von ihren Netzwerken. Ihre Kontakte zur Wirtschaft sowie ihre Expertise machten sich etwa im Beratungsdienst der DTG bezahlt. Für türkische Unternehmer, die zu Besuch in der Bundesrepublik waren, konnten Verbindungen zur deutschen Industrie hergestellt werden oder aber sie wurden schlicht mit Informationen zu wirtschaftspolitischen Fragen versorgt. Umgekehrt wurden deutsche Unternehmen mit Interesse an Investitionen in der Türkei fachkundig beraten. Ihr Wissen vermittelten die DTG-Vertreter zudem bei öffentlichkeitswirksamen Vorträgen der DTG oder in den Beiträgen der Mitteilungen. Insgesamt wird deutlich, was sie innerhalb der DTG als zivilgesellschaftliche Vereinigung leisten konnten: Sie fungierten als wichtige Berater sowie als Informationsvermittler bzw. Aufklärer im Rahmen der deutsch-türkischen Wirtschaftsbeziehungen.[65]

Eine herausragende Verantwortung übernahm die DTG Bonn als deutscher Träger eines bilateralen Entwicklungsprojekts im Bereich der landwirtschaftlichen Entwicklung der Türkei: Als Vertreter der Bundesregierung trat sie in der Stiftung *Türkisch-Deutsche Demonstrations- und Mustergüter* als deutscher Partner dem türkischen Landwirtschaftsministerium gegenüber. Anfängliche Aufbauschwierigkeiten und immense Kosten bei der Organisation des Demonstrationsguts Tahirova trüben nicht darüber hinweg, dass die inhaltliche Arbeit den

---

[64] Zur Förderung der kulturellen und wissenschaftlichen Beziehungen siehe u.a. die Magisterarbeit der Autorin (siehe Anm. 1).

[65] Hinweis des Herausgebers: Das gilt nicht nur für die DTG Bonn, die durch die Vorsitzenden Prof. Dr. Fritz Baade und seinen Nachfolger Prof. Dr. Hans Wilbrandt aufgrund ihrer Emigration und wirtschaftlichen Tätigkeit in der Türkei 1934–1945 unmittelbar an der wirtschaftspolitischen Entwicklung des Landes beteiligt waren und diese auch nach 1945 – zumal mit der Gründung der DTG Bonn 1954 – sehr effektiv fortsetzten, sondern auch von der seit 1956 mit der DTG Bonn fusionierten DTG Münster. Dies zeigt sich nicht nur in der großen Mitgliederzahl der DTG Münster von über 300 Wirtschaftsunternehmen in Westfalen, die alle Wirtschaftskontakte zur Türkei suchten und diese auch über die beiden fusionierten Gesellschaften realisieren konnten, sondern auch darin, dass der 1956 gewählte Vorstand der DTG Münster drei Vorsitzende hatte, deren zwei erste Vertreter führender Wirtschaftsunternehmen waren, während erst der dritte federführende Vorsitzende (Prof. Dr. Franz Taeschner) aus dem kulturellen Bereich der Universität kam, dem auch der Geschäftsführer Prof. Dr. Ludwig Budde angehörte (vgl. den einführenden Beitrag dieses Werkes).

## Die Wiederaufnahme der deutsch-türkischen Wirtschaftsbeziehungen nach 1945

deutschen entwicklungspolitischen Grundsatz der „Hilfe zur Selbsthilfe" widerspiegelte. Folglich handelte die DTG vollkommen im Interesse der Bundesregierung und leistete so in der 20jährigen Projekt-Laufzeit einen erheblichen Beitrag zur bilateralen Entwicklungszusammenarbeit in der Türkei.

Von zentraler Bedeutung innerhalb der Gesellschaftsarbeit war zudem die Herausgabe der Mitteilungen: Sie stellten für die gesamten Mitglieder und außenstehenden Leser eine detailreiche Informationsquelle dar, vor allem auch bezüglich der wirtschaftlichen Entwicklung in der Türkei sowie den deutsch-türkischen Wirtschaftsbeziehungen. Zahlreiche Artikel widmen sich zu allen Zeiten den unterschiedlichen Herausforderungen der türkischen Wirtschaft wie der innenpolitischen Instabilität oder dem raschen Bevölkerungswachstum in der Türkei. In erster Linie vermitteln diese Beiträge sachliche Informationen etwa über Im- und Export oder das türkische Zahlungsbilanzdefizit. Insgesamt ist die Haltung dabei eindeutig pro-türkisch, d.h. es wird immer wieder betont, dass man verpflichtet sei, dem „kranken Freund" Hilfe zu leisten, damit er sich wirtschaftlich entwickeln könne und dadurch ein starker Partner bleibe. Da selbstverständlich auch die Bundesrepublik an einer wirtschaftlich stabilen Türkei interessiert war, nicht zuletzt auch sicherheitspolitisch als Eckpfeiler der NATO, vertrat sie insgesamt ebenfalls eine der Türkei entgegenkommende Position, die besonders im Rahmen der multilateralen Türkeihilfe zum Vorschein kam. Somit entspricht zusammengefasst die in den Mitteilungen vertretene Haltung gegenüber den wirtschaftlichen Entwicklungen im Wesentlichen der offiziellen wirtschaftspolitischen Linie der Bundesrepublik.

# Zur Entwicklung des Unterrichtsfaches Türkisch an Gymnasien und Gesamtschulen in Nordrhein-Westfalen[1]

Ulrich Hillebrand

> *„Für jeden von uns ist Muttersprache etwas Besonderes. Beim Lernen einer Fremdsprache wird, glaube ich, jedem bewusst, wie schön es doch ist, wenigstens eine Sprache, nämlich die eigene Muttersprache, ‚gründlich' zu können.*
> *Wir, die türkischen Schüler, haben sozusagen zwei ‚Muttersprachen'. Erstens unsere eigentliche Muttersprache Türkisch. Diese ‚lernen' wir von klein auf. Zweitens ‚Deutsch', welches deshalb unsere zweite Muttersprache ist, weil wir auch in ihr denken und fühlen.*
> *Wir leben mit diesen zwei Sprachen, und ohne die eine oder die andere kann es sich keiner von uns vorstellen.*
> *Deutsch wurde uns schon in der Grundschule mit allen Regeln beigebracht. Aber was ist mit unserer eigentlichen Muttersprache?*
> *Wann, wo und von wem lernen wir diese? An dieser Stelle möchten wir uns herzlichst bei unserer Türkischlehrerin bedanken. Ihr haben wir es zu verdanken, dass wir unsere eigene Muttersprache so gut können wie Deutsch. Sie hat uns die türkische Literatur und somit auch unsere eigene Kultur nähergebracht. Wir haben die Möglichkeit, zwei Welten zu vergleichen, denn das gleichwertige Wissen über beide ermöglicht ein Fazit für das eigene Leben:*
> *Bin ich mehr Deutsch oder Türkisch?*
> *Nein, bin ich beides?*
> *Ich bin an der Schwelle ...*
> *Dankeschön für Ihre Beiträge als Lehrerin und als Mensch, denn Ihr Denken wird für uns immer ein Vorbild sein".*

Die Schülerinnen und Schüler, die diesen Text verfassten, hatten die Möglichkeit, während ihrer Gymnasialzeit Türkisch anstelle einer zweiten Fremdsprache zu erlernen – mit viel Erfolg, wie ihr Beitrag zu der Abiturzeitung ihrer Schule vor über 20 Jahren zeigt.

---

[1] Die folgenden Ausführungen bis einschließlich Abschnitt 4 greifen auf einen Beitrag zurück, den der Verfasser zusammen mit Herrn LRSD Dr. Niels Kranemann in der Ausgabe 10/1993 (S. 232–235) der Zeitschrift Schulverwaltung NRW (Carl Link Verlag) unter dem Titel „Türkisch – ein neues Fach an Schulen in NRW" veröffentlicht hat. Der hier vorliegende Text wurde überarbeitet, ergänzt und aktualisiert.

Ähnlich gute Erfolge stellten die Schulaufsichtsbeamten auch in den jährlich stattfindenden Abiturprüfungen im Fach Türkisch fest, die es seit 1988 gibt: Ein Niveau, das zum Teil noch über dem lag, das deutsche Schülerinnen und Schüler üblicherweise im Abitur im Fach Englisch erreichten, lautete ihr Fazit.

Wie kam es zur Entstehung des Faches Türkisch an Gesamtschulen und Gymnasien in Nordrhein-Westfalen?

Um dies zu verstehen, muss man bis in die fünfziger Jahre zurückgehen.

## 1. Der Hintergrund für die Entstehung des Faches Türkisch

In den fünfziger Jahren setzte in der Bundesrepublik Deutschland eine wirtschaftliche Expansionsphase ein, die nicht zu Unrecht als „Wirtschaftswunder" bezeichnet worden ist: Von 1951 bis 1956 stieg des Bruttosozialprodukt jährlich um real 9,5 Prozent, von 1956 bis 1960 um jährlich 6,5 Prozent.

Der ständig steigenden Nachfrage nach Arbeitskräften stand eine zunächst stagnierende, dann sinkende Zahl von Neuzugängen auf dem Arbeitsmarkt gegenüber.

Gründe dafür waren vor allem:

1. die Verkürzung der Arbeitszeit (von 1957 bis 1967 verringerte sich die tarifliche Arbeitszeit von durchschnittlich 46,1 auf 41,6 Wochenstunden);
2. der Eintritt geburtenschwächerer Jahrgänge in das Berufsleben;
3. der Aufbau der Bundeswehr seit 1955 (er entzog dem Arbeitsmarkt etwa eine halbe Million Wehrpflichtige und Zivilbedienstete).

Von 1960 bis 1972 sank die Zahl der einheimischen Erwerbstätigen um 2,3 Millionen.

Was dies für die deutsche Wirtschaft bedeutete, wird deutlich, wenn man bedenkt, dass bereits 1960 erstmalig die Zahl der offenen Stellen die der Arbeitslosen überschritt.

Es wundert daher nicht, dass es seit Mitte der fünfziger Jahre zu einer intensiven Anwerbung ausländischer Arbeitskräfte kam – nicht nur in Deutschland, sondern in allen europäischen Industriestaaten.

Der Abschluss eines deutsch-italienischen Abkommens über Anwerbung und Vermittlung italienischer Arbeitskräfte für die deutsche Wirtschaft im Jahre 1955 bedeutete den offiziellen Beginn der Anwerbung ausländischer Arbeitskräfte durch die Bundesrepublik Deutschland. 1961 wurde ein bilaterales Abkommen

## Zur Entwicklung des Unterrichtsfaches Türkisch

mit der Türkei geschlossen. Seitdem unterhielt die damalige Bundesanstalt für Arbeit Vermittlungseinrichtungen auch in türkischen Städten.[2]

Wie intensiv die Anwerbungsbemühungen auf deutscher Seite waren und wie bereitwillig türkische Arbeitskräfte dem Ruf der deutschen Wirtschaft folgten, mag die folgende Tabelle veranschaulichen:

**Türkische Wohnbevölkerung in der Bundesrepublik seit 1960 (in Tausend)**

| Jahr | in Tausend | Jahr | in Tausend |
| --- | --- | --- | --- |
| 1960 | 2.5 | 1975 | 1.007,1 |
| 1961 | 6.5 | 1976 | 1.079,3 |
| 1962 | 15.3 | 1977 | 1.118,0 |
| 1963 | 27.1 | 1978 | 1.165,1 |
| 1964 | 85.2 | 1979 | 1.268,3 |
| 1965 | 132.8 | 1980 | 1.462,4 |
| 1966 | 161.0 | 1981 | 1.546,3 |
| 1967 | 172.4 | 1982 | 1.580,7 |
| 1968 | 205.4 | 1983 | 1.552,3 |
| 1969 | 322.4 | 1984 | 1.425,8 |
| 1970 | 469.2 | 1985 | 1.400,4 |
| 1971 | 652.8 | 1986 | 1.425,7 |
| 1972 | 712.3 | 1987 | 1.466,3 |
| 1973 | 910.5 | 1988 | 1.510,8 |
| 1974 | 910.5 | | |

Quelle: Statistisches Bundesamt, Wiesbaden

Zu Beginn der 1990er Jahre lebten etwa 1,8 Millionen Türken in Deutschland; die meisten von ihnen wollten auf Dauer hier bleiben.

Die Zahl der schulpflichtigen türkischen Kinder in Deutschland lag im Jahre 1990 bei über 300.000. In Nordrhein-Westfalen besuchten zu diesem Zeitpunkt mehr als 80.000 türkische Mädchen und Jungen Schulen der Sekundarstufe I.

Es bedurfte keiner Frage, dass für eine so große Zahl von Kindern mit Türkisch als Muttersprache im Bereich des Schulwesens besondere Anstrengungen und Maßnahmen erforderlich waren.

Entscheidend war dabei, unter welchen Zielsetzungen die Maßnahmen getroffen wurden.

---

[2] Vgl. „Informationen zur politischen Bildung", herausgegeben von der Bundeszentrale für politische Bildung, Nr. 237, 4/1992, S. 4 ff.

## 2. Die ersten Lehrpläne für Türkisch

Bereits im Jahre 1976 hatte der Kultusminister von Nordrhein-Westfalen – unter Bezug auf eine Empfehlung der Ständigen Konferenz der Kultusminister – in einem Erlass festgelegt, dass es Ziel aller Fördermaßnahmen für Kinder ausländischer Arbeitnehmer sei, „die ausländischen Schüler zu befähigen, die deutsche Sprache zu erlernen und die deutschen Schulabschlüsse zu erreichen sowie die Kenntnisse in ihrer Muttersprache zu erhalten und zu erweitern ... Außerdem dienen (die Fördermaßnahmen) der Erhaltung ihrer sprachlichen und kulturellen Identität" (RdErl. des KM vom 24. Mai 1976 – II A 4.36–6/1–146076 -).

Zunächst war der Muttersprachliche Ergänzungsunterricht, der in der Sekundarstufe I zusätzlich zum Pflichtunterricht angeboten wurde, die einzige Möglichkeit, die Schülerinnen und Schüler ihre muttersprachlichen Kenntnisse erhalten und erweitern zu lassen. Welchen Umfang dieser Unterricht mittlerweile in Nordrhein-Westfalen erlangt hatte, war an der Zahl der Lehrerinnen und Lehrer ablesbar, die in diesem Bundesland seinerzeit Muttersprachlichen Ergänzungsunterricht in Türkisch erteilten: Es handelte sich um fast 1.000 Lehrpersonen.

Seit 1984 lagen Empfehlungen für den Muttersprachlichen Ergänzungsunterricht (MEU) vor, die vom damaligen Landesinstitut für Schule und Weiterbildung in Soest herausgegeben worden waren. Sie hatten das Ziel, den MEU an den Schulen der Sekundarstufe I in Nordrhein-Westfalen auf eine qualifizierte curriculare Grundlage zu stellen.

In der Sondersituation, in der sich der MEU befand – ein zusätzliches, in der Regel nachmittägliches Lernangebot im Umfang von drei bis fünf Wochenstunden, das die Schülerinnen und Schüler freiwillig nutzen konnten –, leisteten diese Empfehlungen eine wertvolle Hilfe.

Seit Mitte der 1970er Jahre strebten viele türkische Eltern eine noch intensivere Form des muttersprachlichen Türkischunterrichts an: Türkisch anstelle einer Fremdsprache innerhalb der schulischen Stundentafel.

Die türkischen Eltern wurden in ihren Bestrebungen von deutschen Lehrerinnen und Lehrern tatkräftig unterstützt. Ihnen vor allem ist es zu danken, dass der Kultusminister schon sehr bald mehreren Gymnasien und Gesamtschulen, vor allem in Dortmund und Gelsenkirchen, die probeweise Einführung von Türkisch anstelle einer zweiten Fremdsprache in der Sekundarstufe I gestattete.

Als die ersten Schülergruppen dann in die Jahrgangsstufe 11 kamen, wurde auch die Weiterführung des Faches Türkisch bis zum Ende der Jahrgangsstufe 12 gestattet. Die türkischen Schülerinnen und Schüler konnten auf diese Weise die Bedingungen einer fortgeführten Fremdsprache erfüllen; allerdings konnten sie das Fach Türkisch zunächst noch nicht als Abiturfach belegen.

Zeitgleich mit der versuchsweisen Einführung des Faches Türkisch in der

## Zur Entwicklung des Unterrichtsfaches Türkisch

gymnasialen Oberstufe berief der Kultusminister eine Lehrplankommission zur Erarbeitung eines Curriculums „Türkisch anstelle einer Fremdsprache in der gymnasialen Oberstufe". Den Vorsitz hatte ein Dezernent der Bezirksregierung Münster inne. Die fachwissenschaftliche Beratung lag beim damaligen Landesinstitut für Schule und Weiterbildung in Soest; weitere Mitglieder der Kommission waren deutsche und türkische Lehrerinnen und Lehrer.

Mit Beginn des Schuljahres 1987/88 wurden diese von der Kommission erarbeiteten „Vorläufigen Richtlinien Türkisch für die gymnasiale Oberstufe" den Versuchsschulen mit der Bitte um Erprobung vorgelegt. In der Folgezeit berichteten die beteiligten türkischen Lehrkräfte der Bezirksregierung Münster regelmäßig über ihre Erfahrungen mit dem Lehrplan.

Dies führte dazu, dass der Kultusminister mit Beginn des Schuljahres 1990/91 eine neue Kommission berief, die das Curriculum Türkisch zu überarbeiten hatte. Auch diese Kommission wurde geleitet von einem schulfachlichen Dezernenten der Bezirksregierung Münster und fachwissenschaftlich beraten vom Landesinstitut in Soest.

Dieser Lehrplan wurde dann zum 01. August 1994 in Kraft gesetzt, wobei die Fortführung von Türkisch in der gymnasialen Oberstufe und das Angebot des Faches als Abiturfach weiterhin jeweils der Genehmigung des Kultusministeriums bedurften.

In der Zeit zwischen Erstellung der „Vorläufigen Richtlinien Türkisch für die gymnasiale Oberstufe" (1987) und dem Beginn ihrer Überarbeitung (1990) hatte die Lehrplankommission einen „Vorläufigen Lehrplan für Türkisch in der Sekundarstufe I" erstellt.

Er wurde vom Kultusminister mit Runderlass vom 29. Mai 1990 (II A 2.36–6/1 Nr. 314/90) für den Türkischunterricht in der Sekundarstufe I verbindlich festgelegt, lag in gedruckter Form als Heft Nr. 5006 der Schriftenreihe des Kultusministers „Die Schule in Nordrhein-Westfalen" vor und blieb danach über 23 Jahre verbindlich.

Mit den beiden Lehrplänen für Türkisch in der Sekundarstufe I und für die gymnasiale Oberstufe waren die curricularen Grundlagen geschaffen worden, um – sofern die personellen und organisatorischen Voraussetzungen gegeben waren – das Fach Türkisch als gleichwertiges Fach in den Fächerkanon der Schulen aufzunehmen. Dies war ein wichtiger Schritt auf dem Weg zu einer größeren Sprachenvielfalt in NRW.

## 3. Unterrichtsbesuche und erste Abiturprüfungen im Fach Türkisch

Aufgrund der vielen seit 1985 durchgeführten schulaufsichtlichen Hospitationen an Schulen mit Türkisch in der gymnasialen Oberstufe konnte festgestellt werden, dass insgesamt ein qualifizierter Fachunterricht erteilt wurde, der die Bestimmungen des Lehrplans in angemessener Weise berücksichtigte. Im Rahmen dieser Unterrichtsbesuche fand in der Regel auch eine fachaufsichtliche Überprüfung weiterer Unterlagen (Kursbücher, vorher benutzte Unterrichtsmaterialien, Aufgabenstellungen für Klausuren etc.) statt. Die türkischen Lehrerinnen und Lehrer ließen insgesamt erkennen, dass sie in der Lage waren, ihre Unterrichtsreihen in methodisch-didaktischer Hinsicht sachgerecht zu planen, durchzuführen und auch zu reflektieren.

Die von den türkischen Lehrkräften jeweils ausgewählten Kursabschnittsthemen und Unterrichtseinheiten orientierten sich allerdings fast immer sehr eng an den modellhaft dargestellten Unterrichtssequenzen im Lehrplan. Diese Tatsache wurde durch die im Vergleich mit anderen sprachlichen Fächern äußerst schmale Materialbasis für das Fach Türkisch bedingt, da unterrichtlich aufbereitete Kursmodelle, Themenhefte, Sammlungen und Oberstufenbücher nicht vorlagen. Daher wurde die Planung weiterer Unterrichtssequenzen inzwischen regelmäßig zum Gegenstand von Fortbildungsveranstaltungen gemacht.

Im Sommer 1988 wurden zum ersten Mal schriftliche und mündliche Abiturprüfungen im Fach Türkisch auf der Grundlage der „Vorläufigen Richtlinien Türkisch" durchgeführt. Diese ersten Prüfungen fanden im damaligen Gymnasium am Rathausplatz sowie am Ricarda-Huch-Gymnasium in Gelsenkirchen statt. Im Jahre 1993 wurden im Land Nordrhein-Westfalen bereits an sieben Schulen (Gesamtschulen und Gymnasien) Abiturprüfungen im Fach Türkisch durchgeführt. Zusammenfassend konnte hierzu festgestellt werden, dass es keine grundlegenden Beanstandungen bei der Erstellung der Vorschläge für die schriftlichen Abiturprüfungen gab und dass die türkischen Abiturklausuren immer sehr sorgfältig und gewissenhaft korrigiert wurden. Allen in der Abiturprüfung eingesetzten türkischen Fachlehrerinnen und Fachlehrern konnte bescheinigt werden, dass sie Abiturprüfungsarbeiten sachgerecht und kompetent korrigieren und beurteilen konnten.

Auch die bisher durchgeführten mündlichen Abiturprüfungen im Fach Türkisch entsprachen den Bestimmungen des Lehrplans und ließen auf einen qualifizierten Fachunterricht in der Oberstufe schließen.

Die von den Schülerinnen und Schülern im dritten Abiturfach Türkisch erbrachten schriftlichen Prüfungsleistungen lagen seinerzeit im Allgemeinen etwas höher als die Prüfungsleistungen, die üblicherweise im dritten Abiturfach Englisch erzielt wurden.

Die in mündlichen Prüfungen im Fach Türkisch nachgewiesenen sprachlichen Kenntnisse, Fähigkeiten und Fertigkeiten der Schülerinnen und Schüler lagen seinerzeit in Teilbereichen über den sprachlichen Leistungen, die üblicherweise in mündlichen Prüfungen im vierten Abiturfach Englisch oder Französisch erzielt wurden.

Seit dem Jahr 2000 bestand zunächst an drei Schulen in Gelsenkirchen (an zwei Gymnasien und an einer Gesamtschule) die Möglichkeit, Türkisch auch als Leistungskursfach zu wählen.

## 4. Fortbildungsmaßnahmen für Lehrerinnen und Lehrer, die Türkisch anstelle einer zweiten Fremdsprache unterrichteten

Für Lehrerinnen und Lehrer, die das Fach Türkisch in der gymnasialen Oberstufe an Gesamtschulen und Gymnasien unterrichten, fanden von 1988 bis 1998 Fachtagungen als landesweite Veranstaltungen unter Federführung der Bezirksregierung Münster statt. Es handelte sich um zweitägige Veranstaltungen, die einmal in jedem Schulhalbjahr durchgeführt wurden.

Auf allen Tagungen dieser Art ging es darum, die Teilnehmerinnen und Teilnehmer weiter mit dem Lehrplan Türkisch für die gymnasiale Oberstufe vertraut zu machen, exemplarisch an möglichen Unterrichtsgegenständen zu arbeiten, diese in thematische und methodische Zusammenhänge von Reihenplanungen einzubinden und dabei die Fixierung auf die Beispielsequenz des Lehrplans zu überwinden.

Anhand konkreter Gegenstände wurde auf diesen Tagungen ferner eingeführt in Fragestellungen der Literatur- und Sprachdidaktik und in verschiedene Verfahren der Textanalyse: hierdurch konnten die Zielsetzungen des Lehrplans Türkisch transparenter gemacht und Praxisprobleme der Teilnehmerinnen und Teilnehmer aufgearbeitet werden.

Darüber hinaus wurden auch Korrektur- und Bewertungsfragen im Zusammenhang mit schriftlichen Schülerleistungen immer wieder aufgegriffen und praxisnah thematisiert.

Sehr wesentlich war schließlich für alle Teilnehmerinnen und Teilnehmer die Möglichkeit, auf solchen Tagungen untereinander Erfahrungen, aber auch Themen für Kurssequenzen, Klausuren, geeignete Texte und andere Medien austauschen zu können.

Die türkischen Lehrkräfte, die in der Sekundarstufe I an Gesamtschulen und Gymnasien Türkisch anstelle einer Fremdsprache unterrichteten, wurden im Rahmen von Schwerpunktmaßnahmen (Federführung: ebenfalls Bezirksregierung Münster) fortgebildet. Im Rahmen dieser Schwerpunktmaßnahmen wurde die unterrichtliche Kompetenz der türkischen Lehrerinnen und Lehrer erweitert, unter anderem durch eine Einführung in die Didaktik und Methodik eines integrierten Sprachunterrichts auf der Basis des Lehrplans Türkisch. Schließlich ging es auf diesen Fortbildungsveranstaltungen auch um den Umgang mit Lehrwerken, um die Erstellung von Unterrichtsmaterialien sowie um die Planung, Durchführung und Auswertung von Unterricht.

Diese Fortbildungsmaßnahmen umfassten 320 Stunden und dauerten jeweils zwei Jahre. Der dritte Durchgang begann im Schuljahr 1992/93 und endete am 31. Juli 1994. Nach Abschluss des Kurses erhielten die Teilnehmer(innen) ein Zertifikat.

## 5. Weitere Entwicklungen im Fach Türkisch bis zum Jahr 2015
### 5.1. Ein deutsch-türkischer ministerieller Aufruf

Am 11. Februar 2002 hatte die damalige nordrhein-westfälische Bildungsministerin Gabriele Behler bei einem Besuch in der Türkei gemeinsam mit ihrem damaligen türkischen Amtskollegen, Erziehungsminister Metin Bostancioglu, einen Aufruf zur Integration der türkischen Mitbürger(innen) in Nordrhein-Westfalen unterzeichnet.

Der ministerielle Aufruf „Bildung schafft Chancen in Gesellschaft und Beruf" enthielt in Abschnitt II zunächst den folgenden Appell: „Wir rufen ... die Menschen türkischer Herkunft auf, die Angebote der Kindergärten, der Schulen und der Einrichtungen der Erwachsenenbildung zur Förderung in der deutschen Sprache wahrzunehmen".

Kurz danach wurde in Abschnitt III ein weiterer Appell formuliert. „Wir bekräftigen ... den Wert der schulischen Angebote in türkischer Sprache und zur interkulturellen Erziehung und rufen die Familien türkischer Herkunft auf, ihre Kinder zu den muttersprachlichen Angeboten anzumelden und für ihre regelmäßige Teilnahme zu sorgen." Beide Appelle überzeugten und waren gleich wichtig. Der deutsch-türkische ministerielle Aufruf vom 11. Februar 2002 schloss die Zusicherung des Landes Nordrhein-Westfalen ein, das Fach Türkisch – bei Bedarf – weiter zu fördern: „Das Land Nordrhein-Westfalen wird sich über den muttersprachlichen Unterricht [früher: MEU] hinaus bemühen, Schulen dafür zu gewinnen, ihre Angebote in der Muttersprache anstelle einer Fremdsprache im Rahmen des Bedarfs bis hin zum Abitur auszubauen. Die universitäre Ausbildung von Lehrerinnen und Lehrern für Türkisch in Nordrhein-Westfalen soll fortgesetzt werden". Diese erfreulichen Zusicherungen haben hinsichtlich des Türkischunterrichtes zu weiteren positiven Entwicklungen beigetragen.

In Nordrhein-Westfalen lebten im Jahre 2002 – dem Jahr des o.g. ministeriellen Aufrufs – ca. 230.000 Kinder mit türkischer Staatsangehörigkeit und zahlreiche junge Menschen türkischer Herkunft mit deutscher Staatsangehörigkeit. An den nordrhein-westfälischen Schulen gab es zu diesem Zeitpunkt ca. 180.000 türkische Schülerinnen und Schüler. Am freiwilligen muttersprachlichen Unterricht in Türkisch [früher: MEU] nahmen ca. 80.000 Schülerinnen und Schüler teil. Darüber hinaus bestand an ca. 100 Schulen des Landes, vor allem an Gesamtschulen, die Möglichkeit für türkische Schülerinnen und Schüler, Türkisch anstelle einer zweiten (oder dritten) Fremdsprache zu wählen. An einigen Gymnasien und Gesamtschulen war das Fach Türkisch seit etlichen Jahren auch Abiturfach.

## 5.2. Der Lehrplan für Türkisch in der gymnasialen Oberstufe von 2004

Eine vom damaligen Ministerium für Schule, Jugend und Kinder neu eingesetzte Fachkommission hatte seit Oktober 2001 an einem neuen Lehrplan Türkisch für die gymnasiale Oberstufe gearbeitet, der die „Richtlinien Türkisch" aus dem Jahr 1994 ersetzen sollte und zum 01. August 2004 in Kraft gesetzt wurde.

Zur Bedeutung und zum Stellenwert des Faches Türkisch in der gymnasialen Oberstufe wurde in Abschnitt 1.1.1 dieses Lehrplans, der 10 Jahre lang für alle Türkischlehrkräfte verbindlich war, Folgendes ausgeführt und erläutert:

*„In Nordrhein-Westfalen kommt dem Türkischen, seit zu Beginn der achtziger Jahre türkischen Schülerinnen und Schülern auch an Schulen der Sekundarstufe I die Möglichkeit geboten wurde, ihre Muttersprache an Stelle der 2. Fremdsprache zu wählen und diese in der gymnasialen Oberstufe in Grund- und Leistungskursen fortzuführen, eine wachsende Bedeutung zu. Dies gilt umso mehr, da doch immer mehr Nachfahren der türkischen Migranten vor allem in den industriellen Ballungszonen dieses Bundeslandes leben. Auch entscheidet sich die nunmehr dritte Generation der türkischstämmigen Bevölkerung immer häufiger dafür, die deutsche Staatsbürgerschaft anzunehmen und doch gleichzeitig die kulturellen und sprachlichen Wurzeln der Elterngeneration intensiv weiter zu pflegen.*

*Türkisch auch als Unterrichtsfach in der gymnasialen Oberstufe rechtfertigt sich aber nicht allein durch die spezifische Situation der türkischen Familien, die in Deutschland leben. Türkisch ist die offizielle Landessprache der Türkei und damit die Verkehrssprache von über 60 Millionen Menschen. Allein aus dieser Tatsache sowie aus den Perspektiven für eine weitere wirtschaftliche und politische Entwicklung der Türkei erwachsen den jungen Menschen durch die möglichst weitreichende schulische Förderung der Zwei- und Mehrsprachigkeit Chancen für das berufliche und private Leben. Im Zusammenhang mit der Weiterentwicklung des Europäischen Binnenmarktes und einem möglichen Anschluss der Türkei an die EU bzw. an andere europäische Institutionen wird der Nutzen der Mehrsprachigkeit noch verstärkt.*

*So ist aufgrund wirtschaftlicher, kultureller und nicht zuletzt internationaler Verflechtungen, die sich u.a. in den derzeitigen Verhandlungen der EU über einen Beitritt der Türkei in die europäische Staatengemeinschaft spiegeln, und aufgrund der zunehmenden Bedeutung einer Region, zu der auch die Staaten zwischen Schwarzem Meer und Zentralasien gehören, gerade die Türkei als Brücke zwischen Europa und Asien nicht zu unterschätzen; für die Außenwirtschaft unseres Landes ist die Kenntnis und Beherrschung der türkischen Sprache und damit die Kenntnis des mit der Türkei verbundenen Sprach- und Kulturraums unverzichtbar geworden.*

*In Bezug auf das Leben in der Bundesrepublik Deutschland spielt deshalb der Türkischunterricht eine besondere Rolle. Denn die dort erworbenen sprachlichen und kulturellen*

*Kenntnisse und Fähigkeiten lassen sich für Kontakte zwischen Menschen mit unterschiedlichen Sprachen und Kulturen aktualisieren, wobei die türkischen Schülerinnen und Schüler zu Vermittlern zwischen Sprachen und Kulturen werden können.*

*Damit über ein zwischenstaatlich gutes Verhältnis hinaus auch im zwischenmenschlichen Bereich zum Teil verfestigte Stereotypen abgebaut werden, gilt es, ein gutes Miteinander zu fördern und Integration zu unterstützen.*

*Dazu kommt dem Türkischen als Fach der gymnasialen Oberstufe ein wichtiger Platz zu. Durch ihre Teilnahme am Türkischunterricht in der Sekundarstufe I werden die Schülerinnen und Schüler, die in aller Regel türkischer Herkunft sind und in einer bi-kulturellen Lebenswelt aufwachsen, dazu befähigt, sich in differenzierter Weise mit der Sprache und Kultur des Herkunftslandes ihrer Familien auseinanderzusetzen. Sie vertiefen so Kenntnisse und Fähigkeiten, die sie brauchen, um in der Sprache des Herkunftslandes ihrer Familien schriftlich und mündlich kommunizieren zu können. Darüber hinaus lernen sie, die sozialen und kulturellen Normen, Verhaltens- und Deutungsmuster der eigenen Gruppe (im Ausland) besser zu verstehen, aktiv am kulturellen Leben der Türken in Deutschland teilzunehmen und soziale und individuelle Probleme, die aus der Minderheitensituation erwachsen, besser zu bewältigen. Die Teilnahme am Türkischunterricht in der gymnasialen Oberstufe gibt den türkischen Schülerinnen und Schülern mehr Möglichkeiten, ihr zukünftiges Leben selbst zu gestalten. Der Unterricht bereitet sie auf eine mehrsprachige und interkulturelle Lebenssituation in der Bundesrepublik Deutschland vor, bewahrt ihnen zugleich aber die Möglichkeit, in der Türkei zu leben und dort ggf. ein Studium aufzunehmen.*

*Mit dem differenzierten Beherrschen des Türkischen erhalten die türkischen Schülerinnen und Schüler im Übrigen Zugang zu einer kulturellen Tradition, die in vielerlei Hinsicht Einfluss auf die Entwicklung Südosteuropas und auch mitteleuropäischer Länder genommen hat. Das im Türkischunterricht der gymnasialen Oberstufe erworbene Wissen über Gesellschaft, Geschichte, Kultur und Literatur, das mit Hilfe einer ausgebauten Sprachkompetenz erschlossen wird, eröffnet Perspektiven auf die kulturelle, wirtschaftliche und politische Entwicklung Europas, die sonst im Unterricht an deutschen Schulen noch selten berücksichtigt werden.*

*Schließlich ist das Türkische als schulisches Sprachangebot interessant, weil es als agglutinierende Sprache auf Sprachstrukturen basiert, die in erheblicher Weise vom Deutschen und vom sonst üblichen schulischen Fremdsprachenangebot abweichen. Über den reflektierenden Umgang mit der Struktur und den Gebrauch des Türkischen können die Schülerinnen und Schüler im Vergleich und Kontrast zum Deutschen bzw. zu anderen Sprachen, die der indo-europäischen Sprachfamilie angehören, in der Sekundarstufe II vertiefende Einblicke in das Funktionieren von Sprache überhaupt gewinnen. Auch die historische Dimension sprachlicher Entwicklung ist gerade am Türkischen eindrucksvoll und gewinnbringend zu erschließen."*[3]

---

[3] Sekundarstufe II – Gymnasiale Oberstufe des Gymnasiums und der Gesamtschule, Richtlinien und Lehrpläne, Türkisch; Schule in NRW, Nr. 4732, Ritterbach Verlag, Frechen 2004, S. 5 f.

## 5.3. Zur Ausbildung der Türkischlehrerinnen und Türkischlehrer

An einigen Zentren für schulpraktische Lehrerausbildung (ZfsL), z.B. in Oberhausen und Gelsenkirchen, sind schon seit vielen Jahren Fachseminare für Türkisch eingerichtet. Die Referendarinnen und Referendare bzw. Lehramtsanwärter(innen) mit türkischer Zuwanderungsgeschichte, die in diesen Fachseminaren ausgebildet werden, haben in der Regel an deutschen Schulen ihr Abiturzeugnis erworben und sind Absolventen des nun schon seit 20 Jahren bestehenden Studiengangs Türkisch an der Universität Duisburg-Essen. Sie haben nicht nur in Türkisch, sondern auch in einem weiteren Fach ihre 1. Staatsprüfung abgelegt. Zahlreiche Referendarinnen und Referendare, die ihren Vorbereitungsdienst mit der 2. Staatsprüfung erfolgreich abgeschlossen haben, erhielten danach eine Festanstellung im nordrhein-westfälischen Schuldienst. Manche türkische Lehrkräfte an Gesamtschulen und Gymnasien haben an ihren Schulen inzwischen wichtige schulinterne Aufgabenbereiche übernommen und sind angesichts ihrer besonderen Leistungen zu Oberstudienrätinnen bzw. Oberstudienräten befördert worden oder haben sich in Einzelfällen sogar für die Übernahme von Fachleitungen qualifiziert.

## 5.4. Einheitliche Prüfungsanforderungen in der Abiturprüfung für das Fach Türkisch

Auf der Grundlage eines vom Land Nordrhein-Westfalen vorgelegten Entwurfs hatte die Kultusministerkonferenz (KMK) bereits durch Beschluss vom 13.10.1995 einheitliche Prüfungsanforderungen in der Abiturprüfung (EPA) für das Fach Türkisch erlassen. Durch Beschluss der KMK vom 05.02.2004 wurde die Umsetzung der überarbeiteten EPA Türkisch eingeleitet, wobei die Aufgabenbeispiele des NRW-Lehrplans Türkisch von 2004 weitestgehend in diese EPA-Neufassung eingeflossen sind.

Die angepassten Vorgaben der EPA Türkisch waren Ausdruck des Wandels in den gesellschaftlichen Erwartungen an das Fach sowie des Standes der fachlichen Diskussion um Aufgaben, Ziele und Formen des (Fremd-)Sprachenunterrichts sowie des Türkischunterrichts. In diesem Sinne definierten sie fachliche Qualitätsstandards, waren aber auch gleichzeitig hinreichend offen für unterschiedliche didaktische und pädagogische Konzepte bzw. zukünftige Weiterentwicklungen des Fachs Türkisch.[4]

---

[4] Vgl. Fachpräambel zur „EPA Türkisch", herausgegeben vom Sekretariat der Ständigen Konferenz der Kultusminister der Länder in der Bundesrepublik Deutschland, Luchterhand, München und Neuwied 2004, S. 8.

## 5.5. Die neuen kompetenzorientierten Kernlehrpläne Türkisch von 2013 und 2014

Seit über 10 Jahren werden in Nordrhein-Westfalen sukzessive kompetenzorientierte Kernlehrpläne für alle Unterrichtsfächer der allgemeinbildenden Schulen eingeführt.

Seit dem 01.08.2013 gibt es dementsprechend auch zwei neue kompetenzorientierte Kernlehrpläne für den Türkischunterricht in der Sekundarstufe I an Gymnasien und Gesamtschulen (Schule in NRW, Nr. 3430 und Nr. 3121).

Mit diesen beiden Kernlehrplänen wird Türkisch nicht mehr länger als muttersprachlicher Unterricht anstelle einer Fremdsprache, sondern als eine weitere moderne Fremdsprache angeboten und steht damit auch Nicht-Muttersprachlerinnen und Nicht-Muttersprachlern offen.

In Abschnitt 1 beider Kernlehrpläne Türkisch werden Aufgaben und Ziele des Türkischunterrichts in der Sekundarstufe I an Gymnasien und Gesamtschulen ab dem Schuljahr 2013/14 wie folgt beschrieben:

*„Leitziel des Türkischunterrichts des Gymnasiums / der Gesamtschule ist die interkulturelle Handlungsfähigkeit, die im Zusammenspiel mit den Bereichen der kommunikativen und methodischen Kompetenzen wie auch den Bereichen der Verfügbarkeit von sprachlichen Mitteln und der Sprachbewusstheit entwickelt wird. Der systematische Kompetenzaufbau und die Vernetzung unterschiedlicher Einzelkompetenzen erfolgt in der Auseinandersetzung mit realitätsnahen, anwendungsorientierten Aufgabenstellungen. Damit werden die Schülerinnen und Schüler auf die Anforderungen unterschiedlicher privater wie beruflicher Lebensbereiche vorbereitet. Wie die berufliche Wirklichkeit es erfordert, erhalten Schülerinnen und Schüler mit Türkisch als Familiensprache die Chance, Türkisch auch als Hochsprache zu erwerben.*

*Der vorliegende Kernlehrplan mit verbindlichen Standards trägt diesen Anforderungen besonders Rechnung. Die Weiterentwicklung des Türkischunterrichts in der Sekundarstufe I ist deshalb gekennzeichnet durch*

- *die Stärkung der Anwendungsorientierung und des lebensweltlichen Bezugs im funktionalen Zusammenhang mit der Grundlegung eines wissenschaftsorientierten Arbeitens,*
- *die Stärkung der mündlichen Kommunikationsfähigkeit,*
- *die Erweiterung landeskundlicher Kenntnisse zu interkultureller Handlungskompetenz,*
- *die Internationalisierung fremdsprachlicher Standards, die sich an den Referenzniveaus des Gemeinsamen europäischen Referenzrahmens für Sprachen: lernen, lehren, beurteilen (GeR) orientieren,*
- *die Akzentuierung unterschiedlicher schulformspezifischer Leistungsprofile.*

*[...]*

*Der Türkischunterricht am Gymnasium / an der Gesamtschule knüpft an die Fähigkeiten, Fertigkeiten und Kenntnisse sowie Einstellungen und Haltungen der Schülerinnen und Schüler an, die diese im Umgang mit Sprachen insgesamt und ggf. mit Türkisch als Herkunftssprache in ihren Familien sowie in der Grundschule erworben haben, und baut auf* den gemeinsamen Grundsätzen des fremdsprachlichen Lehrens und Lernens von Grundschule und weiterführender Schule auf. Folgende Aspekte haben deshalb für den Türkischunterricht in der Sekundarstufe I besondere Bedeutung:

- *Kommunikationsorientierung mit vielfältigen kommunikativen Aktivitäten in bedeutsamen Verwendungssituationen,*
- *Themen-, Anwendungs- und Situationsbezug, Authentizität,*
- *Erkunden von Sprache sowie entdeckender und experimentierender Umgang mit Sprache,*
- *Nachdenken über und Bewusstmachen von Lernerfahrungen,*
- *Förderung des selbstreflexiven und selbstständigen Lernens,*
- *Orientierung an der Lernentwicklung des einzelnen Schülers / der einzelnen Schülerin im Sinne einer individuellen Förderung,*
- *darstellendes, gestaltendes Lernen,*
- *behutsamer und konstruktiver Umgang mit Fehlern,*
- *funktional einsprachige Unterrichtsgestaltung.*"[5]

Der ebenfalls kompetenzorientierte neue Kernlehrplan Türkisch für die gymnasiale Oberstufe vom 01.08.2014 (Schule in NRW, Nr. 4732) löst den bisherigen Lehrplan von 2004 ab und vollzieht nun auch für die Oberstufe den bereits für die Sekundarstufe I vollzogenen Paradigmenwechsel von der Input- zur Outputorientierung. Dieser aktuelle Kernlehrplan Türkisch für die gymnasiale Oberstufe liefert eine landesweit einheitliche Obligatorik und schafft durch seine einheitlichen Standards die Voraussetzungen für die zentralen Prüfungen des Abiturs. Der Türkischunterricht in der gymnasialen Oberstufe ist gemäß diesem Lehrplan wiederum insbesondere dem Leitziel der interkulturellen Handlungsfähigkeit verpflichtet:

„*Interkulturelle Handlungsfähigkeit zielt auf eine differenzierte Auseinandersetzung der Schülerinnen und Schüler mit der Lebenswirklichkeit, den gesellschaftlichen Strukturen und den kulturellen Zeugnissen der Türkei und türkischsprachiger Lebenswelt ab. Im Türkischunterricht der gymnasialen Oberstufe behandeln deshalb die Lerngruppen soziokulturell, individuell und global bedeutsame Themen und deren Darstellung in authentischen türkischsprachigen Texten und Medien. Durch den Umgang mit Texten und Medien der Zielkultur erhalten Schülerinnen und Schüler im Türkischunterricht der gymnasialen Oberstufe Einblicke in die Vielfalt der Lebenswirklichkeiten der türkischen Kultur und Sprachräume. Dabei stärkt der Türkischunterricht der gymnasialen Oberstufe im Einklang mit den anderen Fächern des sprachlich-literarisch-künstlerischen Aufgabenfeldes kontinuierlich die Text- und Medienkompetenz. Die Auseinandersetzung mit anderen Lebenswirklichkeiten, sowohl in historisch erklärender als auch aus geschlechterdifferenzierender Perspektive, fördert die Bereitschaft zur Selbstreflexion und eröffnet Schülerinnen*

---

[5] Kernlehrpläne Türkisch für das Gymnasium und für die Gesamtschule – Sekundarstufe I in Nordrhein-Westfalen, Schule in NRW Nr. 3430 und 3121, Düsseldorf 2013, jeweils S. 8 f.

*und Schülern die Möglichkeit, Distanz zu eigenen Haltungen und Einstellungen herzustellen und diese gegebenenfalls zu verändern."*[6]

Seit Beginn des Schuljahres 2014/15 kann das Fach Türkisch sowohl als fortgeführte Fremdsprache als auch als neu einsetzende Fremdsprache angeboten werden. Im Kernlehrplan Türkisch für die gymnasiale Oberstufe finden sich dazu die folgenden Erläuterungen:

*Türkisch als fortgeführte Fremdsprache:*

*„Aufbauend auf dem am Ende der Sekundarstufe I erreichten Niveau erweitern und vertiefen die Schülerinnen und Schüler ihre fremdsprachlichen Kompetenzen im Türkischunterricht in der gymnasialen Oberstufe.*

*In der Einführungsphase treffen die Schülerinnen und Schüler auf vielfältige Lerngelegenheiten, die sie auf die Anforderungen der Qualifikationsphase vorbereiten. Am Ende der Einführungsphase erreichen die Schülerinnen und Schüler die Niveaustufe B1 + des GeR.*

*Die fortgeführte Fremdsprache Türkisch wird in der Qualifikationsphase als dreistündiger Grundkurs und als fünfstündiger Leistungskurs unterrichtet. Sowohl der dreistündige Grundkurs als auch der fünfstündige Leistungskurs verfolgen die oben genannten Aufgaben und Ziele des Faches jeweils in der gesamten Breite.*

*Im Grundkurs erwerben die Schülerinnen und Schüler eine verlässliche Basis interkultureller fremdsprachlicher Handlungskompetenz. Dies gilt gleichermaßen für den Leistungskurs. Darüber hinaus erwerben die Schülerinnen und Schüler im Leistungskurs die Kompetenzen in einer breiteren und tieferen Auseinandersetzung mit Texten und Medien – verbunden mit einem höheren Maß an Selbstständigkeit. Am Ende der Qualifikationsphase erreichen die Schülerinnen und Schüler die Niveaustufe B2 des GeR."*

*Türkisch als neu einsetzende Fremdsprache:*

*„Das Fach Türkisch wird in der gymnasialen Oberstufe in einem vierstündigen Kurs unterrichtet, in dem die Schülerinnen und Schüler eine grundlegende interkulturelle fremdsprachliche Handlungskompetenz erwerben. Am Ende der Qualifikationsphase erreichen die Schülerinnen und Schüler die Niveaustufe B1 des GeR mit Anteilen von B2."*[7]

## 5.6. Das TÖMER-Sprachzertifikat der Universität Ankara

Im Rahmen einer Vereinbarung zwischen dem TÖMER-Institut der Universität Ankara und dem Ministerium für Schule und Weiterbildung des Landes Nordrhein-Westfalen (MSW) können Schülerinnen und Schüler sowie Lehrkräfte weiterführender Schulen in Nordrhein-Westfalen schon seit mehreren Jahren die staatlichen türkischen TÖMER-Sprachzertifikate erwerben. Nach der Pilotphase,

---

[6] Kernlehrplan Türkisch für die Sekundarstufe II (Gymnasium / Gesamtschule) in Nordrhein-Westfalen, Schule in NRW Nr. 4732, Düsseldorf 2014, S. 12.
[7] Ebd., S. 14.

in der die TÖMER-Prüfungen nur für Schulen des Regierungsbezirks Münster angeboten wurden, haben nun alle Schülerinnen und Schüler in Nordrhein-Westfalen die Möglichkeit, dieses Sprachzertifikat zu erwerben. Von besonderem Interesse sind die Prüfungen zu den Referenzniveaus B1, B2 und C1 des Gemeinsamen europäischen Referenzrahmens für Sprachen (GeR).

B1 ist die erste Stufe der selbstständigen Sprachverwendung und gilt europaweit als Orientierung für den Mittleren Bildungsabschluss, B2 steht für das Abiturniveau und C1 wird zurzeit für ein Hochschulstudium in der Türkei vorausgesetzt.

Die TÖMER-Zertifikate sind eine wertvolle Zusatzqualifikation für international ausgerichtete Studiengänge oder Berufsausbildungen und motivieren Schülerinnen und Schüler durch die Bewährung vor einer staatlichen türkischen Institution. Lehrkräfte mit türkischer Zuwanderungsgeschichte im Schuldienst des Landes Nordrhein-Westfalen können mit dem staatlichen türkischen Zertifikat auf dem Niveau C1 in Kombination mit einer methodisch-didaktischen Fortbildung eine Unterrichtserlaubnis im Fach Türkisch erhalten.

Das TÖMER-Institut der Universität Ankara erstellt und bewertet die Webbasierten schriftlichen und mündlichen Teile der Prüfungen, die von den türkischen Lehrkräften der Prüfungsschulen mit Unterstützung durch Mitarbeiter des TÖMER-Instituts durchgeführt werden.

Im Jahre 2011 konnten bereits 118 Schülerinnen und Schüler sowie sieben Lehrkräfte aus acht Pilotschulen im Regierungsbezirk Münster erstmals erfolgreich an dieser türkischen Sprachprüfung teilnehmen.

In den Jahren 2012, 2013, 2014 und 2015 wurden die Türkischprüfungen des TÖMER-Instituts inzwischen für alle Schülerinnen und Schüler in NRW angeboten, und dies führte zu einer deutlichen Zunahme der Anmeldungen.

So nahmen am 23.02.2013 insgesamt 167 Schülerinnen und Schüler aus den Jahrgangsstufen 9–13 sowie zehn Lehrkräfte aus 17 Schulen in ganz NRW erfolgreich an den TÖMER-Prüfungen teil. Am 12.06.2013 übergab Frau Ministerin Sylvia Löhrmann in Gelsenkirchen zusammen mit Herrn Generalkonsul Sunel aus Düsseldorf und Herrn Generalkonsul Tosyali aus Münster die TÖMER-Zertifikate an die jeweiligen Absolventinnen und Absolventen. Die Bestehensquoten bei den unterschiedlichen Niveaustufen (A1–C1), auf die sich die Prüflinge vorher festlegen konnten, lagen zwischen 80 und 90 Prozent.

Am 17.06.2014 konnte Herr Staatssekretär Ludwig Hecke in der Gesamtschule Berger Feld in Gelsenkirchen bereits über 250 Schülerinnen und Schülern sowie wieder einigen Lehrkräften aus unterschiedlichen Schulformen in ganz NRW zum erfolgreichen Erwerb des staatlichen TÖMER-Sprachzertifikats gratulieren.

Im Jahre 2015 gab es 258 erfolgreiche Prüfungsteilnehmer(innen), die von

Ulrich Hillebrand

*Das Foto zeigt einige Türkischlehrer(innen) auf der Auftaktveranstaltung für das TÖMER-Pilotprojekt zur Einführung von türkischen Sprachzertifikatsprüfungen in nordrhein-westfälischen Schulen (am 24.03.2010 in Münster). Die Tagung wurde geleitet von Prof. Dr. Uzun, Leiter des TÖMER-Instituts an der Universität Ankara (5. von links), Dr. Hillebrand, Bezirksregierung Münster (3. von rechts) und Ali Cevik, Türkisches Generalkonsulat Münster (2. von rechts). Entnommen: Hürriyet 26. 03. 2010.*

Frau MR' Dr. Beatrice Schmitz (MSW, Düsseldorf) sowie von Herrn Generalkonsul Ufuk Gezer aus Münster geehrt wurden.

Da gegenwärtig über 8000 Schülerinnen und Schüler an 70 Schulen in NRW Türkisch als Fremdsprache lernen und darüber hinaus über 49.000 Schülerinnen und Schüler Türkisch im herkunftssprachlichen Unterricht lernen, ist davon auszugehen, dass das Interesse an den türkischen TÖMER-Sprachzertifikaten in Zukunft noch deutlich steigen wird.

# Zur Entwicklung und zu Grundsätzen eines Islamischen Religionsunterrichts (IRU) in NRW

Özcan Celik, Paul Leidinger

Islam und Islamunterricht sind aktuelle Themen in der Öffentlichkeit. In Deutschland leben zurzeit schätzungsweise über 4 Millionen Menschen islamischen Glaubens, was etwa 5% der Bevölkerung der Bundesrepublik ausmacht.[1] Damit stellt der Islam in Deutschland nach dem überwiegenden Christentum die zweitstärkste Religion dar.

Den Großteil der Muslime bilden die Sunniten mit ca. 2,2 Millionen. Nach einer Statistik des Statistischen Bundesamtes aus dem Jahre 2005 stammen die Muslime im Hinblick auf ihre Nationalität mit 60% überwiegend aus der Türkei.[2] Nach einer Untersuchung des Lehrstuhls für Bevölkerungswissenschaft an der Humboldt Universität Berlin[3] soll die Zahl der muslimischen Bevölkerung in Deutschland bis 2030 schätzungsweise auf über 12 Millionen ansteigen.[4] Die aktuelle Flüchtlingswelle wird die Zahl der zukünftigen muslimischen Bevölkerung und auch die Gruppierung der Muslime in Deutschland nach Nationalitäten bzw. Herkunft weiter erhöhen. Auf der Grundlage dieser Erkenntnisse gewinnt die Einrichtung eines islamischen Religionsunterrichts (IRU) an den Schulen und einer dafür grundlegenden islamischen Theologie an den Hochschulen in Deutschland eine besondere Bedeutung.

Der islamische Religionsunterricht (IRU) in Deutschland hat bereits seit der Arbeitsmigration in den 1960er Jahren und mit dem Gesetz der Familienzusammenführung 1973 eine heute über 40-jährige Geschichte. In diesem Zeitraum

---

[1] Bundesamt für Migration und Flüchtlinge, 2009. In: Haci-Halil Uslucan, Integration durch islamischen Religionsunterricht? In: H. Meyer/K. Schubert (Hg.), Politik und Islam, Wiesbaden 2011, S. 145–167. Vgl. nunmehr auch Özcan Celik, Islamischer Religionsunterricht in Deutschland: Erwartungen der Muslime – Konzepte der Kooperation zwischen den Glaubensgemeinschaften und dem Staat, Phil.-Diss. Münster 2016. Die Drucklegung der Dissertation wird vorbereitet.

[2] Susanne Below / Ercan Karakoyun: Sozialstruktur und Lebenslagen junger Muslime in Deutschland, in: Hans-Jürgen Werwierski /Claudia Lübcke (Hg.), Lebenswelten jugendlicher Migranten – Junge Muslime in Deutschland, Opladen/Farminton Hills 2007, S. 33–54.

[3] R. Münz/R. Ulrich, Das zukünftige Wachstum der ausländischen Bevölkerung in Deutschland – Demographische Prognosen bis 2030, in: Demographie Aktuell Nr. 12, 1997, Lehrstuhl Bevölkerungswissenschaft an der Humboldt Universität Berlin.

[4] Mehmet Emin Köktas /Kurt Hüseyin /Mehmet Soyhun, Islamunterricht in Deutschland, Probleme und Vorschläge, Frankfurt 2004 [Mehmet Emin Köktas// Hüseyin Kurt /Mehmet Soyhun: Almanya'da Islam Din Dersi, Sorunlar ve Öneriler, Frankfurt 2004].

wurde er bis jetzt in zwei Einrichtungen entwickelt: 1. traditionell in muslimischen Vereinen bzw. in Moscheen (Islamischer Religionsunterricht in Moscheen, IRUiM) und 2. als staatlich unterstützter Islamunterricht in öffentlichen Schulen (Islamischer Religionsunterricht in Schulen, IRUiS).

## 1. Zur Entwicklung des Islamischen Religionsunterrichts in Moscheen (IRUiM)

Das traditionelle Modell des IRU in Deutschland beginnt mit der Gründung der Moschee-Vereine. Nach der Familienzusammenführung seit 1973 haben die Muslime angefangen, muslimische Selbstorganisationen (Moschee-Vereine) zu gründen. Diese sollten sich auch um die geistigen und religiösen Bedürfnisse der muslimischen Bürgerinnen und Bürger sorgen. Bis zum Jahre 2000 ist die Zahl der registrierten (sunnitischen, schiitischen und alawitischen) islamischen Vereine auf 2.500 gestiegen.[5] Beim sunnitischen Bekenntnis etablierten sich in Deutschland vier große muslimische Dachverbände: Die Türkisch-Islamische Union der Anstalt für Religion (DITIB, begr.: 1984), die Islamische Gemeinschaft Milli Görüş (IGMG, begr.: 1995; unter anderen Namen bereits im Jahre 1972), der Verband der Islamischen Kulturzentren (VIKZ, begr.: 1973) und der Zentralrat der Muslime in Deutschland (ZMD, begr.: 1994).

In jedem muslimischen Moschee-Verein werden neben sozialen und kulturellen Aktivitäten auch Korankurse für Kinder und Jugendliche organisiert. Jeder Verein hat eine eigene Geschichte und Entwicklung. Je nach ihrer Zugehörigkeit zu einem Dachverband haben sie eigene Curricula und eigene Lehr- und Lernmaterialen für Korankurse bzw. für den IRUiM entwickelt. Im Kern haben alle sunnitischen Verbände im Hinblick auf die religiösen Kompetenzen gleiche Ziele, dass muslimische Kinder ihre Religion und Kultur kennenlernen und damit in die Lage versetzt werden, als Muslime ihre Religion auch zu praktizieren.

Der IRUiM wird normalerweise von Imamen durchgeführt, aber sie sind nicht alleinige Lehrkräfte in Moscheen (LiM). Da es in Moscheen an ausgebildeten und examinierten Personen für den islamischen Religionsunterricht fehlt, können Mitglieder und andere Personen als Lehrkräfte in den Moschee-Vereinen tätig werden, die durch Kenntnisse über den Islam und auch ihre religiöse Einstellung und Lebensweise qualifiziert sind, islamischen Religionsunterricht zu erteilen. Das kann natürlich eine einschränkende Wirkung auf die Qualität des Unterrichts vor allem bei der Vermittlung der Inhalte des Religionsunterrichts haben, weil die Lehrkräfte über keine pädagogische Ausbildung verfügen. Andererseits darf die persönliche religiöse Einstellung und das individuelle Engagement von Vereins-

---

[5] Zentralinstitut Islam-Archiv Deutschland 1/2000.

## Zur Entwicklung und zu Grundsätzen eines Islamischen Religionsunterrichts

mitgliedern oder zu Islamlehrern berufenen Muslimen nicht unterschätzt werden.

Obwohl die Kernziele des islamischen Unterrichts gleich sind, gibt es doch mehr oder weniger inhaltliche Unterschiede und Gewichtungen des IRUiM zwischen den genannten Verbänden:

a) Die DITIB hat eine feste Verbindung zur staatlichen türkischen Behörde des Präsidiums für Religionsangelegenheiten in der Türkei (Diyanet İşleri Başkanlığı, DİB). Alle Imame der DITIB sind im Status Beamte der Republik Türkei und kommen bisher ausnahmslos aus der Türkei. Dieser enge Kontakt zum türkischen Staat hat natürlich auch einen Einfluss auf den IRU in DITIB-Moscheen.

Nach Alacacioglu hat der IRU die folgenden allgemeinen Ziele: Die Vermittlung des Respekts von Jüngeren vor den Älteren und gegenüber dem türkischen Staat und der türkischen Staatsideologie ist wichtig. Im Unterricht wird keine bestimmte religiöse Orientierung, sondern ein allgemeiner Islam vermittelt. Die Schwerpunkte des Unterrichts sind folgende: Lesen und Auswendiglernen des Korans, Grundwissen über den Islam, religiöse Rituale und ihre Verrichtung sowie die Geschichte des Islam und die Grundprinzipien des Glaubens. Im Unterricht wird von der DİB herausgegebenes Unterrichtsmaterial (u.a. der Koran, der Katechismus und Lehrbücher) verwendet. Der Unterricht arbeitet mit klassischen Methoden. Dazu gehören das Auswendiglernen, das Lesen, der Frontalunterricht und die Hausaufgaben. Der Unterricht wird in Türkisch durchgeführt.[6]

b) Die Islamische Gemeinschaft MILLI GÖRÜŞ (IGMG) hat eine ideologische Nähe zu den im Namen wechselnden islamisch-türkischen Parteien von Necmettin Erbakan (1926–2011), von denen zuletzt die SP (Saadet Partisi: die Partei der Glückseligkeit) bestand, die jedoch keinen weitreichenden politischen Einfluss mehr in der Türkei hat. Von der IGMG trennte sich die 2001 neu gegründete AKP (Partei für Gerechtigkeit und Entwicklung) R. Tayyip Erdogans, die seit 2002 auf Anhieb zur Mehrheitspartei aufstieg und seitdem zunehmend die Politik der türkischen Republik bestimmt. Dadurch änderte sich die Ideologie der IGMG in Deutschland weitgehend. Die religiöse Orientierung der IGMG knüpft an den Nakschibendi-Gedanken an, mit dem eine strengere Koranauslegung verbunden war.[7]

---

[6] Hasan Alacacioğlu, Außerschulischer Religionsunterricht für muslimische Kinder und Jugendliche türkischer Nationalität in NRW. Eine empirische Studie zu Koranschulen in türkisch-islamischen Gemeinden, Münster 1999, S. 207–224.

[7] *Nakschibendi* „ist einer der zahlreichen Sufi-Orden des Islam, der im 14. Jahrhundert in Zentralasien entstand und sich in den darauf folgenden Jahrhunderten weiter verbreitete. Sein Gründer ist Baha-ud-Din Naqschband (1318–1389) aus Buchara (heute in Usbekistan). Von ihm leitet der Orden seine „spirituelle Kette" über Amir Kulal († 1379), Abdul Khaliq Ghujduwani († 1120), Yusuf Hamadhani († 1140) und einen der vier ‚rechtgeleiteten' Kalifen, Abu Bakr († 634), bis zum Propheten Mohammed († 632) ab." Vgl. https://de.wikipedia.org/wiki/Naqsch

Die inhaltlichen Schwerpunkte des IRU der Gemeinschaft Milli Görüş entsprechen weitgehend denen anderer Islamvereine. Der Unterricht wird von Lehrkräften, die Sympathie zur IGMG haben, durchgeführt, und im Unterricht werden weitgehend Bücher und Unterrichtsmaterialien verwendet, die die Gemeinschaft selbst herausgegeben hat. Der Unterricht wird in Türkisch durchgeführt.

c) Der VERBAND DER ISLAMISCHEN KULTURZENTREN (VIKZ) ist der drittgrößte türkisch-islamische Dachverband aller muslimischen großen Organisationen in Deutschland. Die Mitglieder des VIKZ werden als „Süleymancı" bezeichnet, was man mit „Anhänger Süleymans" übersetzen kann. Die Bezeichnung verweist auf Süleyman Hilmi Tunahan (1888–1959),[8] "[einen] Theologen in der Tradition der Nakschibendi-Orden. Nachdem in der Türkei 1925 die religiösen Orden verboten wurden, initiierte dieser eine landesweite private Korankurs-Bewegung."[9] Der VIKZ hat im Jahre 1979 einen Antrag auf Anerkennung als Körperschaft des öffentlichen Rechts gestellt, was jedoch erfolglos blieb.[10] Der Verband hat in Deutschland und auch in anderen europäischen Ländern Ausbildungszentren, in denen für die eigenen Moscheen Imame und Lehrkräfte ausgebildet werden, die aber außerhalb der eigenen Religionsgemeinschaft nicht anerkannt sind. Seit Beginn – also seit ca. 90 Jahren – konzentriert sich der Verband in besonderer Weise auf das Erlernen des Korans: ihn zu lesen, zu rezitieren und auswendig zu lernen. Im Unterricht werden vom Verband herausgegebene Bücher und Unterrichtsmaterialien verwendet. Dabei herrschen strenge Regeln zwischen religiöser Theorie und Praxis. Zudem wird darauf geachtet, dass die religiöse Kleiderordnung eingehalten wird. Lerngruppen werden nicht nach Alter organisiert, sondern je nach Wissensstand der einzelnen Schülerinnen und Schüler (SuS). Im Unterricht besteht eine strenge Geschlechtertrennung. Die Unterrichtssprache ist Türkisch. Lehrkräfte sind Imame und Muslime, die eine dreijährige Ausbildung in einem Süleyman-Kurs absolviert und die zentrale Prüfung bestanden haben.[11]

d) Ein vierter Verband ist der ZENTRALRAT DER MUSLIME IN DEUTSCHLAND (ZMD). Er ist eine Dachorganisation für 28 muslimische Verbände, die ihrerseits wieder Dachverbände verschiedener islamischer Vereine sind. Zu diesen gehören neben Zivilorganisationen rund 300 Moschee-Gemeinden und auch einzelne muslimische Vereine. Die Mitglieder des Verbandes ZMD machen die Vielfalt der muslimischen Organisationen deutlich. Ethnisch umfassen sie Mitglieder arabischer, türkischer, bosnischer, albanischer und iranischer Herkunft. Neben der

---

band%C4%ABya, Stand: 29.10.2016.

[8] Thomas Schmitt, Islamische Organisationen und Moscheevereine in Deutschland – Eine einführende Übersicht, Flensburg 2003, S. 8–12.
[9] Faruk Sen / Hayrettin Aydin, Islam in Deutschland, München 2002, S. 56–58.
[10] Schmitt (wie Anm. 8), S. 8.
[11] Alacacioglu (wie Anm. 6), S. 180–191.

sunnitischen Richtung wird auch die schiitische vertreten.[12] Da der Verband demgemäß heterogene Moschee-Gemeinden hat, gibt es keinen einheitlichen IRU in den angeschlossenen Moscheen. Die Unterrichtssprache ist unterschiedlich und umfasst entsprechend der ethnischen Herkunft der Mitglieder Türkisch, Albanisch, Arabisch, Persisch u.a., zumeist aber ist sie Arabisch, weil die überwiegende Zahl der Mitglieder Araber sind. Das Arabische hat daher für die im ZMD zusammengeschlossenen Vereine eine besondere Bedeutung. Es ist vielfach zugleich auch die Umgangssprache innerhalb des Verbandes. Allerdings sind die Unterrichtsmaterialien und Lehrbücher in den ZMD-Gemeinden sehr unterschiedlich, weil jede angeschlossene Gemeinde praktisch die ihr nach Herkunftsland, Sprache und Konfession zukommenden Unterrichtsmaterialien benutzt, so dass eine Vielzahl von Unterrichtsmaterialien verwendet wird, die jede angeschlossene Moschee-Gemeinde selbst bestimmt. Einige Vereine bringen ihre Lehr- und Lernmaterialien immer noch aus der Heimat mit, so dass die religiösen Orientierungen der Mitgliedsgemeinden keineswegs einheitlich, sondern außerordentlich vielfältig sind.

## 2. Zur Entwicklung des Islamischen Religionsunterrichts in Schulen (IRUiS)

Der staatliche IRU in NRW begann im Jahre 1978. Seit dieser Zeit ist das Bundesland NRW um eine systematische Entwicklung des IRU bemüht. Der erste Entwurf eines Curriculums für den IRU wurde von einer Arbeitsgruppe aus Vertretern zahlreicher türkisch-islamischer Organisationen in NRW und auch von Experten des neu gegründeten „Landesinstituts für Schule und Curriculumentwicklung" in Soest von Dezember 1978 bis Januar 1979 erarbeitet. Jedoch blieb dieser Versuch ergebnislos, da es zu keiner Einigung mit den Vertretern der muslimischen Organisationen und mit dem Landesinstitut kam.[13]

Am Ende des Jahres 1979 wurde das Landesinstitut in Soest durch einen Erlass beauftragt, einen „*Lehrplan für islamischen Religionsunterricht*" in den Klassen 1–4 der Grundschulen für türkische Schülerinnen und Schüler (SuS) zu erstellen. Ein darüber hinaus gehender Lehrplan für ein eigenständiges Fach „Islamischer Religionsunterricht" für die weiterführenden Schulen konnte ohne die Mitwirkung der Religionsgemeinschaften noch nicht erarbeitet werden. Die muslimischen Organisationen waren damals noch in der Entstehungsphase und bestanden aus einer Vielzahl von Vereinen und Moscheen. Deshalb wurden sie als Vertreter des Islams vom Bundesland NRW nicht anerkannt. Aufgrund dessen wurde

---

[12] http://zentralrat.de/2594.php, 27.04.2014.
[13] Klaus Gebauer, Geschichte der Islamischen Unterweisung (der Islamkunde) in NRW, in: Bülent Ucar, Islamkunde in NRW. Einige Infos. Stand 1. Januar 2007, S. 21.

ein muttersprachlicher Ergänzungsunterricht (MEU) für türkische SuS eingerichtet, der zugleich kulturelle und religiöse Inhalte vermitteln sollte. Jedoch konnte dieser Unterricht kein Ersatz für ein ordentliches Schulfach „Islamische Religionslehre" im Sinne der durch das Grundgesetz der Bundesrepublik und die Landesverfassung NRW bestimmten Schulgesetzgebung sein. Dennoch wurde dieser Unterricht später zu einem Fach „*Islamische Unterweisung*" weiter entwickelt.[14]

Im Frühjahr 1980 wurde erneut eine Kommission mit den Arbeiten für ein Curriculum „Islamischer Religionsunterricht" in NRW berufen. Sie bestand aus einer heterogenen Gruppe von sieben Muslimen und vier Nichtmuslimen. Sechs der Mitglieder waren LehrerInnen und sollten für die pädagogische Seite des Projekts sorgen. Zwei Islamwissenschaftler und zwei evangelische Religionspädagogen mit dem Schwerpunkt „Religionswissenschaften" waren vor allem für die thematische und inhaltliche Gestaltung des Curriculums zuständig. Diese Arbeit fand in Kooperation der Fachlehrer mit einem Vertreter des Landesinstituts sowie mit dem zuständigen Dezernenten der Bezirksregierung Münster als dem Vorsitzenden der Kommission statt, die zugleich auch die Aufsicht über das Projekt hatten. Im Jahre 1982 wurde das Curriculum für die Grundschule fertig gestellt. Dieses Curriculum wurde in Kooperation zwischen dem Erziehungsministerium und den islamisch-theologischen Fakultäten in Ankara, Istanbul und Konya entwickelt. Es sollte im Rahmen des Muttersprachlichen Unterrichts für türkische Schüler eingesetzt werden. Zwischen 1987 und 1989 wurden 600 LehrerInnen für die Islamische Unterweisung in der Grundschule fortgebildet. Im Jahre 1996 wurde die erste Fortbildung für die Sekundarstufe I angeboten, danach wurden für die Sekundarstufe I weitere Kurse eingerichtet, und zwar nachdem die Curricula für die Jahrgangsstufen 5 und 6 (1991) sowie 7 bis 10 (1996) fertig gestellt worden waren.[15]

Mit dem Jahr 1999 wurde ein neuer Unterrichtsversuch in den Schulen in NRW mit dem Fach „*Islamische Unterweisung in deutscher Sprache*" begonnen. Hinter diesem neuen Begriff stand auch ein verändertes Konzept. Mit Beginn des Schuljahres 2000/2001 wurde das neue Unterrichtsfach an 19 Schulen des Landes erprobt. Insgesamt 14 LehrerInnen unterrichteten ca. 500 SchülerInnen. Mit dem Schuljahr 2002/2003 wurde das Curriculum der „*Islamischen Unterweisung in deutscher Sprache*" für die Grundschule sowie für die 5. und 6. Klasse der Sekundarstufe I in verbesserter Form eingeführt. Zugleich wurden Fortbildungskurse für muslimische MuttersprachlehrerInnen durchgeführt. Die Zahl der Teilnehmer an diesen Fortbildungskursen *Islamische Unterweisung* stieg bis zum Anfang des Schuljahres 2004/2005 auf über ca. 7000 an. Alle Lehrkräfte dieses Projektes

---

[14] Ebd.
[15] Bülent Ucar (wie Anm. 13), S. 23.

waren Muslime. Zudem verfügten 61 von den 75 LehrerInnen über eine langjährige Erfahrung als Lehrkräfte für den *Muttersprachlichen Unterricht* (MSU) (Türkisch und Arabisch). Einige von ihnen hatten aber auch Erfahrungen mit der „Islamischen Unterweisung" im MSU. Die islamische Unterweisung in deutscher Sprache wurde später zur *Islamkunde* weiter entwickelt.[16]

Im Jahre 2006 wurde ein neuer Lehrplan für die Grundschule fertig gestellt. Hierfür wurden zunächst 25 muslimische MuttersprachlehrerInnen fortgebildet.[17] Danach wurden vom Schulministerium NRW weitere Fortbildungskurse für Islamkunde organisiert, nach deren erfolgreicher Absolvierung zahlreichen Lehrkräften ein Zertifikat für den Unterricht in Islamkunde erteilt wurde. Diese Kurse dauerten ein Schuljahr lang, wobei der Gesamtumfang des Kurses 320 Stunden betrug. Mit dem Zertifikat wurde eine unbefristete Unterrichtserlaubnis für LehrerInnen in der Primarstufe sowie der Sekundarstufe I im Fach Islamkunde (an den Schulformen Grundschule, Förderschule, Hauptschule, Realschule, Gesamtschule und Gymnasium) zuerkannt. Aber diese Qualifikation für den Unterricht in „Islamkunde" wurde immer wieder vor allem von den Islamverbänden kritisiert, weil damit keine ausreichende Ausbildung für einen IRU und vor allem nur ein begrenztes Wissen über den Islam verbunden sei. Diesen Bedenken wurde in der Folge Rechnung getragen.

Am 21. Dezember 2011 verabschiedete der Landtag NRW das „Gesetz zur Einführung von Islamischem Religionsunterricht als ordentliches Lehrfach". Damit war nunmehr eine verbindliche gesetzliche Grundlage zur Einführung des IRU in NRW geschaffen. Um die gesetzlich vorgeschriebene Mitwirkung der islamischen Religionsgemeinschaften zu sichern, wurde ein Beirat für den IRU in NRW gegründet, der aus acht Mitgliedern besteht: Jeder große muslimische Verband (DITIB, VIKZ, ZMD, IGMG) kann einen Vertreter in den Beirat entsenden. Die weiteren vier Vertreter werden vom Land NRW bestimmt. Sie sind auch muslimischen Glaubens.[18] Der Beirat ist zuständig, den Inhalt des IRUiS zu bestimmen und den Lehrkräften die Erlaubnis (Idschaza) für den Islamischen Religionsunterricht in NRW zu erteilen.

Für die Erteilung der Lehrerlaubnis wurden zahlreiche Vorstellungsgespräche organisiert. Mit den Lehrkräften, welche vom Beirat die Erlaubnis (Idschaza) für die Erteilung des IRU bekamen, durfte der IRU nach Art. 7 Abs. 3 GG mit dem Schuljahr 2012/2013 an Grundschulen und mit dem Schuljahr 2013/2014 an weiterführenden Schulen beginnen. Am 04. März 2013 überreichte der Beirat den 60 Lehrkräften erstmals die Erlaubnis (Idschaza) für die Erteilung des IRU in der Duisburger Merkez-Moschee. Die Zahl der Lehrkräfte, die die Idschaza

---

[16] Ebd. S. 24.
[17] Ebd.
[18] http://www.iru-beirat-nrw.de/dokumente/IslamRU.pdf.

für das Fach IRU bekamen, ist inzwischen wesentlich gestiegen. Trotzdem reicht ihre Zahl nicht aus, den Bedarf an islamischen Religionslehrern an den Schulen zu decken. Deshalb sind vermehrt islamische Religionslehrer als Lehrkräfte für den IRU auszubilden, zumal inzwischen immer mehr Schulen der gesetzlichen Verpflichtung zur Einführung und Etablierung des islamischen Religionsunterrichts nachzukommen versuchen. Doch setzt dies voraus, dass entsprechend an den wissenschaftlichen Hochschulen des Landes NRW, aber auch in den anderen Bundesländern ausreichende Studiengänge für die wissenschaftliche Ausbildung islamischer Religionslehrer eingerichtet werden, die das Studium und das wissenschaftliche Abschlussexamen für islamische Religionslehrer ermöglichen.

Für die wissenschaftliche Ebene des Islamstudiums und Islamunterrichts sind inzwischen in Deutschland an mehreren Universitäten Studiengänge für islamische Theologie und islamischen Religionsunterricht eingerichtet worden, die den wissenschaftlichen Abschluss u.a. als islamischer Religionslehrer ermöglichen. In Nordrhein-Westfallen ist das Zentrum für islamische Theologie (ZIT) an der Westfälischen Wilhelms-Universität Münster begründet worden. Neben den wissenschaftlichen Studiengängen organisiert es auch Tagungen und wissenschaftliche Fortbildungsveranstaltungen für islamische Religionslehrer. Es ist zielgerichtet auf die weitere Entwicklung der Fachdisziplin islamische Theologie und islamische Religionslehre und findet inzwischen weltweite Resonanz und Anerkennung.[19] Die aktuelle Zahl der eingeschriebenen StudentInnen am Zentrum für islamische Theologie (ZIT) liegt bei über 700. Viele von ihnen könnten zukünftige Islamlehrer an Schulen in NRW und in Deutschland werden.

## 3. Vergleich des islamischen Religionsunterrichts in Schulen und Moscheen

Bevor man den Religionsunterricht in Moscheen mit dem in öffentlichen Schulen vergleicht, muss man klar stellen, dass der IRUiS formalen staatlichen Bedingun-

---

[19] Mouhanad Khorchide, Islam ist Barmherzigkeit. Grundzüge einer modernen Religion, Freiburg-Basel-Wien 2012 (inzwischen in mehrfacher Auflage erschienen, hier wird nach der Auflage 2015 zitiert). Zur weltweiten Resonanz gehört, dass der Großimam der Azhar in Kairo als geistliches Oberhaupt des sunnitischen Islam das von Prof. Dr. Khorchide geleitete Islamische Zentrum der Universität in Münster am 17. März 2016 besucht und sich anerkennend darüber ausgesprochen hat. Vgl. das Gespräch mit dem Großimam der Azhar in Kairo, Ahmad al Tayyeb, in der Frankfurter Allgemeinen Zeitung vom 29.03.2016, der neben der Universität Münster auch den Deutschen Bundestag in Berlin besuchte und an einer Konferenz von Bischöfen und Theologieprofessoren beider christlicher Kirchen teilnahm und den Grundsatz der islamischen Theologie Khorchides mit den Worten stützte: „Der Islam kann mit jeder Staatsform leben, die Menschenwürde, Gerechtigkeit und Gleichberechtigung garantiert" (Gespräch mit Rainer Hermann, „Ich verstehe die Angst der Deutschen vor dem Islam", FAZ vom 29.03.2016).

gen unterliegt, während der IRUiM eine organisatorische Freizügigkeit hat. Beide Unterrichtsformen haben deshalb einen unterschiedlichen Charakter mit teilweise unterschiedlicher Organisation, verschiedenen Methoden und auch in der Zielsetzung unterschiedlichen Gewichtungen.

Die Organisation des IRUiS entspricht den entsprechenden Schulgesetzen, deswegen hat die Struktur des IRUiS eine stabile und effektive Funktion: Der IRU setzt in einer Schule die Teilnahme von 12 SuS muslimischen Glaubens voraus. Für den Unterricht gibt es eine passive Anmeldung. d.h. es werden alle muslimischen SuS aufgenommen, es sei denn, die Eltern melden ihr Kind schriftlich ab. Die Organisation des IRUiS wird im Rahmen verbindlicher schulischer Richtlinien und Lehrpläne geregelt, nach denen auch der Unterricht in den Schulen durchzuführen ist. Dagegen können Organisation und Durchführung des IRUiM von Verein zu Verein unterschiedlich sein.

In den Moscheen gibt es organisatorische Probleme, den Islam-Unterricht regelmäßig über ein ganzes Schuljahr wie im IRUiS durchzuführen. Denn der Unterricht in Moscheen ist für neue TeilnehmerInnen immer offen, damit sie jeder Zeit mit dem IRUiM anfangen können. Dort ist auch das Fehlen ohne Entschuldigung möglich, weil der Unterricht freiwillig ist. Jedoch gibt es einige Moscheen, die eine verbindliche Teilnahme fordern. Neben dieser weitgehend unorganisierten Struktur muss eine Lehrkraft in einer Moschee noch mit anderen Problemen kämpfen, z.B. stehen vielfach keine geeigneten und ausreichenden Räume in der Moschee zur Verfügung, so dass in überfüllten Klassen unterrichtet werden muss und kaum jede Teilnehmerin und jeder Teilnehmer kontrolliert werden kann, ob sie oder er das aufgegebene Lernpensum erfüllt und vor allem die aufgegebenen Koranverse richtig auswendig gelernt haben. Dazu kommen zumeist eingeschränkte finanzielle Grundlagen für den Kauf von Unterrichtsmaterialien. All diese Probleme machen eine stabile Unterrichtsorganisation in kleinen Moscheen sehr schwer. Die Qualität des IRUiM bleibt weitgehend in der Hand der eigenen Initiative der Lehrkraft. Sie wird versuchen, wenigstens das Grundwissen des Islam, das zum Gebet nötig ist, zu vermitteln. Außerdem werden Unterrichtsergebnisse oder Leistungen der Lehrkraft von der Zentrale der Vereine in der Regel nicht kontrolliert.

Ein weiterer Unterschied zwischen beiden Formen des IRU besteht bei den Unterrichtsmethoden. Die favorisierten Methoden des IRUiS sind folgende: Gruppenarbeit, Gemeinsame Aktivitäten/Soziales Lernen, Partnerarbeit, Malen/Zeichnen, interreligiöses Lernen, Singen, Diskussionen. Dagegen sind die favorisierten Methoden des IRUiM der Frontalunterricht, das Auswendiglernen, die teilnehmende Beobachtung bei der Gebetspraxis, individueller Lernstand, Hausaufgaben, Großgruppenmoderation, Großer-Bruder-Methode (d.h. die individuelle Hilfe und Unterstützung durch ältere Geschwister oder befreundete Mitschüler). Man stellt fest, dass die favorisierten Methoden des IRUiS auf aktives und soziales Lernen zielen. Mit diesen Methoden können Kinder über gelerntes Wissen nachdenken, sich mit diesem auseinandersetzen, es verinnerlichen und damit ihre eigene Religiosität ausbilden. Dagegen sind die Methoden des IRUiM für rasches Auswendiglernen und die Praxis des Gebetes geeignet. Damit lernen Kinder schnell und viel: wie man die Suren auf Arabisch liest, wie man sie ausspricht bzw. rezitieren kann. Die Schüler üben das erlernte Wissen und praktizieren mit der Gemeinde in Moscheen das Gebet und das religiöse und soziale Zusammenleben im normalen Alltag, vor allem auch zu Zeiten des Fastengebots (im Ramadan und an besonderen religiösen Tagen und Nächten).

Der IRU hat nach sprachlichen Kriterien in öffentlichen wie islamischen Einrichtungen unterschiedliche Schwerpunkte und Funktionen: Im IRUiM wird die Muttersprache bzw. Herkunftssprache benutzt, dagegen im IRUiS die Landessprache Deutsch. Die Frage, die sich in diesem Kontext stellt, ist die, ob die deutsche Sprache aktuell nur die zweite gelernte Sprache ist oder ob sie mittlerweile auch als Muttersprache angesehen werden kann. Da die Kinder ihre Herkunftssprache heute zumeist nicht mehr gut beherrschen, ist ihre Pflege in den Moscheen umso wichtiger.

Kultur und Sprache stehen in enger Beziehung zueinander. Genauso wie die sprachliche Kompetenz muss auch die „kulturelle Kompetenz" unter verschiedenen Aspekten beleuchtet werden. Zu beachten ist dabei, dass die TeilnehmerInnen im IRU aus unterschiedlichen Kulturen stammen und von ihnen geprägt sind. Die islamische Kultur kann in Moscheen besser als in der Schule erlebt werden, aber man kann nicht von einer einheitlichen islamischen Kultur in allen Moscheen sprechen, weil die Moschee-Vereine in unterschiedlichen Ländern und unterschiedlichen Kulturkreisen wurzeln. Dennoch wird im IRUiM die Herkunftskultur der TeilnehmerInnen gepflegt, weil sie neben der Religion selbst auch die kulturellen Werte, Sitten und Bräuche der Herkunftsländer vermittelt. Dagegen sind die Schulen Orte, in denen das Zusammenleben von einheimischen Schülern und solchen mit Migrationshintergrund eingeübt werden muss.[20] Die Schüler im IRUiS stammen zumeist aus verschiedenen muslimischen Ländern mit unterschiedlichen nationalen Kulturen. Damit kann der IRUiS zu einer möglichen Basis nicht nur für eine einheitliche islamische Kultur in Deutschland werden, sondern er erhält damit zugleich auch eine wichtige Funktion der Integration. Denn durch das Zusammenleben muslimischer SuS in der Schule mit Andersgläubigen erleben sie in der Schule auch die Kultur und Religion des Landes, in dem sie leben.

Wie aufgrund der sprachlichen und kulturellen Kompetenzen sichtbar ist, beinhaltet jede der beiden Formen des IRU in sich besondere Eigenschaften und

---

[20] Haci-Halil Uslucan, Integration durch islamischen Religionsunterricht? In: H. Meyer/ K. Schubert (Hg.), Politik und Islam, Wiesbaden 2011, S. 145–167.

## Zur Entwicklung und zu Grundsätzen eines Islamischen Religionsunterrichts

Vorteile. Zum Beispiel hat der IRUiM besondere Vorteile bei der Vermittlung religiöser Spiritualität und Kompetenzen. Sie werden in fünf Themenbereichen vermittelt: 1. grundsätzlich in Glaubensfragen, 2. in der Aneignung und Auslegung des Korans, 3. in der Sinnerfüllung des Gebetes und seiner Praxis 4. in der Geschichte des Propheten und 5. in grundlegenden und aktuellen Fragen der Ethik. Es gibt gewisse religiöse Kompetenzen und Fertigkeiten, die jeder Muslim erworben haben soll, damit er seine Religion praktizieren kann. Zur Praxis gehören Wissen und bestimmte Regeln z. B. über die Verlaufsform des Gebets sowie vor allem auch über das Auswendiglernen von Suren des Korans. SuS erwerben diese Fähigkeiten im IRUiM intensiver als im IRUiS. Was SuS in der Schule z.B. in Bezug auf das Auswendiglernen und Rezitieren von Suren des Korans sowie hinsichtlich der Gebetspraxis lernen, ist im Vergleich zum IRUiM nur ein Minimum. Diese Bereiche religiöser Spiritualität und Praxis können im IRUiS niemals so umfangreich vermittelt werden, weil der IRUiS erstens nicht so viel Unterrichtszeit und zweitens auch nicht die gleiche Intensität der religiösen Zielsetzung hat. In den Schulen wird der RU allgemein – d.h. auch der islamische – mit 2 Unterrichtsstunden in der Woche durchgeführt, dagegen stehen in Moscheen ca. 8 Unterrichtsstunden zur Verfügung; berechnet auf ein Schuljahr sind das in Schulen höchstens 80 Unterrichtsstunden, in Moscheen aber 320. Außerdem kann in Moscheen auch in den Ferien (Herbst, Weihnachten, Ostern) weiter unterrichtet werden, so dass die Zahl der Unterrichtsstunden damit in einem Schuljahr auf ca. 350 steigen kann. Vor allem die religiöse Spiritualität und Kompetenz können im IRUiM besser vermittelt werden, weil der Unterricht in der Moschee stattfindet. Allgemein sind Gotteshäuser die Orte, in denen die Spiritualität der Religion und ihre Sinnstiftung am besten erlebt werden können. SuS erleben hier in der Architektur der Moschee, in der Form des Gebetes, in den religiösen Übungen, in der Koranrezitation und im Zusammenleben mit der Gemeinde ihre Religion sehr viel unmittelbarer als im Religionsunterricht der Schulen.

Dagegen können im IRUiS andere Kompetenzen sehr viel intensiver erfahren und angeeignet werden: z.B. bei der Behandlung von Themen der Interreligiosität, der Interkulturalität, der Toleranz und Dialogfähigkeit, der Identität, der Aufklärung, der Intellektualität und auch der Barmherzigkeit. In öffentlichen Schulen ist Interreligiosität heute eine Grundlage und ein Kennzeichen eines normalen Schullebens, zu dem auch der außerschulische Besuch von Kirchen, Moscheen und Gebetshäusern anderer Religionen und damit das Kennenlernen und der Dialog mit diesen gehört. Ebenso können interkulturelle Kompetenzen im IRUiS besser erworben werden, weil die Schule den SuS ein interkulturelles Leben in gemeinsamen Aktivitäten und im Zusammenleben in interreligiösen und interkulturellen Gruppen anbietet. Gerade hier besteht für SuS die Möglichkeit, Toleranz und Dialogfähigkeit zu erfahren und zu üben. Selbstverständlich werden und müssen diese auch im IRUiM vermittelt werden. Aber sie können dort nicht so unmittelbar wie in der Schule erfahren werden, wo der tägliche Umgang von Schülern und Lehrern mit unterschiedlicher kultureller und religiöser Herkunft, Erfahrung und Lebensweise Toleranz und Dialogfähigkeit im praktischen Umgang miteinander bedingt. Nicht zuletzt tragen diese zur persönlichen Entwicklung von Schülerinnen und Schülern, zu gegenseitiger Anerkennung und Gleichberechtigung und damit auch zu ihrer religiösen und kulturellen Selbstfindung und Identitätsbildung bei. Dies kann im IRU in Moscheen nicht in vergleichbarer Weise realisiert werden.

## 4. „Aufklärung" als Lernziel im Religionsunterricht

‚Entdeckendes Lernen' ist seit den 1970er Jahren ein besonders betonter methodischer Grundsatz der staatlichen Richtlinien für alle Unterrichtsfächer und Schularten in allen Bundesländern der Bundesrepublik Deutschland. Die SchülerInnen sollen im Unterricht lernen, die vorgestellten Sachverhalte nicht nur zu rezipieren, sondern auch kritisch zu hinterfragen und so zu einem eigenen Urteil zu kommen, das sich gewissenhaft an wissenschaftlichen Erkenntnissen und ethischen Grundsätzen orientiert. Dieser methodische Grundsatz ist auch für den islamischen Religionsunterricht in öffentlichen Schulen verpflichtend.

Im umfassenden Sinn handelt es sich dabei um das Lernziel „Aufklärung". Der Begriff hat durch den preußischen Philosophen Immanuel Kant (1724–1804) eine markante und bis heute allgemeingültige inhaltliche Bestimmung erfahren. Kant versteht unter „Aufklärung" den „Ausgang des Menschen aus seiner selbstverschuldeten Unmündigkeit" mit dem Ziel, sich seines Verstandes zu bedienen, um dadurch alle vorgegebenen Denkgewohnheiten und Verhaltensmuster seiner Lebenswelt, insbesondere von Staat und Religion, kritisch zu hinterfragen.[21] Der philosophische Aufklärungsgedanke hat sich seit dem Ende des 17. Jahrhunderts von England aus entwickelt und im 18. Jahrhundert fortschreitend das geistige Leben in Europa und Nordamerika bestimmt.[22] Die Philosophie der Aufklärung ist bis heute eine Geistesrichtung, die sich gegen Absolutheitsansprüche von Staat und Religion wendet und im freiheitlichen Vernunftgebrauch die Grundlage für die Gestaltung einer humanen Gesellschaft in Freiheit, Frieden, Gerechtigkeit und sozialer Verantwortung in einer heute globalen Welt sieht. Staat und Religionen verlieren dabei nicht ihre Bedeutung als grundlegende Instanzen der Lebenswelt und Faktoren der Orientierung des Menschen, aber sie werden an Maximen gebunden, die ein friedliches, humanes und gedeihliches Verhältnis der Menschen

---

[21] Immanuel Kant, Beantwortung der Frage: Was ist Aufklärung? Drei Essays, Berlin 2015, S. 7–17.
[22] Werner Schneiders, Das Zeitalter der Aufklärung, 2. Aufl. München 2001; Wolfgang Hardtwig (Hg.), Die Aufklärung und ihre Weltwirkung, Göttingen 2010.

## Zur Entwicklung und zu Grundsätzen eines Islamischen Religionsunterrichts

und ihrer verschiedenen Weltanschauungen ermöglichen. Das allgemeine methodische Unterrichtsprinzip „Aufklärung" ist damit auch für den Islamunterricht in öffentlichen Schulen verpflichtend und auch vom Islamunterricht in Moscheen in Deutschland zu beachten.

Gerade der Islamunterricht in den Moscheen vermittelt durchaus zu Recht mit der religiösen Lehre auch damit verbundene kulturelle Werte und volkstümliches Brauchtum, macht aber nicht immer deutlich, dass diese keine grundlegenden Glaubenssätze des Islams sind. Sie sind aber dennoch von Wert, weil sie die Religion mit dem Lebensalltag des Menschen verbinden und religiös motivierend wirken können. Islamlehrer in den Moscheen sind geneigter, auf solche rituellen Gebetspraktiken und volkstümlichen religiösen Bräuche einzugehen als Islamlehrer in der Schule, die wesentlich enger der zeitlich begrenzten Unterrichtsorganisation und den Raumbedingungen unterliegen als die Islamlehrer in den Moscheen. Die Moscheen bieten sich mit den zumeist mit ihnen verbundenen Versammlungs- und Feierräumen geradezu an, den Religionsunterricht und das rituelle religiöse Gebet durch gesellschaftliche Feiern und Begegnungen wie etwa beim Fastenbrechen zu ergänzen. Insofern steht der Islamlehrer im Moscheeunterricht dem Glaubens- und Gemeinschaftsleben einer islamischen Gemeinde wesentlich näher als der Islamlehrer in der Schule, der mitunter nur eine geringe Beziehung und wenig Interesse an religiösen Feiern hat, zumal sie über seinen schulischen Pflichtdienst hinausgehen. Andererseits ist festzustellen, dass der Islamlehrer in der Schule vielfach weltoffener und freimütiger in der Lebensgestaltung und auch in seiner Religionsauffassung ist als der muslimische Religionslehrer in der Moschee, der sich eng an traditionelle Auffassungen und Lebensformen des Islam hält, ohne sie kritisch zu hinterfragen. Das kann zu teils großen Unterschieden gerade bei religiösen Themen zwischen muslimischen Lehrern in der Moschee, die zumeist konservativen Auffassungen folgen, und Islamlehrern in öffentlichen Schulen führen.

Ein immer wieder strittiger Aspekt ist dabei die Erziehung zu Respekt und Gehorsam im Islamunterricht. Auch hier gibt es unterschiedliche Gewichtungen zwischen Islamlehrern in der Moschee und in der Schule. Gehorsam wird in der islamischen Welt als grundlegende Tugend betrachtet, die vor allem Jüngere gegenüber Eltern, Erziehern und Respektpersonen leisten müssen. Daher bestehen gerade Islamlehrer in der Moschee auf der Einhaltung dieser Tugend. Differenziert betrachten zumeist Islamlehrer in der Schule die Tugend des Gehorsams. Dieser ist einerseits eine notwendige Basis für das respektvolle Zusammenleben von Generationen in der Familie, aber auch in der Arbeitswelt und in den vielfältigen Gruppen der Gesellschaft, die ohne geregelte Verantwortungsstrukturen ins Chaos sinken würden, andererseits liegt es im Wesen des Menschen und auch bereits der Jugend, dass sie Verantwortungsstrukturen und damit die Forderung nach Gehorsam kritisch hinterfragen. Das mag manchmal als respektlos gelten und auch sein, doch ist Kritikfähigkeit gerade in der Gesellschaft einer heute vielfältig vernetzten digitalen Welt ein wichtiges Erziehungsziel der Jugend auf ihrem Weg zu ihrem Beruf und in gesellschaftliche Verantwortungspositionen, nicht zuletzt auch in der Religion. Daher ist Lehrern in der Schule nicht nur im Fach Religion, sondern allgemein aufgegeben, Schüler zu kritikfähigen Staatsbürgern heranzubilden, eine Aufgabe, die der islamische Religionslehrer in der Moschee eher hinter die Vermittlung traditioneller Unterrichtsthemen zurücktreten lässt. Hinzu kommt, dass gerade im Religionsunterricht des Islam – aber auch in dem anderer Religionen – für Kinder vielfach die Pflicht zum Gehorsam durch eine sog. „schwarze Pädagogik" erzwungen wird, die Kinder und Schüler bei Nichtbefolgung von Geboten durch göttliche Strafandrohung u.a. mit der ewigen Verdammnis in der Hölle verängstigt. Die Religion wird dabei zu sehr vordergründigen Zwecken des Gehorsams instrumentalisiert. Eine solche Pädagogik ist für Mouhanad Khorchide „Ausdruck einer Diktatur", die kritisches Denken unterdrückt und damit dem Geist des Korans widerspricht.[23] Das Gesagte bezieht Mouhanad Khorchide insbesondere auch auf die Gottesbeschreibung. Der vielfach betonten Darstellung des strafenden Gottes stellt er Gott als Barmherzigen gegenüber und betont, dass diese Beschreibung die eines strafenden Gottes ausschließt.[24]

Insofern der islamische Religionsunterricht in der Schule „aufklärend" ist, d.h. der Anleitung der Schüler zum kritischen Denken gilt, ist er ein wichtiger Sozialisationsort, dem der islamische Religionsunterricht in der Moschee nicht nachstehen sollte. Mit dieser von den staatlichen Richtlinien geforderten Beachtung des Prinzips „Aufklärung" im Religionsunterricht aller Glaubensrichtungen kann der IRUiS für die Intellektualität des IRUiM einen wesentlichen Beitrag leisten.

## 5. Schlussfolgerungen

Der IRU in beiden Institutionen – Schule und Moschee – muss nicht identisch sein, sondern kann bei grundsätzlicher Übereinstimmung in den Glaubensprinzipien der islamischen Religion zwei unterschiedliche Unterrichtsformen zeigen, die – von einander unabhängig – ihre eigene geschichtliche Entwicklung haben. Sie können unterschiedliche inhaltliche Schwerpunktsetzungen im Rahmen des verbindlichen Lehrkanons vornehmen, aber sich auch je eigener bevorzugter Methoden bedienen. Beide Formen des Religionsunterrichts konkurrieren nicht gegeneinander, sondern ergänzen sich mit ihren Ausrichtungen, das gilt sowohl für die Erweiterung von Wissenskenntnissen und ihrer kritischen Analyse in beiden

---

[23] Khorchide, Islam ist Barmherzigkeit (wie Anm. 19), S. 45–47.
[24] Ebd. S. 50–52.

Unterrichtsformen wie auch für die Einführung und Einübung ritueller islamischer Texte und Gebetsformen. Dabei entwickelt sich unaufgefordert eine Kombination zwischen beiden Unterrichtsformen, die beide ergänzt.

Aber dies ist ein Weg, der mit der noch jungen Einführung eines staatlich organisierten Islamunterrichts an öffentlichen Schulen mit staatlichen Richtlinien und Lehrplänen noch vor großen Aufgaben der Realisierung steht. Der Staat ist dabei bemüht, wie bei der Konstituierung eines christlichen und jüdischen Religionsunterrichts auch sachverständige Vertreter des Islams bei der Konzipierung von Richtlinien und Lehrplänen für den islamischen Religionsunterricht zu beteiligen. Er hat hierzu im Bundesland Nordrhein-Westfalen durch ein Schulgesetz von 2011 die zu Anfang dieses Beitrags angeführten vier größeren islamischen Dachverbände (DITIB, IGMG, VIKZ und ZMD) in einen „Beirat für den islamischen Religionsunterricht" als Kooperationspartner berufen. Auf der Bundesebene haben diese in ausgeweiteter Beratungsfunktion schon vor zehn Jahren 2006 in einer „Deutschen Islamkonferenz" (Islamrat), in dem auch die Aleviten vertreten sind, Mitwirkungsrechte gefunden, doch repräsentieren die vier islamischen Dachverbände nach jüngsten Feststellungen der Frankfurter Allgemeinen Zeitung „höchstens ein Fünftel der deutschen Muslime".[25] Sie sind religionspolitische Dachverbände, die nicht spezifisch islam-theologisch ausgerichtet sind und zum Teil unterschiedliche islamische Lehrmeinungen vertreten, die bisher nicht koordinierbar waren, so dass eine islamische Richtlinien- und Lehrplanarbeit erschwert erscheint, die auf Einvernehmlichkeit gerichtet sein muss und auch die offensichtliche Mehrheit der nicht vertretenen Muslime wie u.a. auch das liberal-säkular ausgerichtete „Muslimische Forum" einbeziehen müsste. Eine eigene Religionsgemeinschaft stellen die Aleviten dar. Bei einer Konstituierung eines islamischen Religionsunterrichts wäre es vor allem notwendig, die theologische und religionsdidaktische Kompetenz der inzwischen in Deutschland und auch in NRW eingerichteten Islamischen Zentren einzubeziehen und auch die bereits vorliegenden praktischen Unterrichtserfahrungen kompetenter Islamlehrer zu berücksichtigen.

Der durch die dargestellten Maßnahmen zu entwickelnde islamische Religionsunterricht in öffentlichen Schulen könnte ein Maßstab auch für den islamischen Religionsunterricht in Moscheen werden. Dieser steht ohnehin vor der Aufgabe, sein bisher bewährtes Konzept zu überprüfen und den wesentlich veränderten Zeitverhältnissen und auch den durch die Migration bedingten neuen Landes- und Ortsverhältnissen anzupassen und sich dabei auch neuen Themen und modernen pädagogischen Methoden im Islamunterricht zu öffnen. Nach Aussagen mancher Vorsitzenden und Experten in den Moscheevereinen arbeiten zahlreiche

---

[25] Frankfurter Allgemeine Zeitung Nr. 250 vom 26. Oktober 2016, S. 9.

Vereine und Moscheen immer noch mit den aus der „alten Heimat" importierten Konzepten. Diese entsprechen in vielem nicht mehr den weitgehend veränderten Verhältnissen der Zeit und des Einwandererlandes mit einer zunehmend multiethnischen religiösen Bevölkerung auch der Muslime und vor allem in vielem nicht den Erwartungen und Notwendigkeiten der hier aufwachsenden jungen muslimischen Generation, die den Spagat von einer ganz anders bestimmten Vergangenheit in heute weitgehend ganz andere wirtschaftliche und kulturelle Lebensverhältnisse leisten muss, um darin Zukunft zu haben. Daher müssen die Konzepte auch des islamischen Religionsunterrichts in den Moscheen nach dem aktuellen Bedarf erneuert und an die veränderten Lebensverhältnisse angepasst werden, ohne damit grundlegende religiöse Prinzipien des Islam aufzugeben, der sich mit anderen Religionen der Welt in einer existentiell anerkannten humanitären Verbundenheit sieht.

Es gibt zudem ethnische und kulturelle Unterschiede in den Konzeptionen von Moschee-Gemeinden mit Unterrichtsmaterialien z.B. in türkischer, arabischer, bosnischer und albanischer Sprache, die angesichts einer fortschreitenden Integration der heranwachsenden Generation in das neue Heimatland nur noch einen begrenzten Sinn haben. Sie machen sprachliche und didaktische Neubearbeitungen notwendig, die den hier geborenen und aufgewachsenen Kindern nicht mehr primär die Traditionen der Heimat ihrer Eltern vermitteln sollten, sondern die ihres neuen Heimatlandes, ohne dass darüber Sprache und kulturelle Gewohnheiten der alten Heimat erlöschen sollten. Eine solche Anpassung ohne Zwang wäre eine wesentliche Hilfe für eine gesellschaftliche Integration von Muslimen – vor allem unterschiedlicher ethnischer Herkunft – in die deutsche Aufnahmegesellschaft.

Eine von deutscher Seite bei der Konzeption von Lehrplänen für den Islamunterricht sich stellende Maxime ist die Anerkennung der in der Bundesrepublik Deutschland geltenden verfassungsrechtlichen Normen als Grundlage für die schulischen Lehrpläne und Unterrichtsrichtlinien aller Fächer, so auch des neuen Faches islamischer Religionsunterricht. Dazu gehören die Anerkennung des Grundgesetzes der Bundesrepublik Deutschland und der international formulierten Humanrechte des Menschen, die ein Leben in Frieden, Freiheit und Gerechtigkeit für alle Menschen gewährleisten sollen. Dazu gehören insbesondere die persönliche Freiheit des Menschen, mit der auch das Prinzip der Religionsfreiheit verbunden ist, und die Rechtsgleichheit der Frau.[26] Diese Grundrechte schließen politischen und religiösen Extremismus ausdrücklich aus.

Auf der islamischen Seite besteht bei der Richtlinienarbeit das Problem, wie

---

[26] Vgl. hierzu aktuell die Ethnologin Susanne Schröter, Frauen im Islam und in der islamischen Welt, in: Forschung und Lehre, Zeitschrift des Hochschullehrer-Verbandes, Bonn, Heft 11, 2016, S. 962–963, die in der Islamisierung von Politik und Recht durch eine konservative Koraninterpretation eine Verletzung der Gleichberechtigung der Geschlechter feststellt.

## Zur Entwicklung und zu Grundsätzen eines Islamischen Religionsunterrichts

der Koran verstanden werden soll. Manche Verse des Korans werden unterschiedlich ausgelegt, um sie für den eigenen oder politischen Nutzen zu instrumentalisieren. Um dies zu verhindern, stellt Mouhanad Khorchide, Leiter des Islamischen Zentrums und Professor für islamische Religionslehre an der Universität Münster, sechs Maxime für eine zeitgerechte Interpretation des Korans auf, die den oben bezeichneten internationalen Humanrechten entsprechen:

„1. Der Mensch besitzt – unabhängig von seiner Weltanschauung – eine Würde, die unantastbar ist.
2. Die konfessionelle Vielfalt unter den Menschen ist gottgewollt.
3. Nur Gott kann und darf zwischen Menschen richten.
4. Der Islam ist nicht der einzige Weg zur ewigen Glückseligkeit.
5. Der Mensch soll seinen Mitmenschen mit Güte und Gerechtigkeit begegnen.
6. Es herrscht eine Religionsfreiheit: ‚In der Religion gibt es keinen Zwang'."[27]

Die Maxime markieren deutlich die Grenze, den Koran selektiv auszulegen und für Zwecke zu missbrauchen, die das Recht von Menschen und Staaten auf Frieden und Freiheit in der Welt gefährden und brechen.[28] Das Friedensgebot ist dabei

---

[27] Mouhanad Khorchide, Mouhanad: Die theologischen Grundlagen des christlich-islamischen Dialogs aus der Sicht der islamischen Theologie. In: M. Rohe/ H. M. Engin, / M. Khorchide / Ö.M. Özsoy / H.Ö. Schmid (Hg.): Christentum und Islam in Deutschland – Grundlagen, Perspektiven und Erfahrungen des Zusammenlebens, Freiburg im Breisgau 2015, S. 497–512. Vgl. auch sein in Anm. 19 angeführtes Werk: Der Islam ist Barmherzigkeit, insb. S. 207–208. Vgl. ebd. auch seine humanistische Korandeutung S. 176–214 und die Einordnung der Scharia in die islamische Theologie S. 131–166.

[28] Vgl. für ein humanistisches Verständnis des Korans auch Nasr Hamid Abu Zaid, Gottes Menschenwort. Verständnis des Korans, Freiburg 2008, S. 130–132, der nicht an der göttlichen Offenbarung des Korans zweifelt, diese aber für den Menschen nicht direkt einsehbar, sondern bestenfalls indirekt erschließbar hält: „Es sollte klar sein, dass die göttliche Natur des Korans auf seine Quelle beschränkt bleibt. Der Inhalt dagegen steht in einem engen Wechselverhältnis zur sprachlichen Struktur, die kulturell und historisch determiniert ist." Das bedeutet, dass eine einseitige wörtliche Auslegung des Korans – wie ein salafistischer Extremismus sie vornimmt – sich einer hermeneutischen Deutung beraubt, die den Koran in den Zusammenhang mit einer veränderten Zeit setzt. Vgl. dazu Kersten Knipp, Nervöser Orient. Die arabische Welt und die Moderne, Darmstadt 2016, S. 366–368: Lesarten des Göttlichen. Ferner jüngst auch die aktuell klärenden Beiträge zum Islam in Deutschland, in: Zeitschrift des Hochschullehrerverbandes „Forschung & Lehre", Heft 11, Bonn 2016, S. 954–971. Die Berliner Islamwissenschaftlerin Gudrun Krämer, Der Islam und die Muslime. Ein Überblick, ebd. S. 956, wertet das vorsichtiger, aber vergleichbar. Sie sieht in der Koranexegese „bis in die Gegenwart eine außerordentlich reiche, vielgestaltige Sparte der religiösen Wissenschaften" und von besonderem Interesse einen „Ansatz, der den Weg nicht in der Befolgung des Buchstabens sieht, sondern in der Wahrung des ‚Geistes' der Offenbarung. Das Wesentliche liegt demnach nicht in den detaillierten Regelungen, die sich in Koran und Sunna finden oder aus ihnen ableiten lassen, sondern in der in ihnen enthaltenen Zielsetzung, die auch unter veränderten Rahmenbedingungen gültig bleibt, aber nach einer zeitgemäßen Umsetzung ruft." Sie gesteht ein, dass eine solche Koranexegese „einen hohen Grad der Abstraktion" erfordert" und daher „unter Muslimen umstritten" sein kann. Doch spricht für sie die Annahme, „dass ungeachtet der aktuellen Fixierung auf eine

ein grundlegendes Prinzip, insbesondere für das Verhältnis der Religionen untereinander auf der Welt, die in einem gleichberechtigten Verhältnis zu einander stehen, aber auch für die Menschen, die in gegenseitiger Achtung, Gerechtigkeit und Güte miteinander umgehen sollen, wie diese sich im Grundsatz der Barmherzigkeit des Islam und auch anderer großen Religionen der Welt offenbaren.

Ein nach den vorgenannten Maximen und Prinzipien ausgerichteter islamischer Religionsunterricht an den öffentlichen Schulen dürfte seine Wirkung auf den Religionsunterricht in Moscheen nicht verfehlen, wie andererseits der Unterricht in den Moscheen in seiner rituellen Gebetsausrichtung unverzichtbar ist und darin auch auf den islamischen Religionsunterricht in den öffentlichen Schulen zurückwirken wird. Es bleibt dabei noch viel Kommissionsarbeit für alle beteiligten Seiten zu verrichten, dem islamischen Unterricht in Richtlinien und Lehrplänen ein Gesicht zu geben, und für Islamlehrerinnen und -lehrer nach ihrer fachlichen Ausbildung an der Hochschule die Aufgabe, den islamischen Religionsunterricht für die Schülerinnen und Schüler so zu gestalten, dass sie einen rationalen Zugang zum islamischen Glauben gewinnen, der ihre Reflexion darüber wie ihre Glaubensüberzeugung stärkt.[29]

---

von Koran und Sunna normierte „islamische Ordnung" islamisches Leben und Denken in erster Linie davon bestimmt werden, wie Musliminnen und Muslime die grundlegenden Texte, die eigene Geschichte und ihre eigene Gegenwart deuten."

[29] Vgl. dazu aktuell nunmehr Mouhanad Khorchide: Gott interessiert sich nicht für „Überschriften". Über die Ausbildung von Lehrkräften in islamischer Religionslehre an deutschen Hochschulen, in: Forschung und Lehre (wie Anm. 28), Heft 11, Bonn 2016, S. 964–965; ferner aktuell: Friedrich Wilhelm Graf, „Islamische Reformation". Ein moderner religionskultureller Diskurs, in: Aus Politik und Zeitgeschichte. Zeitschrift der Bundeszentrale für politische Bildung/Beilage zur Wochenzeitung Das PARLAMENT, 66. Jg., Heft 52 vom 27.12.2016, S. 34–40, wo selbst von islamischen Theologen und Juristen „eine grundlegende Neudefinition der Scharia" gefordert wird, „die es in Staaten mit dominant muslimischer Bevölkerung erlauben soll, das Verfassungsrecht, das Strafrecht und das Völkerrecht an Prinzipien zu orientieren, die dem modernen Menschenrechtsdenken entsprechen". Dies muss dann auch für Staaten und Gesellschaften gelten, in denen Muslime eine Minderheit bilden. Vgl. ebd. S. 41–46 auch den Beitrag des Politologen Ulrich Willems (Universität Münster): Herausforderung religiöse Vielfalt, der „eine breite öffentliche Debatte über die Ausgestaltung der Religionspolitik unter den Bedingungen gestiegener religiöser Vielfalt" zwar für schwieriger als bisher, nichtsdestoweniger jedoch gerade auch in Deutschland angesichts einer „derzeitigen konflikthaften Stagnation der Religionspolitik" für umso notwendiger hält.

# ANHANG
## Übersicht über Islamverbände und Muslime in Deutschland

**An der Deutschen Islamkonferenz (DIK)
beteiligte muslimische Dach- und Spitzenverbände**

1. **Türkisch Islamische Union der Anstalt für Religion (DITIB)**
   700 – 900 Ortsgemeinden
2. **Zentralrat der Muslime in Deutschland (ZMD)**
   300 Gemeinden, 15.000 – 20.000 Mitglieder
3. **Verein islamischer Kulturzentren (VIKZ)**
   300 selbständige Moschee- und Bildungsvereine
4. **Alevitische Gemeinde in Deutschland (AABF)**
   120 Ortsgemeinden
5. **Islamrat für die Bundesrepublik Deutschland (IRD)**
   448 Gemeinden, 40.000 – 60.000 Mitglieder
6. **Zentralrat der Marrokaner in Deutschland (ZMaD)**
   47 eingetragene Moscheegemeinden (Selbstaussage: 100 Gemeinden)
7. **Islamische Gemeinschaft der schiitischen Gemeinden in Deutschland (IGS)**
   138 Moscheevereine
8. **Ahmadiyya Muslim Gemeinschaft (AMDJ)**
   225 Ortsgemeinden, 35.000 Mitglieder
9. **Islamische Gemeinschaft der Bosniaken in Deutschland (IGBD)**
   61 Moscheegemeinden, 30.000 Mitglieder

---

Weniger als 25% der Muslime in Deutschland fühlen sich von den angeführten 9 Islamverbänden der DIK vertreten. Die meisten von ihnen sind daher den genannten Moschee-Vereinen nicht als Mitglied beigetreten.

Nur die DITIB, ZMD, VIKZ und IRD haben sich zum **Koordinationsrat der Muslime (KRM)** zusammen geschlossen.

**Anzahl der Muslime in Deutschland: 4,3 Millionen (Statistische Bundesamt 2015)**
Anteil an der Bevölkerung: 5,8%

**darunter:**
Sunniten: 2,6 Mio (2006)
Aleviten: 0,5 Mio (2009)
Iranische Immaniten und türkische Schiiten 0,2 Mio

**Studierende Islamwissenschaft**

Wintersemester 2006/07: 1.484
Wintersemester 2015/16: 2.464 (+66%)

(Quelle: Der Islam in Zahlen, in: Forschung & Lehre, Zeitschrift des Deutschen Hochschulverbandes Bonn, 23. Jahrgang 2016, Heft 8, S. 966-967)

# Das Tragen eines Kopftuches oder eines Surrogates durch eine Pädagogin an öffentlichen Schulen in Nordrhein-Westfalen

Filiz Oruç-Uzun[1]

Das Bundesverfassungsgericht hat sich innerhalb von 12 Jahren zwei Mal mit dem Thema des Tragens eines Kopftuches oder eines entsprechenden Surrogates[2] durch eine Pädagogin an öffentlichen Schulen auseinandergesetzt.

Das Urteil des Bundesverfassungsgerichts vom 24.09.2003 – Az.: 2 BvR 1436/02 – (I.) war Anlass für die Einführung von schulrechtlichen Regelungen u. a. zum Umgang mit religiösen Bekundungen von Lehrkräften und Pädagogen neben anderen Bundesländern auch in Nordrhein-Westfalen (II.). Die zweite Entscheidung des Bundesverfassungsgerichts mit Beschluss vom 27.01.2015 – Az.: 1 BvR 471/10 und 1 BvR 1181/10 –, welches am 13.03.2015 veröffentlicht wurde (III.), führte dazu, dass die bestehenden Vorschriften im Schulgesetz des Landes Nordrhein-Westfalen teilweise aufgehoben und geändert wurden (IV.).

## 1. Urteil des Bundesverfassungsgerichts vom 24.09.2003

Der 2. Senat[3] des Bundesverfassungsgerichts entschied in seinem Urteil vom 24.09.2003 – Az.: 2 BvR 1436/02 –, dass das geltende Recht des Landes Baden-Württemberg keine hinreichend bestimmte gesetzliche Grundlage für ein Verbot für Lehrkräfte, in Schule und Unterricht ein Kopftuch zu tragen, enthält. Die Senatsmehrheit hat festgestellt, dass der demokratische Landesgesetzgeber das

---

[1] Die Autorin ist Juristin und Regierungsangestellte beim Ministerium für Schule und Weiterbildung des Landes NRW. Bei dieser Veröffentlichung handelt es sich um eine private Äußerung der Autorin und nicht um eine Veröffentlichung des Ministeriums für Schule und Weiterbildung des Landes NRW.

[2] In einem Fall trug eine Sozialpädagogin als Ersatz für ihr Kopftuch eine Baskenmütze mit Strickbund, die ihr Haar, Haaransatz und Ohren bedeckte. Ausführlicher dazu III. 1. In der Türkei und in Frankreich wurden/werden als Ersatz für das Kopftuch u. a. auch Perücken getragen.

[3] Die Entscheidung ist mit fünf gegen drei Stimmen ergangen. Die von der Auffassung der Senatsmehrheit abweichenden Richter haben ein Sondervotum abgegeben. Das Bundesverfassungsgericht besteht aus zwei Senaten mit jeweils acht Richtern. Der Erste Senat wird allgemein als „Grundrechtssenat" und der Zweite Senat als „Staatsrechtssenat" bezeichnet. Vgl. *Böhm*, SchuR 7–8/2015, 100 ff. m. w. N. In diesem Beitrag stellt der Autor u. a. die aktuelle personelle Zusammensetzung des Bundesverfassungsgerichts dar und weist auf deren Bedeutung bei der Interpretation des Grundgesetzes hin.

Spannungsverhältnis zwischen positiver Glaubensfreiheit der Lehrerin einerseits und der staatlichen Pflicht zu weltanschaulich-religiöser Neutralität, dem Erziehungsrecht der Eltern sowie der negativen Glaubensfreiheit der Schülerinnen und Schüler andererseits zu lösen hat, in dem er im öffentlichen Willensbildungsprozess eine für alle zumutbare Regelung sucht. Da die Länder im Schulwesen eine umfassende Gestaltungsfreiheit haben, hat die Senatsmehrheit darauf hingewiesen, dass dabei die einzelnen Länder zu verschiedenen Regelungen kommen können, weil bei dem zu findenden Mittelweg auch Schultraditionen, die konfessionelle Zusammensetzung der Bevölkerung und ihre religiöse Verwurzelung berücksichtigt werden dürfen.

## 1.1. Anlass der Verfassungsbeschwerde

Die 1972 in Kabul/Afghanistan geborene Beschwerdeführerin (Frau Fereshta Ludin) lebte seit 1987 in Deutschland und erwarb 1995 die deutsche Staatsangehörigkeit. Sie ist muslimischen Glaubens. Nachdem sie die Erste Staatsprüfung ablegte und den Vorbereitungsdienst ableistete, bestand die Beschwerdeführerin 1998 die Zweite Staatsprüfung für das Lehramt an Grund- und Hauptschulen.

Den Antrag der Beschwerdeführerin auf Einstellung in den Schuldienst an Grund- und Hauptschulen des Landes Baden-Württemberg lehnte das Oberschulamt Stuttgart mit der Begründung ab, dass der Beschwerdeführerin wegen der erklärten Absicht in Schule und Unterricht ein Kopftuch zu tragen, die für das Amt erforderliche Eignung fehle. Die hiergegen gerichtete Klage der Beschwerdeführerin vor dem Verwaltungsgericht Stuttgart, die Berufung vor dem Verwaltungsgerichtshof Baden-Württemberg sowie die Revision vor dem Bundesverwaltungsgericht blieben erfolglos. Mit der Verfassungsbeschwerde hat sich die Beschwerdeführerin gegen die im Verwaltungsverfahren und in den verwaltungsgerichtlichen Verfahren ergangenen Entscheidungen gewendet. Die Senatsmehrheit ist zu dem Ergebnis gekommen, dass die zulässige Verfassungsbeschwerde begründet ist, da die Qualifizierung des Tragens eines Kopftuchs als Eignungsmangel für das Amt der Lehrerin in das Recht der Beschwerdeführerin auf gleichen Zugang zu jedem öffentlichen Amt (Artikel 33 Absatz 2 Grundgesetz) in Verbindung mit dem ihr gewährleisteten Grundrecht der Religionsfreiheit (Artikel 4 Absatz 1 und 2 Grundgesetz) eingreife, ohne dass dafür zum Zeitpunkt der Entscheidung eine erforderliche, hinreichend bestimmte gesetzliche Grundlage bestehe.

## 1.2. Positive Religionsfreiheit der Lehrerin[4]

Die Senatsmehrheit hat festgestellt, dass das Tragen eines Kopftuches durch die Beschwerdeführerin als Lehrerin in der Schule in den Schutzbereich der Religionsfreiheit[5] fällt und eine der Lehrerin als Beamtin auferlegte Pflicht, die eigene Zugehörigkeit zu einer Religionsgemeinschaft in Schule und Unterricht nicht durch das Befolgen von religiös begründeten Bekleidungsregeln sichtbar werden zu lassen, in das Grundrecht der Religionsfreiheit eingreift.

Dieses Grundrecht erstreckt sich nicht nur auf die innere Freiheit, zu glauben und nicht zu glauben, sondern auch auf die äußere Freiheit, den Glauben zu bekunden und zu verbreiten.[6] Dazu gehört auch das Recht des Einzelnen, sein gesamtes Verhalten an den Lehren seines Glaubens auszurichten und seiner inneren Glaubensüberzeugung gemäß zu handeln. Dies betrifft nicht nur imperative Glaubenssätze, sondern auch solche religiösen Überzeugungen, die ein Verhalten als das zur Bewältigung einer Lebenslage richtige bestimmen.[7] Das Bundesverfassungsgericht hat ausgeführt, dass es auf die umstrittene Frage, ob und inwieweit die Verschleierung für Frauen von Regeln des islamischen Glaubens vorgeschrieben ist, nicht ankomme. Das Gericht hat allerdings darauf hingewiesen, dass nicht jegliches Verhalten einer Person allein nach deren subjektiver Bestimmung als Ausdruck der besonders geschützten Glaubensfreiheit angesehen werden kann. Bei der Würdigung eines vom Einzelnen als Ausdruck seiner Glaubensfreiheit reklamierten Verhaltens darf vielmehr das Selbstverständnis der jeweiligen Religionsgemeinschaft nicht außer Betracht bleiben.[8] Das Gericht ist zu dem Ergebnis gekommen, dass sich eine Verpflichtung von Frauen zum Tragen eines Kopftuchs in der Öffentlichkeit nach Gehalt und Erscheinung als islamisch-religiös begründete Glaubensregel dem Schutzbereich der Religionsfreiheit hinreichend plausibel zuordnen lässt.[9]

Nach der Rechtsprechung des Bundesverfassungsgerichts ist die Religionsfreiheit vorbehaltlos gewährleistet. Dies bedeutet, dass sich Einschränkungen aus der Verfassung selbst ergeben müssen. Hierzu zählen Grundrechte Dritter sowie Gemeinschaftswerte von Verfassungsrang.[10] Die Einschränkung der vorbehaltlos

---

[4] zu den Ausführungen zu dem grundrechtsgleichen Recht aus Artikel 33 Absatz 2 Grundgesetz auf gleichen Zugang zu jedem öffentlichen Amt, vgl. BVerfG, Urteil vom 24.09.2003, Az.: Az.: 2 BvR 1436/02 – Rn. 32 – 35.
[5] Artikel 4 Absatz 1 und 2 Grundgesetz lauten: „(1) Die Freiheit des Glaubens, des Gewissens und die Freiheit des religiösen und weltanschaulichen Bekenntnisses sind unverletzlich. (2) Die ungestörte Religionsausübung wird gewährleistet."
[6] BVerfGE, 24, 236, 245.
[7] BVerfGE 32, 98, 106 f.; 33, 23, 28; 41, 29, 49.
[8] BVerfGE 24, 236, 247 f.
[9] vgl. dazu auch BVerfGE 83, 341, 353.
[10] BVerfGE 28, 243, 260 f.; 41, 29, 50 f.; 41, 88, 107; 44, 37, 49 f., 53; 52, 223, 247; 93, 1, 21.

gewährleisteten Religionsfreiheit bedarf einer hinreichend bestimmten gesetzlichen Grundlage.[11]

Die Senatsmehrheit hat als mit der Religionsfreiheit in Widerstreit tretende Verfassungsgüter neben dem staatlichen Erziehungsauftrag (Artikel 7 Absatz 1 Grundgesetz), der unter Wahrung der Pflicht zu weltanschaulich-religiöser Neutralität zu erfüllen ist, das elterliche Erziehungsrecht (Artikel 6 Absatz 2 Grundgesetz) und die negative Religionsfreiheit der Schulkinder (Artikel 4 Absatz 1 Grundgesetz) geprüft und ist zu dem Ergebnis gekommen, dass das Einbringen religiöser und weltanschaulicher Bezüge in Schule und Unterricht durch Lehrkräfte die vorgenannten Verfassungsgüter beeinträchtigen kann. Das Einbringen religiöser oder weltanschaulicher Bezüge eröffne zumindest die Möglichkeit einer Beeinflussung der Schulkinder sowie von Konflikten mit Eltern, die zu einer Störung des Schulfriedens führen und die Erfüllung des Erziehungsauftrags der Schule gefährden können. Auch die religiös motivierte und als Kundgabe einer Glaubensüberzeugung zu interpretierende Bekleidung von Lehrern könne diese Wirkungen haben. Dabei handele es sich jedoch lediglich um abstrakte Gefahren. Die Senatsmehrheit hat im Ergebnis festgestellt, dass es in den Fällen, in denen bereits derartige bloße Möglichkeiten einer Gefährdung oder eines Konflikts aufgrund des Auftretens der Lehrkraft und nicht erst ein konkretes Verhalten, das sich als Versuch einer Beeinflussung oder gar Missionierung der anvertrauten Schulkinder darstellt, als Verletzung beamtenrechtlicher Pflichten oder als die Berufung in das Beamtenverhältnis hindernder Mangel der Eignung bewertet werden sollen, einer hinreichend bestimmten gesetzlichen Grundlage bedürfe. Daran fehlte es im streitgegenständlichen Verfahren.

Für die Beurteilung der Frage, ob die Absicht der Lehrerin, ein Kopftuch zu tragen, einen Eignungsmangel begründet, stellt das Gericht darauf ab, wie ein Kopftuch auf einen Betrachter wirken kann (objektiver Empfängerhorizont). Daher seien bei der Beurteilung alle denkbaren Deutungsmöglichkeiten zu berücksichtigen.

Die Forschungsergebnisse der in der mündlichen Verhandlung zu den Gründen junger Musliminnen in Deutschland für das Anlegen eines Kopftuchs gehörten Sachverständigen Frau Dr. Karakasoglu zeigen, dass angesichts der Motive die Deutung des Kopftuchs nicht auf ein Zeichen gesellschaftlicher Unterdrückung der Frau verkürzt werden darf. Vielmehr kann das Kopftuch für junge muslimische Frauen auch ein frei gewähltes Mittel sein, um ohne Bruch mit der Herkunftskultur ein selbstbestimmtes Leben zu führen.[12] Die Senatsmehrheit

---
[11] BVerfGE 83, 130, 142.
[12] Mittlerweile gibt es eine ganze Reihe von Untersuchungen zur Praxis und Bedeutung des Kopftuchtragens, in denen gezeigt wird, dass das Kopftuch eine Fülle von Bedeutungen in sich birgt, die je nach Kontext unterschiedlich interpretiert werden müssen, vgl. hierzu: *Amir-Moazami*,

kommt daher zu dem Ergebnis, dass es nicht belegt sei, dass die Beschwerdeführerin allein dadurch, dass sie ein Kopftuch trägt, etwa muslimischen Schülerinnen die Entwicklung eines den Wertvorstellungen des Grundgesetzes entsprechenden Frauenbildes oder dessen Umsetzung im eigenen Leben erschweren würde.

### a) Pflicht des Staates zu weltanschaulich-religiöser Neutralität

Das Grundgesetz begründet für den Staat die Pflicht zu weltanschaulich-religiöser Neutralität (vgl. Artikel 4 Absatz 1, Artikel 3 Absatz 3 Satz 1, Artikel 33 Absatz 3 sowie 140 Grundgesetz in Verbindung mit Artikel 136 Absatz 1 und 4 und Artikel 137 Absatz 1 Weimarer Reichsverfassung). Die Senatsmehrheit weist auf die Rechtsprechung des Bundesverfassungsgerichts dazu hin. Danach verwehrt das Grundgesetz die Einführung staatskirchlicher Rechtsformen und untersagt die Privilegierung bestimmter Bekenntnisse ebenso wie die Ausgrenzung Andersgläubiger[13]. Der Staat hat auf eine am Gleichheitssatz orientierte Behandlung der verschiedenen Religions- und Weltanschauungsgemeinschaften zu achten[14] und darf sich nicht mit einer bestimmten Religionsgemeinschaft identifizieren[15]. Der freiheitliche Staat des Grundgesetzes ist gekennzeichnet von Offenheit gegenüber der Vielfalt weltanschaulich-religiöser Überzeugungen und gründet dies auf ein Menschenbild, das von der Würde des Menschen und der freien Entfaltung der Persönlichkeit in Selbstbestimmung und Eigenverantwortung geprägt ist.[16]

Die dem Staat gebotene religiös-weltanschauliche Neutralität ist indes nicht als eine distanzierende im Sinne einer strikten Trennung von Staat und Kirche, sondern als eine offene und übergreifende, die Glaubensfreiheit für alle Bekenntnisse gleichermaßen fördernde Haltung zu verstehen. Der Staat darf lediglich keine gezielte Beeinflussung im Dienste einer bestimmten politischen, ideologischen oder weltanschaulichen Richtung betreiben oder sich durch von ihm ausgehende oder ihm zuzurechnende Maßnahmen ausdrücklich oder konkludent mit einem bestimmten Glauben oder einer bestimmten Weltanschauung identifizieren und dadurch den religiösen Frieden in einer Gesellschaft von sich aus gefährden.[17] Auch verwehrt der Grundsatz religiös-weltanschaulicher Neutralität dem Staat, Glauben und Lehre einer Religionsgemeinschaft als solche zu bewerten.[18]

---

Politisierte Religion – Der Kopftuchstreit in Deutschland und Frankreich, Bielefeld 2007, S. 28 m. w. N.
[13] BVerfGE 19, 206, 216; 24, 236, 246; 33, 23, 28; 93, 1, 17.
[14] BVerfGE 19, 1, 8; 19, 206, 216; 24, 236, 246; 93, 1, 17.
[15] BVerfGE 30, 415, 422; 93, 1, 17.
[16] BVerfGE 41, 29, 50.
[17] BVerfGE 93, 1, 16 f.
[18] BVerfGE 33, 23, 29.

Die Senatsmehrheit weist darauf hin, dass nach bisherigem Verständnis die genannten Grundsätze zum Verhältnis von Staat und Religion auch im Bereich der Pflichtschule gelten. Denn in diesem Bereich seien religiöse und weltanschauliche Vorstellungen von jeher relevant.[19] Danach sind christliche Bezüge bei der Gestaltung der öffentlichen Schule nicht schlechthin verboten; die Schule muss aber auch für andere weltanschauliche und religiöse Inhalte und Werte offen sein.[20] In dieser Offenheit bewahrt der freiheitliche Staat des Grundgesetzes seine religiöse und weltanschauliche Neutralität.[21] Für die Spannungen, die bei der gemeinsamen Erziehung von Kindern unterschiedlicher Weltanschauungs- und Glaubensrichtungen unvermeidlich sind, muss unter Berücksichtigung des Toleranzgebots als Ausdruck der Menschenwürde (Artikel 1 Absatz 1 Grundgesetz) nach einem Ausgleich gesucht werden.[22]

Die Senatsmehrheit hat weiter ausgeführt, dass der mit zunehmender religiöser Pluralität verbundene gesellschaftliche Wandel Anlass zu einer Neubestimmung des zulässigen Ausmaßes religiöser Bezüge in der Schule sein kann. Die gewachsene religiöse Vielfalt in der Gesellschaft spiegele sich im Bereich der Schule besonders deutlich wider. Die Schule sei der Ort, an dem unterschiedliche religiöse Auffassungen unausweichlich aufeinander treffen und wo sich dieses Nebeneinander in besonders empfindlicher Weise auswirke. Ein tolerantes Miteinander mit Andersgesinnten könne hier am nachhaltigsten durch Erziehung geübt werden. Dies müsse nicht die Verleugnung der eigenen Überzeugung bedeuten, sondern böte die Chance zur Erkenntnis und Festigung des eigenen Standpunkts und zu einer gegenseitigen Toleranz.[23] Die Senatsmehrheit stellt daher fest, dass sich Gründe dafür anführen ließen, die zunehmende religiöse Vielfalt in der Schule aufzunehmen und als Mittel für die Einübung gegenseitiger Toleranz zu nutzen, um so einen Betrag in dem Bemühen um Integration zu leisten. Andererseits weist sie darauf hin, dass die beschriebene Entwicklung auch mit einem größeren Potenzial möglicher Konflikte in der Schule verbunden sei. Es möge deshalb auch gute Gründe dafür geben, der staatlichen Neutralitätspflicht im schulischen Bereich eine striktere und mehr als bisher distanzierende Bedeutung beizumessen und demgemäß auch durch das äußere Erscheinungsbild einer Lehrkraft vermittelte religiöse Bezüge von den Schülerinnen und Schülern grundsätzlich fern zu halten, um Konflikte mit Schülern, Eltern oder anderen Lehrkräften von vornherein zu vermeiden.

---

[19] BVerfGE 41, 29, 49; 52, 223, 241.
[20] BVerfGE 41, 29, 51; 52, 223, 236 f.
[21] BVerfGE 41, 29, 50.
[22] BVerfGE 41, 29, 63; 52, 223, 247, 251; 93, 1, 21 ff.
[23] BVerfGE 41, 29, 64.

### b) Erziehungsrecht der Eltern

Die Eltern sind berechtigt, ihren Kindern diejenigen Überzeugungen in Glaubens- und Weltanschauungsfragen zu vermitteln, die sie für richtig halten.[24] Dem entspricht das Recht, die Kinder von Glaubensüberzeugungen fern zu halten, die den Eltern als falsch oder schädlich erscheinen.[25] Das Bundesverfassungsgericht weist darauf hin, dass neben den Eltern der Staat eigenständig und in seinem Bereich gleichgeordnet, in der Schule einen eigenen Erziehungsauftrag ausübt.[26] Wie dieser im Einzelnen zu erfüllen ist und insbesondere in welchem Umfang religiöse Bezüge in der Schule ihren Platz haben sollen, unterliegt innerhalb der vom Grundgesetz abgesteckten Grenzen der Gestaltungsfreiheit der Länder[27] (s. o. unter I. 2. a).

### c) Negative Religionsfreiheit der Schülerinnen und Schüler

Die Religionsfreiheit gewährleistet auch die Freiheit, kultischen Handlungen eines nicht geteilten Glaubens fern zu bleiben; dies bezieht sich auch auf Kulte und Symbole, in denen ein Glaube oder eine Religion sich darstellt. Der Einzelne hat in einer Gesellschaft, die unterschiedlichen Glaubensüberzeugungen Raum gibt, jedoch kein Recht darauf, von fremden Glaubensbekundungen, kultischen Handlungen und religiösen Symbolen verschont zu bleiben. Davon zu unterscheiden ist aber eine vom Staat geschaffene Lage, in welcher der Einzelne ohne Ausweichmöglichkeit dem Einfluss eines bestimmten Glaubens, den Handlungen, in denen dieser sich manifestiert, und den Symbolen, in denen er sich darstellt, ausgesetzt ist.[28]

Die Senatsmehrheit stellt fest, dass die Wirkung religiöser Ausdrucksmittel danach zu unterscheiden ist, ob das in Frage stehende Zeichen auf Veranlassung der Schulbehörde oder aufgrund einer eigenen individuellen Entscheidung von einer einzelnen Lehrkraft verwendet wird. Sie weist darauf hin, dass die Duldung einer Bekleidung mit religiösen Bezügen von Lehrern durch den Staat nicht mit einer staatlichen Anordnung, religiöse Symbole in der Schule anzubringen – wie im Falle des staatlich verantworteten Kreuzes oder Kruzifixes im Schulzimmer[29] – gleichgesetzt werden kann. Das Gericht kommt daher zu dem Ergebnis, dass der Staat, der eine mit dem Tragen eines Kopftuchs verbundene religiöse Aussage einer einzelnen Lehrerin hinnimmt, diese Aussage nicht schon dadurch

---

[24] BVerfGE 41, 29, 44, 47 f.; 52, 223, 236; 93, 1, 17.
[25] BVerfGE 93, 1, 17.
[26] BVerfGE 34, 165, 183; 41, 29, 44.
[27] BVerfGE 41, 29, 44, 47 f.; 52, 223, 242 f.
[28] BVerfGE 93, 1, 15 f.
[29] zu letzterem vgl. BVerfGE 93, 1, 18.

zu seiner eigenen macht und sich auch nicht als von ihm beabsichtigt zurechnen lassen muss. Allerdings weist das Gericht darauf hin, dass die Wirkung eines von der Lehrerin aus religiösen Gründen getragenen Kopftuchs deshalb besondere Intensität erreichen kann, weil die Schülerinnen und Schüler für die gesamte Dauer des Schulbesuchs mit der im Mittelpunkt des Unterrichtsgeschehens stehenden Lehrerin ohne Ausweichmöglichkeit konfrontiert seien. Diese Bedenken relativiert die Senatsmehrheit, in dem sie weiter ausführt, dass andererseits der religiöse Aussagegehalt eines Kleidungsstücks von der Lehrkraft den Schulkindern differenzierend erläutert und damit in seiner Wirkung auch abgeschwächt werden kann.

Die im Rahmen der mündlichen Verhandlung zu der Frage einer mögliche Beeinflussung von Kindern im Grund- und Hauptschulalter durch religiöse Symbole in der Schule angehörten Sachverständigen haben ausgeführt, dass es aus entwicklungspsychologischer Sicht zum Zeitpunkt des gerichtlichen Verfahrens noch keine gesicherten Erkenntnisse gebe, die eine Beeinflussung von Kindern allein durch die tägliche Begegnung mit einer kopftuchtragenden Lehrerin belegen könnten. Erst bei Hinzutreten von Konflikten zwischen Eltern und Lehrern, die im Zusammenhang mit dem Kopftuch der Lehrerin entstehen können, seien belastende Auswirkungen insbesondere auf jüngere Schülerinnen und Schüler zu erwarten.

## 2. Auswirkungen auf die Schulgesetzgebung in Nordrhein-Westfalen

Als Reaktion auf diese Entscheidung hat der Landesgesetzgeber in Nordrhein-Westfalen das Schulgesetz des Landes Nordrhein-Westfalen geändert. Im Gesetzentwurf der Fraktion der CDU und der Fraktion der FDP „Erstes Gesetz zur Änderung des Schulgesetzes für das Land Nordrhein-Westfalen" vom 31.10.2005 (LT-Drucksache 14/569) wurde als Ziel (vgl. dort S. 1 unter A. Problem) genannt, eine gesetzliche Grundlage für ein Kopftuchverbot zu schaffen. Zudem sollte die aus Artikel 33 Absatz 5 Grundgesetz abzuleitende Mäßigungs-, Zurückhaltungs- und Neutralitätspflicht einfachgesetzlich konkretisiert werden. Die im Gesetzentwurf vorgeschlagene Regelung orientierte sich an dem baden-württembergischen Gesetz vom 1. April 2004. Das Bundesverwaltungsgericht hatte bereits am 24.06.2004 entschieden, dass diese gesetzliche Regelung mit dem Grundgesetz vereinbar ist. Vergleichbare Regelungen hatten auch andere Bundesländer erlassen.[30]

---

[30] Zu den Regelungen in den anderen Bundesländern, vgl. *Ganz*, Das Tragen religiöser Symbole und Kleidung in der öffentlichen Schule in Deutschland, Frankreich und England – Eine rechtsvergleichende Untersuchung unter Berücksichtigung der EMRK, Berlin 2009, S. 176, 185–188.

Im Gesetzgebungsverfahren wurde eine Reihe von Stellungnahmen eingeholt[31], die den Gesetzentwurf unter politischen und juristischen Gesichtspunkten würdigten, aber zu keiner Änderung des Gesetzestextes in inhaltlicher oder sprachlicher Hinsicht führten.[32] Ziel des Gesetzgebers war es, Bekundungen, die geeignet sind, die Neutralität des Landes oder den Schulfrieden zu gefährden oder zu stören, zu verbieten. Der Gesetzgeber knüpfte an eine abstrakte Gefährdung an und verlegte den Schutz der Schülerinnen und Schüler vor staatlicher Beeinflussung in politischer und religiöser Hinsicht weit nach vorn, um konkrete Gefahren für die Neutralität der Schule oder den Schulfrieden von vornherein vorzubeugen.[33] Nicht auszuschließende Konflikte zwischen Lehrkräften und Schülerinnen und Schülern sowie deren Eltern sollten von vornherein vermieden werden.

Folgende Vorschriften traten in der Fassung des Ersten Gesetzes zur Änderung des Schulgesetzes vom 13.06.2006 (GV.NRW. S. 270) in Kraft:

In § 57 Schulgesetz NRW wurde folgender neuer Absatz 4 eingefügt:

„(4) [1]Lehrerinnen und Lehrer dürfen in der Schule keine politischen, religiösen, weltanschaulichen oder ähnliche äußere Bekundungen abgeben, die geeignet sind, die Neutralität des Landes gegenüber Schülerinnen und Schülern sowie Eltern oder den politischen, religiösen oder weltanschaulichen Schulfrieden zu gefährden oder zu stören. [2]Insbesondere ist ein äußeres Verhalten unzulässig, welches bei Schülerinnen und Schülern oder den Eltern den Eindruck hervorrufen kann, dass eine Lehrerin oder ein Lehrer gegen die Menschenwürde, die Gleichberechtigung nach Artikel 3 des Grundgesetzes, die Freiheitsrechte oder die freiheitlich-demokratische Grundordnung auftritt. [3]Die Wahrnehmung des Erziehungsauftrags nach Artikel 7 und 12 Abs. 6[34] der Verfassung des Landes

---

[31] vgl. hierzu Beschlussempfehlung und Bericht des Hauptausschusses vom 19.05.2006 (LT-Drucksache 14/1927) m. w. N.

[32] *Budach*, in: Schulgesetz NRW – Kommentar, 16. Ergänzungslieferung (Stand: Juni 2015), § 57, S. 26.

[33] vgl. LT-Drucksache 14/569, S. 7 und *Budach*, in: Schulgesetz NRW – Kommentar, 16. Ergänzungslieferung (Stand: Juni 2015), § 57, S. 26.

[34] Infolge einer am 29.10.2011 in Kraft getretenen Verfassungsänderung findet sich der bisherige Text des Artikel 12 Absatz 6 der Verfassung des Landes (Verf NRW), auf den sich § 57 Absatz 4 Satz 3 SchulG NRW bezog, jetzt in Artikel 12 Absatz 3 Verf NRW. Die in § 57 Absatz 4 Satz 3 SchulG NRW in Bezug genommenen Vorschriften der Verfassung des Landes Nordrhein-Westfalen haben folgenden Wortlaut: „Artikel 7 (1) Ehrfurcht vor Gott, Achtung vor der Würde des Menschen und Bereitschaft zum sozialen Handeln zu wecken, ist vornehmstes Ziel der Erziehung. (2) Die Jugend soll erzogen werden im Geiste der Menschlichkeit, der Demokratie und der Freiheit, zur Duldsamkeit und zur Achtung vor der Überzeugung des anderen, zur Verantwortung für Tiere und die Erhaltung der natürlichen Lebensgrundlagen, in Liebe zu Volk und Heimat, zur Völkergemeinschaft und Friedensgewinnung." „Artikel 12 (...) (3) [1]In Gemeinschaftsschulen werden Kinder auf der Grundlage christlicher Bildungs- und Kulturwerte in Offenheit für die christlichen Bekenntnisse und für andere religiöse und weltanschauliche Überzeugungen gemeinsam unterrichtet und erzogen. [2]In Bekenntnisschulen werden Kinder des katholischen oder des evangelischen Glaubens oder einer anderen Religionsgemeinschaft nach den Grundsätzen des betreffenden Bekenntnisses unterrichtet und erzogen. [3]In Weltanschau-

Nordrhein-Westfalen und die entsprechende Darstellung christlicher und abendländischer Bildungs- und Kulturwerte oder Traditionen widerspricht nicht dem Verhaltensgebot nach Satz 1. ⁴Das Neutralitätsgebot des Satzes 1 gilt nicht im Religionsunterricht und in den Bekenntnis- und Weltanschauungsschulen."

In 57 Absatz 6 SchulG NRW wurde zudem folgendes geregelt:

„(6) ¹Die Einstellung einer Lehrerin oder eines Lehrers setzt als persönliches Eignungsmerkmal voraus, dass sie oder er die Gewähr für die Einhaltung der Bestimmungen des Absatzes 4 in der gesamten voraussichtlichen Dienstzeit bietet. ²Entsprechendes gilt für die Versetzung einer Lehrerin oder eines Lehrers eines anderen Dienstherrn in den nordrhein-westfälischen Schuldienst. ³Für Lehramtsanwärterinnen und Lehramtsanwärter können von der Einstellungsbehörde auf Antrag Ausnahmen vorgesehen werden, soweit die Ausübung ihrer Grundrechte es zwingend erfordert und zwingende öffentliche Interessen an der Wahrung der staatlichen Neutralität und des Schulfriedens nicht entgegenstehen."

Die Anwendbarkeit dieser Bestimmungen wurde durch § 58 Satz 2 SchulG NRW auf das sonstige an Schulen tätige pädagogische und sozialpädagogische Personal erstreckt. § 58 SchulG NRW lautete:

„¹Sonstige im Landesdienst stehende pädagogische und sozialpädagogische Mitarbeiterinnen und Mitarbeiter wirken bei der Bildungs- und Erziehungsarbeit mit. ²§ 57 Abs. 4 und 6 gilt entsprechend."

## 3. Beschluss des Bundesverfassungsgerichts vom 27.01.2015[35]

Der Erste Senat des Bundesverfassungsgerichts hat mit Beschluss vom 27.01.2015 – Az.: 1 BvR 471/10 und 1 BvR 1181/10 –, der am 13.03.2015 veröf-

---

ungsschulen, zu denen auch die bekenntnisfreien Schulen gehören, werden die Kinder nach den Grundsätzen der betreffenden Weltanschauung unterrichtet und erzogen. (...)."

[35] Die Entscheidung führte wie auch das Urteil des Bundesverfassungsgerichts vom 24.09.2003 unter den Juristinnen und Juristen zu Diskussionen, vgl. *Franzius*, Vom Kopftuch I zum Kopftuch II – Rückkehr zur Verhältnismäßigkeitsprüfung?, Der Staat 54 (2015), S. 435 ff.; *Heinig*, Ein neues Kapitel in einer unendlichen Geschichte? – Verfassungsrechtliche, prozessrechtliche und religionspolitische Anmerkungen zum Kopftuchbeschluss des Bundesverfassungsgerichts vom 27. Januar 2015, RdJB 2/2015, S. 217 ff.; *Klein*, Das Kopftuch im Klassenzimmer: konkrete, abstrakte, gefühlte Gefahr? – Zum „Kopftuchbeschluss" des Bundesverfassungsgerichts, DÖV 2015, S. 464 ff.; *Ladeur*, Das islamische Kopftuch in der christlichen Gemeinschaftsschule – Zur zweiten Kopftuch-Entscheidung des BVerfG vom 27.1.2015 – 1 BvR 471/10, 1181/10, JZ 2015, S. 633 ff.; *Papier*, Zur Kopftuch-Entscheidung des Bundesverfassungsgerichts, RdJB 2/2015, S. 213 ff.; *Muckel*, Pauschales Kopftuchverbot an öffentlichen Schulen verletzt die Religionsfreiheit, JA 2015, S. 476 ff.; *Rusteberg*, Kopftuchverbote als Mittel zur Abwehr nicht existenter Gefahren – Zur zweiten Kopftuch-Entscheidung des BVerfG vom 27.1.2015 – 1 BvR 471/10, 1181/10, JZ 2015, 637 ff.; *Sacksofsky*, Kopftuch als Gefahr – ein dogmatischer Irrweg, DVBl 2015, S. 801 ff.; *Voigt*, Reine Kopfsache, ArbuR 2015, S. 207 ff.

fentlicht worden ist, entschieden, dass ein pauschales Verbot religiöser Bekundungen in öffentlichen Schulen durch das äußere Erscheinungsbild von Pädagoginnen und Pädagogen mit der Religionsfreiheit nicht vereinbar ist. Die Senatsmehrheit[36] ist zu dem Ergebnis gekommen, dass § 57 Absatz 4 Satz 1 und 2 des nordrhein-westfälischen Schulgesetzes daher verfassungskonform dahingehend einschränkend auszulegen sind, dass von äußeren religiösen Bekundung nicht nur eine abstrakte, sondern eine hinreichend konkrete Gefahr der Beeinträchtigung des Schulfriedens oder der staatlichen Neutralität ausgehen muss, um ein Verbot zu rechtfertigen. Des Weiteren hat das Gericht festgestellt, dass § 57 Absatz 4 Satz 3 des Schulgesetzes, der als Privilegierung zugunsten christlich-abendländischer Bildungs- und Kulturwerte konzipiert gewesen ist, gegen das Verbot der Benachteiligung aus religiösen Gründen (Artikel 3 Absatz 3 Satz 1 und Artikel 33 Absatz 3 Grundgesetz) verstößt und daher nichtig ist.[37]

Mit dieser Entscheidung hat der Erste Senat des Bundesverfassungsgericht die in dem Kopftuch-Urteil des Zweiten Senats vom 24.09.2003 – Az.: 2 BvR 1436/02 – enthaltenen Aussagen in einem entscheidenden Punkt geändert: Für ein „Kopftuchverbot" reicht eine bloß abstrakte Gefährdung des Schulfriedens oder der staatlichen Neutralität nicht mehr aus; erforderlich ist vielmehr, dass das äußere Erscheinungsbild einer Lehrkraft zu einer hinreichend konkreten Gefährdung oder Störung des Schulfriedens oder der staatlichen Neutralität führt oder wesentlich dazu beiträgt.[38]

### 3.1. Anlass der Verfassungsbeschwerden

Beide Beschwerdeführerinnen sind Musliminnen mit deutscher Staatsangehörigkeit.

Die im Jahre 1971 in Deutschland geborene Beschwerdeführerin (des Verfahrens 1 BvR 471/10) ist türkischer Abstammung. Seit 1997 ist sie als Sozial-

---

[36] An dem Beschluss haben folgende Richterinnen und Richter mitgewirkt: Gaier, Eichberger, Schluckebier, Masing, Paulus, Hermanns, Baer, Britz. Die Entscheidung ist mit 6:2 Stimmen ergangen. Richter Schluckebier und Richterin Hermanns haben ein Sondervotum abgegeben.
[37] Entscheidet das Bundesverfassungsgericht über die Gültigkeit eines Gesetzes, hat diese Entscheidung selbst Gesetzeskraft (vgl. § 95 Absatz 3 in Verbindung mit § 31 Absatz 2 Bundesverfassungsgerichtsgesetz).
[38] Will ein Senat von der Rechtsauffassung des anderen Senats abweichen, entscheidet normalerweise das Plenum, also die 16 Richter der beiden Senate gemeinsam, vgl. Bei der „Kopftuchentscheidung" hat der Erste Senat darauf verzichtet, eine Entscheidung des Plenums herbeizuführen. Vgl. *Böhm*, Die Richter des Bundesverfassungsgerichts – Senate, Kammern, Wahl und persönliches Profil, SchuR 7–8/2015, S. 100 ff. Daran ist Kritik geübt worden, vgl. *Heinig*, Ein neues Kapitel in einer unendlichen Geschichte? – Verfassungsrechtliche, prozessrechtliche und religionspolitische Anmerkungen zum Kopftuchbeschluss des Bundesverfassungsgerichts vom 27. Januar 2015, RdJB 2/2015, S. 217, 225 ff. m. w. N.

pädagogin in einer öffentlichen Gesamtschule des Landes Nordrhein-Westfalen angestellt. Sie wird dort bei der Schlichtung von Schulkonflikten – insbesondere bei der Beratung von Schülerinnen und Schülern mit Migrationshintergrund sowie deren Eltern – eingesetzt und kommt mit Schulangehörigen unterschiedlicher Nationalität und Religionszugehörigkeit in Kontakt. Einer Aufforderung der Schulbehörde, das Kopftuch während des Dienstes abzulegen, kam sie nach, ersetzte es aber durch eine rosafarbene handelsübliche Baskenmütze mit Strickbund und einen gleichfarbigen Rollkragenpullover als Halsabdeckung. Die Schulbehörde erteilte ihr daraufhin eine Abmahnung. Die arbeitsgerichtliche Klage hiergegen blieb in allen Instanzen erfolglos.

Die im Jahre 1977 geborene Beschwerdeführerin (des Verfahrens 1 BvR 1181/10) trat 2001 als angestellte Lehrerin in ein Arbeitsverhältnis mit dem Land Nordrhein-Westfalen ein. Sie ist ebenfalls türkischer Abstammung. An mehreren Schulen erteilte sie muttersprachlichen Unterricht in türkischer Sprache. Sie verrichtete ihren Dienst stets mit einem Kopftuch, ohne dass es deswegen zu Beanstandungen kam. Nach Änderung der gesetzlichen Bestimmungen in Nordrhein-Westfalen im Jahre 2006 weigerte sich die Beschwerdeführerin, das Kopftuch während des Dienstes abzulegen. Das Land sprach zunächst eine Abmahnung und dann die Kündigung aus. Die dagegen gerichteten Klagen der Beschwerdeführerin blieben vor den Arbeitsgerichten ohne Erfolg.

Die Verfassungsbeschwerden richteten sich gegen die von den Arbeitsgerichten bestätigten Sanktionen wegen der Weigerung der Beschwerdeführerinnen, im Schuldienst ein aus religiösen Gründen getragenes Kopftuch bzw. eine als Ersatz hierfür getragene Wollmütze abzulegen. Sie richteten sich mittelbar gegen § 57 Absatz 4 und § 58 Satz 2 des Schulgesetzes für das Land Nordrhein-Westfalen in der Fassung vom 13.06.2006 (SchulG NRW).

## 3.2. Religionsfreiheit der Lehrkräfte

In Bezug auf die Religionsfreiheit hat die Senatsmehrheit ergänzend zu dem Urteil des Bundesverfassungsgerichts vom 24.09.2003 – Az.: 2 BvR 1436/02 – ausgeführt, dass dieses Grundrecht auch Pädagoginnen und Pädagogen in der öffentlichen bekenntnisoffenen Gemeinschaftsschule die Freiheit gewährleistet, einem aus religiösen Gründen als verpflichtend verstandenen Bedeckungsgebot zu folgen. Das Gericht ist zu dem Ergebnis gekommen, dass die Beschwerdeführerinnen plausibel dargelegt haben, dass es sich für sie – entsprechend dem Selbstverständnis von Teilen im Islam – um ein imperatives religiöses Bedeckungsgebot in der Öffentlichkeit handelt. Es hat festgestellt, dass die Musliminnen auch für das Tragen einer sonstigen Bekleidung (als das Kopftuch), durch die Haare und

Hals nachvollziehbar aus religiösen Gründen bedeckt werden, auf den Schutz der Religionsfreiheit berufen können.

### a) Negative Religionsfreiheit der Schülerinnen und Schüler sowie Erziehungsrecht der Eltern

Die Senatsmehrheit hat festgestellt, dass das Tragen einer Bekleidung mit religiösen Bezügen nicht von vornherein die negative Religionsfreiheit der Schülerinnen und Schüler sowie das Erziehungsrecht der Eltern beeinträchtigt. Das Gericht hat im Vergleich zu der sog. Ersten Kopftuch-Entscheidung vom 24.09.2003 – Az.: 2 BvR 1436/02 – in dem gegenständlichen Beschluss differenzierter dargestellt, dass solange die Lehrkräfte nicht verbal für ihre Position oder für ihren Glauben werben und die Schülerinnen und Schüler über ihr Auftreten hinaus zu beeinflussen versuchen, diese lediglich mit der ausgeübten positiven Religionsfreiheit der Lehrkräfte konfrontiert werden, was durch das Auftreten anderer Lehrkräfte mit anderem Glauben oder anderer Weltanschauung relativiert und ausgeglichen werde. Insofern spiegele sich in der bekenntnisoffenen Gemeinschaftsschule die religiös-pluralistische Gesellschaft wider.

### b) Staatlicher Erziehungsauftrag

Darüber hinaus ist die Senatsmehrheit zu dem Ergebnis gekommen, dass der staatliche Erziehungsauftrag (Artikel 7 Absatz 1 Grundgesetz), der unter Wahrung der Pflicht zu weltanschaulich-religiöser Neutralität zu erfüllen ist, der Ausübung der Religionsfreiheit der Pädagoginnen durch das Tragen eines islamischen Kopftuchs nicht generell entgegensteht. Ein Verbot eines solchen äußeren Verhaltens kann nach Auffassung der Senatsmehrheit – in Abweichung zu den Ausführungen des Urteils des Bundesverfassungsgerichts vom 24.09.2003[39] – nur dann in Betracht kommen, wenn das äußere Erscheinungsbild von Lehrkräften zu einer hinreichend konkreten Gefährdung oder Störung des Schulfriedens oder der staatlichen Neutralität führt oder wesentlich dazu beiträgt. Eine solche hinreichend konkrete Gefährdung oder Störung sei beispielsweise in einer Situation denkbar, in der – insbesondere von älteren Schülern oder Eltern – über die Frage des richtigen religiösen Verhaltens sehr kontroverse Positionen mit Nachdruck vertreten und in einer Weise in die Schule hineingetragen würden, welche die schulischen Abläufe und die Erfüllung des staatlichen Erziehungsauftrags ernsthaft beeinträchtigte, sofern die Sichtbarkeit religiöser Überzeugungen und Bekleidungspraktiken diesen Konflikt erzeugte oder schürte. In einem solchen Fall sei es den Pädagoginnen und Pädagogen zumutbar, von der Befolgung eines nachvollziehbar als verpflichtend

---

[39] Az.: 2 BvR 1436/02.

empfundenen religiösen Bedeckungsgebots Abstand zu nehmen. Aber auch dann werde die Dienstbehörde im Interesse des Grundrechtsschutzes der Betroffenen zunächst eine anderweitige pädagogische Verwendungsmöglichkeit in Betracht zu ziehen haben.

Die Aufgabe der als „bekenntnisoffen" bezeichneten Gemeinschaftsschule sei es gerade, den Schülerinnen und Schülern Toleranz auch gegenüber anderen Religionen und Weltanschauungen zu vermitteln. Dieses Ideal müsse auch durch das Tragen von Bekleidung, die mit Religionen in Verbindung gebracht wird, wie neben dem Kopftuch, die jüdische Kippa, das Nonnen-Habit oder auch Symbole, wie das sichtbar getragene Kreuz, gelebt werden dürfen.

Das Gericht weist darauf hin, dass auch dann, wenn eine hinreichend konkrete Gefahr vorliegt, die Dienstbehörde im Interesse der betroffenen Lehrkräfte zunächst eine anderweitige pädagogische Verwendungsmöglichkeit in Betracht zu ziehen hat.

Die Senatsmehrheit stellt auch bestimmte Konstellationen dar, in denen es dem Landesgesetzgeber gestattet ist, allgemeinere Regelungen zu treffen. Demnach kann in bestimmten Schulen oder Schulbezirken, in denen aufgrund substantieller Konfliktlagen über das richtige religiöse Verhalten die Schwelle zu einer hinreichend konkreten Gefährdung des Schulfriedens oder der staatlichen Neutralität in einer beachtlichen Zahl von Fällen erreicht wird, ein verfassungsrechtlich anzuerkennendes Bedürfnis bestehen, äußere religiöse Bekundungen über eine gewisse Zeit auch allgemeiner zu unterbinden. Das Gericht weist jedoch darauf hin, dass zunächst eine anderweitige pädagogische Verwendungsmöglichkeit der betroffenen Lehrkräfte in Betracht zu ziehen ist.

Das Bundesverfassungsgericht betont, dass in den Fällen, in denen äußere religiöse Bekundungen durch Pädagoginnen und Pädagogen in der öffentlichen bekenntnisoffenen Gemeinschaftsschule zum Zweck der Wahrung des Schulfriedens und der staatlichen Neutralität gesetzlich untersagt werden, dies für alle Glaubens- und Weltanschauungsgemeinschaften unterschiedslos geschehen muss.

## 4. Auswirkungen auf die Schulgesetzgebung in Nordrhein-Westfalen

Die Fraktionen von SPD, CDU und BÜNDNIS 90/DIE GRÜNEN haben in Reaktion auf diesen Beschluss des Bundesverfassungsgerichts am 21.04.2015 einen Gesetzentwurf („Gesetz zur Sicherung der Schullaufbahnen und zur Weiterentwicklung des Schulrechts (12. Schulrechtsänderungsgesetz)" – LT-Drucksache 16/8441) in den Landtag eingebracht, der u. a. zunächst nur die Aufhebung des vom Bundesverfassungsgericht nichtig erklärten § 57 Absatz 4 Satz 3 Schulgesetz vorsah. In der Gesetzesbegründung wurde ausgeführt, dass die Aufhebung der Klarstellung diene und dass dadurch deutlich werde, dass die in § 57 Absatz 4

SchulG NRW im Übrigen formulierten Verhaltensanforderungen unterschiedslos für Angehörige aller Religionen und Weltanschauungen gelten.[40]

Im Rahmen der 1. Lesung[41] haben die den Gesetzentwurf einbringenden Fraktionen ausdrücklich darauf hingewiesen, die Anregungen aus den Beratungen und Anhörungen aus dem weiteren Gesetzgebungsverfahren zu berücksichtigen und anschließend etwaige Änderungs- und Ergänzungswünsche zur besseren Klarstellung im Gesetzentwurf umzusetzen. Bereits in diesem Stadium hat die Landtagsabgeordnete Frau Yvonne Gebauer für die Fraktion der FDP davor gewarnt, die Konflikte in die Schulen hineinzutragen. Klare Kriterien dafür, wann der Schulfrieden gestört und unter welchen Voraussetzungen die Schulaufsicht einzuschalten sei, seien erforderlich.

Der Ausschuss für Schule und Weiterbildung hat am 13.05.2015 eine umfangreiche Sachverständigen-Anhörung durchgeführt.[42] Neben den Kommunalen Spitzenverbänden, den Vertreten der Kirchen, dem Zentralrat der Muslime, den Lehrerverbänden wurden auch Verfassungsrechtler angehört.[43]

Die Frage, wann der Schulfrieden gestört ist, hat in der Anhörung einen großen Umfang bei den Stellungnahmen eingenommen. Auf der einen Seite verlangten Teile der Lehrergewerkschaften, Vertreter der Kirchen und Fraktionen aus Gründen der Rechtssicherheit klare Regelungen darüber, wann eine solche konkrete Gefährdung oder Störung vorliegt. Sie begründeten diese Forderung damit, dass die Schulen nicht in der Lage wären, diese Konflikte alleine zu lösen. Die Entscheidung dürfe nicht auf die Schulen bzw. die Schulleiterinnen oder Schulleiter „abgewälzt" werden.[44]

Auf der anderen Seite haben die Verfassungsrechtler darauf hingewiesen, dass eine Regelung der konkreten Gefahr nach der Entscheidung des Bundesverfassungsgerichts nicht notwendig aber auch rechtlich nicht abschließend möglich ist. Da es sich um den Bereich des Gefahrenabwehrrechts handelt, sei eine Entschei-

---

[40] LT-Drucksache 16/8441, S. 48.
[41] vgl. Plenarprotokoll 16/83 vom 29.04.2015, S. 8392 ff.
[42] vgl. Ausschussprotokoll der 67. Sitzung des Ausschusses für Schule und Weiterbildung des Landtags Nordrhein-Westfalen vom 13.05.2015 – Apr 16/907. Auf Wunsch der Fraktion der FDP wurden zwei Sachverständige pro Fraktion für die Anhörung benannt. Vgl. hierzu Ausschussprotokoll der 64. Sitzung des Ausschuss für Schule und Weiterbildung des Landtags Nordrhein-Westfalen vom 22.04.2015 – APr 16/878 –, S. 26.
[43] Zu diesen Sachverständigen gehörte u. a. Prof. Dr. Fabian Wittreck, Professor für Öffentliches Recht an der Westfälischen Wilhelms-Universität Münster. Herr Prof. Dr. Hinnerk Wißmann, Lehrstuhl für Öffentliches Recht, wurde als weiterer Rechtswissenschaftler der Westfälischen Wilhelms-Universität Münster um eine schriftliche Stellungnahme gebeten. Vgl. Ausschussprotokoll der 67. Sitzung des Ausschusses für Schule und Weiterbildung des Landtags Nordrhein-Westfalen vom 13.05.2015 – Apr 16/907 – S. 2.
[44] vgl. Ausschussprotokoll der 67. Sitzung des Ausschusses für Schule und Weiterbildung des Landtags Nordrhein-Westfalen vom 13.05.2015 – Apr 16/907, S. 6, 10, 13, 15, 17, 29, 31.

dung im Einzelfall erforderlich. In Konfliktfällen seien die bestehenden Regelungen (z. B. im Beamtengesetz) und die bekannten Instrumentarien (wie z. B. das Disziplinarverfahren) ausreichend.[45] Des Weiteren wurde ausdrücklich davor gewarnt, einen Katalog von schulfriedensstörenden Situationen zu entwickeln, der dann quasi eine Anleitung dazu liefern würde.[46]

Die Fraktionen von SPD, CDU, BÜNDNIS 90/DIE GRÜNEN und der PIRATEN haben einen Änderungsantrag zum Gesetzentwurf eingebracht, der im Ausschuss für Schule und Weiterbildung am 17.06.2015 mit den Stimmen der einbringenden Fraktionen angenommen wurde.[47]

Der anschließenden Beschlussempfehlung des Ausschusses vom 17.06.2015 ist der Landtag bei Ablehnung durch die FDP-Fraktion gefolgt und hat am 24.06.2015 das Schulgesetz entsprechend geändert.[48] Danach gilt nunmehr:

Der in § 2 SchulG NRW normierte Bildungs- und Erziehungsauftrag wird in Absatz 7 um den Satz ergänzt:

„Die Schule ist ein Raum religiöser wie weltanschaulicher Freiheit."

§ 2 Absatz 8 enthält nun folgenden Wortlaut:

„[1]Die Schule ermöglicht und respektiert im Rahmen der freiheitlich-demokratischen Grundordnung unterschiedliche Auffassungen. [2]Schulleiterinnen und Schulleiter, Lehrerinnen und Lehrer sowie Mitarbeiterinnen und Mitarbeiter gemäß § 58 nehmen ihre Aufgaben unparteilich wahr. [3]Sie dürfen in der Schule keine politischen, religiösen, weltanschaulichen oder ähnlichen Bekundungen abgeben, die die Neutralität des Landes gegenüber Schülerinnen und Schülern sowie Eltern oder den politischen oder weltanschaulichen Schulfrieden gefährden oder stören. [4]Insbesondere ist ein Verhalten unzulässig, welches bei Schülerinnen und Schülern oder den Eltern den Eindruck hervorruft, dass eine Schulleiterin oder ein Schulleiter, eine Lehrerin oder ein Lehrer oder eine Mitarbeiterin oder ein Mitarbeiter gemäß § 58 gegen die Menschenwürde, die Gleichberechtigung nach Artikel 3 des Grundgesetzes, die Freiheitsgrundrechte oder die freiheitlich-demokratische Grundordnung auftritt. [5]Die Besonderheiten des Religionsunterrichts und der Bekenntnisschulen und Weltanschauungsschulen bleiben unberührt."

In der Gesetzesbegründung heißt es, dass die Umsetzung der Entscheidung des Bundesverfassungsgerichts zum sog. Kopftuchverbot an nordrhein-westfälischen Schulen (Beschluss vom 27.01.2015 – Az.: 1 BvR 471/10 und 1 BvR 1181/10) nicht darauf zu beschränken sei, allein den nichtigen § 57 Absatz 4 Satz 3 SchulG NRW aufzuheben. Im Interesse der Rechtssicherheit seien Folgeänderungen not-

---

[45] vgl. Ausschussprotokoll der 67. Sitzung des Ausschusses für Schule und Weiterbildung des Landtags Nordrhein-Westfalen vom 13.05.2015 – Apr 16/907, S. 8, 9, 15, 24, 25, 33.
[46] vgl. 2. Lesung – Plenarprotokoll 16/87 vom 24.06.2015, 8911, 8915 f.
[47] vgl. Ausschussprotokoll der 69. Sitzung des Ausschusses für Schule und Weiterbildung des Landtags Nordrhein-Westfalen – Apr 16/934 – S. 11 ff.
[48] vgl. Beschlussempfehlung und Bericht des Landtages Nordrhein-Westfalen vom 17.06.2015 – LT-Drucksache 16/8999.

wendig. Aus systematischen Gründen werden die bisherigen Sätze 1 und 2 des § 57 Absatz 4 SchulG NRW dem § 2 Absatz 8 SchulG NRW angefügt. Durch die Streichung der Wörter „geeignet sind" in der in § 2 Absatz 8 Satz 3 SchulG NRW übernommenen Regelung wird bestimmt, dass es allein auf eine konkrete Gefahr für die staatliche Neutralität oder den Schulfrieden ankommt.[49]

Zu der Frage, wann eine konkrete Gefährdung der staatlichen Neutralität oder Schulfriedens vorliegt, wird ausgeführt, dass es auf die Umstände des Einzelfalls ankommt und eine abstrakte Definition nicht möglich ist. Es werden Beispiele aus der Rechtsprechung dargestellt, in denen die Störung des Schulfriedens angenommen wurde.[50]

Zudem wird ausgeführt, dass die Schulen (Schulleitungen) bei Konfliktfällen durch die oberen Schulaufsichtsbehörden (Bezirksregierungen) und in Zweifelsfällen durch die oberste Schulaufsichtsbehörde (Ministerium für Schule und Weiterbildung des Landes NRW) beraten und unterstützt werden. Es erfolgt der Hinweis, dass arbeits- oder dienstrechtliche Maßnahmen nur die zuständige Schulaufsichtsbehörde – und nicht die Schulleiterin oder der Schulleiter – treffen kann.[51]

## 5. Fazit

Nordrhein-Westfalen ist das erste Bundesland, das die „Kehrtwende"[52] des Bundesverfassungsgerichts von einem generellen Verbot des Kopftuchs zur Begrenzung eines solchen Verbots auf die Fälle einer konkreten Gefährdung oder gar Störung des Schulfriedens gesetzlich umgesetzt hat. Abzuwarten bleibt, wie die anderen Bundesländer diese Entscheidung umsetzen und wie die neuen Vorschriften in der Praxis in Nordrhein-Westfalen „gelebt" werden. Die Sorgen darüber, wie die Schulen im Einzelfall die emotional und persönlich aufgeladenen Konflikte lösen sollen[53], sind nachvollziehbar. Auf der anderen Seite gehört es zum Erziehungsauftrag der Schule, die Heranwachsenden auf das vorzubereiten, was ihnen in der Gesellschaft mit zunehmender religiöser Vielfalt begegnet. Das Bundesverfassungsgericht hatte – wie bereits oben dargestellt – in seinem Urteil vom

---

[49] vgl. Beschlussempfehlung und Bericht des Landtages Nordrhein-Westfalen vom 17.06.2015 – LT-Drucksache 16/8999, S. 17.

[50] vgl. Beschlussempfehlung und Bericht des Landtages Nordrhein-Westfalen vom 17.06.2015 – LT-Drucksache 16/8999, S. 18.

[51] vgl. Beschlussempfehlung und Bericht des Landtages Nordrhein-Westfalen vom 17.06.2015 – LT-Drucksache 16/8999, S. 18.

[52] vgl. *Bertrams*, Islamisches Kopftuch und Störung des Schulfriedens, SchVw NRW 9/2015, S. 234 ff.

[53] vgl. dazu *Schrapper*, Kopftuch und Schulfrieden – Lässt das Land die Schulen allein?, SchVw NRW 3/2016, S. 80 ff.

24.09.2003 – 2 BvR 1436/02 – festgestellt, dass allein die Begegnung der Schülerinnen und Schüler mit einer kopftuchtragenden Lehrerin nicht zwingend zu deren Beeinflussung führt. Erst bei Hinzutreten von Konflikten zwischen Eltern und Lehrern seien belastende Auswirkungen zu erwarten. Den Beteiligten ist daher Gelassenheit in der Auseinandersetzung zu raten.[54]

---

[54] Empfehlung der Schulministerin Sylvia Löhrmann, vgl. 2. Lesung – Plenarprotokoll 16/87 vom 24.06.2015, S. 8921.

# Ernst Jäckh (1875–1959) und die Deutsch-Türkische Freundschaft

Betrachtungen zu Ernst Jaeckhs Memoiren: „Der Goldene Pflug"
Zur Verleihung der Ehrenmitgliedschaft der DTG Bonn
an dessen 80. Geburtstag 1955

Dr. Max R. Kaufmann

*Prof. Dr. Drs. h.c. Ernst Jäckh (Foto: Stadtarchiv Heilbronn, um 1955)*

Dr. Max R. Kaufmann

## Vorbemerkung

*Der Beitrag ist ein Wiederabdruck aus den „Mitteilungen" der Deutsch-Türkischen Gesellschaft Bonn, 2. Jahrgang Heft 4, Januar 1955, S. 3–4. Er stellt eine Würdigung des Gründers der Deutsch-Türkischen Vereinigung Berlin 1914, Prof. Dr. Ernst Jäckh, anlässlich dessen 80. Geburtstag am 22. Februar 1955 und der Verleihung der Ehrenmitgliedschaft der DTG Bonn an ihn dar.*

*Der Autor Dr. Max Rudolf Kaufmann ist als Journalist ein langjähriger Weggefährte und Freund Jäckhs seit osmanischer Zeit in der Türkei gewesen. Er war Schweizer, wurde am 29.04.1886 in Basel geboren und starb 1963 in Bonn, wo er mit Prof. Dr. Baade 1953 Gründungsmitglied der Deutsch-Türkischen Gesellschaft war und die „Mitteilungen" als Publikationsorgan der Gesellschaft initiierte, die er von Beginn an bis zu seinem Tod 1963 in außerordentlich kenntnisreicher und professioneller Weise redigierte, so dass die bis 1997 erschienen 120 Hefte bis heute eine authentische und in vielem singuläre Dokumentation für das Deutsch-Türkische Beziehungsverhältnis sind und daher auch in dieser Festschrift mit mehreren Beiträgen angezogen werden.*

*Wie Ernst Jäckh entwickelte auch Max Kaufmann schon früh eine besondere Beziehung zur Türkei. Nach der Promotion 1907 an der Universität seiner schweizerischen Hauptstadt Bern in Germanistik arbeitete er als freier Journalist in Paris. 1910 ging er als Korrespondent der „Neuen Zürcher Zeitung" nach Konstantinopel, wo er gleichzeitig bis 1912 Mitarbeiter an der dortigen deutschen Tageszeitung „Osmanischer Lloyd" und auch Mitarbeiter der „Frankfurter Zeitung" sowie Herausgeber der illustrierten Zeitschrift „Orient" war. Seine kritische Einstellung als Schweizer gegenüber deutschen Militärs und Regierungsvertretern im Osmanischen Reich – vor allem auch in der 1915 zugespitzten Armenierfrage – führten 1916 zu seiner Internierung und Ausweisung aus dem Osmanischen Reich. Trotzdem fand er danach aufgrund seiner Orientkenntnisse und wahrscheinlich durch die Vermittlung von Ernst Jäckh in der „Nachrichtenstelle für den Orient" in Berlin eine Anstellung, außerdem war er Redakteur und zeitweise stellvertretender Chefredakteur der „Norddeutschen Allgemeinen Zeitung", später „Deutschen Allgemeinen Zeitung" bis 1920, ferner ein neutraler Berichterstatter der Konferenz von Versailles 1919, dann Wirtschaftskorrespondent in London. Von 1925–1929 arbeitete er als Journalist in New York als Vertreter des „Hamburger Fremdenblatts" und der „Neuen Züricher Zeitung" und gab dort selbst eine deutsch-amerikanische Zeitung heraus. Danach kehrte er in die Schweiz zurück, wo er für verschiedene Zeitungen arbeitete und auch für die Universitätsbibliothek in Basel. Im Jahre 1952 berief ihn das Bundespresseamt in Bonn in seine Dienste, wo er bei Inter Nationes die Orient-Abteilung leitete. Seiner intimen Kenntnis der Türkei und ihrer politischen und kulturellen Entwicklung verdanken die „Mitteilungen" einen bis heute beachtenswerten Informationsstand. Zur Würdigung und zum Tod von Max Kaufmann vgl. Mitteilungen Heft 40 von Juni 1961, S. 5, und die Todesnachricht in Heft 54, November 1963, S. 1 (ohne Angabe des Todestags, der in den September/Oktober 1963 fallen dürfte).*

*Der Text ist gelegentlich durch Zusätze (in Klammern und kursiv) sowie durch Anmerkungen ergänzt worden.*                 *(PL.)*

Die Deutsch-Türkische Freundschaft – Betrachtungen zu Ernst Jaeckhs Memoiren

# „Der aufsteigende Halbmond"

Im Jahre 1909 erschien in Deutschland ein Buch mit dem seltsamen Titel „Der aufsteigende Halbmond"[1], zu einer Zeit also, als alle Welt glaubte, der Halbmond sei im Absteigen begriffen. Ein Journalist, Ernst J ä c k h, Chefredakteur der Heilbronner Neckar-Zeitung, legte darin seine Eindrücke nieder, die er während einer im türkischen Revolutionsjahr 1908 unternommenen Türkeireise empfangen hatte. Hier war er mit den „Verschwörern" von Saloniki, den Jungtürken vom Komitee „Einheit und Fortschritt", in Berührung gekommen, den wagemutigen Männern, die den Roten Sultan Abdül Hamid gestürzt und in die Verbannung geschickt hatten. In der Berliner Wilhelm-Straße *(Sitz des Reichskanzlers und Außenministeriums)* schüttelte man den Kopf, und die Mehrzahl der in Konstantinopel lebenden Deutschen zuckten die Achseln, als sie die Prophezeiungen dieses new comers *(Ernst Jäckh)* lasen. Ein Journalist, zufällig in die Türkei gekommen, wollte während eines kurzen Aufenthaltes die Seele der Türken, Land und Leute erforscht haben und verkündete – einsamer Prophet in der Wüste – seinen unerschütterlichen Glauben an ein Volk, dessen Land und Reich, Spielball der Großmächte, dem Untergang verfallen schien. Seine Reise war ihm, dem Journalisten, zur Offenbarung geworden. Visionär hatte er, zur Zeit als der Zar in Petersburg den Traum von der Wiederaufrichtung des Kreuzes über der Sophienmoschee *(in Istanbul)* träumte, Österreich-Ungarn einen Einfall in die türkischen Provinzen Bosnien und Herzogowina plante und Italien sich zu der zwei Jahre später erfolgten Eroberung der letzten nordafrikanischen Provinz der Türkei, Tripolis, vorbereitete, die dem türkischen Volk innewohnende Kraft erkannt. Das war damals, als Wilhelm II. durch das alldeutsche Schlagwort „Berlin-Bagdad", mit dem soviel Unfug getrieben wurde, in die Zwickmühle der Großmächte geriet und nicht wusste, wie er das den Türken und der mohammedanischen Welt gegebene Versprechen deutscher Freundschaft einlösen sollte. Und dabei war der vom Kaiser gestiftete Brunnen in Stambul *(Istanbul)* mit dem ewig fließenden Wasser dazu bestimmt, diese Freundschaft zu symbolisieren.

Was der reisende Journalist Ernst Jäckh nach kurzem Aufenthalt im Osmanischen Reich erkannt hatte, war die Kraftquelle dieses Landes: das türkische Volk, die Minderheit des Osmanischen Nationalitätenstaates, war Anatolien, des Landes Herz, bestimmt dazu, eine Bastion von strategischer Bedeutung für den europäi-

---

[1] Stuttgart 1909, 6. ergänzte Auflage 1916. In neuer Bearbeitung: The rising crescent, New York 1944, erschienen. Ein Resümee seines Lebenswerkes zog Ernst Jäckh in seinem Buch: „Der Goldene Pflug. Lebensernte eines Weltbürger", das 1954 in der Deutschen Verlagsanstalt Stuttgart erschien und der Anlass der hier wieder abgedruckten Rezension Kaufmanns in den „Mitteilungen" der Bonner DTG, Heft 4, Januar 1955, S. 3–4, ist. Der Autor war Ernst Jäckh seit 1910 bis zu dessen Tod 1959 beruflich und in Freundschaft verbunden.

schen Westen zu werden, wenn einmal das Osmanische Reich auseinanderfallen sollte.

Enge Freundschaft, die Ernst Jäckh jahrelang mit K e m a l Bey pflegte, der gelegentlich Pascha und kaum zwei Jahrzehnte später Atatürk, Vater und Befreier des türkischen Volkes, werden sollte *(noch kurz vor dessen Tod besuchte Ernst Jäckh den alten Freund 1937 in der Türkei)*, wurde das Fundament, auf dem der Journalist aus Heilbronn seinen Glauben an dieses Türkenvolk aufbaute. Er ist niemals erschüttert worden: nicht durch die innenpolitischen Schwierigkeiten, die sich den jungtürkischen Reformern allzu bald entgegenstellen sollten und von ihnen nicht überwunden werden konnten, auch nicht durch Aufteilungspläne der Alliierten *(während des Ersten Weltkriegs und im nicht realisierten Friedensvertrag von Sèvres 1920)*. Der Prophet zog seinen Pflug weiter, und so wird es ihm an seinem 80. Geburtstag (22. Februar 1955) beschieden sein, stolz und befriedigt auf ein

## Lebenswerk im Dienste der Türkei

zurückblicken zu können. Denn, was immer dieser „Zivilapostel" oder Regisseur hinter den Kulissen der politischen Bühne, Berater der Wilhelmstraße, Ratgeber hoher und höchster Persönlichkeiten, Mahner und Warner der für die auswärtige Politik Deutschlands Verantwortlichen und auf der innenpolitischen Ebene geleistet hat: sein Leben und Werk war der Türkei gewidmet, und zwar auch dann, als er – Gründer und Leiter der Berliner Hochschule für Politik (1920), Leiter des Werkbundes, Kämpfer für ein demokratisches Deutschland – nach einstündiger Aussprache mit Hitler *(am 1. April 1933)* seine Koffer gepackt hat und auswanderte, um zunächst in England, dann in den USA zu wirken. In die Londoner Zeit *(1933–1940)* fällt seine Tätigkeit als Direktor der New Commonwealth Society und des Instituts zur Forschung und Förderung von kollektiver Sicherheit und friedlicher Revision. In New York *(seit 1940)* endet die Furche, die sein Goldener Pflug – Schild des großelterlichen Hauses im Schwabenland – gezogen hat und aus der reiche Ernte entsprossen ist. Und überall, wo dieser Pflug angesetzt wurde, greift er in türkischen Boden. War Jaeckh einst (1914)

## Gründer der ersten Deutsch-Türkischen Vereinigung

rief er in London und New York die Englisch-Türkische bzw. Amerikanisch-Türkische Vereinigung ins Leben, dazu in Amerika das Middle-East Institute u.a.m.

# Die Deutsch-Türkische Freundschaft – Betrachtungen zu Ernst Jaeckhs Memoiren

So ist sein *(jetzt vorliegendes)* Memoirenwerk eine reiche Fundgrube für Politiker, Historiker, Kulturhistoriker, ein wertvolles Nachschlagewerk mit bisher unbekannten Korrespondenzen, Anregungen und Berichten geworden, wertvoll für alle, die nicht nur das Lebenswerk des Weltbürgers Jäckh, sondern auch die deutsche Türkeipolitik seit der Jahrhundertwende bis zum Ersten Weltkrieg verfolgen wollen. Memoiren stellen die Persönlichkeit des Autors in den Mittelpunkt, oft zum Nachteil objektiver Darstellung, und wer die Türkei vom Anfang bis fast zum Ende des jungtürkischen Regimes am Goldenen Horn erlebt hat, mag Persönlichkeiten anders beurteilt haben. So wird in Jäckhs Memoiren Botschafter Marschall von Bieberstein, der bis 1911, wenn auch wortkarg und reichlich unzugänglich geworden, das Deutsche Reich bei der Hohen Pforte vertrat, von seinem Nachfolger v. Wangenheim ganz überschattet. Übergangen wurde, leider, der Journalist Paul Weitz, der als politischer Korrespondent der Frankfurter Zeitung der wichtigste Berater des Botschafters von Wangenheim war. „P.W." hat keine Erinnerungen hinterlassen und – Schicksal des Journalisten – keinen Biographen gefunden. Leider wurde er auch in der Beschriftung des Bildes nicht erwähnt, das ihn – am Tisch neben Wangenheim sitzend – zeigt, hinter ihm Kapitän von Haas, im Zivilberuf bei der Deutschen Bank tätig gewesen.

Zuverlässigkeit, Ehrlichkeit, Arbeitswille, Fleiß, Mäßigkeit, Treue, Traditionsstolz und Tapferkeit erkannte Jäckh schon bei seinem ersten Besuch in der Türkei (32 weitere Reisen folgten) als die wesentlichen Charaktereigenschaften der Türken.

Für uns, die wir unsere Arbeit auf die Festigung der Deutsch-Türkischen Freundschaft einstellen, sind die Erinnerungen Prof. Jäckhs besonders wertvoll. Sie gehen zwar nicht auf die erste Phase dieser freundschaftlichen Beziehungen zurück, als 1873 die der Hanseatischen Vertretung folgende deutsche Gesandtschaft in eine Botschaft umgewandelt wurde, und Botschafter von H a t z f e l d sich Anfang des Jahres 1880 besonders eifrig für den Ausbau guter Beziehungen eingesetzt hatte. Zu Beginn jenes Jahres kam Herr von W e t t e n d o r f in das türkische Finanzministerium, Dr. G e s c h e r als Berater ins Ministerium für Auswärtige Angelegenheiten, und als die 1870 aufgelöste französische Militärmission ersetzt werden sollte, kam eine deutsche Mission unter General von K ö h l e r, dem v o n d e r G o l t z folgte, in die Türkei. Seine Leistungen als Unterchef des türkischen Generalstabes und als türkischer Marschall sind unvergessen. Von kaiserlichen Spionen verfolgt, konnte er seinen Reorganisationsplan wenigstens in großen Zügen durchsetzen, Rekruten-, Requisitions- und Transportgesetze schaffen, einen Mobilisationsplan ausarbeiten und den bisher unbekannten Generalstab organisieren. Dank seiner Tätigkeit stieg zwischen 1883 und 1895 die Schülerzahl in türkischen Militärschulen von 4000 auf 14000 an. Andere Reformer folgten ihm, der – hochbetagt – sich der Türkei im Ersten

Weltkrieg nochmals zur Verfügung stellend, auf der Reise von Kut el Amara nach Bagdad dem Flecktyphus zum Opfer fiel. Botschafter v o n R a d o w i t z hat den Gedanken der Bagdadbahn aufgegriffen und den deutsch-türkischen Handelsvertrag, über den seit 1886 verhandelt wurde, im Jahr 1890 zum Abschluss gebracht, jenen Vertrag, der – wenn er zunächst auch die Meistbegünstigungsklausel ausschloss – von der Entente stets als Gefahr für die Kapitulationen angesehen wurde, die mit dem deutsch-türkischen Bündnis im Ersten Weltkrieg gefallen sind *(Kapitulationen waren in Kapitel eingeteilte Verträge der Entente-Staaten über Staatsanleihen an das Osmanische Reich, die gegen das Gebot der Staatengleichheit verstießen, insofern sie das die Verträge annehmende Land in wirtschaftliche Abhängigkeit durch Verpfändung seiner Staatseinnahmen brachte und es damit in seiner politischen Existenz gefährdete. Die Aufhebung der Kapitulationen war daher ein primäres Ziel bei der Begründung der Türkischen Republik 1923. Sie wurden nach 1918 allgemein im Zuge der Reform des Völkerrechts geächtet und abgebaut).* Als Höhepunkt der Deutsch-Türkischen Freundschaft ist oft die Berufung der Militärmission unter L i m a n v o n S a n d e r s angesehen worden, wie mir scheint zu Unrecht. Schon vorher, 1908, hatte Ernst Jäckh die Initiative zur Gründung der Deutsch-Türkischen Vereinigung und ihrer türkischen Schwestergesellschaft ergriffen, der zwei Jahre später, in Verbindung mit dem Werkbund und seiner internationalen Aufgabe (wir erinnern an die Namen Theodor Heuss und Friedrich Naumann) Jäckhs Anregung zum

## Bau eines Deutsch-Türkischen Freundschaftshauses

in Stambul folgte. Das Baukapital von 3 Millionen war da, auch der Bauplatz, und der Grundstein konnte (1917) gelegt, der Bau aber infolge des unglücklichen Ausgangs des Ersten Weltkriegs nicht durchgeführt werden. Von Haus zu Haus war der bettelnde Apostel Jäckh durch ganz Deutschland gezogen, um seine Vereinigung auf eine breite Basis zu stellen. Nach nur fünf Jahren war das Ergebnis: über 5000 Mitglieder, nach zehn Jahren: Jahreseinkommen 300.000 Reichsmark, Vermögen eine halbe Million. Etwa 4000 türkische Lehrlinge und Studenten *(richtiger: Schüler)* wurden *(noch während des Ersten Weltkriegs 1915–1917)* nach Deutschland gebracht; sechshundert *(siebenhundert)* türkische Kriegswaisen fanden im Jahre 1917 hier Unterkunft. Mit Hilfe Roberts Boschs wurde ein 300.000 Mark-Krankenhaus in Smyrna (Izmir) gegründet, ein Jäckh-Fonds geschaffen. Die „Deutsche Orientbücherei", das „Deutsche Orientinstitut" erstanden; ein Deutscher übernahm die Aufsicht über türkische Schulen, ein anderer reformierte die Justizverwaltung; zwanzig deutsche Professoren wurden an türkische Hochschulen berufen und der Schaden, den preußischer Kasernenton, von deutschen Offizieren falsch verstandene deutsche Orientpolitik und nicht erforschte Psyche angerichtet hatten, nach Möglichkeit wieder gut gemacht.

Auch Jäckhs *(1919/20 gegründete)* Berliner Hochschule für Politik, nicht weniger aber auch die von Max Baron von Oppenheim während des Ersten Weltkriegs angeregte „Nachrichtenstelle für den Orient" in Berlin, die (noch heute bestehende) deutsche Oberrealschule in Istanbul und die leider eingegangenen deutschen Tageszeitungen „Osmanischer Lloyd" bzw. „Türkische Post" haben gute Früchte getragen. Tief sitzt – und wer immer die Türkei bereist, wird es bestätigt finden – die Freundschaft zu Deutschland im Herzen des türkischen Volkes. Unermüdlich und erfolgreich wird sie von der Türkisch-Deutschen Freundschaftsvereinigung in Ankara und Istanbul gepflegt (*die um 1952 in der Türkei wieder entstandene Türkisch-Deutsche Freundschaftsvereinigung in Ankara und Istanbul entwickelte eine Reihe von Nebenstellen in anderen türkischen Städten. Sie hat – teils in Verbindung mit der 1953/54 gegründeten Deutsch-Türkischen Gesellschaft in Bonn und in anderen Städten der Bundesrepublik Deutschland – ein reges kulturelles Leben in den 1950er und 1960er Jahren entwickelt, das danach aber zumeist erloschen ist).*[2] Hoffen wir, dass dieser Freundschaft doch noch das Heim gebaut werde und Ernst Jäckhs Traum in Erfüllung gehe. Sein „Goldener Pflug" hat den Acker gut und tief umgegraben, und wer in seine Furche sät, leistet verdienstvolle Arbeit.[3]

---

[2] Vgl. dazu die von der DTG Bonn herausgegebenen. „Mitteilungen", die von Heft 1, Mai 1954, bis Heft 118–120, Dezember 1997, eine Auflage von 2500 Exemplaren im Inland wie im Ausland erreichten und sich einer großen Resonanz erfreuten. Sie sind vor allem in den ersten Jahrgängen neben kulturwissenschaftlichen und aktuellen politischen Beiträgen zugleich eine zeitgeschichtliche Chronik der deutsch-türkischen Beziehungen, die vor allem durch persönliche Beziehungen maßgeblicher Mitglieder zur Türkei und zugleich auch zu Einrichtungen von Bundestag und Bundesregierung in Bonn geprägt sind und daher bis heute Gewicht und einen hohen Quellenwert haben. Sie verdienten, durch Digitalisierung allgemein zugänglich gemacht zu werden.

[3] Ernst Jaeckh bedankte sich für die Verleihung der Ehrenmitgliedschaft in einem Schreiben an den Vorstand aus New York und übermittelte zugleich die besten Wünsche für die weitere Arbeit der Gesellschaft. Auch die Berliner Hochschule für Politik in Berlin und das Nah- und Mittel-Ost-Institut der New Yorker Columbia Universität gedachten Ihres Gründers mit Festakten. Dazu erschien eine Festschrift mit Beiträgen von über 70 internationalen Autoren in New York, vgl. die Notiz: Veranstaltungen der Deutsch-Türkischen Gesellschaft, in: Mitteilungen 2. Jg., Heft 5 von März 1955, S. 2. – Vgl. auch die nachfolgenden, hier als Anhang abgedruckten Beiträge zu Ernst Jäckh und seinem türkisch-internationalen Lebenswerk von seinem langjährigen schweizer Freund Dr. Max Kaufmann.

# ANHANG

## 1. Ernst Jäckhs 21. Türkeireise 1958 auf Einladung der Regierung in Ankara zur Verleihung der Ehrendoktorwürde der Universität Ankara

*Gekürzter Bericht von Dr. Max R. Kaufmann in: Mitteilungen der DTG Bonn, Heft 23, August 1958, S. 8.*

Unter den „Zufällen", die im Leben Ernst Jäckhs eine so große Rolle gespielt haben, dürfte die jungtürkische Revolution an erster Stelle stehen, denn aus diesem Erlebnis wuchs die Freundschaft mit den damals maßgebenden Persönlichkeiten, darunter der spätere Befreier Atatürk. In seinem ersten Türkeibuch: „Der aufsteigende Halbmond" hat Ernst Jäckh ein Bekenntnis zum türkischen Volk, zum Glauben an dessen Zukunft, abgelegt. Aus diesen Erlebnissen wuchs die Deutsch-Türkische Freundschaftsvereinigung, in deren Fußstapfen die Bonner Deutsch-Türkische Gesellschaft mit ihren Zweigstellen getreten ist. Demselben Glauben an eine glückliche Zukunft und weltpolitische Bedeutung der Türkei entsprang dann, während der Londoner Emigrationsjahre, das gemeinsam mit Winston Churchill gegründete „Britisch-Türkische Komitee" und nach der Berufung an die Columbia-Universität in New York (1940) die „Amerikanisch-Türkische Vereinigung": Gründungen, die das Fundament politischer Bündnisse geworden sind.

Prof. Jäckh für seine nun über fünfzig Jahre sich hinziehende pro-türkische Arbeit zu danken, ist der Regierung in Ankara schon immer ein Bedürfnis gewesen, und dieser Dank hat ganz besonderen Ausdruck in der Verleihung des Ehrendoktors der Politischen Wissenschaft durch die Universität Ankara gefunden. Deutsche, amerikanische und britische Kreise in der Türkei haben sich den verschiedenen Veranstaltungen zu Ehren des Gastes als Dankende angeschlossen.
...

Zu den schönsten Erlebnissen des Besuchers zählte nicht nur die Feststellung, dass die türkische Ausgabe seines „Aufsteigenden Halbmonds" durch Perihan Kuterman ausverkauft ist, sondern dass viele der 2.300 Schüler, die einst durch die Deutsch-Türkische Vereinigung *(im Ersten Weltkrieg in Deutschland, vgl. zur Zahl der Schüler auch den vorstehenden Beitrag von Wilhelm Feldmann in diesem Buch. Im einleitenden obigen Beitrag spricht Ernst Jäckh von 4.000 Schülern, die Zahl von etwa 2.500 Schülern und Lehrlingen dürfte zutreffend sein)* betreut worden sind, sich in prominenten Stellungen befinden. Unter ihnen fand der Besucher den Chef des Zivilkabinetts des Staatspräsidenten und viele Parlamentarier.

Unvergesslich ist Ernst Jäckh auch das Erlebnis bei der Kranzniederlegung am Mausoleum seines einstigen Freundes Atatürk: Bauern, die gerade ihre Gebete am Grab verrichtet hatten, begrüßten „den größten Freund der Türkei" mit dem

Handkuss. Dass Staatspräsident Celal Bayar ganz genau über die erste Deutsch-Türkische Freundschaftsvereinigung orientiert war, hat den Besucher natürlich sehr gefreut, und dankbar hat er die Ovationen empfunden, die ihm von der Studentenschaft anlässlich der Verleihung des Ehrendoktors dargebracht wurden. Was der Dekan der Fakultät, Prof. Dr. Fikret Arik, über Ernst Jäckhs Leben und Wirken und über „türkisches Kismet als Symbol von Dienst und Treue" vortrug – Briefe Atatürks und Stellen aus Jäckhs Büchern wurden zitiert – empfand der Geehrte dankbar. Dass der Türkisch-Deutsche Freundschaftsverein in Ankara den geehrten Gast, und zwar gleich im Namen der Zweigstellen Istanbul, Edirne und Trabzon begrüßen würde, war zu erwarten. Präsident Mithan Yenen gab dem besonderen Stolz der Mitglieder darüber Ausdruck, dass es möglich war, „den aufgegangenen Samen dieses Ihres Lebensgedankens, nach Kräften weiter zu pflegen und verbreiten zu können, nachdem die Katastrophen zweier Weltkriege die Ernte tödlich bedroht hatten."

Inzwischen ist Ernst Jäckh wohlbehalten nach New York zurückgekehrt, und die Erinnerungen an seine 21. Türkeireise werden ihn hoffentlich noch einige Jahrzehnte begleiten.

## 2. Nachruf auf Ernst Jäckh
### (geb. 22.02.1875 in Urach, gest. 16.08.1959 in New York)

*von Max R. Kaufmann, entnommen aus: Mitteilungen der Deutsch-Türkischen Gesellschaft e.V. Bonn, Heft 30, Oktober 1959, S. 6.*

Als Prof. Dr. Ernst Jäckh, unser Ehrenmitglied, im August 1958 von seiner 21. Türkenreise nach New York zurückkehrte, gaben wir der Hoffnung Ausdruck, dass seine Erinnerungen an diese Triumphfahrt den Dreiundachtzigjährigen noch ein weiteres Jahrzehnt begleiten möchten. Diese Hoffnung ist nicht in Erfüllung gegangen. Ernst Jaeckh ist am 16. August dieses Jahres 1959 gestorben. Unsere Leser finden sein Bild und eine ausführliche Würdigung seiner Arbeit in Nr. 4 unserer „Mitteilungen" vom Januar 1955 *(vgl. den oben abgedruckten einleitenden Beitrag von Max R. Kaufmann).*

Tief ist die Trauer um diesen Türkenfreund und Türkeiapostel, denn er war der Prophet in der politischen Wüste, der das Buch „Der aufsteigende Halbmond" geschrieben und Jahre vor dem Ersten Weltkrieg die erste „Deutsch-Türkische Vereinigung" gegründet, die „Deutsche Orientbücherei" herausgegeben, als Journalist, Politiker, Gründer der Hochschule für Politik in Berlin, nach seiner Emigration in London und New York unermüdlich den Glauben an die Türkei gepredigt hat. In seinem Memoirenwerk „Der goldene Pflug" hat Ernst Jäckh seine Lebensernte zusammengefasst (Stuttgart 1954).

Mit Theodor Heuss war der Verstorbene einst freundschaftlich verbunden. Im Jahre 1912 wurde Theodor Heuss Jäckhs Nachfolger *(als Chefredakteur)* an der „Neckar-Zeitung" *(in Heilbronn)*, nachdem er 1902 ihr Münchener Korrespondent war. Nach seiner Wahl zum Bundespräsidenten (1949) schrieb Theodor Heuss seinem einstigen Chefredakteur: „Wenn ich es mir recht überlege, so hast Du in den Werdejahren am entscheidensten auf meinen Lebensgang eingewirkt – von der halben Bubenzeit her bis zur Nachfolge in Heilbronn zum Mich-wieder-nach-Berlin-Holen mit all den Zusammenhängen von Werkbund, Zeitschrift „Deutsche Politik" und Hochschule für Politik. Ich habe das immer gewusst und bin Dir dafür immer dankbar gewesen."

Als Ernst Jäckh die Türkei „entdeckte", es war im Jahre 1908, schrieb er: „Der oft schon totgesagte kranke Mann am Bosporus reckt sich plötzlich auf und steht aufrecht da, er schüttet die ihm von europäischen Medizinmännern aufgedrängte Arznei äußerlicher ‚Reformen' in den Bosporus und schüttet aus seinem Goldenen Horn Überraschungen einer eigenen, inneren Revolution über uns aus.

Im Jahre 1908 hat Jäckh erstmals türkischen Boden im heutigen Izmir betreten, und seine Liebe zum türkischen Volk fand Nahrung in dessen „Zuverlässigkeit, Ehrlichkeit, Arbeitswillen und Fleiß, seiner Mäßigkeit und Treue, seinem Traditionsstolz und seiner Tapferkeit." Und auf den ersten Blick hatte er erkannt: „Wahrscheinlich hat kein Land in der Welt reichere Möglichkeiten als die Türkei, für deren Entwicklung nirgends so vorteilhafte Bedingungen vorherrschen; aber die größte Kraftquelle der Türkei ist das türkische Volk und sein Charakter, sein Mut und sein Fleiß."

Dieser Erkenntnis ist Jaeckh treu geblieben bis zu seinem letzten Tag, und zwar auch dann, als die Türkei im Ersten Weltkrieg zusammenbrach und die Deutsch-Türkische Vereinigung auf seine Initiative hin ihre Unterstützungsaktion in die Wege leitete. Wer – wie der Schreibende dieser Zeilen – mit Ernst Jäckh während fünfzig Jahren in Freundschaft verbunden war – und zu ihnen zählen wir viele unserer türkischen Freunde –, wird sich seiner immer dankbar erinnern. Er hat nicht nur die deutsch-türkischen Freundschaftsbande eng geknüpft, sondern auch in London und Washington für die Türkei Atatürks geworben, als ihn der Nazismus in die Fremde getrieben hatte.

## 3. Ernst Jäckhs Vermächtnis: „Weltsaat – Erlebtes und Erstrebtes" – eine Buchbesprechung

*von Max R. Kaufmann, entnommen aus: Mitteilungen der DTG Bonn, Heft 36, Okt. 1960, S. 13–14, gekürzte Fassung.*

Auf Grund von fünfzehnjähriger Erfahrung im Wirken und Leben von Ernst Jäckh hat Frau Dr. Ruth Nanda Anshen, seine Mitarbeiterin an der Columbia Universität in New York, Gelegenheit gehabt, unser letztes Jahr im Alter von 85 Jahren dort verstorbenes Ehrenmitglied kennen zu lernen, seinen Kämpfermut und seine Schöpferkraft zu bewundern. Durch diese intime Kenntnis des von vielen seiner deutschen Bekannten nie erfassten Menschen E. J. war sie berufen, sein literarisches Vermächtnis, das kürzlich unter dem Titel *„Weltsaat – Erlebtes und Erstrebtes"* im Verlag der Deutschen Verlagsanstalt Stuttgart erschienen ist (1960, 340 S.) herauszugeben und mit einem Vorwort einzuleiten. Wer – wie in den „Mitteilungen" wiederholt erwähnt – wie der Schreiber dieser Zeilen Ernst Jäckh fast ein halbes Jahrhundert lang gekannt hat, darf mit besonderer Freude feststellen, dass die Aufzeichnungen, die Jäckh als Fortsetzung seines Buches „Der Goldene Pflug" gedacht hat, diese Herausgeberin gefunden haben.

„Es gibt Menschen" – so lesen wir im Vorwort – „die durch ein Geschick, das sie nicht bestreiten können, wie ein Licht in der Dunkelheit und im Leid wirken. Ein solches Licht scheint durch E. J." ... Man lese das Vorwort der Herausgeberin und wird zu der Erkenntnis kommen, dass der „Türken-Jäckh" nur ein Teil des vom Weltpflüger zum Weltsäer gewordenen gebürtigen Heilbronners gewesen ist, und nicht nur die deutsch-türkische Freundschaft auf seinem Acker wuchs. Dadurch, dass E. J. schon während des Ersten Weltkrieges und der Weimarer Republik auf dem politischen Acker grub und säte, dann – nachdem er Hitler ordentlich seine Meinung gesagt hatte – seine Tätigkeit nach England (1933) und später (1940) nach den Vereinigten Staaten verlegt hatte, wo sein Humanismus auf fruchtbaren Boden fiel und dadurch in die Weltpolitik einschlug, sind aus dem Weltacker Früchte gereift, an deren Wachstum Jäckh zweifellos bedeutenden Anteil hatte. Über die Aussaat und das Reifen dieser Früchte unterrichtet das letzte Buch Ernst Jäckhs, Gründer der deutschen Völkerbundliga und der Friedensakademie, Mitarbeiter des Deutschen Werkbundes, Gründer der Berliner Hochschule für Politik im Jahre 1920.

Es gab auch in Deutschland Leute, die über Jäckhs Gründungen, das New Commonwealth Institute in London und das Middle East Institute in New York die Nase rümpften, weil sie meinten, die aus dieser Saat hervorgegangene Frucht sei zum Nachteil Deutschlands gereift. Stresemanns Sekretär und späterer württembergischer Landtagsvizepräsident Henry Bernard hat seinen Landsmann früh erkannt als Freund und Ratgeber vieler Staatsmänner und Politiker, dessen Feld „die große politische Welt" war, der über die Türkei in der Zeit vor 1918 sich des Nahen Ostens und der Balkanländer annahm, seine weiteren Aufgaben dann im Westen, in Frankreich, England und in Amerika sah. Wenn die Türkei Kemal Atatürks bis in unsere Zeit hinein amerikanischer Hilfe so außerordentlich viel verdankt, so spüren wir auch in dieser Hilfe den Geist Ernst Jäckhs, unter dessen Chefredaktion Theodor Heuss sich seine ersten journalistischen Lorbeeren geholt hat. Schade dass der einstige USA-Botschafter in Istanbul, Morgenthau *(sen. 1856–1945, 1913–1916 Botschafter in Konstantinopel),* Ernst Jäckh erst nach dem Ersten Weltkrieg kennenlernte, eine Bekanntschaft, durch die ihm erst dann das Verständnis für Deutschland reifte, nach dem wir in seinem in Paris erschienenen Nachkriegsbuch „Erinnerungen" umsonst gesucht haben.

Im 6. Kapitel schildert uns Jäckh seine Beziehungen zu Hitler: Kein einziger Mensch in aller Weltgeschichte hat so viel Blut vergossen und soviel Elend ausgegossen wie Hitler; selbst sein Lieblingsheld, Dschingis Khan, Asiens Mongolenführer, nicht. Am 1. April 1933 fand seine einstündige Aussprache mit Hitler statt, über die 1942 Einzelheiten bekannt wurden und die in der „Weltsaat" ausführlich geschildert wird. Sie endeten mit Jäckhs Auswanderung nach London im Mai 1933, und zwar nach England und nicht zuerst nach Amerika, weil England bereits die Hitlergefahr erkannt hatte, was in Amerika nicht der Fall war. Nun schildert Jäckh seine europäischen ehrenamtlichen Missionen für das Londoner Foreign Office, die ihn über Griechenland, Rumänien und Bulgarien zu Atatürk führten. Im Sommer 1937 hat Jäckh den totkranken Atatürk zum letzten Mal gesprochen. Im weiteren Verlauf seines Berichts schildert Jäckh seine Berufung an die Columbia Universität in New York, wo er bald feststellen muss, dass Roosevelt die Hitler-Gefahr ebenso zu spät erkannt hatte, wie die Stalin-Gefahr für die Türkei und den Mittleren Osten.

Bei dieser Gelegenheit erfährt der Leser Näheres über die Haltung der Türkei während der Regierung Roosevelts und des Zweiten Weltkrieges und weiter über Trumans Einstellung zur Türkei. Es folgte die Gründung einer amerikanisch-türkischen Vereinigung. Die „Einzigartigkeiten" der Türkei schilderte den Amerikanern Jäckh immer wieder in vielen Aufsätzen, und bis zu seinem Tod konnte er darauf bestehen, dass kein anderer Staat inmitten der Weltunruhen seit 1923 „sich durch solche Stabilität ausgezeichnet hat wie die Türkei während ihrer nunmehr 37 Jahre: Sie hat keine kommunistische Partei, sie ist eine gesicherte Demokratie auf der Basis des englisch-amerikanischen Zweiparteiensystems, sie hat im Gegensatz zu sämtlichen Nachbarstaaten, die durch militärische Staatsstreiche und Diktaturen, Abdankung und Vertreibung, politische Morde und dergl. gestört wurden, sich als die stabilste Republik erwiesen.

# Prof. Dr. Drs. h.c. Fritz Baade (1893–1974)
## Zur Gründung der Deutsch-Türkischen Gesellschaft Bonn 1953/54 und ihrer Entwicklung bis zur Gegenwart

Paul Leidinger

Abb. 1: Prof. Dr. Fritz Baade als Bundestagsabgeordneter, 1957

Wenn in dieser Festschrift zum 100-jährigen Bestehen der Deutsch-Türkischen Gesellschaft Münster Prof. Dr. Ernst Jäckhs, des Gründers der „Deutsch-Türkischen Vereinigung Berlin" als Dachverband Deutsch-Türkischer Gesellschaften in Deutschland 1914, durch den Wiederabdruck von Beiträgen gedacht wird,[1] so darf man die Neubegründung Deutsch-Türkischer Gesellschaften nach

---

[1] Vgl. die vorstehenden Beiträge zu Ernst Jäckh, die nicht nur auf die von ihm seit 1908 vermittel-

dem Zweiten Weltkrieg 1945, an deren Spitze die DTG Bonn und deren erster Vorsitzender Prof. Dr. Fritz Baade stehen, nicht außer Acht lassen.

Denn die Bonner Gesellschaft übernahm mit ihrer Begründung 1954 am neuen Regierungssitz des westdeutschen Teilstaates Bundesrepublik Deutschland in Bonn gleichsam auch die Funktion eines Dachverbandes für etwa ein Dutzend Gesellschaften zumeist in Universitätsstätten, die als Zweigvereine bezeichnet wurden, aber eigenständig waren. Promotor der Bonner Gesellschaft war Prof. Dr. Drs. h.c. Fritz Baade, der seiner Auswanderung 1934 in die Türkei – wie er selbst 1973 schreibt – „Leben und Existenz" verdankt.[2]

---

ten deutsch-türkischen Beziehungen, sondern auch auf die von ihm seit seiner Emigration 1933 nach England vermittelten Verbindungen Großbritanniens und der USA mit der Türkei hinweisen und damit eine grundlegende Bearbeitung seiner Biographie anregen wollen. Die hier vorgelegte Festschrift wie auch die der Bonner DTG von 2014 sind dazu nur Vorarbeiten. Vgl. Dietrich Schlegel, Norbert Reitz (Hg.), Festschrift 60 Jahre Deutsch-Türkische Gesellschaft e.V. Bonn, DTG Bonn 2014, 240 S., sowie dort meinen Beitrag „Die Deutsch-Türkische Gesellschaft Münster e.V. von 1916 und die DTG Bonn – Aspekte der Förderung deutsch-türkischer Beziehungen seit einem Jahrhundert", der – wesentlich erweitert und mit verändertem Titel – in diesen Band (S. 17–34) aufgenommen worden ist.

[2] Fritz Baade, Deutsch-Türkische Freundschaft – sehr persönlich gesehen –, in: Mitteilungen der DTG Bonn, Heft 91, Oktober 1973, S. 1–2. Der Beitrag – aus Anlass des 50-jährigen Bestehens der Republik Türkei 1973 verfasst – ist nachgehend hier aufgenommen worden. Baade betont darin vor allem die Bedeutung der Asylgewährung der jungen türkischen Republik durch Atatürk für rassisch und politisch verfolgte Deutsche in der NS-Zeit, zu denen auch Fritz Baade gehörte. Vgl. dazu auch die Rezension des Buches von Liselotte Dieckmann: „Verbannung" – Aufzeichnungen deutscher Schriftsteller im Exil, Hamburg 1964, durch Fritz Baade, in: Mitteilungen, Heft 63, Oktober 1965, S. 15–16. Vgl. zu Fritz Baade die nachfolgenden Würdigungen: H. Paetzmann, Fritz Baade, in: Gegenwartsprobleme der Agrarökonomie. Festschrift für Fritz Baade zum 65. Geburtstag, hg. vom Institut für Weltwirtschaft, Kiel 1958, S. 1–15; vor allem jedoch die seines Freundes Prof. Dr. Drs. h.c. Hans Wilbrand, der wie Baade 1934 in die Türkei emigrierte, ihn dort 1935 in Izmir traf und 1974 sein Nachfolger als Präsident der DTG Bonn wurde: Fritz Baade 70 Jahre alt, in: Mitteilungen der DTG Bonn, Heft 49, Januar 1963, S. 2–3; Wir feiern Fritz Baades achtzigsten Geburtstag, ebd. Heft 89, Dezember 1972/ Januar 1973, S. 4–5; Fritz Baade +, Prof. Dr. Drs. h.c. Fritz Baade ist im Juni dieses Jahres in Kiel im Alter von 81 Jahren verstorben, ebd. Heft 92, Juli 1974, S. 1–2 (dort auch die Würdigung des türkischen Botschafters Ziya Müezzinoglu sowie das Dankschreiben des deutschen Außenministers Hans-Dietrich Genscher). Vgl. auch Hans Wilbrand, Laudatio, in: Gesellschaft zur Förderung des Instituts für Weltwirtschaft an der Universität (Hg.), Ansprachen zur Feier des 80. Geburtstages von Prof. Dr. Drs. h.c. Fritz Baade am 23. Januar 1973 im Institut für Weltwirtschaft an der Universität Kiel, Kiel 1973. Unter den verschiedenen biographisch- lexikalischen Bearbeitungen ist vor allem auf die von Wolf Schäfer zu verweisen, in: Biographisches Handbuch der deutschsprachigen wirtschaftswissenschaftlichen Emigration nach 1933, hg. von Harald Hagemann und Claus-Dieter Krohn, München 1999, Band 1, S. 16–19. Wesentlich neue Erkenntnisse für die Zeit der Emigration Baades und Wilbrands in der Türkei vermittelt aufgrund eingehender Quellenforschungen vor allem im Auswärtigen Amt Reiner Möckelmann, Wartesaal Ankara. Ernst Reuter – Exil und Rückkehr nach Berlin, Berlin 2013, passim (vgl. das Register).

Prof. Dr. Drs. h.c. Fritz Baade

## Wissenschaftliche und berufliche Laufbahn bis 1930

Fritz Baade wurde am 23. Januar 1893 als Sohn des Direktors des preußischen Lehrerseminars in der brandenburgischen Fontanestadt Neuruppin geboren, machte das Abitur 1912 am berühmten Gymnasium Schulpforta in Naumburg, um danach – unterbrochen durch den Ersten Weltkrieg, an dem er als Kriegsfreiwilliger und Sanitätssoldat teilnahm – in Göttingen klassische Philologie, in Heidelberg auch Kunstgeschichte und Evangelische Theologie zu studieren. Nach dem Krieg 1918 wechselte er als Medizinstudent nach Münster, von dort 1919 wieder nach Göttingen zum Studium der Volkswirtschaft, das er 1923 mit einer Dissertation in Nationalökonomie abschloss, um künftig im wissenschaftlich-politischen Dienst auf nationaler und internationaler Ebene tätig zu werden.

Seine politische Heimat wurde dabei die SPD, in die er während des Weltkriegs 1915 eingetreten war, doch schloss er sich 1916 der in diesem Jahr gegründeten USPD an. 1918–1919 war er Stadtverordneter und Vorsitzender des Arbeiter- und Soldatenrats in Essen, wo der damalige Oberbürgermeister und spätere Reichskanzler Luther ihn kennenlernte und wieder für die SPD gewann. Er regte ihn nicht nur zum Studium der Volkswirtschaft an, sondern förderte ihn auch später beruflich weiter. In Göttingen erschloss Baade sich neben seinem Studium zugleich durch praktische Tätigkeit als Landwirt im Vorort Nikolausberg agrarische Fach- und Vermarktungskenntnisse, die er als Berichterstatter für die Landwirtschaft in der Zeitschrift „Sozialistische Monatshefte" anwenden konnte und die ihn zeitlebens in seiner wirtschaftswissenschaftlichen und wirtschaftspolitischen Arbeit begleiteten. 1925–1929 trat er auf Veranlassung des Reichsministers Rudolf Hilferding mit in die Leitung der Forschungsstelle für Wirtschaftspolitik der SPD und des Allgemeinen Deutschen Gewerkschaftsbundes ein und bestimmte hier weitgehend das 1926 von der Partei und Gewerkschaft verabschiedete Agrarprogramm. 1926–1927 war er deutscher Sachverständiger auf der Weltwirtschaftskonferenz in Genf, für die er eine weit beachtete Studie über „Die Produktions- und Kaufkraftreserven in der europäischen Landwirtschaft und ihre Bedeutung für die Gesamtwirtschaft der europäischen Industrieländer" vorlegte. Als Vordenker einer marktorientierten Landwirtschaft, die die Idee einer heute realisierten europäischen Agrarunion vorwegnahm, wurde er 1929 zum Leiter der neu geschaffenen Reichsforschungsstelle für landwirtschaftliches Marktwesen berufen und wenig später 1929 – als Höhepunkt seiner Karriere vor der NS-Zeit – zum Kommissar der Reichsregierung bei der Deutschen Getreidehandelsgesellschaft ernannt. Neben dieser beruflichen Tätigkeit veröffentlichte er eine Reihe wirtschaftspolitischer Aufsätze und Studien, die ihm 1930 einen Ruf als Lehrbeauftragter an die Universität Berlin einbrachten. Neben der Agrarwirtschaft beschäftigte ihn dabei auch die Deflationspolitik Brünings, die er ablehnte und der er mit anderen einen staatlichen Arbeitsbeschaffungsplan (WTB)[3] gegenüber stellte, mit dem er jedoch in der eigenen Partei auf Widerstand stieß, allerdings der Zukunft nach 1945 einen Weg wies.

## Reichstagsmitglied, Exil in der Türkei, wissenschaftliche und politische Karriere 1930–1965

Fast zwangsläufig führte diese wirtschaftspolitische Tätigkeit zur aktiven Politik. 1930 kandidierte er bei den Reichstagswahlen im Wahlkreis Magdeburg, wo er ein Mandat für die SPD gewann und in der Fraktion Sprecher für Fragen der Landwirtschaft wurde, gleichfalls bei den vorgezogenen Reichstagswahlen 1932, diesmal mit seinem Parteifreund Ernst Reuter, dem damaligen Oberbürgermeister von Magdeburg, zusammen erfolgreich. Mit Beginn der NS-Diktatur 1933 verlor er jedoch – wie auch Reuter – nicht nur sein Reichstagsmandat, sondern auch alle Ämter im Staatsdienst und in der inzwischen verbotenen Partei. Er fand ein vorübergehendes Asyl mit seiner Familie auf seinem abgelegenen Landgut auf der Havelinsel Kiehnwerder bei Kirchmöser in Brandenburg, wo er sich – wie schon früher in Nikolausberg bei Göttingen – wieder der landwirtschaftlichen Praxis und theoretischen Vermarktungslösungen zuwandte. Doch wurden die persönlichen Verhältnisse für ihn so bedrohlich, dass er 1934 – allerdings „mit Genehmigung der Reichsregierung" – in die Türkei auswanderte, also nicht wie Ernst Reuter „emigrierte". Baade ermöglichte Reuter dabei die Flucht über Großbritannien in die Türkei. Er traf ihn in Ankara wieder, wohin Baade zuvor schon seine Beziehungen ausgestreckt hatte. Baade war hier ein willkommener Berater des Ministeriums für Wirtschaft und Landwirtschaft, das auch für das landwirtschaftliche Marktwesen und insbesondere für Fragen des landwirtschaftlichen Exports zuständig war, der damals noch ein Hauptfaktor der türkischen Staatseinnahmen war. Dazu übernahm Baade 1938 einen gleichlautenden Lehrauftrag an der renommierten Landwirtschaftlichen Hochschule von Ankara, der Zentrale der landwirtschaftlichen Reformpolitik in der Türkei, wo er in Türkisch dozierte und auch publizierte.[4] Doch musste er auf deutschen Druck hin beide Staatsämter mit

---

[3] Der nach Wladimir **W**oytinsky, Fritz **T**arnow und Fritz **B**aade benannte und im Januar 1932 dem Deutschen Reichstag vorgelegte **WTB-Plan** forderte auf dem Höhepunkt der Weltwirtschaftskrise als Programm aktiver Konjunkturpolitik eine Beschäftigung von einer Million Arbeitsloser durch öffentliche Arbeiten, vgl. Ursula Büttner, Politische Alternativen zum Brüningschen Deflationskurs, in: Vierteljahreshefte für Zeitgeschichte 31, 1989, S. 209 ff.

[4] Die Übernahme eines durch Pensionierung frei werdenden Lehrstuhls an der Landwirtschaftlichen Hochschule in Ankara 1938, auf die Baade gehofft hatte, scheiterte am Widerstand des in Ankara einflussreichen NS-Staates. Vgl. dazu und zur Auswanderung Baades 1934 Möckelmann, Wartesaal Ankara (wie Anm. 2), S. 132–140, hier S. 135–137.

Kriegsbeginn 1939 aufgeben, so dass er seinen Lebensunterhalt als selbständiger Wirtschaftsberater fernab von den unmittelbaren politischen Bedrängnissen in Ankara in Istanbul sicherte.

*Abb.2: Präsentation von Obst- und Gemüsekisten, die von Fritz Baade (Pfeil) in der Türkei für den Transport mit entwickelt wurden, vor einem interessierten Publikum und der türkischen Nationalflagge im Hintergrund um 1936*

Mit der Aufkündigung der diplomatischen Beziehungen zu Deutschland durch die Türkei 1944 wurde er interniert, fand aber in der ca. 200 km südöstlich von Ankara gelegenen Thermalstadt ıKirsehir Asyl, die ihn ob seiner Verdienste für die Erneuerung der Thermalquellen und für das danach wieder aufblühende Kurbad 1959 zum Ehrenbürger ernannte und ihn durch einen Straßennamen ehrte.[5]

---

[5] Vgl. den Beitrag: Ehrung des Vorsitzenden der DTG, in: Mitteilungen der DTG Bonn, Heft 25, Dezember 1958, S. 1. Baade hat in Kirsehir mit seiner Familie und ca. 200 Deutschen, denen die Türkei 1944 hier Asyl gewährte, statt sie in ihre von der NS-Diktatur dominierte Heimat abzuschieben, gelebt. Mit deutschen Geologen und Architekten, die sein Schicksal teilten, erreichte Baade die Wiederherstellung der seit der Antike durch ein Erdbeben verschütteten Therme und damit das Wiederaufleben des seit römischer Zeit bekannten Kurbades. Die Stadt benannte auch eine ihrer Straßen nach Baade. Vgl. ebd. S. 2–3: Die Therme von Kirsehir, ferner seinen nachstehend abgedruckten Beitrag zum 50-jährigen Bestehen der Republik Türkei 1923–1973. Vgl. nunmehr auch Möckelmann, Wartesaal Ankara (wie Anm. 2), S. 130–140, der dort die unterschiedlichen Situationen Baades und Ernst Reuters im türkischen Exil kennzeichnet. Beide waren in fast gleichem Alter und seit dem Ausgang des Ersten Weltkriegs parteipolitisch zunächst von der SPD der 1916 von ihr abgespalteten USPD beigetreten, mit der Begründung

Nach Kriegsende 1945 kehrte Baade nach Deutschland zurück, wandte sich zunächst aber 1946 als freier Publizist in die USA nach New York, wo er wissenschaftlich und publizistisch tätig wurde und 1947 in einer Denkschrift für den Senat u.a. die verfehlte Reparationspolitik der Alliierten gegenüber Deutschland nach 1945 kritisierte.

1948 ließ er der Denkschrift eine zweite mit einem Vorwort des früheren US-Präsidenten Hoover folgen, in der er gleichfalls die Demontagepolitik der Sie-

---

der Weimarer Republik aber zur SPD zurückgekehrt, für die sie seit 1930 bzw. 1932 als Mitglieder des Reichstages bis 1933 tätig waren. In den sich anschließenden Verfolgungen durch die NS-Partei blieben sie bis zur Emigration 1934 in die Türkei freundschaftlich verbunden, distanzierten sich jedoch im türkischen Exil durch unterschiedliche politische Einstellungen. Diese waren insbesondere darin begründet, dass Fritz Baade legitimer Auswanderer aus Deutschland in die Türkei war und insofern weiter Kontakt zu Deutschland halten konnte, wenn er natürlich auch als ehemaliger SPD-Reichstagsabgeordneter politisch im Sinn der NS-Diktatur als unzuverlässig galt und weiter beobachtet wurde, während Reuter nach erlittener KZ-Haft 1934 als politischer Flüchtling über England in die Türkei emigriert war und insofern von der NS-Partei weiter unter Verfolgung stand. Dies begründete ihre unterschiedliche Einstellung im Exil zu Deutschland. Während diese bei Reuter durch einen entschiedenen Gegensatz zum NS-Regime bestimmt wurde und mit einer Annäherung an den Kreisauer Kreis und an den US-Geheimdienst verbunden war und im August 1943 zu der Gründung eines antinationalsozialistischen „Deutschen Freiheitsbundes" in Ankara durch Reuter führte, war Baade in seiner ebenso grundsätzlichen Ablehnung des NS-Regimes durch persönliche Rücksichten auf verwandte und befreundete Personen in Deutschland (u.a. diente sein Sohn Peter (1921–2016) seit 1940 in der deutschen Wehrmacht) weiter zu einer formalrechtlichen Zusammenarbeit mit deutschen Amtsstellen sowohl in Deutschland wie in der Türkei veranlasst. Daher war er auch nicht in die von Reuter betriebene Gründung des „Deutschen Freiheitsbundes" 1943 einbezogen worden. In diesem Zusammenhang stand sein Freund Hans Wilbrand, den er 1935 in Izmir in der Türkei wiedertraf, auf der Seite Reuters, ohne dass es in der Emigration zu einem völligen Bruch zwischen den Dreien gekommen wäre. Bestimmend dafür war die weiter wirkende unbestrittene fachliche Kompetenz Fritz Baades als Agrarwissenschaftler, die auch das NS-Deutschland nicht infrage stellte. Doch verweigerte es ihm jede Förderung, konnte aber seine später erfolgreiche wirtschaftliche Selbständigkeit nicht hemmen. Hinzu kam, dass alle Drei das gemeinsame Interesse an einer politischen Neugestaltung Deutschlands nach dem sich seit 1943 abzeichnenden Ende des Krieges verband. Es führte Baade und Wilbrand wieder zusammen, ermöglichte aber auch Baade und Reuter in ihren von einander unabhängigen zentralen Positionen nach 1945, sich in gegenseitiger Achtung zu begegnen. Über die Kontakte des Kreisauer Kreises in die Türkei und insbesondere zu Wilbrandt vgl. Ger van Roon, „Neuordnung im Widerstand". Der Kreisauer Kreis innerhalb der deutschen Widerstandsbewegung, München 1967, S. 317–322, wieder abgedruckt mit einer Einleitung von Hans Wilbrandt in: Mitteilungen, Heft 95, Dezember 1975, S. 7–11, der die wesentliche Informationsquelle für Ger van Roon für die Beziehungen in die Türkei war. Vgl. ferner den Beitrag von Dietrich Schlegel, „Die Türken gefallen mir gut...". Wie Helmuth James von Moltke 1943 in Istanbul beschrieb, in: Mitteilungen, Heft 113, Dezember 1990, S. 1–10, bes. S. 2–5. – Zur Emigration Deutscher in die Türkei in der NS-Zeit vgl. Horst Widmann, Exil und Bildungshilfe. Die deutschsprachige akademische Emigration in die Türkei nach 1933, Bern und Frankfurt a. M. 1973; ferner den Augenzeugenbericht des Journalisten Alfred Joachim Fischer, Die Türkei im Jahre 1937, Teil I, in: Mitteilungen 115, Dezember 1992, S. 30–35; Teil II, in: Mitteilungen 116, Dezember 1993, S. 24–31.

germächte als wenig sinnvoll verwarf. Im gleichen Jahr berief ihn die Christian-Albrechts-Universität in Kiel wieder nach Deutschland, und zwar ehrenvoll als Ordinarius für Wirtschaftliche Staatswissenschaften und als Direktor des Instituts für Weltwirtschaft, dem er wieder eine über Deutschland hinausreichende zentrale Bedeutung durch die Zuordnung einer neu gegründeten „Arbeitsgemeinschaft deutscher wirtschaftswissenschaftlicher Forschungsinstitute", die neue Institutszeitschrift „Weltwirtschaft", die Schriftenreihe „Kieler Studien" und die Gründung eines internationalen Gästehauses des Instituts für Begegnungen und Aufenthalte von Forschern und Besuchern aus aller Welt gab.[6]

Das Land Schleswig-Holstein entsandte ihn 1948 in den Verfassungsausschuss der Ministerkonferenz der westlichen Besatzungszonen zur Vorbereitung der Gründung der Bundesrepublik als Berichterstatter für Steuern und Finanzen. Es war daher konsequent, dass Fritz Baade sich 1949 auch bereit erklärte, für seine Partei, die SPD, für den Deutschen Bundestag zu kandidieren und seine durch die NS-Diktatur unterbrochene politische Laufbahn fortzusetzen, zwar nicht – wegen einer fehlenden parteipolitischen Regierungsmehrheit – in einem Ministeramt, aber als ein sehr verantwortungsvoller, weitsichtiger und trotz seines fortgeschrittenen Alters unermüdlich tätiger Mandatsträger im Deutschen Bundestag bis zu seinem 72. Lebensjahr 1965.

*Abb.3: Bundespräsident Prof. Dr. Theodor Heuss und Prof. Dr. Fritz Baade anlässlich der Einweihung des „Haus Weltclub" in Kiel, des Gästehauses des von Fritz Baade geleiteten Instituts für Weltwirtschaft, um 1953–1955*

---

[6] Vgl. dazu vor allem Wilbrandt, Laudatio (wie Anm. 2), den Baade 1953 aus dem türkischen Exil an das Institut für Weltwirtschaft in Kiel berief und ihm danach seine weitere Karriere als Agrarwissenschaftler in Deutschland ermöglichte und auch seine Nachfolge als Präsident der DTG Bonn nach Baades Tod 1974. Vgl. Johannes Bergius, Hans Wilbrandt 70 Jahre, in: Mitteilungen Heft 89, Dezember 1972/Januar 1973, S. 6.

Sonst weithin von der CDU dominierte agarpolitische Fragen bildeten dabei das Schwergewicht seiner Arbeit. Sie war jedoch zugleich europa- und weltweit ausgerichtet und hatte hier zwei Schwerpunkte: 1. die Frage, wie angesichts einer weltweit schnell wachsenden Bevölkerung eine ausreichende Ernährung sichergestellt werden kann – ein Problem, das auch die aktuelle Gegenwart heute in Sorge betrachtet –, 2. aufgrund seiner eigenen landwirtschaftlichen Erfahrungen die in den 1950er Jahren noch kaum aktuelle Frage einer umweltverträglichen Nutzung der Ressourcen der Erde. Er nahm damit bereits früh ökologische Perspektiven auf, die erst eine seit den 1970er Jahren aufkommende Umweltpolitik dominant bestimmte.[7] In diesen Schriften begegnet er uns als ein „christlicher Sozialist",[8] der an die Lösungsmöglichkeit der Ernährung einer wachsenden Menschheit und auch an die verantwortliche Bewahrung der Schöpfung in einer globalen Welt glaubte und der Entwicklungspolitik wesentliche Zukunftsperspektiven gerade auch für unterentwickelte Länder aufzeigte.

## Bundestagsabgeordneter, Gründer und Vorsitzender der DTG Bonn 1954–1973

Der Einzug als Abgeordneter in den Deutschen Bundestag in Bonn mit 56 Jahren 1949 ermöglichte ihm, aus einer neuen Perspektive heraus auch wieder Kontakt zur Türkei aufzunehmen, in der das Wirken deutscher Emigranten durch zahlreiche dort Verbliebene weiter lebendig war. So wurde die Wiederaufnahme diplomatischer Beziehungen zwischen beiden Ländern 1951 der Auftakt zur Gründung einer Reihe von Türkisch-Deutschen Freundschaftsvereinigungen in der Türkei und von Deutsch-Türkischen Gesellschaften in der Bundesrepublik Deutschland. Den Anfang machte dabei 1952 der *„Türkisch-Deutsche Freundschaftsverein"* in Ankara, in dem die Funktion eines stellvertretenden Vorsitzenden stets von einem oder einer Deutschen besetzt wurde. Dieser Vereinigung am Sitz der Regierung in Ankara kam eine zentrale Bedeutung für die Entwicklung deutsch-türkischer Beziehungen nach dem Zweiten Weltkrieg zu, einmal durch die Nähe zu den türkischen Regierungsstellen in der Hauptstadt, zum andern durch die 1951 wieder in Ankara eröffnete Deutsche Botschaft und drittens durch die Gründung

---

[7] Vgl. dazu seine Bücher: Brot für ganz Europa. Grundlagen und Entwicklungsmöglichkeiten der europäischen Landwirtschaft, Hamburg-Berlin 1952; Welternährungswirtschaft, Hamburg 1956; Die Lage der Weltwirtschaft und ihre Bedeutung für die Landwirtschaft, Kiel 1957; Weltenergiewirtschaft – Atomenergie, Sofortprogramm oder Zukunftsplanung?, Hamburg 1958; Der Wettlauf zum Jahre 2000. Unsere Zukunft: ein Paradies oder die Selbstvernichtung der Menschheit, Oldenburg 1960; Die deutsche Landwirtschaft im Gemeinsamen Markt, Baden-Baden und Frankfurt a. M. 1963.

[8] So Wolf Schäfer, Biographisches Handbuch (wie oben Anm. 2), S. 19.

von selbständigen Zweigstellen oder Kultureinrichtungen in anderen türkischen Städten, die sich der Förderung deutsch-türkischer Beziehungen etwa durch die Einrichtung von deutschen Sprachkursen, deutschen Büchereien und gut besuchten Kulturprogrammen (Vorträge, Konzerte, Theater- und Filmaufführungen) am Beispiel Ankaras orientierten.[9] Zum Abschluss türkisch-deutscher Partnerschaften von Städten, Schulen, Universitäten hat das allerdings in den 1950er Jahren und auch später, als die deutsch-türkischen Beziehungen im Zuge der Arbeitsmigration seit den 1960er Jahren intensiver wurden, leider nur in wenigen Fällen geführt, wobei Sprachbarrieren, die große Entfernung, aber auch Mentalitätsunterschiede eine Rolle spielten.[10]

Der Türkisch-Deutsche-Freundschaftsverein in Ankara hatte einen starken Rückhalt in der dort von deutschen Emigranten seit den 1930er Jahren gebildeten deutschen Kolonie. Diese unterstützte den Türkisch-Deutschen-Freundschaftsverein wesentlich bei seiner zivilgesellschaftlichen und kulturellen Arbeit, die der Verständigung und dem Kulturaustausch zwischen beiden Ländern dienen sollte. Im Osmanischen Reich hatte sich dieser Aufgabe – neben der erst 1914 begründeten Türkisch-Deutschen Gesellschaft in Istanbul, die 1918 erlosch – eine schon seit der Mitte des 18. Jahrhunderts ebenda gebildete deutschsprachige, vornehmlich protestantische „Community" in Verbindung mit dem Aufbau diplomatischer Dienste gebildet, die seit der Mitte des 19. Jahrhunderts mit weiteren deutschen Vereins- und Institutionsgründungen (Schulen, Krankenhaus, Sozialeinrichtungen u.a.) für die etwa 1000 Deutsche zählende Gemeinde verbunden waren, darunter der 1846 begründete „Evangelisch-Deutsche Wohltätigkeitsverein", seit 1847 „Deutscher Wohltätigkeits-Verein", oder der 1847 ins Leben gerufene gesellige „Handwerkerverein" Teutonia sowie der „Handwerker-Leseverein", der 1851 mit dem „Frauenverein für soziale Tätigkeit" fusionierte. Diese Vereine haben über den Ersten Weltkrieg hinaus ehrenamtlich die Aufgabe fortgeführt, zivilen, kulturellen und caritativen Zwecken zu dienen. Doch blieb ihr Wirkungskreis nach 1918 regional auf die sich allerdings auch ohne Regie-

---

[9] Vgl. dazu die aufschlussreichen „Kurznachrichten" und „Neuigkeiten" in den Mitteilungen der DTG Bonn, Hefte 1 – 120 (1954–1997) passim. Zweigstellen entstanden u.a. in Istanbul, wo schon eine 1847 begründete, caritativ ausgerichtete Vereinigung „Teutonia" bestand, in Ekisehir, Antalya, Kayseri, Usak, Izmir, Trabzon, Samsun und Adana. Vgl. das von Wiebke Hohberger im Rahmen ihrer Magisterarbeit 2010 erstellte „Register der ‚Mitteilungen' der Deutsch-Türkischen Gesellschaft Bonn e.V.", das sich als Maschinoskript von 125 Seiten in einem Exemplar im Besitz der DTG Münster befindet. Eine digitale Erschließung der ca. 2.000 Seiten umfassenden 120 Hefte der „Mitteilungen der DTG Bonn" (1954–1997) mit einem Register ist ein Desiderat.

[10] Die im Einzelnen dabei festzustellenden Initiativen für die Förderung deutsch-türkischer Partnerschaften verdienen eine eigene Betrachtung.

rungsfunktion weiterentwickelnde Metropole am Bosporus begrenzt, war darüber hinaus aber durchaus bedeutsam.[11]

Im Unterschied dazu konnte der 1952 in Ankara gegründete Türkisch-Deutsche Freundschaftsverein sogleich enge Kontakte zu der 1951 wieder eröffneten Deutschen Botschaft aufnehmen. Das galt insbesondere für das Leitungspersonal der Botschaft, das in die Arbeit des Vereins ideell und auch praktisch eingebunden war, so u.a. der Presseattaché der Botschaft Kurt Laqueur (1914–1997), selbst seit 1936 Emigrant in der Türkei und seit dem 13. Januar 1945 durch Heirat mit der Tochter Änne ein Schwiegersohn Fritz Baades.[12] Überdies engagierte

---

[11] Vgl. die instruktive, im 18. Jahrhundert beginnende, schwergewichtig auf die NS-Zeit bezogene Untersuchung von Anne Dietrich, Deutschsein in Istanbul. Nationalisierung und Orientierung in der deutschsprachigen Community von 1843–1956 (Schriftenreihe des Zentrums für Türkeistudien Essen, Band 13), Opladen 1998, S. 59–174 und vor allem die Kapitel zur NS-Zeit und Emigration S. 175–408; speziell zum Verein „Teutonia" vgl. Barbara Radt, Geschichte der Teutonia. Istanbul (hg. vom Orientinstitut der Deutsch-Morgenländischen Gesellschaft), Würzburg 2001.

[12] Kurt Laqueur wurde 1914 in Berlin geboren. Seine jüdischen Großeltern konvertierten bereits um 1878 zum protestantischen Christentum. Das bewahrte die Nachfahren nicht vor der NS-Rassenverfolgung. So konnte Kurt Laqueur das 1933 begonnene Jurastudium nicht weiterführen, so dass er 1936 den Eltern nach Ankara ins Exil folgte. Dort hatte sein Vater Prof. Dr. August Laqueur – vordem Leitender Arzt am Virchow-Krankenhaus in Berlin – inzwischen am „Musterkrankenhaus" (das eine medizinische Fakultät der noch in Entwicklung begriffenen Universität ersetzte) eine neue leitende Stelle als Physiotherapeut gefunden, um diesen Zweig der Medizin dort aufzubauen. Sein Sohn Kurt Laqueur war zunächst im kaufmännischen Bereich tätig, dann als Sprachlehrer an der Universität Istanbul, wo er auch seine Frau Aenne (1919–1987), die Tochter Fritz Baades kennenlernte. Sie war das älteste von zwei Kindern Fritz Baades aus seiner ersten Ehe mit Cora Neef. Er konnte sie aber erst heiraten, nachdem ein türkisches Rechtsgutachten das in der Türkei durch die Nürnberger Rassegesetze von 1935 lange beachtete rassistische NS-Heiratsverbot für nichtig erklärt hatte. So fand die Hochzeit erst in der Phase der Internierung am 13. Januar 1945 in Kirsehir statt, wo auch die Schwiegereltern zu dieser Zeit Aufnahme gefunden hatten. Danach lebte die junge und wachsende Familie, aus der die heute noch lebenden Söhne Klaus, Hans-Peter und Andreas hervorgingen, wieder in Istanbul bis zum Jahre 1953, in dem Kurt Laqueur in den diplomatischen Dienst des Auswärtigen Amtes in Bonn eintrat. Seine erste Auslandstätigkeit führte ihn als Wirtschaftsreferent bis Ende 1958 nach Beirut, dann für neun Jahre als Pressereferent an die Botschaft in Ankara, von dort 1969–1974 als Generalkonsul nach Zagreb, wo er 1972 der von Palästinensern entführten Lufthansamaschine mit israelischen Olympiateilnehmern (München 1972) die ungenehmigte Starterlaubnis nach Tunis gab, um die Geiseln zu retten, was auch gelang, aber den Tätern die Flucht ermöglichte. Die letzten fünf Jahre seiner Dienstzeit war er bis 1979 als Botschaftsrat in Bern tätig. Den Ruhestand verbrachte er mit seiner Frau in Bodenheim bei Mainz, wo seine Gattin 1987 starb. Er selbst verstarb 1997 in Wiesbaden. Doch war er in der Zeit des Ruhestandes weiterhin ehrenamtlich für verschiedene Organisationen, bis zuletzt auch für die DTG Bonn tätig, der er zeitlebens verbunden blieb, insbesondere auch durch seine Mitarbeit an den „Mitteilungen". Vgl. den Nachruf von Hedda Reindl-Kiel in: Mitteilungen, Heft 118–120, Dezember 1997, S. 41–42. Ferner verdanke ich dem Sohn Kurt Laqueurs Dr. Hans-Peter Laqueur, Bremerhaven, die Durchsicht dieses Beitrags, manche Ergänzungen sowie insbesondere die Mehrheit

sich auch die Gattin des deutschen Botschafters im „Türkisch-Deutschen Freundschaftsverein", in dem sie 1965 die Betreuung einer eigenen Damengruppe dort übernahm.[13]

Abb.4: *Botschaftsrat Kurt Laqueur (1914–1997) bei einem seiner zahlreichen Vorträge vor deutschtürkischen Vereinigungen um 1985*

Die Impulse der „Türkisch-Deutschen-Freundschaftsvereins" in der Türkei bewirkten wesentlich die Neugründungen Deutsch-Türkischer Gesellschaften in dem 1949 neu entstandenen westdeutschen Teilstaat, der Bundesrepublik Deutschland, die ihren Regierungssitz in Bonn am Rhein errichtete. Es war der Gründer und langjährige Vorsitzende der Türkisch-Deutschen Freundschaftsvereinigung in Ankara Emrullah Nutku, der diese mit Freunden aus dem türkischen Parlament 1952 ins Leben gerufen hatte und wohl noch im selben Jahr oder in der ersten Hälfte 1953 mit einer türkischen Parlamentariergruppe nach Bonn gekom-

der Abbildungen dieses Beitrags.
[13] Mitteilungen der DTG Bonn, Heft 62, 1965, S. 15.

men war, wo man auch die dortigen deutschen Freunde aus der Zeit der Emigration besuchte und insbesondere im Haus von Johannes Bergius einkehrte, wo auch Baade, wahrscheinlich auch Hans Wilbrandt anwesend gewesen sein dürften, weil hier erste Gespräche „über die Zusammenarbeit mit einer deutschen Vereinigung stattfanden", über die Wilbrandt selbst in einem ehrenden Nachruf anlässlich des Todes von Emrullah Nutku 1980 berichtet.[14]

Johannes Bergius war Ökonom und während des Zweiten Weltkriegs in Ankara in einem angesehenen Wirtschafts- und Handelsunternehmen tätig. Nach Abbruch der diplomatischen Beziehungen zwischen der Türkei und Deutschland 1944 gewährte ihm die Türkei – statt Ausweisung – politisches Asyl in Anatolien. Er war also mit Fritz Baade und Hans Wilbrandt seit Ankaraner Zeiten bekannt, eine Freundschaft, die sich auch mit der Rückkehr nach Deutschland in den 1950er Jahren fortsetzte, wo Bergius in Bonn im internationalen Handel als Repräsentant eines der größten Hamburger Importhäuser tätig wurde.[15] Es war daher zwangsläufig, dass sich in Bonn 1954 auch die erste Neugründung einer „Deutsch-Türkischen Gesellschaft" nach dem Zweiten Weltkrieg vollzog.[16]

Die durch Besuch der türkischen Parlamentariergruppe in Bonn ausgelöste Initiative wurde durch den Besuch einer Parlamentariergruppe des Deutschen Bundestages in Ankara 1953 unter der Leitung des FDP-Abgeordneten Dr. Erich Men-

---

[14] Mitteilungen, Heft 103, Dezember 1980, S. 32. Nutku traf sich auch im Folgejahr wieder mit dem Vorstand der DTG Bonn ebenda, „um gemeinsame Ziele und Richtlinien" der beiden Vereinigungen in Ankara und Bonn zu besprechen (Mitteilungen Heft 2, Juli 1954, S. 2–3).

[15] Vgl. den Nachruf von Kurt Laqueur auf Johannes Bergius anlässlich dessen Tod mit 72 Jahren am 18. Oktober 1988, in: Mitteilungen, Heft 111, Dezember 1988, S. 54–55; vgl. auch den Nachruf von Johannes Bergius auf seinen türkischen Freund Dr. Nurullah Tolon in Ankara (Mitteilungen 109, Dezember 1986, S. 33), den er wenige Monate nach seiner Ankunft in Ankara – wohl Ende 1941 – als stellvertretenden Generaldirektor eines Saatzuchtgutes kennenlernte. Tolon wurde 1950 Staatssekretär beim türkischen Staatspräsidenten und 1954 Abgeordneter im Türkischen Parlament. Von 1964–1969 war er wohl an der Türkischen Botschaft in Bonn tätig. Er verstarb im Herbst 1986 in der Türkei.

[16] Alle seit 1914 noch im Deutschen Kaiserreich begründeten Deutsch-Türkischen Gesellschaften oder Vereinigungen überlebten die Weimarer Republik nicht. Sie wären in der NS-Diktatur seit 1933 auch gleichgeschaltet worden. Ein Sonderfall ist die DTG Münster, die ihre Vereinsarbeit zwar seit 1922 einstellte, aber als privater Zirkel um Prof. Dr. Grimme und Prof. Dr. Taeschner weiter lebte und schon im Herbst 1945 wieder u.a. mit Dr. Ludwig Budde als wissenschaftlicher Fachzirkel erstand. Dieser nahm 1954 mit der neubegründeten DTG in Bonn Kontakt auf und begründete sich 1956 als Verein neu, der sich zugleich mit der DTG Bonn in einer Fusion zusammenschloss, wobei Münster in den Jahren 1986–1988 mit Prof. Dr. Budde auch den Präsidenten der DTG Bonn stellte. Dieser leitete nach Aufhebung der Fusion 1988 die DTG Münster noch bis 1993, die ihn danach zum Ehrenvorsitzenden ernannte. Die Fusion wurde 1988 gelöst, weil die Verhältnisse eine jeweilige ortsnahe Leitung der beiden Vereine in Bonn und Münster notwendig machten. Beide Gesellschaften blieben aber bis heute durch persönliche Kontakte und Zusammenarbeit weiter freundschaftlich verbunden, wie auch die vorliegende Festschrift bekundet.

de erwidert. Dieser Besuch setzt die Konstituierung des Zweiten Deutschen Bundestages nach der Wahl am 6. September 1953 und die Bildung einer deutsch-türkischen Parlamentariergruppe voraus, dessen Leiter Dr. Mende bei seinem Besuch in Ankara konkret auch die Gründung einer Deutsch-Türkischen Gesellschaft in Bonn anregte.[17] Er hat dabei einer Zielsetzung entsprochen, die zuvor von Baade und Bergius bereits im Gespräch mit Nutku und der türkischen Parlamentariergruppe erörtert worden war. Insofern ist hier die Urheberschaft des Gedankens einer Wiederbegründung Deutsch-Türkischer Gesellschaften in Deutschland zu suchen, die als erstes in Bonn 1953/54 realisiert wurde. Baade war als Bundestagsabgeordneter selbst Mitglied der deutsch-türkischen Parlamentariergruppe, aber nicht wie Dr. Mende (FDP) als Mitglied einer Regierungspartei deren Vorsitzender, dennoch aufgrund seiner Persönlichkeit, Sprach- und Landeskenntnisse der Türkei und weiter persönlichen und familiären Beziehungen der kundigste Teilnehmer der Gruppe. Sein Freund Hans Wilbrandt, der sein Weggefährte in der Emigration und später sein Nachfolger im Amt des Präsidenten der DTG Bonn war, bezeichnet Fritz Baade daher in seinem Nachruf auf ihn 1974 zu Recht als einen „der Hauptinitiatoren in der Gründung der Deutsch-Türkischen Gesellschaft, deren Vorsitzender er von Anfang an bis zu seinem Tode war."[18] Wir müssen hier den Namen von Johannes Bergius hinzufügen, der von Beginn an aktives Vorstandsmitglied der DTG Bonn war, dem vor allem die Geschäfts- und Kassenführung sowie die Programmverwaltung der Vereinigung anvertraut wurde. Er hat diese Funktionen mit besonderer Umsicht und Intensität wahrgenommen, so dass er ein konstanter Mittelpunkt der Gesellschaft bis zu seinem frühen Tod 1988 war.[19]

Doch nicht nur dieses persönliche und politische Bemühen führte zur Neugründung Deutsch-Türkischer Gesellschaften im Westdeutschen Teilstaat der Bundesrepublik Deutschland seit 1953, sondern auch das der deutschen Wirtschaft, die ein dominantes Interesse an der Wiederaufnahme und Entwicklung der Wirtschafts- und Handelsbeziehungen mit der Türkei hatte und in Fritz Baade als anerkanntem Experten des Entwicklungslandes Türkei und der Weltwirtschaft sowie als Bundestagabgeordnetem den geeigneten Vermittler sah. In einem Grußwort anlässlich des Besuches von Ministerpräsident Menderes im Oktober 1954

---

[17] Vgl. Klaus Kreiser, Deutsch-Türkische Gesellschaften von Kaiser Wilhelm II. bis Konrad Adenauer, in: Schlegel/Reitz, Festschrift (wie Anm. 1), S. 9–16, hier S. 12.

[18] Hans Wilbrandt, Fritz Baade †. Prof. Dr. Drs. h.c. Fritz Baade ist im Juni dieses Jahres (1974) im Alter von 81 Jahren verstorben, in: Mitteilungen, Heft 92, Juli 1974, S. 1–2. Vgl. auch oben Anm. 2. Fritz Baade starb am 15. Mai 1974 in Kiel. Noch am 23. Januar 1973 beging er seinen 80. Geburtstag in bester Schaffenskraft. Vgl. Hans Wilbrandt, Wir feiern Fritz Baades achtzigsten Geburtstag, in: Mitteilungen, Heft 89, Dezember 1972/Januar 1973, S. 4–5.

[19] Vgl. den beeindruckenden Nachruf von Kurt Laqueur auf ihn in den Mitteilungen, Heft 111, Dezember 1988, S. 64–65.

skizzierte Baade die 30-jährigen wirtschaftlichen Beziehungen zwischen der Türkei seit ihrer Gründung 1923 und Deutschland mit den Sätzen:

„In diesen drei Jahrzehnten ist das Volumen des Wirtschaftsaustausches zwischen den beiden befreundeten Ländern auf ein Vielfaches gestiegen. Allein vom Jahr 1928 bis zum Jahr 1952 stieg der Dollarwert dieses Wirtschaftsaustausches von 27 Mill. Dollar auf 230 Mill. Dollar, d.h. etwa auf das Achtfache. Unter der Berücksichtigung der Verringerung der Kaufkraft des Dollars ist das wirkliche Volumen des Wirtschaftsaustausches in diesem Vierteljahrhundert mindestens auf das Vierfache gestiegen.

Wir hoffen zuversichtlich, dass die Gespräche, die anlässlich des Besuches des Herrn Türkischen Ministerpräsidenten in Deutschland geführt werden, dazu beitragen werden, dass dieses Volumen des Wirtschaftsaustausches sich in den vor uns liegenden Jahrzehnten nochmals vervielfacht." [20]

Doch nicht nur die Wirtschaft zeigte ein wieder erstarktes Interesse an der Türkei, sondern auch die Kultur, allen voran die Archäologie, die Orientalistik mit ihren verschiedenen Forschungszweigen und Grabungsobjekten im weiten Anatolien sowie speziell die Osmanistik, Turkologie und auch christliche Archäologie. So war von verschiedener Seite her der Wunsch und die Bereitschaft zu einem Neuaufbau und zu einer Vertiefung der Freundschaftsbeziehungen zwischen Deutschland und der Türkei gegeben, die die Politik in beiden Ländern bereitwillig aufnahm und unterstützte. Vor allem Münster stellte dabei mit dem Osmanisten Franz Taeschner (1888–1963), dem Turkologen Gotthard Jäschke (1894–1984), dem Archäologen Karl Dörner (1911–1922) und dem Vertreter der christlichen Archäologie Ludwig Budde (1913–2007) sowie mit den Altorientalisten Hubert Grimme (1911–1942), Friedrich Schmidtke (1891–1969), Wolfram von Soden (1908–1996), Karl Hecker (Amtszeit 1977–1998) u.a. ein starkes und breit ausgerichtetetes Forschungsfeld, das eine Grundlage auch für die Arbeit der Deutsch-Türkischen Gesellschaften Münster und Bonn war und ihnen internationales Gewicht gab.[21] Insbesondere Ludwig Budde in Münster, der politisch durch das NS-

---

[20] Vgl. Fritz Baade, Die Deutsch-Türkische Freundschaft, in: Mitteilungen Heft 3, Oktober 1954, S. 2, sowie dazu den instruktiven Beitrag „Dreißig Jahre Wirtschaftsaufbau in der Türkei", ein Resümee der Dissertation von Baades Doktorandem Dr. Salaheddin Sözeri an der Universität Kiel, in: Mitteilungen, Heft 3, Oktober 1954, S. 2–3 und 7. Wie stark die DTG Bonn und auch die DTG Münster in die Wirtschaftsvermittlung zur Türkei seit der Mitte der 1950er Jahren eingeschaltet waren, zeigen u.a. die Mitgliederzahlen der DTG Münster mit ca. 300 westfälischen Wirtschaftsunternehmungen (bei insgesamt ca. 700 Mitgliedern). Von den damaligen drei Vorsitzenden der DTG Münster waren die beiden ersten Vertreter westfälischer Unternehmen, erst der dritte Vorsitzende war mit dem Osmanisten Prof. Dr. Franz Taeschner ein Hochschullehrer (vgl. meinen einleitenden Beitrag in diesem Band, Anmerkung 31, sowie für die DTG Bonn den Beitrag von Wiebke Hohberger).

[21] Vgl. dazu die biographischen Beiträge im Teil II dieses Buches zu Grimme, Taeschner, Jäschke, Budde, Dörner und Hecker. Ferner Ludger Hiepel/Hans Neumann/Ellen Rehm, Das Institut für

System nicht belastet war, gelang schon früh nach dem Zweiten Weltkrieg die Einreise in die Türkei zu Forschungszwecken. Er konnte dort als erster Ausländer die Mosaiken in der Haghia Sophia fotografische erfassen und untersuchen. Später folgte dann die der Höhlenkirchen in Kappadokien sowie anderer archäologischer Stätten in Anatolien. Schon mit der Aufnahme seines Studiums in Münster 1932 lernte er seinen Lehrer Franz Taeschner kennen, mit dem er nach 1945 die 1916 begründete „Türkische Gesellschaft" in Münster nunmehr als „Deutsch-Türkische Gesellschaft" wieder belebte und als engagierter Geschäftsführer förderte. Mit dem Tod Taeschners 1963 übernahm er das Amt des Präsidenten der Zweigstelle Münster und 1986 auch das der seit 1956 mit Bonn fusionierten dortigen DTG bis 1988, so dass er über vier Jahrzehnte für die Förderung der deutsch-türkischen Beziehungen kontinuierlich tätig war.[22]

## Die Gründung der Deutsch-Türkischen Gesellschaft Bonn 1953/54 im Zusammenhang mit den diplomatischen Beziehungen beider Länder

In diesem Zusammenhang der politischen, wirtschaftlichen und kulturellen Annäherung und der Wiederaufnahme von Forschungsbeziehungen sowie von wechselseitigen Besuchen von Parlamentariergruppen wie von leitenden Staatsmännern, Konrad Adenauers im März 1954 in der Türkei und von Adnan Menderes im Oktober 1954 in Deutschland, fand Ende 1953/Anfang 1954 die Gründung einer Deutsch-Türkischen Gesellschaft am neuen Regierungssitz der Bundesrepublik Deutschland in Bonn mit durchaus öffentlicher Aufmerksamkeit statt. Im Mai 1954 erschien das 1. Heft der „Mitteilungen" der Gesellschaft, was deren Gründung zuvor voraussetzt, im Juli 1954 das Heft 2 mit einem Bericht über die „erste" (wohl öffentliche) Veranstaltung der DTG am 20. Mai 1954 im Beethovensaal der Redoute in Bad Godesberg, an der neben dem türkischen Botschafter Suat Hayri Ürgüplü und dem deutschen Justizminister Fritz Neumayer, der auch Mitglied geworden war, zahlreiche weitere Mitglieder der Botschaft und der Bundesbehörden sowie Abgeordnete des Bundestages und Vertreter der Wirtschaft und Wissenschaften teilnahmen. Dabei konnte der Vorsitzende Fritz Baade mitteilen, dass Bundeskanzler Dr. Konrad Adenauer die angebotene Ehrenmitgliedschaft der Gesellschaft angenommen habe.[23] Das heißt, dass der ersten öffentli-

---

Altorientalische Philologie und Vorderasiatische Altertumskunde. Über 100 Jahre Geschichte einer Institution an der Westfälischen Wilhelms-Universität Münster, Münster (Ugarit-Verlag) 2016.

[22] Vgl. dazu den Beitrag von Metzler über Ludwig Budde in diesem Band.
[23] Vgl. den Bericht: Erste Veranstaltung der Deutsch-Türkischen Gesellschaft. Bundeskanzler Dr. Konrad Adenauer Ehrenmitglied, in: Mitteilungen der Deutsch-Türkischen Gesellschaft Bonn, Nr. 2 Juli 1954, S. 1.

chen Veranstaltung reguläre Sitzungen vorausgegangen sein müssen, auf denen die Gründung der Gesellschaft beschlossen, die Satzung besprochen und angenommen worden sein muss sowie die Vorstandswahlen stattfanden und die Verleihung der Ehrenmitgliedschaft an Adenauer beschlossen werden konnte. Diese Anfänge der DTG Bonn dürften in die ersten Wochen des 2. Deutschen Bundestages fallen, der am 6. September 1953 gewählt wurde und nach seiner Konstituierung erstmals auch eine türkische Parlamentariergruppe bildete.

Aus vereinzelten Dokumenten, die in den Akten der DTG Münster erhalten sind (u.a. Nachlass Budde) lässt sich die nachfolgende V o r s t a n d s l i s t e seit der Gründung 1953/54 entnehmen. Sie umfasste mit fünf Mitgliedern ein kleines, aber effizientes Gremium, das von der Nähe zum Deutschen Bundestag, aber zugleich parteiübergreifend geprägt und sachkundig auf die fachlichen und praktischen Aufgaben der Gesellschaft ausgerichtet war, da drei der Vorstandsmitglieder – Baade, Wilbrandt und Bergius[24] – eine unmittelbare Türkeierfahrung hatten: Prof. Dr. Fritz Baade, MdB (SPD), Präsident; Dr. Günther Serres (Syndikus, Krefeld), MdB (CDU), Vizepräsident; Dr. Erich Mende, MdB (FDP), Vorstandsmitglied; Dr. Hans Wilbrandt, geschäftsführendes Vorstandsmitglied; Johannes Bergius, geschäftsführendes Vorstandsmitglied.

Diese Vorstandsbesetzung blieb bei jährlicher Bestätigung nach der Satzung bis 1970, also fast zwei Jahrzehnte, konstant. 1970 schied Dr Erich Mende aus. Dafür wurden Botschafter a. D. Dr. Rudolf Thierfelder (Bonn)[25] und Prof. Dr. Ludwig Budde (Münster) als neue Beisitzer in den Vorstand gewählt.

1974 – 1986 folgte Prof. Dr. Hans Wilbrand, Göttingen, seinem verstorbenen Freund Fritz Baade als Präsident, diesem folgte 1986 Prof. Dr. Ludwig Budde, Münster, der dieses Amt bis zur Trennung der 1956 geschlossenen Fusion der Bonner und Münsteraner DTGs 1988 versah, aber den Vorsitz der Münsteraner DTG bis 1993 weiter innehatte.[26]

---

[24] Vgl. den Nachruf von Kurt Laqueur, Johannes Bergius +, Geschäftsführendes Vorstandsmitglied, in: Mitteilungen 111, Dezember 1988, S. 64–65.

[25] Zuletzt deutscher Botschafter in der Türkei in Ankara.

[26] Leider sind die Protokolle der Vorstandssitzungen und Mitgliederversammlungen, damit insbesondere die der Wahlen, in den Mitteilungen der Bonner Gesellschaft nur selten abgedruckt worden. Sie sind den Mitgliedern schriftlich mit der Post übersandt worden, aber nur unvollständig erhalten, so dass eine Rekonstruktion der Vorstandsbesetzungen und der Vereinsarbeit nur begrenzt ausden Heften der Mitteilungen und den sporadisch erhaltenen Akten in der DTG Münster möglich ist, für die seit 2006 ein Depositum im Stadtarchiv Münster begründet wurde. Erhalten sind Kurzprotokolle der DTG Bonn über die 2. Mitgliederversammlung am 8. Juni 1955 in Bonn, die wegen Abwesenheit von Baade durch seinen Stellvertreter Dr. G. Serres (MdB), Syndikus in Krefeld, geleitet wurde, vgl. Mitteilungen Heft 7, Juli 1955, S. 3–4, sowie das Protokoll der Mitgliederversammlung am 18. Juli 1986 in Bad Godesberg mit der Neuwahl des Vorstands, in: Mitteilungen Heft 109, Dezember 1986, S. 28–29. Dem Vorstand war ein Revisionsausschuss (Kassenprüfung) zugeordnet, der 1955 mit den Herren H. Steffen (Auswärtiges

Die weiteren Präsidenten der Bonner Gesellschaft waren: Dr. Hedda Reindl-Kiel 1988–1990, Prof. Dr. Rupert Wilbrandt, der Sohn von Hans Wilbrandt, 1990–2000; C. Hayati Önel (Inhaber des Önel-Verlages, Köln) 2000–2006, Dietrich Schlegel 2006–2015, Atilla Türk 2015–2017, Baha Güngör seit 2017.[27]

Mit dem Erstarken der Bundesregierung und ihrer amtlichen Institutionen im Verlauf der 1950er Jahre trat die ehrenamtliche Arbeit der Gesellschaft zurück, weil weite Teile ihrer Aufgaben nunmehr hauptamtlich von deutschen und türkischen Amtsstellen übernommen werden konnten. Darüber darf aber die ursprüngliche zivilgesellschaftliche Initiative der Deutsch-Türkischen Gesellschaft Bonn bei ihrer Begründung und auch ihre weitere kontinuierliche Tätigkeit bis heute nicht vergessen werden. Sie wird in den Grußworten der Botschafter beider Länder anlässlich des Erscheinens des ersten Heftes des Vereinsorgans „Mitteilungen" besonders gewürdigt.

So schreibt der türkische Botschafter Suat Hayri Ürgüplü in Bonn zum Erscheinen des ersten Heftes der „Mitteilungen" im Mai 1954:

„Ich freue mich über den Entschluss der Deutsch-Türkischen Gesellschaft, weiteste deutsche Kreise mit ihren Bestrebungen bekannt zu machen, und ich zweifle nicht daran, dass dieses Ziel durch das Mitteilungsblatt erreicht wird.

Anlässlich der Reise des Herrn Bundeskanzlers (in die Türkei) wurden die engen, zwischen Deutschland und der Türkei seit langer Zeit bestehenden Bande der Freundschaft erneuert, und ich bin überzeugt davon, dass dieser Besuch ein starkes Echo in der deutschen Öffentlichkeit haben wird.

Die Verhältnisse haben es mit sich gebracht, dass die Türkei – wie sie sich seit der Gründung entwickelt hat – der deutschen Öffentlichkeit wenig bekannt ist. Umso größer ist das

---

Amt), Dipl.- Kaufmann Nagel MdB (Auswärtiges Amt), H. Kriedemann MdB, Dr. M.R. Kaufmann (Bonn) und Dipl. Ing. C. Neumann einstimmig wiedergewählt wurde. Die DTG Bonn war dabei, eine eigene Bibliothek in Bonn aufzubauen.

[27] Freundliche Mitteilung von Dietrich Schlegel, nach dem die Bonner DTG offensichtlich neben den Mitteilungen kein eigenes Archiv gebildet hat. Dr. Hedda Riendl-Kiel war beruflich Oberstudienrätin im Hochschuldienst am Seminar für Orientalische Sprachen an der Universität Bonn. Vgl. von ihr die Beiträge: Von Hekimbaschis, Ärzten und Quacksalbern bei den alten Osmanen, in: Mitteilungen, Heft 112, Dezember 1989, S. 38–45; Die Lippen der Geliebten. Betrachtungen zur Geschichte der türkischen Küche, in: Mitteilungen 116, Dezember 1993, S. 13–23, sowie fachliche Nachrufe auf Uwe Jens Pasdach, Univ.-Dozent Dr. Klaus Schwarz und Kurt Laqueur in den Heften 112 und 118–120 der Mitteilungen. Ihr dritter Nachfolger von 2006–2015 war Dietrich Schlegel. Er war Leiter des Südosteuropa-Programms der Deutschen Welle und insofern eng mit dem Interessensgebiet der DTG vernetzt. Ihm ist neben zahlreichen Artikeln insbesondere die Weiterführung der umfangreichen Hefte der „Mitteilungen" in seiner Amtszeit zu danken, die danach leider keine Fortsetzung mehr fanden. Sein Nachfolger Atilla Türk hat als türkischer Unternehmer ein aktuelles Veranstaltungsprogramm durchgeführt. Mit dem politischen Journalisten Bahar Güngör folgt seit Januar 2017 der jüngst emeritierte Leiter der Türkisch-Redaktion der Deutschen Welle, der durch seine Vorträge auch mit Münster verbunden ist.

Verdienst, das sich die Deutsch-Türkische Gesellschaft mit ihren Bestrebungen erwirbt. Den „Mitteilungen" wünsche ich alles Gute und recht viele Leser."

Und der deutsche Botschafter in der Türkei Dr. Wilhelm Haas ergänzt:

„Den deutsch-türkischen Beziehungen ist es eigentümlich, dass sie nicht nur in den mannigfaltigen Vorteilen begründet sind, die beide Länder in der Gemeinschaft lebenswichtiger politischer Interessen und in dem Austausch materieller Werte finden, sondern dass sie als unverbrüchliche Freundschaft tief in dem Bewusstsein beider Völker verwurzelt sind.

Möge die Deutsch-Türkische Gesellschaft wie ihre Schwesterorganisation in der Türkei dieser Tradition durch Pflege der alten geistigen Verbindungen neue Impulse geben zum Besten beider Völker und der hohen Ziele, denen sie dienen."[28]

Gleiches drückt auch das Grußwort von Bundeskanzler Dr. Adenauer an den türkischen Ministerpräsidenten Adnan Menderes am 2. Oktober 1954 aus:[29]

Willkommen in der Bundesrepublik!

Am 2. Oktober trifft der Ministerpräsident der befreundeten Türkei in Begleitung seines Außenministers zu einem einwöchigen Staatsbesuch in der Bundesrepublik ein.

Die Bundesregierung begrüßt in Exzellenz Menderes einen bewährten Vorkämpfer für die Ideale der freien Welt. Unter seiner Ministerpräsidentschaft hat die Türkei durch den Beitritt zur NATO im Februar 1952, den Abschluss des Paktes von Ankara vom 28. Februar 1953, des türkisch-pakistanischen Bündnisses vom 2. April 1954 und der Balkan-Allianz vom 9. August 1954 ihre Stellung innerhalb der Völkergemeinschaft befestigt. Wenn die Türkei ihre seit langem bestehenden guten Beziehungen zur Bundesrepublik auf politischem, wirtschaftlichem und kulturellem Gebiet in letzter Zeit außerordentlich intensiviert hat, so ist dies in erster Linie der klugen und weitschauenden Politik der türkischen Regierung zu danken. Dem Ziel, die traditionelle Freundschaft zwischen unseren beiden Völkern zu festigen, hat auch meine Reise in die Türkei im März dieses Jahres gedient. Die Gastfreundschaft, die ich während meines Aufenthaltes erfahren habe, wird mir stets unvergesslich sein.

Meine herzliche Freude über den Besuch der türkischen Staatsmänner wird vom gesamten deutschen Volk geteilt.

Bonn, den
20. September 1954 gez. Adenauer

In enger Verbindung mit dem Deutschen Bundestag, der Bundesregierung und einzelnen Ministerien, insbesondere dem Außen- und Wirtschaftsministerium,

---

[28] Mitteilungen, Heft 1, Mai 1954, S. 1.
[29] Mitteilungen, Heft 3, Oktober 1954, S. 1

nahm die DTG Bonn eine erfolgreiche Entwicklung, da sie – durch den Vorstand und auch durch seine Mitglieder im Deutschen Bundestag und in den Ministerien – eng mit den Sachfragen im deutsch-türkischen Beziehungsverhältnis verbunden war, nicht zuletzt auch durch die bereits in der zweiten Legislaturperiode des Deutschen Bundestages seit 1953 begründete „Deutsch-Türkische Parlamentariergruppe" aus allen im Parlament vertretenen Parteien, deren Vorsitzender bis 1978 Dr. Erich Mende war. Diese Entwicklung im einzelnen und vor allem in den wirtschaftlichen Beziehungen darzulegen, ist ein eigenes Thema, das im Beitrag von Wiebke Hohberger in diesem Buch angesprochen wird und insbesondere auch die praktische Entwicklungshilfe der DTG Bonn durch die Übernahme und Verwaltung des Mustergutes Tahirova am Marmara-Meer einschließt.[30]

## Der Abschluss eines Deutsch-Türkischen Kulturabkommens 1957 als ein Höhepunkt deutsch-türkischer Beziehungen

Ein Höhepunkt in den deutsch-türkischen Kulturbeziehungen war ohne Zweifel der Abschluss eines Deutsch-Türkischen Kulturabkommens in Verbindung mit dem Besuch des deutschen Bundespräsidenten Theodor Heuss in der Türkei im Mai 1957, der bei dieser Gelegenheit nicht nur Ehrenbürger der Stadt Ankara wurde, sondern dem die Universität Ankara auch die Ehrendoktorwürde verlieh. Als Gastgeschenk brachte er 150 Stipendien für türkische StudentInnen zum Studium u.a. in der deutschen Industrie sowie eine Spende für die Erdbebengeschädigten von Fethiye von 20.000,00 DM mit.

Das Kulturabkommen wurde am 8. Mai in Ankara abgeschlossen und trat am 9. Juli 1958 in Kraft.[31] Es war zunächst auf fünf Jahre begrenzt und auf eine umfassende Förderung der deutsch-türkischen Zusammenarbeit in beiden Ländern gerichtet: nach den Artikeln 1–5 auf den Ausbau von Lehrstühlen über Sprache, Literatur und Geschichte sowie den Aufbau von kulturellen Einrichtungen und den Austausch von Studenten, Lehrern und Technikern durch Stipendien an den Hochschulen und Universitäten in beiden Ländern, in den Artikeln 6–10 auf die Zusammenarbeit zwischen gelehrten Gesellschaften, in den Artikeln 11–14 auf die gegenseitige Nachwuchsförderung sowie insbesondere auch auf die Förderung kultureller und sportlicher Veranstaltungen und Begegnungen, ferner von Theateraufführungen, Konzerten und Filmveranstaltungen, in Artikel 13 speziell

---

[30] Vgl. Hans Wilbrandt, Ein deutsches Demonstrations- und Mustergut in der Türkei. Die Aufgaben der Deutsch-Türkischen Gesellschaft e.V. Bonn, in: Mitteilungen 18, Oktober 1957, S. 1–6; ferner Wiebke-Hohberger in diesem Band oben S. 129–145.

[31] Abgedruckt im Bulletin des Presse- und Informationsamtes der Bundesregierung Nr. 97 vom 25. Mai 1957.

auf die Förderung archäologischer Grabungen sowie von Museen und der Denkmalpflege.

Zur Durchführung des Abkommens war ein sechsköpfiger deutsch-türkischer Ausschuss gebildet worden, der mindestens einmal im Jahr abwechselnd in beiden Ländern zusammentreten sollte. Es zeigte sich indessen, dass die mit dem Abkommen verbundenen Erwartungen und finanziellen Möglichkeiten weit hinter den realen Verhältnissen zurückblieben. Dennoch war es die Grundlage für den Ausbau von drei türkisch-deutschen Kulturzentren in Ankara, Istanbul und Izmir, die auch auf andere sich entwickelnde Städte wie Antalya ausstrahlten. Vor allem waren die Deutsch-Türkischen Kulturzentren erforderlich als formalrechtliche Träger von deutschen Sprachkursen in der Türkei, da als Träger solcher Veranstaltungen nach türkischem Recht nur türkische Bildungsträger berechtigt sind. Mit den Kulturzentren waren als Kern Deutsche Bibliotheken verbunden, die in Ankara bereits bestand und nun als Modell auch für Istanbul und Izmir realisiert wurde. Mit den Bibliotheken wurden Veranstaltungsräume für Vorträge, Konzerte, Filmvorführungen, Theateraufführungen, Museumsausstellungen und vor allem Sprachkurse verbunden, durch die Möglichkeiten für deutsch-türkische Programme und Begegnungen gegeben waren. Insbesondere die deutschen Sprachkurse wurden von der türkischen Bevölkerung in weitem Maße angenommen, blieben aber 1960 noch weit hinter den Englisch- und Französisch- Kenntnissen der Türken zurück.[32] Auf die Bedeutung der Goetheinstitute in diesem Zusammenhang für die Vermittlung und Anstellung der Leiter und Sprachlehrer in den Kulturinstituten weist vor allem Hanns Wildermann hin.[33]

Neben diesen institutionellen Kulturzentren kommt den von der DTG Bonn herausgegebenen „Mitteilungen" als Vereinsorgan für die Förderung der deutschtürkischen Beziehungen eine kaum zu unterschätzende Bedeutung zu. Sie erreich-

---

[32] Vgl. Deutsch-Türkische Kulturnachrichten: Das deutsch-türkische Kulturabkommen, in: Mitteilungen, Heft 16, Juni 1957, S. 12; Lisa Nestmann, Überblick über die deutsch-türkische Kultur- und Bildungsarbeit in der Türkei, unter besonderer Berücksichtigung von Ankara, in: Mitteilungen, Heft 66, Juli 1966, S. 12–14. Hier S. 13 auch der Hinweis auf eine Befragung 1960, nach der 125 863 Türken Englisch als ihre erste Fremdsprache bezeichneten, 97 554 Französisch und nur 29 403 Deutsch. Heute ist Englisch die weit verbreitete zweite Sprache in der Türkei wie in den meisten Ländern der Welt. Sie hat damit das Französische, das im Osmanischen Reich als Diplomatensprache die zweite Sprache war, abgelöst.

[33] Vgl. seine instruktiven Berichte als langjähriger Leiter der Deutschen Bibliothek in Izmir: Aus der Arbeit des deutsch-türkischen Kulturinstituts in Izmir, in: Mitteilungen, Heft 80, September 1969, S. 1–8; ferner: Deutsch-Türkische Zusammenarbeit, ihre Möglichkeiten und Grenzen aus der Sicht eines ehemaligen Goethe-Instituts-Leiters, in. Mitteilungen, Heft 96, Juli 1976, S. 1–8. Vgl. nunmehr auch Ahmet Terkivatan, Kurze Geschichte der Gründung des Goethe-Instituts Ankara (Deutsche Bibliothek Ankara, Stand 27.04.2017), Sonderdruck Ankara 2017 (Archiv der DTG Münster), 16.S. Die deutsche Kulturstiftung „Goethe-Institute" wurde 1951 begründet und ist seitdem der zentrale Träger deutscher Kultureinrichtungen im Ausland.

ten nicht den Rang einer periodisch erscheinenden wissenschaftlichen Zeitschrift, aber sie waren mit ihren mehrmals im Jahr erscheinenden Heften ein sehr sachdienliches Organ, das neben überwiegend kulturgeschichtlichen Beiträgen und aktuellen Nachrichten vor allem durch die ersten Präsidenten Baade und Wilbrandt auch wirtschaftliche Schwerpunkte setzte und insbesondere politische Geschehnisse in der Türkei vermittelte.[34] Daneben standen Kulturbeiträge von den angesehensten Wissenschaftlern der Zeit der Orientalistik, Archäologie, Osmanistik, Islamwissenschaft, Turkologie u.a. und von langjährigen in der Türkei tätigen Journalisten und Türkeireisenden. Zu ihnen zählen: Dr. Max Rudolf Kaufmann, der seit 1909 im Osmanischen Reich als Journalist tätig war und im ersten Jahrzehnt bis zu seinem Tod 1963 die „Mitteilungen" der DTG redigierte und ihnen Format gab,[35] sein Nachfolger Dr. Karl Friedrich Kienitz, der gleichfalls noch seit der Osmanenzeit die Türkei kannte,[36] die Islamwissenschaftlerin Annemarie Schimmel, die 1955 als erste Professorin an die Islamisch-Theologische Fakultät der Universität Ankara berufen wurde, der Verfassungsrechtler Ernst Hirsch als Emigrant, in Münster der Islamwissenschaftler und Osmanist Franz Taeschner, der Vertreter der christlichen Archäologe Ludwig Budde, der Turkologe Gottfried Jäschke, der Archäologe Karl Friedrich Dörner; ferner sind zu nennen die beiden Theologen Bassim Tibi und Adel Theodor Khoury, der Archäologe Prof. Dr. Kurt Bittel, Ehrenmitglied der DTG Bonn und Kanzler des Ordens „Pour le mérite" für Wissen-

---

[34] Neben den oben in Anm. 5 angeführten Buchveröffentlichungen wird vor allem auf folgende Aufsätze von Baade in den „Mitteilungen" verwiesen: Wasser- und Winderosionen in der Türkei (Heft 54, November 1963, S. 8–9); Die türkischen Gastarbeiter als Wirtschaftsfaktor (Heft 75, Oktober 1968, S. 1–2); Das Weizenwunder in der Türkei (Heft 77, März 1969, S. 1–3), ferner auf die permanent von ihm vermittelten aktuellen Wirtschaftsdaten sowie die von ihm vermittelten Aufsätze anderer Autoren zu Wirtschaftsfragen, darunter der wirtschaftliche Gesamtüberblick seines Doktoranden Salaheddin Sözeri, Dreißig Jahre Wirtschaftsaufbau in der Türkei 1923–1953 (Heft 23, Oktober 1954, S. 1–2). Auch sein Nachfolger Hans Wilbrandt hat die Mitteilungen wesentlich durch seine wirtschaftsbezogenen Beiträge geprägt, von denen hier nur angeführt werden: Die Revolutionierung des Nahen und Mittleren Ostens durch den Traktor: Beispiel Türkei (Heft 2, Juli 1954, S. 1–2); Ein deutsches Demonstrations- und Mustergut in der Türkei (Heft 18, Oktober 1957, S. 1–6); Das Meric-Evros-Projekt im Rahmen der „Greec-Turkish Economic Cooperation" (Heft 76, Dezember 1968, S., 1–4); Deutsch-Türkische Universitätspartnerschaften am Beispiel der Zusammenarbeit der landwirtschaftlichen Fakultäten Ankara und Göttingen (Heft 91, Oktober 1973, S. 16–23); L. Pielen, Zwanzig Jahre Deutsch-Türkisches Demonstrations- und Mustergut Takirova – ein Podiumsgespräch, in: Mitteilungen Heft 98, Juli 1977, S. 12–16; Hans Wilbrandt, Das Mustergut Tahirova hat seine Aufgaben erfüllt (Heft 99, Dezember 1977, S. 14–16); Agrarpolitische Probleme in der Türkei gestern, heute, morgen (Heft 103, Dezember 1980, S. 1–19).

[35] Vgl. seine Beiträge über Ernst Jäckh in diesem Band.

[36] Vgl. insbesondere seinen Beitrag: Zweihundert Jahre deutsch-türkische Freundschaft. Ein Rückblick auf ihre Anfänge, in: Mitteilungen, Heft 38, Februar 1961, S. 7–9.

schaft und Künste,[37] die Emigrationsforscherin Regine Erichsen (Bonn)[38] sowie der Diplomat Kurt Laqueur[39], aus München der Philologe Dr. Hanns Wildermann, der lange die Goethe-Gesellschaft in Izmir vertrat und die dortige deutsche Bibliothek als deutsch-türkisches Kulturzentrum aufbaute[40], aus Hamburg Prof. Dr. Udo Steinbach und aus Essen Prof. Dr. Faruk Şen, der später der Begründer und Leiter des dortigen Zentrums für Türkeistudien wurde, so wie viele weitere namhafte Autorinnen und Autoren – nicht zu vergessen auch der Agrarwissenschaftler Fritz Christiansen-Weniger (1897–1989)[41] –, die fest mit den Aufgabengebieten und der Geschichte der Deutsch-Türkischen Gesellschaften in Bonn, Münster, Göttingen, Gießen u.a. sowie mit den „Mitteilungen" mit ihrem Namen verbunden sind.[42]

Die „Mitteilungen" waren daher über den wachsenden Kreis der Mitglieder der DTG Bonn hinaus, der schon bald 300 erreichte und 1970 bei über 500 lag, im In- wie Ausland – und besonders bei den Türkisch-Deutschen Freundschaftsvereinen in der Türkei – sehr begehrt, so dass sich die Auflage seit den 1960er Jahren auf über 2.500 Exemplare steigerte und die Hefte heute noch in den Bibliotheken von Ankara und Izmir als bedeutsame Zeitdokumente zu finden sind.

---

[37] Vgl. sein Forschungsresümee: Vierzig Jahre gemeinsamer türkischer und deutscher Ausgrabungstätigkeit in Anatolien. Rückblicke und Ausblicke, in: Mitteilungen Heft 98, Juli 19777, S. 1–9, sowie den Nachruf von Dietrich Schlegel auf Kurt Bittel (1907–1991) in: Mitteilungen Heft 114, Dezember 1991, S. 38–42. Geboren am 5. Juli 1907 in Heidenheim und dort auch am 30. Januar 1991gestorben, verbrachte er 23 Jahre seines Arbeitslebens in der Türkei, wo er insbesondere durch seine Ausgrabungen in der Hethiterstadt Boganzköy seit 1931 bekannt wurde und 1938 die Leitung der Zweigstelle des Deutschen Archäologischen Instituts Berlin in Istanbul übernahm, bis er 1960 zum Präsidenten des Instituts in Berlin berufen wurde, ein Amt, das er bis zu seiner Pensionierung 1972 wirkungsvoll wahrnahm..

[38] Vgl. u.a. Regine Erichsen, Die Wirkungsgeschichte der Emigration. Deutschsprachiger Mediziner in die Türkei. Ein Projekt am Institut für Theorie und Geschichte der Medizin in Münster, in: Mitteilungen, Heft 112, Dezember 1989, S. 30–38; Türkisch-deutsche Beziehungen in der Medizin, in: Mitteilungen, Heft 114, Dezember 1991, S. 14–28; Die Geschichte der Juden in der Türkei, in: Mitteilungen, Heft 115, Dezember 1992, S. 19–28; ferner Regine Erichsen, Die Emigration deutsch-sprachiger Naturwissenschaftler in die Türkei, in: Diue Emigration der Wissenschaften, München 1991, S. 73–104.

[39] Vgl. Anm. 12.

[40] Vgl. Anm. 33.

[41] Vgl. Valentin Horn und Johann Bergius, Prof. Dr. Fritz Christiansen-Weniger zum 80. Geburtstage, in: Mitteilungen 98, Juli 1977, S. 9–12; Ömer Tarman, Prof. Dr. Fritz Christiansen-Weniger gestorben, in: Mitteilungen 112, Dezember 1989, S., 47–49. Vgl. auch den Beitrag von Christiansen-Weniger über Atatürk in diesem Band.

[42] Vgl. dazu die zahlreichen Beiträge der genannten Autoren in den „Mitteilungen" sowie die dort abgedruckten Nachrufe auf sie. Nur wenige der Beiträge konnten in diese Festschrift übernommen, nicht alle zitiert werden.

Prof. Dr. Drs. h.c. Fritz Baade

# Die Fortentwicklung der DTG Bonn seit 1954

Erfreuten sich die DTG Bonn und die „Mitteilungen" anfangs einer bemerkenswerten Förderung des Auswärtigen Amtes und des Presseamtes der Bundesregierung, die vor allem auch den Vortragsveranstaltungen der DTG Bonn und auch denen der gut ein Dutzend mit ihr verbundenen Deutsch-Türkischen Gesellschaften in anderen deutschen Großstädten zugute kam, so wurde diese finanzielle Förderung mit den Wirtschaftsrezessionen seit den 1970er und 1980er Jahren zurückgenommen. Das hat die Vereinsarbeit der DTG Bonn wesentlich beeinträchtigt. Gleichzeitig gingen auch manche engen Bindungen zu den politischen Partnern in Bonn durch veränderte Personalstrukturen zurück, so dass die Arbeit der Gesellschaft sich wesentlich auf kulturgeschichtliche Themen konzentrierte, die aber durch die fachliche Kompetenz der Schriftleitung und der Autoren der „Mitteilungen" weiterhin einen hohen Anspruch trugen.

Auch bewirkten der Tod der Gründungsmitglieder und ein seit der türkischen Arbeitsmigration verändertes Interesse sowie ein wachsender touristischer Boom in die Türkei eine andere gesellschaftliche Orientierung in den deutsch-türkischen Beziehungen, die die Deutsch-Türkischen Gesellschaften in Deutschland allgemein zurücktreten und manche auch erlöschen ließ. Das machte sich auch in der Vorstandsarbeit der DTG Bonn bemerkbar, als 1974 in der Nachfolge von Fritz Baade Prof. Dr. Hans Wilbrandt sein Nachfolger wurde und die unmittelbaren Kontakte zu den Regierungsstellen zurückgingen. Alters- und gesundheitsbedingt machte Wilbrandt 1986 den Vorsitz für Prof. Dr. Ludwig Budde frei, der zwar seit 1970 bereits als Vorsitzender der mit der DTG Bonn seit 1956 fusionierten DTG Münster dem Vorstand angehörte, aber die Bonner Belange aus der Ferne nicht unmittelbar wahrnehmen konnte. Er war bemüht, die zentrale Bedeutung der Bonner Gesellschaft dadurch zu betonen, dass er 1986 mit Wilhelm Rickertsen als stellvertretendem Vorsitzenden den sehr aktiven Leiter der Hamburger „Zweigstelle"[43] sowie mit den Professoren Dr. Gerhard Doerfer (1920–2003)[44] und Dr. Dr. h.c. Va-

---

[43] Er war als Import-Großhändler vor allem mit Früchten u.a. in der Türkei tätig und an der Entwicklung der Deutsch-Türkischen Beziehungen besonders interessiert. Vgl. auch seine instruktiven Beiträge in den „Mitteilungen": Haselnüsse aus der Türkei, Heft 90, Juli/August 1973, S. 15–17; Wechsel in der Wirtschaftsführung, Heft 105, November 1982, S. 6–9 (zum Rücktritt Turgut Özals als Wirtschaftsminister 1980–1982).

[44] Geboren 1920 in Königsberg, wandte er sich nach Kriegsdienst und Kriegsgefangenschaft 1949 dem Studium der Turkologie und Altaistik in Berlin zu, wo er 1954 promoviert wurde. 1966 habilitierte er sich in Göttingen. Dort übernahm er 1970 auch das Ordinariat für Turkologie und Altaistik bis zu seiner Emeritierung 1988. Er starb 2003. Vgl. in den Mitteilungen seine Aufsätze: Eine Sonne am Himmel, ein Herrscher auf Erden – Das Leben der alttürkischen Steppennomaden, in: Mitteilungen, Heft 110, Dezember 1987, S. 31–52; Cahit Külebi, der Dichter Anatoliens, in: Mitteilungen 113, Dez. 1990, S. 11–30, ferner seinen Nachruf auf die „führende Persönlichkeit der deutschen Turkologie", Sinologin, Mongolistin und Iranistin

lentin Horn (1901–1992)[45] als weiteren Vorstandsmitgliedern – gewiss mit Unterstützung von Hans Wilbrandt – die aktiven Leiter der „Zweigstellen" in Göttingen und Gießen gewann sowie mit Frau Sevil Özertan[46] in Münster auch eine Türkin in die Vorstandsarbeit einbinden konnte[47]. Doch gerieten dadurch die örtlichen Bonner Belange zunehmend in den Hintergrund, zumal am 12. Februar 1988 der zum Ehrenpräsidenten ernannte Prof. Dr. Hans Wilbrandt und auch das langjährige Geschäfteführende Mitglied Johannes Bergius am 18. Oktober 1988 (beide in Bonn) verstarben, so dass kein örtliches Mitglied mehr im Vorstand der Bonner DTG vertreten war.

Die Ausweitung des Vorstands über Bonn hinaus nach Hamburg, Göttingen und Gießen hat die Arbeit der angeschlossenen Gesellschaften zwar belebt, wie die Berichte in den „Mitteilungen" erkennen lassen, aber die Zentrale auf die Dauer geschwächt, so dass dieses Modell 1988 wieder zugunsten einer örtlichen Vorstandsbesetzung aufgegeben werden musste, womit auch die Fusion zwischen Bonn und Münster beendet war, jedoch die „Mitteilungen" weiter als gemeinsames Organ bis 1997, wenn auch nur noch in umfangreichen Halbjahres- und Jahresheften für die Mitglieder erschienen, aber über deren Zahl hinaus nur noch in begrenzter Zahl versandt wurden. An Stelle von Ludwig Budde übernahm mit Dr. Hedda Reindl-Kiel wieder ein örtliches Mitglied das Präsidentenamt in Bonn, dem auch weitere örtliche Mitglieder in den Vorstandsämtern zugeordnet wurden. Die Gesellschaften in Bonn und Münster sind dabei bis heute eng verbunden geblieben.

---

Prof. Dr. Annemarie von Gabain (1901–1993) in Berlin, die ein ähnliches weites Forschungsfeld bestellte wie er selbst, in: Mitteilungen Heft 116, Dezember 1993, S. 44–45.

[45] Geboren 1901 in Steinbach, Kreis Limburg, Studium der Landwirtschaft und Veterinärmedizin in Göttingen und Gießen, dort 1929 Promotion und 1935 Habilitation, jedoch veranlassten ihn wahrscheinlich politische Verhältnisse und Beziehungen, 1936 einem Ruf auf ein Ordinariat für Agrarkulturmedizin- und chemie an der Landwirtschaftlichen Hochschule in Ankara zu folgen, wo auch Prof. Dr. Fritz Christiansen-Weniger lehrte, mit dem er 1940 einem erzwungenen Rückruf des NS-Staates an das Institut für Tierernährung an die Landwirtschaftliche Forschungsanstalt Pulawy im von Deutschen inzwischen besetzten Polen folgte. Nach dem Krieg wurde er 1948 auf einen Lehrstuhl seines Faches an der Heimatuniversität Gießen berufen, wo er von 1953–1955 Rektor war und eine Deutsch-Türkische Gesellschaft begründete und leitete, die enge Beziehungen zur Türkei und zu türkischen Studenten unterhielt. Neben Ehrendoktoraten der Universitäten Berlin und Gießen war ihm 1979 auch das der Universität Ankara zugekommen. Vgl. auch den Nachruf von Dietrich Schlegel, Valentin Horn, in: Mitteilungen Heft 115, Dezember 1992, S. 51–53.

[46] Lange Jahre Beiratsmitglied der DTG Münster und Ehrenmitglied seit 1998, Begründerin einer Zweigstelle der DTG Münster in Iserlohn.

[47] Vgl. das Ergebnisprotokoll in: Mitteilungen Heft 109, Dezember 1986, S. 28–29.

Prof. Dr. Drs. h.c. Fritz Baade

## Resümee und Ausblick

Als Resümee der Untersuchung kann festgehalten werden, dass die Gründung der Deutsch-Türkischen Gesellschaft Bonn 1953/54 gleichsam als Neubeginn ziviler deutsch-türkischer Beziehungen nach dem Zweiten Weltkrieg den besonderen Zeitumständen zu danken ist. Sie sind dadurch geprägt, dass Bonn 1949 die neue Hauptstadt des westdeutschen Teilstaates, der Bundesrepublik Deutschland, wurde und damit das politische und administrative Zentrum des neuen deutschen Staates mit seiner westlich orientierten freiheitlichen Gründungsideologie. Die Türkei hat diese bereits 1923 mit der Republikgründung durch Mustafa Kemal Atatürk übernommen und nach 1945 durch die Einführung des Parlamentarismus erweitert. Sie hat sie in der Phase der deutschen NS-Diktatur und Kriegsideologie 1933-1945 gegen alle Versuche der Destruktion bewahrt. Sie konnte dadurch zu einem Refugium vieler rassisch und politisch verfolgter Deutscher werden, die den wirtschaftlichen und zivilisatorischen Aufbau des türkischen Staates unterstützten und damit auch seine politische Potenz stärkten, so dass er nach dem Ende des Zweiten Weltkriegs als Gründungsmitglied der UNO 1945 aktiv am Neuaufbau einer internationalen humanitären Weltgesellschaft mitwirken konnte. In diesem Zusammenhang waren es gerade die in der NS-Zeit in die Türkei emigrierten Deutschen, die zu den entschiedenen Initiatoren und Mitbegründern einer neuen zivilgesellschaftlich orientierten türkisch-deutschen Freundschaft wurden, die ihre ideologische Grundlage in den Prinzipien einer auf Humanität und Frieden gerichteten Welt hat. Sie waren es auch, die die türkischen Impulse zur organisatorischen Neubegründung deutsch-türkischer Gesellschaften und Vereinigungen nach 1945 mit besonderem Interesse aufnahmen und mit der Rückkehr in die Heimat zu realisieren halfen. Die 1953/54 begründete Bonner DTG war dabei die erste und praktisch das Modell für etwa ein Dutzend weiterer Gesellschaften, die sämtlich an Universitätsstädten in Verbindung mit Fachbereichen der Orientalistik, Osmanistik, Turkologie und Archäologie entstanden.

Die Gründung der Bonner Gesellschaft bleibt dabei mit dem Namen von Prof. Dr. Fritz Baade untrennbar verbunden, aber auch mit denen der Freunde und Gefährten der Emigration wie Prof. Dr. Hans Wilbrandt und Prof. Dr. Fritz Christiansen-Weniger, die gerade als Agrarwissenschaftler in der Emigrationszeit die Existenzgrundlagen der Türkei verbessern konnten.[48] Daneben gebührt aber auch anderen Deutschen und Türken ein ehrender Platz, nicht zuletzt auch Johannes Bergius als Vorstandsmitglied der Gesellschaft. Sie knüpften in mancher Hinsicht an die durch den Ersten Weltkrieg und die NS-Diktatur verschütteten zivilgesellschaftlichen Traditionen der schon 1914 begründeten Deutsch-

---

[48] Vgl. dazu den nachfolgenden Beitrag von Hans Wilbrandt zur landwirtschaftlichen Entwicklung der Türkei in den zwei Jahrzehnten der Emigration.

Türkischen Vereinigungen an und machten sie zur Grundlage einer neuen Verständigung. Dies spiegelt sich in manchen der seit 1952 in der Türkei und 1953/54 in der Bundesrepublik Deutschland begründeten Türkisch-Deutschen und Deutsch-Türkischen Vereinigungen wider. Dabei wären viele andere Namen von Personen aus verschiedenen wissenschaftlichen Fachdisziplinen, der Kultur, der Medizin, des Rechts, der Soziologie, der Agar- und Naturwissenschaften, der Politik und Kunst u.a. zu nennen, die an der Verständigung zwischen der Türkei und Deutschland mitgewirkt haben und denen zu verdanken ist, dass – wie es eine türkische Zeitung einmal beschrieb -, „das goldene Zeitalter unserer Universitäten begann!".

Die Namen der Emigranten sind inzwischen in zahlreichen Untersuchungen und Biographien zur Geschichte der Emigration in die Türkei und andere Länder der Erde dokumentiert.[49] Hier ist mit Prof. Dr. Baade ein Mann hervorgehoben worden, der durch seine sowohl agrarwissenschaftliche wie auch politische und lebenspraktische Arbeit für beide Länder, die Türkei wie die Bundesrepublik Deutschland, und durch seine zugleich weltweiten Initiativen in der Ernährungs- und Entwicklungspolitik als Direktor des Weltwirtschaftsinstituts in Kiel und als Vertreter in nationalen und internationalen Kommissionen einen herausgehobenen Platz im aufgezeigten Zusammenhang einnimmt. Sein wissenschaftliches und politisches Bemühen ist insbesondere auch der von ihm mitbegründeten Deutsch-Türkischen Gesellschaft in Bonn und der Initiierung und Intensivierung der deutsch-türkischen Beziehungen nach 1945 zugekommen. Das ist in manchen Ehrungen zum Ausdruck gekommen, die ihm zuteil wurden und von denen hier nur die folgenden erwähnt sein sollen: die Ernennung zum Ehrenpräsidenten der DTG Bonn, zum Ehrenkonsul der Türkischen Republik, zum Ehrenbürger der Stadt Kirsehir und zum Ehrendoktor der Universitäten Sevilla und Kiel. Die Bundesrepublik Deutschland verlieh ihm 1961 das Große Verdienstkreuz, die Stadt Kiel zeichnete ihn 1970 mit dem Kulturpreis der Stadt aus.

Ein abschließender Ausblick soll kurz noch der weiteren Entwicklung der Deutsch-Türkischen Gesellschaften oder Vereinigungen in Deutschland gelten,

---

[49] Stellvertretend wird hier für die Türkei verwiesen auf die jüngste instruktive Untersuchung von Reiner Möckelmann, Wartesaal Ankara – Ernst Reuter – Exil und Rückkehr nach Berlin, Berlin 2013, dazu auch auf dessen nachfolgendes Buch: Franz von Papen – Hitlers ewiger Vasall, Wissenschaftliche Buchgesellschaft Darmstadt 2016, das insbesondere die Zeit von Papens als Botschafter in Ankara 1938-1944 und sein Verhältnis zu und die Situation der deutschen Emigranten dort eingehender behandelt. Für Bonn und die hier später tätigen Mediziner vgl. vor allem Heinz Schott (Hg.), Meilensteine der Medizin, Dortmund 1996, darin den Beitrag von Werner Friedrich Krümmel, Vom Nationalsozialismus vertriebene Ärzte. Deutsche Mediziner im türkischen Exil, S. 472-477 (er weist insbesondere auf den Bonner Zahnmediziner Prof. Dr. Alfred Kantorowicz hin), ferner Ralf Forsbach, Die Medizinische Fakultät der Universität Bonn im „Dritten Reich", München 2006, insbesondere das Kapitel: Die Vertreibung von Alfred Kantorowicz (Kapitel 3.1.1). Vgl. ferner die in Am. 38 genannten Werke.

die sich mit der Arbeitsmigration der 1960er Jahre vervielfacht haben, aber in ihrer Zielsetzung weitergehende Schwerpunkte der sozialen Begegnung und gesellschaftlichen Integration vor Ort setzen. Das Muster der älteren nach 1945 begründeten Deutsch-Türkischen Gesellschaften war im wesentlichen von kulturwissenschaftlichen Interessen in beiden Ländern geprägt, die insbesondere Universitäten und Hochschulen mit einander verband und hier auch zu einem Austausch von Personen und Forschungen sowie insbesondere in der Archäologie zu gemeinsamen Projekten bei Ausgrabungen führte und noch führt, wenngleich die Türkei dabei heute ihre Leitungsposition wesentlich stärker als früher betont. Die Zahl dieser älteren Deutsch-Türkischen Gesellschaften hat dabei abgenommen. Teils haben sie sich stärker mit wissenschaftlichen Fachverbänden ihrer Ausrichtung (der Südosteuropaforschung, der Islamforschung u.a.,) verbunden. In München hat sich die in enger Bindung mit der Universität um 1954 entstandene Deutsch-Türkische Vereinigung[50] 1979 als Deutsch-Türkische Gesellschaft gleichsam als Regionalverband für Bayern in enger Beziehung zur Ludwig-Maximilian-Universität neu begründet mit Zweigstellen an bayerischen Universitäten, in Dortmund ist die Deutsch-Türkische Gesellschaft Teil des 1949 gegründeten Auslandsinstituts, heute Auslandsgesellschaft Nordrhein-Westfalen. Deutsch-Türkische Gesellschaften existieren neben Bonn und Münster in Bremen, Gießen, Göttingen, Ulm und als DTG Ruhr in Essen, in Stuttgart besteht eine DTG neben einem Deutsch-Türkischen Forum e.V., in Hannover eine DTG Niedersachsen, in Heidelberg ein Deutsch-Türkischer Club, ebenso in Frankfurt a.M./Offenbach, in Duisburg ein Dialog e.V als Gesellschaft für einen deutsch-türkischen Dialog, ebenso in Hamburg ein Deutsch-Türkischer Dialogverein in Verbindung mit der dortigen Körberstiftung, die zugleich als Stiftung auch einen Jugendaustausch durchführt. In Würzburg gibt es eine 1986 gegründete Gesellschaft für deutsch-türkische Freundschaft, die die Verständigung zwischen beiden Ländern durch Vortragsveranstaltungen, Studienreisen in die Türkei, aber auch in Deutschland sowie Begegnungen, regelmäßige Feste und auch Hilfsmaßnahmen (z.B. Erdbebenhilfe in Sakarya) durchführt und damit ein Programm vorstellt, das im wesentlichen auch andere deutsch-türkische Gesellschaften erfüllen. Das gilt auch für kleinere Orte wie Dorsten und Staufen, wo Deutsch-Türkische Freundeskreise bestehen, die auf eine unmittelbare persönliche Begegnung zielen, wie auch der Deutsch-Türkische Verein Recklinghausen. Mehr auf den politischen Dialog ausgerichtet ist das Politik-Forum Deutschland-Türkei in Bonn, mehr wirtschaftlich die Deutsch-Türkische Wirtschaftsvereinigung München, neben der andernorts regionale Deutsch-Türkische Handelskammern bestehen. Von türkischer Seite initiierte Gründungen sind der regionale Türkisch-Deutsche Kultur-

---

[50] Vgl. die Nachricht darüber in: Mitteilungen, Heft 2, Juli 1954, S. 2-3.

und Wirtschaftsförderungsverband für Mitteldeutschland in Leipzig, der Freiheitliche Türkisch-Deutsche Freundschaftsverein Bonn, dem ca. 50 Ortsverbände angeschlossen sind, die Deutsch-Türkische Jugendbrücke der Mercatorstiftung in Düsseldorf, die wesentlich den Austausch und die Förderung junger Akademiker ermöglicht. In Berlin, wo im März 1966 eine Türkisch-Deutsche Kulturvereinigung in Verbindung mit der DTG Bonn begründet wurde, die mit dem Tod des Gründers Martin Jonuschat leider um 2005 erlosch, besteht heute der Sitz der „Türkischen Gemeinde", die ein 1995 in Hamburg begründeter Dachverband für zahlreiche türkische Ortsvereine ist. Eine bedeutsame Neugründung ist im März 2009 die Gründung der „Deutsch-Türkischen Gesellschaft Berlin„ gewesen, die am Sitz der Hauptstadt der Bundesrepublik und der Regierung durchaus den Gedanken eines Dachverbandes für Deutsch-Türkische Gesellschaften in Deutschland wieder aufnimmt und mit einem neben dem Vorstand gebildeten Kuratorium von Sachverständigen aus Politik, Wirtschaft und Wissenschaft auch in der Lage sein könnte, eine überörtliche Zentralfunktion für Deutsch-Türkische Gesellschaften zu übernehmen, wie sie die 1914 begründete Deutsch-Türkische Vereinigung Berlin in Deutschland eingenommen hat.[51] Eine jüngere Gründung ist auch die 2008 entstandene „Deutsch-Türkische Gesellschaft Paderborn" am neuen Universitätsstandort, mit der die DTG Münster wie mit der DTG Bonn in engerem Zusammenhang steht, so dass sie sich nachgehend auch in einem eigenen Beitrag hier vorstellt.

Diese Übersicht erhebt nicht den Anspruch auf Vollständigkeit. Insbesondere sind zahlreiche deutsch-türkische Vereine, die auf örtliche Begegnung und Verständigung gerichtet sind, in kleineren, aber auch größeren Orten nicht erfasst. Zu ihnen zählt auch die Deutsch-Türkische Vereinigung in Bocholt unter ihrem langjährigen Vorsitzenden Abdulkadir Kis mit vorbildlichen Veranstaltungen zur türkisch-deutschen Integration. Alle diese Vereine haben aber das Ziel, über ein halbes Jahrhundert nach Beginn der türkischen Arbeitsmigration durch Information und Begegnung dem gesellschaftlichen Miteinander von Einheimischen und Mitbürgern zu dienen. Viele türkische Mitbürger leben heute bereits in der vierten und fünften Generation in der Bundesrepublik. Sie sind durch ihre berufliche Stellung und Arbeit heute unverzichtbare Träger der Gesellschaft und des Staates in Deutschland. Auch unter Berücksichtigung der Ergebnisse des jüngsten Referendums der Türkei in Deutschland bleibt es eine grundlegende Aufgabe der deutschen wie türkischen Mitbürger und ihrer zivilgesellschaftlichen Vereine in Deutschland, den Dialog miteinander zu intensivieren, um die demokratischen

---

[51] Der Überblick stützt sich auf die keineswegs vollständige Auflistung im Internet unter „Deutsch-Türkische Gesellschaften".

und freiheitlichen Grundsätze in Staat und Gesellschaft unseres gemeinsamen Landes in Deutschland wie auch in Europa und der Welt zu sichern.

Zum Abschluss des Beitrags sage ich Herrn Dr. Hans-Peter Laqueur, Bremerhaven, einem Enkel von Prof. Dr. Baade, herzlichen Dank für die Durchsicht dieses Beitrags und wesentliche Hinweise sowie die Bildbeigaben.

# Deutsch-Türkische Freundschaft
## – sehr persönlich gesehen –

Prof. Dr. Drs. h.c. Fritz Baade (1893–1974), Vorsitzender der
Deutsch-Türkischen Gesellschaft Bonn (1954–1974)[1]

Wenn ein erst vor wenigen Jahrzehnten in seiner heutigen Form neugeschaffener Staat seinen fünfzigsten Geburtstag feiert, sind offizielle Glückwünsche insbesondere von leitenden Politikern befreundeter Staaten eine Selbstverständlichkeit. Wir haben dieses Heft unserer „MITTEILUNGEN" ebenfalls der Feier dieses Geburtstags gewidmet. Wenn ich aber selbst als Vorsitzender der Deutsch-Türkischen Gesellschaft noch einige Worte dazu schreiben soll, so wird es eine sehr persönliche Angelegenheit.

Ich gehöre zu den Hitler-feindlichen Deutschen, die der Einladung zur Mitarbeit in der Türkei buchstäblich ihr Leben verdanken, und zwar nicht nur persönlich, sondern auch für die nächsten Familienangehörigen. Ich bin aber keineswegs der einzige Deutsche, von dem dies gilt; die Türkei hat Dutzenden von solchen Deutschen durch eine Einladung und durch die Gewährung einer sinnvollen Tätigkeit in der Türkei Leben und Existenz gerettet. Ihr fünfzigster Geburtstag wird daher von den besonders herzlichen Grüßen und Wünschen dankbarer Gratulanten begleitet sein.

Kein anders Land hat annähernd mit der gleichen Entschiedenheit und Großzügigkeit in der Situation der Jahre 1933/34 ff. gehandelt, als Tausende von erstklassigen Universitätsprofessoren, freien Wissenschaftlern und qualifizierten Wirtschaftskennern in Deutschland von heute auf morgen auf die Straße gesetzt

---

[1] Entnommen, Mitteilungen Heft 91, Oktober 1973, S. 1–2. Die Abbildung zeigt den Originaltitel der Mitteilungen mit dem Symbol des Jubiläumsjahres: 50 Jahre Türkische Republik 1923–1973.

worden waren, insbesondere deshalb, weil sie entweder selbst Juden waren oder mit einer jüdischen Frau verheiratet waren.

Die Universität Istanbul, die bis dahin ein ziemlich unbeachtetes Leben als eine Orientuniversität geführt hatte, wurde dank des großzügigen Entschlusses Kemal Atatürks in eine moderne Universität verwandelt. Er gab dem bereits an der Universität tätigen Prof. Schwartz den Auftrag, seine Regierung beim Engagement weiterer Wissenschaftler für die Universität zu beraten, und durch die Schwartz-Aktion stieg die Zahl deutscher Professoren an der Universität Istanbul auf 70. Mit ihren Familienangehörigen zusammen kann die Zahl der dadurch in die Türkei berufenen, von Hitler vertriebenen oder mit dem Hitler-Regime verfeindeten Deutschen auf 200 geschätzt werden.

Diese Aktion hat nicht nur denen, die das Glück hatten, dazu zu gehören, mit einem Schlage die Fortsetzung eines wissenschaftlich fruchtbaren und persönlich schönen Lebens ermöglicht. Sie hat den damals hoffnungslos überfüllten „Markt" für deutsche Wissenschaftler in einem solchen Maß entlastet, dass auch viele, die nicht in die Türkei gingen, eine freundliche Gestaltung ihres Schicksals in anderen Ländern der Tatsache verdanken, dass qualifizierte deutsche Wissenschaftler mit einem Schlage „Mangelware" geworden waren.

Aber dieser Massenansturm deutscher Wissenschaftler an der Universität Istanbul war nicht das einzige Ereignis dieser Art. Für das Musterkrankenhaus in Ankara engagierte die türkische Regierung nicht weniger als fünf deutsche Wissenschaftler, durch deren Tätigkeit insbesondere Musterpflegestätten für Kinderheilkunde, Chirurgie und Physiotherapie entstanden, weiterhin wirkte ein vorzüglicher deutscher Hygieniker an der Medizinischen Fakultät.

Auch als Berater türkischer Ministerien wurden deutsche Emigranten engagiert, von denen wohl Ernst Reuter sowohl in der Türkei wie in seiner Tätigkeit als Regierenden Bürgermeister von Berlin am bekanntesten wurde.

Wir können den Personenkreis einschließlich der Familienangehörigen, die durch die Besetzung der Stellen des Musterkrankenhauses und der Ministerien mit deutschen Spezialisten der Arbeitslosigkeit in der Emigration entrissen und in eine sinnvolle Tätigkeit gebracht wurden, auf nochmals 100 veranschlagen. Insgesamt betrug die Zahl der in die Türkei Berufenen mit ihren Familienangehörigen mindestens 300. (Aktives Museum schätzt 1.000)

Ich selber habe das Glück gehabt, zu den mit der ersten Welle in das türkische Wirtschaftsministerium Berufenen zu gehören, um nach vier Jahren der Tätigkeit im Wirtschafts- und später im Landwirtschaftsministerium mir eine selbständige Tätigkeit als privater Wirtschaftsberater schaffen zu können. Wir haben alle unser Bestes getan, um uns der Türkei durch gute Leistungen an den uns zur Verfügung gestellten Plätzen dankbar zu erweisen. Was Professor Fritz Neumark nicht nur für die Finanzwissenschaften, sondern auch für die praktische und moderne Entwicklung des gesamten Steuerwesens in der Türkei geleistet hat, stellt ein besonders schönes Beispiel für das dar, was wir alle versucht haben: unsere Dankbarkeit für eine geradezu lebensrettende Berufung durch besondere Leistungen praktisch zu erweisen.

Aber damit ist die Geschichte noch nicht zu Ende. Die besondere Art der Freundschaft, die hier begründet wurde, bewährte sich auch in der Stunde der Krisis. Als sich die Türkei im letzten Kriegsjahr gezwungen sah, die politischen Beziehungen zu Deutschland abzubrechen und schließlich Deutschland sogar den Krieg zu erklären, wurde zwischen den Regierungen grundsätzlich vereinbart, dass die Deutschen in der Türkei nach Deutschland und die Türken in Deutschland in die Türkei zurückkehren sollten, und zwar auf eine komfortable Weise. Die türkische Regierung stellte dafür aus 2.-Klasse-Waggons bestehende Extrazüge zur Verfügung, die mit so vielen Gepäckwagen ausgestattet waren, dass die Heimkehrer ihre persönliche bewegliche Habe einschließlich ihnen ans Herz gewachsener Erinnerungsstücke mit nach Hause nehmen konnten. Für die in der Türkei in so großem Umfange engagierten Hitler-feindlichen Deutschen, die natürlich nicht nach Deutschland zurückgehen konnten, waren Sonderregelungen geschaffen worden.

Ein Teil der Deutschen, die beim *(türkischen)* Staat angestellt waren, durften in ihrer Dienststelle und damit auch in ihrer Wohnung in Istanbul oder Ankara bleiben. Für die anderen wurden drei Zufluchtorte ausgewählt, in denen sie für die Dauer des Krieges Zwangsaufenthalt nehmen mussten: die zentralanatolischen Städte Kırşehir, Yozgat und Çorum.

Auch in diesen Zwangswohnungssitzen haben sich die Deutschen bemüht, sich für die erwiesene Gastfreundschaft durch praktische Leistungen für den neuen Heimatort dankbar zu erweisen. In Yosgat und Çorum lagen die wirtschaftlichen Beiträge der Deutschen insbesondere auf dem Gebiet der lokalen Textilindustrie. Dass in diese kleinen zentralanatolischen Städte neben den steinzeitlichen Spinnwirbeln wieder richtige Spinnräder kamen, ist eine Folge dieser Gegendienste der Deutschen.

In Kırşehir machten deutsche Geologen die Entdeckung, dass man die aus der Antike hochberühmte Mineralquelle, die noch immer den Namen „Therme" hatte, aber infolge von Erdbeben nur noch fingerstark floss und deshalb zu Unrecht für eine nur 28° warme Quelle gehalten wurde, durch Neubohrungen armstark oder sogar beinstark zum Fließen bringen konnte. Diese Neubohrungen haben wir dann zu Wege gebracht und damit die Grundlage für die Errichtung des Heilbades in Kırşehir geschaffen, dessen vor etwa zehn Jahren auf dem Wasser dieser Quelle aufgebautes Badehaus inzwischen dem Bedarf längst nicht mehr genügt. Aber die von uns durchgeführten Sondierungen garantieren, dass auf verhältnismäßig einfache Weise die Menge des spontan aus der Erde sprudelnden Heilwassers nochmals verdoppelt oder verdreifacht werden kann.

Gelegentlich unserer Bohrungen kam aus der Quellspalte ein wunderschönes Material zutage, ein Schmuckstein von der Schönheit von Achat oder Onyx, aber mit der Härte nur von Marmor. Auf der Grundlage dieser Rohstoffgrundlage ist nicht nur in Kırşehir, sondern auch in anderen Orten eine kunstgewerbliche Industrie entstanden, die auch kräftig und erfolgreich exportiert.*

Der fünfzigste Geburtstag der Türkei wird infolgedessen nicht nur in den Ministerien, dem Auswärtigen Amt oder internationalen Gremien offiziell gefeiert werden, sondern auch von Hunderten von Privathaushalten als ein ausgesprochenes Familienfest.

Die „Wahltürken" unter den Deutschen haben das Land, das ihnen seinerzeit so großzügig Zuflucht bot, nicht nur persönlich nicht vergessen; ich sehe bei vielen Familien, dass Kinder und Enkel solcher „Wahltürken" ihre Ferienreisen mit Vorliebe in die Türkei richten und sich bemühen, zu den bescheidenen Diensten, die der Großvater leisten durfte, noch kleine Geschenke der Söhne und Enkel hinzuzufügen. Und das ist das Schöne an kleinen Geschenken: sie erhalten die Freundschaft.

*Anmerkung der Redaktion der MITTEILUNGEN: Professor Baade wurde nach dem Krieg zum Ehrenbürger der Stadt Kirsehir ernannt und eine Straße trägt seinen Namen.

# Die Revolutionierung des Nahen und Mittleren Ostens durch den Traktor: Beispiel Türkei[1]

Prof. Dr. Drs. h.c. Hans Wilbrandt

*Prof. Dr. Drs. h.c. Hans Wilbrandt,*
*Präsident der DTG Bonn 1974–1986*

---

[1] Entnommen: Mitteilungen der DTG Bonn, Heft 2, Juli 1954, S. 1–2. Der Autor war Mitbegründer der DTG Bonn 1954 und seitdem Vorstandsmitglied, von 1974 – 1986 Präsident, dann Ehrenpräsident. Am 4. Januar 1903 in Berlin als Sohn des Nationalökonomen Robert Wilbrand geboren, wandte er sich nach dem Abitur in Göttingen und Berlin dem Studium der Agrarwissenschaften zu. Nach der Promotion1930 an der Landwirtschaftlichen Hochschule in Berlin war er dort stellvertretender Leiter des Instituts für landwirtschaftliche Marktforschung, wo er auch Fritz Baade kennenlernte. 1933 verlor er durch die NS-Rassegesetze seine berufliche Grundlage in Deutschland. 1934 folgte er einem Ruf in die Türkei, wo er ein hoch angesehener Berater der Regierung in Ankara im Wirtschafts- und Handelsministerium sowohl in landwirtschaftlichen Entwicklungsfragen wie auch in Fragen des Genossenschaftswesens und der Produktvermarktung war und überdies bei dem Ausbau agrarökonomischer Fakultäten beriet. Von 1940–1952 war er selbständiger Wirtschaftsberater in Istanbul, der seit 1943 Verbindungen zum Kreisauer Kreis und dem Geheimdienst der USA hatte sowie dem von Ernst Reuter begründeten antinationalsozialistischen „Deutschen Freiheitsbund" beitrat. 1944 war er in Istanbul Mitbegründer der dortigen Zweigstelle des internationalen Flüchtlingshilfswerk und war auch selbst in der praktischen Flüchtlingshilfe tätig. 1953 folgte er dem Ruf Fritz Baades auf eine Wissenschaft-

Prof. Dr. Drs. h.c. Hans Wilbrandt

Hinter den kommunistischen Balkanländern, in denen zwischen doktrinärer, der Selbstentfaltung produktiver Kräfte feindlicher Theorie und der gebieterischen Notwendigkeit der Steigerung der Nahrungserzeugnisse keine fruchtbare Synthese sichtbar geworden ist, liegen die großen Gebiete des Nahen und Mittleren Ostens, von der Türkei bis hinunter zum Persischen Golf. Dort tritt, wenn man von einzelnen Oasen moderner und intensiver landwirtschaftlicher Spezialkulturen wie auch industriellen supermodernen Inseln absieht, moderne Technik erst in jüngster Zeit an die Stelle von seit Jahrhunderten unveränderter wirtschaftlicher Primitivität und Stagnation. Riesige Steppenflächen, die auch ohne Bewässerung großenteils nutzbar sind, durch Bewässerung aber geradezu in einen blühenden Garten verwandelt werden können, liegen fast brach oder wurden durch den Menschen mit Holzpflug und einem Paar Ochsen nur gerade soweit angeknabbert, als es der Hunger einer wachsenden Bevölkerung erzwang. Es gibt zwar infolgedessen keine Arbeitslosigkeit, auch wenn die Bevölkerung jährlich um mehr als eine Million zunimmt, von der die Industrie nur einem Bruchteil Arbeit anbieten kann, aber die Produktivität dieses Landbaus ist minimal, die der Natur abgerungene Existenz kärglich, die Belieferung des Marktes fast null. Es ist noch nicht lange her, dass z. B. die Türkei, obwohl zu über 80 Prozent agrarorientiert, noch Brotgetreide für ihre kleine städtische Bevölkerung importieren musste.

Was einer grundsätzlichen Änderung dieser mittelalterlichen Situation und einer großzügigen wirtschaftlichen Ausnützung dieser Produktionsreserven im Wege stand, war das Fehlen von modernen Maschinen, von Transportmöglichkeiten, Kapitalmangel, Selbstgenügsamkeit einer seit Generationen an weniger als 2500

---

liche Mitarbeiterstelle am Institut für Weltwirtschaft in Kiel, wo er zugleich als Berater der Bundesregierung und internationaler Organisationen in der internationalen landwirtschaftlichen Entwicklungspolitik tätig wurde. 1959 nahm er den Ruf als Professor und Gründungsdirektor des Instituts für ausländische Landwirtschaft an der TH in Berlin an, 1963 wechselte er in gleicher Eigenschaft an die Universität Göttingen bis zu seiner Emeritierung 1970. Der Türkei war er über die zwei Jahrzehnte seines Wirkens dort hinaus seit 1954 als Mitbegründer und seit 1974 als Präsident der DTG Bonn in der Nachfolge Fritz Baades verbunden sowie durch das von ihm mitbegründete landwirtschaftliche Mustergut Tahirova in der Nähe des Marmarameeres. Sein hier abgedruckter Bericht von 1954 über die landwirtschaftliche Entwicklung der Türkei ist zugleich eine instruktive Einführung in die landwirtschaftliche Entwicklungspolitik am Beispiel der Türkei, deren Bevölkerung sich von der Republikgründung 1923 mit 13 Mio bis zu den 1950er Jahren mehr als verdreifachte. Hans Wilbrandt war Ehrendoktor der Universitäten Göttingen und Ankara, die er partnerschaftlich verband. Er verstarb 1988 im Alter von 85 Jahren an seinem Wohnsitz Bad Godesberg. Vgl. auch seinen umfassenderen Beitrag: Agrarpolitische Probleme in der Türkei gestern, heute morgen, in: Mitteilungen Heft 103, Dezember 1980, S. 2–19. Berichte über ihn zum 70. und 75. Geburtstag von Johannes Bergius in: Mitteilungen Heft 89, Dezember 1972/Januar 1973, S. 6; Heft 99, Dezember 1977, S. 19; ein kenntnisreicher persönlicher Nachruf von Karl Laqueur in: Mitteilungen Heft 111, Dezember 1988, S. 52–54.Über die Zeit der Emigration in der Türkei vgl. auch Reiner Möckelmann, Wartesaal Ankara. Ernst Reuter – Exil und Rückkehr nach Berlin, Berlin 2013, S. 192–238. (PL)

Kalorien gewöhnten, ungebildeten Bevölkerung und schließlich die fehlende Initiative und Organisationskraft der Staaten, die entweder von ihren potentiellen Möglichkeiten nichts wussten oder es nicht fertig brachten bzw. gar nicht daran interessiert waren, die Produktionsfaktoren zusammen zu bringen.

## Die Kultivierung der Steppe

Heute stehen wir am Beginn einer gewaltigen Umbruchs. Umfassen Entwicklungspläne für die Kultivierung der Steppe, unter Einsatz zehntausender von Traktoren und moderner Maschinen und Ausschöpfung aller Bewässerungsmöglichkeiten werden ausgearbeitet oder sind schon in den ersten Etappen der Verwirklichung. Obwohl nicht durch das reiche Fließen der Ölroyalties (*Erdölkönige*) leicht und großzügig finanzierbar wie in Irak, sondern im Wettstreit um das so knappe Kapital mit forcierten Aufbauplänen für die Industrie ist die Modernisierung der Landwirtschaft in der Türkei bei weitem am schnellsten fortgeschritten. Sie ist infolgedessen Schrittmacher und zugleich Ansporn für die östlichen und südöstlichen Nachbarn.

Der Vater der neuen Türkei, Kemal Atatürk, der dem Besucher auf einem vor über 25 Jahren entstandenen Wandgemälde in der Agrarbank in Ankara auf einem Traktor als Verkörperung der neuen Agrarpolitik entgegentritt, hat den Erfolg seiner damaligen Aufbaukonzeption nicht erlebt. Die damaligen Mechanisierungsversuchen waren nicht gründlich genug vorbereitet, die Maschinen für Anatolien nicht strapazierfähig genug. Die bisher unberührte Steppe schüttelte sie ab, und es blieb bald nichts mehr davon übrig als ein kleiner Maschinenfriedhof da und dort. Heute aber arbeiten in der Türkei über vierzigtausend Traktoren. Während des Zweiten Weltkrieges hatten erfolgreiche Versuche des Staates der Kultivierung der Steppe den Weg gewiesen. 1948 wurde mit der ECA ein Mechanisierungsplan ausgearbeitet. Das Land wurde mit einem Netz von Maschinenagenturen und Reparaturwerken überzogen. Fahrer wurden ausgebildet, und ein auf hohem Niveau garantierter Weizenpreis bot dem Bauern genügend Anreiz, mit durch Beihilfe der ECA ermöglichter mehrjähriger Abzahlung einen Traktor und alles, was dazu gehört, zu kaufen. Jetzt begann der Siegeszug des Traktors, und es ist schwer zu glauben, in welchem Maße er innerhalb von fünf Jahren das Gesicht der Türkei verändert hat.

Der Erfolg der Motorisierung ist enorm. Vier Millionen Hektar Steppenland sind zusätzlich mit Getreide bestellt und die Marktproduktion an Getreide um eben so viel Tonnen vermehrt. Mit Ausfuhrüberschüssen von theoretisch zwei bis drei Millionen Tonnen, praktisch aber bisher infolge großer Hemmungen im Absatz, Transport, Verschiffung und Qualitätssortierung nur etwas über einer Million Tonnen, ist die Türkei bereits unter die großen Getreideexportländer der Welt aufgerückt. Dabei hofft man, bald das Drei- und Vierfache zu exportieren! Aber auch die Baumwollproduktion ist verdreifacht worden. Baumwolle und Getreide zusammen bringen bereits 150–200 Millionen Dollar zusätzliche Devisen; eine weitere Steigerung wird erhofft und erwartet.

Dieser Aufstieg geht allerdings nicht so glatt und problemlos vor sich, wie dies aus dieser kurzen Darstellung scheinen könnte, und er deutet auch in keiner Weise eine generelle Patentlösung der Agrarfrage. Nur eine kleine Zahl, 30–35.000 meist schon früher etwas größere Betriebe sind direkte Träger der Mechanisierung, einige hunderttausend Nachbarbetriebe profitieren von ihr mit. In all diesen vom Traktor erfassten oder gestreiften Betrieben dringt auch sonstiger technischer Fortschritt, wie Verwendung züchterisch bearbeiteten und gebeizten Saatgutes, Schädlingsbekämpfung, Düngung, bessere Bestellung, auch Bewässerung, soweit individuell durchführbar, mit ein. Das Gros vbon weit über einer Million primitiver Kleinbetriebe, die etwas weiter weg liegen, ist dagegen von einer neuen Entwicklung bisher so gut wie unberührt. So steht eine Kleinzahl von fortschrittlichen größeren und mittleren Betrieben mit meist recht gehobenem Einkommen, die zur vollen Ausnutzung der Maschinen aber viel mehr Land benötigen, als sie zu Beginn hatten, also höchst expansiv und dynamisch sind, der Großzahl von schwächeren Kleinstlandwirten gegenüber, auf deren Land der fortgeschrittene Landwirt ein Auge wirft. Bereits kultivierter Boden ist interessanter als Steppe. So kommt es zum Kampf um den Boden., vor allem zwischen Verpächter, der nun selbst wirtschaften will, und Pächter. Eine große Zahl von Kleinstbauern wurde schon „gelegt". Diese sind jetzt Arbeiter auf dem mechanisierten Betrieb, der ihr Land schluckte, oder sie wandern ab, um sich anderswo anzusiedeln. Land gibt es ja genug. Außerdem wird jetzt die Arbeit von Wanderarbeitern, die früher im Sommer aus den Bergen in die Baumwollgebiete hinunter kamen, um mit dem dort verdienten Geld Salz, Petroleum und etwas Baumwollstoff – also die unentbehrlichsten Bedarfsartikel, für die es aber autarken Kleinstbauern immer an Geld fehlt – zu kaufen, großenteils durch die Maschine verrichtet. So entstehen soziale Probleme, und die Mechanisierung bringt zunächst, trotz allen Nutzens nicht nur Segen, sondern auch Not, Verbitterung, Verelendung und ist daher nicht ohne politische Gefahren.

## Die Auswirkung der Mehrproduktion

Erhöht sich infolgedessen die Spannweite zwischen arm, und reich auf dem Lande, so bringt die Mehrproduktion die ganze Wirtschaft in Bewegung. Die mechanisierten Betriebe sind nicht autark; sie benötigen Betriebsmittel, Maschinen, Brennstoff, Reparatur- und Transportdienst. Nicht nur die Traktorbauern selbst haben plötzlich Geld in der Tasche, sondern auch Hunderttausende von Helfern

Die Buchwerbung eröffnet die von Ernst Jäckh herausgegebene Reihe „Archiv für Wirtschaftsforschung des Näheren Orient", Band 1, und steht im Zusammenhang mit der von der Deutsch-Türkischen Vereinigung seit 1916 herausgegebenen Reihe „Flugschriften der Auskunftsstelle für deutsch-türkische Wirtschaftsfragen", in denen es darum ging, die Wirtschaftsverhältnisse des Osmanischen Reiches insbesondere der Landwirtschaft zu erfassen, zugleich aber auch sie angesichts des Krieges auf „ein einheitliches System" umzustellen. Das konnte allerdings angesichts der fundamentalen Unterschiede zwischen orientalischer Landwirtschaft und der sich modernisierenden europäischen gerade in den Jahren des Ersten Weltkriegs 1914–1918 nicht gelingen, vielmehr ist die landwirtschaftliche Modernisierung der Türkei ein Prozess, der bis zur Gegenwart andauert.

und Helfershelfern. Für das verdiente Geld – weit über eine Milliarde Pfunde (ein Pfund ist gleich anderthalb Mark) bringt die Mehrerzeugung – wollen sie etwas kaufen, besser leben, wohnen, sich kleiden. Man verlangt mehr Elektrizität, Wasserversorgung, Radio und vieles andere mehr. Viele Räder in der Stadt beginnen zu laufen. Fabriken müssen erweitert oder neu gebaut werden. Die Expansion zieht immer weiter Kreise, und eine gewaltige Nachfrage entwickelt sich nach Gütern des Inlandes und der Welt draußen. Da in der Türkei die agrarische Ausweitung mit großen Aufbauprogrammen in allen Industrien, im Verkehr und mit unausweichlichen Notwendigkeiten der Verteidigung zusammentrifft, ist die Nachfragewelle so überwältigend, dass sie durch zusätzlich ermöglichte Ausfuhr bei weitem nicht gedeckt werden kann. Die sich hieraus ergebenden Zahlungsschwierigkeiten und Nöte deutscher Exporteure sind bekannt.

Die Schwierigkeit der Türkei – und bald auch der anderen Länder, die erst jetzt mit ihrer erhöhten Erzeugung auf den Markt kommen – sind umso größer, als die Weltmärkte mit Nahrungsmitteln und Baumwolle heute reichlich versorgt und die Preise niedriger sind als nach dem Kriege.

Der Aufbau unterentwickelter Länder erfordert, was von jeher bekannt war, gewaltige Mittel, die fast nie – auch im Fall der Türkei nicht – aus eigener Kraft aufgebracht werden können. Die Türkei hat zwar aus den USA und von internationalen Stellen Beihilfen und Kredite für ihren Aufbau erhalten, sie braucht aber mehr, um ihre Wirtschaft auf der Ebene eines erhöhten Potentials ins Gleichgewicht zu bringen. Auch wenn sie einmal dieses Ziel erricht hat – was lange dauert –, so wird sich ihr Einfuhrbedarf nicht verringern, sondern ausweiten, wohl unter allmählicher Verlagerung von Konsumgütern auf Produktionsmittel. Bei Beurteilung der sich für die Lieferländer ergebenden Chancen müssen die gegenwärtigen Schwierigkeiten in Erwägung gezogen und die sich daraus ergebenden Konsequenzen in Rechnung gestellt werden.

Die Erfahrungen, die uns der erst im Anfang befindliche Aufbau der Türkei und vor allem ihrer Landwirtschaft vermittelt, sind gleichzeitig ein Hinweis darauf, welche Sonnen- und Schattenseiten, Aussichten, Probleme und Notwendigkeiten sich aus gleichartigen Entwicklungen in anderen Ländern des Nah- und Mittelosten im Innern wie auch für die Handelspartner ergeben dürften. Es kann da – nicht nur für eine kurze Gegenwart – vieles geleistet, geholfen und auch geerntet werden. Überraschungen und auch Enttäuschungen lassen sich aber nur dann in erträglichen Grenzen halten, wenn man sich der Problematik und der Notwendigkeiten, die die Mitarbeit an diesem Reicherwerden der Welt mit sich bringt, bewusst macht.

# „Begegnung auf Augenhöhe".
# Die Deutsch-Türkische Gesellschaft Paderborn

## Wolfgang Weigel

„Begegnung auf Augenhöhe" war das Leitmotiv der Gründungsmitglieder der Deutsch-Türkischen Gesellschaft Paderborn (DTG) im Jahre 2008. Seinerzeit gab es 4.000 Menschen mit türkischem Pass in Paderborn. Sie bildeten und bilden heute noch die stärkste Bevölkerungsgruppe mit Migrationshintergrund in der Stadt. Hinzu kommen die vielen deutschen Staatsangehörigen, die ihre familiären Wurzeln in der Türkei haben und somit in der Statistik nicht mehr als Migranten auftauchen. Die anlässlich der Gründungsversammlung beschlossene Satzung legt als Ziel des Vereins die intensive Pflege der Beziehungen zwischen der türkischstämmigen und der deutschen Bevölkerungsgruppe sowie die Förderung der Integration und der eigenen Identität beider Gruppen in ihrem jeweiligen Kulturkreis durch kulturelle und informierende Veranstaltungen fest.

Die im April 2008 gegründete Gesellschaft wählte als ihren ersten Vorsitzenden den Paderborner Rechtsanwalt Wolfgang Weigel, als stellvertretende Vorsitzende die Juristin Özlem Cicek aus Brakel, zum Schatzmeister Engin Sakal, gleichzeitig Vorsitzender des Migrationsbeirates Paderborn, sowie als Schriftführerin Beate Nieke, Studienrätin aus Paderborn. Mitglieder der Gründungsversammlung waren auch Landrat Manfred Müller sowie Emin Özel, seinerzeit König der Paderborner Schützen. Bereits kurz nach der Gründung des Vereins wurde auch der damalige Bürgermeister der Stadt Paderborn Heinz Paus Mitglied der Deutsch-Türkischen Gesellschaft.

Im Oktober desselben Jahres schilderte Bürgermeister Heinz Paus in seiner

*Abb.1: Das Logo der DTG Paderborn*

Festrede anlässlich der Auftaktveranstaltung zur Gründung der DTG im Spiegelsaal des Schlosses in Neuhaus seine ganz persönlichen Erlebnisse auf einer Rundreise durch die Türkei im Jahre 1971. In Anwesenheit des Attachés des türkischen Generalkonsulats Münster, Ali Cevik, hielt Dr. Lale Akgün, damals Islambeauftragte der SPD-Bundestagsfraktion und migrationspolitische Sprecherin, ihre Festrede zum Thema „Integration in der Einwanderungsgesellschaft des 21. Jahrhunderts – eine gesamtgesellschaftliche Herausforderung".

Abb.2: Bildausschnitt: Gründungsfeier der DTG Paderborn 2008. Der Vorsitzende Wolfgang Weigel und die stellv. Vorsitzende Özlem Cicek

Auf Initiative der DTG Paderborn fand im Sommer 2009 erstmalig eine Ausstellung türkischer Künstler in Paderborn statt. Zeichnungen, Collagen, Malereien, Holz- und Linolschnitte reflektierten die topographische Beschaffenheit Anatoliens, das Verhältnis des Menschen zur Natur sowie den Einfluss der Geologie auf das Individuum. Bei der Vernissage der Ausstellung waren auch Künstler selbst zugegen: Sait Civcioglu aus Kastamonu an der Schwarzmeerküste, Hülya Yalcin und Emel Gündogdu aus Izmir.

Angesichts einer schweizerischen Diskussion über Minarettverbote fand auch in Paderborn eine kontroverse Debatte über Islam und Christentum Anfang 2010 statt. Teilnehmer einer vom Arabisch-Deutschen Freundeskreis und der DTG organisierten Podiumsdiskussion waren Gerhard Duncker, Kirchenrat der evangelischen Kirche Westfalen, George Georges, Vorsitzender des Arabisch-Deutschen Freundeskreises, und Wolfgang Weigel, Vorsitzender der DTG.

Bereits im März 2010 ermöglichte die DTG durch die von ihr veranstalteten türkischen Filmtage in Paderborn einen Einblick in die zeitgenössische Filmkultur der Türkei, in deren Verlauf die Filme Einblick in die aktuellen türkischen Gesellschaftsstrukturen boten und auch Themen wie Ehrenmord, Homosexualität und Migration nicht aussparten. Diese Filmtage standen unter der Schirmherrschaft des Generalkonsuls Gürsel Evren aus Münster. Erstmals anlässlich des internationalen Festes der Begegnung in Schoß Neuhaus trat im Mai 2010 der deutsch-türkische Chor „Pader-Melodie" auf, der sich im Oktober 2009 unter dem Dach der DTG gegründet hatte.

Ein nach wie vor brisantes Thema behandelte Prof. Dr. Paul Leidinger aus

Münster in einer Vortragsveranstaltung der DTG zur historischen Beurteilung der Zwangsumsiedlung von Armeniern im Jahr 1915 im Osmanischen Reich vor ca. 250 Teilnehmern, die überwiegend im Raum Paderborn – Gütersloh angesiedelte christliche Armenier oder ebenfalls betroffene Aramäer waren. Die durchweg hitzige Debatte im Anschluss an den Vortrag zeigte, wie verwundbar die historische Seele der Nachfahren der damaligen Betroffenen heute noch ist. Sie beurteilen die mit der Zwangsumsiedlung verbundenen Massaker an den armenischen und aramäischen Christen als „Völkermord, auch wenn man die Umstände des damaligen Ersten Weltkriegs berücksichtigt.

Abb. 3: Der von der DTG Paderborn begründete Deutsch-Türkische Chor „Padermelodie"

Im November 2010 erfuhr die DTG eine besondere Ehrung: Unter insgesamt 140 Vereinen im gesamten Versorgungsgebiet der damaligen E.ON Westfalen-Weser AG gehörte die Deutsch-Türkische Gesellschaft mit ihrem gemischten Chor zu insgesamt neun Leuchtturmprojekten, die für ihr außerordentliches bürgerschaftliches Engagement ausgezeichnet wurden.

Christen und Muslimen eine besondere Plattform des Dialoges zu geben, ist von Beginn an erklärtes Ziel der DTG. Im Rahmen des interreligiösen Dialogs lud daher die DTG zu einem Besuch der Benediktiner-Abtei Königsmünster in Meschede ein. Mitglieder und Freunde der Gesellschaft hatten dabei Gelegenheit, in einem Vortrag von Pater Cosmas Hoffmann die vergleichbaren Elemente des christlichen und muslimischen Gebets zu erfahren.

Bereits im Januar 2011 war für die DTG der EU-Beitritt der Türkei ein besonderes Thema anlässlich des von dem Bundestagsabgeordneten Ruprecht Polenz herausgegebenen Buches „Besser für Beide – Die Türkei gehört zu Europa". Polenz referierte seinerzeit in seiner Funktion als Vorsitzender des Auswärtigen Ausschusses des Bundestages. Unter Mitwirkung der DTG fand im Sommer 2011 am Flughafen Paderborn/Lippstadt ein deutsch-türkischer Wirtschaftstreff statt. Expertenreferate beleuchteten die wirtschaftliche und rechtliche Situation in der Türkei und die Möglichkeiten der Geschäftsbeziehung zwischen beiden Ländern. Dabei zeigte sich ein lebhaftes Interesse nicht nur von deutschen Firmen aus der Region Ostwestfalen-Lippe, sondern darüber hinaus auch von vielen türkischstämmigen Unternehmen über die Region hinaus auch aus dem Ruhrgebiet bis nach Nordhessen.

Die damalige Vizepräsidentin des Europäischen Parlamentes, Mechtild Rothe referierte im Mai 2013 zum Thema „die Türkei auf dem Weg in die EU – Stolperstein Zypern". Als besonderes Ereignis feierte die DTG am 16.11.2013 den 90. Jahrestag der Republik Türkei. Gleichzeitig beging sie auch ihr 5-jähriges Bestehen mit einem Festakt im Audienzsaal des Schlosses Neuhaus. Den Festvortrag hielt der Jurist Ali Dogan, Mitarbeiter des nordrhein-westfälischen Ministeriums für Arbeit, Integration und Soziales unter dem Titel „Zwei Seelen in meiner Brust – Heimatgefühle eines Türkeistämmigen zwischen Weser und Bosporus". Musikalisch umrahmt wurde die Veranstaltung durch den deutsch-türkischen Chor „Pader-Melodie" und das Ensemble Vinorosso aus Detmold.

Ein besonderer Höhepunkt des geschichtsträchtigen Jahres 2015 war die Jahreshauptversammlung des Vereins mit einem ausführlichen Vortrag von Prof. Dr. Paul Leidinger, Münster zum Thema „Der Erste Weltkrieg: Deutschland, das Osmanische Reich und die Gründung der Republik Türkei (1914 – 1923)". Eben solche politische Brisanz erfuhr auch der Vortrag von Brigadegeneral a. D. Eckhard Lisec aus Bonn zum Thema „Gallipoli 1915". Er beschrieb die Einzelheiten der politischen und militärischen Ereignisse dieser Zeit im großen Saal des Kreishauses Paderborn. Zeitgleich fand vor dem Kreishaus eine Mahnwache statt, bei der aramäische Christen, die Bezeichnung der Gräueltaten des Jahres 1915 als Völkermord an den Armeniern reklamierten.

Diese Veranstaltung war Anlass für verschiedene türkische Vereine Paderborns, sich zu einer Gemeinschaft türkischer Vereine zusammen zu schließen. Sie traten daher auch gemeinschaftlich als Veranstalter auf. Dieser Zusammenschluss türkischer Vereine in einer Stadt der Größenordnung Paderborns mit rund 150.000 Einwohnern dürfte deutschlandweit einzigartig sein. Hier arbeiten nicht nur Sportvereine, sondern auch Moschee-Gemeinden unterschiedlicher Ausrichtung bis hin zu studentischen Vereinen der Universität zusammen.

Nach fast einem Jahrzehnt des Bestehens ist die Deutsch-Türkische Gesellschaft mit ihren rund 50 Mitgliedern ein in der Öffentlichkeit wahrgenommener Bestandteil der lokalen Integrationsarbeit. Angesichts der aktuellen politischen Lage ist der Verein häufig Ansprechpartner für die Nachfrage nach Hintergründen und Befindlichkeiten aus Sicht der türkischstämmigen Bevölkerungsgruppe. Mittelfristiges Ziel der DTG Paderborn ist es, eine Partnerregion in der Türkei als Quelle lebendigen Austausches der Zivilgesellschaft an den Kreis Paderborn zu binden. Heute repräsentieren die DTG Paderborn weiterhin deren Vorsitzender Wolfgang Weigel (Rechtsanwalt und Notar). Sein Stellvertreter ist Recep Alpan (kaufmännischer Angestellter), Schriftführerin ist Anne Lise Geburzi (Studienrätin), Schatzmeisterin Annette Reißmeier (Studienrätin im Ruhestand).

# II

# Die Universität Münster und ihre deutsch-türkischen Beziehungen

*Christel Aytekin, Strahlung*

Yunus Emre

# GOTT, die Welt und der Mensch

| | |
|---|---|
| Hak cihana doludur | Gottes Wahrheit durchdringt die ganze Welt, den Kosmos, |
| Kimseler Hakk´ı bilmez | doch niemand kennt Gott von Angesicht zu Angesicht. |
| Onu sen senden iste | Du erkennst IHN am besten in dir selbst, |
| Ol senden ayrı olmaz | du und ER sind eine Einheit. |
| | |
| Dünyaya inanırsın | Du hängst an den weltlichen Gütern, |
| Rızka benimdir dersin | Du meinst, das, was Gott Dir gegeben, das sei Deins. |
| Niçün yalan söylersin | Warum betrügst Du Dich? |
| Hiç sen dediğin olmaz | Es ist nicht wahr, was Du meinst. |
| | |
| Ahret yavlak ırakdır | Die andere Welt liegt jenseits unseres Horizontes. |
| Doğruluk key yarakdır | Die Wahrheit ist unser Kompass, |
| Ayrılık sarp firakdır | die trennende Gebirgswand ist nur schwer zu überwinden. |
| Hiç giden geri gelmez | Wer hinüberklettert, kommt nimmer zurück. |
| | |
| Dünyaya gelen göçer | Wer auf die Welt kommt, wird sie wieder verlassen, |
| Bir bir şerbetin içer | er trinkt aus den guten Quellen dieser Erde, |
| Bu bir köprüdür geçer | sein Leben ist wie eine Brücke, |
| Câhiller onu bilmez | aber der Dumme weiß das nicht. |
| | |
| Gelin tanış olalım | Kommt, lasst uns Freunde sein, |
| İşi kolay kılalım | so lasst uns das Leben meistern, |
| Sevelim sevilelim | lasst uns Liebe geben und empfangen, |
| Dünya kimseye kalmaz | niemand wird das Irdische besitzen. |
| | |
| Yunus sözün anlarsan | Wenn du hörst, was Yunus sagt, |
| Mânâsını dinlersen | und wenn dein Herz es versteht, |
| Sana iy(i) dirlik gerek | dann soll dir der wahre Reichtum gehören, |
| Bunda kimseye kalmaz. | bedenke, keiner lebt ohne zu sterben. |

*Das Gedicht ist dem Band: „Türkische Mystik, Yunus Emre", Türkisch/Deutsch, Nachdichtung von Karl O. Münch, Verlag Anadolu Hückelhoven, Neuauflage 2004, S. 10–11, mit freundlicher Genehmigung des Herausgebers und Übersetzers Karl O. Münch, Münster, entnommen. Yunus Emre (1247–1320/21), Kleinbauer in Anatolien, später Derwisch, ist ein bis heute in der Türkei verehrter Mystiker, dem die UNESCO das Jahr 1991 als „Internationales Yunus-Emre-Jahr" gewidmet hat. Die Überschrift ist zugefügt worden.*    *PL*

# Das Kulturgefüge der alten Türkei[1]

Prof. Dr. Franz Taeschner

## 1. Die drei Hauptnationen des Islam

Wenn man vom Kulturgefüge der alten Türkei spricht, der Türkei der Zeit, bevor Europa, bzw. das Abendland gebieterisch an ihre Pforten klopfte und mit seinen materiellen und geistigen Gütern Einlass begehrte, muss man von der Tatsache ausgehen, dass sich die Türken selbst damals als im Kulturverbande der islamischen Welt mit all ihren Konsequenzen befindlich fühlten und sich in diesem Zusammenhang ihren Platz selbst zuschrieben. Es gibt darüber verschiedentliche Aussprüche, und sie alle gehen darauf hinaus, dass den drei Hauptnationen der islamischen Welt je eine besondere Rolle zukomme. Danach komme den Arabern die Religion, also der Islam und die Wissenschaft zu, den Persern die feine Bildung und den Türken die Herrschaft. Es handelt sich also um eine kulturelle Symbiose der drei islamischen Hauptnationen, die eine auffallende Parallele zu der Symbiose hat, in der stehend sich die drei abendländisch-christlichen Hauptnationen im Mittelalter gefühlt haben; nach dieser kam ja den Italienern das Sacerdotium, den Franzosen das Studium und den Deutschen das Imperium zu.

## 2. Die Rolle der Araber

Was bedeutet nun im Einzelnen die Rolle, die man den drei islamischen Hauptnationen zuerkannte? Was die Araber anbetrifft, denen als kulturelles Spezificum die Religion des Islam und die Wissenschaft zukam, so bedeutet dies, dass die arabische Sprache als die Sprache des Korans, der ja nach dem Glauben der Mohammedaner das unmittelbare Wort Gottes wiedergibt, eine unbestrittene Zentralstellung im geistigen Leben aller muslimischen Völker einnimmt: Sie ist ja nicht nur die alleinige Sprache der Liturgie, sie ist auch die Sprache der Theologie und von da aus aller ernsthaften Wissenschaft; die arabische Sprache nahm und nimmt z. T. noch heute im islamischen Orient die Stellung ein, die bei uns bis in die Neuzeit hinein die lateinische Sprache eingenommen hat. Dies besagt, dass es nicht allein die Araber als Person gewesen sind, die in der islamischen Welt die Wissenschaft betrieben haben; vielmehr haben sich in gleichem Ausmaße wie die Araber auch die Perser und die Türken an der Wissenschaft beteiligt; aber geschrieben haben

---

[1] Entnommen: Mitteilungen der DTG Bonn, Heft 35, August 1960, S. 1–3. Die Zwischenüberschriften sind vom Herausgeber zugefügt worden.    PL

sie ihre Werke alle in arabischer Sprache, ob sie Araber waren, wie der Theologe Ibn Taymiyya und der Philosoph Averroes (Ibn Ruschd) oder Perser wie der große Theologe al-Ghazzāli und der Philosoph Avicenna (Ibn Sinā), oder Türken wie der Theologe und Jurist Ebussu'ūd und der Philosoph al-Farābi.

Und noch weiter erstreckte sich die Zentralstellung des Arabischen; sie umfasste auch die Schrift, indem alle Nationen, die im Laufe der Geschichte den Islam angenommen haben, auch die arabische Schrift für ihre Sprache übernahmen; so wird das Persische bis heute in arabischer Schrift geschrieben, und auch das Türkische wurde bis 1928 in arabischer Schrift geschrieben, in einer Schrift, die dank ihrer fast stenographischen Kürze der lateinischen Schrift um ein Vielfaches überlegen ist, somit der literarischen Produktion außerordentlich entgegenkam, was die Fülle von Werken der geistigen Größen der islamischen Welt des Mittelalters erklärt und dartut.

Die arabische Schrift spielt im kulturellen Leben der islamischen Völker noch eine weitere, in die bildende Kunst hineinreichende Rolle; sie hat als die Schrift, in der der Koran geschrieben ist, eine kalligraphische Pflege erhalten wie keine Schriftart sonst auf der Erde, und, da die Darstellung von lebenden Wesen, vor allem des Menschen, im Islam religionsgesetzlich verboten ist, so muss die Kalligraphie in der bildenden Kunst die Stelle einnehmen, die bei uns die menschliche Figur einnimmt, und muss als vornehmstes Objekt der Kunst das künstlerische Bedürfnis der Bekenner des Islam befriedigen. So finden wir nicht nur an historischen Bauwerken und an Gegenständen des kultischen und des alltäglichen Bedarfes in kunstvoll komponierten Zügen Inschriften religiösen und profanen Inhalts, sondern, wenn wir ein muslimisches Haus betreten, sehen wir an dessen Wänden anstelle von Bildern kalligraphische Schmuckblätter vermischten Inhaltes prangen, die einfach der Freude an der Schönheit der arabischen Schrift ihre Entstehung verdanken. Und all dies gilt sowohl für den geographischen Bereich des Arabertums als auch des Persertums als auch des Türkentums, und ich stehe nicht an, zu behaupten, dass es auf türkischem Boden seine reifste Ausgestaltung erfahren hat.

## 3. Die Rolle des Persertums

Was nun die zweite Komponente der islamischen Kulturwelt anbetrifft, das Persertum, das als Träger der feinen Bildung angesprochen wird, so ist in erster Linie an die hochstehende persische Poesie in der neupersischen Literatursprache zu denken, die sich im 10. Jahrhundert im äußersten NO des iranischen Sprachbereiches entwickelt und sich im Laufe des 11. Jahrhunderts gegen das Arabische in ganz Iran durchgesetzt und noch darüber hinaus verbreitet hat. Zwar hatten auch die Araber eine Poesie entwickelt, deren Kenntnis zur allgemeinen Bildung im mittelalterlichen Orient gehörte; aber was auf persischem Boden an Poesie hervorgebracht worden ist, übertrifft sowohl an Masse, wie auch an innerem Gehalt bei weitem alles, was an arabischer Poesie geschaffen wurde, und hatte dermaßen vorbildliche Kraft, dass, wo sich danach eine Poesie im außerarabisch-islamischem Raume entwickelte, wie bei den Türken und später in Indien, in gewisser Weise sogar bei den Arabern, das persische Muster, sowohl im Formalen, in der Prosodie, der Verskunst und der Rhetorik, als auch im Inhaltlichen, den in den verschiedenen Gattungen Epik, Romantik, Didaktik und Lyrik verwendeten poetischen Objekte, bestimmend blieb. Während also ein Teil der arabischen Dichter, wie al-Mutanabbi, sich an die altarabische Beduinenpoesie als Muster hielt, war bei anderen, wie at-Tughra'i, das persische Muster maßgebend. Bei den Türken dagegen spielte das arabische Vorbild nur bei einer bestimmten Gattung der Poesie, bei der Panegyrik eine Rolle, umso stärker war das persische Vorbild in den übrigen Gattungen: der türkische Romanzendichter Fuzūlī z. B. hatte sich den Perser Nizāmī zum Muster genommen, der türkische Mystiker Scheych Ghalib den viel verehrten persischen Mystiker und Ordensstifter Mevlānā Dschelāleddin Rūmī, der türkische Lyriker Bāki den Perser Hāfiz, der durch Goethe ja auch in die deutsche Literatur eingegangen ist.

Wie sehr das persische Bildungsideal bei den Türken Aufnahme gefunden hat, zeigt die Tatsache, dass es bei ihnen eine Breitenausdehnung gefunden hat, wie kaum in Iran selbst: es gab in der alten Türkei nicht nur viele Dichter großen Formats, sondern auch Scharen von minder bedeutenden Dichterlingen, unter denen sich auch einige osmanische Sultane befanden. Versemachen gehörte damals mit zur allgemeinen Bildung; jedes politische Ereignis wurde besungen, auch die Errichtung eines gemeinnützigen Gebäudes, einer Moschee, eines Bades, eines Kervansaray, ja die Anlage eines Brunnens, und das zu dieser Gelegenheit verfasste Gedicht wurde als Bauinschrift an dem betr. Gebäude angebracht. Wenn ein Schreiberling eine Stellung in einem Amte haben wollte, musste er seine Befähigung dazu durch ein Gedicht dartun. Durch eine Satire vermochte ein solcher einem Konkurrenten erheblich zu schaden, vielleicht gar ihn aus seiner Stellung zu verdrängen, und wenn er selbst in Ungnade gefallen war, hatte er die Chance, durch ein geistreiches Lobgedicht auf einen Machthaber, vielleicht auch den Sultan selbst, sich wieder in den Sattel zu heben.

Auch die bildende Kunst hatte Anteil an der dichterischen Produktion, in Iran wie auch in der Türkei; poetische Werke wurden mit besonderer Sorgfalt kalligraphisch geschrieben. In Iran, wo man sich an das islamische Bilderverbot nicht sehr streng hielt, wurden Werke der epischen und romantischen Poesie auch durch Bilder illustriert; in der strenger sunnitischen Türkei war dies im gleichen Ausmaße nicht der Fall. Dagegen schmückte man poetische Werke gern durch Ornamente aus, deren Motivschatz über den persischen noch hinausging; stand den Persern vor allem der Formenschatz der klassischen Arabeske, der persischen Blatt- und Blüten-Ornamentik und des chinesischen Wolkenbandes zur Verfügung, so wurde dieser ererbte Motivschatz auf türkischem Boden durch neue Motive, die vornehmlich aus dem Bereiche der blühenden Gartenblumen genommen war, noch bereichert.

Mit der Poesie aber steht in besonders enger Verbindung die Musik. Insbesondere die lyrische Poesie verlangt zum Vortrage der Musik. Auch auf dem Gebiete der Musikpflege sind von Iran her mancherlei Anregungen nach der Türkei gekommen. Als besonders fruchtbar hat sich auf diesem Gebiete der in der Türkei weit verbreitet gewesene Derwischorden der Mevleviye, der Orden der sogenannten „tanzenden Derwische" erwiesen, der von dem großen persischen mystischen Dichter Mevlâna Dschelâleddīn Rūmī (gest. 1278) gestiftet worden ist und sich als eine Hauptstütze der islamischen Hochkultur persischer Prägung in der Türkei erwiesen hat. Die Andachtsübungen dieses Ordens bestehen aus dem sog. Samāc, d.h. „Hören, nämlich vom mystisch-religiösen Gesang in Begleitung von zartem Flötenspiel (mit Rohrflöte, Ney), das die Zuhörenden zu dem bekannten Wirbeltanz der Derwische anregte. Dies ist der Mutterboden, aus dem eine stattliche Reihe von Dichtern der mystischen Poesie wie Scheych Ghālib und Musikern wie ʾItrī erwachsen ist.

Doch als Gegenpol zu der islamischen Hochkultur, wie sie in dem Derwischorden der Mevlevīye eine starke Stütze hatte, muss ich auch einer spezifisch türkischen Volkskultur und Volksfrömmigkeit gedenken, die ihre Hauptstütze in einem anderen Derwischorden hatte, dem der Bektaschīye. Auch auf ihrem Boden ist eine Poesie mystisch-religiösen Inhalts entstanden, die nun aber einen ganz anderen Charakter trägt als die hoch-islamische Mevlevi-Poesie, einen volkstümlich türkischen. Als ihr Hauptrepräsentant wird der volkstümlich-religiöse Dichter Yūnus Emre verehrt, der ein etwas jüngerer Zeitgenosse von Mevlâna Dschelâleddīn Rūmī gewesen sein muss, von welch letzterem er auch wohl Anregungen erfahren hat.

## 4. Die Rolle des Türkischen

Wir kommen nun zur dritten und letzten Komponente der Kultur des islamischen Orientes, der türkischen, der vor allem die Herrschaft zugeschrieben wird. In der Tat sind im ganzen Vorderen Orient seit dem 10. Jahrhundert, abgesehen von der Mongolenzeit, sämtliche Herrscherhäuser türkische gewesen. Begonnen hat dies mit Herrschern, die aus dem Militärstande hervorgegangen sind und sich eines Thrones bemächtigt haben, wie der berühmte Sultan Mahmūd von Ghazna in Ost-Iran (heute Afghanistan), der Gönner und Förderer des persischen Epikers Firdausī, dessen „Königsbuch" (Schāhnāme), das persische Nationalepos, durch seine Übersetzungen von Rückert und dem Grafen Schack auch in die deutsche Literatur eingegangen ist. Dann kamen die Türkenherrscher aus dem Hause Seldschuk, die ein ganz Vorderasien umfassendes Reich gründeten, dessen einer Teil der seldschukische Staat von Rum, d.h. Anatolien (Kleinasien) war mit der Hauptstadt Konya (alt Ikonion), wo der vor den Mongolen geflüchtete persische Dichter Dschelâleddīn Rūmī eine Zufluchtsstätte gefunden hat und wirkte. Die Nachfolger der Seldschuken aber waren die Osmanen, die ein sich über drei Erdteile erstreckendes Weltreich errichteten. Die Stellung der Türken, die im 10 Jahrhundert bereits islamisiert waren und auf ihrer Wanderung die islamische Welt als Muslime betraten, war die, dass sie von der islamischen Hochkultur spezifisch persischer Prägung von Hochachtung erfüllt waren und diese auf ihrer weiteren Wanderung sowohl nach Westen, auf einst byzantinisches Gebiet, als auch nach Osten, nach Indien, verbreiteten. Im seldschukischen Staate von Rum war Persisch die Staatssprache, in der alle Urkunden ausgestellt wurden, und neben Arabisch war Persisch auch die Literatursprache, vor allem die Sprache der Poesie, wie denn das poetische Hauptwerk dieser Zeit, das berühmte „Mesnevi" von Mevlâna Dschelâleddīn Rūmī in Konya in persischer Sprache verfasst wurde. Erst nach dem Zerfalle des rumseldschukischen Reiches (um 1300), als kleinere türkische Dynastien sich gewisser Landesteile bemächtigten und das Herrschaftsgebiet des Islam noch weiter nach Westen auf Kosten des byzantinischen Reiches verschoben, kam das Türkische als Staatssprache auf, in der nun alle Urkunden ausgefertigt wurden. So war denn im Osmanischen Reich, in dessen Gründung im 14. Jahrhundert diese Entwicklung gipfelte, Türkisch die Staatssprache, während weiterhin das Arabische die Sprache der Wissenschaft blieb und das Persische als Sprache der feinen Bildung das Muster abgab für eine sich bildende türkische Poesie und schöne Literatur.

## 5. Das religiöse Stiftungswesen als Grundlage höherer Kultur

Ein Wort muss noch gesagt werden über die organisatorischen Grundlagen aller höheren Kultur im islamischen Orient und damit auch – und in ganz besonderem Maße – in der alten Türkei. Es war dies das religiöse Stiftungswesen, das durch das religiöse Recht, die Scheriat, religionsgesetzlich verankert war und ein wichtiges Korrektiv gebildet hat gegen das politische System der Despotie, die damals als herrschende Regierungsform im Gesamtgebiet der islamischen Welt verbreitet war. Während infolge dieser Regierungsform der Herrscher grundsätzlich der Herr über Leib und Leben wie auch über das Besitztum seiner Untertanen war, weshalb insbesondere in den höchsten Gesellschaftsschichten aller Besitz sehr unsicher und dem Zugriff des Herrschers ausgesetzt war, war all das, was einmal zu irgendeinem Zwecke, insbesondere einem religiösen, karitativen oder kulturellen Zwecke gestiftet worden war, sakrosankt und allem willkürlichen Zugriff entzogen. Zwar gab es in der Theorie den Begriff des Privatbesitzes *(mülk)* neben dem des Kronbesitzes *(miriye)*; doch dieser war der Privatbesitz des Herrschers, wogegen es den Begriff des Staates als gesonderten Vermögensträger nicht gab. An dessen Stelle in der Funktion als Faktor auf den verschiedenen Gebieten der Wohlfahrt trat die Privatinitiative in Form des Stiftungswesens (v a k f, Pl. e v k ā f, „Stiftungsgut" v a k f ī y e). Da die Errichtung von Stiftungen als religionsgesetzlich verdienstlich galt, hatten diese Stiftungen, die der Allgemeinheit zu Gute kamen, auch einen privatreligiösen Zweck, nämlich den, dem Stifter einen guten Platz im Paradies zu sichern. So wurden denn in alter Zeit von Seiten hoher und höchster Persönlichkeit, voran natürlich den Sultanen selbst, beträchtliche Teile ihrer großen Vermögen zu Stiftungen gemacht, die allem willkürlichen Zugriff entzogen waren.

In erster Linie wurden natürlich Moscheen gestiftet; damit in Verbindung sog. Medresen, Ausbildungsstätten vor allem für die muslimische Geistlichkeit, aber auch für profane Berufe, wie Ärzte und Zivilbeamte – eine solche Medrese war Gymnasium und Universität in einem; man bezog sie nach Absolvierung der Elementarschule, und das Studium dauerte etwa 15 Jahre, nach dessen Abschluss man die hochislamische Bildung, die islamische Theologie wie auch die Fächer der feinen Bildung umschloss, in sich aufgenommen hatte. Des weiteren wurden, meist im Anschluss an eine Moschee, gestiftet: Krankenhäuser, öffentliche Speiseanstalten, öffentliche Bäder und Brunnen; auch die Sorge für die Reisenden durch die Errichtung von Rasthäusern (Kervansarayen) und Brücken sowie die Fassung von Quellen gehörte zu den Objekten des Stiftungswesens. Eine solche, meist um eine Moschee herumliegende Reihe von religiösen, kulturellen und karitativen Anstalten nannte man als Ganzes K ü l l ī y e, was man am besten mit „Universitas" übersetzten könnte, wobei aber der Begriff K ü l l ī y e teils mehr und teils weniger umfasst als unser Wort „Universität". Im Ganzen bildete das Stiftungswesen das organisatorische Rückgrat für die geistige Kultur alten Stils in den islamischen Ländern, speziell auch in der Türkei.

## 6. Orient und Okzident als verwandte Welten bis zur Renaissance

Das Kulturgefüge alten Stiles in der islamischen Welt, und damit auch in der alten Türkei, bildet mutatis mutandis eine auffallende Parallele zu dem in der abendländisch-christlichen Welt des Mittelalters. Morgenland und Abendland waren damals in ihrer inneren Struktur zwei verwandte Welten. Dies änderte sich, als im 15. Jahrhundert im Abendland das Aufkommen von Renaissance, Humanismus und Reformation die mittelalterliche Struktur und das geistige Gefüge von Grund auf änderte. Die damit einsetzende neue Entwicklung, die eine Sonderstellung des Abendlandes der übrigen Welt gegenüber zur Folge hatte und zu einer Kraftquelle sondergleichen für das Abendland wurde, machte der Orient nicht mit und geriet dadurch gegenüber dem Abendland immer mehr ins Hintertreffen. Bestrebungen, diesen Vorsprung des Abendlandes aufzuholen, sind in der Türkei seit Beginn des 19. Jahrhunderts zu bemerken; sie sind unter dem Namen „Reformen" (T a n z i m a t) bekannt und bilden den Grundzug der Geschichte der Türkei im 19. Jahrhundert. Sie gipfeln im 20. Jahrhundert nach dem Sturze des Osmanischen Reiches im I. Weltkrieg (Verbannung der Dynastie Osman 1922) in der Gründung der Neuen Türkei als Republik unter Mustafa Kemal Atatürk, und sind seitdem in noch verstärktem Maße im Gange. Wenn auch bei dem Aufbau dieser neuen Türkei in erster Linie an die Technik gedacht ist und äußerlich zivilisatorische Aufgaben im Vordergrunde stehen, um den Vorsprung des Abendlandes in erster Linie in wirtschaftlicher Hinsicht einzuholen, so erkennt man in der Türkei doch in zunehmendem Maße auch die Notwendigkeit, eine Brücke zu schlagen von den wertvollen Bestandteilen der eigenen Tradition, die die Größe der alten Türkei ausgemacht haben, zu den Werten der abendländischen Kultur, soweit diese für die neue Türkei von Bedeutung sein könnten, und damit zu dem Urgrund der beiderseitigen Kulturen, der letztlich in der Antike liegt, vorzustoßen.

*Der Autor, Prof. Dr. Franz Taeschner, als Gast bei den gastfreundlichen Bauern des Dorfes Yünalan, Kaza Akdağmaden, Vilâyet Sivas.*

Prof. Dr. Franz Taeschner

*Gründungslogo der DTG Münster*

# Prof. Dr. Hubert Grimme (1864–1942) – Nachruf

Franz Taeschner

## Vorbemerkung

*Der gebürtige Paderborner Hubert Grimme, Sohn des Gymnasialdirektors und sauerländischen Dichters Dr. Friedrich Wilhelm Grimme, des ersten Ehrendoktors der 1902 zur Universität erhobenen Akademie Münster, habilitierte sich nach Studien der semitischen Philologie, Germanistik und Klassischen Philologie in Berlin, die er 1886 mit der Promotion abschloss, mit 25 Jahren 1889 an der in diesem Jahr begründeten katholischen Universität Freiburg (Schweiz) für das Fach orientalische Sprachen, wo er danach als Privatdozent und Professor lehrte und im*

*Jahr 1909 das Amt des Rektors innehatte. Von dort wurde er 1910 mit 46 Jahren an die Universität Münster auf den neu eingerichteten Lehrstuhl für semitische Philologie und altorientalische Geschichte berufen. 1911 folgte die Ernennung zum Ordinarius, 1913 zum Direktor des von ihm begründeten „Orientalischen Seminars". Es wurde 1919 in die drei Abteilungen geteilt: 1. „Alter und islamischer Orient", die Grimme selbst als Direktor übernahm, 2. „Christlicher Orient" und 3. Indo-iranischer Orient". Damit entstand das heutige Institut für altorientalische Philologie und Vorderasiatische Altertumskunde an der Universität Münster, dessen Begründer Grimme war.*[1]

*Hubert Grimme war ein vielseitiger Gelehrter der semitischen Philologie. Er beschäftigte sich vor allem mit den vorislamischen Sprachen, um dem Ursprung des Islam und seines Grundlagenwerkes, dem Koran, näher zu kommen. Er war kein unpolitischer Zeitgenosse, gleichwohl in seinen Äußerungen überlegt und zurückhaltend. In verschiedenen Schriften wehrte er seit 1912 französische Vorwürfe gegen deutsche Kriegsgreuel in den Kolonien ab, auch äußerte er sich 1912 „Zur Mission der Türkei".*[2] *1915 folgte er einer Werbung der „Deutsch-Türkischen Vereinigung Berlin" zur Gründung einer Zweigstelle auch in Münster, indem er diese an die Hörer seines „türkischen Kurses" weiter gab. Diese sahen sich veranlasst, zu einer Gründungsversammlung am 4. Februar 1916 in das Clubzimmer des Fürstenhofes in Münster „zum Zwecke einer Diskussion, betreffend die Gründung einer ‚Türkischen Gesellschaft' zur Hebung des Verständnisses für Sprache, Kultur und Litteratur der Türkei" einzuladen. Acht Damen und 13 Herren folgten der Einladung, von denen sechs Schüler des Ratsgymnasiums und des Paulinum waren, die anderen Teilnehmer standen bereits im beruflichen Leben oder waren Frauen. Sie nahmen aus zeitbedingtem Interesse des Ersten Weltkriegs an den Türkischkursen Grimmes teil, die mittwochs und samstags abends von 7–8 Uhr in der Universität stattfanden, also außerhalb der üblichen Arbeitszeit.*[3] *Zum Vorsitzenden des Gründungsausschusses wurde der Verwaltungsleiter der Universi-*

---

[1] Vgl. Ludger Hiepel/Hand Neumann/ Ellen Rehm, Das Institut für Altorientalische Philologie und Vorderasiatische Altertumskunde. Über 100 Jahre: Geschichte einer Institution an der Westfälischen-Wilhelms-Universität, Münster 2016.

[2] Vgl. Personalakte im Universitätsarchiv Münster 10 Nr. 2301.

[3] Die Namen der Teilnehmer hält das im Stadtmuseum Münster erhaltene Protokollbuch der „Türkischen Gesellschaft" von 1916–1922 fest (Kopie im Archiv der DTG Münster): Margaretha Heymann, Annemarie Cauer, Paula Lehnen, Grete Vattmann, Konstanze Koll, Erna Schründer, Maria Tenamberg, Carl Friedrich (Landessekretär), Heinz Hoffschulte (Oberprimaner des Ratsgymnasium), Franz Hollmann (Kaufmann), W. Stiller (Architekt, Schulleiter der Gewerblichen Fortbildungsschule), Heinrich Böcker, H. Krämer (beide Oberprimaner des Paulinum), Dr. phil. Ernst Crous, Richard Heinze (Bibliothekssekretär der Universität, der sich berufsmäßig mit orientalischen Studien beschäftigte und die Teilnehmer als Kenner des Arabischen in die türkische Schrift einführte), Georg Wilhelm Gottlob (Referendar), Clemens Mense, Ammermann, Koberg (alle drei Obersekundaner des Paulinums), W. Cavadino (Landeszivilsupernummerar).

tätsbibliothek W. Stiller gewählt. Der Abend wurde „mit fröhlicher Geselligkeit" beschlossen, wobei ein Hoch auf den Kaiser „wegen des Weitblicks Wilhelms II. in der Orientpolitik" ausgebracht wurde und in einer sich anschließenden Damenrede ein „Salamander" auf die Damen. Anschließend erhoben sich sämtliche Teilnehmer von ihren Sitzen „zum Dank für die aufopfernde und von idealer Begeisterung getragene Lehrtätigkeit des Herrn Prof. Dr. Grimme", den sie später zum Ehrenvorsitzenden erwählten.

Die Mitgliederzahl erweiterte sich in den nächsten Kurstreffen weiter, die nun regelmäßig Freitagabend im Gasthof Stieger am Alten Fischmarkt von 20.30–22.00 Uhr stattfanden, wo auch der französische, englische und neuerdings der italienische Club seine Sprachkurse abhielt. Das Programm des Abends sah zunächst Sprachübungen, dann landeskundliche Referate zur Türkei und auch öffentliche Vorträge vor. Die Themen waren dabei nur gelegentlich auf das Kriegsgeschehen bezogen, überwiegend auf kulturgeschichtliche Fragestellungen des Nahen Ostens.

Hubert Grimme sah sich dabei als Anreger, der immer wieder die Leitung der Sprachkurse und auch Vorträge übernahm, sich aber in der Organisation zurückhielt, vor allem aber keinen der gesellschaftlichen Termine der Gesellschaft, den jährlichen Ausflug und das Stiftungsfest, die trotz des Krieges bis 1918 gehalten wurden, versäumte.

Mit Bedacht hatte er langfristig seinen Nachfolger Franz Taeschner für Münster gewinnen können, der 1912 in Kiel promoviert worden war und wie er selbst die für die Orientalistik notwendige breite semitische Sprachkompetenz des Nahen Ostens beherrschte, dazu auch das Türkische. Er holte ihn 1920 nach Münster, wo Taeschner sich 1921 habilitierte. Doch wurde ihm bei der Emeritierung Grimmes 1929 der Bonner Orientalist Anton Baumstark vorgesetzt, der sich jedoch 1935 mit 63 Jahren vorzeitig emeritieren ließ, so dass Taeschner den Lehrstuhl Grimmes übernehmen konnte und 1942 auch zum Ordinarius ernannt wurde. Im selben Jahr verstarb Grimme in Münster. Es war für Taeschner eine Ehrenpflicht, seinem Förderer den nachfolgenden Nachruf zu widmen, der in der Zeitschrift des Deutschen Morgenländischen Gesellschaft, Band 96, 1942, S. 380–392, erschien. Er kann nachfolgend mit freundlicher Genehmigung des verantwortlichen Herausgebers Prof. Dr. Florian C. Reiter, Berlin, abgedruckt werden.　　　　PL

## Hubert Grimme

### Ein Nachruf von Franz Taeschner, Münster (Westf.)

Am 5. September 1942 ist der Semitist Grimme, emer. o. Prof. an der Universität Münster, in seinem Heim in Münster im 79. Lebensjahre gestorben. Mit ihm verliert die deutsche orientalistische Wissenschaft ihren derzeitigen Senior und einen wegen seiner wissenschaftlichen wie menschlichen Qualitäten hochgeschätzten Vertreter.

Hubert Grimme ist geboren am 24. Januar 1864 zu Paderborn als 2. Sohn von 11 Kindern des Gymnasialdirektors und sauerländischen Heimatdichters Dr. Friedrich Wilhelm Grimme, des ersten Ehrendoktors der damaligen Akademie, der nachmaligen Universität Münster. Von beiden Eltern her war Grimme reinblütiger Sauerländer und war sich dieser Abstammung stets mit Stolz bewußt. Seine Gymnasialzeit verbrachte er (seit 1872) in Heiligenstadt (Eichsfeld) an dem Gymnasium seines Vaters. Nach einem ersten Semester in Münster studierte er in Berlin semitische Philologie, Germanistik und alte Philologie; er promovierte 1886 bei Eduard Sachau mit einer Dissertation über „Palmyra in muslimischer Zeit". Er machte dann das Staatsexamen für das höhere Lehrfach für Deutsch und Latein in Münster, übte aber nur kurze Zeit i. J. 1888 eine Lehrtätigkeit aus als Probekandidat am Gymnasium zu Lippstadt. 1889 übernahm Grimme als Privatdozent das Fach der Orientalistik an der neugegründeten Universität Freiburg (Schweiz) und wurde dortselbst nach drei Jahren o. Prof.; 1909 war er Rektor dieser Universität. Herbst 1910 folgte er einem Rufe nach Münster als erster Inhaber des orientalistischen Lehrstuhles an der soeben aus der alten Akademie umgewandelten neuen Universität; 1911 erfolgte die Eröffnung des orientalischen Seminars, dessen erster Direktor GRIMME war. Während des ersten Weltkrieges war er 1917 und 1918 Dolmetscher für die arabischen Kriegsgefangenen in Wünsdorf.

GRIMME hat mehrfach auf Reisen den Orient besucht. So war er 1905 im Anschluß an den XIV. Intern. Orientalistenkongreß in Algier, auch in Tunis und Marokko, 1909 hielt er sich im Anschluß an den Intern. Archäologenkongreß in Kairo längere Zeit in Ägypten und Palästina auf; 1911 unternahm er nochmals eine Reise nach Ägypten, Griechenland und Konstantinopel, 1927 zum letzten Male nach Kairo und Palästina.

Nachdem GRIMME fast zwei Jahrzehnte das akademische Lehramt in Münster versehen hatte, wurde er 1929 emeritiert; doch erfreute er sich noch Jahre hindurch einer seltenen geistigen wie körperlichen Frische: bei seinem Tode harrten auf seinem Schreibtische Sonderabzüge seiner letzten Aufsätze der Versendung und man sah ihn, auch noch in den letzten Wochen, wie man es von ihm gewohnt war, in der Stadt auf seinem Rade. Wenn sich zuletzt auch körperliche Beschwerden einstellten, so hat ihm ein gütiges Geschick doch einen leichten Tod beschert: nach nur viertägigem Krankenlager ist er, nachdem er am 1. September auf 45 Jahre einer glücklichen Ehe zurückblicken konnte, am 5. September 1942 ohne Schmerzen und sanft in die Ewigkeit hinübergeschlummert.

GRIMME war, wie alle, die ihn gekannt haben, wissen, ein ungewöhnlich kenntnisreicher und vielseitig interessierter, scharfsinniger und rastlos tätiger Gelehrter, der von einer reinen Begeisterung für die Wissenschaft erfüllt war. Auf orientalistischem Gebiete — er hat sich zwischendurch auch auf germanistischem betätigt, wo sein Hauptwerk, das Göschenbändchen Nr. 461, „Plattdeutsche Mundarten" 1922 in 2. Auflage erschienen ist — kreiste sein Hauptinteresse um die großen Religionsurkunden des Orients, die Bibel und den Koran. Zur Philologie des Alten Testamentes hat er manchen den Alttestamentlern wertvollen Beitrag geliefert. Oft ließ ihn sein Scharfsinn Dinge erkennen, die andere nicht zu erkennen vermochten, wodurch sie sich zu kritischer Nachprüfung veranlaßt sahen. So hat er durch seine geistreichen Einfälle, auch wo diese letzten Endes der Kritik nicht standzuhalten vermochten, doch immer die Forschung angeregt und damit gefördert.

Die erste größere Arbeit Grimme's, sein zweibändiges Werk über Mohammed (1892 und 1895), war für seine Zeit ein großer Wurf. Die im 2. Bande enthaltene koranische Theologie ist, obwohl inzwischen mancherlei Arbeiten vorliegen, auf Grund derer das Thema heute ganz anders behandelt werden könnte, bis heute noch nicht ersetzt. Im übrigen galt in der ersten Zeit Grimme's Interesse hauptsächlich der syrischen und hebräischen Metrik; über die letztere hat er im 50. Band dieser Zeitschrift einen Abriß gegeben, der freilich durch seine späteren Studien modifiziert worden ist. Um die Jahrhundertwende begann er sich näher mit den südarabischen Inschriften zu beschäftigen, einem Gebiet, das ihn in irgendeiner Form nicht mehr losgelassen hat. Zunächst suchte er die daraus gewonnenen Erkenntnisse für die historische Mohammed-Forschung zu verwerten; ein Niederschlag davon liegt in seinem zweiten Mohammed-Buche (1904) vor. Des weiteren suchte er die südarabischen Studien auch für die Erkenntnisse biblischer Verhältnisse nutzbar zu machen (z. B. seine Arbeit über den „Levitismus in Südarabien und in Israel" 1924); und endlich gewann er durch den Vergleich des südarabischen Alphabetes mit dem nordsemitischen neue Erkenntnisse über die Genesis des semitischen Alphabetes überhaupt (1906). Gelegentlich sahen ihn auch wissenschaftliche Tagesfragen, wie der Bibel-Babel-Streit unseligen Angedenkens, auf dem Plan (1903 und 1905/06); vor allem aber arbeitete er sich gern in neues Material ein, wie in die neuerschlossenen Elephantine-Papyri, und beteiligte sich an deren Auswertung (1911 und 1912).

Nach dem ersten Weltkrieg bescherte uns Grimme eine auszugsweise Übersetzung des Korans (1923), in der er den Rhythmus des Originals in der Übersetzung wiederzugeben bestrebt war. Gleichzeitig mit dieser erschien seine erste

Arbeit über die damals neu entdeckten Inschriften vom Wadi
Maghara und Serabit el-chadem auf der Sinaihalbinsel, die in
einem nur wenige Zeichen enthaltenden Schriftsystem geschrieben sind. Die Zeichenarmut desselben weist auf eine
Alphabetschrift hin und die Verwandtschaft gewisser Zeichen
mit solchen der ägyptischen Hieroglyphenschrift darauf,
daß der Anstoß zur Erfindung dieser Schrift auf die Bekanntschaft mit der ägyptischen Schrift zurückgeht. GRIMME
machte sich mit Feuereifer an die neuen Dokumente und
glaubte auch bald den Schlüssel zu ihrer Entzifferung gefunden zu haben. Er sah in der Schrift die Urform der
semitischen, in der Sprache ältestes Hebräisch und im Inhalt fand er Beziehung zu Berichten des Alten Testamentes
über den Auszug der Israeliten aus Ägypten. Seine erste Veröffentlichung darüber (1923) löste begreifliches Aufsehen aus,
meist im skeptischen Sinne. GRIMME hat sich noch mehrfach
mit dem Gegenstande befaßt (1926, 1929, 1934, 1937 und
1942) und seine Lesungen mehrfach korrigiert; doch im
Prinzip ist er bei seiner Auffassung dieser Inschriften geblieben. Leider ist deren Erhaltungszustand so schlecht —
ist man sich in einigen Fällen nicht einmal sicher, ob es sich
um eingeritzte Zeichen oder um natürliche Risse im Fels
handelt! —, daß eine fruchtbare Diskussion des Gegenstandes
unmöglich erscheint, solange nicht weiteres und besser er-
haltenes Material hinzukommt. GRIMME hatte sich von diesen
Inschriften Gipsabgüsse machen lassen und hat dieses Arbeits-
material an seinem 75. Geburtstag dem Orientalischen Seminar der Universität Münster geschenkt, wo es jedem, der es
studieren will, zur Verfügung steht[1]).

Nach den Studien der altsinaitischen Inschriften wandte
sich GRIMME wieder dem südsemitischen Inschriftenkreise zu;
nunmehr aber nicht den südarabischen Inschriften, sondern
denjenigen nordarabischen, die in einer der südarabischen
ähnlichen Alphabetschrift geschrieben sind, den thamudischen
(1926, 1927, 1934, 1935, 1941), ṣafatenischen (1929, 1932) und
liḥjanischen Inschriften (1932, 1937, 1938). Während bisher

---

[1]) Vgl. diese Zeitschrift 93, 1939, S. *7*.

die Schrift dieser Inschriften als eine verwilderte Abart der südarabischen gegolten hatte, faßte er sie als eine Vorstufe der südarabischen Alphabetschrift auf und glaubte, in der ältesten Gruppe dieser Inschriften, den altthamudischen, das Mittelglied zwischen der altsinaitischen und der südsemitischen Schrift gefunden zu haben („Die Lösung des Sinaischriftproblems, die altthamudische Schrift" 1926). Die altsinaitische Schrift stellte sich ihm also als die Grundschrift dar, auf die sowohl das nordsemitische, wie auch das südsemitische Alphabet zurückging. Durch diese GRIMME'sche Hypothese würden sich sowohl die Berührungspunkte, wie auch die Verschiedenheiten beider Alphabete in etwa erklären. — Außer für die Schriftgeschichte suchte GRIMME diese nordarabischen Inschriften auch inhaltlich auszuwerten. Seine Lesungen weichen z. T. von denen anderer Erklärer ab; während diese die Inschriften in der Mehrzahl für wertlose Memorialinschriften halten, faßt GRIMME sie als religiöse Inschriften auf, aus denen sich manches über die Religiösität der vorislamischen Araber entnehmen lasse. Auch hier ist das letzte Wort noch nicht gesprochen. Mögen diese Inschriften, auf deren Deutung GRIMME eine solche Mühe verwendet hat, auch sehr unscheinbar sein und nicht sehr zur Beschäftigung mit ihnen einladen, so sind sie doch außer den nabatäischen die einzigen Dokumente der Araber aus den Jahrhunderten vor dem Auftreten des Islam aus einer Gegend, aus der biblischer Überlieferung gemäß die Israeliten einst in das palästinische Kulturland eingedrungen sind. Wenn wir also nach Dokumenten suchen, die uns über die Verhältnisse sowohl des alten Arabertums, als auch des alten vorpalästinischen Israelitentums Aufschluß geben könnten, so müssen wir nach diesen Inschriften greifen. So ist denn zu hoffen, daß die Bemühungen um sie, die wir GRIMME verdanken, weiter den Anreiz bieten werden, sich mit diesen Inschriften zu beschäftigen, so daß dereinst ihre völlige Erschließung erhofft werden kann.

Wir scheiden von HUBERT GRIMME als von einem Manne, in dem sich deutsche Eigenart in südwestfälischer (sauerländischer) Ausprägung unverfälscht und liebenswürdig zugleich geoffenbart hat. Als Mensch waren eine lautere, tiefreligiöse Gesinnung und vornehme Denkungsart, Schlichtheit und Aufrichtigkeit, Herzensgüte und Freundestreue, sowie eine hohe musikalische Begabung Merkmale seiner Persönlichkeit; als Gelehrter war sein Wesen durch Geist und unermüdlichen und erfolgreichen Schaffens- und Forscherdrang gekennzeichnet.

Ich gebe im folgenden ein Verzeichnis der Schriften GRIMME'S, soweit es sich aus seinem Nachlaß feststellen ließ. Von Bücherbesprechungen sind nur einige bedeutendere aufgenommen.

**Verzeichnis der orientalistischen Publikationen Hubert Grimme's**
(in Buchform erschienene mit Sternchen)

Palmyrae sive Tadmur urbis fata quae fuerint tempore muslimico, (Diss. Berlin), Monasterii Guestfalorum 1886.

*Mohammed, I. Teil: Das Leben (Darstellungen aus dem Gebiete der nichtchristlichen Religionen VII), Münster i.W. 1892.

*Der Strophenbau in den Gedichten Ephraems des Syrers, mit einem Anhang: Über den Zusammenhang zwischen syrischer und byzantinischer Hymnenform (Collectanea Friburgensia, Commentationes Academiae Universitatis Friburgensis Helvetiorum, Fasc. II), Freiburg (Schweiz) 1893.

Grundzüge der syrischen Betonungs- und Verslehre: ZDMG 47 (1893), 276—307.

*Mohammed, II. Teil: Einleitung in den Koran. System der koranischen Theologie (Darstellungen ... XI), Münster i. W. 1895.

Abriß der biblisch-hebräischen Metrik: ZDMG 50 (1896), 529—584; 683—712.

*Grundzüge der hebräischen Akzent- und Vokallehre. Mit einem Anhang: Über die Form des Namens Jahwae (Collectanea Friburgensia, Fasc. V), Freiburg (Schweiz) 1896.

Zur Frage nach den Psalmenüberschriften: Theologische Quartalschrift 79 (1897), 580—583.

Metrisch-kritische Emendationen zum Buche Hiob: Theologische Quartalschrift 80 (1898), 295—304; 421—432; und 81 (1899), 112—118; 259—277.

Nochmals zur syrischen Betonungs- und Verslehre: ZDMG 53 (1899), 102—112.

Theorie der ursemitischen labialisierten Gutturale. Ein Beitrag zu Verständigung über den Begriff Ursemitisch: ZDMG 55 (1901), 407—485.

Mètres et Strophes dans les Fragments hébreux du Manuscript A de l'Ecclésiastique, traduit par H. Savoy, Leipzig 1901.

*Psalmenprobleme. Untersuchungen über Metrik, Strophik und Paseq des Psalmenbuches (Collectanea Friburgensia, Veröffentlichungen der Universität Freiburg (Schweiz), N. F., Fasc. III), Freiburg (Schweiz) 1902.

Der ursemitische Ablaut. Ein Grundproblem der semitischen Grammatik (Auszug): Verhandlungen des XIII. Internationalen Orientalistenkongresses in Hamburg Sept. 1902, Leiden 1904, 201—204.

Zum Zentenare der Keilschriftforschung (Vortrag, gehalten am 13. Januar 1902 in Freiburg i. Ue).

Wilhelm Meyer und die syrische Metrik: ZA 16 (1902), 273—295.

Ein übersehenes Orakel gegen Assur (Isaias 13): Theolog. Quartalschr. 85 (1903), 1—11.

Rešafīm: OLZ 6 (1903), 53—57.

Gedanken über hebräische Metrik: Vierteljahrsschrift für Bibelkunde 1 (1903), 1—14.

„Unbewiesenes." Bemerkungen eines Philologen zu Fr. Delitzsch, Babel und Bibel I—II, Münster i. W. o. J. (1903).

*Mohammed. Die weltgeschichtliche Bedeutung Arabiens (Weltgeschichte in Charakterbildern, Zweite Abteilung, Mittelalter), München 1904.

Pasekstudien. Neues aus der Werkstätte der altjüdischen Philologie: Biblische Zeitschrift 2 (1904), 28—49.

Rückblick auf die Babel-Bibel-Bewegung: Schweizer Rundschau 1905/06.
Internes aus der minäischen Religion (Inschrift Glaser 282): OLZ 9 (1906), 57—70.
Südarabische Tempelstrafgesetze: OLZ 9 (1906), 256—262; 324—330; 395—398; und Nachwort 433—438.
Zur Genesis des semitischen Alphabets: ZA 20 (1906), 49—58.
Der Logos in Südarabien: Orientalische Studien, Theodor Nöldeke zum 70. Geburtstag (2. März 1906) gewidmet von Freunden und Schülern, I, Gießen 1906, 453—461.
„.. n Schauspiel für Kemosch": ZDMG 61, 1907, 81—85.
*Das israelitische Pfingstfest und der Plejadenkult. Eine Studie (Studien zur Geschichte und Kultur des Altertums, I. Bd., 1. Heft), Paderborn 1907.
Der Name Mirjam: Biblische Zeitschrift 7 (1909), 245—251.
Elym, der Astrolog: OLZ 12 (1909), 207—211.
Meluḫa — Amaleq: OLZ 12 (1909), 241—245.
Eine messianische Stelle in berichtigter Form: Biblische Zeitschrift 8 (1910), 24 f.
Über einige unbegründete Vorwürfe des Korans gegen die Juden Jathribs: Anthropos 5 (1910), 529—533.
bubutu: ZA 24 (1910), 332 f.
Bemerkungen zu den aramäischen Achikarsprüchen: OLZ 14 (1911), 529—540.
Il Codice di Hammurabi e Mosè, trad. ... da Domenico Can. Mozzicarelli, Roma 1911.
Das Alter des israelitischen Versöhnungstages: Arch. f. Religionswiss. 14 (1911), 130—142.
Über einige Klassen südarabischer Lehnwörter im Koran: ZA 26 (1911), 158—168.
*Die Oden Salomos, syrisch-hebräisch-deutsch. Ein kritischer Versuch, Heidelberg 1911.
Die 19. Ode Salomos: Theologie und Glaube 3 (1911), 11—18.
Die jüdische Kolonie von Elephantine in neuer Beleuchtung: Theologie und Glaube 3 (1911), 793—799.
Strömungen im neueren Islam: Hochland 10, 1 (1912), 189 bis 204.

Die Jahotriade von Elephantine: OLZ 15 (1912), 11—17.
Inschriften auf Ossuarien aus Jerusalem: OLZ 15 (1912), 528—534.
Zur Handschrift N der Oden Salomos: OLZ 15 (1912), 492 bis 496.
Der Name Jerusalem: OLZ 16 (1913), 152—157.
Eine südarabische Monatsdarstellung: OLZ 17 (1914), 337 bis 342.
Spuren von Kinderopfern in Südarabien: ZA 29 (1914), 184 bis 190.
„Das älteste hebräische Manuskript": Biblische Zeitschrift 12 (1914), 225—234.
Semitische P-Laute: ZDMG 68 (1914), 259—269.
Die jemenische Aussprache des Hebräischen und Folgerungen daraus für die ältere Sprache: Festschrift Ed. Sachau zum 70. Geburtstag gewidmet, Berlin 1915, 125—142.
Zu Psalm 19: Biblische Zeitschrift 13 (1915), 309—311.
Islam und Weltkrieg (Kriegsvorträge der Universität Münster i. W.), Münster i. W. 1915.
Iezdegerd: PAULY-WISSOWA, Real-Encyclopädie des Klassischen Altertums 9, 1 (1916), 961—965.
Ephodenentscheid und Prophetenrede: Mitt. d. Vorderasiatischen Ges. 22 (1917, Oriental. Studien, Fritz Hommel zum 60. Geburtstag am 31. Juli 1914 gewidmet), 316—327.
Das Doppelgesicht des Korans: Preußische Jahrbücher 167 (1917), 42—54.
Flüstersilben in semitischen Sprachen: Verhandlungen der 53. Versammlung deutscher Philologen und Schulmänner, 1921, 86—88.
Hebräisches $šŏrāšīm$-$ḳŏdāšīm$ und das altsemitische $s$-Kausativ: MO 17 (1923), 234—241.
*Der Koran, ausgewählt, angeordnet und im Metrum des Originals übertragen (Dokumente der Religion, VIII. Bd.), Paderborn 1923.
*Althebräische Inschriften vom Sinai. Alphabet, Textliches, Sprachliches mit Folgerungen, Hannover 1923.

Flüsterelemente in semitischen Sprachen: ZS 3 (1924), 1—16.
Einflüsse der Steppennatur Arabiens auf die altarabische Sprache: Petermanns Geogr. Mitteilungen 70 (1924), 216 bis 218.
Der südarabische Levitismus und sein Verhältnis zum Levitismus in Israel: Le Muséon 37 (1924), 169—199.
Weiteres zu Amen-em-ope und Proverbien: OLZ 28 (1925), 57—62.
Sind יהו und יהוה zwei verschiedene Namen und Begriffe?: Biblische Zeitschrift 17 (1926), 29—42.
Hethitisches im griechischen Wortschatz: Glotta 14 (1925), 13—25.
Die Himmel erzählen die Ehre Gottes: Festschrift zum 350jährigen Bestehen des Gymnasiums in Heiligenstadt, 1925, 13—20.
Ein Felspsalm aus altarabischer Heidenzeit: OLZ 29 (1926), 13—23.
Hjatšepšu und die Sinaischriftdenkmäler: ZDMG 80 (n. F. 5, 1926), 138—150.
*Die Lösung des Sinaischriftproblems, die altthamudische Schrift. Mit einem Anhang: Thamudische Parallelen zu den altsinaitischen Inschriften, Münster i. W. 1926.
Islam: Staatslexikon, im Auftrage der Görres-Gesellschaft hgg. v. H. Sacher, II. Bd., Freiburg i. Br. 1927, 1612 bis 1622.
Ein verloren geglaubter Laut des Altägyptischen: OLZ 30 (1927), 85—88.
Die Mannafrage: Pet. Geogr. Mitt. 73 (1927), 90f.
Zwei rätselhafte Götter der thamudischen Inschriften: ZS 5 (1927), 250—261.
Nachtrag zu A. Klingenhebens Studie über die berberischen Zählmethoden: Zeitschrift für Eingeborenensprachen 17 (1927), 230—234.
Der Name Muhammed: ZS 6 (1928), 24—26.
Die Buchstabendubletten des Sinai-Alphabetes: Westfälische Studien, Alois Bömer zum 60. Geburtstag, Münster i. W. 1928, 302—312.

*Texte und Untersuchungen zur ṣafatenisch-arabischen Religion mit einer Einführung in die ṣafatenische Epigraphik (Studien zur Geschichte und Kultur des Altertums, 16. Bd., 1. Heft), Paderborn 1929.
*Die altsinaitischen Buchstaben-Inschriften, auf Grund einer Untersuchung der Originale herausgegeben und erklärt, Berlin 1929.
Die altsinaitische Felsinschrift Nr. 357: Le Muséon 42 (1929), 33—41.
Bespr. v. Handbuch der altarabischen Altertumskunde... hgg. v. Ditlef Nielsen: OLZ 33 (1930), 201—207.
Die südsemitische Schrift, ihr Wesen und ihre Entwicklung: Jahrbuch „Buch und Schrift" 4 (1930), 19—27.
Aus unedierten südarabischen Inschriften des Berliner Staatsmuseums: Le Muséon 45 (1932), 91—116.
Zur dedanisch-liḥjanischen Schrift: OLZ 35 (1932), 753—758.
Der Schlußvers des Stammbaumes Jesu Christi (Mt 1, 16). Eine philologische Studie: Bibl. Zeitschr. 20 (1932), 355 bis 365.
Die Bedeutung des Eigennamens )3ħħ in Glaser 1155 und 1083, sowie weiteres zu Glaser 1155: WZKM 39 (1932), 227—245.
Nachprüfung der „ṣafatenischen" Inschriften der Sammlung Rees: Archiv für Orientforschung 8 (1932), 105—113.
Bespr. v. Tor Andrae, Mohammed, Sein Leben und sein Glaube: Der Islam 21 (1933), 223—226.
Die neuen Sinaischrift-Denkmäler und ihr wissenschaftlicher Ertrag: ZDMG 87 (n. F. 12, 1934), 177—197.
Religiöses aus thamudischen Inschriften: MO 28 (1934), 72 bis 98.
Die altkanaanäische Buchstabenschrift zwischen 1500 und 1250 v. Chr.: Archiv für Orientforschung 10 (1934), 267 bis 281.
Ein Herrenwort bei Matthäus in neuer Beleuchtung: Bibl. Zeitschr. 23 (1935), 171—179.
Studien zum hebräischen Urmatthäus: Bibl. Zeitschr. 23 (1935), 244—265; 347—357.

Südarabische Felsgraffiti der Sammlung Glaser und ihre sakrale Bedeutung: Le Muséon 48 (1935), 255—274.

Thamudica: ZS 10 (1935), 177—188.

A propos de quelques graffites du Temple de Ramm: Revue Biblique 1936, 1—6.

Ein neuer Inschriftenfund aus Byblos: Le Muséon 49 (1936), 85—98.

Der Untergang Edoms: Die Welt als Geschichte 3 (1937), 452—463.

Neubearbeitung der wichtigeren Dedanischen und Liḥjanischen Inschriften: Le Muséon 50 (1937), 269—322.

*Altsinaitische Forschungen, Epigraphisches und Historisches (Studien zur Geschichte und Kultur des Altertumes, 20. Bd., 3. Heft), Paderborn 1937.

Hebr. טֹטָפֹת und שֵׂת, zwei Lehnwörter aus dem Ägyptischen: OLZ 41 (1938), 148—152.

Sind unsere Begriffe vom liḥjanischen und thamudischen Alphabet reformbedürftig?: OLZ 41 (1938), 345—353.

Der Begriff von hebräischem הודה und תודה: ZAW 17 (1940/41), 234—240.

Die thamudische Präposition לב (לבב) „her-zu": ZDMG 95 (1941), 359—366.

Bespr. v. Enno Littmann, Thamud und Ṣafa: OLZ 45 (1942), 174—185.

Aussehen und Aufschrift der mosaischen Gesetztafeln: Nieuwe Theologische Studiën 25 (1942), 81—90.

# Prof. Dr. Ernst Heinrich Rosenfeld (1869–1952) Vorsitzender der Türkischen Gesellschaft Münster 1918–1921 und Ehrenmitglied

Paul Leidinger

*Abb. 1: Prof. Dr. Rosenfeld (Foto: privat, um 1902)*

Nicht zu den Mitbegründern, aber zu den entschiedenen Förderern der am 4. Februar 1916 in Münster entstandenen „Türkischen Gesellschaft" gehörte seit Mai 1916 der Jurist Prof. Dr. Ernst Heinrich Rosenfeld. Er wurde mit der Erhebung der früheren Akademie Münster zur Universität 1902 und mit der gleichzeitigen Begründung einer juristischen Fakultät als einer der vier Lehrstuhlinhaber dieser Fakultät am 22. Oktober 1902 – mit 33 Jahren – in die Westfalenmetropole berufen, wo er als Ordinarius das Lehrgebiet Strafrecht, Strafprozessrecht, Zivilprozessrecht einschließlich Konkurs-, Jugend- und Kirchenrecht über seine Emeritierung 1935, den Zweiten Weltkrieg und die Begründung der Bundesrepublik hinaus bis fast zu seinem Tod im 83. Lebensjahr 1952 vertrat.

Paul Leidinger

## 1. Werdegang, Tätigkeit als Hochschullehrer und politische Einstellungen

Geboren wurde er am 14. August 1869 in Gumbinnen (ehemals Ostpreußen) und entstammte einem mennonitischen Bauerngeschlecht des Tilsiter Raumes, das um 1740 aus den Niederlanden in die Memelniederung eingewandert war und schon bald einen sozialen Aufstieg nahm. Sein Vater, bereits Sohn eines Gutsbesitzers in Ostpreußen, wurde Postdirektor in wechselnden preußischen Großstädten und starb 1908 in Wiesbaden, seine Mutter Maria Magdalena Flottwell war die Tochter des Landrats Friedrich Flottwell in Ostpreußen und starb 1922 in Münster. Entsprechend dem häufigen Ortswechsel des Vaters besuchte Ernst Heinrich Rosenfeld die Gymnasien in Breslau und Hirschberg in Schlesien sowie in Memel und Marburg. Hier studierte er nach dem Abitur von 1887–1890 bei Franz von Liszt, einem der damals bedeutendsten Lehrer und Erneuerer des Strafrechts in Deutschland, Jura, dem er nach dem 1. juristischen Staatsexamen und der Promotion 1890 als Assistent nach Halle an der Saale folgte. Dort legte er 1895 das 2. juristische Staatsexamen ab, dem sich zunächst eine praktische Tätigkeit als Strafrichter am Amts- und später Landgericht Halle anschloss, 1896 die Habilitation und zugleich die Tätigkeit als Privatdozent für Strafrecht und Strafprozessrecht an der dortigen Universität. Am 1.10.1900 folgte er einem Ruf als außerordentlicher Professor nach Königsberg, 1902 auf einen Lehrstuhl in Münster, wo er an der neu begründeten Universität und Fakultät den Aufbau seines Faches mit ausstrahlendem Erfolg betrieb. Sein 1912 in fünfter Auflage erschienenes Lehrbuch „Reichs-Strafprozess" wird als „ein Meisterstück von einzigartiger Knappheit, Klarheit und Schärfe" beurteilt.[1] Eine weitere Bearbeitung „Deutsches Strafprozessrecht" erschien 1926 in der Sammlung Göschen.

Rosenfeld hat im Strafprozessrecht neue Wege aufgezeigt, die rechtsvergleichend vor allem auch psychologische Aspekte in die Schuldanalyse, Urteilsbegründung und Strafzumessung einführten, aber zugleich auch deren Grenzen aufzeigten. Einer besonderen Belastung war die Strafrechtslehre in der NS-Zeit ausgesetzt, da die NS-Diktatur die Rechtsparameter in partei-doktrinärer Weise veränderte und das Strafrecht auf die gesamte nationalsozialistische Lebens- und Sit-

---

[1] Nachruf von Arthur Wegner in der Juristischen Rundschau 1952, Heft 5, S. 198, der sich mental in der Nachfolge Rosenfelds in Münster 1946–1958 sah, obgleich er 1946 Nachfolger auf dem Lehrstuhl Sauer, des zweiten Strafrechtlers in Münster, wurde, während Karl Peters seit 1947 den Lehrstuhl Rosenfelds weiter führte. Vgl. Lieselotte Steveling, Juristen in Münster. Ein Beitrag zur Geschichte der Rechts- und Staatswissenschaftlichen Fakultät an der Universität Münster/Westf., Münster 1999, S. 629, 688 und 689. Neben der zu seinem 80. Geburtstag am 14. August 1949 von Arthur Wegner herausgegebenen Festschrift (Walter de Gruyter & Co, Berlin 1949) fehlt eine biographische Würdigung seines Lebens und Wirkens bis heute. Auch die hier gemachten Ausführungen können nur unvollständige Hinweise geben. Vgl. auch die Personalakte im Universitätsarchiv Münster 31, Nr. 45.

tenordnung einschließlich der Rassenlehre verpflichtete. Rosenfeld stand hier dem Eheverbot aus erbkranken Gründen und der Sterilisation nahe und berührte sich damit mit NS-Auffassungen, deren rassepolitischen Konsequenzen er aber nicht mittrug.[2] Möglicherweise war das der Grund, warum er sich im Sommersemester 1933 wegen weiterer Forschungen zur Kriminalpolitik beurlauben ließ, um seine Forschungen zum Kriminalrecht weiter zuführen, denn als ehrenamtliches Magistratsmitglied der Stadt Münster hatte er im März 1933 die lokalen Vorgänge der NS-Machtergreifung in Münster unmittelbar erlebt. Allerdings kam er nicht umhin, eine seiner letzten Vorlesungen im Sommersemester 1934 – vor der 1935 anstehenden altersbedingten Emeritierung – dem Thema „Einführung in die Gesetzgebung des NS-Staates im Strafrecht" einzuräumen.[3] Mit der Emeritierung entging er, der kein Mitglied der NS-Partei geworden war, manchen parteilichen Zwängen des Systems, die ihn jedoch immer wieder tangierten, da er seine akademische Lehrberechtigung auch nach seiner Entpflichtung fortsetzen wollte, jedoch nunmehr an die ausdrückliche Genehmigung durch den NS-Staat gebunden war, der damit seine parteiliche Kontrolle gerade in der Rechtslehre penetrant wahrnahm.[4] Ein zunehmendes Interesse entwickelte Rosenfeld in seiner akademischen Lehrtätigkeit als evangelischer Christ für die Kirchengeschichte sowie für das Jugendrecht und Jugendstrafrecht. Dies war angesichts der Zuständigkeit Münsters als damals einziger Universität für Westfalen und insbesondere für das wachsende Industriegebiet an der Ruhr von besonderer Notwendigkeit und erforderte enge Kontakte mit den neu aufkommenden Wissenschaften der Psychologie und Psychotherapie. Rosenfeld gehörte hier seit 1920 dem in diesem Jahr an der Universität wesentlich durch seine Initiative begründeten „Ausschuss für Jugend- und Wohlfahrtspflege" an, dessen Vorsitzender er 1923 war. Er veranstaltete zu den genannten Themenbereichen Fortbildungslehrgänge und leitete noch 1939 – mit 70 Jahren – das von ihm mitbegründete Seminar für Jugendrecht der Universität, was selbst die NS-Presse anerkennend vermerkte.[5]

Die politische Haltung Rosenfelds trat demgegenüber hinter seine fachlichjuristische Einstellung zurück, die auch in Kriegszeiten und der NS-Diktatur rechtlichen Maßstäben folgte. Dennoch ist seine preußische und deutsch-nationale Gesinnung mit Beginn und während des Ersten Weltkriegs 1914 sowie später nicht zu verkennen. In seinen Vorlesungen förderte er zum Beginn des Ersten Welt-

---

[2] Vgl. auch die Personalakte Rosenfelds Universitätsarchiv Münster 31 Nr. 45.
[3] Steveling (wie Anm. 1), S. 469.
[4] Personalakte Rosenfeld im Universitätsarchiv Münster 31, Nr. 45, wo die Überwachungstendenz des NS-Staates immer wieder vorgeführt wird.
[5] Steveling (wie Anm. 1), S. 282; vgl. auch den Artikel „Jugendpflege" von Rosenfeld in dem von Paul Herre hg. Politischen Handwörterbuch, Leipzig 1923, S. 893/4; ferner den Zeitungsbeitrag: Prof. Dr. Ernst Rosenfeld 70 Jahre alt, Münsterscher Anzeiger Nr. 365 am 23.10.1939.

kriegs, obgleich er keinen Militärdienst geleistet hatte, „den studentischen Geist im nationalen Kriegssinn".⁶ Mit zahlreichen Kollegen unterzeichnete er die „Erklärung der Hochschullehrer des Deutschen Reiches" vom 16. Oktober 1914 zum Schutze der deutschen Kulturgüter im Krieg. Als Ostpreuße prangerte er die Greuel beim Vorstoß der Russen in seine Heimat 1914 an, aber auch die französische Kriegsführung.⁷ In diesem Zusammenhang entstand 1915 aus einem öffentlichen Vortrag in Münster seine Schrift „Krieg und Privateigentum", in der er einleitend trotz der Kriegserklärungen Deutschlands an die Ententemächte diesen die Schuld an dem Deutschland von den Feinden „aufgedrungenen" Krieg gab. Dennoch bezeichnet er die Verletzung des Privateigentums, einschließlich auch des Urheberrechts, im Krieg „vom Standpunkt des Völkerrechts aus als rechtswidrig und deliktisch".⁸

Lange glaubte Rosenfeld an einen siegreichen Ausgang des Krieges für Deutschland und eine beherrschende Rolle seines Landes danach. Insofern trat er auch für die Annexion eroberter Gebiete im Westen wie im Osten durch Deutschland ein und lehnte daher – entgegen der realen Kriegssituation – die Reichstagsresolution vom 19. Juli 1917 zu einem Verständigungsfrieden ohne Gebietsforderungen ab.⁹ Überdies trat er – für einen Rechtslehrer schwer zu rechtfertigen – für die Aufhebung der Souveränität Belgiens und die Aufteilung des Landes in zwei Provinzen ein.¹⁰ Das stand im Zusammenhang mit der Einrichtung eines „Sonderausschusses für den Niederländischen Kulturkreis" an der Universität Münster, zu dem u.a. auch Rosenfeld gehörte und für den er noch im Wintersemester 1918/19 eine – allerdings unpolitische – Vorlesung: „Einführung in das niederländische Strafrecht" hielt.¹¹

---

⁶ Steveling (wie Anm. 1), S. 153.
⁷ Ebd. S. 154–155.
⁸ Der Krieg und das Privateigentum. Vortrag gehalten am 20. Januar 1915 (= Kriegsvorträge der Universität Münster, Heft 13), Münster 1915, S. 4–5 und passim.
⁹ Steveling (wie Anm. 1), S. 158–159.
¹⁰ Ebd. S. 159.
¹¹ Ebd. S. 175.

## 2. Rosenfeld und die „Türkische Gesellschaft Münster" 1916–1921

In diesem politischen Zusammenhang fand Rosenfeld auch Kontakt zu der in Münster von dem Orientalisten Hubert Grimme initiierten „Türkischen Gesellschaft", die dort am 4. Februar 1916 von dessen Schülern und von berufstätigen Interessenten begründet wurde. Sie hatte trotz der „Waffenbrüderschaft" des Deutschen und des Osmanischen Reiches im Ersten Weltkrieg seit dem 1. August 1914 einen weitgehend unpolitischen Charakter und wollte *„in Münster alle Kreise zu gemeinsamer Arbeit sammeln, deren Blicke sich aus Beruf oder Neigung dem M o r g e n l a n d zuwenden und die an der schöpferischen Tätigkeit, welche uns Deutsche in der T ü r k e i erwartet, mitzuschaffen entschlossen sind."* Sie war daher *„bestrebt, die türkische Sprache und Literatur zu pflegen"* und durch Vorträge und Studium *„Aufklärung zu schaffen über Bevölkerung, Natur und Wirtschaft jener weiten vorderasiatischen Landstrecken, die uns nunmehr als Betätigungsfeld erschlossen werden."*

Dies war im Sinne der Deutsch-Türkischen Vereinigung Berlin, die noch vor Beginn des Ersten Weltkriegs am 2. Februar 1914 durch Ernst Jäckh als Dachverband für die danach begründeten deutsch-türkischen Vereinigungen in ca. 150 größeren Städten Deutschlands begründet wurde. Sie war als eine zivilgesellschaftliche Entwicklungshilfe für das Osmanische Reiches gedacht, die auf kulturelle, bildungspolitische, medizinische und soziale wie auch auf wirtschaftliche und technisch-zivilisatorische Projekte des rückständigen überwiegend türkischen Anatolien, des späteren Staatgebiets der Türkei, bezogen war und von Jürgen Kloosterhuis zutreffend als ein „friedlicher Imperialismus" bezeichnet worden ist.[12] Auch die „Türkische Gesellschaft Münster" ist dem Berliner Dachverband im Januar 1917 beigetreten.[13] Entsprechend der zivilen Zielrichtung der „Türkischen Gesellschaft Münster" gliederte sich die Mitgliedschaft in der Vereinigung in zwei Arten: einmal für ordentliche Mitglieder, die sich an den wöchentlich ab-

---

[12] Jürgen Kloosterhuis, „Friedliche Imperialisten". Deutsche Auslandsvereine und auswärtige Kulturpolitik, 1906–1918, Phil.-Diss. Freiburg i. Br. 1981 (= Europäische Hochschulschriften III, 58), Frankfurt a. M. u. a. 1994, S. 563 ff. Vgl. dazu auch die von der Deutsch-Türkischen Vereinigung Berlin herausgegebene Schrift: Die deutsch-türkischen Wirtschaftsbeziehungen (Flugschriften der Auskunftsstelle für deutsch-türkische Wirtschaftsfragen – der DTV Berlin -. Erstes Heft, Weimar 1916. Dort ist der Zweck der DTV im Anhang (*S. 53*) beschrieben: *„durch Gründung von Kranken- und Heilanstalten, Entsendung deutscher Lehrer und Ärzte an türkische Schulen und Spitäler, Errichtung von deutschen Büchereien und anderen Bildungsstätten, Unterstützung türkischer Staatsangehöriger, die in Deutschland ihre Ausbildung vervollständigen wollen, und sonstige angemessene Mittel die beiden Völker einander geistig näher zu bringen."* Vgl. dazu auch meinen einleitenden Beitrag in diesem Buch.

[13] Vgl. das im Stadtmuseum Münster erhaltene und archivierte ausführliche handschriftliche Protokollbuch „Sitzungsberichte der Türkischen Gesellschaft" vom 4. Februar 1916 bis zum 17. März 1921 (144 S., ungedruckt), S. 101–102.

*Abb. 2: Lehrbuch der Türkischen Sprache für den Schul- und Selbstunterricht.*  *Abb. 3: Schnell-Kurs Türkisch.*

gehaltenen Sprachübungen für Türkisch mit der damals noch arabischen Schrift beteiligen wollten und einen Beitrag von 6 Mark im Jahr zahlten, zum anderen für außerordentliche Mitglieder, die ohne sprachliche Betätigung die Zwecke der Gesellschaft fördern sowie an deren allgemeinen Veranstaltungen teilnehmen wollten und dafür einen Jahresbeitrag von 3 Mark entrichteten.[14]

Insbesondere die türkischen Sprachübungen weckten das Interesse Rosenfelds, der sprachenkundig war und Rechtstexte aus mehreren Sprachen übersetzt und durch den Druck auch für die deutsche Rechtswissenschaft zugänglich gemacht hatte.[15] Gleichzeitig knüpfte er zu seinem Universitätskollegen, dem Orientalisten Hubert Grimme als Initiator der Vereinsgründung, nähere Kontakte, die sich im Laufe der Jahre verstärkten. Am 14. Vereinsabend am 5. Mai 1916 nahm Rosenfeld erstmals an einer Sprachübung des Vereins teil, was die Vereinchronik

---

[14] Werbeblatt der „Türkischen Gesellschaft" Münster von 1916. Vgl. den Abdruck oben S. 43.
[15] Wegner (wie Anm. 1), S. 198: *„Rosenfelds Wesensbild wäre aber äusserst unvollständig ohne den Hinweis auf seine großen Kenntnisse der alten wie der neuen Sprachen. Ihr verdanken wir wertvolle Übertragungen ausländischer Strafgesetze und wichtige Ausblicke, die er nach vielen Seiten seinen Schülern eröffnete."*

anerkennend mitteilt: *„Herr Prof. Dr. Rosenfeld erweist der Gesellschaft die Ehre seines Besuchs".*[16] In der Folge nahm er zwar nicht regelmäßig an den wöchentlichen Vereinsabenden teil, aber mit innerer Beteiligung und durch Korrespondenz mit den Mitgliedern.

Auch beteiligte er sich an dem geselligen Sommerausflug der Vereinigung am Sonntag, dem 30. Juli 1916, nach Haus Langen bei Westbevern, „wo es trotz der Kriegszeit Kaffee und – dank der Fürsorge unserer Damen – auch Kuchen in Fülle gab" und wo man für eine Weile die Bedrängungen der Kriegszeit abstreifen konnte.[17] Mehrfach übernahm Rosenfeld auch die Leitung der Sprachübungen und hielt Vorträge, so am 4. August 1916 über „Verwandtschaftliche Beziehungen der türkischen Sprache" – der Vortrag wurde nachgehend in der Zeitung ausführlich referiert[18] – oder am 9. Februar 1917 über „Völkerkunde der Türkei" (mit Lichtbildern).[19] Am 18. August 1916 unterstützte er die Forderungen der Türkei, dass die in Istanbul weilenden deutschen Professoren ihre Vorlesungen auf Türkisch halten sollten[20], am 29. September 2016 ist er wesentlich an der Formulie-

*Abb. 4: Alttürkische Schrift und Transskription (Lehrbuch Türkische Sprache, S. 11f).*

---

[16] Protokollbuch (wie Anm. 13), S. 39.
[17] Ebd. S. 64–66. Die Professoren Grimme und Gottlob hatten die Fahrt dorthin mit dem Fahrrad gemacht, die anderen mit der Bahn von Münster über Westbevern und zurück über Telgte nach Münster. „Gegen 9 Uhr (abends) gelangen wir in bester Stimmung wieder in Münster an, nachdem wir für einige Stunden einmal alle Not der Zeit von uns geworfen hatten".
[18] Ebd. S. 66–67; Münsterischer Anzeiger Nr. 597 am 18.08.1916.
[19] Ebd. S. 104.
[20] Ebd. S. 74–75: *„Nach einer Pause hält Herr Heinze ‚über die deutschen Professoren in Konstantinopel' einen sorgfältig ausgearbeiteten Vortrag, den er – auf einzelne böse Missklänge im deutsch-türkischen Einvernehmen nur im Vorbeigehen hinweisend – im großen und ganzen zu einem Hymnus auf die Herzlichkeit und Entwicklungsfähigkeit der deutsch-türkischen Beziehungen gestaltet. Die von den Türken den deutschen Professoren (an der Universität Istanbul) gestellte Bedingung, in türkischer Sprache zu lehren, sieht der Vortragende im Gegensatz zu Hugo Grothe und anderen Kennern für berechtigt, weil sich aus innerer Notwendigkeit ergebend, an: die Türken wollen eben in Zukunft nicht mehr im französischen oder englischen, aber auch nicht im deutschen (!) Schlepptau segeln, sondern wollen einzig und allein Türken sein."*

rung und dem Beschluss der Satzung der Gesellschaft beteiligt, deren Zweck in §
1 lautet: *„Die türkische Gesellschaft hat den Zweck, ihre Mitglieder in der Kenntnis der türkischen Sprache zu fördern und mit den politischen, wirtschaftlichen und Kulturverhältnissen des osmanischen Reiches bekannt zu machen sowie derartige Kenntnisse in weitere Kreise zu tragen."*[21]

Am 24. November 1916 ernannte die Türkische Vereinigung Münster Prof. Dr. Rosenfeld, der bis dahin als Gast angesehen wurde, zum Ehrenmitglied.[22] Damit wurde er gleichzeitig in die seit 1917 die Gesellschaft kriegsbedingt immer mehr bedrängenden Existenzfragen der Vereinigung einbezogen. Dies führte dazu, dass er im März 1918 dazu gedrängt wurde, eine Generalversammlung der Gesellschaft für den 5. April 1918 einzuberufen und zu leiten, auf der er bei der Neuwahl des Vorstands statt des erkrankten Vorsitzenden Heinze zum 1. Vorsitzenden gewählt wurde und damit die Verantwortung für die Vereinigung übernahm. Sie zählte damals zwar neben 4 Ehrenmitgliedern noch 37 ordentliche und ebenso viele außerordentliche Mitglieder, die aber infolge der fortschreitend schlechter werdenden Kriegsverhältnisse und -beanspruchungen immer weniger aktiv am Vereinsleben teilnehmen konnten. Finanziell war die Gesellschaft durchaus durch Einnahmen aus gut besuchten Vortragsveranstaltungen gesund. Allein der Reingewinn aus vier Vorträgen 1917, die zumeist im Audi Max der Universität stattfanden, betrug 110 Mark, das Vermögen 507 Mark, so dass die Vereinigung in der gleichen Sitzung 300 Mark als Kriegsanleihe zeichnete und auch das jährliche Stiftungsfest in Form eines Ausflugs festlegte, dazu Vorträge von Prof. Dr. Grimme im Juni 1918 über „Arabische Musik und Dichtkunst" und von Prof. Dr. Rosenfeld im Juli 1918 über das Thema „Zur Geschichte der Osmanen".[23] Die üblichen Sprachkurse allerdings waren – wegen Einberufung auch der Frauen zu Kriegshilfsdiensten – nur noch schwach besucht, die offiziellen Monatsversammlungen fielen aus. Allerdings wurde das Stiftungsfest mit 26 Teilnehmern und einem Ausflug zu Topphofs Mühle nach Gimbte noch angemessen – wenn auch im Regen – begangen.[24]

Das Kriegsende im November 1918 und die anschließende Revolution brachten das Vereinsleben jedoch völlig zum Erliegen. Eine Generalversammlung in der Privatwohnung eines Mitglieds am 6. Dezember 1918 verlief weitgehend ergebnislos.[25] Erst eine für den 4. April 1919 von Prof. Dr. Rosenfeld einberufene Generalversammlung, an der neben Rosenfeld der Ehrenvorsitzende Prof. Dr. Grimme sowie nur noch 7 ordentliche Mitglieder teilnahmen, ging auf die zeitgeschichtliche Problemlage ein und versuchte nach dem verlorenen Krieg eine neue Grund-

---

[21] Ebd. S. 81–84.
[22] Ebd. S. 99.
[23] Ebd. S. 121–126.
[24] Bericht über das Jahr 1918, ebd. S. 127–128.
[25] Ebd. S. 129–130.

lage für die Gesellschaft zu schaffen: *"Zu Beginn der Versammlung gibt der 1. Vorsitzende zunächst einen kurzen Rückblick über das abgelaufene Geschäftsjahr, das mit dem Zusammenbruch Deutschlands und seiner Verbündeten auch leider die Aufhebung unserer Beziehungen zur Türkei gebracht hat. Trotzdem ist es notwendig, dass die Türk. – Ges. ihre Arbeit und Bestrebungen zur Vermittelung der Kenntnisse über den Orient fortsetzt. Nach dem Wechsel der politischen Lage erscheint allerdings die Frage erwähnenswert, ob es nicht zweckmäßig ist, den Namen der Türk. – Ges. zu ändern, und zwar entsprechend ihrem eigentlichen Aufgabenkreis, in „Gesellschaft für Orientkunde".*[26]

Der nachfolgende Rechenschaftsbericht verzeichnete zwar formal noch neben 4 Ehrenmitgliedern 33 ordentliche und 25 außerordentliche Mitglieder sowie ein Guthaben von 618 Mark in der Vereinskasse, darunter einen Überschuss aus 5 öffentlichen Vorträgen im Jahr 1918 von 68 Mark, doch war der Kontakt zu manchen Mitgliedern erloschen. Die Sprachübungen wurden weiterhin am Freitagabend – allerdings aus Kostengründen in der Privatwohnung eines Mitglieds – gehalten, dazu ein Sprachkurs Türkisch für 12 Schüler (der Münsterschen Gymnasien), doch wurde die Zukunft der Gesellschaft durch die Unruhen und die Notlage der Nachkriegszeit verdunkelt. Zwar wurde ein Vorstand mit Prof. Dr. Rosenfeld als 1. Vorsitzendem, Fräulein Löbker als 2. Vorsitzenden – erstmals eine Frau –, dem 1. Schriftführer Mense, dem 2. Schriftführer Cavadino und der Schatzmeisterin Fräulein Cauer gewählt, aber zugleich beauftragt, eine Generalversammlung in nur 12 Tagen einzuberufen, in der über die Namens- und Satzungsänderung sowie die Aufhebung der unterschiedlichen Mitgliederarten beraten werden sollte.[27]

## 3. Von der „Türkischen Gesellschaft" zur „Gesellschaft für Orientkunde" 1919

Diese außerordentliche Generalversammlung fand am 16. April 1919 im oberen Saal der Ratsschenke statt und wurde neben Rosenfeld und Grimme ebenfalls nur von sieben ordentlichen, allerdings auch von drei außerordentlichen Mitgliedern besucht. Der Hauptpunkt, die Namenänderung, zeigt vor allem das Interesse Prof. Dr. Grimmes und der Universität, der Orientalistik weiter ein Aktionsfeld zu sichern. Als Gründe für die Umbenennung der „Türkischen Gesellschaft" in eine „Gesellschaft für Orientkunde" wurden angeführt: die politische Lage nach dem verlorenen Krieg mit der bevorstehenden Aufteilung des Osmanischen Reiches und der Ungewissheit eines türkischen Nachfolgestaates, *"die Erlahmung des Interesses für das rein Türkische und ferner die Schaffung einer besonderen*

---

[26] Ebd. S. 131–132.
[27] Ebd. S. 133–135.

*Pflegestätte für Orientkunde an der hiesigen Universität. Es ist daher nötig, dem Verein eine breitere Basis zu geben, indem wir den ganzen Orient mit in den Kreis unserer Aufgaben und Bestrebungen ziehen."* [28]

Abb. 5: *Vortragsprogramm Wintersemester 1918/1919.*

Der Antrag wurde einstimmig angenommen. Ebenso einstimmig wurde die Aufhebung der zwei Arten der Mitgliedschaft beschlossen und der Beitrag einheitlich auf 4 Mark festgesetzt. Prof. Grimme wurde mit dem Entwurf eines Werbeblattes für die neue Gesellschaft betraut, das über die neuen Ziele und Bestrebungen des Vereins informieren sollte. Zwei Vereinsabende waren monatlich am 1. und 3. Freitag abwechselnd als Unterhaltungs- und Vortragsabend vorgesehen. Entsprechend sollte ein Satzungsausschuss die Satzung ändern. Auch jetzt konnte wiederum ein neues Mitglied aufgenommen werden.[29]

Mit einem interessanten Vortragsprogramm für das Jahr 1919 suchte der Vorstand die umbenannte Gesellschaft mit neuen Impulsen zu festigen und insbesondere auch die vom orientalischen Kriegsschauplatz zurückgekehrten deutschen Orientsoldaten („Asienkämpfer") in Münster und Umgebung anzusprechen. Im Mai referierte Herr Gotthard über „Selbsterlebtes im Orient besonders Stambul", im Juni Prof. Grimme erneut über „Dichtung und Musik im Halbmondlager", im Juli Herr Crämer über „Malaria" (mit Lichtbildern), im Oktober erneut Prof. Grimme über „Der Koran und eigene Koranübersetzungen", im November Prof. Dr. Schmidt über „Die indischen Fakire".[30] In einer außerordentlichen Mitgliederversammlung am 28. Januar 1920, die neben Rosenfeld und Grimme wiederum von nur 7 Mitgliedern besucht war, konnte die neue Satzung beraten, ergänzt und einstimmig angenommen werden.[31]

---

[28] Ebd. S. 136–137.
[29] Ebd. 138.
[30] Ebd. S. 142.
[31] Ebd. S. 139.

Dieser hoffnungsvolle Neuanfang sollte sich nicht rechtfertigen. Denn in der ein Jahr später nachfolgenden ordentlichen Generalversammlung am 16. April 1920, die neben Rosenfeld und Grimme nur noch von 5 Mitgliedern besucht worden war, musste eine enttäuschende Bilanz gezogen werden. Die Mitgliederzahl war von 72 auf 56 zurückgegangen.

Zwar waren 12 neue Mitglieder gewonnen worden, aber 28 ausgeschieden, teils durch Umzug oder Tod. Die Vereinsabende waren „durchweg nur schwach besucht" und auch die weiter fortgesetzten türkischen Sprachübungen zurückgegangen, weil der Bezugspunkt entfallen war. Das von Prof. Grimme entworfene Werbeblatt für die in „Orientkunde" umgewandelte Gesellschaft hatte nicht den erhofften Erfolg gebracht.[32] Die neue Satzung wurde zwar einstimmig angenommen,[33] der Vorstand mit Prof. Rosenfeld als 1. Vorsitzenden, Fräulein Löbker als 2.

---

[32] Die maschinenschriftliche Druckvorlage des WERBEBLATTS von Mai 1919, unterzeichnet von Prof. Dr. Grimme als Ehrenvorsitzendem und Prof. Dr. Rosenfeld als Vorsitzendem, ist erhalten (Universitätsarchiv Münster, Bestand 4, Nr. 721: Türkische Gesellschaft): *„Infolge der veränderten Zeitverhältnisse hat die hiesige Türkische Gesellschaft in ihrer Generalversammlung vom April ihre Umwandlung in eine GESELLSCHAFT FÜR ORIENTKUNDE beschlossen. Als solche richtet sie an alle, die dem Orient Interesse entgegenbringen, die Einladung zum Beitritt. Hat eine Gesellschaft für Orientkunde für uns Deutsche noch Zweck? Während des Weltkriegs hatten wir im Vorderorient eine Vorzugsstellung inne, die uns hoffen ließ, nach Beendigung des Krieges reiche Früchte unserer dort gebrachten Opfer an Gut und Blut zu ernten. Jetzt teilen sich unsere Feinde in die Gebiete, für die wir gekämpft haben, und ihr Bemühen geht dahin, uns selbst vom Handel und Verkehr mit dem Orient auszuschalten... Deutschland muss diesen unnatürlichen Zustand dulden, solange es noch nicht wieder zu Kräften gekommen ist. In der Zwischenzeit erwächst uns die Pflicht, den Orient im Auge zu behalten und ihn uns innerlich nahe zu bringen durch eifrige Pflege der Orientkunde. KENNTNIS IST DIE VORBEDINGUNG JEDES ERFOLGES! Dass der Orient dem Fremden sein Wesen nicht leicht erschliesst, haben die Vielen von uns, die der Krieg dorthin geführt hat, genügend erfahren. Wie viele Fehler sind von führender Seite gemacht worden, weil man versäumt hatte, sich das Wesen der orientalischen Welt aufschliessen zu lassen! Was wir vor dem Kriege zu wenig getan haben, muss jetzt nachgeholt werden. Die hiesige GESELLSCHFT FÜR ORIENTKUNDE will dazu beitragen, das Interesse am Orient wachzuhalten, die Kenntnis von Land und Leuten, Kultur und Religion des Orients in den Kreisen der gebildeten zu verbreiten und zu vertiefen. .Sie vereinigt ihre Mitglieder, männlichen und weiblichen Geschlechts, allmonatlich an zwei Abenden, um sie durch Vorträge, Demonstrationen und Diskussion über die verschiedenen Gebiete des orientalischen Wesens zu unterrichten. Sie verbindet damit noch den Sonderzweck, denjenigen Kriegsteilnehmern, die jetzt auf einen Aufenthalt im Orient zurücksehen, Gelegenheit zu geben, unter Gesinnungsgenossen ihre Erfahrungen auszutauschen und ihre Erlebnisse mitzuteilen. Sie stellt ihren Mitgliedern eine größere Anzahl von Büchern und Zeitschriften belehrenden Inhalts zur Verfügung und wird für diejenigen, die sich um die Erlernung der orientalischen Sprachen bemühen, Sprachübungen einrichten. Der Jahresbetrag beträgt 4,00 Mark. Studierende der hiesigen Hochschule können auf ein Semester durch Zahlung von 2,- Mark die Mitgliedschaft erwerben. Das Lokal der Gesellschaft befindet sich im Restaurant Stieger (vorderer Saal). Münster, im Mai 1919 Der Vorstand der Gesellschaft für Orientkunde: Prof. Dr. Grimme, Ehrenvorsitzender, Prof. Dr. Rosenfeld, Erster Vorsitzender"*

[33] Vgl. den Text der Satzung Universitätsarchiv Münster, Bestand 4, Nr. 721: Türkische Gesell-

Vorsitzender, Herrn Mense als Schriftführer, Herrn Friedrichs als Vertreter, Fräulein Tannenberger als Kassiererin und Herrn Hauptmann Morneweg als Bücherwart bestätigt oder neu gewählt, der Kassenstand mit einem bemerkenswert positiven Bestand von 612 Mark festgestellt. Dennoch schloss die Versammlung wenig hoffnungsvoll. Prof. Grimme regte zwar noch einmal an, die umfassende Orientkunde mehr zu betonen, *„die sprachlichen Übungen des nur ‚Türkischen' aber wegen des erweiterten Aufgabenkreises der Gesellschaft mehr zurückzustellen"*, doch fehlten der Gesellschaft angesichts der verworrenen politischen Situation der Nachkriegszeit, der deutschen Niederlage, der sich ankündigenden Inflation und revolutionären Umtriebe sowie der völlig unübersichtlichen Lage im Nahen Osten nicht nur eine überzeugende Orientierung, sondern in der allgemeinen Not auch die existentiellen Voraussetzungen für das Weiterbestehen.[34]

Das Protokollbuch schließt daher kaum überraschend nach einem weiteren Jahr mit einer letzten Generalversammlung im alten Stammhaus Stieger am Alten Fischmarkt am 17. März 1921, zu der nur noch der oben verzeichnete fünfköpfige Vorstand sowie die Mitglieder Kreyenborg und Suad Fuad gekommen waren. Die Tagesordnung ist mit *„Berichterstattung und Beratung über eventuelles Fortbestehen des Vereins"* bezeichnet. Ein Protokoll ist nicht erstellt worden,[35] so dass man davon ausgehen muss, dass man die Gesellschaft nicht förmlich aufgelöst hat, sie sich aber angesichts der ausgebliebenen Mitglieder und der schwierigen

---

schaft. In § 1 ist der Zweck wie folgt bezeichnet: *„das Interesse am Orient zu beleben, die Kenntnis von Land und Leuten, von Kultur und Religion des Orients zu vermitteln und zu vertiefen, sowie orientalische Sprachen zu pflegen."* § 17 bestimmt: *Bei Auflösung des Vereins fällt nach Deckung der Vereinsschulden das Vereinsvermögen einschließlich des Bestandes an Büchern und Zeitschriften an das Orientalische Seminar der Universität."*

[34] Protokollbuch (wie Anm. 13), S. 140–143.
[35] Ebd. S. 144. Mit der Versammlungsankündigung endet das Protokollbuch. Bei dem Mitglied Suad Fuad dürfte es sich um einen türkischen Schüler handeln, der – wohl im Herbst 1917 – durch Bemühungen der Türkischen Gesellschaft über die für den Transfer zuständige Deutsch-Türkische Vereinigung Berlin nach Münster gekommen ist und für den die Stadt einen Zuschuss von 120 Mark monatlich für den Unterhalt beisteuerte (vgl. Protokollbuch S. 108, 113, 114, 117, 119, 144). Er dürfte einem Transport von Waisenkindern zuzurechnen sein, der Mitte Juni 1917 in Berlin ankam und überwiegend aus Waisenhäusern Inner-Anatoliens zusammengestellt wurde (vgl. Türkische Jugend in Deutschland. Jahresbericht der Schülerabteilung der Deutsch-Türkischen Vereinigung, Berlin Mai 1918, S. 51). Möglicherweise könnte es sich um ein armenienstämmiges Waisenkind gehandelt haben, obgleich der Bericht S. 15 Armenier ausschließt). Der Name ist im Protokollbuch S. 119 zum 19. März 1918 vom Protokollführer Mense, der damit seine Türkischkenntnisse bekundet, in arabischer Schrift angegeben und dürfte mit dem Namen Suad Fuad identisch sein, den das Protokoll vom 17. März 1921 (S. 144) überliefert. Demnach wäre der türkische Schüler als Waisenkind, der bei seiner Ankunft 1917 etwa 15 Jahre alt war, über das Ende des Ersten Weltkriegs – wie viele der türkischen Jugendlichen – in Münster verblieben und 1921 etwa 19 Jahre alt gewesen sein. Eine Bitte an das Stadtarchiv Münster um Nachprüfung, ob sich ein türkischer Schüler Suad Fuad seit 1917 in den Meldelisten der Stadt nachweisen lässt, ist leider ohne Antwort geblieben.

Zeitumstände „vertagte". Ihr Vermögen dürfte mit den Akten, die das Universitätsarchiv heute bewahrt, dem Orientalischen Seminar der Universität zugekommen sein.[36]

Abb. 6: Vortragsprogramm Wintersemester 1919/1920 der „Gesellschaft für Orientkunde".

## 4. Ehrenamtliche Tätigkeiten Rosenfelds in der Weimarer Zeit

Die ehrenamtliche Mitwirkung Rosenfelds in der Türkischen Gesellschaft Münster wird nicht zuletzt durch sein sprachliches Interesse an der Erlernung des Türkischen – zumal unter der häufigen Leitung der Sprachkurse durch den Ehrenvorsitzenden Professor Grimme selbst -geweckt worden sein, aber auch durch die

---

[36] Neben dem Geldvermögen, das durch die beginnende Inflation schnell fast wertlos geworden ist, verfügte die Türkische Gesellschaft über einen ansehnlichen Buchbestand, der nach der Satzung bei der Auflösung dem Orientalischen Seminar zugleich mit den Akten der Gesellschaft über die Professoren Grimme, Taeschner und später Budde zugekommen sein muss. Vgl. oben Anm. 33.

bemerkenswerte Vortragstätigkeit der Gesellschaft, die eine große Resonanz in der Stadt gerade auch in akademischen Kreisen fand und der Gesellschaft durchaus ein repräsentatives Renommee in der Stadt Münster – insbesondere auch als Garnisonsstandort – verlieh.[37] Das wird ihn auch animiert haben, den Vorsitz der Gesellschaft zu übernehmen. Aber auch der begeisterte Lerneifer der türkischen Sprachgruppe, die von Schülern bis zu beruflich etablierten Erwachsenen reichte, und die geselligen Veranstaltungen der Vereinigung müssen ihn für die türkische Gesellschaft eingenommen haben. Sie brachten ihn überdies mit der Bürgerschaft der Stadt und auch mit der evangelischen Kirchengemeinde in näheren Kontakt.

Abb. 7: Prof. Dr. Ernst-Heinrich Rosenfeld als Rektor 1922/23.

Politisch wirkte dabei die nationale Einstellung Rosenfelds weiter. Er dürfte zu den Wortführern der Münsterschen Professoren gehört haben, die am 11. November 1918 in einer Erklärung zu „Republik oder Monarchie" den Kompromiss einer „parlamentarischen Monarchie" nahe legten.[38] 1919 hielt er juristische Vorträge aus seinem Fachgebiet auch für Interessensverbände und Nichtjuristen.[39] Ein besonderes soziales Anliegen waren ihm gerade in den schweren Jahren nach dem Ersten Weltkrieg die Jugendwohlfahrt und Jugendpflege.[40] Das Friedensdiktat von Versailles lehnte er aus Gründen des Völkerrechts ab. Nationalistische Ressentiments, die seinem sonst besonnenen Wesen kaum entsprachen, hegte er weiter gegenüber Frankreich und den Franzosen, die vor allem anlässlich der Besetzung des Ruhrgebietes 1922/23 zum Ausdruck kamen.[41]

---

[37] Vgl. dazu im Universitätsarchiv Bestand 4, Nr. 720 (Mitgliederverzeichnis der Türkischen Gesellschaft), Nr. 722 und 723 (Kassenbücher der Türkischen Gesellschaft, Einnahmen und Ausgaben 1916–1921) mit namentlichen Listen der Personen, die die Vorträge der Gesellschaft abonniert hatten. Das Interesse war dabei auf allgemein bildende Themen von grundlegender und aktueller Bedeutung und nur gelegentlich auf den Krieg berührende Situationsberichte gerichtet. Zu den bezeugten Ehrengästen der Veranstaltungen gehörten u.a. der Rektor der Universität Geheimer Regierungsrat Prof. Dr. Senk, mehrere Professoren-Kollegen, die teils auch Mitglied wurden, Pater Amadeus vom Franziskanerkloster in Münster, Regierungspräsident a. D. Dr. h.c. von Gescher, der zum Ehrenmitglied der Vereinigung ernannt wurde, Militärs der Garnison in Münster sowie die Frauen der Genannten u.a.

[38] Steveling (wie Anm. 1), S. 190 f.

[39] Ebd. S. 175.

[40] Siehe dazu die Ausführungen oben zur Anm. 5.

[41] Ebd. S. 186–189 mit erzfeindlichen Charakterisierungen gegenüber Frankreich.

## Prof. Ernst Heinrich Rosenfeld (1869–1952)

Zugleich waren diese Jahre jedoch ein Höhepunkt seiner Dienstzeit, da die Kollegen ihn 1922 zum Rektor der Universität wählten. Das lässt auf seine weitgehende Anerkennung in der Hochschule wie auch in der Öffentlichkeit schließen und nicht zuletzt auch auf ein lebenspraktisches Organisationstalent, das in den schweren Jahren der Inflation 1922/23 und auch in dem anschließenden Prorektorat 1923/24 gefordert war.[42] Die damit verbundene Öffentlichkeitsarbeit setzte Rosenfeld seit 1926 mit einem parteilichen und kommunalpolitischen Engagement fort: er trat der Deutschen Volkspartei (DVP) bei, in der auch der spätere erste Bundespräsident Theodor Heuss Mitglied war (den der Gründer der Deutsch-Türkischen Vereinigung Berlin Ernst Jäckh besonders gefördert hatte) und wurde auch kommunalpolitisch in Münster im Rat der Stadt tätig, wo er von 1926–1933 unbesoldetes Magistratsmitglied und insbesondere im Theater- und Musik- sowie im zentralen Stadtausschuss tätig war. Gleichzeitig war er auch in der Gemeindevertretung der evangelischen Kirchengemeinde ehrenamtlich tätig und gehörte hier dem „Evangelischen Volksdienst" (EV) an, einer in der Not der Nachkriegszeit 1918 begründeten diakonischen Organisation, die umfassende soziale Maßnahmen für Hilfsbedürftige, besonders auch Jugendliche, einleitete und durchführte, aber sich auch politisch organisierte. Sie war entschieden antinationalsozialistisch – auch durch ihr Mitglied Martin Niemöller – eingestellt und lehnte entschieden die nationalsozialistisch ausgerichtete Bewegung der „Deutschen Christen" ab. Diese war in Münster so erstarkt, dass sie die Wiederwahl Rosenfelds in der evangelischen Gemeindevertretung verhinderte und damit auch seine weitere Ratstätigkeit.[43]

Seine nationale Einstellung brachte er 1932 noch einmal öffentlich zum Ausdruck, als er sich angesichts einer internationalen Abrüstungskonferenz, die am 3. Februar 1932 in Genf eröffnet wurde, einer Kundgebung von Professoren und Studenten der Universität Münster anschloss, die „die volle Gleichberechtigung" des Deutschen Volkes mit den übrigen Nationen einforderte, weil dies für ein „freies und friedliches Zusammenleben" unabdingbar sei.[44]

---

[42] Münsterscher Anzeiger Nr. 365 vom 23.10.1939 mit anerkennenden Bemerkungen.
[43] Steveling (wie Anm. 1), S. 199–200. Dazu äußert sich Rosenfeld selbst unter Zeugen in einem Statement für die Entnazifizierungskommission am 18.04.1946 in seinem Evakuierungsort Brakel bei Höxter: *„Bis 1933 war ich seit ca. 7 Jahren a) Mitglied des Magistrats der Stadt Münster. Die Mitgliedschaft endete durch tumultartige Störung der Sitzungen seitens der NSDAP. b) Mitglied der Gemeindevertretung der Evangelischen Kirchengemeinde Münster; infolge Verhetzung durch die „Deutsche-Christen-Bewegung" wurde ich nicht wiedergewählt."*
[44] Steveling (wie Anm. 1), S. 185.

## 5. NS-Jahre und Nachkriegszeit 1945–1952

Obgleich es in der Frage der Erbkrankheiten eine punktuelle Berührung der Auffassungen Rosenfelds mit der NS-Ideologie gab, stand die NS-Partei ihm auf lokaler Ebene als Ratsmitglied – wie oben dargestellt – ablehnend, als Professor insbesondere des Strafrechts kritisch-distanziert gegenüber, zumal man in seinem Namen zu Unrecht einen jüdischen Hintergrund argwöhnte.[45] Rosenfeld war kein Parteimitglied, trat aber 1933 dem NS-Rechtswahrerbund bei, jedoch ohne eine Funktion zu übernehmen. Am 30.11 1934 wurde er auf Hitler vereidigt, am 11.03.1935 ihm seine altersbedingte Emeritierung mit Wirkung von Ende März 1935 mitgeteilt: *„Kraft Gesetzes sind Sie mit Ende März 1935 von den amtlichen Verpflichtungen entbunden. Über die Umgrenzung der Ihnen nach der Entpflichtung verbleibenden Rechte behalte ich mir eine Entscheidung vor."* [46]

Diese nach fast 40-jähriger Tätigkeit als Hochschullehrer – davon 33 Jahre in Münster – entwürdigende Verabschiedung in den Ruhestand betraf insbesondere die üblicherweise fortdauernde Lehrberechtigung von Emeriti, aber auch die weitere Teilnahme an den Fakultätssitzungen. Letztere wurde ihm trotz seines Widerspruchs, er sei „zwar entpflichtet, aber nicht entrechtet", verweigert, erstere an Auflagen gebunden. So war die für das Wintersemester 1935/36 angekündigte Vorlesung Rosenfelds über „Deutsches Recht" nur genehmigt worden, nachdem dieser sich in einer Aussprache mit dem Dekan verpflichtet hatte, *„diese Vorlesung nicht nur im Sinne der alten Einführungsvorlesung zu halten, sondern die aus der nationalsozialistischen Neugestaltung sich ergebende Dynamik auf allen Gebieten des Rechtslebens voll und ganz zur Geltung zu bringen."* Die Vorlesung „Strafrecht" durfte nur von einem Lehrstuhlinhaber, nicht von einem Emeritus gehalten werden.[47] Die Vorlesung „Jugendrecht" im Wintersemester 1936 wurde ohne Einwände genehmigt. Gegen die Vorlesung „Gesellschaftspathologie und Gesellschaftshygiene im neuen Reich" legte der überzeugte Nationalsozialist Prof. Dr. Jötten, Dekan der Medizinischen Fakultät in Münster, Widerspruch ein, da es sich dabei um eine medizinische Frage handele, die in der Rassen-Hygiene und Bevölkerungspolitik behandelt werde. Rosenfeld konnte sich hier offensichtlich mit dem Gegenargument durchsetzen, dass „Gesellschaftshygiene" kein Kapitel der Medizin, sondern der Gesellschaft sei.[48] Im Sommersemester 1939 wur-

---

[45] Rosenfeld war veranlasst, durch Zeugnisse der 1750 zurückgehenden „Mennonitischen Gemeinde Memelniederung" (früher Litauen) seine rein arische Abstammung zu dokumentieren. Nachweise im Familienarchiv Rosenfeld, Emsdetten, vgl. auch Steveling (wie Anm. 1), S. 378–379.

[46] Personalakte Rosenfeld, Universitätsarchiv Münster 31 Nr. 45. Die Evakuierung in Brakel hatte einen familiären Bezug.

[47] Ebd.

[48] Ebd.

den vom Dekan und Rektor die nachfolgenden zwei Vorlesungen: 1. Kriminalpsychologie und Dichtung (Shakespeare, Dostojewski u.a.) und 2. Evangelisches Kirchenrecht sowie 3. ein Jugendrechtsseminar in Verbindung mit der HJ genehmigt.

Offensichtlich schätzten Fakultät und Rektorat sowie selbst die parteiliche Studentenschaft die weitere Lehrtätigkeit des erfahrenen und in seiner Disziplin anerkannten Emeritus zunehmend mehr. So konnte er 1938 auch den Internationalen Kriminalistenkongress in Rom besuchen. Zum 70. Geburtstag am 14. August 1939 gratulierte ihm die Fakultät sehr kollegial und auch sehr anerkennend durch eine Zeitungsmeldung.[49] Besonders erfreut war Rosenfeld durch die Würdigung der Universität Marburg am 9. August 1940 mit der Erneuerung des Doktordiploms nach 50 Jahren: *„Die Fakultät ist stolz darauf, dem Jubilar den Eingang in seine an Arbeit und Erfolgen reiche Gelehrtenlaufbahn eröffnet zu haben. Dieser Eintritt vollzog sich im Zeichen einer großen Zeitenwende in der deutschen Kriminalpolitik. Es war eine der wichtigsten Fragen, an die der junge Rechtswahrer sich in seiner von der Fakultät preisgekrönten Dissertation heranwagte."* [50]

Mit Beginn des von Hitler herbeigeführten Zweiten Weltkriegs am 1. September 1939 und mit den verheerenden Kriegsfolgen für Deutschland und die Welt lernte die Fakultät die weitere Lehrtätigkeit des nun 70-Jährigen besonders zu schätzen. Allerdings stellten die großen Bombenangriffe auf Münster bereits seit 1940, vor allem aber im Juli 1941 und Oktober 1943 die Universität durch die Zerstörung auch der Hochschuleinrichtungen und neben Geschäften und Bürgerhäusern auch wesentlicher Teile der Infrastruktur der Stadt vor fast unlösbare Probleme, die sich im Personalbereich noch durch Kriegsverpflichtung und Evakuierung erheblich verstärkten.[51] So hatte der Dekan der juristischen Fakultät schon Ende 1943 Schwierigkeiten, Rosenfeld einen Raum für seine Vorlesungen zuzuweisen. Immerhin bewahrte seine Lehrtätigkeit ihn davor, selbst als über 70-Jähriger noch zu Kriegsdiensten herangezogen zu werden.[52] Den 75. Geburtstag am 14. August 1944 verbrachte Rosenfeld durch die Zerstörung seines Hauses schon nicht mehr in Münster, sondern in Brakel bei Höxter, wohin er evakuiert wurde. Der Dekan bedauerte es, dass Rosenfeld diesen Festtag nicht in Münster verbringen kann, übermittelte ihm aber seine besten Wünsche mit dem Bemerken: *„Leider sind die Zeiten einer würdigen Feier dieses Tages ungünstig."* [53] Nach

---

[49] Ebd., vgl. auch die oben, in Anm. 42 angeführte Würdigung Rosenfelds im Münsterschen Anzeiger.
[50] Personalakte Rosenfeld, Universität Münster 31 Nr. 45. Das Thema der Dissertation lautete: „Die Bestrebungen zur Einführung der bedingten Verurteilung insbesondere in Österreich und in Deutschland". Sie wurde 1890 in Naumburg gedruckt.
[51] Steveling (wie Anm. 1), S. 502.
[52] Personalakte Rosenfeld, Universitätsarchiv Münster 31 Nr. 45; Steveling (wie Anm. 1), S. 504.
[53] Personalakte Rosenfeld, Universitätsarchiv Münster 31, Nr. 45.

den erneuten Bombenangriffen am 5. und 28. Oktober 1944 musste die Universität ihren Betrieb in Münster ganz einstellen. Die Rechtswissenschaftliche Fakultät wurde der Universität Berlin angeschlossen, die Verwaltung wurde nach Bad Salzuflen verlagert, wo sie am 30. Januar 1945 noch in einer makabren akademischen Feierstunde der NS-Machtergreifung 1933 gedachte.[54] Danach war der Spuk von Hitlers „1000-jährigem Reich" im Chaos der Zeit erstickt.

Am 2. April 1945 wurde die Stadt Münster von alliierten Truppen befreit, wenig später auch Brakel. Mit der Ernennung des katholischen Priesters und vormaligen Zentrums-Politikers Prof. Dr. Georg Schreiber, der von 1917 bis zu seinem Berufsverbot 1935 schon in Münster gelehrt hatte, am 1. September 1945 zum Rektor der Universität waren – trotz der großen Zerstörungen der Stadt und der Universitätseinrichtungen – die Weichen für die Neueröffnung der Universität mit dem Wintersemester 1945/46 gestellt.[55] Dazu wurde auch der in Brakel evakuierte 75-jährige Rosenfeld wieder aktiviert, der sich dabei freilich wie auch andere Kollegen der Entnazifizierung unterziehen musste, zunächst durch die Ausfüllung eines Personalbogens, dann auch durch persönliche Erklärungen. Dass er kein Parteimitglied und auch sonst in keinen Positionen des NS-Systems war, genügte allerdings der Entnazifizierungskommission nicht. Sie wollte über die Statistik des Fragebogens hinaus durch persönliche Erklärungen aller zur Entnazifizierung anstehenden Personen sich über deren tatsächliche politische Unbelastetheit in der NS-Zeit ein Bild machen. So war auch Rosenfeld aufgefordert, sich in einem Anhang zum Fragebogen über seine dienstliche Tätigkeit in der NS-Ära zu erklären. Er hat dies am 27. August 1946 mit der folgenden, von einem Zeugen unterzeichneten Erklärung getan:

*„Meine litterarische Tätigkeit und meine Vorlesungen und Vorträge bewegten sich fast ausschließlich auf den wissenschaftlichen Gebieten meiner Lehrtätigkeit als Dozent an der Universität, nämlich Strafprozeß, materielles Strafrecht, Kriminal-Psychologie, Kriminal-Politik, Jugendrecht, Kirchenrecht (insbesondere evang. Kirchenrecht). Ebenso steht es mit einigen wenigen Vorträgen im Kreise der Münsterischen Gruppe des Rechtswahrerbundes während der 1. Zeit meiner Zugehörigkeit. Erinnerlich ist mir nur ein Vortrag über das ‚Verhältnis zwischen der Sterilisation (Unfruchtbarmachung) im Sinn des Gesetzes zur Verhütung erbkranken Nachwuchses v. 14. Juli 1933 und der Entmannung (Kastration) im Sinne des § 42 K des Strafgesetzbuches.'*
*Nicht völlig unpolitisch war dagegen ein Betreuungsbrief an die studentischen Kommilitonen im Felde, abgedruckt in: Rundschreiben Nr. 18 vom 1. Juni 1944 im Rahmen der „Fernbetreuung der Kriegsteilnehmer durch die Rechts- und Staatswissenschaftliche Fakultät der Westfälischen Wilhelms Universität Münster". Der Brief trug den Titel: „Dostojewski der Kriminalpsychologe als Vorahner des Bolschewismus."*

---

[54] Steveling (wie Anm. 1), S. 504, 506 und 542.
[55] Ebd. S. 543–545, besonders Anm. 21–24. Vgl. über das nicht unstrittige Verhältnis Rosenfelds zu seinem Nachfolger Sauer Steveling (wie Anm. 1), S. 447–456.

### Prof. Ernst Heinrich Rosenfeld (1869–1952)

*Auch diese meine Angaben sind wahr.*
*Brakel, 27. Aug. 1945 Prof. Dr. Rosenfeld*
*Zeuge: G. Leineweber"* [56]

Neben dieser eigenen Erklärung hat auch der Nachfolger Rosenfelds auf seinem Lehrstuhl seit 1935, Prof. Dr. Sauer (1879–1962),[57] in einem Schreiben vom 15.10.1945 bezeugt: *„Die Emeriti der Fakultät, die zum Teil noch Vorlesungen abgehalten haben, Geheimrat Erman und Prof. Rosenfeld, haben sich ihrer ganzen, bisher beobachteten Einstellung nach nur ablehnend gegen den Nationalsozialismus verhalten."*[58] Doch auch ohne diese Bestätigung Sauers bestand ein großes Interesse der Fakultät und der Universität daran, den bereits 76 Jahre alten Kollegen Prof. Rosenfeld für die Wiederaufnahme des Lehrbetriebs ab dem Wintersemester 1945/46 zu gewinnen. In einem Brief vom 24. September 1945 aus Brakel hatte sich Rosenfeld auch bereit erklärt, 1–2 Vorlesungen, ca. 8–10 Stunden, zu halten, doch wünschte er, mit seiner Familie wieder nach Münster zu ziehen. Er war auch bereit, zur Fakultätssitzung am 28.09.1945 nach Münster zu kommen, wenn eine Übernachtungsmöglichkeit bestehen würde. Das konnte jedoch nicht zugesagt werden, wie überhaupt der Dekan Prof. Dr. Hoffmann die Wohnungsfrage als „außerordentlich schwierig" beurteilte. Wie sehr sich Rosenfeld mit seinem Dekanat und den Kollegen verbunden fühlte, lässt auch seine Frage nach dem Schicksal der in Gefangenschaft befindlichen Kollegen erkennen. An der Wiedereröffnung der Universität am 3. November 1945 und der Fakultät am 5. November 1945, mit denen der Wiederbeginn der Lehrveranstaltungen verbunden war, konnte Rosenfeld wegen der Verkehrsschwierigkeiten und auch aus Altersgründen nicht teilnehmen. Offensichtlich traten mit Beginn des neuen Jahres 1946 bereits spürbare Verbesserungen in den Verhältnissen der Universität ein, so dass die Fakultät bei Rosenfeld anfragte, ob er gegebenenfalls nach Weihnachten noch seine Lehrveranstaltungen im Wintersemester 1945/46 beginnen würde. Doch auch diesem Vorschlag erteilte Rosenfeld aus gesundheitlichen Gründen seiner Frau, die er nicht allein lassen könne, wegen Alters und der schlechten Verkehrsverhältnisse wiederum eine Absage.[59]

Am 25.04.1946 teilte Rosenfeld dem Dekan mit, dass er bereit ist, nachfolgende Vorlesungen im Sommersemester 1946 zu übernehmen: 1. Evangelisches Kirchenrecht, 2. Geschichte des Strafrechts, 3. einstündig Kriminalpsychologie und Dichtung. Er hielt diese Vorlesungen einmal wöchentlich und hatte dazu mit der

---

[56] Personalakte Rosenfeld, Universitätsarchiv Münster 31 Nr. 45. Vgl. dazu auch die Erklärung Rosenfelds vom 18.04.1946 über seine ehrenamtlichen Tätigkeiten vor 1933 oben Anm. 43.
[57] Steveling (wie Anm. 1), S. 446–457.
[58] Steveling (wie Anm. 1), S. 548.
[59] Vgl. die Briefwechsel zwischen Rosenfeld und dem Dekanat seiner Fakultät zu den angeführten Daten in der Personalakte Rosenfeld, Universitätsarchiv 31 Nr. 45.

Bahn die Hin- und Rückreise von Brakel nach Münster und zurück zu überwinden. Mit dem Beginn des Sommersemesters 1947 war es ihm offensichtlich gelungen, sein in den Bombenkriegen zerstörtes Haus wieder bewohnbar zu machen und nach Münster zurückzukehren. Der Dekan bescheinigt ihm am 10.03.1947: *„dass Herr Prof. Dr. Ernst Rosenfeld in seinem Amt als Professor des Rechts bestätigt worden ist und an der Universität auch weiterhin mit der Abhaltung von Vorlesungen betraut ist"*, jedoch in der Privatwohnung ein Arbeitszimmer und einen Bibliotheksraum benötigt, da dafür in der Universität kein Platz ist.[60] Die Bescheinigung hatte angesichts der strengen Bewirtschaftung des Wohnraums in der Nachkriegszeit offensichtlich den Zweck, Rosenfeld in seinem eigenen Haus weiteren Raum für die Eigennutzung zu sichern.

Durch seine weitere Lehrtätigkeit stand Rosenfeld bis zuletzt in einer engen Verbindung zur Fakultät, die ihn daher aus Anlass seines 80. Geburtstags am 14. August 1949 mit einer bemerkenswerten Festschrift ehrte, deren Initiator sein jüngerer Kollege Arthur Wegner war, den Rosenfeld schon 1931 als jungen Ordinarius für Strafrecht von Breslau nach Münster zu berufen bemüht war, was damals jedoch nicht gelang, jedoch 1946. Er folgte jedoch nicht auf dem Lehrstuhl Rosenfelds, sondern auf dem des 1946 vakant gewordenen zweiten strafrechtlichen Lehrstuhls der Fakultät, fühlte sich jedoch Rosenfeld besonders verbunden und übernahm von ihm auch den Lehrauftrag für Kirchenrecht, allerdings des katholischen. Er übermittelte ihm im Auftrag der Fakultät zu seinem 80. Geburtstag auch die Glückwünsche der Kollegen und vereinte in der Festschrift Beiträge von Kollegen und Freunden weit über Münster hinaus.[61] Einen Glückwunsch der Fakultät zu seinem 82. Geburtstag 1951 beantwortete Rosenfeld mit den Zeilen: „Mir ist es eine besondere Freude, zu sehen und zu empfinden, dass meine liebe, alte Fakultät mir immer noch ihr warmes ehrendes Gedenken bewahrt."

Ernst Heinrich Rosenfeld starb am 12. Mai 1952 im 83. Lebensjahr. Die Trauerfeier fand am 15. Mai 1952 in der Kapelle des Zentralfriedhofs statt, im Anschluss daran die Beerdigung. Er hinterließ seine Gattin, die am 28. Juli 1962 im Alter von 89 Jahren in Münster starb, vier Kinder, 12 Enkel und 2 Urenkel. Die Kollegen trauerten um den Senior der Fakultät, dem es „vergönnt war, bis lange nach seiner Emeritierung aus den reichen Gaben seines Geistes vom Katheder Saatkörner zu streuen."[62] Die Deutsch-Türkische Gesellschaft Münster dankt sei-

---

[60] Ebd.
[61] Vgl. über Arthur Wegner, der 1958 enttäuscht von der Fakultät zur DDR übersiedelte und dort in Halle an der Saale wieder einen Lehrstuhl übernahm Steveling (wie Anm. 1), S. 608–629 sowie 684–705. Rosenfeld bot ihm mit der Übergabe der Festschrift als Dank das Du an.
[62] Prof. Dr. Karl Gottfried Hugelmann, Rektor der Universität Münster 1935–1937, später Prof. in Göttingen in einem Schreiben an den Dekan der juristischen Fakultät vom 17.05.1952. Rosenfeld hatte bis zuletzt ein persönliches Verhältnis gegenseitiger Achtung zu Hugelmann. Vgl. Universitätsarchiv Münster, 31 Nr. 45, Personalakte Prof. Rosenfeld.

nem ehemaligen Vorsitzenden und Ehrenmitglied mit diesem Beitrag noch heute für sein Wirken für die Gesellschaft.

Ein besonderer Dank für die familiären Nachrichten und Abbildungen gilt den in Emsdetten wohnenden Enkeln Dr. Joachim Rosenfeld und Dr. Cornelius Rosenfeld.

# Franz Taeschner (1888–1967) und Gotthard Jäschke (1894–1983) Ein Doppelporträt Münsteraner Gelehrten

## Klaus Kreiser

Der Islamwissenschaftler Franz Taeschner (1888–1967) und der Jurist und Turkologe Gotthard Jäschke (1894–1983) lehrten einige Jahrzehnte an der Universität Münster. Beide Wissenschaftler waren Pioniere ihres Faches. Auf unterschiedliche Weise hat ihr Werk im internationalen Rahmen und besonders in der Türkei Geltung behalten. Die Westfälische Universität war insbesondere zwischen der Berufung Jäschkes (1947) und der Emeritierung Taeschners (1957) ein international beachteter Schwerpunkt der osmanistischen und Türkei-türkischen Forschung.

Taeschner kann als Mitbegründer der historischen Geographie des Osmanischen Reiches gelten und als derjenige, der die Grundlagen für unser Wissen von den Zünften und Bruderschaften im Islam gelegt hat, darüber hinaus war er ein guter Kenner der islamischen Ikonologie, insbesondere der iranischen Buchmalerei. Weithin vergessen, aber nicht zu unterschätzen sind seine Anstrengungen, Wissenschaftler verschiedener Disziplinen und aus unterschiedlichen Nationen zu gemeinsamen Projekten zusammenzuführen. Dazu gehört seine Beteiligung an einer Denkschrift für den 19. Internationalen Orientalistenkongress in Rom (1935), in der eine gemeinsame Transliteration der arabischen Schrift für die Hauptliteratursprachen der islamischen Welt vorgeschlagen wurde. Zwei Jahrzehnte später (1956) unterbreitete er dem 5. Kongress für türkische Geschichte den Plan eines Geschichtsatlasses der Türkei (*Türkiye'nin bir tarihî haritası planı*).

Jäschke ist einer der ersten und vielleicht der wichtigste Vertreter einer zeitgeschichtlichen Schule im Rahmen der Turkologie. Unentbehrlich sind seine „Geschichtskalender", exakte chronologische Tabellen zur türkischen Moderne zwischen 1918 und 1961. Nach wie vor haben seine zahlreichen Beiträge zur Rechts- und Religionsgeschichte der Türkei große Bedeutung.

Auf den folgenden Seiten sollen die sehr unterschiedlich geprägten Männer vor dem Hintergrund der deutsch-türkischen Beziehungen von 1916 bis in die 1940er Jahre vorgestellt werden. Dabei werde ich Taeschner ausführlicher berücksichtigen, weil ich über Jäschke schon in der Vergangenheit publiziert habe.[1] Über die Rolle beider Männer in der Deutsch-Türkischen Gesellschaft Münster

---

[1] Kreiser, Klaus: „Gotthard Jäschke '1894–1983,: Zur Entstehung der türkischen Zeitgeschichtsforschung", in: *Turkologie heute – Tradition und Perspektive. Materialien der dritten Deutschen Turkologen-Konferenz Leipzig, 4.–7. Oktober 1994*, Wiesbaden 1998, S. 186–194; ders., „Gott-

nach 1945 verweise ich auf die gründliche Untersuchung von Wiebke Hohberger[2] und ihren Beitrag in dieser Festschrift.

## 1. Franz Taeschner – wissenschaftlicher Werdegang und Erster Weltkrieg

*Prof. Dr. Taeschner (Foto: Universitätsarchiv Münster)*

Franz Taeschner wurde am 8. September 1888 im bayrischen Bad Reichenhall als Sohn des Berliner Apothekers Emil Taeschner geboren. Der Schüler des Luisenstädtischen-Gymnasiums wurde von der in der ganzen westlichen Welt verbreiteten Ägyptomanie infiziert. Wir können davon ausgehen, dass der Junge auch von dem bekannten Babel-Bibel-Streit, der durch eine Rede des Assyriologen Friedrich Delitzsch (1850–1922) im Jahr 1902 entfacht wurde, gehört hatte.[3] Als Student sollte er die Berliner Vorlesungen von Delitzsch besuchen. Nach dem Schulabschluss studierte er zunächst in Bonn, dann in Berlin, München, Erlangen und Kiel. Er besuchte Vorlesungen in zahlreichen älteren und neueren Zweigen der Orientalistik, Archäologie und Kunstgeschichte, sah sich in der Indologie um, in den biblischen Fächern und vor allem in der Arabistik.

Ausschlaggebend für seine Entscheidung „Orientalistik" mit dem Schwerpunkt „Islamwissenschaften" (die als Fach erst im Entstehen begriffen waren) zu studieren, war jedoch der Besuch der Münchener Ausstellung von *„Meisterwerken Muhammedanischer Kunst"* im Sommer 1910. Wir wissen nicht, wie oft er die 80 Räume der von Friedrich Sarre organisierten Kunstausstellung plus Verkaufsmesse durchwandert hat. Jedenfalls war das auf 1,5 Millionen Mark veranschlagte

---

hard Jäschke '1894–1983,: Von der Islamkunde zur Auslandswissenschaft", in: *Die Welt des Islams* 38 (1998), S. 406–423.

[2] *Die Arbeit der Deutsch-Türkischen Gesellschaft Bonn und Münster nach 1945: Spiegelbild der deutschen Türkeipolitik* (Magisterarbeit 2010).

[3] In seinem Nachruf auf Grimme (s. Anm. 22) geht er auf den Streit „unseligen Angedenkens" kurz ein.

Budget der gigantischen Schau auf der Theresienhöhe, von denen 100 000 Mark auf „Propaganda" (also Werbung) entfielen, im Falle des stud. phil. Franz Taeschner gut angelegt. Er erwarb bei der Gelegenheit ein umfangreiches „türkisches Miniaturenalbum", das der deutsche General von Bötticher aus Rheinburg im Katalog unter Nr. 3328 zum Kauf angeboten hatte. 15 Jahre später, Taeschner war inzwischen Privatdozent in Münster, veröffentlichte er das Album als Tafelband unter dem Titel „*Alt-Stambuler Hof- und Volksleben. Ein türkisches Miniaturenalbum aus dem 17. Jahrhundert*".[4] Ohne den Preis des Albums zu kennen, drängt sich die Frage auf, wie groß der Monatsscheck des Apothekersohns war. Dazu muss man berücksichtigen, dass Mama Taeschner – der Vater war schon 1900 verstorben – wegen des von ihrem Mann aufgebauten Pharmazie-Unternehmens in durchaus wohlhabenden Verhältnissen lebte. Sie hatte neben der Berliner Wohnung ein Haus an der Ostsee und konnte sich den Erwerb und den Ausbau der Burgruine Kipfenberg, „*der Perle des Altmühltals*", leisten. Ohne den Rückhalt von Mama hätte sich der Sohn als späterer Wissenschaftlicher Hilfsarbeiter in Hamburg bzw. als Privatdozent und Extraordinarius in Münster weniger leicht getan, auf viele Reisen verzichten müssen, seine Bibliothek nicht in dem Umfang aufbauen können.

Nach ein oder zwei Semestern in München, wo er ägyptologische, altorientalistische und archäologische Vorlesungen belegt hatte, wechselte Taeschner zu Georg Jacob (1862–1937), nach Erlangen. Jacob war einer der originellsten Vertreter der Islamwissenschaften. Seine Interessen reichten von der altarabischen Dichtung bis zur zeitgenössischen türkischen Literatur. Zugleich aber widmete er – mit den Worten von Carl Heinrich Becker (1876–1921) – „eine fast asketische Aufopferung mühsamen Detailforschungen auf eigentümlich abgelegenen Gebieten".[5]

Als Jacob 1911 einen Ruf auf den Kieler Lehrstuhl annahm, folgte ihm Taeschner, um dort mit einer Arbeit über ein Kapitel aus dem Hauptwerk des Kosmographen Qazwînî (st. 1283) zu promovieren.[6] Die Doktorarbeit gehört zu einer Anzahl von Übersetzungen und Untersuchungen, die europäische, vorab deutsche Orientalisten dem Werk Qazwînîs widmeten. Schon Jacob hatte über „Ornithologisches zu " geforscht. Taeschners Doktorprüfung fand am 22. Juni 1912 statt. In einem maschinenschriftlichen Lebenslauf schrieb er unter demselben Jahr:

---

[4] Hannover: Lafaire 1925.
[5] Becker, Carl Heinrich: „Georg Jacob als Orientalist", in: *Festschrift Georg Jacob zum siebzigsten Geburtstag 26. Mai 1932 gewidmet von Freunden und Schülern*, hrsg. von Theodor Menzel. Leipzig : Harrassowitz, 1932, S. 1.
[6] Taeschner, Franz: *Die Psychologie Qazwînîs*, Tübingen: Schnürlen 1912, 67 S.

*"Konstantinopel mit Besuch von Brussa und Adrianopel; Studienreise zum Zwecke, den Orient kennen zu lernen und die Kenntnis der lebenden türkischen Sprache zu vervollkommnen."*[7]

Er hatte die Reise glücklich zwischen seinem Rigorosum und der Eheschließung mit Anna Maria Sybille Wieland „Annemarie" (1889–1954) geplant und kehrte wohl vor Ausbruch des für die Türkei so desaströsen Ersten Balkankriegs (1912/13) nach Berlin zurück. Hat Taeschner ein Reisetagebuch geführt, in dem er von der Auflösung des osmanischen Parlaments im August oder von der Mobilmachung der serbischen Truppen Ende September berichtet? Wir wissen es nicht, wir besitzen fast keine Selbstzeugnisse dieser Art. Seine passive Korrespondenz scheint sich nicht erhalten zu haben. Briefe lassen sich allerdings noch in Gelehrten-Nachlässen wie denen von Josef Sauer (1872–1949), Paul Kahle (1875–1964) oder Franz Babinger (1891–1967) nachweisen und warten auf ihre Bearbeitung.[8]

Die wenigen Dokumente aus dem Universitätsarchiv Münster lassen sich teilweise aus einem wohl für den engeren Familien- und Freundeskreis verfassten Lebensbild seiner verstorbenen Frau ergänzen.[9] Demzufolge hielt sich das junge Paar 1913 und 1914 in Paris und London auf, wo Franz Handschriftenstudien nachging. Er befasste sich vor allem mit den illustrierten Dichtungen des persischen Klassikers Niẓâmî (st. 1209) und verfolgte den Plan, daraus eine Habilitationsschrift zu verfertigen. Der Weltkrieg überraschte Annemarie und Franz auf einer Nordlandreise in Stockholm. Nun trat er seine erste Stelle als „Wissenschaftlicher Hilfsarbeiter" bei Rudolf Tschudi (1884–1960) an, der kurz zuvor am Hamburger Kolonialinstitut Nachfolger Carl Heinrich Beckers wurde. Der Schweizer Tschudi, der ebenfalls bei Jacob (1910 in Erlangen) promoviert wurde, gehört zu den ersten „hauptamtlichen" Osmanisten im deutschen Sprachraum. Taeschner blieb ihm lebenslang verbunden. Seine erste Veröffentlichung nach der Dissertation war ein Glossar zu einem Unterrichtsbehelf („Hilfsbuch") von Georg Jacob.[10]

Im Juli 1915 wurde der 27jährige Dr. Franz Taeschner unter die Fahnen gerufen. Er trug jetzt die Uniform eines preußischen Landwehrmanns. Im Jahr 1916, genauere Zeitangaben fehlen, diente er im ost-holsteinischen Örtchen Cismar. Seine Aufgabe bestand in der „Bearbeitung der Kriegsgefangenen-Angelegenheit" im Landratsamt des Kreises, die mit der Postzensur des nahe gelegenen Offiziers-

---

[7] Universitätsarchiv Münster, Bestand 5 Nr. 827, hier Bl. 2–6; Bestand 10 Nr. 6885.
[8] Vgl. noch Hanisch, Ludmilla: *Verzeichnis der Orientalistennachlässe in deutschen Bibliotheken und Archiven*, Halle 1997 (Hallesche Beiträge zur Orientwissenschaft 23), S. 88, zu einem Splitternachlass betreffend das Futuvvetname.
[9] *Annemarie Taeschner geb. Wieland. Ein Frauenleben*, Münster: Aschendorff 1954, 32 S.
[10] Taeschner, Franz: *Glossar zu den transkribierten Texten in Georg Jacobs Hilfsbuch für Vorlesungen über das Osmanisch Türkische*, Berlin: Mayer & Müller 1915, 43 S.

lagers in Eutin zu tun haben könnte. Man darf vermuten, dass er diese Verwendung in irgendeiner Form seinem Lehrer Georg Jacob verdankte. Der inzwischen zum Geheimen Regierungsrat ernannte Jacob erfüllte damals eine patriotische Pflicht als des Türkischen kundiger Orientalist, indem er ein kleines „*Deutsch-Türkisches Aushilfe=Vokabular für Marine und Krankenschwestern*"[11] zusammenstellte.

Im Gründungsjahr der deutsch-türkischen Gesellschaft Münster (1916) war eine Art von Selbstmobilisierung der orientalistischen Fächer an vielen Universitäten bereits vollzogen. Hier soll beispielhaft der Blick auf Bonn gelenkt werden, weil Taeschner zumindest sein erstes Semester dort verbracht hatte, wo er zu Füßen von Max Horten (1874–1945) saß. Der katholische Theologe Horten war ein angesehener Kenner der arabischen Philosophie. Im Wintersemester 1910/11 hatte er zum ersten Mal, wahlweise, d.h. je nach Nachfrage der Studierenden, neben Äthiopisch, Armenisch und Persisch auch Türkisch „im Angebot". Horten ist nicht nur ein Beispiel für die leidenschaftlichen Sprachensammler, die in den orientalistischen Fächern eher die Regel waren, sondern auch für die Indienststellung des Türkischen für die weltpolitischen Ziele des Deutschen Reiches. Das Bonner Vorlesungsverzeichnis nennt nach dem genannten Eintrag im Sommer 1915 „*Türkisch*" unter Hortens Lehrveranstaltungen. Im Epochenjahr 1916 erschien dann im Heidelberger Verlag von Julius Groos seine der Methode Gaspey-Otto-Sauer verpflichtete „Kleine Türkische Sprachlehre" samt einem Schlüssel zum Selbststudium. Im Vorwort hob er das praktische Anliegen des Büchleins hervor:

„*Dieses Lehrbuch entstand im Herbste 1915, als die Nachfrage nach einer handlichen Türkischen Sprachlehre, die unmittelbaren Bedürfnissen entgegenkäme, eine große wurde und der Verleger mit dem Wunsche an mich herantrat, dieser zugleich auch patriotischen Forderung zu entsprechen. Quelle dieser Arbeit war naturgemäß die Literatur über türkische Dinge in den letzten Jahrzehnten. Innerhalb Jahresfrist – so war die Aufgabe gestellt – soll der Lernende, eisernen Fleiß vorausgesetzt, imstande sein, das Türkische für praktische Zwecke zu handhaben, Zeitungen zu lesen und sich in sein besonderes Arbeitsgebiet rasch einzuleben zu können.*"

Am Ende des Textes offenbarte Horten sein vaterländisches Credo:

„*Manche Großmacht hat bereits ihre Hände nach der Türkei ausgestreckt. Dieser rohen Gewaltpolitik gegenüber verfolgt Deutschland eine Humanitätspolitik. Es sucht die Türkei als selbständigen Staat möglichst zu stärken und zu fördern in der Überzeugung, dass auf diese Weise deutsches Geld und deutscher Fleiß in der Türkei am besten beschützt sind und die dauerhaftesten Erfolge zeitigen werden. Auf diese Weise hat sich die innigste Waffenbrüderschaft und Freundschaft der Zentralmächte mit der Türkei herausgebildet, die deshalb von Dauer zu sein verspricht, weil die betreffenden Länder sich wirtschaftlich ergänzen: die Türkei als Rohstoff produzierendes und Deutschland als Fertigprodukte lie-*

---

[11] Hamburg: Meißner 1916, 32 S.

*ferndes Land. Dabei tritt an Stelle des englisch-französischen Prinzips der schrankenlosen Ausbeutung das deutsch-österreichische der allseitigen Kulturförderung der Türkei."*

Unter er fügte ein nicht ganz so uneigennütziges Motiv für das deutsche Orientengagement hinzu:

*„Zudem ermöglicht uns Kleinasien und Palästina eine vom Meere aus unangreifbare Landverbindung nach unseren afrikanischen Besitzungen."*

Nach diesem Schlaglicht auf einen Professor, der vom Katheder aus den „Heiligen Krieg" der Verbündeten unterstützte, ein Blick auf das Osmanischen Reich selbst, wo mittlerweile der Nationalismus der „Jungosmanen" auffällige Blüten trieb. Am 23. März 1916 hatte das osmanische Parlament ein „Gesetz über den Gebrauch des Türkischen im Geschäftsleben" erlassen, dessen erster Artikel lautete: „Der gesamte Betrieb und die Korrespondenz bei Eisenbahnen und anderen Einrichtungen des öffentlichen Verkehrs müssen in türkischer Sprache gehalten werden."[12] Nur für die Eisenbahngesellschaften galt eine Fristverlängerung bis Mitte 1919! Die ab 1915 an das *Dârülfünûn*, die Istanbuler Universität, berufenen deutschen Professoren sollten ihre Lehrveranstaltungen in Fächern wie Geographie, Chemie oder Jurisprudenz nach einer Übergangsfrist ebenfalls in türkischer Sprache halten. Darüber hinaus gab es Anstrengungen, das Türkische als Unterrichtssprache in den arabischen Provinzen zu stärken. Es gibt z. B. einen entsprechenden Erlass für die *Sultâniye*, die staatliche osmanische Oberschule von Damaskus.

Im Sommer 1916 wurde auch der Plan eines deutsch-türkischen Hauses der Freundschaft (*Dostluk Yurdu*) öffentlich bekannt gemacht, zu dessen Durchführung sich die Deutsch-Türkische Vereinigung der Mitwirkung des Deutschen Werkbundes bediente. Ein Gegenstück sollte in den letzten Kriegsmonaten in Berlin Ecke Unter den Linden – Wilhelmsstraße entstehen. Die Idee des Freundschaftshauses, um „der türkischen Unwissenheit über Deutschland abzuhelfen und den französischen Kultureinfluss beiseite zu schieben" (so steht es im Protokoll der Deutsch-Türkischen Vereinigung vom 11. August 1915) war nicht unumstritten. So schlug der Direktor der Anatolischen Eisenbahn-Gesellschaft die Angliederung eines ganzen Warenhauses vor, während sich das Preußische Kriegsministerium für eine Frauenklinik an seiner Stelle einsetzte. Keines dieser Vorhaben wurde realisiert.

Die osmanische Hauptstadt Istanbul war im Gründungsjahr der Deutsch-Türkischen Gesellschaft Münster 1916 – auch nach dem abgewehrten Stoß in den ‚weichen Unterleib' der Mittelmächte auf der Dardanellen-Halbinsel – in keiner guten Verfassung. Über die Verhältnisse in der Türkei konnte sich das deutsche

---

[12] Kreiser, Klaus (Hrsg.) : *Germano-Turcica. Zur Geschichte des Türkisch-Lernens in den deutschsprachigen Ländern*, Bamberg 1987 (Schriften der Universitätsbibliothek Bamberg, 4.), S. 141.

Publikum, mehr oder weniger gefiltert, aus einer Fülle von Zeitungsbeiträgen, Pamphleten und Büchern ein Bild machen. Ein Beispiel muss genügen:

Der Kriegsreporter Paul Schweder (von dem genaue Lebensdaten fehlen) beschrieb die im Istanbuler Handelshafen herrschende Tristesse, in dem Schiffe „ohne Dampf" lagen und die Lastträger „müßig" herumstanden, fügte aber mit professionellem Optimismus hinzu:

*„Konstantinopel läßt darum keineswegs den Kopf hängen. Wohl wurden Stadt und Land durch den Kriegsausbruch überrascht, und es ist der Türkei nicht immer gelungen, für alle Lebensbedürfnisse rechtzeitig und ausreichend zu sorgen. Aber man wohnt unter einem Himmel, der zwar auch in diesen Januartagen Schnee und Regen sendet, der aber zwischendurch ganze Frühlingswochen einschiebt und im März bereits Blumen und Früchte in dem gesegneten anatolischen Hinterland hervorzaubert, so dass die Verpflegung der Bevölkerung auch hier, allen Aushungerungsplänen unserer Gegner zu Trotz, nur wenig zu wünschen läßt. Mangel herrscht nur in den Dingen, die auch sonst eingeführt werden mussten, in Zucker, Kohle und Petroleum."*

Schweder schloss den Abschnitt mit der Versicherung, dass „nach Wiedereröffnung des Balkanverkehrs" auch dem abgeholfen werde. Und im schon in Friedenszeiten teuren und schlechten Hotelwesen in der Hauptstadt des türkischen Reiches werde „hoffentlich von deutscher Seite nach dem Kriege ‚Wandel' geschaffen werden."[13]

## 2. Gotthard Jäschke, wissenschaftlicher Werdegang und Erster Weltkrieg

Nach diesen ersten Einzelheiten zur persönlichen Situation von Franz Taeschner und zur Lage der Türkei im Jahr 1916 wenden wir uns Gotthard Jäschke zu. Jäschke kam am 8. April 1894 als Sohn eines Gymnasialprofessors im schlesischen Ober-Peilau zur Welt. Er war Großneffe des bedeutenden Sprachforschers Heinrich August Jäschke (1817–1883), der als Herrenhuther Missionar Teile der Bibel ins Tibetische übertragen hatte. Gotthard Jäschke studierte zwischen 1912 und 1916 in Freiburg und Berlin Rechtswissenschaft. Kurz vor Ausbruch des Ersten Weltkriegs bestand er die Türkische Diplomprüfung am Seminar für Orientalische Sprachen in Berlin. Seit dem 5. August 1914 diente er als Soldat an der Westfront, wo er am 6. Oktober in der verlustreichen Herbstschlacht in der Champagne eine schwere Verwundung erhielt. Auch nach seiner, allerdings nie vollständigen Genesung hat man in der Militärbürokratie nicht daran gedacht, ihn an einen osmanischen Kriegsschauplatz zu versetzen; vielleicht verbot dies sein körperlicher

---

[13] *Im türkischen Hauptquartier*, Leipzig: Hesse & Becker 1916, S. 12.

Zustand. Am 11. Oktober 1916 wurde ihm das Eiserne Kreuz II. Klasse wegen der Bergung von Verwundeten im Trommelfeuer verliehen.

*Prof. Dr. Jäschke (Foto: Universitätsarchiv Münster)*

Am selben Tag erfolgte seine Referendarprüfung am Berliner Kammergericht. Ende Dezember trat er seinen Dienst am Amtsgericht Berlin-Lichterfelde an. Jäschke konnte das Kriegsgeschehen nur aus der Presse verfolgen, während er in Greifswald seine Dissertation druckfertig machte. Sie erschien zuerst in dem von Martin Hartmann (1851–1918) begründeten Organ der Deutschen Gesellschaft für Islamkunde *Die Welt des Islams*, dann in erweiterter Form selbständig unter dem Titel *„Die Entwicklung des osmanischen Verfassungsstaates von den Anfängen bis zur Gegenwart"*.[14] Vom 1. Juni bis 6. September 1917 arbeitete Jäschke an der Berliner „Nachrichtenstelle für den Orient". Die *NO* war die Vorform eines *think tanks* zur „Erforschung der Islamwelt mit besonderer Berücksichtigung der Gegenwart". In dieser kurzen Zeit wurde sie durch Martin Hartmann nachhaltig geprägt. In einem Artikel, den Jäschke 25 Jahre nach dem Tode Hartmanns „zum Gedächtnis" in der *Welt des Islams* veröffentlichte, schrieb er – nach der Zitierung einer älteren Würdigung durch Becker:

„*Dann sollten wir lernen, die große Aufgabe, die sich Martin Hartmann bei der Gründung der Deutschen Gesellschaft für Islamkunde setzte, in ihrem ganzen Ernst zu erkennen: die quellenmäßige Erforschung der Gegenwartsverhältnisse der islamischen Länder.*"

Als Voraussetzung für die „große Aufgabe" zählte er auf:

„*... gründliche Kenntnis der in Betracht kommenden Sprachen, ständige Fühlung mit dem pulsierenden Leben und Beherrschung der einzelnen Sachgebiete. [...] Vor allem sollte an die Zeitgeschichte, d.h. Darstellung der jüngsten Vergangenheit, ein viel strengerer Maßstab angelegt werden, als es bisher allgemein üblich war. Wie oft wurde sie mit einer Phantasie geschrieben, die eines orientalischen Märchenerzählers würdig wäre!*"[15]

---

[14] Berlin: Verlag der Neue Orient 1917, 57 S.
[15] *Die Welt des Islams* 23 (1941), S. 111–121.

Jäschke, der bis dahin schon fünf „Geschichtskalender" der Türkei (von 1918–1934) veröffentlicht hatte, war sich natürlich bewusst, dass nicht alle „Tatbestände", besonders auf kulturellem Gebiet, „kalendermäßig" zu erfassen sind, als er diese in der allgemeinen Zeitgeschichtsschreibung selbstverständlichen Maßstäbe setzt.

Am Tag seiner Greifswalder Doktorprüfung (15. März 1917) hatte sich der Fall von Bagdad an die Commonwealth-Truppen sicher auch an der deutschen Ostseeküste herumgesprochen. Jedenfalls berichtete die *Berliner Börsenzeitung* beschwichtigend, es handele sich nicht um eine „Eroberung", sondern vielmehr um die „Einnahme einer aus eigenem Entschluss der türkischen Heeresleitung geräumten Stadt". Wir können sicher annehmen, dass Dr. jur. Jäschke nicht nur die militärischen Vorgänge an der osmanisch-britischen Front verfolgte, sondern auch den von den Kriegsereignissen wenig beeindruckten Reformismus der Jungtürken. Ein Beispiel: Am 12. März, einen Tag nach dem Fall von Bagdad, wurden alle Scheriatsgerichte dem Justizministerium unterstellt. Wenige Monate vor der Kapitulation der Mittelmächte fand sich Jäschke endlich inmitten des „pulsierenden Lebens". Als Dragomanatsaspirant am Generalkonsulat Konstantinopel konnte er den Niedergang des jungtürkischen Regimes sozusagen von einem Balkonplatz aus verfolgen.

In diesen letzten Kriegsmonaten wurde Franz Taeschner, der weiterhin als Übersetzer und Dolmetscher verwendet wurde, von Galizien an die Palästina-Front versetzt. Am 30. September 1918 geriet er bei Sa'sa'a, wie sein kurzer Lebenslauf von 1946 verrät, in britische Gefangenschaft. Der Ort liegt nordöstlich von Kunaitra und wurde einen Tag vor der Besetzung von Damaskus von einem australischen Regiment genommen.[16] Das folgende Jahr verbrachte Taeschner bis zu seiner Heimkehr am 22. Dezember 1919 größtenteils in Lagern in der Nähe von Kairo. Außer der in seinen tabellarischen Lebensläufen enthaltenen Tatsache, dass er für seine Teilnahme an den deutschen Orient-Kampagnen den Eisernen Halbmond und ein Ehrenkreuz für Frontkämpfer erhielt, ist aus dieser Zeit nichts über ihn bekannt.

Die Jahre nach der deutschen Kapitulation und dem Friedensvertrag von Versailles sehen Jäschke nach der am 5. Mai 1920 bestandenen Prüfung für die diplomatisch-konsularische Laufbahn im Auswärtigen Amt. Für einige Jahre übernahm er die Redaktion der Monatsschrift des „Bundes religiöser Sozialisten Deutschlands", deren erstes Heft *Der Religiöse Sozialist* gegen die Barbarei des Nationalismus ankämpfte. In einer Art Editorial schrieb Jäschke in der folgenden Nummer (Jg. 1, Nr. 2 vom 15. Februar 1922) von der Sammlung „aller Männer

---

[16] S. das Kärtchen bei Gullett, H[enry] S[omer], *The Australian Imperial Forces in Sinai and Palestine 1914–1921*, (Sydney 1923), S. 745–746.

und Frauen, die mit den Grundsätzen Christi nicht nur im privaten, sondern auch im öffentlichen Leben vollen Ernst machen wollen und die darum für eine sozialistische Lebensgestaltung eintreten." Das Programm der sozialistischen Gottsucher enthält aber auch die Forderung nach einer „gerechten Umformung der außen- und innenpolitischen Verhältnisse". Damit hatte Jäschke, ohne den Namen zu nennen, von der Revision des Vertrags von Versailles gesprochen.

Die Zurückweisung des Friedensvertrags von Sèvres durch den von Mustafa Kemal organisierten anatolischen Widerstand hatte schon damals seine Wirkung auf Jäschke wie auf viele andere deutsche Beobachter nicht verfehlt. Eigentliche Fachpublikationen zu türkischen Themen sind allerdings aus den Jahren 1919 bis 1928 nicht nachweisbar. Am 9. Januar 1932 hielt er anlässlich des zwanzigjährigen Bestehens der *Deutschen Gesellschaft für Islamkunde* an der Universität Berlin einen Vortrag zum Thema „Der Freiheitskampf des türkischen Volkes", der voller Bezüge zur deutschen Lage nach Versailles ist („Die Geschichte nahm einen anderen Verlauf, als alle diese Politiker voraussahen"). Jäschke beschloss seine Rede mit einer Würdigung der „gewaltigen Führerleistung Mustafa Kemals" und dessen Worten „Ein Volk, das alle nur denkbaren Mühen und Opfer auf sich nimmt, um seine Existenz und Unabhängigkeit zu sichern, hat Erfolg".[17]

## 3. Franz Taeschners Anfänge in Münster 1922

Wie ist es Franz Taeschner nach dem Friedensschluss und der Entlassung aus britischer Gefangenschaft ergangen? Er hat die Nachkriegsjahre wohl zu einem großen Teil auf Kipfenberg verbracht, jener schon genannten Burg, die Mama Taeschner zwischen 1914 und 1925 aus einer mittelalterlichen Ruine in einen Wohnsitz hatte umbauen lassen. Wahrscheinlich war Taeschner mit seinen in den Vorkriegsjahren gesammelten Aufzeichnungen zur iranischen Buchmalerei nicht zufrieden, auch wenn er an einer Stelle sagte, er habe „ein ziemliches Material zusammengebracht", sei aber noch nicht zur Verarbeitung desselben gekommen.[18]

Jedenfalls forschte er nun in der Abgeschiedenheit des Torhauses einer mittelalterlichen Burg vor allem über die geographische Literatur der Osmanen. Handschriften wurden ihm in liberalster Weise von deutschen Bibliotheken in das nahe Eichstätt gesandt. Jahre später verfasste er eine gut ausgestatte *Geschichte der Burg Kipfenberg*.[19] Bevor er am 22. August 1922 zu seiner Probevorlesung über die „Geographische Literatur der Osmanen" an der Universität Münster zugelas-

---

[17] *Die Welt des Islams* 14 (1932), Sonderdruck.
[18] „Zur Ikonographie der persischen Bilderhandschriften", in: *Jahrbuch der asiatischen Kunst*=Festschrift Sarre 2 (1925), S. 128–135, Tafel 87–89. Diesem Artikel liegt seine Antrittsvorlesung in Münster zugrunde.
[19] Eichstätt in Bayern: Brönner & Daentler 1935, 46 S.

sen wurde, hatte der knapp 34jährige ein Verzeichnis seiner Schriften eingereicht. Die Liste wurde von der schon genannten, für damalige Verhältnisse nicht allzu schmalen Dissertation angeführt. Hinzukamen vier Zeitschriftenartikel, deren Umfang zwischen zwei und fünf Seiten allerdings an der Untergrenze einer wissenschaftlichen Textsorte lag, zumal drei der vier Arbeiten sich mit Buchmalerei befassten und illustriert waren. Mit einigem Wohlwollen konnte man seine Glossare bzw. Wörterverzeichnisse zu Georg Jacobs *Hilfsbüchern für Vorlesungen über das Osmanisch-Türkische* als selbstständige wissenschaftliche Leistung ansehen. Hinzu kommt schließlich noch als ein weiteres sprachdidaktisches Hilfsmittel die Transkription aus dem arabischen Typendruck in eine lateinische Umschrift von zwei Kurzgeschichten des nationalistischen Erzählers Ahmed Hikmet Müftüoğlu (1870–1927). Taeschner hatte diese Skizzen (*İlk görücü* und *Üzümcü*) als Übungstexte 1916 in *Trübners Philologischer Bibliothek* herausgegeben. Sie wurden übrigens fast gleichzeitig von anderen deutschen Kennern der türkischen Gegenwartsliteratur übersetzt und veröffentlicht.[20] Taeschner hat sich ansonsten, soweit ich sehe, nur selten mit der türkischen Gegenwartsliteratur befasst. Eine bemerkenswerte Ausnahme ist die Übersetzung von Gedichten des Neo-Mystikers Asaf Halet Çelebi (1907–1958) in den *Mitteilungen der Deutsch-Türkischen Gesellschaft* (Bonn) von 1959. Sie erschienen ein Jahr nach dem Tod des Dichters bzw. zwei Jahre nach Taeschners Emeritierung. Auch der Katalog seiner hinterlassenen *Turcica* enthält unter 1762 Nummern nur wenige Titel aus der inzwischen klassischen Moderne der türkischen Literatur, darunter nur je ein Werk von Reşat Nuri Güntekin und Refik Halid Karay, von Halide Edib Adıvar nicht mehr als vier.[21]

Allerdings hatten die Mitglieder der Fakultät in Münster gute Gründe für die Aufnahme des jungen Manns in ihre Reihen. Entscheidend war die Vorlage einer gewichtigen Habilitationsschrift verbunden mit der Empfehlung Georg Jacobs an den Semitisten Hubert Grimme (1864–1942), der seit 1910 in Münster lehrte und nach einer Türkeireise im Jahr 1911 Türkisch zu unterrichten begonnen hatte.[22] Schon aus dem Titel der Habilitationsschrift „*Evliya Tschelebi. Studien über sein Werk und die Topographie des osmanischen Kleinasien*" erkennt man die Anregung Jacobs, der schon vor dem Krieg als Ergebnis seines Ausflugs nach Edirne eine Anzahl von kleinen Artikeln über den großen osmanischen Reisenden veröffentlicht hatte. Die Arbeit über Evliya Çelebîs Reisewege bildete dann die

---

[20] Kreiser, Klaus: „Turkologie als Steckenpferd? Von Paul Horn bIs Carl Frank", in: *AİBÜ Sosyal Bilimler Enstitüsü Dergisi, Semih TEZCAN'a Armağan, Cilt: 13, Yıl: 13*, 13:213–238.
[21] *Catalogue* No. 426, Leiden: Brill 1970.
[22] In seinem Nachruf auf Grimme findet sich keine Erwähnung für dieses vorübergehende Interesse am Türkischen (*Zeitschrift der Deutschen Morgenländischen Gesellschaft* 96 [1942], S. 381–392). Der Nachruf auf Grimme ist vorstehend auf S.267–282 abgedruckt.

Grundlage von Taeschners Hauptwerk in zwei Bänden: *Das anatolische Wegenetz nach osmanischen Quellen*.[23] Hier entflocht er ein unübersichtliches Straßensystem, von dem in großen Zügen nicht mehr als die Diagonalroute von Üsküdar nach Syrien bekannt war. Taeschner betonte als erster die Unterschiede von Handelsstraßen, Heerstraßen und Pilgerwegen. Sein schon etablierter Kollege Richard Hartmann (1881–1965) besprach das Werk wohlwollend, ohne einige Schwächen zu übersehen.[24]

Grimme wies in seinem Gutachten darauf hin, dass Taeschner seit langen Jahren als Orientalist bekannt sei und erteilte den Rat, ihn zunächst für ein Semester als Hilfsarbeiter am Orientalischen Seminar zu beschäftigen „um sich mit den Verhältnissen in Münster vertraut zu machen". Taeschner musste Grimme Einblick in seine „pekuniären Verhältnisse" geben und damit Bedenken der Fakultät zerstreuen, der Kandidat könne sich als Privatdozent nicht „aus eigenen Mitteln" unterhalten. Nach Abschluss des Verfahrens hielt er seine Antrittsvorlesung „Zur Ikonographie der persischen Bilderhandschriften", deren Text er drei Jahre später in der schon genannten Festschrift für Friedrich Sarre veröffentlichte. Er hatte offensichtlich sein bis zur Münchener Ausstellung von 1910 zurückreichendes Interesse an diesem Zweig der islamischen Kunst nicht verloren. Im Jahr seiner Habilitation herrschte im Münster der ersten Nachkriegszeit Wohnungsnot, und der junge Gelehrte musste mit einem möblierten Zimmer in der Klosterstraße 6/7 Vorlieb nehmen, bis er im Sommer 1923 für sich und seine Frau eine Wohnung in der Hoyastr. 13 fand. Ab da hat Taeschner der Stadt Münster bis zu seinem Tode die Treue gehalten hat, zahlreiche Aufenthalte auf Kipfenberg und Reisen ins In- und Ausland nicht gerechnet.

In den folgenden Jahren schlug er mit dem Studium des *futuwwa*-Bundeswesens seine dritte Forschungsrichtung ein, die er später als sein „Hauptthema" bezeichnen sollte. Unter dem arabischen Wort *futuwwa* versteht man bruderschaftsartige Bünde, die im sogenannten islamischen Spätmittelalter vor allem, aber nicht ausschließlich in Anatolien auftraten und in vielen Städten in den Jahren zwischen dem Niedergang der Rum-Seldschukischen Dynastie und dem Auftreten der Osmanen eine gesellschaftspolitische Rolle spielten. Ihre Mitgliedschaft überlappte sich weitgehend mit denen der Zünfte. Zu ihren zentralen Idealen gehörten Freigiebigkeit und Gastfreundschaft. Ihre Rituale erinnerten an Sufi-Gemeinschaften. Ein neuerer Forscher schreibt, die *futuwwa* habe eine Art von *part-time*-Version der islamischen Mystik vermittelt.[25] Taeschner war schon durch die Dissertation seines im Weltkrieg gefallenen Studienfreunds Hermann

---

[23] Leipzig: Mayer & Müller 1924–1926 = Türkische Bibliothek Bd. 22–23.
[24] *Der Islam* 15 (1926) 148–151.
[25] Ridgeon, Lloyd, Art. *Futuwwa*, in *The Encyclopaedia of Islam Three* (2012–3), S. 143–148.

Thorning auf das Thema hingewiesen worden.[26] Ein weiterer Beleg für sein frühes Interesse am islamischen Vereinswesen ist die Veröffentlichung eines Bildes, welche die Aufnahme eines Lehrlings in eine Zunft darstellt.[27] Die Quelle für diese Abbildung war das 1910 in München erworbene Album.

## 4. Anatolische Reisen Taeschners 1924 und 1927

1924 hatte er erstmals wieder Gelegenheit, in die Türkei zu reisen. In einem tabellarischen Lebenslauf heißt es:

*„Konstantinopel: Studienaufenthalt zum Zwecke, die Kenntnis des Orients und der lebenden türkischen Sprache aufzufrischen und um Anschauung von den veränderten Verhältnissen im Orient in der Nachkriegszeit zu gewinnen; sowie Forschungsaufenthalt zum Zwecke gewisse Arbeiten zur osmanischen Literaturgeschichte durch Studium in den Stambuler Bibliotheken zu fördern."*

Eine 1927 mit Paul Wittek (1894–1978) vom Deutschen Archäologischen Institut (Abteilung Istanbul) unternommene Reise hatte die Untersuchung von Bau- und Grabinschriften einer sogenannten Achifamilie zum Ziel. Für Taeschner repräsentierten die Achis die „bürgerliche" Seite der *futuwwa*-Bünde. Im Feuilleton der Istanbuler deutschsprachigen Tageszeitung *Türkische Post* vom 4. und 5. Oktober 1927 berichtete er darüber unter dem Titel „An der Wiege der osmanischen Macht". Nur am Ende des Artikels ging Taeschner auf die dramatischen Veränderungen der jüngsten Vergangenheit ein:

*„Die durchreiste Landschaft hat ein historisches Interesse nicht nur für die älteste osmanische Geschichte: sie ist ein Teil des Schauplatzes, auf dem sich das große Ringen zwischen Türken und Griechen in den Jahren 1921–1923 abgespielt hat. Auf den Höhen zwischen Bos Ujük [Bozhöyük] und in In Önü [İnönü] fanden erbitterte Kämpfe statt, und fast in allen Orten sieht man an den Zerstörungen die Folgen der griechischen Besetzung: besonders hart mitgenommen wurde Isnik [İznik], wo herrliche Kunstwerke wie die berühmte Koimesiskirche, die Eschref [Eşref] Rumi-Moschee und die Kutbudin-Moschee so gut wie vollständig verschwunden, andere, wie die herrliche Jeschil Dschami [Yeşil Cami], stark beschädigt, sind: Ewigkeitswerte sind hier unwiederbringlich verloren. Die Stadt Biledschik [Bilecik] ist so gut wie vollständig niedergebrannt, ebenso die am Bahnhof beginnende Mittelstadt (Basarviertel) von Eskischehir [Eskişehir]."*

Er schloss die Schilderung der Kriegsfolgen mit einem optimistischen Blick auf die Menschen:

---

[26] *Beiträge zur Kenntnis des islamischen Vereinswesens auf Grund von Basṭ Madad et-Taufīq*, Berlin: Mayer & Müller 1913 (Türkische Bibliothek. Band 16).

[27] „Aufnahme in eine Zunft, dargestellt auf einer türkischen Miniatur", in: *Der Islam* 6 (1915), S. 169–172, 1 Tafel.

*„Hier wie überall in Anatolien begegnet man indessen, einem frischen tatenfrohen Geiste der bestrebt ist, die zerstörten Städte und Ortschaften wieder aufzubauen."*

Taeschner war nach seinen Angaben schon nach der Ernennung zum außerordentlichen Professor im März 1929 als Nachfolger Grimmes „für den Lehrstuhl vorgesehen". Nach der vorzeitigen Emeritierung von Anton Baumstark (1872–1948) erfolgte 1935 seine Berufung, für die seine Mitgliedschaft in der NSDAP seit 1933 gewiss kein Hindernis darstellte. Eine vorausgegangene Bewerbung nach Freiburg mit Unterstützung Gotthelf Bergsträssers (1872–1948) blieb – aus unbekannten Gründen – ergebnislos.

Taeschner war nun eine etablierte Größe in der deutschsprachigen Orientalistik. Grimmes Voraussage, dass er mit der Zeit, ausgenommen die Assyriologie, die übrigen Orientalisten in Vorlesungen und Übungen vertreten werden könne, hatte sich bewahrheitet. Man muss sich aber Taeschner nicht als einen Gelehrten vorstellen, der sich unberührt von den politischen Umwälzungen in sein Arbeitskabinett zurückzog. In einer 1933 verfassten Schrift versuchte Taeschner den Nationalsozialismus mit dem deutschen Katholizismus zu versöhnen. In dem vielleicht mit eigenen Mitteln gedruckten Heft „*Der Totalitätsanspruch des Nationalsozialismus und der deutsche Katholizismus*"[28] vertrat Taeschner unmissverständlich rassistische Positionen. Der Autor begrüßte zwar einerseits die christliche Mission unter den Juden, andererseits lehnte er ein *conubium*, die Ehe von Christen und Juden, ab. In seinem Weltbild war der Gegensatz zwischen „Juden" und „Deutschen" durch die Taufe nicht aufhebbar, das Germanische im Deutschtum unabdingbar. Im Zuge der Entnazifizierung verfasste er am 1. Januar 1946 ein Rechtfertigungsschreiben an den Oberpräsidenten. Er fügte eine kurze „Inhaltsübersicht" seiner Schrift bei, in der allerdings genau diese Punkte fehlen. Ob er später von dieser „Rassenlehre" Abstand nahm, ist nicht bekannt. Für seine osmanistische Forschung hat das keine Rolle gespielt. Auch was er etwa zehn Jahre später, über das Verhältnis des frühen Islam zum Judentum schrieb, unterscheidet sich wenig vom Mainstream der zeitgenössischen Orientalistik.[29] Eine weitere in seinem Schriftenverzeichnis fehlende Publikation behandelt die von Taeschner beklagte „kirchliche Separation".

*„Im Bewusstsein der wachsenden Bedeutung der orientalistischen Wissenschaft für historische Studien, die auf eine universalgeschichtliche Anschauung gerichtet sind"*, veranstaltete er in den 1930er Jahren „Orientalistische Arbeitsabende", um gegenseitige Anregungen zu vermitteln und den Gedankenaustausch zu pflegen. Eine daraus hervorgegangene Veröffentlichung trug den Titel *Orientalische Stimmen zum Erlösungsgedanken*. Beteiligt waren die Münsteraner Pro-

---

[28] Münster: Aschendorff 1934, 52 S.
[29] *Geschichte der arabischen Welt*, Heidelberg: Vowinckel 1944, S. 45–47.

fessoren Werner Foerster (1897–1975), Adolf Rücker (1880–1948) und Friedrich Schmidtke (1891–1969) sowie Hans Heinrich Schaeder (1896–1975) aus Berlin[30]. Taeschner setzte sich in seinem Beitrag mit der „Erlösungssehnsucht in der islamischen Mystik des Mittelalters" auseinander und gibt Proben aus der sufischen Poesie, insbesondere dem berühmten *Rebâbnâme* von Sultan Veled, dem Nachfolger von Celâleddîn-i Rûmî.

## 5. Taeschners Laufbahn seit 1923 und Taeschners Schüler

Gotthard Jäschkes Karriere-Stationen in der Zwischenkriegszeit waren zunächst die für einen jungen Beamten im Auswärtigen Amt üblichen. Er wurde 1923 zum Vizekonsul ernannt, nachdem er diese Amtsbezeichnung seit 1921 innehatte. Ab Juli 1924 arbeitete er am General-Konsulat in Izmir, ab Ende Juni 1926 in Tiflis und schließlich zwischen Mai 1927 und bis Anfang 1931 als Legationssekretär an der Botschaft in Ankara unterbrochen durch Abordnungen nach Ankara und Izmir. Man darf annehmen, dass Taeschner 1927 den deutschen Vertretungen in Istanbul bzw. Ankara Besuche abgestattet hat und dort Jäschke begegnet ist. Ob sich die beiden schon früher getroffen haben, muss noch offen bleiben.

Aus diesen örtlichen und zeitlichen Koordinaten ergibt sich schon, wie nahe Jäschke damals an den Ereignissen war, welche die Türkei Mustafa Kemals prägten: Der Abschluss der Friedensverträge von Lausanne (1923) fällt ebenso in seine Izmirer Zeit wie Mustafa-Kemals berühmte „Hut-Reise" nach Dadai bei Kastamonu. Vor Jäschkes Versetzung von Izmir nach Tiflis wurde die Totalrezeption des Schweizer Zivilrechts in der Türkischen Republik Gesetz. In seiner Zeit als Diplomat hat Jäschke mit Ausnahme seines ersten, mit Erich Pritsch verfassten Geschichtskalenders[31] fast nichts veröffentlicht. Seine produktivste Periode fällt in die Zeit nach seinem Ausscheiden aus dem Auswärtigen Dienst.[32] Ab 1931 lehrt er am Berliner Seminar für Orientalische Sprachen, die unter den Nationalsozialisten in eine Auslandswissenschaftliche Fakultät übergeführt wurde. Jäschke trat, nach eigenen Aussagen, gezwungenermaßen im Jahr 1940 in die NSDAP ein, auch wenn die Akten ein etwas anderes Bild vermitteln. Ohne in Einzelheiten von Jäschkes Schicksal in den letzten Kriegs- und ersten Nachkriegsjahren einzugehen, sei hier noch erwähnt, dass er am 21. März 1947 nach längeren Unsicherheiten an der Universität Münster eine Gastprofessur für „Kultur, Geschichte

---

[30] *Morgenland. Darstellungen aus Geschichte und Kultur des Ostens.* 1936/Heft 26.
[31] *Die Türkei seit dem Weltkriege. Geschichtskalender 1918–1928,* Berlin: Deutsche Gesellschaft für Islamkunde 1929.
[32] Über die Gründe des Ausscheidens kann nur spekuliert werden. Nach einer mündlichen Mitteilung des Islamwissenschaftlers Hanns Robert Roemer (1915–1997) an den Verfasser wurde Jaeschkes Eheschließung von seinen Vorgesetzten als nicht standesgemäß beurteilt, was eine weitere Beförderung ausschloss oder erschwerte.

und Landeskunde der Türkei einschließlich der türkischen Sprache und Literatur" erhielt, die er bis 1959 innehatte. Etwas abweichend bezeichnet er sich als Autor des Artikels „Heinrich August Jäschke" in der *Neuen Deutschen Biographie* als „Professor der Geschichte und Religion der neuen Türkei".[33]

Taeschner und Jäschke, das wurde schon einleitend hervorgehoben, genossen in der Türkei zu Lebzeiten und vielerorts noch heute, ein hohes Ansehen. Im Zusammenhang mit einem Gastsemester Jäschkes in Istanbul erschien ein großer Artikel in der Zeitschrift der dortigen Wirtschaftsfakultät in türkischer Sprache.[34] Dass man die deutsche Vorlage in einem Schweizer Periodikum findet, sei hier noch am Rande bemerkt, auch weil der Redakteur der Zeitschrift, Hans Georg Wackernagel (1895–1967), eine Fülle von „seltsam übereinstimmenden Einzelheiten" zwischen dem islamischen und dem „alteidgenössischen Korporationswesen" zu erkennen glaubte.[35] Die Biographien von Taeschner und Jäschke wurden Gegenstand von türkischen akademischen Abschlussarbeiten. Taeschners „Wegenetz" wurde vor wenigen Jahren von Nilüfer Epçeli ins Türkische übertragen.[36]

Jäschke erreichte die türkische Leserschaft vereinzelt vor dem Zweiten Weltkrieg. Nachdem er einen Artikel über „Die völkerrechtliche Lage des Sandschaks Alexandrette" in den *Orient-Nachrichten* des Deutschen Orient Vereins veröffentlicht hatte, druckte die Tageszeitung *Cumhuriyet* zwischen dem 11. und 14. November 1938 eine fast vollständige Übersetzung in vier Folgen. 1972 erschien nach zwanzigjähriger Verzögerung eine türkische Version von „Der Islam in der neuen Türkei" (ohne den Untertitel „Eine rechtsgeschichtliche Untersuchung"). Der Übersetzer İsmail Arar (1921–1993) war der damalige Minister für Nationale Erziehung in einem Kabinett von Nihat Erim. Arar war ein produktiver Historiker, als Mitglied der Republikanischen Volkspartei verfolgte er besorgt den von Jäschke beschriebenen religiösen Revisionismus, vor allem seit 1946. Arar ergänzte den Grundtext um eine Anzahl von Artikeln aus *Die Welt des Islam*. Jaeschke hatte und hat aber auch Anhänger im rechts-nationalistischen Lager wie den Publizisten Fethi Tevetoğlu (1916–1989).

Auffällig, geradezu irritierend, ist die Tatsache, dass wir nur sehr wenige Schüler von Taeschner kennen, die in Münster ihr Studium mit der Promotion abschlossen. Von Jäschke waren überhaupt keine Erstbetreuungen zu ermitteln. Zwei von den fünf vorerst sicher festgestellten Doktoranden Taeschners befassten sich mit dem Lebensthema des Meisters, der *Futuwwa*. Sein erster Schüler war

---

[33] 10 (1974), S. 289–290.
[34] „İslâm Ortaçağında Futuvva (Fütüvvet Teşkilâtı)", in: *İktisat Fakültesi Mecmuası* 15 (1955), S. 3–32.
[35] „Futuwwa, eine gemeinschaftsbildende Idee im mittelalterlichen Orient und ihre verschiedenen Erscheinungsformen", in *Schweizerisches Archiv für Volkskunde* 52 (1956), S. 122–158.
[36] *Osmanlı Kaynaklarına Göre Anadolu Yol Ağı*, Istanbul: Bilge 2010.

offensichtlich Wilhelm Schumacher (1913–?). Wir kennen ihn nur aus dem 1944 gedruckten und angeblich erst 1945 von der Deutschen Morgenländischen Gesellschaft herausgegebenen Werk *Der anatolische Dichter Nāṣirī (um 1500) und sein Futuvvetnāme* („Mit Beiträgen v. Wilhelm Schumacher").[37] Unklar ist, ab wann der Usbeke Baymirza Hayit (1917–2006) in Münster bei Taeschner und Jäschke Islamwissenschaft studierte. Jedenfalls wurde er 1949 mit einer (ungedruckten) Arbeit zur „turkestanischen" Zeitgeschichte (*Die nationalen Regierungen von Kokand [Choqand] und der Alasch Orda*) promoviert. Auch bei dem dritten und vierten Doktoranden Taeschners handelt es sich um „Rußlandtürken". Der Krimtatare Mustafa Edige Kirimal (1911–1980) legte eine Dissertation zum Thema *Der nationale Kampf der Krimtürken, mit besonderer Berücksichtigung der Jahre 1917–1918*[38] vor. 1956 folgte der „Türkistan-Türke" Momindjan Teschabai-Oġlu (geb. 1920 in Farġana) mit einer Arbeit über das „Fütüvvetnâme des Yaḥya b. Halîl", die ungedruckt blieb. Hier soll nur hinzugefügt werden, dass Hayit, Kirimal und Teschabai-Oġlu zunächst in der Sowjet-Armee dienten und nach ihrer Gefangennahme durch die deutsche Wehrmacht gegen die UdSSR kämpften bzw. propagandistisch tätig waren. 1954 wurde die Dissertation von Joseph Schellmeier zu einem Thema der christlich-arabischen (koptischen) Hagiographie erfolgreich abgeschlossen.[39]

## 6. Zwei ungleiche Gelehrte

Wenn man die ungleichen Gelehrten Taeschner und Jäschke vergleichen will, fällt die konfliktlose Arbeitsteilung auf. Während Taeschner die „klassische islamische Welt" in Forschung und Lehre unter besonderer Berücksichtigung der osmanischen Epoche pflegte, befassen sich fast alle 400 Aufsätze und Bücher Jäschkes mit Fragen des 20. Jahrhunderts. Wenn man noch näher in die Schriftenverzeichnisse blickt, sieht man, dass sich Taeschner kaum über das frühe 19. Jahrhundert in die neuere Zeit vortastete, während Jäschkes Arbeiten einen klaren Schwerpunkt zwischen 1920 und 1950, also in der frühen Republik Türkei haben. Gemeinsam war Taeschner und Jäschke der christliche Glaube. Beide waren von „antichristlichen Bestrebungen im Vorderen Orient" tief berührt. Taeschner befasste sich mit der ausgesprochen antichristlichen Stellung des Islams trotz seiner „relativ nahen

---

[37] In der Bibliothek der Deutschen Morgenländischen Gesellschaft (Halle) befindet sich ein (von mir nicht eingesehener) „Splitternachlaß" von Franz Taeschner, der nur aus Korrespondenz zum Futuvvetname zu bestehen scheint (Hanisch, Ludmilla: „Verzeichnis der Orientalistennachlässe in Deutschen Bibliotheken und Archiven", Halle 1997, S. 88.

[38] Emsdetten: Lechte 1952.

[39] *Das altchristliche Anachoretentum im Spiegel der christlich-arabischen Hagiographie, dargestellt an drei Erzählungen des Butrus as-Sadamanti.*

Verwandtschaft mit dem Christentum". Er konzipierte zu diesem Thema einen Betrag zu einer Tagung für Missionare, die 1953 in Münster stattfand. Wegen der Erkrankung seiner Gattin und ihres Todes war er außerstande sein Referat über „antichristliche Bestrebungen im Vorderen Orient" zu vollenden. Im Tagungsband „Christen und Antichristen. Die Missionen in der religionsfeindlichen und widerchristlichen Welt von heute"[40] wurde sein Artikel von Gotthard Jäschke um etwa drei Seiten ergänzt. Beide Autoren resümierten die schwindenden Möglichkeiten missionarischer Betätigung im Orient. Jäschke erkannte den „übersteigerten Nationalismus" als großen Feind des Christentums. Erst in zweiter Linie sei es „der von ihm zu Hilfe gerufene Islam".

Taeschner betrieb „Feldforschung" im Sinn von Untersuchungen zu Baudenkmälern und Bauinschriften, auch wenn das Studium von Texten im Mittelpunkt seiner Arbeit stand. Wir können auch sicher annehmen, dass er zu den Habitués der Istanbuler Antiquare gehörte. Ohne diese kenntnisreichen *sahhâf*, allen voran der legendäre Rauf Yelkenci (1894–1974), hätte Taeschner nicht nur seine beachtliche Fachbibliothek aufbauen können, noch Zugang zu vielen Handschriften erhalten. Türkische Kollegen wie Mehmed Fuad Köprülü (1890–1966) und Abdülbaki Gölpınarlı (1900–1982) standen mit ihm in engen Arbeitskontakten.

Taeschner und Jäschke haben ihre gesamte Jugend im wilhelminischen Kaiserreich erlebt, ihre produktiven Jahren fallen in die Republik von Weimar, das „Dritte Reich" und die Bundesrepublik Konrad Adenauers. Als der deutsche Kaiser 1917 nach Konstantinopel reiste, um den Grundstein für das Freundschaftshaus zu legen, hatten Taeschner und Jäschke noch nicht ihr 30. Lebensjahr erreicht. Beim ebenso historischen Besuch Adenauers im Jahr 1954 befanden sich beide Historiker noch auf der Höhe ihrer Arbeitskraft. Nach seiner Emeritierung (1957) nahm Taeschner das Angebot der Fotografin Julie Boehringer und der Archäologin Helga von Heintze (1919–1996) zu einer Türkei-Rundreise an. Julie Boehringer hat diese Reise dokumentiert, die Veröffentlichung im Münchner Bruckmann Verlag erschien auch auf Türkisch. Auf einer Tafel kann man den gelehrten Mitreisenden, dem das kleine Buch gewidmet ist, erkennen, wie er in der Salzsteppe Zentralanatoliens einen Reifenwechsel des Jeeps abwartet.[41]

Seine Interessen für Kunst- und Baugeschichte, historische Geographie und Epigraphik verbanden sich bei Taeschner mit intensiven Landeskenntnissen. Er hat darüber nicht nur in wissenschaftlichen Artikeln, sondern auch an allgemein zugänglichen Stellen berichtet. Taeschner gehörte zu den wenigen Orientalisten, die es nicht ablehnten, die Regionalpresse mit kleinen Reiseberichten zu versorgen. Auch von Jäschke sind einige derartige Beiträge bekannt. So wissen wir von

---

[40] Hiltrup: Herz Jesu-Missionshaus o.J.
[41] Julie Boehringer: *Auf Karawanenstrassen Anatoliens*. München:Bruckmann 1958; Ohne Pag., 48 Abb., 1 Faltkarte; *Anadolu'nun kervansaray yollarında*, 2012 in 2. Auflage.

einer Besteigung des Erciyes bei Kayseri im Sommer 1928 aus einer deutschen Lokalzeitung.[42]

Es bedarf keiner weiteren Erklärung, dass Taeschner in der Türkei eine andere Anhängerschaft hat als Jäschke. Sakallı Dede („der bärtige Ordensscheich") galt vielen als eine Art westfälischer Kryptomuslim,[43] während Jäschke von Historikern mit kemalistischem Profil als einer der ihrigen gesehen wurde und wird. Beide Gelehrte erhielten alle denkbaren Ehrenmitgliedschaften und wären sicher auch mit Hohen Orden dekoriert worden, wenn denn die Türkei solche verleihen würde.

Es liegt auf der Hand, dass eine Würdigung aus unserem Abstand weder vollständig noch gerecht ausfallen kann. Niemand bezweifelt, dass auch eine breite und tiefe Publikationstätigkeit keinen endgültigen Schlüssel zur Persönlichkeit liefert. Weder Taeschners noch Jäschkes Schriftenverzeichnis, ihre Lehrveranstaltungen und der Katalog ihrer Bibliotheken, auch nicht die Aufzählung der von ihnen unternommenen Reisen und besuchten Tagungen erlauben den Nachgeborenen ein abschließendes Wort.

***

Für diesen ersten Versuch über Franz Taeschner erhielt ich wertvolle Auskünfte aus verschiedenen Richtungen. Ich danke an erster Stelle Herrn Kollegen Paul Leidinger, der mir die Ergebnisse seine Recherchen aus dem Universitätsarchiv Münster (Bestand 5 Nr. 827; Bestand 10 Nr. 6885 sowie 9 Nr. 394) zur Verfügung stellte. Mein Dank geht auch an Frau Dr. Dagmar Binckelmann (Landesarchiv Schleswig-Holstein), Frau Dr. Sabine Happ (Universitätsarchiv Münster), Frau Anna Rapp, M.A. (Prüfungsamt I der Universität Münster), Herrn David Röhrig (Universitätsarchiv Bonn) und Herrn Dr. Lukas Speckmann von den *Westfälischen Nachrichten*. Herr Günter Scheidemann, M.A. vom Politischen Archiv des Auswärtigen Amtes stellte freundlicherweise das hier erstmals veröffentlichte *Porträt Jäschkes* sowie eine Kopie seiner Kurzbiographie zur Verfügung, die dem *Biographischen Handbuchs des deutschen Auswärtigen Dienstes 1871–1945*, Bd. 2 G-K, Paderborn 2005 zugrunde lag.

---

[42] „Auf den Erdschias", *Kasseler Post*, 19. November 1928.
[43] Während einer Reise wurde Taeschner von den Bewohnern eines Ortes aufgefordert, das Gebet nicht zu versäumen, als er während des Ezans in einem Teehaus sitzenblieb (meine mündliche Quelle: Melek Turmak [1915–1986], die langjährige Sekretärin der Abteilung Istanbul des Deutschen Archäologischen Instituts).

# Prof. Dr. Ludwig Budde (1913–2007) und seine Forschungen zur Archäologie in der Türkei

### Dieter Metzler

Wer dem wissenschaftlichen Werk und dem kulturellen Wirken Professor Dr. Ludwig Buddes mit tieferem Verständnis begegnen möchte, tut gut daran, sich auch einige Einzelheiten seiner langen und bewegten Biographie ins Gedächtnis zu rufen, erreichten doch er und seine Gattin Erika geb. Barthel ihr zehntes Lebensjahrzehnt. Geboren wurde er noch im Kaiserreich, in Werne an der Lippe am 10. September 1913 als Sohn eines Tischlers und Möbelschreiners. Am staatlichen Gymnasium im benachbarten Hamm machte er 1932 das humanistische Abitur. Während bei der feierlichen Verabschiedung im Saal das „humanistische Erbe" als Palladion gegen den heraufziehenden „Ungeist" – wie man damals und später wieder zu beschönigen pflegte – beschworen wurde, zogen Konabiturienten und spätere Kommilitonen auf dem Dach schon die Nazi-Flagge auf.

*Prof. Dr. Ludwig Budde (Foto: privat um 1980)*

## 1. Der wissenschaftliche Werdegang Ludwig Buddes im Gegensatz zur NS-Ideologie

Seinem schon auf dem Gymnasium geweckten lebhaften Interesse an den kulturellen Leistungen der Antike folgend, beginnt Ludwig Budde sogleich das Studium der Klassischen Archäologie, und zwar in Münster bei Karl Lehmann-Hartleben, der schon im folgenden Jahr als Jude zwangsweise in den Ruhestand versetzt wurde und 1934 über Rom in die USA emigrierte. Budde verlagerte nun den Schwerpunkt seiner Studien – neben turkologischen Übungen bei Franz Taeschner – auf

Latein bei Franz Beckmann und Alte Geschichte bei Friedrich Münzer, der, nachdem ihm aus rassistischem Grunde 1935 ebenfalls die Lehrbefugnis entzogen war, 1942 im KZ Theresienstadt umgekommen ist. Schon Anfang März 1933 wehte die Nazi-Flagge auch auf dem Hauptgebäude der Münsteraner Universität. Der Druck des SA-Hochschulamtes und der nationalsozialistisch gesonnenen Teile der Studentenschaft war bald zu spüren: nicht nur die Lehrveranstaltungen liberaler Professoren wurden blockiert, während gleichzeitig der Orientalist Anton Baumstark auf Teilnahme an nationalsozialistischen Pflichtveranstaltungen drängte. Es kam auch zu Ausschlüssen: Budde wurde 1937 zusammen mit zwei weiteren Studenten – Böllhoff und Schulz – wegen „Unbelehrbarkeit" und mangelnden politischen Bewusstseins von der Universität verwiesen.

Er ging nach Berlin. Dort hielt sich unter Gerhart Rodenwaldt, dem Präsidenten des Deutschen Archäologischen Instituts und seit 1932 Ordinarius für Klassische Archäologie an der Humboldt-Universität, einstweilen noch das liberale und kosmopolitische Umfeld Weimaraner Tradition. Selbst nach 1933 gab es dort noch zeitweilig 22 ausländische Studenten, unter ihnen später so berühmte Namen wie Maria Maximova aus der Sowjetunion, Chisaburo Yamada, nachmaliger Direktor des Nationalmuseums in Tokyo, Kasimiersz Michalowski aus Polen oder Yale Inan und Ekrem Akurgal aus der Türkei, denen beiden Budde sein Leben lang verbunden blieb. Jüdischen Studenten, denen die Nazi-Gesetze den Zugang zur Universität verweigerten, wurden in einem Hinterzimmer des Seminars für das heimliche Studium im Schutz der Nacht die benötigten Bücher vorgelegt: Margarete Bieber, Otto Brendel, Maximilian Mayer. Die Bibliothekarin und Fotoassistentin Erika Barthel brachte ihnen gelegentlich auch Lebensmittel mit in jenes Hinterzimmer. Doch auch dort waren sie natürlich leider nicht sicher – von einem Kollegen denunziert, musste Brendel emigrieren.

Budde wurde 1937 bei Rodenwaldt Assistent und konnte im gleichen Jahr zu Forschungen für seine Dissertation, die 1939 unter dem Titel „Die attischen Kouroi" erschien, nach Athen reisen. Der andere Assistent, er hieß Bäsich, so erinnerte sich Budde, wurde aus politischen Gründen 1939 ins Strafbataillon 999 eingezogen. Auch er selbst und seine Frau gerieten in Bedrängnis: beide wurden verwarnt, weil sie sich um die jüdischen Mitstudenten gekümmert hatten und er außerdem – wieder von einem Kollegen denunziert – der „Rassenschande" bezichtigt worden war, denn er wohnte zeitweilig bei seinem Bruder, der mit einer Amerikanerin namens Davidson befreundet war. Erich Gottfried Budde setzte mit seiner Dissertation über „Armarium und Kibotos", also zu den Buch-Möbeln der Antike, seinem Vater ein Denkmal. Er übernahm später eine Professur an der Boston University in den USA.

1942 wurde Ludwig Budde, nachdem er zuvor als politisch unzuverlässig eingestuft worden war, zum Militär eingezogen. Durch sein Dissertationsthema und seine sprachlichen Fähigkeiten wie wissenschaftlichen Kontakte empfohlen, fand er 1943 einen Weg an das Deutsche Archäologische Institut in Athen, zwar scharf beäugt und nur geduldet von den SA- und SS-Leuten Emil Kunze und Walther Wrede, doch als liberale Kontaktperson für den Verkehr mit den anderen ausländischen Instituten nützlich.

## 2. Die wissenschaftliche Karriere Ludwig Buddes nach 1945

Das Kriegsende 1945 erlebte Ludwig Budde in Deutschland, wo er zuletzt als Verbindungsoffizier an der Ostfront tätig war, sich aber zu den Amerikanern durchschlagen konnte und in deren Gefangenschaft geriet. Schon im Sommer 1945 konnte er in seine westfälische Heimat zurückzukehren. Das bedeutete nach der unseligen NS-Zeit, die Deutschland und ihm selbst ein hartes Los auferlegte, einen schweren Neubeginn. Symbolisch war dafür eine Begegnung mit seinem Lateinprofessor Beckmann im September 1945 in Münster auf dem Bombardierungsschutt vor dem Rathaus. Beide sind sich einig, am Wiederaufbau – und das ist im baulich konkreten ebenso wie im geistigen Sinne zu verstehen – ihrer Universität mitarbeiten zu müssen. Die damit verbundenen Schwierigkeiten sind heute kaum vorstellbar, dennoch findet er Zeit für die Habilitation. Sie erfolgte 1947 mit Studien zur griechischen Keramik in westfälischen Sammlungen. Das war die zweite, denn die erste fast fertige Habilitationsarbeit war bei einem Bombenangriff in Berlin, während er beim Einsatz an der russischen Front war, verbrannt.

### 2.1. Ausgrabungen in Sinope (Türkei)

Sehr früh kommt es zu Auslandsreisen: 1947 und 1948 frühe Einladungen eines unbelasteten deutschen Gelehrten zu Gastvorträgen in Cambridge und Ankara, und bald folgen auch Grabungstätigkeiten. Sie führen ihn in die Türkei: Auf Einladung von Ekrem Akurgal, seinem Kommilitonen aus Berliner Tagen, konnte er seit 1949 mit diesem zusammen in Sinope, der Heimat des Philosophen Diogenes an der Schwarzmeerküste, Grabungen durchführen, die von beiden von 1951 bis 1953 erfolgreich weitergeführt wurden und sowohl im Zentrum der Stadt im Stadt-Park wie auch im Hof der Zentralmoschee – neben Profanbauten der Antike und dem Fundament einer Tempelanlage auch außerhalb der antiken Stadt – eine Nekropole mit bedeutender Grabplastik des 5. und 4. Jahrhunderts v. Chr. freilegten. Auf dem westlich angrenzenden Hochplateau wurde 1953 ein Grabhügel der Bronzezeit aus der Stufe Troja I–II ausgegraben. Unter den vielfältigen Kleinfunden der Stadtgrabung ist wohl eine Terrakotta-Votivfigur des Gottes Serapis hervorzuheben, der zwar gern hellenistisch-ägyptisch gedeutet wird, aber auch eine weniger beachtete kleinasiatische Komponente hat. Im Wintersemester 1953/54 hielt Budde an der Universität in Ankara Vorlesungen über die Entstehung des antiken Repräsentationsbildes.

## 2.2. Ausgrabungen in Kilikien und Kappadokien

Die folgenden Jahre sehen wir ihn – anfangs zusammen mit Helmut Th. Bossert, Emigrant und Professor an der Universität in Ankara – auf Erkundungen und Grabungen im Südwesten, besonders im alten Kilikien – die den frühchristlichen und byzantinischen Hinterlassenschaften gelten. Spektakulär war dort 1955 in Misis/Mopsuhestia die Freilegung des Bodenmosaiks einer Kirche des 5. Jahrhunderts mit der seltenen Darstellung der Arche Noah in Form einer Schranktruhe – in der Beischrift *kibōtos Nōe* genannt – inmitten einer vielgestaltigen Tierwelt. Angeregt durch die Photographien der Münsteraner Reisenden Victor Schamoni und Eberhard Voigt, widmete er sich 1957 der Aufnahme und Dokumentation der bis dahin kaum beachteten so genannten Johanniskirche in den Felsen von Göreme in Kappadokien. Wiederum in Kilikien befasste er sich in den folgenden Jahren mit der Höhlenkirche der heiligen Thekla und den Mosaiken der Pantaleonskirche von Aphrodisias bei Silifke. Auf den meisten seiner Kampagnen – seit 1961 „im Namen der DTG an der Universität Münster" durchgeführt – begleiteten ihn hiesige Studenten und Studentinnen, die er auf diese Weise an die praktischen Seiten der Feldarchäologie heranführen konnte.

## 2.3. Wissenschaftliche Publikationen

Zahlreichen archäologischen Einzelfunden und Fundorten der Türkei widmete er Erstveröffentlichungen und Berichte, die in der von Bertram Haller 2006 erstellten Bibliographie nachzuschlagen sind (am Schluss dieses Beitrags wieder abgedruckt). Beispielhaft sei hier die Entdeckung und Publikation eines bis dahin unbeachteten Mosaiks in der Hagia Sophia von Konstantinopel/Istanbul genannt, das den kurzzeitig regierenden Kaiser Alexander (912/13) darstellt. Einem breiteren Publikum eröffnete Budde den Zugang zu den kulturellen Schätzen des Landes mit Schriften wie „Göreme" 1958, „Türkei" 1963 und „Istanbul" 1967.

Seine wissenschaftlichen Publikationen seit den 1950er Jahren erweisen ihn als erfolgreichen Rodenwaldt-Schüler: Mehrere Monographien widmen sich der Stilgeschichte und Stilanalyse der römischen Kunst, speziell der Severer-Zeit. So zunächst die „Jugendbildnisse Caracallas und Getas". 1951 folgen Studien über die Reliefs im Palazzo Sacchetti, 1955 und 1957 über die Entstehung des antiken Repräsentationsbildes sowie Aufsätze zur severischen Kunst in Leptis Magna. In den 1960er Jahren verlagert sich das Interesse auf die Spätantike und das Mittelalter. Es erscheinen dazu die Bücher über die „Antiken Mosaiken aus Kilikien" in

Prof. Dr. Ludwig Budde (1913–2007)

zwei Bänden 1969 und 1972 und die Forschungsarbeit über die „Göreme Höhlenkirchen in Kappadokien" 1958.

Stationen seiner akademischen Karriere an der Universität Münster sind 1962 die Ernennung zum außerplanmäßigen Professor und 1963 die Bestellung zum Akademischen Rat und Professor. 1978 erfolgte die altersbedingte Versetzung in den Ruhestand. Vier Jahre lang diente er seiner Philosophischen Fakultät als Dekan – von 1973 bis 1977.

## 2.4. Präsident der Deutsch-Türkischen Gesellschaft Münster von 1916 und Würdigung

*Der Vorstand der DTG Münster 1991 im Amtszimmer des türkischen Generalkonsulats. Von rechts: Prof. Dr. Ludwig Budde (Präsident), Prof. Dr. Karl Hecker, Frau Sevil Özertan, Generalkonsul Duray Polat, Dr. Ulrich Hillebrand, Ltd. Städtischer Museumsdirektor Hans Galen, Dr. Nüshet Özertan*

Eines seiner bedeutendsten und liebsten Ehrenämter war die Tätigkeit für die Deutsch-Türkische Gesellschaft Münster, der er schon zu Beginn seines Studiums in Münster beigetreten war. In Verbindung mit Prof. Dr. Taeschner begründete er sie bereits im Herbst 1945 neu, 1956 auch als eingetragenen Verein, der 35 Jahre – bis 1991 – mit der 1953 begründeten Deutsch-Türkischen Gesellschaft

Bonn verbunden war. Bis 1963 war er der Geschäftsführer der Abteilung Münster, Geschäftsführer, seitdem in der Nachfolge seines Lehrers Taeschner bis 1993 ihr Präsident, ein Amt, mit dem von 1986 bis 1991 auch das des Präsidenten der Deutsch-Türkischen Gesellschaft in Bonn – dort war er Mitglied seit 1954 – als Dachgesellschaft verbunden war.

Die für die Gesellschaft geleisteten Aufgaben betreffen nicht nur die Organisation und die zahlreichen Sitzungen der Vereinigung, sondern in erster Linie die ungezählten Veranstaltungen (Vorträge, Filmabende, Studienfahrten u.a.), Forschungsreisen und -kontakte in die Türkei, die Betreuung türkischer Studentinnen und Studenten an der Universität, Publikationen u.a. Dabei ging es in einem halben Jahrhundert, in dem vielfach eine kritische Distanz in Politik und Gesellschaft gegenüber der Türkei zu spüren war und die Arbeit der Vereinigung erschwerte, immer auch um die internationale Verständigung und die Förderung der deutsch-türkischen Beziehungen. So galt die letzte Aktivität Professor Buddes als Präsident angesichts insbesondere der Arbeitsmigration aus der Türkei seit den 1960er Jahren dem Kampf gegen die Fremdenfeindlichkeit in Deutschland, vor deren Anwachsen die DTG schon früh warnte, vor allem anlässlich der türkenfeindlichen Anschläge Anfang der 1990er Jahre in der Bundesrepublik. Er war der Initiator eines bundesweit ausgelobten Schülerwettbewerbs „Schreiben für Ausländerfreundlichkeit", der Schüler zu Stellungnahmen für Ausländer aufrief. 31 der prämierten Beiträge erschienen 1993 als Buch im türkischen Schulbuchverlag Anadolu in Hückelhoven, herausgegeben u.a. von Ludwig Budde.

Die Deutsch-Türkische Gesellschaft dankte Prof. Dr. Ludwig Budde sein Wirken 1993 durch die Ernennung zum Ehrenpräsidenten und am 21. November 2003 mit einem Festakt zur Vollendung seines 90. Lebensjahres. Aus diesem Anlass übergab er der Universitäts- und Landesbibliothek Münster eine Sammlung zahlreicher Kupfer- und Stahlstiche zu dauerndem Besitz. Das Land Nordrhein-Westfalen dankte ihm als Wissenschaftler wie für seine ehrenamtliche Tätigkeit durch die Verleihung des Landesordens, der Bundespräsident durch die Verleihung des Bundesverdienstkreuzes 1. Klasse. Ludwig Budde starb am 31. März 2007 in Münster und fand dort auf dem Zentralfriedhof seine letzte Ruhestätte.

Der Nachlass Budde, soweit er die Akten der Deutsch-Türkischen Gesellschaft Münster betrifft, befindet sich künftig als Depositum der DTG Münster im Stadtarchiv Münster. Archäologisch relevante Drucksachen, Bücher und weit über tausend Fotos, Diapositive sowie Korrespondenzen werden in 44 Konvoluten/Kartons in der Forschungsstelle Asia Minor der WWU aufbewahrt, die er noch vor seinem Tod der Universität Münster zukommen ließ. Die vier handschriftlichen Heftkladden seiner Forschungsreisen in die Türkei in den 1950er Jahren sind bei der Übernahme seiner Aktenbestände 2005 dem Byzantinischen Institut der Universität übergeben worden (vgl. Rainer Stichel, Zur Materialsammlung von Prof. Dr. Budde im Seminar für Byzantinistik, in: Sehnsucht nach dem Orient, Begleitheft zur Ausstellung der Universitäts- und Landesbibliothek Münster, Münster 2006, S. 26), derzeit aber nicht auffindbar. Ebenda ist S. 8–15 das Verzeichnis der der Universitäts- und Landesbibliothek Münster übergebenen ca. 140 Kupfer- und Stahlstiche der Sammlung Budde abgedruckt.

## 2.5. Schriftenverzeichnis Ludwig Budde

zusammengestellt von Bertram Haller (aus: Sehnsucht nach dem Orient. Bilderzyklen des Osmanischen Reiches um 1840. Begleitheft zur Ausstellung der Universitäts- und Landesbibliothek Münster vom 20. Januar bis 10. Februar 2006, aus Anlass des 90-jährigen Bestehens der Deutsch-Türkischen Gesellschaft Münster von 1916 e.V., hg. von Bertram Haller und Paul Leidinger, Münster 2006, S. 21–25)

### 1939
Die attischen Kuroi, Würzburg 1939, 63 S. (Berlin, Univ., Phil. Fak. Diss. 1939)
Kleinasiatische Bildnisse des 3. Jahrhunderts n. Chr., in: Jahrbuch des Deutschen Archäologischen Instituts, 1939, S. 247–255

### 1946
Ein Ornamentmeister des Breiten Stils, in: Archäologischer Anzeiger, 1946/47, Sp. 524–561

### 1947
Studien zur italiotischen Vasenmalerei, 1947 (Münster, Univ., Phil. Fak" Habil.-Schr., unveröffentlicht)
A Nolan Amphora of the Kleophadres Painter, in: American Journal of Archeology 51, 1947

### 1948
Gustav-Lübcke-Museum Hamm in Westfalen. Antike Kleinkunst I: Griechische Vasen, in: Archäologischer Anzeiger, 1948/49, Sp. 130–164
Bronzefigur eines Eros, in: Westfalen 27, 1948, S. 81–83
Kleine nolanische Amphora des Kleophradesmalers im Gustav-Lübcke-Museum in Hamm (Westf.), in: Westfalen 27, 1948, S. 1–5

### 1949
Die Griechische und Römische Abteilung, in: Kostbarkeiten im Städtischen Gustav-Lübcke-Museum Hamm (Westf.), 1949, S. 12–14
A new Skypos by the Pisticcei Painter, in: American Journal of Archaeology 53, 1949, S. 32–33, Pl. VIA und VII A

### 1950
Zwei griechische Meistervasen im Gustav-Lübcke-Museum in Hamm (Westf.), in: Westfalen 28, 1950, S. 1–16

### 1951
Jugendbildnisse des Caracalla und Geta – Orbis Antiquus. 5, 1951, 26 S.

## 1952
Ein Zeusbild im Fitzwilliam Museum zu Cambridge, in: Archäologischer Anzeiger, 1952, S. 102–123

Ein Bildnis des jugendlichen Caracalla in Strassburg, in: La nouvelle Clio 4, 1952, S. 246–250

## 1953
Istanbuler Reiterrelief, in: Belleten 17, 1953, S. 475–482, Abb. 1–17

## 1954
Die Entstehung des antiken Repräsentationsbildes, in: Belleten 18, 1954, S. 523–543

## 1955
Pontische Königsgräber, in: Deutsch-Türkische Gesellschaft. Mitteilungen, Heft 2, (Bonn) 1955, S. 1–4

Severisches Relief in Palazzo Sacchetti, in: Jahrbuch des Deutschen Archäologischen Instituts. Ergänzungsheft 18, Berlin 1955, VIII, 71 S.

## 1956
Vorläufiger Bericht über die Ausgrabungen in Sinope [mit Ekrem Akurgal], Ankara 1956, VIII, 41, XXIII Taf.

## 1957
Ara Pacis Augustae – der Friedensaltar des Augustus, Hannover 1957, 13 S., 18 Bl.

Die Ausgrabungen in Misis-Mopsuhestia, in: Deutsch-Türkische Gesellschaft. Mitteilungen Heft 25, Bonn 1957, S. 1–5

Die Entstehung des antiken Repräsentationsbildes, Berlin 1957, 26, 66 S.

## 1958
Göreme. Höhlenkirchen in Kappadokien. Düsseldorf 1958, 96 S.

Fotos daraus in: In: Deutsch-Türkische Gesellschaft. Mitteilungen, Heft 25, Bonn 1958, S. 9–12

## 1959
Ein Achilles-Sarkophag aus Tarsus, in: Deutsch-Türkische Gesellschaft. Mitteilungen, Heft 27, 1959, S. 1–2

Ein neues Mosaikenmuseum in Misis (Vilayet Adana), in: Deutsch-Türkische Gesellschaft. Mitteilungen, Heft 31, 1959, S. 4–6

## 1960
Die frühchristlichen Mosaiken von Misis Mopsuhestia in Kilikien, in: Pantheon 18, 1960, S. 116–126

Die korykische Grotte und das Bad des Poimenios, in: Deutsch-Türkische Gesellschaft. Mitteilungen, Heft 37, 1960, S. 5–8

## 1961
Die Königsgräber von Amasya, in: Deutsch-Türkische Gesellschaft. Mitteilungen, Heft 38, 1961, S. 1–4

Die Johanneskirche von Göreme, in: Pantheon 19, 1961, S. 263–271

## 1962

Die Märtyrerbasilika von Misis-Mopsuhestia in Kilikien, in: Zeitschrift für Kulturaustausch 12, Heft 2–3, 1962, S. 1–4

Neuentdeckte Höhlenkirchen in Göreme, in: Zeitschrift für Kulturaustausch 12, Heft 2–3, 1962, S. 4–6

### 1963

Das Alexander-Mosaik der Ayasofya, in: Deutsch-Türkische Gesellschaft. Mitteilungen, Heft 50, 1963, S. 1–7

Luristaner Streitkolben mit Darstellung der heiligen Hochzeit, in: Pantheon 21, 1963, S. 199–206

Eine Tierkampfgruppe aus Sinope, in: Antike Plastik. Lieferung 2, Berlin 1963, S. 55–74, Taf. 38. 45

Türkei, in: Die Kette 32, Osnabrück 1963, 90 S.

Das wiederentdeckte Alexander-Mosaik. Byzantinische Bilderkunst in der Sophienkirche zu Istanbul, in: Kirchenzeitung Speyer-Worms, 1963, S. 696–697

### 1964

Ein Achilles-Sarkophag aus Tarsus in Adana, in: E. Homann-Wedeking (Hg.), Festschrift Eugen von Mercklin, Waldsassen 1964, S. 9–26

A Catalogue of the Greek and Roman Sculpture in the Fitzwilliam Musem [zusammen mit Richard Nichols), Cambridge 1964, XIX, 62. S.

Immago clipeata des Kaisers Trajan in Ankara, in: Antike Plastik. Lieferung 4, Berlin 1964, S. 103–116, Taf. 58–64

Die vogeltragenden Priesterinnen der Ephesischen Artemis und ihre östlichen Vorbilder, in: Der Islam 39, 1964, S. 8–13

### 1965

Kastamonu – Eine alttürkische Stadt zwischen Ilgas und Dranas, in: Deutsch-Türkische Gesellschaft. Mitteilungen Heft 55, 1965, S. 4–7

Zum „Tagebuch des Grafen Rechberg", in: Deutsch-Türkische Gesellschaft. Mitteilungen Heft 61, 1965, S. 7

### 1966

Die Bildnisse des Marcus Ulpius Traianus Pater, in: Pantheon 24, 1966, S. 69–78

Schildbüste des Kaisers Trajan in Ankara. In: Deutsch-Türkische Gesellschaft. Mitteilungen Heft 66, 1966, S. 7–9

### 1967

Istanbul – Die Kette 33, Osnabrück 1967, 47 S.

Das Europa-Mosaik Barbarini in Oldenburg, in: Die Entführung der Europa – die Fabel Ovids in der europäischen Kunst. Text und Gestaltung von Heinz Richard Hanke, Berlin 1967

### 1968

Das Bildnis des Marcus Tullius Cicero, in: G. Radke (Hg.), Cicero – ein Mensch seiner Zeit, Berlin 1968, S. 10–20

**1969**

Antike Mosaike in Kilikien, Band 1: Frühchristliche Mosaiken in Misis Mopsuhestia, Beiträge zur Kunst des christlichen Orients 5, 1969, 233 S.

Mosaiken – aufgefunden in Anazarbus (Kilikien), in: Deutsch-Türkische Gesellschaft. Mitteilungen Heft 79, Bonn 1969, S. 2–6

ΥΠΕΡ ΤΗΝ ΝΕΙΚΗΝ ΤΩΝ ΚΥΡΙΩΝ ΣΕΒΑΣΤΩΝ. Der severische Opferkameo in Pais, in: Ruth Stiehl und Hans Erich Stier (Hg.), Beiträge zur Alten Geschichte und deren Nachleben. Festschrift für Franz Altheim, Band 1, Berlin 1969, S. 548–551

**1972**

Antike Mosaiken in Kilikien. Band 2: Die heidnischen Mosaiken. Beiträge zur Kunst des christlichen Ostens 9, Recklinghausen 1972, 234 S.

Julian-Helios Serapis und Helena-Iris, in: Archäologischer Anzeiger 87, 1972, S. 630–642

**1973**

Das römische Historienrelief I., in: Aufstieg und Niedergang der römischen Welt. Band I, 4, Berlin 1973, S. 800–804

Die Pantheonskirche von Aphrodisias in Kilikien, in: Deutsch-Türkische Gesellschaft. Mitteilungen Heft 90, 1973, S. 1–4

**1984**

Serapis oder Joseph-Serapis, in: Dieter Ahrens (Hg.), ΘΙΑΣΟΣ ΤΩΝ ΜΟΥΣΩΝ. Festschrift für Josef Fink, Köln-Wien 1984, 93–96

**1987**

St. Pantaleon von Aphrodisias in Kilikien. Beiträge zur Kunst des christlichen Ostens 9, Recklinghausen 1987, 127 S.

Die Türkenbilder des Malers Franz Grotemeyer im Kriegsjahr 1916, in: Deutsch-Türkische Gesellschaft. Mitteilungen Heft 110, 1987, S. 1–7

**1988**

Das Heiligtum der Siebenschläfer bei Tarsus, in: Deutsch-Türkische Gesellschaft. Mitteilungen Heft 111, 1988, S. 44–47

**1994**

Ludwig Budde, Helmut Koch, Hüsnü Sahin (Hg.), Freunde statt Fremde – Beiträge zur Völkerverständigung, Schulbuchverlag Anadolu Hückelhoven 1994, 120 S.

# Prof. Dr. Karl Hecker (1933–2017)
## Altorientalist, Vorsitzender der DTG Münster 1993–1996 und Ehrenmitglied

Guido Kryszat

Prof. Dr. Karl Hecker, Ehrenmitglied und von 1993–1996 Präsident der Deutsch-Türkischen Gesellschaft Münster, hatte von 1977 bis 1998 den Lehrstuhl für Altorientalistik an der Westfälischen Wilhelms-Universität Münster inne. Die Nennung dieser beiden Ämter in einem Satz mag schon Hinweis darauf sein, dass er stets der Überzeugung war, die Erforschung der schriftlichen Hinterlassenschaften auf dem Gebiet der heutigen Türkei habe so weit wie möglich gemeinsam mit den türkischen Kollegen, Archäologen ebenso wie Philologen, zu erfolgen. Diese Überzeugung lebte er vor, und so ist es kein Wunder, dass Prof. Hecker noch heute auch in der Türkei bei älteren wie jüngeren Assyriologen in hohem Ansehen steht. Er trat Ihnen stets als Kollege gegenüber und blickte niemals auf sie herab.

In der Folge wurde ihm als erstem nichttürkischen Wissenschaftler das Tor zu den unveröffentlichten Archiven altassyrischer Keilschrifttexte in Ankara geöffnet, die durch die seit 1948 durchgängig stattfindenden offiziellen türkischen Grabungen am Kültepe, der antiken Stadt Kaneš, zu Tage gefördert wurden, bis heute mehr als 17000 an der Zahl. Diese Texte befinden sich im Museum für Anatolische Zivilisationen in Ankara. Nur etwa 150 altassyrische Tontafeln konnten an anderen Orten Anatoliens ausgegraben werden. Zudem sind über 5000 altassyrische Dokumente aus früheren, meistens illegalen, Grabungen bekannt geworden. Betrachtet unter dem Aspekt, dass mehr als 99% dieser insgesamt etwa 22500 Tafeln nicht nur aus einem einzigen Ort stammen, sondern zum größten Teil auch aus einem Zeitraum von nur etwas mehr als 30 Jahren, so muss man in Bezug auf die Textdokumentation von der größten Belegdichte in der gesamten Antike sprechen. Es handelt sich vorrangig um Archive assyrischer, aber auch anatolischer Händler.

Dass viele dieser Inschriften aus Ankara mittlerweile auch von nichttürkischen Wissenschaftlern zur Publikation vorbereitet wurden und noch immer werden, ist nicht zuletzt das Verdienst Karl Heckers und gehört zu seinem wertvollsten wissenschaftlichen Erbe, denn er hat diese Tür geöffnet.

Bei diesen Texten handelt es sich zugleich, mit Ausnahme weniger Königsinschriften aus Assur (im Nordirak) selbst, um die ältesten schriftlichen Hinterlassenschaften der Assyrer. Im Zusammenspiel mit der Belegdichte kann man die Bedeutung dieser immer noch sehr unzureichend erforschten Textgruppe nur erahnen. Ohne Karl Hecker, dessen „Grammatik der Kültepe-Texte", die Druckfassung seiner Freiburger Dissertation „Die Sprache der altassyrischen Texte aus Kappadokien" (1961), noch heute das Standardwerk zum Verständnis dieser Texte ist, wäre die Erforschung dieses enorm wichtigen Textcorpus noch weit hinter dem heutigen Stand zurück. Bis zum heutigen Tag bereitet er Umschriften dieser Texte vor und stellt sie im Internet[1] der Wissenschaft zur Verfügung. Einer der Höhepunkte seiner Forschungstätigkeit war sicher die Publikation der altassyrischen Texte aus den Sammlungen der Karlsuniversität Prag, die er gemeinsam mit seinem Schüler Guido Kryszat und unter Verwendung des Nachlasses von Lubor Matouš organisierte. Dies ist noch immer die größte Komplettedition[2] altassyrischer Inschriften, die bisher erschienen ist.[3]

Wer bei ihm studieren durfte, merkte aber sehr schnell, dass sich das Interesse Karl Heckers nicht auf die Erforschung der altassyrischen Handelsarchive beschränkte. Seine humanistische Bildung manifestierte sich auch im Unterricht vor allem bei der Lektüre sämtlicher akkadischer Mythen und Epen. Im Unterricht durfte man sicher sein, dass auch Homer und Vergil regelmäßig ausführlich und natürlich auch auswendig zitiert wurden. Seine Habilitationsschrift (Freiburg 1970), veröffentlicht als „Untersuchungen zur akkadischen Epik"[4], ist Zeugnis seines Interesses auf diesem Gebiet.

Allen Freunden und Kollegen sei auch die Widmung anlässlich seines 80. Geburtstages ans Herz gelegt, die auf der Seite des Fachbereichs 9 hinterlegt ist.[5] Man wird Verständnis dafür haben, dass hier die dortigen Würdigungen nicht wiederholt werden.

Ausdruck der Wertschätzung seiner Schüler und Kollegen ist vor allem seine Festschrift zum 75. Geburtstag, erschienen als Doppelband der „Altorientalischen Forschungen" 2008, wo sich auch eine ausführliche Bibliographie Karl Heckers findet. Die Teilnahme türkischer Kollegen und deren Publikation eines der wichtigsten assyrischen Texte der letzten 20 Jahre, der „Kültepe Eponymenliste (KEL) G", durch diese ist einmal mehr Ausdruck der Verbundenheit auch und gerade mit den türkischen Kollegen.

---

[1] Unter http://www.hethport.uni-wuerzburg.de/altass.
[2] D.h. mit Einleitung, Umschrift, Übersetzung, Kommentar und Autographie aller 354 Texte.
[3] Hecker – Kryszat – Matouš, Kappadokische Keilschrifttafeln aus den Sammlungen der Karlsuniversität Prag (Prag 1998).
[4] Alter Orient und Altes Testament (AOAT), Sonderreihe Band 8 (Neukirchen-Vluyn 1974).
[5] Unter http://www.uni-muenster.de/Philologie/aktuelles/pm/2013_hecker_80.html.

Prof. Dr. Karl Hecker

## Nachwort

*Prof. Dr. Karl Hecker um 1990*

*Dieser fachlichen Würdigung Prof. Dr. Karl Heckers schließt sich die DTG Münster gern an. Mit seiner Berufung nach Münster 1977 hat Karl Hecker schnell den Kontakt zur Deutsch-Türkischen Gesellschaft Münster und zu deren damaligem Vorsitzenden Prof. Dr. Ludwig Budde (1913–2007) gefunden, der mit seinem Lehrgebiet „Christliche Archäologie" gleichfalls einen Forschungsschwerpunkt in der Türkei hatte, so dass sich ihre Forschungsgebiete zwar nicht zeitlich, aber räumlich berührten. Als Ludwig Budde 1993 – mit 80 Jahren – das Amt des Präsidenten der DTG Münster nach langer Amtszeit als Geschäftsführer seit 1956 und seit 1963 als Präsident – also nach drei Jahrzehnten – abgab, fand er in Karl Hecker einen für die Türkei aufgeschlossenen Nachfolger.*

*Mit der Sprache, dem Land und seinen Forschungsstätten bestens vertraut, hat Karl Hecker der DTG Münster als Altorientalist wesentliche Impulse gegeben, die vor allem auch das Hethitische und seine Schrift einbezogen, deren Tontafeln er in Ankara, Kültepe und andernorts in seine Forschungen einbezog. In besonderer Erinnerung ist eine Studienfahrt der Münsteraner Gesellschaft, die er begleitete und vor Ort durch seine authentischen Erklärungen bereicherte. Neben den Vorträgen seiner Vorstandszeit waren ihm vor allem regelmäßige Stammtischgespräche angelegen, an denen auch seine verehrte Gattin teilnahm. Sie verbanden Wissenschaft und Geselligkeit mit einer persönlichen Verbundenheit, die auch jüngere Teilnehmer ansprach und für die Gesellschaft werbend war. Nach nur drei Amtsjahren gab er das Amt des Vorsitzenden an den Unterzeichneten weiter, womit erstmals ein Neuhistoriker die Gesellschaft leitete, blieb dem Vorstand aber als Beiratsmitglied und immer ansprechbarer kollegialer Freund verbunden. Mit dem Ausscheiden aus dem Beirat 2012 ernannte ihn die Mitgliederversammlung zum Ehrenmitglied. Auch an dieser Stelle gilt ihm der besondere Dank der DTG in der Hoffnung noch langer persönlicher Verbundenheit.*

Guido Kryszat

**Nachruf**

Während der Drucklegung dieser Festschrift rief der Tod Prof. Dr. Karl Hecker am 22. April 2017 unerwartet zu sich. Ein verborgenes Krebsleiden setzte seinem Leben, das bis zuletzt seiner Gattin, Familie und der Wissenschaft gewidmet war, ein Ende. Die DTG Münster gab ihm das letzte Geleit und wird sein Andenken stets in Ehren halten.

Paul Leidinger

Keilschriftentext von der Todesanzeige Prof. Dr. Karl Heckers, wohl in der Ahnung des nahen Todes verfasst, gibt sie die nachfolgenden vier Zeilen wieder, die Ausdruck seines Wesens sind.

*Wo immer ihr seid, ich bin da.*
*Wo immer ihr lacht, ich bin da.*
*Wo immer ihr weint, ich bin da.*
*Wo immer ihr an mich denkt, ich bin da.*

Im Gedenken an

## Prof. Dr. Karl Hecker

\* 25. Juli 1933 † 22. April 2017

# Professor Dr. Friedrich Karl Dörner (1911–1992), die Forschungsstelle Asia Minor und die deutsch-türkischen Altertumswissenschaften an der WWU

Elmar Schwertheim

Abb.1: Prof. Dr. Friedrich Karl Dörner vor der von ihm entdeckten großen Kultinschrift des kommagenischen Königs Antiochos I. in Arsameia am Nymphenfluss (vgl. S. 340)

Professor Dr. Friedrich Karl Dörner ist der Gründer, Namengeber und langjährige Leiter der Forschungsstelle Asia Minor. Sie wurde von ihm im Jahre 1971 unter der Bezeichnung „Forschungs- und Arbeitsstelle Asia Minor" ins Leben gerufen und sollte ein Ausdruck seiner Forschungs- und Lehrtätigkeit in Münster, aber auch seiner vielfältigen Arbeiten in der Türkei – in Asia Minor – sein. Eigene Anschauung und persönlicher Eindruck waren von Anfang an wichtige Momente seiner wissenschaftlichen Tätigkeit. Die Möglichkeit dazu bekam er schon während seiner Tätigkeit als Referent in der Abteilung Istanbul des Deutschen Archäologischen Institutes in den Jahren zwischen 1938 und 1940. Ausgedehnte wissenschaftliche Forschungsreisen führten ihn damals schon durch Bithynien nach Kommagene. Er nahm auch zeitweilig schon an den Ausgrabungen der hethitischen Hauptstadt Hattuša (heute Boğazköy) teil, die damals unter der Leitung des berühmten Tübinger Gelehrten Kurt Bittel standen.

Danach war Dörner in der Österreichischen Akademie der Wissenschaften, deren Mitglied er schon früh geworden war, von seinem Lehrer Joseph Keil mit epigraphischen Arbeiten in der Türkei beauftragt worden. Ihm war in diesem Zusammenhang nicht nur der Schedenapparat der Kleinasiatischen Kommission in der Akademie anvertraut, sondern die römische Provinz Bithynia/Pontus wurde sein epigraphisches Forschungsfeld. Die Wirren des 2. Weltkrieges unterbrachen diese so wichtige Tätigkeit, die er erst 1948 mit einer ersten Reise nach Bithynia/Pontus wieder aufnehmen konnte.[1]

Mit seinem Kollegen, dem späteren Direktor der Abteilung Istanbul des Deutschen Archäologischen Institutes, Rudolf Naumann, bereiste er aber nicht nur Bithynien, sondern erreichte auch schon im Jahre 1939 im Osten der Türkei am Euphrat das kleine aber bedeutende Königreich Kommagene. Neben der Epigraphik Bithyniens richtete er bis zu seinem Tode sein Hauptaugenmerk auf dieses Land und dort vor allem auf die von ihm entdeckte Königsresidenz Arsameia am Nymphenfluss.

Seit 1953 widmete er sich als Co-Direktor der amerikanischen Ausgrabungen auf dem Nemrud Dağ, dem Götterberg Kommagenes, den großen und bedeutenden Inschriften auf den Rückseiten der Götterthrone und auf den sog. Dexiosisreliefs, auf denen die Götter den Ahnen der kommagenischen Könige die Hand reichen.[2]

Der Aufenthalt Dörners in Kommagene im Jahre 1953 führte dann schließlich zur Entdeckung der Königsresidenz in Arsameia am Nymphenfluss – einer Entdeckung mit weitreichenden wissenschaftlichen und auch organisatorischen Konsequenzen – besonders auch für die spätere Forschungsstelle Asia Minor. Obwohl die Initialzündung von einer hellenistischen Inschrift ausging – von dem Kultgesetz, das der König Antiochos I. von Kommagene erlassen *(vgl. Abb.1)* hatte,[3] war

---

[1] Entstanden sind so wichtige Publikationen wie F. K. Dörner, Inschriften und Denkmäler aus Bithynien (= Istanbuler Forschungen Bd. 14) Berlin 1941 und F. K. Dörner, Tituli Bithyniae linguis Graeca et Latina conscripti. Paeninsula Bithynica praeter Calchedonem, (= Tituli Asiae Minoris 4, 1) Wien 1978.

[2] Neben vielen Einzelarbeiten Dörners zu den Inschriften hat der Münsteraner Philologe H. Dörrie, Der Königskult des Antiochos von Kommagene im Lichte neuer Inschriftenfunde, Göttingen 1964, die Texte eingehend behandelt. Die wichtigste Publikation dazu mit den Arbeiten Dörners ist neuerdings D. H. Sanders (Hrsg.), Nemrud Dagi. The Hierothesion of Antiochus I of Commagene. Results of the American Excavations directed by Theresa B. Goell, 2 Bde. Winona Lake, Indiana 1996.

[3] Vgl. dazu schon F. K. Dörner, Kommagene. Götterthrone und Königsgräber am Euphrat (= Neue Entdeckungen der Archäologie) Bergisch Gladbach 1981.

mit Dörner hier nicht nur der Epigraphiker gefragt. Die Erforschung der Königsresidenz machte die Zusammenführung einer größeren Anzahl unterschiedlicher Wissenschaftszweige notwendig. Neben den Inschriftenfachleuten waren besonders auch Prähistoriker, Feldarchäologen, Kunsthistoriker, klassische Archäologen, Althistoriker und etwa Bergbauingenieure zur Mitarbeit aufgerufen. Von Anfang an hat Dörner dabei nicht nur Wert auf Interdiziplinarität gelegt, sondern auch die internationale Zusammenarbeit, besonders mit jenen Wissenschaftszweigen der Türkei, war ihm ein wichtiges Anliegen.

Die Organisationsarbeit leistete Dörner in den Anfangsjahren von einem einzigen Raum im damaligen Seminar für Alte Geschichte der Westfälischen Wilhelms-Universität in Münster, dessen Mitglied er seit 1950 nach seiner Habilitation war und wo er seit 1963 als außerplanmäßiger Professor lehrte. Zur Unterstützung seiner Arbeiten hatten ihm die Deutsche Forschungsgemeinschaft (DFG) und die Universität eine Halbtagssekretärin und eine studentische Hilfskraft bewilligt. Diese Anerkennung der Bedeutung seiner Arbeiten durch die Universität und die DFG führte aber dazu, dass die räumliche Beengtheit im Fürstenberghaus überdeutlich wurde. Dörner war damals häufig schon morgens um 5.30 Uhr in der Universität, um ungestört seine wissenschaftlichen Aufgaben und Arbeiten zu erledigen. Es

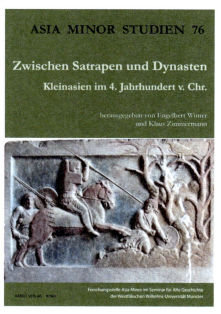

*Abb. 2: Forschungsband zu Kleinasien: Asia Minor Studien, Band 76*

bedurfte einer sehr großen Energieleistung um 1968 von hier aus die erste große „Kommagene-Ausstellung" zu organisieren, zu deren Eröffnung sogar der damalige Direktor der türkischen Antikenverwaltung, Hikmet Gürcay, nach Münster kam. Die mit ihm vereinbarte enge Zusammenarbeit zwischen deutschen und türkischen Altertumswissenschaftlern und das erste Eintreffen türkischer Studierender führte dann endlich dazu, dass Friedrich Karl Dörner größere Räumlichkeiten außerhalb des Seminars für Alte Geschichte zugestanden wurden. Das war im Jahre 1971 die Geburtsstunde der „Forschungs- und Arbeitsstelle Asia Minor". In der Studtstraße 39 in Münster stand durch die Hilfe des damaligen Kurators der Westfälischen Wilhelms-Universität, Freiherr von Fürstenberg, ein ganzes Haus zur Verfügung. Aus dem Zimmer im Fürstenberghaus war eine „Forschungs- und Arbeitsstelle" mit neun Räumen, Keller und sogar Garten geworden. Die Verbindung zum Seminar für Alte Geschichte blieb nicht zuletzt dadurch erhalten, dass Dörner darauf bestand, diese neuen Arbeitsräume als „Forschungs- und Arbeitsstelle Asia Minor im Seminar für Alte Geschichte" zu benennen.

Ein Traum war wahr geworden, und es konnten endlich nicht nur Arbeitsräume für Mitarbeiter und Studenten, sondern auch Lagerräume für die Grabungs- und Expeditionsmaterialien genutzt werden. Stipendiaten aus der Türkei konnten aufgenommen und räumlich versorgt werden, kurz: internationale und interdisziplinäre Zusammenarbeit war aufs Beste möglich geworden. Als erster türkischer Schüler kam schon 1968 Sençer Şahin als Stipendiat des türkischen Staates – geschickt und gefördert durch den berühmten türkischen Archäologen Ekrem Akurgal – nach Münster, um hier als erster türkischer Epigraphiker seine Dissertation in deutscher Sprache fertigzustellen.

Nahtlos konnte Dörner an eine Tradition anknüpfen, die vor dem 2. Weltkrieg und in den ersten Jahren danach viele berühmte türkische Altertumswissenschaftler nach Berlin geführt hatte. Nun wurde auch an der Universität Münster im Bereich der Altertumswissenschaften eine deutsch-türkische Tradition begründet.

1976 wurde Friedrich Karl Dörner zwar pensioniert, doch die Forschungsstelle lebte unter seiner Leitung weiter. Sein Nachfolger im Seminar für Alte Geschichte wurde Wolfgang Orth, der sehr glücklich war, dass Dörner weiterhin die Forschungsstelle nutzte und von hier seine Forschungen in der Türkei in Kommagene weiter durchführte. Aber im Jahre 1983 zog Dörner nach Nürnberg, um zusammen mit seiner Frau in der Nähe seiner Tochter und seiner Enkelkinder zu leben. Dennoch kam er weiterhin immer wieder in „seine" Forschungsstelle nach Münster, um deren Entwicklung und den Fortgang seiner eigenen Arbeit zu begleiten.

Drei große Aufgabenfelder waren inzwischen entstanden und bilden bis heute die wichtigsten Säulen der Forschungsstelle Asia Minor. Zum einen die Forschungen in Kommagene, die Dörner bis zu seinem Tode im Jahre 1992 intensiv begleitet hat. Sie wurden von seinen Schülern Sençer Şahin, Elmar Schwertheim und Jörg Wagner gemeinsam fortgesetzt. Intensive geophysikalische Forschungen erbrachten erstmals ein Bild vom Inneren des „Götterberges" Nemrud Dağ. In ihm wird die Grabstätte des Königs Antiochos I. von Kommagene vermutet, konnte aber immer noch nicht genau lokalisiert werden.

Die heutigen Arbeiten der Forschungsstelle Asia Minor nehmen über die von Dörner geleiteten Arbeiten hinaus die gesamte Kommagene in den Blick, wo u.a. das für das Imperium Romanum so bedeutende Heiligtum des Iupiter Dolichenus entdeckt und erforscht wird.[4]

---

[4] Zu den heutigen Arbeiten in der Kommagene und im nördlichen Syrien vgl. E. Winter (Hrsg.), PATRIS PANTROPHOS KOMMAGHNH. Neue Funde und Forschungen zwischen Taurus und Euphrat. (= Asia Minor Studien 60) Bonn 2008; ders. (Hrsg.), Von Kummuh nach Telouch. Ar-

Zum anderen versuchten Sençer Şahin und Elmar Schwertheim schon seit 1972 die von Dörner begonnenen epigraphischen Arbeiten im westlichen Kleinasien fortzusetzen. Die große Menge an Inschriften im Archäologischen Museum von Bursa führte schon 1974 dazu, dass sich Şahin und Schwertheim die Arbeiten dort teilten und der eine die bithynischen Denkmäler weiter bearbeitete, während der andere die damals fast ausschließlich im Museum Bursa aufbewahrten Inschriften aus der Region um das antike Kyzikos im nördlichen Mysien und der Troas erforschen wollte.[5]

Aus diesen epigraphischen Arbeiten und der Kenntnis der historischen Geographie der Troas heraus ist unter der Leitung von Elmar Schwertheim, der die Forschungsstelle Asia Minor seit 1991 leitete, das Grabungsprojekt in Alexandria Troas entstanden. Der Euphrat im Osten und der Hellespont im Westen Kleinasiens sind seitdem die beiden besonderen Säulen der Forschungsstelle.[6]

Die dritte Säule war und ist der deutsch – türkische Wissenschaftleraustausch. Schon 1968 hatte Dörner den „Historisch-Archäologischen Freundeskreis Münster e.V." gegründet, dessen Ziel noch heute vor allem die Unterstützung der altertumswissenschaftlichen Arbeiten in und mit der Türkei ist. Wie viele junge Studenten, aber auch arrivierte türkische Altertumswissenschaftler im Laufe der Jahre die Möglichkeiten der Forschungsstelle Asia Minor genutzt haben und hier betreut worden sind, ist kaum noch zu zählen. Sehr viele Wissenschaftler konnten für kürzere oder längere Zeit das in der Türkei häufig so genannte „Asia Minor Stipendium" – unterstützt vom „Historisch-Archäologischen Freundeskreis Münster e.V." und der Universität Münster – nutzen.

---

chäologische und historische Untersuchungen in Kommagene. Dolichener und Kommagenische Forschungen IV. (= Asia Minor Studien 64) Bonn 2011; ders. (Hrsg.), Kult und Herrschaft am Euphrat. Dolichener und Kommagenische Forschungen VI. (= Asia Minor Studien 73) Bonn 2014.

[5] Zu den Arbeiten in Mysien und in der Troas vgl. E. Schwertheim, Die Inschriften von Kyzikos und Umgebung, 2 Bde. (= Inschriften griechischer Städte aus Kleinasien, 18 und 28) Bonn 1980/83; ders., Denkmäler und Inschriften aus Hadrianoi und Hadrianeia (= Inschriften griechischer Städte aus Kleinasien, Bd. 33) Bonn 1987; ders., Denkmäler zur Meterverehrung in Bithynien und Mysien, in: Studien zur Religion und Kultur Kleinasiens (= Festschrift für F. K. Dörner) Leiden 1978, 791 ff.; ders., Die Inschriften der Sammlung Necmi Tolunay in Bandirma I, in: Epigraphica Anatolica 1, 1983, 107 ff.; ders., Die Inschriften der Sammlung Dr. Necmi Tolunay in Bandirma II, in: Epigraphica Anatolica 2, 1983, 147 ff.

[6] Zu den Grabungen in Alexandria Troas vgl. etwa E. Schwertheim, Die Beinahe-Hauptstadt des Römischen Reiches. Neue Forschungen und Ausgrabungen in Alexandria Troas (Türkei) erhellen die Geschichte der antiken Stadt, in: Antike Welt 4, 2005, 63–68 und E. Schwertheim, G. Petzl, Hadrian und die dionysischen Künstler. Drei in Alexandria Troas neu gefundene Briefe des Kaisers an die Künstlervereinigung (= Asia Minor Studien 58) Bonn 2006.

*Abb. 3: Teilnehmer eines internationalen und interdisziplinären Kolloquiums zu Asia Minor im Haus Rothenberge der Universität Münster*

Professor Dr. Friedrich Karl Dörner

Unterstützt werden auch die seit 1992 regelmäßig alle zwei Jahre von der Forschungsstelle durchgeführten Kolloquien zu einem kleinasiatischen altertumswissenschaftlichen Thema. In diesen ging und geht es immer darum, die Altertumswissenschaften interdisziplinär zu erarbeiten, also möglichst viele Disziplinen – seien es die Archäologie, die Alte Geschichte, die Bauforschung, die Historische Geographie, Epigraphik und Numismatik oder auch die Geschichte des Christentums – zu Wort kommen zu lassen. Dazu werden international renommierte Wissenschaftler als Vortragende und auch als Diskutanten eingeladen (*Abb.3*). Im Mittelpunkt steht auch heute immer noch die deutsch-türkische Zusammenarbeit.

Ergebnisse solcher Kolloquien werden regelmäßig in den „Asia Minor Studien" veröffentlicht. Diese Publikationsreihe (Abb. 2) wurde schon 1990 von der Forschungsstelle gegründet und ist mit ihren mehr als 80 erschienenen Bänden eine feste Größe in der internationalen Welt der Altertumswissenschaften – ebenso wie die gesamte „Forschungsstelle Asia Minor im Seminar für Alte Geschichte der Westfälischen Wilhelms-Universität Münster".

# Die Ausgrabungen in Alexandria Troas

Elmar Schwertheim

Abb. 1: Satellitenbild zur Lage der Stadt Alexandria Troas

Die Tradition deutscher Ausgrabungen in der Türkei ist reich an klangvollen Namen, herausragenden Leistungen und großen Entdeckungen. Die Namen von Carl Humann, Heinrich Schliemann, Otto Dörpfeld, Kurt Bittel oder Friedrich Karl Dörner sind neben vielen anderen untrennbar mit der klassischen Altertumskunde in der Türkei, aber auch mit den guten Beziehungen beider Länder zueinander verbunden. Der Pergamonaltar, Troja, die hellenistischen Residenzen in Kommagene oder die hethitische Hauptstadt Hattuša sind Entdeckungen und Leistungen deutscher Archäologen und Altertumsforscher, die das Bild, das wir heute von der antiken Türkei haben, entscheidend mitprägten. Nicht zuletzt beruht auch die deutsch-türkische Freundschaft und Partnerschaft auf der Arbeit, die diese Wissenschaftler geleistet haben.

Einzigartig ist in diesem Zusammenhang auch die Möglichkeit, die der Universität Münster und der Forschungsstelle Asia Minor seit nunmehr fast 20 Jahren geboten wird: die Erforschung und Ausgrabung der antiken Stadt Alexandria Troas. Mit ihr haben wir eine Stadt vor uns, die genau genommen dreimal gegründet worden ist. Von Antigonos Monophthalmos (Antigonos der Einäugige), einem General Alexanders d. Gr., wurde sie zwischen 310 und 306 v. Chr. als Antigoneia, von Lysimachos nach 301 v. Chr. als Alexandria Troas und von Augustus wohl schon vor 27 v. Chr. als Colonia Augusta Troadensis gegründet.

Entstanden erst am Ende des 4. Jh. v. Chr. zur Ehre und zum Ruhme Alexanders d. Gr., überflügelte sie bald an wirtschaftlicher Bedeutung das nahe Troja/Ilion. Schon Caesar hat, wie sein Biograph Sueton schreibt, darüber nachgedacht, ob er diese Stadt an der Nahtstelle zwischen Europa und Asien *(Abb. 1)* nicht zur Hauptstadt des römischen Reiches machen solle. Ähnliche Überlegungen hat auch Konstantin d. Gr. – der erste christliche Kaiser – angestellt, sich aber dann doch für Byzanz als das zweite Rom entschieden. Konstantin d. Gr. nannte diese Stadt dann bekanntlich Konstantinopel, heute Istanbul und es ist bezeichnend, dass bis in die dreißiger Jahre des vergangenen Jahrhunderts die Ruinenstätte von Alexandria Troas Eski Istanbul (= das alte Istanbul) hieß. Das kommt sicher auch daher, dass seit der Zeit Konstantins d. Gr. die Bauten in Konstantinopel/Istanbul besonders aus dem Marmor errichtet wurden, der aus dem spätestens im 7. Jh. n. Chr. wohl durch ein Erdbeben zerstörten Alexandria Troas dorthin geschafft worden ist.

Dass die Stadt einst reich an Bau- und Kulturdenkmälern gewesen ist, davon zeugt nicht zuletzt die Nachricht, dass einer der reichsten Männer der Antike, der Athener Herodes Atticus, hier im 2. Jh. n. Chr. eine Wasserleitung und auch riesige Thermen erbauen und erneuern ließ, deren Reste noch unausgegraben, aber schon majestätisch anzusehen den Besucher in ihren Bann ziehen *(Abb. 2)*. Überhaupt waren die obertägig noch zu erkennenden Ruinen bis in die Neuzeit hinein für Besucher und vor allem für die vorbeifahrenden Seefahrer so beeindruckend, dass sie diese für die Überreste des viel besungenen, aber von See aus nicht auszumachenden Troja hielten.

Das Theater, ein großes Marktgebäude, die Thermen des Herodes Atticus oder die großen Markthallengewölbe ragen noch heute aus dem Schutt der Jahrhunderte hervor. Auch ein als Basilika bezeichnetes Gebäude steht wuchtig in der Landschaft. Ob es sich dabei um einen Kirchenbau handelt oder nicht, wird erst eine Ausgrabung zeigen können. Es muss aber eine bedeutende christliche Kirche gegeben haben, denn Alexandria Troas ist für die Geschichte der Christenheit von epochaler Bedeutung: hier empfing der Apostel Paulus nach seiner eigenen

*Abb. 2: Die Thermen des Herodes Atticus*

Aussage die Vision, nach Europa überzusetzen und dort das Christentum zu verkünden. An einem solchen Ort werden die Christen zweifellos des Apostels und des Ereignisses durch eine Kirche gedacht haben. Vielleicht war diese Vision sogar der Grund für Konstantin d. Gr., in Erwägung zu ziehen, diese Stadt zu einer zweiten Hauptstadt des Römischen Reiches zu machen.

Die Rekonstruktion einer antiken Stadt durch Historiker und Archäologen kann bei der Fülle der auftretenden Fragen nur im Rahmen einer regen interdisziplinären Zusammenarbeit mit anderen Wissenschaften erfolgreich durchgeführt werden. Hierzu bot der Wissenschaftsstandort Münster mit der Universität beste Voraussetzungen. In der Forschungsstelle Asia Minor konnten die unterschiedlichsten Disziplinen wie Archäologie, Alte Geschichte, Alte Kirchengeschichte, Architektur, Epigraphik, Numismatik, Klassische Philologie, aber auch Geophysik, Geodäsie und Mineralogie gebündelt werden – ideale Voraussetzungen für ein neues archäologisches Großprojekt.

In Anerkenntnis dieser Gegebenheiten hat nach langen Voruntersuchungen das türkische Parlament im Jahre 2002 der Universität Münster mit seiner Forschungsstelle Asia Minor die Erlaubnis einer Ausgrabung des gesamten Stadtgebiets gegeben.

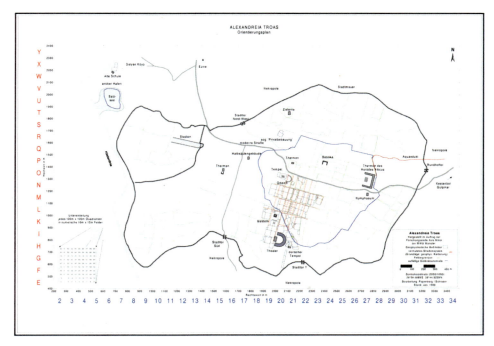

*Abb. 3: Das Stadtgebiet von Alexandria Troas*

Ein archäologisches Großprojekt ist die Ausgrabung in Alexandria Troas nicht nur wegen der in Kleinasien längsten Stadtmauer, deren Einmessung zu den ersten Aufgaben gehörte. *(Abb. 3 der Stadtplan)*. Im Osten befindet sich ein großes Tor mit rundem Innenhof und zwei flankierenden Türmen. Dieses Tor wurde zusammen mit der 8 km langen Stadtmauer bereits im 3. Jh. v. Chr. durch Lysimachos erbaut. Das annähernd 20 m im Durchmesser große Tor ist für diese Zeit einmalig in Kleinasien.[1]

Weite Teile im Inneren des Stadtmauerringes konnten bisher nicht ausgegraben werden. Dazu gehören auch die Herodes Atticus Thermen: Mit ihren Ausmaßen von 123 zu 84 m gehören die Thermen zu den größten römischen Badeanlagen der Kaiserzeit in Kleinasien. Noch bis 1809 standen weite Teile der Anlage aufrecht, bevor sie durch ein Erdbeben zerstört wurden. Architekten haben den heutigen Erhaltungszustand in mühseliger Kleinarbeit aufgenommen und so eine mögliche, aber ungeheuer kostspielige Ausgrabung vorbereitet. Der in der Mitte noch zum Teil erkennbare Kuppelsaal trug wohl eine Kuppel in einer Größe, wie

---

[1] Zur Geschichte von Alexandria Troas und zur Forschungsgeschichte vgl. M. Ricl, The Inscriptions of Alexandreia Troas (= Inschriften griechischer Städte aus Kleinasien, Bd. 53) Bonn 1997; zu den Surveys und Ausgrabungen vgl. die Arbeiten in den Asia Minor Studien Bd. 11, 1994; Bd. 22, 1996, Bd. 33, 1999, Bd. 44, 2002 und Bd. 55, 2008.

Abb. 4: Antike Kanalisation unterhalb des Forums

sie bisher für die Erbauungszeit in der 1. Hälfte des 2. Jh. n. Chr. völlig unbekannt ist. Ob auch hierfür Herodes Atticus beim Kaiser Hadrian Geld erbeten hat, wird erst eine zukünftige Ausgrabung erweisen.[2]

Im Zentrum der antiken Stadt befindet sich das römische Forum, dessen Ausgrabung seit mehreren Jahren im Mittelpunkt der archäologischen Tätigkeit steht. Im Osten angrenzend an die Platzanlage liegt das heute noch gut sichtbare Odeion, ein öffentliches Gebäude für künstlerische Inszenierungen. Das Odeion verfügte vom Forum aus über fünf eigene Eingänge. Eine Inschrift, die davor gefunden wurde, lässt dieses sog. kleine Theater sogar als Zentrum einer im ganzen Römerreich tätigen Künstlergemeinschaft erscheinen. Der Text beinhaltet drei Briefe des Kaisers Hadrian, die reichsweit von großer, vor allem sozialer Bedeutung sind.[3]

Im Zentrum des Forums steht ein römischer Podiumtempel, der wahrscheinlich dem Augustus geweiht war. Ihm ist ein Brunnen vorgelagert. Vom Tempel wie

---

[2] Zur bisherigen Arbeit an den Thermen vgl. M. Klinkott, Die Ruinen von Alexandria Troas. Bestandsaufnahme der „Thermen des Herodes Atticus" und des „Maldelik" mit Vorberichten der Untersuchungen durch R. Koldewey und A. C. G. Smith (= Asia Minor Studien Bd. 72), Bonn 2014.

[3] Vgl. G. Petzl, E. Schwertheim, Hadrian und die dionysischen Künstler. Drei in Alexandria Troas neugefundene Briefe des Kaisers an die Künstler-Vereinigung (= Asia Minor Studien, Bd. 58), Bonn 2006.

*Abb. 5: Am Forum vorbeiführende Straße*

vom Brunnen sind nur jeweils das Fundament aus römischem Beton erhalten. Die marmornen Bauglieder des aufgehenden Mauerwerks sind ebenso wie die Säulen nicht erhalten. Wasserleitungen, die in der Umgebung gefunden wurden, deuten an, dass der Brunnen ein Springbrunnen war, der mit der Statue einer Nymphe verziert war.

Zwei Schächte im Tempelfundament führen in ein unterirdisches Kanalisationssystem, dessen weitläufige mannshohe Verzweigungen *(Abb. 4)* wir bereits zum Teil verfolgen konnten. Insgesamt ist die Frage der Wasserversorgung und -entsorgung der Stadt ein Problem, was in der Zukunft gelöst werden muss.

In der Nordostecke des Platzes befindet sich ein Podiumsaal, der vermutlich ein kaiserlicher Repräsentativbau gewesen ist. Darauf deuten große marmorne Skulpturfragmente einer Kaiserstatue und einer Victoria hin, die wir in dem Bau und vor allem vor dem Podium an der Rückseite dieses Gebäudes gefunden haben. Reiche Malereien, von denen wir viele Fragmente gefunden haben, weisen auf die Schönheit und repräsentative Ausstattung des Gebäudes hin.

Ein Durchgang zwischen dem Odeion und dem Podiumsaal führt zu einem Polygonalbau, dessen architektonische Gestaltung und Dekoration in die erste Hälfte des 2. Jh. n. Chr. gehört. Die zwölf Ecken des Baues machen diesen fast zu einem

Abb. 6: Luftaufnahme des heute verlandeten Hafenbeckens

Rundbau, können aber auch durch die in Antike und Christentum so bedeutsame Zwölfzahl einen Symbolcharakter haben.

Die zahlreichen Statuen- und Buntmarmorfragmente sowie Architekturelemente zeugen von der einst prächtigen Ausgestaltung und Ausstattung des gesamten römischen Forums und von den weit reichenden Handelsbeziehungen der Stadt. Deshalb bezeichnet der antike Geograph Strabon Alexandria Troas als eine der „bemerkenswertesten Städte". Entlang des Forums verläuft die mit großen rechteckigen Granitplatten gepflasterte antike Straße *(Abb. 5)*. Begrenzt wird diese zum Forum hin durch Tonnengewölbe. Sie wurden von den Römern als Läden und Verkaufsstände genutzt.

Westlich des antiken Theaters liegt ein Bau, um den sich viele Legenden ranken, das sog. Maldelik, was als Schafstall genutzt wurde aber auch von vielen Reisenden als „Serai", als Jungfrauenpalast, bezeichnet wird. Das noch heute mit mehreren Etagen erhaltene Gebäude wurde auch schon im Mittelalter als Piratenversteck angesprochen. Seine tatsächliche Funktion konnte allerdings bis heute nicht geklärt werden. Jedoch lässt bereits die exponierte Lage auf einen Bau von besonderer Bedeutung schließen. So haben wir denn zur Vorbereitung einer Ausgrabung zuerst einmal eine genaue Bauaufnahme angefertigt.[4]

Der Hafen von Alexandria Troas (Abb. 6) gehörte – heute noch durch die zwei Wellenbrecher sowie die beiden inneren Hafenbecken deutlich zu erkennen – zu

---

[4] vgl. die Arbeit von M. Klinkott in Anm. 2.

den bedeutendsten Hafenanlagen am Hellespont. Er ersetzte den bereits versandeten Hafen von Troia/Ilion und diente in der Kaiserzeit als Übergang für die Legionäre in den Osten des Römischen Reiches. Der Apostel Paulus nutzte den Hafen als Ausgangspunkt zur Verbreitung des Christentums in den Westen des Imperium Romanum. Eine Monographie widmet sich diesem so wichtigen Teil der antiken Stadt.[5]

Vieles wurde schon in Alexandria Troas begonnen, was die Bedeutung der Stadt in der Antike hervorheben und deutlich machen sollte. Das ist gelungen. Noch vieles mehr werden wir aber erst in Zukunft ergraben und erarbeiten. So ist denn die Ausgrabung in Alexandria Troas eine Jahrhundertaufgabe, die weder die türkischen Archäologen und Wissenschaftler, noch deutsche Wissenschaftler allein bewältigen können. Es ist eine deutsch-türkische Gemeinschaftsaufgabe.

---

[5] St. Feuser, Der Hafen von Alexandria Troas (= Asia Minor Studien Bd. 63), Bonn 2009.

## *Caput gentis Lyciae*
## Die epigraphische Arbeit der Forschungsstelle Asia Minor in der lykischen Hafenmetropole Patara

### Klaus Zimmermann

Seit nunmehr sechs Jahren ist die Forschungsstelle Asia Minor auch an der Südküste der Türkei, in der kulturell überaus reichen und vielgesichtigen Region Lykien, aktiv. Um die Großgrabung der Akdeniz-Universität Antalya in der Provinzhauptstadt Patara epigraphisch zu unterstützen, luden die Grabungsleiter, Havva İşkan und Fahri Işık, den Verfasser sowie Christof Schuler von der Kommission für Alte Geschichte und Epigraphik des Deutschen Archäologischen Instituts in München freundlicherweise zur Kooperation ein,[1] und schon eine erste Kampagne im August 2010 zeigte deutlich das enorme Potential der von nachantiker Überbauung unberührten Stätte. Seit 2011 verstärkt durch zwei Doktoranden, Sophia Bönisch-Meyer und Andrew Lepke, konnte das Team aus München und Münster in mittlerweile sechs Kampagnen den gesamten, über 600 Texte umfassenden Inschriftenbestand der Grabung systematisch aufnehmen, womit Patara schon allein dem Umfang nach zu den bedeutendsten lokalen Corpora Kleinasiens zählt.[2] Mittelfristiges Ziel der Arbeit ist es, ein Gesamtcorpus der Inschriften von Patara vorzulegen; wichtige Funde wurden und werden daneben zeitnah und mit der erforderlichen ausführlichen Kommentierung separat publiziert.[3] Doch bevor wir uns einigen repräsentativen Inschriftenfunden zuwenden, sei zunächst die Geschichte der Hafenstadt im Westen Lykiens in aller Kürze skizziert.

---

[1] Ihnen beiden und ihrem gesamten Team sei an dieser Stelle von Herzen für die gastfreundliche Aufnahme, die vertrauensvolle Zusammenarbeit und den fruchtbaren Austausch der vergangenen Jahre gedankt. Dank schulden wir ferner der türkischen Generaldirektion für Kulturgüter und Museen für die stets reibungslose Erteilung der Arbeitsgenehmigungen, schließlich den jeweiligen Regierungsvertretern für die wohlwollende Unterstützung unserer Arbeit.

[2] Vgl. Ch. Schuler, A Legal Text and Other Fragments of Hellenistic Inscriptions from Patara, in: H. İşkan – F. Işık (Hg.), Kum'dan Kent'e. Patara Kazılarının 25 Yılı – From Sand into a City. 25 Years of Patara Excavations (Patara VII 1), Istanbul 2015, 497–505, hier 498.

[3] U.a. Ch. Schuler – K. Zimmermann, Neue Inschriften aus Patara I: Zur Elite der Stadt in Hellenismus und früher Kaiserzeit, Chiron 42, 2012, 567–626; S. Bönisch – A. Lepke, Neue Inschriften aus Patara II: Kaiserzeitliche Ehren- und Grabinschriften, Chiron 43, 2013, 487–525; A. Lepke – Ch. Schuler – K. Zimmermann, Neue Inschriften aus Patara III: Elitenrepräsentation und Politik in Hellenismus und Kaiserzeit, Chiron 45, 2015, 291–384.

Klaus Zimmermann

## 1. Die Geschichte des antiken Patara

Die Besiedlung des Ortes reicht bis in die Bronzezeit zurück; als einheimisch-lykischer Name ist *pttara* inschriftlich belegt, die griechische Mythentradition führt den Namen bald auf einen Sohn des Apollon namens Pataros, bald auf einen gleichnamigen Seeräuber, bald auf ein spezielles Kultgefäß zurück.[4] Der lokale Hauptkult bringt es zu überregionaler Bedeutung: Tempel, heiliger Hain und Orakel des Apollon Patroos sind erstmals bei Herodot belegt (1, 182) und sollen schon von dem Heraklessohn Telephos besucht worden sein – allerdings konnte dieser Tempelbezirk bis heute nicht lokalisiert werden. Anhaltspunkte für eine Lokalisierung im Norden der Stadt, in der Nähe des Mettiusbogens bzw. der Grabkirche,[5] existieren, doch ein sicherer Befund für die Kultstätte steht bislang noch aus.

Von der Beteiligung Pataras an innerlykischen Auseinandersetzungen im späten 5. Jahrhundert wissen wir kaum mehr als die Tatsache; erst im 4. Jahrhundert – konkret: nach der Unterwerfung Pataras durch Alexander den Großen 334/33 v. Chr., die uns der Alexanderhistoriker Arrian bezeugt (an. 1, 24, 4) – wird das Bild allmählich klarer. Nach dem Tod Alexanders rivalisieren die Antigoniden und Ptolemaios I. von Ägypten um die lykische Küste; Ptolemaios kann gegen Ende des 4. Jahrhunderts das Ringen für sich entscheiden; sein gleichnamiger Sohn benennt Patara in Arsinoe (den Namen seiner Schwestergemahlin) um.

Nach einem Jahrhundert ptolemäischer Herrschaft fällt Patara 197 v. Chr. für kurze Zeit an den Seleukiden Antiochos den Großen, der aber mit der Niederlage gegen Rom 188 v. Chr. alle Besitzungen in Kleinasien verliert. Sein Erbe als Hegemon Lykiens wird das benachbarte Rhodos, das allerdings 168 v. Chr. in römische Ungnade fällt und Lykien wieder hergeben muss. Seit dieser Zeit ist Lykien bundesstaatlich verfasst, gehörte Patara jedenfalls zu den führenden Städten des lykischen Bundes, aber ob es *die* Hauptstadt – d.h. der alleinige Versammlungsort der Bundesversammlung – gewesen ist, ist bislang eine offene Frage, für deren Beantwortung wir auf weitere Funde angewiesen sind. Immerhin bezeichnen wir einen Baukomplex zwischen Theater und Säulenstraße, der früher als „kleines Theater" oder „Odeon" angesprochen wurde *(Abb. 1)*, jetzt als Buleuterion – „Versammlungslokal" (der Bundesversammlung). Es bleibt zu hoffen,

---

[4] Vgl. Ch. Marek, Der Neue Pauly IX, 2000, 392f. s.v. Patara; zum Folgenden etwa H. Hellenkemper – F. Hild, Lykien und Pamphylien (Tabula Imperii Byzantini 8) II, Wien 2004, 780–788 s.v. Patara; H. Brandt – F. Kolb, Lycia et Pamphylia. Eine römische Provinz im Südwesten Kleinasiens, Mainz 2005, 20–22. 45–47.

[5] Zur Orientierung vgl. St.-G. Bruer – M. Kunze, Der Stadtplan von Patara und Beobachtungen zu den Stadtmauern (Patara I 1), Istanbul 2010, Kartenbeilage (wieder in F. Işık, Patara. „Caput Gentis Lyciae" – Capital of the Lycian League, Istanbul 2011, 153). Zur Terminologie „Grabkirche" anstelle der bislang verwendeten Begriffe „Nekropolenkirche" bzw. „Quellenkirche" Lepke – Schuler – Zimmermann, Chiron 45, 2015 (Anm. 3), 293 Anm. 1.

*Caput gentis Lyciae*

*Abb. 1: Das Buleuterion, Versammlungsort der lykischen Bundesversammlung. Blick vom Kurşunlutepe nordwärts auf das restaurierte Gebäude (2012)*

dass durch neue Inschriften die Bundesstrukturen mitsamt der Rolle Pataras noch etwas deutlichere Konturen gewinnen.

Dass man seine Freiheit den Römern verdankte, war den Städten des lykischen Bundes wohl bewusst; loyal kämpfte die Bundesflotte im Mithradatischen Krieg auf Seiten der Römer, was Patara sogar eine Belagerung durch Mithradates einbrachte. Den rechten Instinkt bewiesen die lykischen Politiker auch einige Jahrzehnte später im Bürgerkrieg zwischen Antonius und Octavian, indem sie sich von vornherein auf die richtige Seite – nämlich die des Siegers und späteren Kaisers Augustus – schlugen. Dieser Loyalität ist es zu verdanken, dass die Autonomie Lykiens noch bis in claudische Zeit hinein gewahrt blieb; erst 43 n. Chr. veranlassten innerlykische Auseinandersetzungen den Kaiser, das Land dem direkten Herrschaftsbereich Roms einzugliedern und unter die Aufsicht eines Statthalters mit Sitz in Patara zu stellen.

Über diesen Vorgang wussten wir bis vor kurzem nur aus zwei beiläufigen Bemerkungen in der antiken Literatur. Aufgrund innerer Zwistigkeiten nahm Claudius den Lykiern die Freiheit, so lesen wir bei Sueton (Claud. 25, 3); dass auch einige Römer den Unruhen zum Opfer gefallen waren, erfahren wir von Cassius Dio (60, 17, 3). Einem sensationellen Neufund verdanken wir jedoch mittlerweile eine wesentliche Bereicherung dieses spärlichen Befundes: Ein Brand auf dem

*Abb. 2: Kaiserzeitliche Basen und Säulentrommeln, als Spolien in der spätantiken Befestigung entlang der Ostmauer der Nerotherme verbaut*

Grabungsgelände hatte einen bis dahin überwucherten Teil der spätantiken Stadtmauer freigelegt, in den Blöcke eines Pfeilermonumentes verbaut waren, das – in exponierter Lage am Hafen – die „Befreiung der Lykier aus Aufruhr und Anarchie" preist und bei dieser Gelegenheit ein Verzeichnis der unter der Verantwortung des kaiserlichen Legaten Quintus Veranius in Lykien gebauten Straßen gibt.[6]

Während der folgenden beiden Jahrhunderte erlebte Patara als Provinzmetropole eine Blütezeit; aus dieser Zeit stammt ein Großteil der erhaltenen Architektur und Inschriften: Dutzende von Weihungen an Kaiser, so etwa der Ehrenbogen des trajanischen Legaten Gaius Trebonius Proculus Mettius Modestus am nördlichen Ende der Stadt. Im 4. Jahrhundert n. Chr. war Patara Bischofssitz, wie wir aus der Erwähnung in den Väterlisten der Konzilien von Nizäa 325 und Konstantinopel 381 wissen; damit einher ging allerdings nun ein deutlicher Bevölkerungsrückgang. In mehreren Phasen wurde das befestigte Areal der Stadt verringert, wurden neue Stadtmauern gebaut, in denen sich große Mengen kaiserzeitlichen Materials als Spolien verbaut wiederfinden *(Abb. 2)*.

Was der Stadt als Metropole nach und nach die Lebensgrundlage entzog, war

---

[6] S. Şahin – M. Adak, Stadiasmus Patarensis. Itinera Romana Provinciae Lyciae, Istanbul 2007, 35. 37.

die Verlandung des Hafens, von dem heute nur noch ein Sumpf übrig ist. Der Leuchtturm scheint – nach den Zerstörungsspuren zu urteilen – schließlich einem Tsunami zum Opfer gefallen zu sein; die immer weiter reduzierte Siedlung hatte unter Erdbeben zu leiden und wurde im byzantinischen Mittelalter (vielleicht im 13. Jahrhundert n. Chr.) aufgegeben.

## 2. Die Erforschung des antiken Patara

Heute stellt das antike Patara mit seinen freigelegten öffentlichen Bauten und mehreren Teilprojekten eine archäologische Großbaustelle dar, die uns nahezu jährlich neue Erkenntnisse und Perspektiven beschert. Noch bis in die 80er Jahre des letzten Jahrhunderts stellte sich die Situation freilich grundsätzlich anders dar. Epigraphische Grundlage unseres Wissens über die in Sumpf und Vegetation versunkene Metropole waren die knapp hundert Texte, die von Rudolf Heberdey und Ernst Kalinka Ende des 19. Jahrhunderts aufgenommen und in Faszikel 2 des zweiten Bandes der Tituli Asiae Minoris 1930 publiziert worden waren. So große Hochachtung uns die Arbeit dieser Pioniere unter den damaligen Bedingungen auch bis heute abnötigt, ihre Kollektion von Oberflächen- und Spolienfunden musste unser Bild von Patara doch in dem Maß verzerren, in dem anderenorts zunehmend archäologische Grabungen das Material zu den Inschriftencorpora lieferten. Noch das Urteil von Rudolf Haensch aus dem Jahr 1997, im Vergleich zu Perge spräche wenig für die Annahme eines Statthaltersitzes in Patara,[7] ist im Grunde das Ergebnis eines Vergleiches auf der Grundlage eben dieser unterschiedlichen epigraphischen Erforschungssituation.

Der Initiative von Fahri Işık und der Fortsetzung seiner Arbeit durch Havva İşkan-Işık ist es zu verdanken, dass die Materialbasis für unser Verständnis der hellenistischen und kaiserzeitlichen Stadt und ihrer Bedeutung für die Region Lykien heute eine gänzlich andere ist. 1988 – das 25-jährige Jubiläum wurde 2013 mit einem wissenschaftlichen Kolloquium an der Universität Antalya begangen[8] – begann die systematische archäologische Untersuchung des Geländes und damit auch eine Reihe aufsehenerregender epigraphischer Funde: das bereits erwähnte Ehrenmonument für Kaiser Claudius nebst einem Verzeichnis der lykischen Straßenverbindungen anlässlich der Provinzialisierung 43 n. Chr. (s.o. Anm. 6), die Monumentalinschrift des Leuchtturms an der Hafeneinfahrt aus der Zeit Neros,[9]

---

[7] R. Haensch, Capita provinciarum. Statthaltersitze und Provinzverwaltung in der römischen Kaiserzeit, Mainz 1997, 293; zur Einrichtung der Doppelprovinz Lycia et Pamphylia unter Vespasian zuletzt M. Adak – M. Wilson, Das Vespasiansmonument von Döşeme und die Gründung der Doppelprovinz *Lycia et Pamphylia*, Gephyra 9, 2012, 1–40.

[8] H. İşkan – F. Işık (Hg.), Kum'dan Kent'e. Patara Kazılarının 25 Yılı – From Sand into a City. 25 Years of Patara Excavations (Patara VII 1), Istanbul 2015.

[9] H. İşkan Işık – W. Eck – H. Engelmann, Der Leuchtturm von Patara und Sex. Marcius Priscus als

die Bauinschrift am Druckrohraquädukt von Delikkemer anlässlich der Wiederherstellung der Fernwasserversorgung Pataras durch den Statthalter Sextus Marcius Priscus,[10] um nur die wichtigsten zu nennen. Türkische und deutsche Kollegen haben weitere wichtige Einzelfunde publiziert: Mustafa Adak, Helmut Engelmann, Christian Marek, Sencer Şahin und zuletzt auch die Angehörigen unseres Teams (s.o. Anm. 3). Mit zunehmender Deutlichkeit zeichnen sich dabei inhaltliche Schwerpunkte unserer Kenntnis von Stadt und Region ab, in die sich der folgende Überblick gliedert.

## 3. Das hellenistische Patara im Verbund der führenden Städte des Lykischen Bundes

Obwohl Artemidor in einer berühmten Passage Patara als eine der sechs größten und mit drei Stimmen im Rat politisch bedeutendsten Städte des Lykischen Bundes nennt,[11] ist unser Bild von der hellenistischen Polis etwa im Vergleich zu Xanthos mit dem Letoon oder Limyra bislang recht blass. Das mag einerseits daran liegen, dass das Zentrum der hellenistischen Stadt mit den epigraphisch relevanten öffentlichen Plätzen direkt am inneren Hafen lag, wo wegen des heutigen Wasserspiegels keine Grabung möglich ist, zum anderen an dem Umstand, dass – wie bereits erwähnt – das Haupttheiligtum des Apollon bislang nicht gefunden wurde, das mit Sicherheit einen signifikanten Anteil der hellenistischen Dokumentation enthielt. Zwar wissen wir inzwischen aus der kaiserzeitlichen Weihung eines Apollonpriesters, dass es sich ähnlich dem Letoon um ein Heiligtum der apollinischen Trias handelte, welches außerhalb der Stadt in einem heiligen Hain lag,[12] ferner aus einer Ehreninschrift mit Angaben über die Verwendung von Stiftungszinsen, dass dieser Hain durch Kanäle be- oder entwässert wurde.[13] In der frühchristlichen Grabkirche im Norden der Stadt sind zwei Inventare mit Votiv-

---

Statthalter der Provinz Lycia von Nero bis Vespasian, Zeitschrift für Papyrologie und Epigraphik 164, 2008, 91–121.

[10] S. Şahin, Die Bauinschrift auf dem Druckrohraquädukt von Delikkemer bei Patara, in: Ch. Schuler (Hg.), Griechische Epigraphik in Lykien. Eine Zwischenbilanz, Wien 2007, 99–109 mit den Korrekturen von İşkan Işık – Eck – Engelmann, ZPE 164, 2008 (Anm. 9), 115–118; zuletzt Ph. Deeg, Die Bauinschrift auf dem Druckrohraquädukt in Patara. Ein Beitrag zur historischen Katastrophenforschung, Orbis Terrarum 12, 2014, 65–75.

[11] Artemid. ap. Strab. 14, 3, 3, C 665; vgl. R. Behrwald, Der Lykische Bund, Bonn 2000, 161–165. 181–184; zuletzt D. Knoepfler, „Un modèle d'une belle république fédérative"? Montesquieu et le système politique des Lyciens, de la genèse de *l'Esprit des lois* aux découvertes épigraphiques les plus récentes en Asie Mineure méridionale, Journal des Savants 2013, 111–154.

[12] Schuler – Zimmermann, Chiron 42, 2012 (Anm. 3), 598–603 Nr. 6.

[13] Lepke – Schuler – Zimmermann, Chiron 45, 2015 (Anm. 3), 357–376 Nr. 9 col. I Z. 21 f.

gaben von teilweise beträchtlichem Wert als Türwangen verbaut (Abb. 3),[14] die man gern mit dem Apollonheiligtum in Verbindung brächte, welches dann doch wohl in nicht allzu großer Entfernung zu suchen wäre – doch letztlich bleibt all das bislang Spekulation. Immerhin haben wir mit dem früheren der beiden Texte nach der Schrift des 3. Jahrhunderts v. Chr. eines der frühesten Zeugnisse in einer Reihe von Schlaglichtern auf die hellenistische Stadt, die die Bedeutung Pataras innerhalb der lykischen Bundesstruktur schemenhaft erkennen lassen.

Leider nur wenige Buchstaben des Präskripts sind von einem Dekret der Xanthier aus der Zeit ptolemäischer Herrschaft, datiert nach Regierungsjahr und makedonischem Kalender, erhalten, an dem aber schon allein die Tatsache interessant ist, dass es in Patara publiziert wurde;[15] von einem Proxeniedekret, offenbar der Patareer, des späten 3. oder frühen 2. Jahrhunderts v. Chr. besitzen wir lediglich die Garantie freier Ein- und Ausreise für den Proxenos und dessen Nachkommen sowie den Beginn der Publikationsbestimmung. Eher ins 1. als ins 2. Jahrhundert v. Chr. gehört der Schrift nach eine beidseitig beschriebene Stele verwaltungsrechtlichen Inhalts, wie durch die Terminologie (*chrematismós/chrematízein*) deutlich wird. Für eine Rekonstruktion des Gesamtzusammenhanges reicht das Erhaltene nicht aus; bemerkenswert ist das Zeugnis dennoch, weil es einen klaren Hinweis auf Rechtspflege und Archivpraxis (*apographé/apográphein*) gibt.

Abb. 3: *Frühhellenistisches Tempelinventar, an der Nordwestecke der Grabkirche wiederverwendet (Lepke – Schuler – Zimmermann, Chiron 45, 2015 [Anm. 3], 293–301 Nr. 1)*

So spärlich die Dokumentation zum hellenistischen Patara also zahlenmäßig nach wie vor ist, der Zufall der Überlieferung hat uns in den vergangenen Jahren immerhin eine signifikante Auswahl von Einzelbelegen in die Hand gespielt, die Artemidors Angabe in gewisser Weise bestätigen und einen plausiblen Erklärungsansatz für die herausragende Stellung Pataras seit der frühen Kaiserzeit liefern – womit wir beim zweiten der angekündigten Themenschwerpunkte sind.

---

[14] Schuler – Zimmermann, Chiron 42, 2012 (Anm. 3), 568–573 Nr. 1; Lepke – Schuler – Zimmermann, Chiron 45, 2015 (Anm. 3), 293–301 Nr. 1.

[15] Zu diesem und den folgenden beiden Stücken Schuler, in: Kum'dan Kent'e – From Sand into a City, 2015 (Anm. 2), 499–503.

## 4. Pataras Rolle auf dem Weg Lykiens unter römische Herrschaft

*Abb. 4: Anfertigung von Abklatschen der späthellenistischen Spenderliste an der östlichen Theater-Parodos*

Zwar dominieren nach wie vor die Inschriften aus der hohen Kaiserzeit, doch kamen bei den Kampagnen der vergangenen Jahre daneben mehr und mehr Funde aus dem späten Hellenismus und der frühen Kaiserzeit ans Licht. Eine Ehrung des Demos von Patara für Marcus Antonius Idagras[16] aus den 30er Jahren des 1. Jahrhunderts v. Chr. präsentiert uns nicht nur den bislang ersten Lykier mit römischem Bürgerrecht, sondern bietet zugleich ein signifikantes Beispiel für die Politik des Triumvirn Marcus Antonius, der offenkundig bemüht war, in den Wirren des Bürgerkrieges gegen die Caesarmörder profilierte Persönlichkeiten der lokalen Elite an sich zu binden: Der Geehrte war Sieger in namhaften panhellenischen und lykischen Agonen; seiner Intervention verdankten die Patareer die Entlassung von 600 Bürgern aus dem römischen Heeresdienst, was durchaus Rückschlüsse auf die Bedeutung Pataras innerhalb des Bundes erlaubt.

Das Bemühen des Lykischen Bundes, nach Octavians Sieg Loyalität gegenüber der neuen Ordnung zu dokumentieren, zeigt eine als Altar in der Grabkirche wiederverwendete Rundbasis einer überlebensgroßen Statue der Iulia, Tochter des Augustus und Gemahlin des Agrippa,[17] die sicher gemeinsam mit Vater und Gat-

---

[16] Schuler – Zimmermann, Chiron 42, 2012 (Anm. 3), 582–597 Nr. 4.
[17] Schuler – Zimmermann, Chiron 42, 2012 (Anm. 3), 603–605 Nr. 7.

ten geehrt worden war. Es handelt sich um die erste bekannte Ehrung Iulias aus Lykien – und zugleich um die einzige Ehrung für die Familie des ersten Princeps durch den Lykischen Bund außerhalb von Xanthos, was direkt zu der Frage von Pataras zunehmender Bedeutung gegenüber der alten Kultmetropole führt.

In Form und Umfang für Lykien singulär ist eine späthellenistische Liste von Spendern für den Ausbau des Theaters an dessen östlichem Seiteneingang, die mit der charakteristischen Wendung „folgende haben Gelder versprochen" beginnt und auf eine nicht näher präzisierte Kriegssituation Bezug nimmt. Die Entzifferung der schwer verwitterten Schrift anhand der 2011 angefertigten Abklatsche *(Abb. 4)* wird noch einige Zeit erfordern,[18] doch schon jetzt ist klar, dass die onomastischen und prosopographischen Daten unsere Kenntnis nicht nur der lokalen, sondern auch der regionalen Eliten im späthellenistischen Lykien auf eine neue Grundlage stellen werden.

Ein umso glücklicherer Umstand ist es, dass aus dem Versturz der byzantinischen Befestigungsmauer inzwischen fünf Blöcke einer Liste der Ratsmitglieder geborgen werden konnten, die nach dem Kaiserpriester datiert ist, also in die Zeit kurz nach der Provinzialisierung 43 n. Chr. gehören muss.[19] Schon die Publikationsform von Stadtratsmitgliedern auf Stein zeigt, dass deren Berufung auf Dauer angelegt war: Was wir hier vor uns haben, ist das Produkt römischer Förderung stabiler Eliten in beherrschten Gebieten – des Phänomens, das G. E. M. de Ste. Croix als „the destruction of Greek democracy" bezeichnet.[20] Gerade aus dem Vergleich dieses Namenmaterials mit der späthellenistischen Spenderliste am Theater sind hochinteressante prosopographische Einblicke in die Zeit innerer Wirren zu erwarten, die anscheinend den Übergang von der autonomen Bundesstruktur in die römische Provinzialordnung begleitet haben.

---

[18] Vgl. H. Engelmann, Inschriften, in: K. Piesker – J. Ganzert (Hg.), Das Theater von Patara. Ergebnisse der Untersuchungen 2004 bis 2008 (Patara II 2), Istanbul 2012, 219–229, hier 226 Nr. 9.

[19] Schuler – Zimmermann, Chiron 42, 2012 (Anm. 3), 609–618 Nr. 9; Lepke – Schuler – Zimmermann, Chiron 45, 2015 (Anm. 3), 307–321 Nr. 3.

[20] G.E.M. de Ste. Croix, The Class Struggle in the Ancient Greek World from the Archaic Age to the Arab Conquests, London 1981, 300–326.

*Abb. 5: Doppelbasis für Tiberius Claudius Flavianus Eudemos und dessen Gattin Claudia Anassa, verbaut in Turm 9 der byzantinischen Befestigung an der Agora*

## 5. Die *metropolis* Lykiens der hohen Kaiserzeit

Dass die Masse der Funde nach wie vor der hohen Kaiserzeit entstammt, hat seinen Grund in der umfassenden baulichen Umgestaltung der Stadt von flavischer Zeit bis um die Mitte des 2. Jahrhunderts n. Chr.[21] Aus den zahlreichen neuen Texten, die unser Bild von der städtischen und provinzialen Elite dieser Epoche ergänzen, seien an dieser Stelle zwei spektakuläre Beispiele hervorgehoben, die in unterschiedlicher Weise die profitable Symbiose zwischen Archäologie und Epigraphik verdeutlichen. Wie ein Inventar städtischer Infrastruktur liest sich das Verzeichnis öffentlicher Bauten, die aus den Zinsen der testamentarischen Stiftung des lokalen Euergeten Tiberius Claudius Flavianus Eudemos um 150 n. Chr. errichtet bzw. restauriert wurden:[22] „... aus dieser Summe der Zinsen wurden das Gymnasium und diese Stoa renoviert, außerdem die danebenliegende Exedra und die Bauwerke im Theater errichtet, ferner zwei Kaisareia, das Propheten-Haus und die Kanäle im Heiligen Hain sowie das Badegebäude an der Agora renoviert und werden gegenwärtig die Bauten am Tor errichtet" – so heißt

---

[21] Vgl. etwa Işık, Patara, 2011 (Anm. 5), 21f. 32–35. 45. 51. 60 f. 64.
[22] Lepke – Schuler – Zimmermann, Chiron 45, 2015 (Anm. 3), 357–376 Nr. 9.

*Abb. 6: A. Lepke bei der Durchsicht der epigraphischen Fragmente aus dem Depot*

es in Zeile 18–24 der Ehreninschrift für den Erblasser (col. I), den wir bereits aus zahlreichen anderen Zeugnissen kennen und der hier gemeinsam mit seiner ebenfalls wohlbekannten Witwe Claudia Anassa[23] (col. II) ein weiteres prominentes Denkmal erhielt *(Abb. 5)*. Neubauten nahe des Aufstellungsortes an der Agora (eine Exedra), im Theater[24] und „am Tor" (am Mettiusbogen?[25]), vor allem aber wohl infolge des Erdbebens von 141 notwendige Renovierungsmaßnahmen an der die Agora begrenzenden Stoa, dem aufgrund mehrerer Inschriftenfunde zwischen Säulenstraße und Nerothermen zu lokalisierenden Gymnasion sowie an bislang völlig unbekannten Gebäuden wie dem Prophetenhaus im Hain des Apollon und zwei Kaisertempeln waren Mitte des 2. Jahrhunderts n. Chr. Prioritäten städtischer Bautätigkeit, die dem Wohltäter noch Jahre nach seinem Tod[26] ein ehrendes

---

[23] Vgl. M. Adak, Claudia Anassa – eine Wohltäterin aus Patara, Epigraphica Anatolica 27, 1996, 127–141; H. Engelmann, Inschriften von Patara, Zeitschrift für Papyrologie und Epigraphik 182, 2012, 179–201, hier 183–186 Nr. 3 f.

[24] Eine von Engelmann, ZPE 182, 2012 (Anm. 23), 181–183 Nr. 2 publizierte Ehrenbasis aus dem Theater präzisiert die dort aus dem Zinsertrag durchgeführten Baumaßnahmen: Stützkonstruktionen, ein äußerer Ring der *cavea*, eine anschließende Halle mit Aufgängen, neue Sitzreihen, ein Tempel und – last not least – die Statuen des Stifters selbst.

[25] Zu den dortigen, noch nicht abschließend publizierten Grabungsbefunden vgl. Işık, Patara, 2011 (Anm. 5), 47.

[26] Das Zinsaufkommen ist durch Angabe des Archiereus Mettius Androbios auf 150 datiert; um aus dem der Stadt vererbten Kapital von 250.000 Denaren (Z. 12) Zinsertäge in Höhe von

Gedenken sicherten.

Wie wichtig gerade angesichts der Fülle kaiserzeitlichen Materials die ordnende Corpusarbeit ist *(Abb. 6)*, zeigte sich bei der Kampagne des Jahres 2013, als es gelang, 15 Fragmente aus dem Depot zu einer Ehreninschrift für den schwerreichen Wohltäter zahlreicher lykischer Städte Opramoas zusammenzufügen.[27] Zwar fehlt der Name selbst, doch lässt die Filiation „Sohn des Apollonios, Enkel des Apollonios, Urenkel des Kalliades" in Verbindung mit dem multiplen Bürgerrecht an der Identität des Geehrten keinen Zweifel. Am leider lückenhaften Ende des Textes erfahren wir von seiner Übernahme einer Festorganisation für Apollon, womit sich der Kreis zu einem bereits angeklungenen Schwerpunktthema der Epigraphik von Patara schließt: dem Kult des Apollon Patroos, seiner Infrastruktur, seiner Ausgestaltung, seiner Lokalisierung. Zum anderen erlauben uns die ungefähr zeitgleichen Ehrungen für notorische Spender wie Opramoas, Eudemos sowie eine weitere Familie,[28] das Phänomen des Euergetismus in einen Kontext der Konkurrenz und des Wettstreits nicht nur innerhalb der Polis, sondern auch auf Bundesebene einzuordnen. Die reichen Protagonisten unserer Ehreninschriften sind keineswegs, wie infolge der ausschnitthaften Materialbasis bislang vielfach angenommen, Einzelerscheinungen, sondern Exponenten lokaler und regionaler Eliten, deren Wohlstand beredtes Zeugnis von der Blüte der Provinz um die Mitte des 2. Jahrhunderts n. Chr. gibt.

Entsprechend dem ‚epigraphic habit' werden die Zeugnisse ab dem 3. Jahrhundert spärlicher. Umso bemerkenswerter ist der Fund eines Sarkophages mit einem Grabepigramm für Bischof Eudemos, der in den Konzilslisten des 4. Jahrhunderts als Bischof von Patara genannt ist.[29] Und vereinzelte byzantinische Grabsteine zeugen von der Siedlungskontinuität in der einstigen Provinzhauptstadt noch bis mindestens ins 12. Jahrhundert n. Chr.

**Abbildungsnachweis:**

Alle Fotos Ch. Schuler (München) und K. Zimmermann (Münster).

---

340.534 Denaren zu erwirtschaften (Z. 16–18), hätte es bei dem im benachbarten Xanthos belegten Zinssatz von 8% eines Zeitraums von rund 17 Jahren bedurft; vgl. Lepke – Schuler – Zimmermann, Chiron 45, 2015 (Anm. 3), 366.

[27] Publikation in Vorbereitung.

[28] Zu Q. Vilius Titianus und dessen Tochter Vilia Procla und deren Aufwendungen für den Umbau des Theaters Engelmann, in: Das Theater von Patara, 2012 (Anm. 18), 222–226 Nr. 4–8.

[29] Vgl. U. Peschlow, Heiligengrab, Kirche und Friedhof: eine anonyme Verehrungsstätte in der antiken Metropole, in H. İşkan u. a. (Hg.), Patara. Lykiens Tor zur römischen Welt, Darmstadt 2016, 134–137, hier 136 f.; K. Zimmermann, Geburtsort des Heiligen Nikolaus: Patara in der Spätantike, im selben Band, 126–131, hier 128.

# Die Arbeiten der Forschungsstelle Asia Minor in Kommagene und Doliche[1]

Markus Strathaus, Sebastian Daniel Whybrew

## 1. Eine kurze Geschichte der Landschaft Kommagene

Die antike Landschaft Kommagene liegt im Südosten der heutigen Türkei auf einem Gebiet, das in etwa der modernen Provinz Adıyaman entspricht (Karte 1). Schon für die prähistorische Zeit lassen sich hier zahlreiche Spuren menschlicher Besiedlung fassen. Durch ihre Kontakte zu den Kulturen des Vorderen Orients tritt die Region seit dem späten 3. Jt. v. Chr. ins Licht der historischen Überlieferung und erlangt schließlich in späthethitischer Zeit unter dem Namen Kummuh den Status eines autonomen Königreichs. Nach der Unterwerfung von Kummuh durch die Assyrer im späten 8. Jh. v. Chr. sowie der späteren babylonischen und schließlich achaemenidischen Eroberung wurde die Region durch die Feldzüge Alexanders des Großen Teil der hellenistischen Welt.[2] Nach dem Tod Alexanders fiel das Gebiet schließlich den Seleukiden zu. Es scheint jedoch zunächst nur recht lose in den seleukidischen Herrschaftsverband eingebunden gewesen zu sein, sodass es dem über die Region regierenden armenischen Adelsgeschlecht der Orontiden offenbar bald möglich war, eine gewisse Autonomie zu erlangen, bevor Kommagene unter Antiochos III. (223–187 v. Chr.) erneut unter direkte seleukidische Kontrolle gestellt wurde.[3]

Ein bedeutendes Kapitel der kommagenischen Geschichte begann, als es dem seleukidischen Statthalter Ptolemaios gelang, sein Herrschaftsgebiet 163 v. Chr. aus dem seleukidischen Reich herauszulösen und das Königreich Kommagene zu gründen. Das neue Königtum konnte sich – wenngleich politisch seit dem 1. Jh. v. Chr. zunehmend von Rom abhängig – bis zur endgültigen Eingliederung Kommagenes in die römische Provinz Syria 72 n. Chr. halten.[4] Der bedeutendste Vertreter der neuen Dynastie war Antiochos I., unter dessen Regentschaft (ca. 69–36 v.

---

[1] Die Autoren bedanken sich bei den Herausgebern für die Gelegenheit, einen Beitrag zu dieser Festschrift leisten zu können. Für Korrekturen und Hinweise schulden wir außerdem Julia Arnkens und Michael Blömer aufrichtigen Dank. Ein Überblick über die Münsteraner Forschungen in Kommagene von 1938–2014 findet sich auch bei Winter 2015.

[2] Zur Geschichte Kommagenes in vorhellenistischer Zeit vgl. ausführlich Messerschmidt 2014; Messerschmidt 2012; Messerschmidt 2008.

[3] Blömer 2014, 8; Facella 2006, 164–190.

[4] Zur Geschichte des Königreichs Kommagene u. a. Wagner 2012b; Blömer – Winter 2011, 23–29; Facella 2006 mit weiteren Literaturhinweisen.

*Karte 1: Kleinasien. Geographische Lage der Landschaft Kommagene*

Chr.) eine ganze Reihe von Heiligtümern entstand, die der gemeinsamen Verehrung dieses Königs mit einem griechisch-persischen Pantheon dienen sollten.[5]

Als Bestandteil der Provinz Syria fiel Kommagene lange Zeit eine strategisch wichtige Rolle zu, denn hier verlief bis zur Provinzialisierung des Königreichs von Osrhoene 198 n. Chr. die Grenze zum Großreich der Parther im Osten. Im 3. Jh. n. Chr. hatte die Region unter den Angriffen des sāsānidischen Königs Šāpūr I. zu leiden[6]. Unter Kaiser Constantius II. wurde Kommagene Teil der neugegründeten *provincia augusta euphratensis* und erlebte in der Folgezeit eine erneute Blüte.[7]

Auch in nachantiker Zeit blieb die Geschichte Kommagenes ereignisreich. Unterschiedliche christliche und islamische Mächte brachten die Region unter ihre Kontrolle. Die einzelnen Herrschaften blieben dabei zumeist zeitlich begrenzt. Erst die Etablierung der osmanischen Kontrolle über die Landschaft brachte eine über lange Zeit stabile Herrschaft mit sich. Später wurde das Gebiet in die 1923 gegründete Republik Türkei integriert.[8]

---

[5] Ein (kritisch kommentierter) Überblick über den Forschungsstand zum Herrscherkult des Antiochos I. und seinen Kultplätzen findet sich bei Brijder 2014, 132–169.

[6] Zusammenfassend zur Geschichte Kommagenes als Teil des Imperium Romanum u. a. Blömer – Winter 2011, 28–31.

[7] Blömer – Winter 2011, 31; Breitenbach – Ristow 2006, 242 f. s. v. Kommagene (Euphratesia).

[8] Die überaus wechselvolle nachantike Geschichte der Region kann hier nicht ausführlich dargelegt werden. Vgl. zuletzt u. a. Todt – Vest 2014, 1395–1398; Hellenkemper 2012; Blömer – Winter 2011, 31–33.

*Abb. 1: Ansicht der Ostterrasse des Grabheiligtums des Antiochos I. von Kommagene auf dem Nemrud Dağı*

## 2. Die Arbeiten der Forschungsstelle Asia Minor in Kommagene bis 1998

Mit der Entdeckung des monumentalen Grabheiligtums des kommagenischen Königs Antiochos' I. auf dem Nemrud Dağı *(Abb. 1)* im Jahr 1881/1882 durch den deutschen Ingenieur Karl Sester sowie die nachfolgenden Expeditionen unter der Leitung Karl Humanns und Otto Puchsteins einerseits und Osman Hamdi Beys anderseits,[9] wurde das Interesse der wissenschaftlichen Gemeinschaft an den materiellen Hinterlassenschaften Kommagenes geweckt. Es waren die Ergebnisse dieser Expeditionen, die auch den jungen Althistoriker Friedrich Karl Dörner für diese Landschaft begeistern konnten. Als sich ihm 1938 in seiner Zeit als wissenschaftlicher Referent am Deutschen Archäologischen Institut in Istanbul die Möglichkeit einer gemeinsamen Reise mit Rudolf Naumann bot, nahm er diese wahr.[10] Seine späteren Arbeiten in Kommagene[11] – namentlich seine gemeinsam

---

[9] Ausführlich zu den Nemrud Dağı-Expeditionen des späten 19. Jahrhunderts: Brijder 2014, 184–232.
[10] Dörner – Naumann 1939. Eine kurze Zusammenfassung der Reise und ihrer Ergebnisse findet sich bei Brijder 2014, 233–237.
[11] Vgl. den Beitrag von Elmar Schwertheim in diesem Band.

Abb. 2: Arsameia am Nymphaios. Friedrich Karl Dörner und der Dorfälteste von Eski Kahta vor einer Inschrift mit Kultvorschriften für den Herrscherkult Antiochos' I. (sog. Nomos-Inschrift)

mit Theresa Goell in Arsameia am Nymphaios *(Abb. 2)* und auf dem Nemrud Daği durchgeführten Forschungen – haben wesentlich zu unserer Kenntnis der Kulturgeschichte dieser Landschaft beigetragen.[12]

1968 gründete Dörner die Forschungsstelle Asia Minor, die er bis zu seiner Emeritierung 1976 leitete. Es ist vor dem Hintergrund seiner eigenen wissenschaftlichen Tätigkeit wenig überraschend, dass der Erforschung der antiken Landschaft Kommagene schon in der Gründungszeit dieser Einrichtung eine besondere Bedeutung zukam. Bis 1969 fanden noch einige Grabungs- und Restaurierungsarbeiten in Kommagene statt.[13] Wolfram Hoepfner nahm sich der Publikation der Ergebnisse der von ihm zwischen 1963 und 1967 durchgeführten Grabungen in Arsameia am Nymphaios an, die er 1983 vorlegte[14]. Dörner selbst verfasste Bücher und Artikel, die seine Forschungen in Kommagene sowohl der wissenschaftlichen Öffentlichkeit als auch einem Laienpublikum vorstellten.[15] Zudem widmete er sich in dieser Zeit auch weiterhin der Bearbeitung der Inschriften vom

---

[12] Vgl. bes. Sanders 1996; Hoepfner 1983; Dörner – Goell 1963.
[13] Dörner 1969–1970.
[14] Hoepfner 1983.
[15] Vgl. u. a. Dörner 1987; Dörner 1981; Dörner 1978; Dörner u. a. 1975.

Nemrud Dağı[16] und führte dort 1984 mit einer kleinen Gruppe von Mitarbeitern einige Restaurierungs- und Konservierungsmaßnahmen durch.[17]

Die Arbeiten der Forschungsstelle Asia Minor in Kommagene wurden auch unter dem seit 1988 als Leiter dieser Einrichtung tätigen Elmar Schwertheim fortgesetzt. Bereits 1987 hatte er gemeinsam mit Jörg Wagner und Sencer Şahin das bis 1991 laufende Nemrud Dağı-Projekt initiiert. Neben der Fortführung der von Dörner begonnenen konservatorischen Bemühungen stand dabei die Erforschung des Grabhügels mit Hilfe geophysikalischer Untersuchungen im Vordergrund.[18] Außerdem wurde eine ganze Reihe von Skulpturenfragmenten in das Museum von Adıyaman gebracht, um sie vor weiterer Zerstörung zu schützen. In den Wintermonaten regelmäßig auftretende Überschwemmungen im Magazin des Museums machten es ferner nötig, die bereits seit längerem in Adıyaman befindlichen Objekte in neue, stabilere Kisten zu überführen. Gleichzeitig wurde unter der Leitung Bruno Jacobs mit der Erstellung eines Steinkatalogs begonnen.[19]

## 3. Die Erforschung der Landschaft Kommagene seit 1997

### 3.1. Doliche und das Heiligtum des Iuppiter Dolichenus auf dem Dülük Baba Tepesi

#### a) Die antike Stadt Doliche (Karte 2)

Bereits Ende des 19./Anfang des 20. Jahrhunderts wurde das Siedlungsgebiet der antiken Stadt Doliche auf dem ca. 10 km nordwestlich von Gaziantep gelegenen Keber Tepe lokalisiert – unweit des heutigen Dorfes Dülük, in dessen Namen die antike Ortsbezeichnung bis heute offenkundig fortlebt.[20]

Die Historie Doliches ist maßgeblich geprägt durch die immense religionsgeschichtliche Bedeutung des nahe gelegenen Iuppiter Dolichenus-Heiligtums (zur Gottheit und zum Heiligtum s. u.). Da dieser Aspekt lange Zeit im Zentrum des wissenschaftlichen Interesses stand, fand die Stadt selbst demgegenüber weniger Beachtung innerhalb der Forschung.

Ihre Geschichte kann anhand der wenigen schriftlichen Quellen nur schemenhaft nachgezeichnet werden, archäologisch fassbare, an der Oberfläche sichtbare

---

[16] Dörner scheint zuletzt zwischen 1973–1979 an seinem Manuskript für die Endpublikation der Ergebnisse der amerikanischen Grabungen auf dem Nemrud Dağı gearbeitet zu haben (vgl. Sanders 1996, 175). Die Drucklegung des Werkes erlebte er selbst nicht mehr.
[17] Dörner 1991, 24–26.
[18] Şahin 1991a; Şahin – Wagner 1989.
[19] Jacobs 1997; Şahin 1991b, 28–30.
[20] Vgl. Schütte-Maischatz – Winter 2004, 4–7.

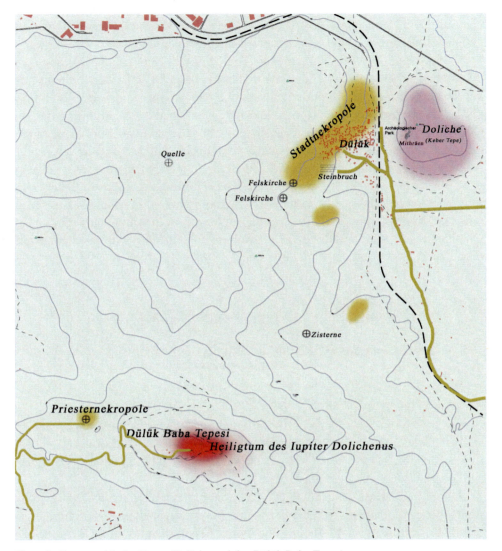

*Karte 2: Topographische Karte: Doliche und der Dülük Baba Tepesi*

Hinterlassenschaften des Stadtbildes aus hellenistischer und römischer Zeit haben sich nur in geringer Zahl erhalten.[21]

Dennoch bezeugen Funde von Steinwerkzeugen in den Bereichen des Keber Tepe und des oberhalb von Dülük gelegenen Çimşit Tepe, dass hier bereits in der mittleren Altsteinzeit (ab ca. 300 000 v. Chr.) Menschen lebten. Das Areal

---

[21] Winter 2012, 162. Zur Geschichte der Stadt: Todt – Vest 2014, 1108–1115; Blömer – Winter 2011, 248–266; Winter 2004; Winter 2003; Wagner 1982.

des späteren Doliche stellt somit einen der ältesten bekannten Siedlungsplätze in Anatolien dar.[22]

Doliche wurde vermutlich um 300 v. Chr. von Seleukos I. Nikator gegründet, als das Gebiet unter die Herrschaft der Seleukiden fiel. Der Name der Stadt lässt sich möglicherweise auf eine hier stationierte makedonische Garnison zurückführen, deren Angehörige sie nach ihrer gleichnamigen Heimatstadt in Thessalien (Nordgriechenland) benannten.[23]

Die Wahl des Ortes ist, neben der Wichtigkeit des Heiligtums auf dem Dülük Baba Tepesi, u. a. durch seine geographische Position begründet: Hier verliefen bedeutende Heer- und Handelsstraßen, die Kilikien mit den zentralen Übergängen über den mittleren Euphrat verbanden,[24] der insbesondere in späthellenistischer und römischer Zeit eine gewichtige Rolle als politische Grenze einnahm. Die Region, in der Doliche lag, stellte somit ein Spannungsfeld dar, in dem rivalisierende Mächte – so etwa Rom und das Parther- bzw. Sāsānidenreich – aufeinandertrafen, aber auch eine Schnittstelle des interkulturellen Austausches.

Ab 64 v. Chr. zählte Doliche zum Königreich Kommagene, wie eine Kultinschrift Antiochos I., die im Heiligtum auf dem Dülük Baba Tepesi gefunden wurde,[25] belegt. Nach der Schlacht von Actium 31 v. Chr. fiel es schließlich unter die Herrschaft der Römer. Im 2. und 3. Jh. n. Chr. trug die wachsende Strahlkraft und Beliebtheit des Iuppiter Dolichenus-Kultes allem Anschein nach massiv zum Wachstum und Aufschwung der Stadt bei, sodass sich dieser Zeitraum durchaus als Blütezeit Doliches bezeichnen lässt.

Einige wenige, uns erhalten gebliebene archäologische Zeugnisse der Stadttopographie geben einen Eindruck von der Prosperität der Stadt in der römischen Kaiserzeit. Seit 1997 sind sie Gegenstand verschiedener wissenschaftlicher Projekte der Forschungsstelle Asia Minor.[26]

Hierzu zählen die zwischen 1998 und 2000 erforschten Mithräen. Es handelt sich um zwei unterhalb des antiken Siedlungshügels unterirdisch angelegte Höhlenheiligtümer (ca. 2./3. Jh. n. Chr.), in denen die Mysterienfeiern zu Ehren des Licht- und Schöpfergottes Mithras stattgefunden haben. Zwei stark zerstörte Felsreliefs zeigen Mithras bei der mythischen Tötung des Stieres, aus dessen Blut neues Leben entsteht. Die Mithräen gehören zu den größten bekannten Kultstätten dieser Art im gesamten Mittelmeerraum und sind mittlerweile Teil eines archäologischen Parks.[27] Erwähnenswert sind in diesem Zusammenhang überdies

---

[22] Bostancı 1984; Bostancı 1961/62.
[23] Theotikou 2004, 13–20; Winter 2003, 53.
[24] Vgl. Winter 2003, 53.
[25] Wagner 1982, 161 f. Nr. 4.
[26] Winter 2015, 248.
[27] Winter 2015, 248; Blömer – Winter 2011, 256–261; Schütte-Maischatz-Winter 2001. Eine Aus-

noch die über den Çimşit Tepe (westlich des antiken Stadtgebietes) verteilte Nekropole, die über 100, teils mit aufwändigem Reliefschmuck ausgestattete Felskammergräbern aus römischer Zeit umfasst,[28] sowie ein südwestlich von Dülük anzutreffender Sandstein-Steinbruch mitsamt römischem Aquädukttunnel.[29]

Die Blütephase Doliches fand ein jähes Ende, als der Sassanidenherrscher Šāpūr I. Heiligtum und Stadt im Verlauf seines oben bereits angesprochenen Feldzuges gegen die Römer im Jahr 253 n. Chr. eroberte und niederbrannte.[30]

Im 4. Jh. wurde die Stadt – nach dem Niedergang des Iuppiter-Dolichenus-Kultes und mit der zunehmenden Etablierung des Christentums – schließlich Bischofssitz. Doliche erlebte offenbar in spätantiker und frühbyzantinischer Zeit eine erneute Hochphase, was zahlreiche ältere, aber auch jüngst gemachte archäologische Entdeckungen bezeugen: Aktuell ist das Stadtgebiet wieder in den Fokus der wissenschaftlichen Aktivitäten des Doliche-Teams der Forschungsstelle Asia Minor gerückt, und so sind bei den 2015 begonnenen Stadtgrabungen Teile einer spätrömischen Stadtvilla mit reichem Mosaikschmuck ans Licht gebracht worden.[31] Bereits 1951 wurden Reste einer großen Kirche beim Bahnhof des Dorfes Dülük entdeckt.[32] Zudem haben sich zwei zwischen dem 6. und 10./11. Jh. aus ursprünglich römischen Kammergräbern umgewandelte Felskirchen erhalten, die sich westlich der Nekropole befinden.[33] Doliche wird überdies nun häufiger in den schriftlichen Quellen erwähnt.[34]

Doliche wurde 637/38 kampflos von den Arabern eingenommen (die arabische Bezeichnung lautete *Dulūk*). Die Stadt erhielt den Status einer wichtigen Grenzfestung, bis sie 962 erneut unter byzantinische Herrschaft fiel und (nun unter dem Namen *Telouch*) zur Hauptstadt der gleichnamigen Grenzprovinz erhoben wurde. Im Verlauf des Ersten Kreuzzuges eroberten die Kreuzfahrer 1097/98 die Stadt, die somit Teil der Grafschaft Edessa wurde. Es folgte eine unbeständige Phase der häufig wechselnden Oberhoheit von rivalisierenden Kreuzfahrerparteien, den Seldschuken und den Byzantinern, bis schließlich Nūr ad-Dīn aus der Zangiden-Dynastie die Stadt 1152/55 eroberte. Ab diesem Zeitpunkt verlor Doli-

---

wahl grundlegender Literatur zu den Mithräen findet sich auf 'http://www.doliche.de/doliche/l iteratur/, (04.01.2016).

[28] Blömer – Winter 2011, 261–267; Ergeç 2003, 1–4; Ergeç 2002, 123 f.
[29] Blömer – Winter 2011, 266.
[30] Winter 2004, 72.
[31] Pressemitteilung des Exzellenzclusters Religion und Politik der WWU Münster vom 02.11.2015: 'http://www.uni-muenster.de/ReligionundPolitik/aktuelles/2015/nov/PM_Ausgrab ungen_Roemisches_Syrien.html, (08.01.2016).
[32] Candemir – Wagner 1978, 213 f.
[33] Blömer – Winter 2011, 264 f.; Kielau 2004.
[34] Todt – Vest 2014, bes. 1110–1115; Zur Geschichte des Christentums in Kommagene: Breitenbach – Ristow 2006, 250–273 s. v. Kommagene (Euphratesia); bes. 252 zu Doliche.

che gegenüber Ayntab (dem heutigen Gaziantep) an Bedeutung. Die Siedlungsaktivität verlagerte sich nach Westen in das Gebiet der antiken Nekropole, wo sich heute noch das moderne Dorf befindet.[35]

### b) Das Heiligtum des Iuppiter Dolichenus auf dem Dülük Baba Tepesi
*(Abb. 3)*

Nordwestlich der heutigen Großstadt Gaziantep und nahe der antiken Stadt Doliche befindet sich der Dülük Baba Tepesi, ein bis zu ca. 1200 m hoher, weithin sichtbarer Berg, auf dessen Gipfelplateau das Heiligtum des Iuppiter Dolichenus beheimatet ist.[36]

Wie bereits erwähnt, rührt die Bedeutung Doliches vor allem aus dem Stellenwert her, den das nahegelegene Heiligtum auf dem Dülük Baba Tepesi innerhalb der Religionsgeschichte des Altertums einnimmt: Doliche ist die Heimat bzw. der Ursprungsort des Iuppiter Dolichenus, der spätestens im 2. und 3. Jh. n. Chr. zu den wirkmächtigsten Gottheiten des Imperium Romanum zählte. Ikonographisch zeigt er sich zumeist als mächtiger, auf einem Stier stehender Himmelsgott mit Blitzbündel und Doppelaxt. Von Doliche aus breitete sich seine Verehrung im 2. Jh. n. Chr. in weite Teile des römischen Reiches aus, begünstigt durch die große Popularität, die der Gott speziell unter den römischen Soldaten genoss.[37]

Die Bedeutung des Dülük Baba Tepesi als „Heiligem Ort" reicht von den Ursprüngen als hethitische Kultstätte im 1. Jt. v. Chr., über das hellenistisch-römische Heiligtum und das christliche Kloster im Mittelalter bis hin zum Grab eines islamischen Heiligen aus dem 16. Jh. – eine Stätte also, an der sich Beständigkeit und Wandel religiöser Vorstellungen aus verschiedenen Kulturen und Epochen sehr eindrücklich nachvollziehen lassen.

---

[35] Todt – Vest 2014, 1109 f.; Blömer – Winter 2011, 253; Todt – Vest 2014, bes. 1110–1115; Zur Geschichte des Christentums in Kommagene: Breitenbach – Ristow 2006, 250–273 s. v. Kommagene (Euphratesia), bes. 252 zu Doliche.

[36] Zusammenfassende Darstellung zum Heiligtum und dessen Erforschung: Winter 2015, 250–253; Blömer 2013; Winter 2014b, 1–3; Winter 2011b; Blömer – Winter 2011, 267–283. Eine umfassende Literaturliste findet sich auf: 'http://www.doliche.de/dueluek-baba-tepesi/literatur/, (08.01.2016).

[37] s. Karte bei Schwarzer 2013, 294 f. Aufgrund der Fülle an Literatur zum Iuppiter Dolichenus sei verwiesen auf: Winter 2014b, 1 Anm. 1 und 2 (dort weiterführende Literatur); Winter 2013; Blömer – Winter 2012 sowie auf die in der vorigen Anm. genannte Literaturliste auf der Website.

*Abb. 3: Das Heiligtum auf dem Dülük Baba Tepesi im Jahr 2014: Blick auf das Grabungsareal*

Abb. 4: Als Opfergaben verwendete Perlen, Siegel und Fibeln in Fundlage

Seit 2001 konzentrierten sich die archäologischen Aktivitäten der Forschungsstelle Asia Minor auf den Gipfelbereich des Dülük Baba Tepesi.[38] Das internationale Team umfasst Forscher/innen verschiedenster wissenschaftlicher Disziplinen (Archäologie, Geschichte, Archäozoologie, Geophysik und -informatik, Architektur, Numismatik, Restaurierung und Konservierung etc.).

Gegenwärtig zeigt sich das Heiligtum als rechteckiges, ca. 2000 m² großes, umfriedetes Areal.[39] In der Eisenzeit konzentrierte sich der sakrale Bezirk auf das Zentralplateau, umgeben von mächtigen Lehmziegelmauern, deren Bruchsteinsockel sich an einigen Stellen erhalten haben. Nach derzeitigem Erkenntnisstand lassen sich die frühesten archäologischen Belege kultischer Aktivitäten auf dem Dülük Baba Tepesi mindestens in das frühe 1. Jt. v. Chr. datieren.[40] Hierzu zählen die innerhalb des Bezirkes entdeckten Aschedeponierungen, die Produkte von Opferhandlungen darstellen, welche vermutlich auf einem im Zentrum gelegenen, großen Aschealtar vollzogen wurden. Sie waren durchsetzt mit Tierknochen, die wichtige Aufschlüsse über die rituellen Handlungen geben.[41] In den Deponierungen wurden zudem eine beträchtliche Anzahl an späteisenzeitlichen Roll- und

---

[38] Winter 2015, 248 f. mit entsprechendem Literaturverweis auf die detaillierten Präsentationen jeweiliger Ergebnisse.
[39] s. Winter 2014a, Plan 1–3.
[40] Winter 2014b, 2–5; Winter 2011b, 3–6.
[41] Pöllath – Peters 2011.

Stempelsiegeln, Fibeln und Perlen geborgen (mehrheitlich aus dem 7.–4. Jh. v. Chr.), die als Votivgaben dienten *(Abb. 4)*.[42]

Abb. 5: *Basalt-Stele mit Darstellung des Götterpaares Iuppiter Dolichenus und Iuno Dolichena*

Während der Beginn der hellenistischen Epoche archäologisch nur schwer fassbar ist, zeichnen sich ab dem 2. Jh. v. Chr. grundlegende Veränderungen in der baulichen Gestalt des Heiligtums ab. In der römischen Kaiserzeit ist eine umfangreiche Neugestaltung bzw. ein großangelegter Ausbau des Heiligtums zu registrieren. Der heilige Bezirk bestand, wie anhand der freigelegten Terrassen- und Umfassungsmauern ersichtlich wird, offenbar aus mehreren separaten Höfen. Im Osten führte eine imposante Freitreppe zum Eingangsbereich.[43] Fragmente von Bauornamentik und als Spolien wiederverwendete Architekturglieder ermöglichen einen Rekonstruktionsvorschlag für den Haupttempel.[44]

Ein außerordentlich beachtenswerter Fund ist eine 2007 ergrabene Basaltstele mit Darstellung des Götterpaares von Doliche *(Abb.5)*, d. h. des Iuppiter Dolichenus und seiner Gemahlin, Iuno Dolichena oder Iuno Regina genannt. Die Bildsprache des Reliefs richtet sich klar nach altorientalischen Traditionen, wie sie im Nahen Osten bereits im 3. Jt. v. Chr. aus Darstellungen von Wettergottheiten bekannt sind, womit die Stele zunächst nicht von anderen Exemplaren aus dieser Zeit zu unterscheiden ist. Nur winzige Details im unteren Bildfeld verweisen darauf, dass sie allem Anschein nach in römischer Zeit gefertigt wurde.[45] Lateinische Inschriften und die Funde zahlreicher römischer Militaria bezeugen zudem,

---

[42] Zu den Siegeln zuletzt: Schachner 2014.

[43] Winter 2015, 250–252; Winter 2014b, 3–7; Blömer 2013, 279 f.; Winter 2011b, 6–9.

[44] Offenbar besaß dieser eine aus sechs Säulen bestehende Front korinthischer Ordnung: Oenbrink 2008. Der genaue Standort des Tempels konnte bislang leider nicht lokalisiert werden.

[45] Für eine solche Datierung sprechen u.a. verschiedene Aspekte der Bildsprache, so z. B. die Form des Altars oder die Gewänder der Priester in der Opferszene im unteren Bildsegment. Allgemein entwickelt sich im 1. Jh. n. Chr. im nordsyrischen Binnenland, als ein Effekt der römischen Okkupation, eine rege Skulpturenproduktion, die im 2. Jh. n. Chr. ihren Zenit erreichte. Vgl. Blömer 2011, bes. 92–94.

dass Anhänger des Gottes aus dem Westen des Reiches das Heiligtum besuchten, unter ihnen nachweislich Soldaten.[46]

Nach der angenommenen Zerstörung des Heiligtums durch Šāpūr I. 253 n. Chr. kam der Kult des Iuppiter Dolichenus allmählich zum Erliegen.

Im 4. Jh. n. Chr. begann ein neuer Abschnitt in der Geschichte des Heiligtums. Auf dem Gipfel entstand das Kloster des heiligen Salomon, welches seit dem 8. Jh. n. Chr. aus schriftlichen Quellen bekannt ist und anhand syrisch-sprachiger Inschriften als solches identifiziert werden konnte. Zu den baulich gut erhaltenen Strukturen der Klosteranlage, die sich auf den ehemaligen Vorplatz des Heiligtums konzentrierte, zählen u. a. Wirtschaftsräume, darunter eine Bäckerei. Im Jahr 2014 wurde bei den Ausgrabungen im Bereich der Klosteranlage ein weiterer bedeutender Fund gemacht, der bislang kaum Parallelen kennt: In einer Mauer fand sich, als Spolie verbaut, eine wohl in römischer Zeit entstandene Basaltstele. Sie trägt die Darstellung einer uns noch unbekannten bärtigen Gottheit, welche aus einem Blütenkelch emporsteigt. Möglicherweise handelt es sich um eine Fruchtbarkeits- bzw. Vegetationsgottheit.[47]

### 3.2. Weitere neuere Forschungen in Kommagene

Auch jenseits der Arbeiten in Doliche und auf dem Dülük Baba Tepesi nehmen die Aktivitäten der Forschungsstelle Asia Minor inzwischen erneut eine bedeutende Stellung innerhalb der wissenschaftlichen Beschäftigung mit der antiken Landschaft Kommagene ein.[48]

Bestandteil dieser Forschungen sind u. a. die Aufarbeitung und Publikation der im Rahmen der türkischen Ausgrabungen der Stadt Perrhe geborgenen Grabplastik, Inschriften und Münzen im Museum Adıyaman.[49] Zudem befindet sich eine Neuaufnahme der Inschriftenfunde vom Nemrud Dağı in Vorbereitung.

Außerdem hinzuweisen ist in diesem Zusammenhang auf die wissenschaftliche Bearbeitung der kaiserzeitlichen Steindenkmälern der Kommagene und Kyrrhestike durch Michael Blömer, deren Ergebnisse inzwischen vorliegen.[50]

Besonders bemerkenswert sind zudem die Beiträge, die im Rahmen dieser Forschungen zur Kenntnis des kommagenischen Herrscherkults und seiner Heiligtümer geleistet wurden und werden. So gelang es Margherita Facella und Charles

---

[46] Vgl. Winter 2015, 251.
[47] Blömer – Winter 2015.
[48] Vgl. zum Folgenden auch Winter 2015, 253–258; Blömer – Winter 2011, 47.
[49] Crowther – Facella 2011; Blömer – Facella 2008; Blömer – Lätzer 2008; Facella 2008a; Facella 2008b.
[50] Blömer 2014.

Crowther mehrere, zuvor unbekannte Herrscherkultbezirke nachzuweisen.[51] Außerdem erlauben es Funde aus einem Heiligtum im heute überfluteten Kahta Çay-Tal, Überlegungen zur architektonischen Gestalt der kommagenischen Herrscherkultbezirke anzustellen.[52] Diese Untersuchungen bildeten den Ausgangspunkt für ein von der Gerda-Henkel Stiftung gefördertes Projekt zur „Sakralarchitektur der kommagenischen Temene und Hierothesia". Die Publikation der Ergebnisse dieser Arbeiten durch Werner Oenbrink befindet sich in Vorbereitung.

Die Erträge der wissenschaftlichen Tätigkeiten der Forschungsstelle Asia Minor in Doliche und Kommagene werden in unregelmäßigen Abständen in der eigens zu diesem Zweck gegründeten Reihe „Dolichener und Kommagenische Forschungen", die ihrerseits Teil der Asia Minor Studien ist, veröffentlicht.[53]

Vor kurzem wurden die Arbeiten der Forschungsstelle Asia Minor in Kommagene auch einem breiteren Publikum vorgestellt. So konzipierten Mitarbeiter des Archäologischen Museums der Universität Münster (zur intensiven Kooperation des Museums und der Forschungsstelle s. auch Beitrag Martin – Nieswandt – Salzmann) und der Forschungsstelle Asia Minor im Rahmen einer Lehrveranstaltung gemeinsam mit Studierenden eine Ausstellung mit dem Titel „Zwischen Hellespont und Nemrud Dağ. 80 Jahre Münsteraner Forschung in der Türkei". Einen geographischen Schwerpunkt der Ausstellung bildete dabei die Landschaft Kommagene.[54]

---

[51] Vgl. die Beiträge der beiden Autoren in: Winter 2014a; Winter 2011a; Heedemann – Winter 2003.
[52] Oenbrink 2014.
[53] Bisher erschienen: Blömer 2014; Winter 2014a; Winter 2011a; Winter 2008; Schütte-Maischatz – Winter 2004; Ergeç 2003.
[54] Nieswandt – Salzmann 2014.

## Bibliografie

Blömer 2011 M. Blömer, Die Stele von Doliche, in: Winter 2011a, 69–103

Blömer 2013 M. Blömer, Doliche und der Dülük Baba Tepesi. Forschungen in der Heimat des Jupiter Dolichenus, in: Imperium der Götter 2013, 276–284

Blömer 2014 M. Blömer, Steindenkmäler römischer Zeit aus Nordsyrien. Identität und kulturelle Tradition in Kyrrhestike und Kommagene, Dolichener und Kommagenische Forschungen 5, AMS 71 (Bonn 2014)

Blömer – Facella 2008 M. Blömer – M. Facella, Ein Weihrelief für Iupiter Dolichenus aus der Nekropole von Perrhe, in: Winter 2008, 189–200

Blömer – Lätzer 2008 M. Blömer – A. Lätzer, Ein Grabrelief aus der Nekropole von Perrhe, in: Winter 2008, 227–230

Blömer – Winter 2011 M. Blömer – E. Winter, Commagene. The Land of Gods Between the Taurus and the Euphrates (Istanbul 2011)

Blömer – Winter 2012 M. Blömer – E. Winter (Hrsg.), Iuppiter Dolichenus. Vom Lokalkult zur Reichsreligion, ORA 8 (Tübingen 2012)

Blömer – Winter 2015 M. Blömer – E. Winter, Ein Gott im Blattkelch, AW 1, 2015, 5

Breitenbach – Ristow 2006 RAC 21 (2006) 242–243 s. v. Kommagene (Euphratesia) (A. Breitenbach – S. Ristow).

Brijder 2014 H. A. G. Brijder (Hrsg.), Nemrud Daği. Recent Archaeological Research and Conservation Activities in the Tomb Sanctuary on Mount Nemrud (Berlin 2014)

Borbone – Oenbrink 2011 P. G. Borbone – W. Oenbrink, Das christianisierte Heiligtum auf dem Dülük Baba Tepesi. Eine syrische Inschrift, Architekturbefunde und Bauglieder, in: Winter 2011a, 187–206

Borbone 2014 G. Borbone, Neue syrische Inschriftenfunde – Das Kloster des Mar Salomon auf dem Dülük Baba Tepesi, in: Winter 2014a, 127–139

Bostanci 1961/62 E. Y. Bostanci, Güney Doğu Anadolou araştırmaları. Dülük ve Kartal'in Chellean ve Acheulean Endüstrisi (Researches in South-East Anatolia. The Chellean and Acheulean Industry of Dülük and Kartal), Anatolia 6, 1961/62, 87–162

Bostanci 1984 E. Y. Bostancı, Dülük Taş Devrinde İnsan Evrimi ve Mezolitik Şarklıan Kültürü Üzerinde Bir Araştırma: Şarklı Mağara Kazısı, KST 5, 1984, 49–64

Candemir – Wagner 1978 H. Candemir – J. Wagner, Christliche Mosaiken in der nördlichen Euphratesia, in: S. Şahin – E. Schwertheim – J. Wagner (Hrsg.), Studien zur Religion und Kultur Kleinasiens I. Festschrift F. K. Dörner. Études préliminaires aux religions orientales dans l'Empire romain (Leiden 1978) 191–231

Crowther – Facella 2011 C. Crowther – M. Facella, Inscriptions from the Necropolis of Perrhe, in: Winter 2011a, 367–394

Dörner 1969–1970 F. K. Dörner, Kommagene. Forschungsarbeiten von 1967–1969, Ist-Mitt 19–20, 1969–1970, 255–288

Dörner 1978 F. K. Dörner, Das Problem der προπυλαιαι οδοι zu den Hierothesia in Arsameia am Nymphaios und auf dem Nemrud Dağ, in: M. B. de Boer (Hrsg.), Hommages à Maarten J. Vermaseren. Recuil d'études offert par les auteurs de la série études préliminaires aux religions orientales dans l'empire romain à Maarten J. Vermaseren à l'occasion de son soixantième anniversaires le 7 Avril 1978, EPRO 68 (Leiden 1978) 322–330

Dörner 1981 F. K. Dörner, Kommagene. Götterthrone und Königsgräber am Euphrat (Bergisch Gladbach 1981)

Dörner 1987 F. K. Dörner, Der Thron der Götter auf dem Nemrud Dağ. Kommagene – das große archäologische Abenteuer in der östlichen Türkei (Bergisch Gladbach 1987)

Dörner 1991 F. K. Dörner, Der Nemrud Dağ – Entdeckung und Forschungsgeschichte bis 1984, in: H. Knirim – H. Polenz (Hrsg.), Nemrud Dağ. Neue Methoden der Archäologie. Ausstellungskatalog Münster (Bönen 1991) 19–26

Dörner – Goell 1963 F. K. Dörner – T. Goell, Arsameia am Nymphaios. Die Ausgrabungen im Hierothesion des Königs Mithradates Kallinikos 1953–1956, IstForsch 23 (Berlin 1963)

Dörner – Naumann 1939 F. K. Dörner – R. Naumann, Forschungen in Kommagene, IstForsch 10 (Berlin 1939)

Dörner u. a. 1975 F. K. Dörner – H. Müller-Beck – J. D. Hawkins, Kommagene. Geschichte und Kultur einer antiken Landschaft, AW 6 Sondernummer, 1975, 1–90

Ergeç 2002 R. Ergeç, Doliche in hellenistisch-römischer Zeit, in: A. Schütte-Maischatz – E. Winter (Hrsg.), Studien zum antiken Kleinasien 5, AMS 44 (Bonn 2002) 123–127

Ergeç 2003 R. Ergeç, Nekropolen und Gräber in der südlichen Kommagene, AMS 47 (Bonn 2003)

Facella 2006 M. Facella, La dinastia degli Orontidi nella Commagene ellenistico-romana, Studi ellenistici 17 (Pisa 2006)

Facella 2008a M. Facella, The Sarcophagus of Grylos, in: Winter 2008, 201–205

Facella 2008b M. Facella, Hellenistic, Roman and Byzantine Coins from the Necropolis of Perrhe, in: Winter 2008, 207–226

Imperium der Götter 2013 K. Hattler (Hrsg.), Imperium der Götter. Isis. Mithras. Christus. Kulte und Religionen im Römischen Reich. Ausstellungskatalog Karlsruhe 2013 (Stuttgart 2013)

Hellenkemper 2012 H. Hellenkemper, Kommagene im Mittelalter, in: J. Wagner 2012a, 215–222

Hoepfner 1983 W. Hoepfner, Arsameia am Nymphaios 2. Das Hierothesion des Königs Mithradates I. Kallinikos von Kommagene. Nach den Ausgrabungen von 1963–1967, IstForsch 33 (Tübingen 1983)

Jacobs 1997 B. Jacobs, Beobachtungen zu den Tuffitskulpturen vom Nemrud Dağı, IstMitt 47, 1997, 171–178

Kielau 2004 S. Kielau, Die mittelalterliche Klosterkirche Basamaklı Mağara und eine weitere Felskirche am Rand der Nekropole von Doliche, in: Schütte-Maischatz – Winter 2004, 37–52

Messerschmidt 2008 W. Messerschmidt, Kommagene in vorhellenistischer Zeit, in: Winter 2008, 1–35

Messerschmidt 2012 W. Messerschmidt, Kommagene vor Alexander – Eine kurze Kulturgeschichte des Landes vom Chalkolithikum bis zur Eisenzeit, in: Wagner 2012a, 23–31

Messerschmidt 2014 W. Messerschmidt, Die politische Stellung Kommagenes in achaemenidischer Zeit, in: Winter 2014a, 323–342

Nieswandt – Salzmann 2014 H.-H. Nieswandt – D. Salzmann, Zwischen Hellespont und Nemrud Dağ. 80 Jahre Münsteraner Forschungen in der Türkei, Veröffentlichungen des Archäologischen Museums der Westfälischen Wilhelms-Universität Münster 4 (Münster 2014)

Oenbrink 2008 W. Oenbrink, Späthellenistische und frühkaiserzeitliche Bauornamentik vom Dülük Baba Tepesi, in: Winter 2008, 107–124

Oenbrink 2014 W. Oenbrink, Dorische Kapitelle späthellenistischer Zeit. Säulenhallen eines neuentdeckten Temenos des kommagenischen Herrscherkults nahe Kâhta-Adıyaman, in: Winter 2014a, 271–287

Pöllath – Peters 2011 N. Pöllath – J. Peters, „Smoke on the Mountain" – Animal Sacrifices for the Lord of Doliche, in: Winter 2011a, 47–69

Şahin 1991a S. Şahin, Forschungen in Kommagene II: Topographie, EA 18, 1991, 114–132

Şahin 1991b S. Şahin, Gegenwärtige Arbeiten zur Erforschung des Tumulus und der Denkmäler, in: H. Knirim – H. Polenz (Hrsg.), Nemrud Dağ. Neue Methoden der Archäologie. Ausstellungskatalog Münster (Bönen 1991) 27–30.

Şahin – Wagner 1989 S. Şahin – J. Wagner, Das Grabmal von Antiochos I. von Kommagene auf dem Nemrud Dağ. Ein neues Forschungsprojekt, AW 20, 1989, 55–58

Sanders 1996 D. H. Sanders, Nemrud Dağı. The Hierothesion of Antiochus I of Commagene (Winona Lake 1996)

Schachner 2014 Beobachtungen zu den Siegeln und Kleinfunden der Eisenzeit vom Dülük Baba Tepesi (2010–2012), in: Winter 2014a, 33–48

Schütte-Maischatz – Winter 2004 A. Schütte-Maischatz – E. Winter, Doliche – eine kommagenische Stadt und ihre Götter. Mithras und Iupiter Dolichenus, AMS 52 (Bonn 2004)

Schütte-Maischatz-Winter 2011 A. Schütte-Maischatz – E. Winter, Die Mithräen von Doliche. Überlegungen zu den ersten Kultstätten der Mithras-Mysterien in der Kommagene, Topoi 11, 2001, 149–173

Schwarzer 2013 H. Schwarzer, Ex oriente lux. Jupiter-Dolichenus-Heiligtümer und ihre Verbreitung, in: Imperium der Götter 2013, 286–295

Theotikou 2004 M. Theotikou, Doliche – Überlegungen zum Namen und zu den Ursprüngen der Stadt, in: Schütte-Maischatz – Winter 2004, 13–21

Todt – Vest 2014 K.-P. Todt – B. A. Vest, Syria (Syria Prōtē, Syria Deutera, Syria Euphratēsia), TIB 15,2 (Wien 2014)

Wagner 1982 J. Wagner, Neue Denkmäler aus Doliche. Ergebnisse einer archäologischen Landesaufnahme im Ursprungsgebiet des Iupiter Dolichenus, BJb 182, 1982, 133–166

Wagner 2012a J. Wagner (Hrsg.), Gottkönige am Euphrat. Neue Ausgrabungen und Forschungen in Kommagene $^2$(Mainz 2012)

Wagner 2012b J. Wagner, Die Geschichte des späthellenistischen Königreichs Kommagene, in: Wagner 2012a, 33–42

Winter 2003 E. Winter, Doliche in hellenistischer und römischer Zeit. Eine kommagenische Stadt zwischen Tradition und Innovation, in: E. Schwertheim – E. Winter (Hrsg.), Stadt und Stadtentwicklung in Kleinasien, AMS 50 (Bonn 2003) 51–67

Winter 2004 E. Winter, Doliche. Geographische Lage und Geschichte, in: Schütte-Maischatz – Winter 2004, 53–77

Winter 2008 E. Winter (Hrsg.) ΠΑΤΡΙΣ ΠΑΝΤΡΟΦΟΣ ΚΟΜΜΑΓΗΝΗ. Neue Funde und Forschungen zwischen Taurus und Euphrat, AMS 60 (Bonn 2008)

Winter 2011a E. Winter (Hrsg.), Von Kummuḫ nach Telouch. Archäologische und historische Untersuchungen in Kommagene, Dolichener und Kommagenische Forschungen 4, AMS 64 (Bonn 2011) 1–18

Winter 2011b E. Winter, Der Kult des Iupiter Dolichenus und seine Ursprünge. Das Heiligtum auf dem Dülük Baba Tepesi bei Doliche, in: Winter 2011a, 1–17

Winter 2012 E. Winter, Doliche, Mithras und Iuppiter Dolichenus – Eine kommagenische Stadt und ihre Heiligtümer, in: Wagner 2012a, 161–166

Winter 2013 E. Winter, Der Gott auf dem Stier. Der Kult des Jupiter Dolichenus, in: Imperium der Götter 2013, 266–277

Winter 2014a E. Winter (Hrsg.), Kult und Herrschaft am Euphrat. Dolichener und Kommagener Forschungen 6, AMS 73 (Bonn 2014)

Winter 2014b E. Winter, Vom späthethitischen Kultplatz zum christlichen Kloster. Die Grabungen auf dem Dülük Baba Tepesi bei Doliche 2010–2011, in: Winter 2014a, 1–16

Winter 2015 E. Winter, Die Forschungsstelle Asia Minor in Kommagene und Doliche (1939–2014), in: Ü. Yalçın – H.-D. Bienert (Hrsg.), Anatolien – Brücke der Kulturen: Aktuelle Forschungen und Perspektiven in der deutsch-türkischen Altertumswissenschaft = Kültürlerin Köprüsü Anadolu. Tagungsband des Internationalen Symposiums „Anatolien. Brücke der Kulturen" Bonn 7.–9. Juli 2014, Der Anschnitt Beih. 27, Veröffentlichungen aus dem Deutschen Bergbau-Museum Bochum 203 (Bochum 2015) 247–263

## Abbildungverzeichnis

Karte 1: Kleinasien. Geographische Lage der Landschaft Kommagene (nach Wagner 2012a, 8–9 Abb. 1).

Karte 2: Topographische Karte: Doliche und der Dülük Baba Tepesi (Dipl. Ing. K.-P. Krüger im Auftrag der Forschungsstelle Asia Minor).

Abb. 1: Ansicht der Ostterrasse des Grabheiligtums des Antiochos I. von Kommagene auf dem Nemrud Daği (Foto: Forschungsstelle Asia Minor).

Abb. 2: Arsameia am Nymphaios. Friedrich Karl Dörner und der Dorfälteste von Eski Kahta vor einer Inschrift mit Kultvorschriften für den Herrscherkult Antiochos' I. (sog. Nomos-Inschrift) (Foto: Forschungsstelle Asia Minor).

Abb. 3 Das Heiligtum auf dem Dülük Baba Tepesi im Jahr 2014: Blick auf das Grabungsareal (Foto: Peter Jülich).

Abb. 4 Als Opfergaben verwendete Perlen, Siegel und Fibeln in Fundlage (Foto: Forschungsstelle Asia Minor).

Abb. 5 Basalt-Stele mit Darstellung des Götterpaares Iuppiter Dolichenus und Iuno Dolichena (Foto: Forschungsstelle Asia Minor).

# Das Archäologische Museum der WWU und die Türkei

Katharina Martin, H.-Helge Nieswandt, Dieter Salzmann

Das Archäologische Museum der Westfälischen Wilhelms-Universität Münster besteht aus sieben Abteilungen: Kleinkunst und Plastik der griechisch-römischen Welt, Münzen, Abgusssammlung antiker Skulpturen, Modellsammlung antiker Monumente, Stätten und Heiligtümer, Hologramme antiker Artefakte, Antikes Vorderasien und Ägypten. Sämtliche Bestände ermöglichen den Studierenden den Umgang mit Objekten ihres Studiengebietes. Beteiligungen an Ausstellungen sowie Publikationen geben einen Einblick in die Berufspraxis. Führungen und Vorträge, museumspädagogische Aktivitäten sowie Ausstellungen wenden sich an Interessierte innerhalb und außerhalb der Universität.

Will man die Beziehungen des Archäologischen Museums zur Türkei beleuchten, so liegt es nahe, die Bestände der verschiedenen Sammlungsteile dahingehend zu prüfen, welche Objekte in Beziehung zum antiken Kleinasien stehen. Leider liegen für die erste Phase von der Begründung des Museums im Jahre 1883 bis zum Ende des Zweiten Weltkrieges 1945 dazu nur wenige Informationen vor.[1] Bis heute nicht ersetzt worden sind zum Beispiel die im Zuge der Zerstörung sämtlicher Bestände durch die Bombardierung im Jahre 1944 verloren gegangenen Abgüsse vom Großen Fries des Pergamonaltares.[2] So kündet lediglich ein Abguss einer Platte vom Telephosfries[3] von diesem wichtigen archäologischen Denkmal, das die Türkei und Deutschland gemeinsam in Bergama und Berlin betreuen. Die zerstörten Abgüsse wären in der Berliner Gipsformerei neu zu beschaffen, was aber bis heute leider wegen fehlender finanzieller Mittel nicht realisiert werden konnte. Unglücklicherweise fielen den Kriegsverlusten auch einige von Heinrich Schliemann ergrabene Funde aus Troja zum Opfer, die als Dauerleihgabe der Königlichen Museen zu Berlin in unserem Museum aufbewahrt worden waren[4].

---

[1] Zur frühen Geschichte des Museums: Bensch u. a. 2013, 471–473; Dierichs 1999, 13–17; Ellinghaus 1993, 101–117; Fornasier 1993, 119–142; Fuchs 1984, 9–13.
[2] Koepp 1915, 8. 120 f. 123.
[3] Inv. A 64: vgl. stellvertretend zu den vielen Publikationen des sog. Telephosfrieses Kat. Berlin 1997.
[4] Zur Zerstörung des Museums im Jahre 1944: Bensch u. a. 2013, 473; Dierichs 1999, 17; Ellinghaus 1993, 112 f.; Fornasier 1993, 141. Zu den Dubletten der Schliemann-Sammlung: Ellinghaus 1993, 105. 173.

Katharina Martin, H.-Helge Nieswandt, Dieter Salzmann

## 1. Antike Artefakte aus der Türkei

Für den Wiederaufbau des Museums konnte mit dem Erwerb der wissenschaftlich sehr bedeutsamen Sammlung von Prof. Dr. Otto Rubensohn 1964 ein wesentlicher Schritt gemacht werden.[5] Innerhalb dieser Privatsammlung befanden sich auch einige wenige Artefakte antiken Kunstschaffens aus Anatolien. Dazu zählen ein Marmorfüßchen mit Plinthe als Geschenk von Wilhelm Dörpfeld aus Ilion/Troja,[6] die Scherben eines Gefäßes der sog. Fikellura-Keramik[7] *(Abb. 1)*, die zwar auf Zypern gefunden, aber in Milet hergestellt wurden, sowie weitere Fragmente ostgriechischer Keramik.[8] Erst in jüngerer Vergangenheit konnten zwei weitere Artefakte Rubensohns als kleinasiatische Produkte aus der Stadt Knidos im Südwesten der Türkei identifiziert werden: Prof. Dr. Christine Bruns-Özgan aus Istanbul gelang es, eine Schale, die von Rubensohn in Alexandrien/Ägypten erworben worden war, als knidische Phi-Henkelschale zu identifizieren.[9] Im Zuge der Durchsicht der entsprechenden Sekundärliteratur konnten zudem der figürliche Griff einer Öllampe[10] sowie weitere Keramik-Fragmente[11] diesem nach dem römischen Schriftsteller Pseudo-Lukian so wichtigen Produktionsort für frivole Tonartefakte zugewiesen werden.[12]

Dank zahlreicher verschiedener Stiftungen und Erwerbungen sowie Dauerleihgaben konnte in der Folgezeit insbesondere im Bereich der Objekte aus Ton eine stattliche Sammlung aufgebaut werden. So hat Prof. Dr. Ludwig Budde viele Objekte, die seinen Forschungsunternehmungen in der Türkei zu verdanken sind, dank der Generosität der türkischen Behörden ausführen können und hat sie schließlich dem Museum überlassen.[13] Neben einer Gruppe von Fragmenten ly-

---

[5] Zum Ankauf der Sammlung: Nieswandt – Salzmann 2015, 88; Bensch u. a. 2013, 474 f. mit Abb. 3. 4; Dierichs 1999, 17; Fuchs 1984, 13 f.; Viets 1966, 39–41.

[6] Inv. 117: Nieswandt – Salzmann 2015, 89 f. Abb. 2.

[7] Inv. 292–294: Mackowiak 2008, 293 Abb. 22; Sparkes 2000, 88–90 Abb. 5, 3; Schaus 1986, 260 Anm. 26; 263. 292; LIMC VII 1 (1994) 595 Nr. 7 s. v. Pygmaioi (V. Dasen); LIMC VII 2 (1994) 468 Abb. 7 s v. Pygmaioi (V. Dasen); Kat. Münster 1984, 220 f. Nr. 88 mit Abb. (K. Stähler); Stähler 1980, 16 f. 61 Kat.-Nr. 7; Freyer-Schauenburg 1975, 77 Taf. 15 a–b; Walter Karydi 1973, 41 f. Abb. 56; 63. 64 Abb. 133; 135 Nr. 613 Taf. 84; CVA London, British Museum 8, 2; Cook 1933/34, 3. 18 K 2 Taf. 9.

[8] Inv. 295 (vier Scherben einer klazomenischen Amphora aus Luxor).

[9] Inv. 168.

[10] Inv. 384: vgl. Nieswandt – Salzmann 2015, 104–106 Abb. 21. 22; Mackowiak 2012–2013, 451 Kat. 155; Ilgner 2004, 256–263 Taf. 34, 1–4; Fuchs 1980, 132 Taf. 13, 1. 2; McDermott 1938, 189 Nr. 166.

[11] Inv. 775–776.

[12] Pseudo-Lukian, amores 11; vgl. Ilgner 2004, 255 Anm. 3; Slane – Dickie 1993, 483.

[13] Inv. 670–671 (Sinope). 718 (kleinasiatische Schwarzmeerküste). 722 (Umgebung von Sinope). 747–748 (Kleinasien). 753 (Polat). 754–755 (Troia/Intepe). 759–760 (Türkei). 763 (Umgebung Nevşehir). 764–765. 767–770 (Umgebung Izmir, zu 764: Grabow 2016, 872 f. Nr. 5 Taf. 104,

*Abb. 1 Fragmente eines Gefäßes (Fikellura-Keramik), das in Milet hergestellt worden ist*

discher Architekturterrakotten,[14] als deren Herkunftsort Düver gilt,[15] erweiterten weitere Einzelstücke nach und nach die Sammlung.[16] Die traditionell guten Beziehungen zwischen der Forschungsstelle Asia Minor und dem Archäologischen Museum an der WWU spiegeln mehrere Dauerleihgaben wider, die durch die Forschungen, die Prof. Dr. Friedrich Karl Dörner in den 1960er Jahren in Kommagene unternahm, nach Münster gelangten.[17]

Die in den 1960er und 1970er Jahren zusammengetragene Kollektion Ernst-Ulrich Walter ist ein weiterer wesentlicher Pfeiler der Bestände der Originalsammlung, die als Provenienz Kleinasien aufweisen. Zunächst in den 1980er Jah-

---

5; zu 768. 769: Stähler 1978, 178 f. Nr. 3. 5 Taf. 24, 2. 4). 766 (Bayraklı; Stähler 1978, 177 f. Nr. 2 Taf. 24, 1). 771–773 (Umgebung von Sinope; vgl. zu Inv. 771: Stähler 1978, 178 Nr. 4 Taf. 24, 3). 775 (erworben auf dem Basar von Izmir). 776 (erworben in der Umgebung von Sinope). 1220 (Aigai/Kilikien).

[14] Inv. 728–736.

[15] Vgl. zuletzt Işık 2016, 603 f. mit weiterführender Lit. in Anm. 74; Greenewalt 2010, 218. 221 Abb. 5.

[16] Inv. 717: Kat. Münster 1984, 175 Kat.-Nr. 65 mit Abb. (K. Stähler); Stähler 1980, 23 Kat.-Nr./Taf. 11; Stähler 1978, 187 f. Nr. 13 Taf. 30, 1–3; Inv. 746: Stähler 1978, 179 f. Nr. 6 Taf. 24, 5. 6; Inv. 750: Kat. Münster 1984, 152 f. Kat.-Nr. 53 mit Abb. (H.-H. Nieswandt); Stähler 1980, 15 f. Kat.-Nr./Taf. 6; Stähler 1978, 182 f. Nr. 8 Taf. 26; Inv. 752: Stähler 1978, 180–182 Nr. 7 Taf. 25; Inv. 755. 757: Stähler 2000, 285–288 Taf. 65, 1; Inv. 761: Stähler 1978, 176 f. Nr. 1 Taf. 23; Inv. 766: Stähler 1978, 177 Nr. 2 Taf. 24, 1; Inv. 768: Stähler 1978, 178 Nr. 3 Taf. 24, 2; Inv. 783. 787: Stähler 1980, 52 f. Kat.-Nr./Taf. 36; Inv. 804. 807: Dahmen 2000, 210–213 Abb. 8; Stupperich 1983, 265 f. Taf. 34, 3. 4; Inv. 809. 1114–1115 (zu 1115 Bensch 2016, 853–859 Taf. 101). Inv. 1118–1119. 1138. 2018–2031. 2035. 2123. 2194–2195. 2199–2208. 2215. 2263–2264. 2401. 2560: Dahmen 2000, 210–213 Abb. 9; Inv. 2568–2575. 2717: Drees 2005/2006, 117–131 Taf. 40, 1–4; Inv. 2833. 2964. 2992. 3104: Libéral 2016, 906 Taf. 107, 5; Inv. 3138. 3186–3188. 3205–3208. 3383. 3393–3394. 3405. 3409–3410. 3412–3414. 3472. 3503. 3507–3524 (sämtlich steinerne Spinnwirtel). 3887–3889. 3929. 3946–3947. 3993–3994. 4025–4027. 4135–4138. 4296. Zu einigen Lampen aus Kleinasien Heimerl 1995 (zu Inv. 2001. 2003. 2005. 2008–2009. 2012–2013. 2015); Klages 2012 (zu Inv. 2012. 2566. 2645. 2647–2649. 2652. 2657. 2667. 2677. 2680. 2688. 2695. 2815. 3170. L GE D 15; L GV 128 und 153).

[17] Inv. L 48 Dö 1–L 96 Dö 50.

ren als Leihgaben und als Studienobjekte dem Museum überlassen – nicht wenige Publikationen im „Boreas. Münstersche Beiträge zur Archäologie", dem Publikationsorgan des damaligen Archäologischen Seminars und Museums, künden von einer erfolgreichen Einbindung in Forschung und Lehre[18] – sind zahlreiche Stücke inzwischen in den Bestand des Museums übergegangen.[19] Der Vorbesitzer war der Türkei und ihren Menschen sehr eng verbunden und immer bemüht, die Objekte in enger Absprache mit den Behörden im Ursprungsland auszuführen.

Von diesen Sammlerstücken hat die Messingstatuette des Apostels Petrus[20] die turbulenteste wissenschaftliche Geschichte aller Münsteraner Museumsartefakte erlebt. Sie wurde anlässlich der zum Bistumsjubiläum im Jahre 2005 veranstalteten Sonderausstellung „Götter geworden sind die Bewohner olympischer Bauten" restauriert und wissenschaftlich bearbeitet sowie zwecks Materialanalyse vom Rathgen-Forschungslabor in Berlin untersucht.[21] Nachdem die Statuette mit sehr guten Argumenten von Benjamin Fourlas der Spätantike zugewiesen worden war,[22] begann der wissenschaftliche Diskurs, der insbesondere durch die Einstellung dieses Exponates in das Online-Datenportal „museum-digital/Westfalen" eine neue Richtung erfuhr, da nun erstmalig zahlreiche verwandte Stücke aus Süddeutschland bekannt wurden. Auch wenn inzwischen nachgewiesen ist, dass

---

[18] Im Folgenden ist das übliche Verfahren, Literatur abgekürzter Form anzugeben, nicht angewendet, da die Autorinnen und Autoren sowie die besprochenen Materialien direkt genannt werden und nicht erst über das Abkürzungsverzeichnis zu erschließen sind: Boreas 7, 1984 (K. Stähler, Antiken der Sammlung W. W.: Vorwort 367 f.; I. Lydische und anatolische Gefäße 368–372; S. Fischer – M. Th. Welling, II. Ton- und Bronzelampen 373–396; R. Stupperich, III. Steinplastik 397–412); Boreas 8, 1985 (R. Halfpap, IV. Prähistorische anatolische Keramik und Verwandtes 225–237; M. Trunk, V. Unteritalische Keramik 238–246; F. Sauerland, VI. Goldschmuck 247–259); Boreas 9, 1986 (R. Stupperich, VII. Gemmen 236–245); Boreas 10, 1987 (A. Schulz, VIII. Griechische Keramik 161–165; B. Liesen, IX. Die Terra Sigillata); Boreas 11, 1988 (B. Liesen, X. Kleinasiatische Glasurkeramik 262–264; R. Stupperich, XI. Römische Bronzen 231–248); Boreas 12, 1989 (B. Liesen, XII. Weitere hellenistische, römische und byzantinische Keramik 249–257).

[19] In den Jahren von 1997–2001 und nochmals im Jahr 2004 erfolgte die Übereignung von 465 Artefakten aus dieser Privatsammlung, die zum Großteil aus der Türkei stammen. Neben kunstgewerblichen Produkten (Steinplastik, Kleinbronzen, Schmuck, Terrakotten, dekorierte Keramik) handelt es sich insbesondere um Gebrauchskeramik. Stellvertretend seien noch einige Publikationen genannt: Kat. Speyer 2006a, 194 mit Abb. b (I. Hodgson) (Inv. 3032); Kat. Speyer 2006b, 65 (E. Rehm) (Inv. 3067 und 3032); Deppe 2005, 100 f. Taf. 25, 2; Işık 2002, 135–143 (Inv. 2304); Koeb 1995, 239–245 Taf. 22, 1; Abb. 1 (Inv. 2476); Libéral 2016, 904–906 Taf. 107, 2-4 (Inv. 2875. 2544 und 2401); Petzl 1999, 97–99 (Inv. 2392); Vermaseren 1987, 216 Nr. 725 (Inv. 2401); Wirsching 2005, 41 f. Taf. 11, 1.

[20] Inv. 3030.

[21] Die Legierung der Materialprobe, die aus dem vorgestreckten linken Fuß entnommen worden war, ergab, dass das Stück entweder spätantik oder neuzeitlich zu datieren ist.

[22] Fourlas 2005, 66–72 Taf. 14. 15; Fourlas 2005/2006, 141–168 Taf. 43, 1; 44. 45, 1–3; Fourlas 2006, 79–85 mit zwei Farbabb.

dieses den Besucher des Museums begrüßende Ausstellungsstück in Vitrine 1 neuzeitlich ist,[23] bleibt es weiterhin mit einer ebenfalls aus Anatolien stammenden Scherbe eines Schliffglasgefäßes mit Darstellung des Apostels Paulus ausgestellt.[24]

Dank eines Vermächtnisses von Dr. Robert Hermann Tenbrock gelangten 18 bronzezeitliche (3.–2. Jahrtausend v. Chr.) Gefäße der Yortan-Kultur über die Vermittlung von Prof. Dr. Klaus Bußmann, dem ehemaligen Direktor vom benachbarten Museum für Kunst und Kulturgeschichte, in die Originalsammlung.[25]

Ein außerordentlich wichtiges Exponat ist die silberne Hand einer Statuette der Artemis von Ephesos *(Abb. 2)*, die in einer aufwendigen Plexiglasrekonstruktion präsentiert wird. Sie ist der erste archäologische Nachweis für die in der Bibel beschriebene lebensbedrohliche Situation des Apostels Paulus im Theater von Ephesos,[26] als dort die Silberschmiede solcher Devotionalien gegen seine Missionstätigkeit skandierten: „Groß ist die Artemis von Ephesos".

Mit den aktuellen Münsteraner Forschungen in der Türkei verbunden ist zum einen ein bleiernes Marktgewicht aus Alexandreia

*Abb. 2 Massivsilberne Hand einer Statuette der Artemis Ephesia in einer Plexiglasrekonstruktion*

---

[23] Cassitti u. a. 2013, 326 f. Nr. A3 Abb. 4; 329. 331 f. 324 f. 347–349 mit Abb. 27; 351–353.

[24] Zum einen, weil somit der Besucher mit Blickkontakt zum gegenüber dem Museum befindlichen Paulus-Dom von den beiden Apostelfürsten gleichsam als ihm bekannten historischen Persönlichkeiten empfangen wird. Zum anderen kann nun den Museumsbesuchern die wissenschaftliche Bestimmung von Museumsartefakten anschaulich in ihrer Komplexität besser vermittelt werden.

[25] Inv. 2172–2189. Mit Inv. 2810–2812. 2926–2931 und Inv. L GE C 69–71 konnten weitere Gefäße dieser bronzezeitlichen anatolischen Keramik die Sammlung ergänzen. Aus der Türkei stammen weitere Leihgaben aus Gelsenkirchen: L GE C 17 (Dreifußgefäß). 23 (Idol Beycesultan-Typus). 28–29 (hethitischer Anhänger bzw. Schminkflasche). 72 (Idol Kusara-Typus). 73 (Bronzebeil). 76–77 (Spinnwirtel). 78–83 (Knochengerät).

[26] Inv. 2375: Bensch u. a. 2013, 479 Abb. 7; Wirsching 2005, 48–51 Taf. 13, 1; Fleischer 2000/2001, 191–194 Taf. 14, 1–5.

Troas[27] sowie zum anderen ein umfangreiches Konvolut von Tonbullen, die Doliche zugewiesen werden können.[28]

Dank zahlreicher Leihgaben aus öffentlichen Sammlungen konnte seit Mitte der 1990er Jahre die Sammlung des Museums beträchtlich erweitert werden.[29] Innerhalb dieser Objekte, die aus vielen Regionen der griechisch-römischen Antike stammen, sind nur wenige sicher als aus Anatolien stammend bestimmt.[30]

Abschließend sei noch auf die Scherbensammlung hingewiesen, die neben denen anderer Fundorte[31] insbesondere zahlreiche phrygische[32] und galatische[33] Keramikfragmente enthält.

## 2. Münzen aus dem griechisch-römischen Kleinasien

Innerhalb der inzwischen auf über 5.700 Münzen angewachsenen numismatischen Sammlung des Museums findet sich eine ganze Reihe von Städteprägungen des klassischen bis römerzeitlichen Asia Minor. Bereits die 1956 erworbene, knapp 2.000 Exemplare umfassende Sammlung griechischer Münzen des Hamburger Privatgelehrten Theobald Bieder (1876–1947) enthält etwa zu einem Viertel Münzen aus Kleinasien.[34] Hierbei handelt es sich sowohl um klassisch-hellenistische Prägungen als auch um Münzen der römischen Kaiserzeit. Trotz seines Anspruchs, griechische Münzen in ihrer Gesamtheit (zeitlich wie räumlich) zu sammeln, scheint Bieder ein Faible für die detailreichen kaiserzeitlichen Münzen aus Kleinasien gehabt zu haben, denn in seiner Sammlung sind auffallend viele Großbronzen aus dem 3. nachchristlichen Jahrhundert hervorzuheben, z. B. aus Pergamon, Ephesos oder Tarsos, die ausführlich Lokalgeschichte erzählen.[35]

---

[27] Nach der Auskunft des Kunsthändlers stammt dieses Objekt aus einer alten rheinlandpfälzischen Privatsammlung: Inv. 2266 (Weiß 2008, 719 Nr. 1; 721–723 Taf. 87, 1).

[28] Inv. 2130–2167. 2370–2371 (Kunsthandel). Nach einem Vortrag von H.-Helge Nieswandt anlässlich eines Asia Minor Kolloquiums in Rothenberge im Jahre 1998 zu diesen Objekten äußerte der damalige Museumsdirektor von Gaziantep die Vermutung, dass zahlreiche Tonbullen, die seiner Meinung nach glasiert sind, rezent seien. Ein Münsteraner Exemplar ist daraufhin im Rathgen-Forschungslabor untersucht und als antik bestimmt worden. Zu vergleichbaren Objekten vgl. Weiß 1992, 171–193; Weiß 2000, 100–103.

[29] s. Bensch u. a. 2013, 477.

[30] Dauerleihgaben aus Gelsenkirchen (L GE D 32; F 1–11. 54) und Grevenbroich (L GV 27. 193. 212. 228. 246. 248. 285. 306. 307. 309. 329. 340. 347–350. 354. 356. 357. 369. 376. 410a).

[31] Inv. 96.

[32] Inv. 84–87.

[33] In der unpublizierten Magisterarbeit von Jun.-Prof. Dr. Michael Blömer aus dem Jahre 2002 sind sämtliche galatische Scherben und Gefäße bzw. Gefäßfragmente erfasst: Blömer 2002.

[34] Aus Kleinasien stammen die Inv.-Nummern M 927–1387, also 461 Exemplare.

[35] Pergamon: Inv. M 1028–1034; Ephesos: Inv. M 1092–1093. 1095. 1098–1100. 1103, 1108; Tarsos: Inv. M 1324–1339. Obgleich Bieder selbst seine Sammlung als ‚griechisch universell'

Einige der Münsteraner Münzen, so die Stücke aus dem karischen Aphrodisias oder den ionischen Städten Smyrna und Phokaia, sind in den jeweiligen als Städtecorpora publizierten Referenzwerken gelistet,[36] ebenso sind die Münzen mit den Bildnissen von Demos und Boule, dem Volk und dem Rat, publiziert – ein auf Kleinasien fokussiertes Phänomen der Instrumentalisierung städtischer Institutionen im Münzbild.[37]

Einen thematischen Schwerpunkt von Sammlung und Ausstellung bilden u. a. Prägungen aus Alexandreia Troas. Bereits in der Sammlung Bieder vertreten, wurde dieser Teilbereich sukzessive erweitert;[38] dies ist den Feldforschungen der Forschungsstelle Asia Minor vor Ort und damit der intensiven Auseinandersetzung mit den Zeugnissen der Stadt in der Troas geschuldet; ein erster Teil dieser Münzen ist in der institutseigenen Zeitschrift „Boreas" publiziert,[39] einige sind in den Online-Datenbanken einsehbar.[40] Neben dem örtlichen Parasemon (dem von der Vorgängersiedlung Neandreia übernommenen grasenden Pferd, das auch die Marktgewichte der Stadt[41] ziert) werden der lokale Mythos und der Kultbau im benachbarten Chryse auf diesen Münzen illustriert, was sich in einer Sondervitrine anschaulich der Öffentlichkeit präsentieren lässt.[42] Eine umfangreiche neuerliche Stiftung aus dem Jahre 2013[43] ergänzt mit weiteren 42 Exemplaren den Be-

---

versteht, sind es speziell kleinasiatische Münzen, die er besonders hervorhebt, indem er bald nach dem Erwerb eine kleine Auswahl präsentiert: Bieder 1906, 3463–3465 Nr. 3–11; Berghaus 1978, 159. Neun der hier vorgestellten elf Stücke stammen aus dem kaiserzeitlichen Kleinasien. Die mehrfach von ihm publizierte Großbronze des Bundes der 13 ionischen Städte (erstmals Bieder 1906, 3464 Nr. 4; RPC VI Temp. No. 1019/4 [= dieses Exemplar]) ist leider nicht nach Münster gelangt, da Bieders Witwe das Stück seinem Arzt in Anerkennung für dessen Dienste geschenkt hatte.

[36] Aus Aphrodisias Inv. M 1186–1189: Macdonald 1992, 106 Nr. 121; 138 Nr. 210; 142 Nr. 222; 151 f. Nr. 233. Aus Smyrna Inv. M 1142–1165: Klose 1987, 183 Nr. 5/5 (Amazone Smyrna); 133 Nr. 20/2; 195 Nr. 4/14; 201 Nr. 35/5 und 203 Nr. 42/6 (Senat); 209 Nr. 47/1 (Augustus und Livia); 213 Nr. 14/2 (Senat und Livia); 225 Nr. 15/1 (Nero); 246 Nr. 32/1 (Trajan); 248 Nr. 23/3 (Hadrian); 269 Nr. 13/6 (Septimius Severus); 289 Nr. 26/9 und 27/4 (Caracalla); 323 Nr. 59/12 (Gallienus); 347 Nr. 10/13 (Homonoia mit Perinthos unter Gordian III.). Aus Phokaia stammt eine weitere Großbronze mit dem lokalen Flussgott Smardos M 1135: Tanrıöver 2014, 329 f. Nr. 59.

[37] Martin 2013, 49 f. Aphrodisias 26/11; 61 Aphrodisias 73/6; 83 Tabai 9/16; 107 Philadelpheia 51/2; 110 Philadelpheia 10/2; 116 Sala 8/1; 142 Aizanoi 13/16; 143 Aizanoi 16/1; 208 Laodikeia 7b/7; 235 Synnada 4/4; 246 Traianopolis 2b/15.

[38] Inv. M 1040–1046 (ehem. Slg. Bieder); dazu kommen Stiftungen der letzten Jahre: M 2679. 2681–2698. 2909–2910. 3344–3346. 5347–5374. 5376–5389.

[39] Bossmann 2004, 265–284.

[40] Abrufbar unter: ‚http://www.museum-digital.de/westfalen/index.php?t=sammlung&instnr= 2&gesusa=10, oder ‚http://archaeologie.uni-muenster.de/ikmk-ms/' (20.12.2016).

[41] Inv. 2266.

[42] Ausgestellt sind Inv. M 1042. 1045. 2682. 2687. 2697. 2909–2910.

[43] Inv. M 5347–5374. 5376–5389.

*Abb. 3 Hellenistische Bronzemünze aus Alexandreia Troas: Vorderseite Kopf des Apollon, Rückseite Apollon Smintheus (der Mäusetöter) (Vergrößerung)*

stand um wichtige Exemplare insbesondere der hellenistischen Zeit. Dazu zählt zum einen eine frühe Silberprägung der hellenistischen Polis, zum anderen eine Bronzemünze, die den Lokalgott Apollon Smintheus, der mit dem Fuß auf den Schwanz einer Maus tritt, zeigt[44]: Weil Apollon die Gegend von einer Mäuseplage befreite, erhielt er den Beinamen Smintheus, ‚Mäusegott', und die Maus als Begleittier. Der Mythos ist ebenso wie die ungewöhnliche Ikonographie des vom Bildhauer Skopas gefertigten Kultbildes von Pausanias überliefert,[45] aber selten in dieser Qualität auf Münzen erkennbar *(Abb. 3)*.[46]

Eine weitere Themenvitrine im Museum präsentiert einen anderen kleinasiatischen Schwerpunkt: den heiligen Berg Argaios in Kappadokien (heute Erciyes Dağı). Mit Bronzevotiven und numismatischen Zeugnissen sind hier zwei kleinformatige Denkmälergruppen vertreten, die unterschiedliche Zugänge zum Verständnis eines Berges als Gottheit ermöglichen. Geht eine Verehrung sicherlich bereits auf hethitische Traditionen zurück, stammen die archäologischen Zeugnisse jedoch erst aus einer deutlich späteren Epoche: So präsentieren städtische und provinziale Münzen der römischen Kaiserzeit die eindrucksvolle und den natürlichen Raum beherrschende Landmarke als offiziellen Lokal- und Schwurgott

---

[44] Inv. M 5352 und 5347.

[45] Strab. 13, 1, 48 und 64 (p. 604). Zu Smintheus s. auch Weiß 1996, bes. 165–170 und Bossmann 2004, 270 f.

[46] Um den Charakter des Gottes als Maustöter und damit als Schutzgottheit in einer Krisen-Situation zu betonen, ist die Maus stark vergrößert; so geht es nicht um ein realistisches Abbild der berühmten Kultstatue, sondern um eine der Bedeutungsgröße entsprechende Wiedergabe.

sowie als identitätsstiftendes ‚Wappen' der kappadokischen Stadt Kaisareia.[47] Die Votive dagegen zeugen von einer individuellen und persönlichen Verehrung dieses heiligen Berges in der Antike.[48]

### 3. Abgüsse antiker Skulpturen aus der Türkei

Zu der zurzeit 422 Objekte umfassenden Abgusssammlung antiker Skulpturen zählen auch die von einigen bedeutenden Funden aus der Türkei: Neben dem oben erwähnten Friesblock mit König Teuthras vom Pergamonaltar sind dies mit identischem Fundort Pergamon ein Alexanderportrait, der sog. Schöne Kopf sowie das Portrait, das wohl Diodoros Pasparos darstellt.[49] Besonders dankbar ist das Museumsteam für sechs Abgüsse des Bildhauers Heinrich Andreas Schröteler von Skulpturenfunden der Bochumer Milet-Grabung, die als Geschenk des Künstlers vom Archäologischen Institut der Ruhr-Universität Bochum 1996 in den Bestand übergingen.[50]

Erwähnenswert sind zudem Abgüsse, die entweder äußerst selten in öffentliche Sammlungen gelangt oder singulär nur in Münster ausgestellt sind. Diese sind den Aktivitäten Münsteraner Forschungen in der Türkei zu verdanken. So schenkte Friedrich Karl Dörner anlässlich seiner Grabungen in Arsameia am Nymphaios dem Museum den Abguss des Oberteils eines Reliefblockes mit Dexiosis (Handschlagszene) zwischen Herakles und dem kommagenischen König Antiochos I.[51] Prof. Dr. Reinhard Stupperich übereignete wohl im Jahre 1995 in Folge seiner Arbeiten in Assos ein Friesfragment mit Kentaurendarstellung *(Abb. 4)* vom Athenatempel dem Museum.[52] Den Nachfolgern Dörners als Leiter bzw. Mitarbeiter der Forschungsstelle Asia Minor – Prof. Dr. Elmar Schwertheim sowie Prof. Dr. Engelbert Winter – zu verdanken sind drei weitere Abgüsse wichtiger in

---

[47] Die variantenreichen Wiedergaben im Münzbild sind anschaulich von Weiß 1985 mit Taf. 10–14 zusammengestellt. Die meisten Typen sind auch in der Münsteraner Sammlung vorhanden: ein freistehendes Gebirgsmassiv als Einzelmotiv (M 1369. 1371. 1373. 1376) und als Beizeichen, eingebunden in architektonischen Kontext (M 1378), zwischen zwei Baityloi (M 1379), auf einem Altar (M 1374–1375. 1377. 1380. 1382–1383), im Wagen oder im Tempel (M 1386), als Modell in der Hand einer Gottheit (M 5587) sowie überragt von einem oder mehreren menschengestaltigen Göttern (M 1365. 1370. 1384–1385).

[48] Ausgestellt sind die Münzen Inv. M 1365. 1369–1371. 1378–1380. 1386 sowie die Bronzevotive: Inv. 3413 und 3414 Weiß 2016, Taf. 97,3; Whybrew 22916, 931f., Taf. 113,4 Kat.1; auch hier sind bereits einige Objekte in der Datenbank Museum Digital einsehbar: 'http://www.museum-digital.de/westfalen/index.php?sv=argaios&extern=no&done=yes, (11.1.2016). Zu den verschiedenen den Argaios thematisierenden Denkmälergruppen: Weiß 1985.

[49] Inv. A 262. A 60. A 343.
[50] Inv. A 288–294.
[51] Inv. A 222.
[52] Inv. A 441.

*Abb. 4: Gipsabguss eines Relieffragmentes vom Apollontempel von Assos: Kentauren*

türkischen Museen aufbewahrter Zeugnisse Münsterscher Forschertätigkeit: eine Figur des akeramischen Neolithikums (9500–6900 v. Chr.) aus Kommagene,[53] ein Portrait des römischen Kaisers Claudius[54] (Reg. 41–54 n. Chr.) aus Alexandreia Troas und ein Votivrelief aus dem Heiligtum des Iuppiter Dolichenus auf dem Dülük Baba Tepesi[55] *(Abb. 5)* bei Gaziantep in der Südosttürkei.

---

[53] Inv. A 413: Dieser Abguss einer Kalksteinskulptur wird insbesondere dank der jüngsten Ausgrabungen in Göbekli Tepe und Nevalı Çori in die akeramische Jungsteinzeit eingeordnet. Im Jahr 1965 wurde sie in der Nähe des Dorfes Kilisik (nördliche Kommagene) Bettina Baronesse von Freytag gen. Löringhoff und Elmar Schwertheim – sie waren Mitglieder im Ausgrabungsteam Friedrich Karl Dörners in Arsameia am Nymphaios – von einem Bauern gezeigt, der die Skulptur nördlich von Kilisik gefunden hatte. Sie kauften ihm diese ab und übergaben sie dem Museum von Adıyaman, wo sie sich noch heute befindet. Diese menschengestaltige Skulptur gehört zu einer Reihe von Darstellungen, die im östlichen Anatolien in der Jungsteinzeit zahlreich auftreten. Entgegen der in der Regel mit über drei Metern Höhe monumentalen T-Pfeilerfiguren ist dieses Stück mit 80 cm Höhe eher als klein zu bezeichnen. Gemeinsam ist allen diesen Figuren eine gleichartige Gestaltungsweise: Der lang gezogene Gesichtsschädel wächst aus dem hinteren Teil des T-Kopfes heraus, wobei auch vorne im Gesicht keine Angabe der Stirnpartie durch die lange Nase zu finden ist. Unterhalb des Kopfteiles sitzen die angewinkelten Arme an, die an der Vorderseite übergreifen. Die Besonderheit dieser Skulptur aus Kilisik ist, dass die Hände den Kopf einer kleineren menschlichen Gestalt anfassen. Deren linker Arm hängt parallel zum Körper herab, der rechte ist leicht angewinkelt und greift in Höhe des Geschlechts an den Körper. Unklar ist die Funktion einer kreisrunden, konisch sich verjüngenden Eintiefung, da nicht sicher ist, ob sie zur ursprünglichen Gestaltung gehört oder eine spätere Veränderung des Objektes darstellt. Der zapfenförmige untere Teil der Skulptur ist abgebrochen. Vgl. Kat. Münster 2014, 20 mit Abb.; Kat. Karlsruhe 2007, 276 Nr. 32 mit Farbabb. (B. von Freytag Löringhoff); Hauptmann 2000, 18–22 Abb. 9. 10.

[54] Inv. A 142: Kat. Münster 2014, 8 mit Abb.; Bensch u. a. 2013, 488 Abb. 14.

[55] Inv. A 389: Die Basaltstele mit Darstellung des Iuppiter Dolichenus und der Iuno Dolichena wurde 2007 entdeckt und in das Archäologische Museum von Gaziantep transferiert. Das Re-

*Abb. 5: Gipsabguss eines Weihreliefs aus dem Heiligtum des Juppiter Dolichenus auf dem Dülük Baba Tepesi*

liefbild ist in zwei Felder geteilt: In der oberen Zone steht links Iuppiter Dolichenus auf einem Stier. Die Darstellung folgt einem bekannten Muster, das seit dem 3. Jahrtausend v. Chr. für einige Wettergottheiten des Nahen Ostens üblich ist. Iuno Dolichena steht rechts von ihm auf einem Hirsch. In ihrer rechten Hand hält sie einen runden Spiegel, ein typisches Attribut von Göttinnen, genauso wie der Granatapfel in der Linken, der als ein Symbol der Fruchtbarkeit gilt. Auch diese Darstellung der Iuno Dolichena ist nicht von denjenigen altorientalischer Göttinnen zu unterscheiden. Zwischen den beiden Gottheiten ist ein stilisierter Lebensbaum abgebildet, der – genauso wie die Trauben am oberen Bildrand – die lebensspendende Kraft der Götter widerspiegelt. Die untere Zone zeigt zwei an einem Altar opfernde Männer. Auf dem Kopf tragen sie spitze, hohe Hüte, in der linken Hand halten sie jeweils einen Zweig. Diese Gegenstände sind typische Merkmale von Priestern im antiken Syrien. Trotz der altertümlichen Darstellung ist die Stele erst in römischer Zeit entstanden, wovon etwa die Form des Altars in der Opferszene zeugt. Gleichzeitig kann die Darstellung deutlich machen, wie stark die Gottesvorstellung und deren bildnerische Umgestaltung auch in dieser Zeit noch in der altorientalischen Tradition verwurzelt ist. Vgl. Kat. Münster 2014, 53 mit Abb.; Blömer 2013, 280 f. mit Farbabb.; Blömer 2011, 69–103.

Abb. 6: Detail des Modells der Grabanlage des kommagenischen Königs Antiochos I. auf dem Nemrud Dağ: Kolossalfiguren der Götter und des Königs sowie Reliefstelen und große Plattform.

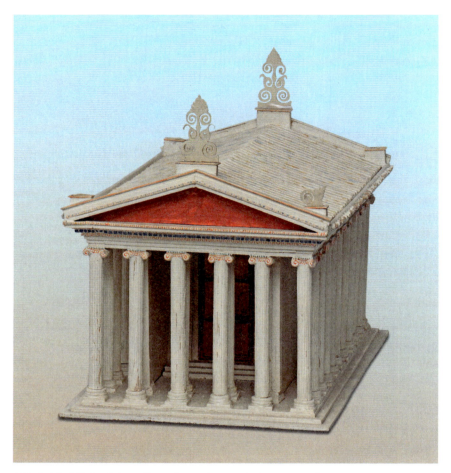

*Abb. 7: Modell des Athena-Tempels von Priene, Stiftung F. Korfsmeyer*

## 4. Modelle antiker Monumente in der Türkei

Eine besondere Abteilung im Archäologischen Museum ist die Modellsammlung antiker Monumente, Stätten und Heiligtümer, die inzwischen zwanzig Objekte umfasst. Dazu zählt der singuläre Grabtumulus des Königs Antiochos I. von Kommagene mit seiner Skulpturenausstattung[56] *(Abb. 6)*, das ein Geschenk der Forschungsstelle Asia Minor ist. In der großen Stiftung von Modellen, die von Friedrich Korfsmeyer geschaffen wurden, befindet sich ein Modell des Athenatempels von Priene[57] *(Abb. 7)*. Dieser vom Architekten Pytheos konzipierte Bau stellt den

---

[56] Inv. AM 21.
[57] Inv. AM 10; zur Stiftung Korfsmeyer vgl. Bensch u. a. 2013, 484 f.

schon nach antikem Empfinden wichtigsten klassisch-ionischen Peripteros dar.[58] Der akademischen Lehre sind zwei Holzmodelle lykischer Gräber zu verdanken, die anlässlich der Abfassung der von Prof. Dr. Hans Wiegartz betreuten Dissertation von Cordelia Strathmann entstanden und anschließend dem Museum gestiftet worden sind.[59]

## 5. Die antike Türkei in Ausstellungsprojekten des Museums

Ein besonderes Geschenk der Republik Türkei für das Archäologische Museum der WWU bildete die Ausstellung „Antalya aus dem Blickwinkel von alten Reisenden", die vom 08. April bis zum 08. Mai 2009 gezeigt wurde. Es war ein Glücksfall, dass diese von Generalkonsul Gürsel Evren vermittelte Präsentation im Rahmen des 125-jährigen Jubiläums des Archäologischen Museums nach Münster kam[60] *(Abb. 8)*.

Insbesondere brachte auch die freundschaftliche Verbundenheit der Forschungsstelle Asia Minor mit dem Archäologischen Museum der WWU einige gemeinschaftliche Ausstellungsprojekte hervor. Anlässlich des 40-jährigen Jubiläums der Forschungsstelle präsentierte das Museum 2009 eine Studioausstellung zu den Forschungsergebnissen in Alexandreia Troas in Zusammenarbeit mit Elmar Schwertheim. Engelbert Winter und Michael Blömer erarbeiteten mit dem Museumsteam die Ausstellung „Vom Lokalkult zur Reichsreligion. Die Stele von Doliche", die vom 26. Februar bis zum 30. April 2010 gezeigt werden konnte. Waren diese beiden Ausstellungsprojekte eher auf einen begrenzten Bereich des Museums konzipiert, konnte die Ausstellung „Zwischen Hellespont und Nemrud Dağ. 80 Jahre Münsteraner Forschung in der Türkei" vom 27. Juni bis 31. August 2014 (verlängert bis 12. Oktober) im gesamten Museum gezeigt werden[61] *(Abb. 9)*. Vom Exzellenzcluster für „Religion und Politik" finanziert, blickte sie zurück auf Großprojekte der WWU in der südosttürkischen Region Kommagene, in der Troas, in Patara sowie Pergamon und Lysimacheia. Diese Ausstellung präsentierte eine Vielzahl von Exponaten anlässlich des deutsch-türkischen Wissenschaftsjahrs 2014 und der Jahrestagung des Deutschen Archäologen-Verbandes (DArV) in Münster.

---

[58] Gruben 2001, 416.
[59] Inv. AM 16–17; Strathmann 2002, 93–95. 103 Abb. 4.14–16; 119. 150–153 Abb. 4.31–34.
[60] Dieses Faktum erwies sich als umso wertvoller, da eine ursprünglich vorgesehene und in zwei Lehrveranstaltungen vorbereitete Ausstellung zu den Ausgrabungen in Haltern unter Friedrich Koepp und Carl Schuchardt kurzfristig nicht realisiert werden konnte; vgl. Bensch u. a. 2013, 486 f. Die Ausstellung wurde durch einen in Antalya erstellten Katalog begleitet: Kat. Antalya 2008.
[61] Anlässlich dieser Ausstellung erschien der Katalog Münster 2014.

Das Archäologische Museum der WWU und die Türkei

 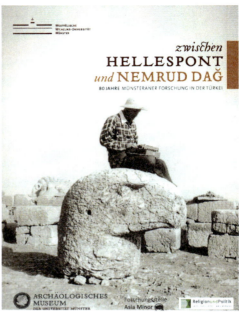

Abb. 8: Plakat zur Sonderausstellung anlässlich des 125-jährigen Jubiläums des Archäologischen Museums der Universität Münster

Abb. 9: Katalogcover „Zwischen Hellespont und Nemrud Dağ. 80 Jahre Münsteraner Forschung in der Türkei"

Zum Abschluss sei noch auf ein Ausstellungsprojekt hingewiesen, welches die Vernetzung des Archäologischen Museums und der Forschungsstelle Asia Minor der WWU mit der deutschen Forschungslandschaft und befreundeten Partnern in der Türkei verdeutlichen kann. Ursprünglich als flankierende Präsentation zum Jubiläum der Deutsch-Türkischen Gesellschaft im Jahr 2016 geplant, kann das Projekt „Patara – Lykiens Tor zur römischen Welt" erst im Jahre 2018 gezeigt werden[62]. Beteiligt sind von türkischer Seite Prof. Dr. Havva İşkan und Mustafa Koçak (zugleich für das Römisch-Germanisches Zentrakmuseum Mainz, Museum für Antike Schiffart) und von deutscher Seite federführend für die Ausstellung Dr. Andrea Schmölder-Veit (Museum für Abgüsse Antiker Bildwerke München) und Prof. Dr. Christof Schuler und Dr. Denise Reitzenstein für das DAI – Kommission für Alte Geschichte und Epigraphik in München Prof. Dr. Dieter Salzmann und Dr. H.-Helge Nieswandt für das Archäologische Museum der WWU Münster.

---

[62] Gestartet ist die von Dr. Andrea Schmölder-Veit konzipierte Ausstellung im Museum für Abgüsse Klassischer Bildwerke München (30.11.2016–07.04.2017). Als Begleitband fungiert H. İşkan u. a. (Hrsg.), Patara – Lykiens Tor zur römischen Welt (Mainz 2016).

## Bibliografie

Bensch 2016 M. J. Bensch, Ein Fragment eines kleinasiatischen Girlandensarkophages der ‚Hauptgruppe' im Archäologischen Museum der Westfälischen Wilhelms-Universität Münster, in: H. Schwarzer – H.-H. Nieswandt (Hrsg.), „Man kann es sich nicht prächtig genug vorstellen!" Festschrift für Dieter Salzmann zum 65. Geburtstag (Marsberg/Padberg 2016) 853–859

Bensch u. a. 2013 M. J. Bensch – H.-H. Nieswandt – D. Salzmann – T. Schreiber – N. Theissing, 125 Jahre Archäologisches Museum der Westfälischen Wilhelms-Universität zu Münster – Räume, Bestände, Personen und Aktivitäten, in: F. M. Müller (Hrsg.), Archäologische Universitätsmuseen und -sammlungen im Spannungsfeld von Forschung, Lehre und Öffentlichkeit, SPECTANDA – Schriften des Archäologischen Museums Innsbruck 3 (Wien 2013) 471–496

Berghaus 1978 P. Berghaus, Erasianen auf Münzen von Pergamon in der Sammlung Th. Bieder der Westfälischen Wilhelms-Universität, in: S. Sahin-E. Schwertheim- J. Wagner (hg.), Studien zur Religion und Kultur Kleinasiens. Festschrift für Friedrich Karl Dörner zum 65. Geburtstag (Leiden 1978) 158–162

Bieder 1906 Th. Bieder, Seltene griechische Münzen, Blätter für Münzfreunde 41/3, 1906, 3463–3465

Blömer 2002 M. Blömer, Anatolische Stierkopfrhyta und die ‚galatische' Keramik, ungedr. Magisterarbeit (Münster 2002)

Blömer 2011 M. Blömer, Die Stele von Doliche, in: E. Winter (Hrsg.), Von Kummuh nach Telouch. Archäologische und historische Untersuchungen in Kommagene, Dolichener und Kommagenische Forschungen 4, Asia Minor Studien 64 (Bonn 2011) 69–103

Blömer 2013 M. Blömer, Doliche und der Dülük Baba Tepesi. Forschungen in der Heimat des Jupiter Dolichenus, in: Imperium der Götter. Isis Mithras Christus. Kulte und Religionen im Römischen Reich (Darmstadt 2013) 276–283

Bossmann 2004 A. Bossmann, Münzen von Alexandria Troas im Archäologischen Museum der Westfälischen Wilhelms-Universität Münster, Boreas 27, 2004, 265–284

Cassitti u. a. 2013 P. Cassitti – D. Berger – B. Fourlas, St Peter in Volders and related base metal figurines resembling the famous statue in the Vatican Basilica, Post-Medieval Archaeology 47/2, 2013 (2014) 323–358

Cook 1933/34 R. M. Cook, ‚Fikellura Pottery', BSA 34, 1933/34, 1–98

CVA Corpus Vasorum Antiquorum

Dahmen 2000 K. Dahmen, Bronzene ‚Büstenkronen': Priesterliche Insignien als statuarische Appliken, KölnJb 33, 2000, 203–213

Deppe 2005 N. Deppe, Spätantike Gläser, in: S. Hodak – D. Korol – P. Maser (Hrsg.), Zeugnisse spätantiken und frühchristlichen Lebens im römischen Reich, Veröffentlichungen des Archäologischen Museums der Westfälischen Wilhelms-Universität 2 (Oberhausen 2005) 96–103

Dierichs 1999 A. Dierichs, Abgüsse – Modelle – Originale. Münster: Das Archäologische Museum der Westfälischen Wilhelms-Universität, AW 30, 1999, 13–19

Drees 2005/2006 Chr. Drees, Mithras oder Attis? Eine „mysteriöse" Kleinbronze im Archäologischen Museum der Westfälischen Wilhelms-Universität Münster, Boreas 28/29, 2005–2006, 117–131

Ellinghaus 1993 Chr. Ellinghaus, Das Archäologische Museum der Universität. Von der Begründung bis zum Untergang im Zweiten Weltkrieg, in: K. Stähler (Hrsg.), … und es fehlte fast an keiner Art. Antikenliebhaberei und Antikenstudium in Münster (Münster 1993) 101–117

Fleischer 2000/2001 R. Fleischer, Eine silberne Hand der Artemis von Ephesos im Archäologischen Museum der Universität Münster, Boreas 23/24, 2000/2001, 191–194

Fornasier 1993 J. Fornasier, Das Archäologische Museum der Universität. Die Räumlichkeiten, in: K. Stähler (Hrsg.), … und es fehlte fast an keiner Art. Antikenliebhaberei und Antikenstudium in Münster (Münster 1993) 119–142

Fourlas 2005 B. Fourlas, Eine Statuette des Apostelfürsten Petrus, in: S. Hodak – D. Korol – P. Maser (Hrsg.), Zeugnisse spätantiken und frühchristlichen Lebens im römischen Reich, Veröffentlichungen des Archäologischen Museums der Westfälischen Wilhelms-Universität 2 (Oberhausen 2005) 66–72

Fourlas 2005/2006 B. Fourlas, Die Statuette des Petrus im Archäologischen Museum der Westfälischen Wilhelms-Universität Münster und ihre Beziehung zur Bronzestatue im Petersdom in Rom, Boreas 28/29, 2005/2006, 141–168

Fourlas 2006 B. Fourlas, 1. Eine Statuette des thronenden Petrus: Nachbildung einer Monumentalstatue des Apostelfürsten im spätantiken Rom?, in: Tu es Petrus. Bilder aus zwei Jahrtausenden. Ausstellung im Kapitelhaus am Domkreuzgang Regensburg (Regensburg 2006) 79–85

Freyer-Schauenburg 1975 B. Freyer-Schauenburg, Die Geranomachie in der archaischen Vasenmalerei. Zu einem pontischen Kelch, in: Wandlungen. Studien zur antiken und neueren Kunst E. Homann-Wedeking gewidmet (Waldsassen 1975) 76–83

Fuchs 1980 W. Fuchs, Kunst und Natur. Oder der Affe als Sammler, Boreas 3, 1980, 127–134

Fuchs 1984 W. Fuchs, 100 Jahre Klassische Archäologie an der Westfälischen Wilhelms-Universität Münster, Boreas 7, 1984, 7–14

Grabow 2016 E. Grabow, „Kriton, wir schulden dem Asklepios einen Hahn". Überlegungen zu fünf Terrakottahähnen im Archäologischen Museum der Westfälischen Wilhelms-Universität Münster, in: H. Schwarzer – H.-H. Nieswandt (Hrsg.), „Man kann es sich nicht prächtig genug vorstellen!" Festschrift für Dieter Salzmann zum 65. Geburtstag (Marsberg/Padberg 2016) 871–876

Greenewalt 2010 C. H. Greenewalt, Jr., Atçılık. Horsemanship, in: N. D. Cahill (Hrsg.), Lidyalılar ve Dünyaları. The Lydians and Their World. Ausstellungskatalog Istanbul 2010 (Istanbul 2010) 217–223

Gruben 2001 G. Gruben, Griechische Tempel und Heiligtümer (München 2001)

Hauptmann 2000 H. Hauptmann, Ein frühneolithisches Kultbild aus Kommagene, in: J. Wagner (Hrsg.), Gottkönige am Euphrat – Neue Ausgrabungen und Forschungen in Kommagene (Mainz 2000) 13–22

Heimerl 1995 A. Heimerl, Eine Sammlung antiker Lampen im Archäologischen Museum der Universität Münster, Boreas 18, 1995, 231–238

Ilgner 2004 C. Ilgner, Lesen im Lichte des Phallos – „vergnügliche Zügellosigkeiten der Töpferkunst in Knidos", Boreas 27, 2004, 257–263

Işık 2002 F. Işık, Neue Überlegungen zu einem Sarkophagfragment in Münster, in: Studien zum antiken Kleinasien 5. Hans Wiegartz gewidmet, AMS 44 (Bonn 2002) 135–144

Işık 2016 F. Işık, Ein zweiter Beleg zur Entstehung der architektonischen Tonreliefs in Phrygien, diesmal aus Sardes, in: H. Schwarzer – H.-H. Nieswandt (Hrsg.), „Man kann es sich nicht prächtig genug vorstellen!" Festschrift für Dieter Salzmann zum 65. Geburtstag (Marsberg/Padberg 2016) 593–610

Kat. Antalya 2008 K. Dörtlük – R. Boyraz (Hrsg.), Gezginlerin Gözülye Antalya – Aus dem Blickwinkel von alten Reisenden, Ausstellungskatalog Antalya (Antalya 2008)

Kat. Berlin 1997 W.-D. Heilmeyer (Hrsg.), Der Pergamonaltar. Die neue Präsentation nach Restaurierung des Telephosfrieses (Tübingen 1997)

Kat. Karlsruhe 2007 Vor 12000 Jahren in Anatolien. Die ältesten Monumente der Menschheit, Ausstellungskatalog Karlsruhe (Darmstadt 2007)

Kat. Münster 1984 B. Korzus (Hrsg.), Griechische Vasen aus westfälischen Sammlungen, Ausstellungskatalog Münster (Münster 1984)

Kat. Münster 2014 H.-H. Nieswandt – D. Salzmann (Hrsg.), Zwischen Hellespont und Nemrud Dağ. 80 Jahre Münsteraner Forschung in der Türkei, Veröffentlichungen des Archäologischen Museums der Westfälischen Wilhelms-Universität Münster 4, Ausstellungskatalog Münster (Bönen 2014)

Kat. Speyer 2006a Pracht und Prunk der Großkönige – Das persische Weltreich, Ausstellungskatalog Speyer (Stuttgart 2006)

Kat. Speyer 2006b Das persische Weltreich. Pracht und Prunk der Großkönige. Katalogbroschüre zur Ausstellung in Speyer (Speyer 2006)

Klages 2012 S. Klages, Die hellenistischen Lampen des Archäologischen Museums der Universität Münster, ungedr. BA-Arbeit (Münster 2012)

Klose 1987 D. O. A. Klose, Die Münzprägung von Smyrna in der römischen Kaiserzeit, AMuGS 10 (Berlin 1987)

Köb 1995 I. Köb, Kaineus auf einem römischen Schliffglasfragment, Boreas 18, 1995, 239–245

Koepp 1915 F. Koepp, Führer durch die Sammlung von Gipsabgüssen antiker Bildwerke im Archäologischen Museum der Westfälischen Wilhelms-Universität Münster (Münster 2015)

Libéral 2016 B. F. Libéral, Zeugnisse des Kybelekultes im Archäologischen Museum der Westfälischen Wilhelms-Universität Münster, in: H. Schwarzer – H.-H. Nieswandt (Hrsg.), „Man kann es sich nicht prächtig genug vorstellen!" Festschrift für Dieter Salzmann zum 65. Geburtstag (Marsberg/Padberg 2016) 901–909

LIMC Lexicon Iconographicum Mythologiae Classicae, Zürich – München – Wien

Macdonald 1992 D. J. Macdonald, The Coinage of Aphrodisias, Royal Numismatic Society, Special Publications 23 (London 1992)

Mackowiak 2008 K. Mackowiak, L'iconographie des pygmées d'une rive à l'autre de la Méditerranée. Influences et évolution d'un thème, Ktèma 33, 2008, 281–298

Mackowiak 2012–2013 K. Mackowiak, Le singe dans la coroplastie grecque : enquête et questions sur un type de représentation figurée, BCH 136–137, 2012–2013, 421–482

Martin 2013 K. Martin, Demos. Boule. Gerousia. Personifikationen städtischer Institutionen auf kaiserzeitlichen Münzen aus Kleinasien, EUROS 3 (Bonn 2013)

McDermott 1938 W. C. McDermott, The ape in antiquity (Baltimore 1938)

Nieswandt – Salzmann 2015 H. – H. Nieswandt – D. Salzmann, Titel? in: A. Pomerance – B. Schmitz (Hrsg.), Heiligtümer, Papyri und geflügelte Göttinnen. Der Archäologe Otto Rubensohn, Hildesheimer Ägyptologische Beiträge 53, Hildesheim 2015, 88–115

Petzl 1999 G. Petzl, Inschriften aus Phrygien, EpigrAnat 31, 1999, 97–99

Schaus 1986 G. P. Schaus, Two Fikellura Vase Painters, Ancient Mediterranean Studies 7, 251–295

Slane – Dickie 1993 K. W. Slane – M. W. Dickie. A Knidian Phallic Vase from Corinth, Hesperia 62, 1993, 483–505

Sparkes 2000 B. A. Sparkes, Small World: Pygmies and co, in: N. K. Rutter – B. A. Sparkes (Hrsg.), Word and Image in Ancient Greece (Edimbourg 2000) 79–98

Stähler 1978 K. Stähler, Griechische Vasen des Archäologischen Museums der Universität Münster. Erwerbungen 1972–76, Boreas 1, 1978, 175–193

Stähler 1980 K. Stähler, Heroen und Götter der Griechen (Archäologisches Museum der Universität Münster) (Münster 1980)

Stähler 2000 K. Stähler, Sarkophag-Köpfe, in: T. Mattern (Hrsg.), Munus. Festschrift für Hans Wiegartz (Münster 2000) 285–290

Strathmann 2002 C. Strathmann, Grabkultur im antiken Lykien des 6. bis 4. Jahrhunderts v. Chr., Europäische Hochschulschriften Archäologie XXXVIII/75 (Frankfurt am Main 2002)

Stupperich 1983 S. Stupperich, Bronzeplättchen mit applizierten Büsten im Archäologischen Museum der Universität Münster, Boreas 6, 1983, 265–270

Tanrıöver 2014 A. Tanrıöver, Die Münzprägung Phokaias in der Kaiserzeit (Münster 2014)

Vermaseren 1987 M. J. Vermaseren, Corpus Cultus Cybelae Attidisque 1. Asia Minor, EPRO 50, 1 (Leiden 1987)

Viets 1966 E. H. Viets, Zum Erwerb der Sammlung Professor Rubensohn für das Archäologische Museum der Universität Münster, Jahresschrift 1965 der Gesellschaft zu Förderung der Westfälischen Wilhelms-Universität zu Münster (Münster 1966) 39–41

Walter-Karydi 1973 E. Walter-Karydi Samische Gefäße des 6. Jahrhunderts v. Chr. Landschaftsstile ostgriechischer Gefäße, Samos 6, 1 (Bonn 1973)

Weiß 1985 P. Weiß, Argaios/Erciyas Dağı – Heiliger Berg Kappadokiens, Monumente und Ikonographie, JNG 35, 1985, 21–48

Weiß 1992 P. Weiß, Neue Tonsiegel von ‚Doliche', Chiron 22, 1992, 171–193

Weiß 1996 P. Weiß, Alexandria Troas. Griechische Traditionen und Mythen in einer römischen Kolonie in: E. Schwertheim – H. Wiegartz (Hrsg.), Die Troas. Neue Forschungen zu Neandria und Alexandria Troas 2, AMS 22, 1996, 157–173

Weiß 2000 P. Weiß, Tonsiegel aus Kommagene (Doliche), in: J. Wagner (Hrsg.), Gottkönige am Euphrat. Neue Ausgrabungen und Forschungen in Kommagene (Mainz 2000) 100–103

Weiß 2008 P. Weiß, Gewichte griechischer Städte I: Byzantion, Lampsakos, Ilion, Alexandreia Troas, in: E. Winter (Hrsg.), Vom Euphrat bis zum Bosporus. Kleinasien in der Antike. Festschrift für Elmar Schwertheim zum 65. Geburtstag, Asia Minor Studien 65 (Bonn 2008) 709–724

Weiß 2016 P. Weiß, Vom Heiligen Berg Argaios zur Zwergenmütze, in: H. Schwarzer-H.-

H. Nieswandt (Hg.), „Man kann es sich nicht prächtig genug vorstellen!" Festschrift für Dieter Salzmann zum 65. Geburtstag (Marsberg/Padberg 2016) 831–834

Whybrew 2016 S.D. Whybrew, Adler auf Stieren – Zu drei Votivfigürchen im Besitz des Archäologischen Museums der Westfälischen Wilhelms-Universität Münster, in: H. Schwarzer – H.-H, Nieswandt (Hg.), „Man kann es sich nicht prächtig genug vorstellen!" Festschrift für Dieter Salzmann zum 65. Geburtstag (Marsberg/Padberg 2016), 927-936

Wirsching 2005 A. Wirsching, Zeugnisse lokaler Kulte, in: S. Hodak – D. Korol – P. Maser (Hrsg.), Zeugnisse spätantiken und frühchristlichen Lebens im römischen Reich, Veröffentlichungen des Archäologischen Museums der Westfälischen Wilhelms-Universität 2 (Oberhausen 2005) 41–51

# Das Institut für Byzantinistik und Neogräzistik in seinen Beziehungen zur Türkei[1]

Michael Grünbart

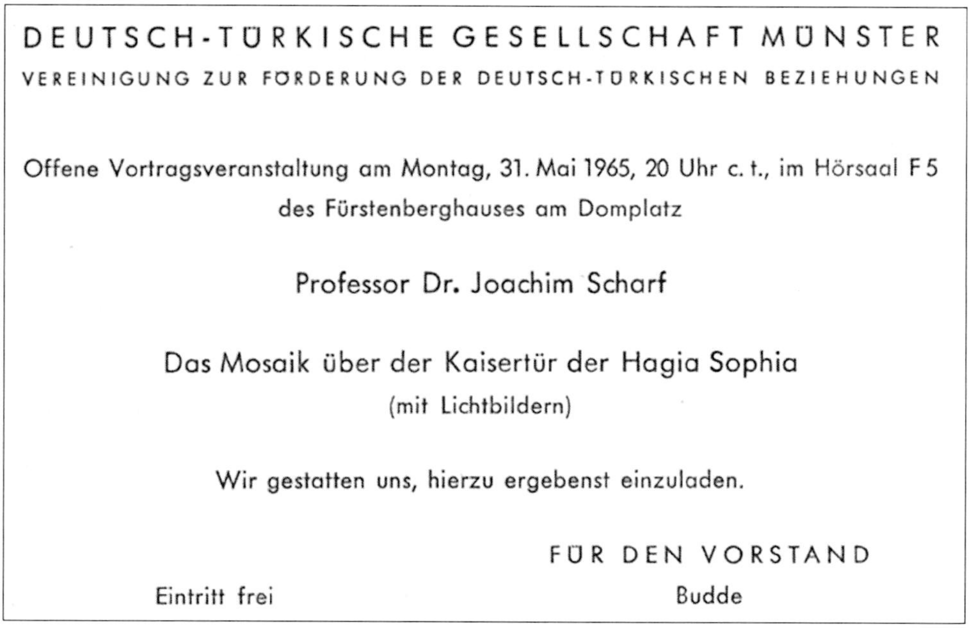

```
DEUTSCH-TÜRKISCHE GESELLSCHAFT MÜNSTER
VEREINIGUNG ZUR FÖRDERUNG DER DEUTSCH-TÜRKISCHEN BEZIEHUNGEN


Offene Vortragsveranstaltung am Montag, 31. Mai 1965, 20 Uhr c. t., im Hörsaal F 5
                  des Fürstenberghauses am Domplatz

               Professor Dr. Joachim Scharf

         Das Mosaik über der Kaisertür der Hagia Sophia
                       (mit Lichtbildern)

           Wir gestatten uns, hierzu ergebenst einzuladen.

                                          FÜR DEN VORSTAND
   Eintritt frei                                 Budde
```

*Abb. 1: Einladung zum Vortrag Joachim Scharf*

Am 31. Mai 1965 hielt Joachim Scharf, der erste Inhaber des Lehrstuhls für Byzantinistik an der Westfälischen Wilhelms-Universität, einen Vortrag zum Thema „Das Mosaik über der Kaisertür der Hagia Sophia".[2] Eingeladen hatte dazu die Deutsch-Türkische Gesellschaft (s. Abb. 1). Das von Scharf behandelte Mosaik (Abb. 2) gehört zu den wichtigsten heute noch sichtbaren Kaiserdarstellungen, welche man in İstanbul besichtigen kann. Es repräsentiert auch byzantinische Machtvorstellungen; Scharf hatte diesem Thema auch seine Antrittsvorlesung ge-

---

[1] Im Rahmen dieses Essays ist nicht intendiert, eine vollständige Geschichte des Faches Byzantinistik in Münster darzulegen, sondern lediglich auf aktuelle Forschungsvorhaben hinzuweisen.
[2] Joachim Scharf, Der Kaiser in Proskynese. Bemerkungen zur Deutung des Kaisermosaiks im Narthex der Hagia Sophia von Konstantinopel. In: Festschrift Percy Ernst Schramm zu seinem siebzigsten Geburtstag von Schülern und Freunden zugeeignet, Wiesbaden 1964, 27–35.

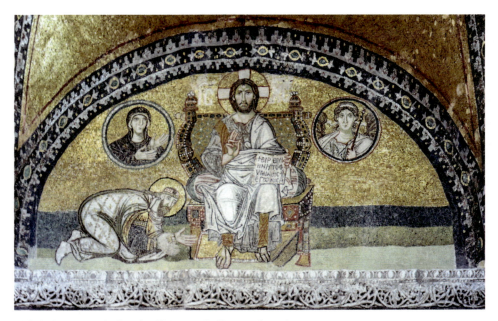

*Abb. 2: Das Mosaik über der Kaisertür in Konstantinopel*

widmet.³ Bei der Interpretation des Mosaiks, das erst 1932 endgültig freigelegt werden konnte,⁴ kristallisierten sich zwei Argumentationslinien heraus: Auf der einen Seite wird konkret nach einem Kaiser, der sich in christlicher Demut übte, bzw. nach einem Auftraggeber gesucht,⁵ auf der anderen Seite wird die Verkör-

---

3   Die Vorlesung „Ius divinum. Aspekte und Perspektiven einer byzantinischen Zweigewaltenlehre" fand am 20. Februar 1965 statt und erschien postum: Joachim Scharf, Ius Divinum. Aspekte und Perspektiven einer byzantinischen Zweigewaltentheorie. In: Peter Wirth (Hrsg.): Polychronion. Festschrift Fr. Dölger zum 75. Geburtstag. Heidelberg 1966, 462–479.

4   Thomas Whittemore, The Mosaics of St. Sophia at Istanbul, Preliminary Report on the First Year's Work, 1931–1932: The Mosaics of the Narthex. Oxford 1933. S. auch Natalia B. Teteriatnikov, The Mosaics of Hagia Sophia, Istanbul. The Fossati Restoration and the Work of the Byzantine Institute. Washington, D.C. 1998.

5   Kaiser Michael III. (842–867): Henri Gregoire, La réapparition de la Mosaïque du Narthex de St Sophie. Byzantion 8 (1933) 775; Basileios I. (976–986): Alfons Maria Schneider, Der Kaiser des Mosaikbildes über dem Haupteingang der Sophienkirche zu Konstantinopel. Oriens Christianus 3 Ser. 10 (1935) 75–79 und Joachim Scharf (wie Anm. 2); Leo VI. (886–912): Nicholas Oikonomides, Leo VI and the Narthex Mosaic of Saint Sophia. Dumbarton Oaks Papers 30 (1976) 151–172; K.A. Karabias Gribas, Τίς? ?ν τ? μωσαϊκ? τ?ς ?γίας Σοφίας ε?κονιζόμενος γονυπετ?ς Α?τοκράτωρ. ?ρθοδοξία 15 (1940) 217–226, 256–259; Andreas Schminck, „Rota tu volubilis". Kaisermacht und Patriarchenmacht in Mosaiken. In: Ludwig Burgmann – Marie Theres Fögen – Andreas Schminck (Hrsg.), Cupido legum. Frankfurt am Main 1986, 212–234 (macht sich für den Patriarchen Photios als möglichen Auftraggeber stark).

perung des Kaisertums im Allgemeinen und die Beziehung zu alttestamentlichen Königen hervorgestrichen.⁶

Die Hagia Sophia stellt nach wie vor das eindrucksvollste architektonische Zeugnis der Regierungszeit Kaiser Justinians I. (527–565) dar.⁷ Die Forschungsliteratur zur Ausstattung der einst wichtigsten Kirche des byzantinischen Reiches ist im Laufe der Jahrzehnte zwar enorm angewachsen, eine Sozialgeschichte des Bauwerkes steht aber noch aus. Die Hagia Sophia vereinigte unterschiedliche Funktionen: Sie war Versammlungsraum, Machtkulisse, Klangraum und sogar Verteidigungsbau. In der Hagia Sophia trafen patriarchale und kaiserliche Macht zusammen, hier konnte das orthodoxe Oberhaupt den weltlichen Herrscher in die Schranken weisen. Direkt an der Hagia Sophia lagen das Patriarchat (mit direktem Zugang in die Hagia Sophia) und auch der kaiserliche Palast, von dem ein eigener Weg zur Kirche führte.⁸

Dieser Kirchenbau entwickelte sich zu dem wichtigsten Symbol orthodoxer christlicher Glaubensvorstellung und wirkte weit über die Grenzen des byzantinischen Reiches hinaus identitätsstiftend. Nach der Eroberung Konstantinopels durch die Osmanen am 29. Mai 1453 wurde die Kirche in eine Moschee umgewandelt, die kostbaren Ausstattungen verschwanden und wurden erst in der Mitte des 19. Jahrhunderts wieder systematisch durch den italienischen Architekten Gaspare Fossati auf Veranlassung des Sultans Abdülmecid I. (1839–1861) freigelegt und restauriert.⁹ Nach dem Ende des osmanischen Reiches und der Errichtung der türkischen Republik wurde die Moschee in das Ayasofya Müzesi umgewandelt (1934).

Leider konnte Joachim Scharf seine Untersuchungen zu Kaiser- und Patriarchenmacht nicht fortführen, da er auf einer Exkursion nach Trier acht Wochen nach seinem eingangs genannten Vortrag plötzlich verstarb.¹⁰

---

[6] Lutz Rickelt beschäftigt sich in seiner Dissertation ausführlich mit diesem Bildwerk („Herrscherbuße in Byzanz").

[7] Ahmet Ertuğ – Cyril Mango, Hagia Sophia. A Vision for Empires. İstanbul 1997; zuletzt Georgios Makris, „Byzanz – Konstantinopel – Istanbul" (in Druck).

[8] Gilbert Dagron, Emperor and Priest. The Imperial Office in Byzantium (Past and Present Publications). Cambridge 2003.

[9] Die Hagia Sophia. Nach dem Tafelwerk von 1852. Caspare Fossati. Erl. und mit einem Nachw. von Urs Peschlow (Die bibliophilen Taschenbücher 187). Dortmund 1980; Volker Hoffmann (Hrsg.), Die Hagia Sophia in Istanbul. Bilder aus sechs Jahrhunderten und Gaspare Fossatis Restaurierung der Jahre 1847–49. Katalog der Ausstellung im Bernischen Historischen Museum, 12. Mai bis 11. Juli 1999 und im Winckelmann-Museum Stendal, 24. Juli bis 26. September 1999/Universität Bern, Institut für Kunstgeschichte, Abteilung für Architekturgeschichte und Denkmalpflege. Bern 1999.

[10] Nachruf von Ursula Victoria Bosch, Byzantinische Zeitschrift 58/59 (1965) 515–516. Scharf hatte sich davor mit dem Patriarchen Photios und seinem Wirken bei der Gesetzessammlung der Makedonenkaiser, insbesondere der Gestaltung der Einleitung, beschäftigt, s. Joachim Scharf,

Im Folgenden sollen die Forschungsfelder des Münsteraner Instituts hinsichtlich des byzantinischen Reich, welches sich zu einem Gutteil auf dem heutigen türkischen Staatsgebiet befunden hat, vorgeführt werden.

## 1. Forschungsfeld „Kirchliche und kaiserliche Macht in Byzanz"

Seit dem Jahre 2009 laufen im Rahmen des Exzellenzclusters „Religion und Politik in den Kulturen der Vormoderne" auch byzantinistische Teilprojekte.[11] Es geht dabei um das Verhältnis zwischen weltlicher und geistlicher Macht im byzantinischen Reich, Fragen, die sich an die Forschungsarbeit von Joachim Scharf anknüpfen lassen. Die byzantinischen Geschichtsdarstellungen sind meist auf kaiserliches Handeln fokussiert, während die geistlichen Einflussmöglichkeiten, insbesondere durch das Patriarchat (von Konstantinopel) eher am Rande behandelt werden. Anders als im lateinischen Westen des Frühmittelalters war im oströmischen Reich von Beginn an das Kaisertum (durch Konstantin I.) auch für kirchliche Belange verantwortlich und trat als Beschützer der Orthodoxie auf.[12] Der byzantinische Kaiser wählte den Patriarchen aus und hatte bei den Konzilen das letzte Wort. Der byzantinische Patriarch und der Kaiser – also weltliche und geistliche Machtkonzentration – standen räumlich in engem Kontakt. Der Umgang zwischen diesen beiden Polen reichte von hochoffiziellen, inszenierten Begegnungen und gemeinsamen Auftritten bis hin zu informellem Nachrichtenaustausch und geheimer Kommunikation, aber auch gewalttätigen Auseinandersetzungen.[13] Der Patri-

---

Photios und die Epanagoge. Byzantinische Zeitschrift 49 (1956) 385–400, ders., Quellenstudien zum Prooimion der Epanagoge. Byzantinische Zeitschrift 52 (1959) 68–81. Anlässlich des 50jährigen Bestehens bzw. des 50. Todestages von Scharf wurde vom 14.–16. Januar 2015 in Münster eine Tagung unter dem Titel „Figurationen von Macht im byzantinischen Mittelalter" veranstaltet. Die Akten befinden sich in Druckvorbereitung.

[11] Siehe die Projektbeschreibungen unter (B11) Kaiser und Patriarch in Byzanz – eine spannungsreiche Beziehung ›http://www.uni-muenster.de/Religion-und-Politik/forschung/projekte/b11.html sowie http://www.uni-muenster.de/Religion-und-Politik/forschung/projekte/b2-11.html‹.

[12] Zu den Konstantinsjubiläen der letzten Jahre erschienen zahlreiche Publikationen: Alexander Demandt – Josef Engemann (Hrsg.), Konstantin der Große. Ausstellungskatalog = Imperator Caesar Flavius Constantinus. Trier – Mainz 2007; Klaus Martin Girardet, Der Kaiser und sein Gott. Das Christentum im Denken und in der Religionspolitik Konstantins des Großen (Millennium-Studien 27). Berlin – New York 2010; Martin Wallraff, Sonnenkönig der Spätantike. Die Religionspolitik Konstantins des Großen. Freiburg – Wien 2013, vgl. auch Konstantins Nachwirken im oströmischen Kaiserreich. In: Michael Grünbart (Hrsg.), Gold und Blei – Byzantinische Kostbarkeiten aus dem Münsterland. Ausstellung im Ikonen-Museum Recklinghausen, 23. Juni 2012–21. Oktober 2012 und im Archäologischen Museum der Westfälischen Wilhelms-Universität Münster, 7. September 2013–12. Januar 2014. Wien 2012, 33–41.

[13] Martin M. Vučetić, Eskalierende Konflikte. Gewalt byzantinischer Kaiser gegen konstantinopolitanische Patriarchen im achten Jahrhundert. In: Michael Grünbart – Lutz Rickelt – Martin

arch erlangte in einigen Bereichen zwar autoritative Stellung, er konnte den Kaiser aber nur in wenigen Fällen in Bedrängnis bringen.[14] Insbesondere bei moralischen Vergehen bzw. dem Kirchenrecht widersprechenden Handlungen konnte der weltliche Herrscher in Schwierigkeiten kommen, in der spätbyzantinischen Zeit (nach 1261) belasteten zunehmend auch religionspolitische Auseinandersetzungen das Verhältnis. Die Bühne für diese Interaktionen war die bevölkerungsreiche Hauptstadt Konstantinopel mit großen administrativen Einheiten, die das kirchliche und imperiale System stützten. Eine aus dem Projekt entwickelte Tagung unter dem Titel „Zwei Sonnen am Goldenen Horn" beleuchtete Macht und Ohnmacht des Patriarchen von Konstantinopel.[15]

Ein wichtiger Aspekt im kaiserlichen Machtverständnis war die Buße des Herrschers. Lutz Rickelt untersucht in seiner Dissertation Demut, Reue und Buße exkommunizierter byzantinischer Kaiser. Dabei behandelt er Herrscher, die öffentlich Demut zeigten, Reue demonstrierten und Buße taten. Besonders Wert gelegt wird dabei auf performative Aspekte dieses Handelns, wobei insbesondere symbolische Kommunikationsmuster untersucht werden. Hierbei konnte der Patriarch kraft seiner Binde- und Lösegewalt über die Person des Kaisers konkret auf den Träger des Kaisertums einwirken.

Mit den Begegnungen zwischen byzantinischen Kaisern und ausländischen Herrschern beschäftigte sich Martin Vučetić.[16]

---

M. Vučetić (Hrsg.), Zwei Sonnen am Goldenen Horn? Kaiserliche und patriarchale Macht im byzantinischen Mittelalter. Akten der internationalen Tagung vom 3. bis 5. November 2010. I (Byzantinistische Studien und Texte 3). Berlin 2011, 177–208.

[14] Lutz Rickelt, Die Exkommunikation Michaels VIII. Palaiologos durch den Patriarchen Arsenios. In: Michael Grünbart – Lutz Rickelt – Martin M. Vučetić (Hrsg.), Zwei Sonnen am Goldenen Horn? Kaiserliche und patriarchale Macht im byzantinischen Mittelalter. Akten der internationalen Tagung vom 3. bis 5. November 2010. I (Byzantinistische Studien und Texte 3). Berlin 2011, 97–125; Michael Grünbart, Das Züngel in an der Waage? Zur politischen Funktion des Patriarchen in Byzanz: Der Fall des Theodosios Boradiotes. In: Michael Grünbart – Lutz Rickelt – Martin M. Vučetić (Hrsg.), Zwei Sonnen am Goldenen Horn? Kaiserliche und patriarchale Macht im byzantinischen Mittelalter. Akten der internationalen Tagung vom 3. bis 5. November 2010. Volume I (Byzantinistische Studien und Texte 3). Berlin 2011, 15–29 sowie ders., Aspekte der politischen Verflechtung des Patriarchen in der mittelbyzantinischen Zeit. 283–300. Çáîðíèê ðàäîâà Âèçàíòîëîøêîã èíñòèòóòà L/Recueil des travaux de l'Institut d'études byzantines 50 (2013) 283–300.

[15] Michael Grünbart – Lutz Rickelt – Martin M. Vučetić (Hrsg.), Zwei Sonnen am Goldenen Horn? Kaiserliche und patriarchale Macht im byzantinischen Mittelalter. Akten der internationalen Tagung vom 3. bis 5. November 2010. Volume I–II (Byzantinistische Studien und Texte 3–4). Berlin 2011–2013.

[16] Martin Marko Vučetić, Zusammenkünfte byzantinischer Kaiser mit fremden Herrschern (395–1204) Vorbereitung, Gestaltung, Funktionen (Byzantinistische Studien und Texte 8). Berlin (in Druck).

## 2. Forschungsfeld „Texteditionen"

Am Münsteraner Institut wird auch Grundlagenforschung betrieben: Zum einen werden Texte aus byzantinischer Zeit ediert und kommentiert, zum anderen werden im Archäologischen Museum der Universität Münster aufbewahrte Objekte aus dem byzantinisch geprägten Kulturraum wissenschaftlich bearbeitet.

Dr. Luigi D'Amelia untersuchte im Rahmen eines einjährigen Stipendiums der Fritz Thyssenstiftung die Lobrede auf den Hl. Baras (Laudatio s. Barae' [BHG 212], einem weniger bekannten heiligen Mönch aus Ägypten (5./6. Jh.), welcher aber in Konstantinopel verehrt wurde. Er gilt als der legendäre Gründer des Petra-Klosters bzw. des Klosters des Johannes des Täufers im Petra-Viertel von Konstantinopel.[17] An seinem Feiertag (16. Mai) dürfte eine Lobrede auf ihn regelmäßig vor der versammelten Gemeinde vorgetragen worden sein. Der Text ist in einer einzigen Handschrift auf Lesbos erhalten (Μον? το? Λειμ?νος 43, Papierkodex, zwischen dem 12. und 13. Jahrhundert kopiert). Die Autorschaft konnte mit ziemlicher Sicherheit Ioannes Mauropous, einem der wichtigsten Gelehrten des 11. Jahrhunderts, zugewiesen werden.[18] Die Lobrede wird neu ediert samt italienischer Übersetzung und Kommentar erscheinen.[19]

Ebenfalls dem liturgischen Bereich zuzuordnen sind Hymnen. Zu den wichtigsten Verfassern zählt Ioseph Hymnographos, der von etwa 816 bis 886 lebte.[20] Er komponierte neben Kontakien, Trioden, Tetraoden und Stichera auch Kanones (aus 9 Oden bestehend). 525 Kanones sind aus seiner Feder erhalten geblieben, von denen weniger als 50% ediert sind. 333 Heilige feierte der Dichter, dazu kommen Kanones auf die Herrenfeste und Marienfeiertage. Eine Spezialität des Dichters ist, dass er die letzte Ode eines Kanons durch eine *Akrostichis,* die aus

---

[17] Vassilios Kidonopoulos, Bauten in Konstantinopel 1204–1328. Verfall und Zerstörung, Restaurierung, Umbau und Neubau von Profan- und Sakralbauten (Mainzer Veröffentlichungen zur Byzantinistik 1). Wiesbaden 1994, 45–49; Raymond Janin, La géographie ecclésiastique de l'empire byzantin, Bd. 1: Le siège de Constantinople et le patriarchat oecumenique, Bd. 3: Les églises et le monastères, Paris 1953, 435–443; George P. Majeska, Russian Travelers to Constantinople in the Fourteenth and Fifteenth Centuries (Dumbarton Oaks Studies 19). Washington D.C. 1984, 339–345; Élisabeth Malamut, Le monastère Saint–Jean–Prodrome de Pétra de Costantinople, in: Michel Kaplan (Hrsg), Le sacré et son inscription dans l'espace à Byzance et en Occident. Études comparées (Byzantina Sorbonensia 18). Paris 2001, 219–233, bes. 219–225.

[18] Apostolos Karpozilos, The Biography of Ioannes Mauropous Again. ?λληνικά 44 (1994) 51–60.

[19] S. auch Luigi D'Amelia, Das Leben des hl. Baras (BHG 212): literarische Verfahren im Dienste eines mächtigen Klosters? (in Druck).

[20] Eutychios I. Tomadakes, ?ως?φ? ?μνογράφος. Βίος κα? ?ργον (Σειρ? διατριβ?ν κα? μελετημάτων 11). Athen 1971; Apostolos Spanos, Codex Lesbiacus Leimonos 11. Annotated critical edition of an unpublished Byzantine Menaion for June (Byzantinisches Archiv 23). Berlin – New York 2010, bes. 77–81.

den Buchstaben seines Namens bestand, kennzeichnete.[21] Damit fügt er sich in die Tradition der Kennzeichnung eigener Werke durch eine Sphragis (berühmtester Vertreter des 6. Jh. ist Romanos Melodos). Im Rahmen ihrer Dissertation gab Paraskeue Toma die Kanones auf die Hl. Thomas, Demetrios, den Erzengel Michael, den Erzmärtyrer Stephanos, den Kirchenvater Johannes Chrysostomos, die 40 Märtyrer von Sebaste, die Hl. Christophoros und Pantaleon heraus.[22]

Die Werke von Joseph Hymnographos und Johannes Mauropous tragen zur Rekonstruktion des liturgischen Raumes Konstantinopels bei („Hierotopy").[23]

Briefe stellen auch im byzantinischen Reich eine wichtige Quelle zur Rekonstruktion von Kommunikationswegen und Alltagsgeschichte dar.[24] Auch der Archeget der Münsteraner Byzantinistik widmete sich kurz dieser Textgattung.[25]

Eine bislang nur zu einem geringen Teil ausgewertete Sammlung ist in einer rumänischen Handschrift überliefert (Bukarest, Acad. Rum. Gr. 508). Die etwa 170 Briefe stammen aus der Feder eines Mönchs Hierotheos, welcher im letzten Drittel des 12. Jahrhunderts im Hinterland Konstantinopels wirkte.[26] In den Briefen erfährt man viel zum mönchischen Alltag in der Umgebung der byzantinischen Hauptstadt; der Briefschreiber hielt sich wahrscheinlich in der Gegend des modernen Ortes Sariyer, einem Vorort İstanbuls, auf.[27]

## 3. Forschungsfeld „Materielle Zeugnisse"

Das Archäologische Museum der Universität Münster besitzt eine umfangreiche Münzsammlung, unter denen sich auch byzantinische Gepräge befinden. Besonders die Goldmünzen spiegeln Machtvorstellungen und Einfluss des oströmi-

---

[21] Wilhelm Weyh, Die Akrostichis in der byzantinischen Kanonesdichtung. Byzantinische Zeitschrift 17 (1907) 1–69.
[22] Paraskeue Toma, Joseph the Hymnographer Kanones on Saints According to the Eight Modes. Diss. Münster 2016.
[23] Dieser Begriff wird besonders von einer russischen Forschergruppe verwendet, siehe Alexei Lidov (Hrsg.), Hierotopy: The Creation of Sacred Spaces in Byzantium and Medieval Russia. Moskau 2006.
[24] Siehe zum überlieferten Bestand (von etwa 16000 literarischen Briefen) Michael Grünbart, Epistularum Byzantinarum Initia (Alpha – Omega 224). Hildesheim – New York 2001; eine erweiterte und überarbeitete Fassung erscheint unter dem Titel „Epistularum Graecarum Initia, usque ad annum MD".
[25] Joachim Scharf, Neues zu Prodromos. Zeitschrift der Deutschen Morgenländischen Gesellschaft 111 = N.F. 36 (1961) 391–392.
[26] Michael Grünbart, Nachrichten aus dem Hinterland Konstantinopels: Die Briefsammlung des Mönchs Hierotheos (12. Jahrhundert). Byzantinische Zeitschrift 100 (2007) 57–70.
[27] Michael Grünbart, Nonnen bitten um kaiserliche Hilfe gegen den Zahn der Zeit (Hierotheos ep. 157). Exemplon. Studi in onore di Irmgard Hutter = Nea Rhome 6 (2009) 389–392; ders., Exploring the Hinterland: The Letter Collection of Hierotheos the Monk (Twelfth Century) (in Druck).

schen Herrschers wider. Im Rahmen eines Projektes zusammen mit dem Ikonen-Museum Recklinghausen wurden die Münzen ediert und teilweise im Rahmen von Ausstellungen in Recklinghausen und Münster präsentiert.[28] Verbunden war dieses Vorhaben mit einer Bearbeitung der byzantinischen Münzbestände in westfälischen Sammlungen, welche von Alena Tenchova im Rahmen eines Stipendiums der Heinrich-Hertz-Stiftung durchgeführt wurde. Ziel war die Erfassung und wissenschaftliche Beschreibung der etwa 1200 byzantinischen Münzen vom 4. bis zum 15. Jahrhundert.[29] Unter den Münzen des LWL-Landesmuseums stammen zahlreiche Exemplare aus dem syrischen Raum.[30] Darüber hinaus geht es um die unterschiedliche Bewertung und Verwendung von oströmischem Geld in den frühmittelalterlichen Jahrhunderten: War das Geld zunächst noch Zahlungsmittel, wurde es später zu einem Wertgegenstand, der getragen wurde und den man aus diesem Grund auch als Grabbeigabe findet.[31]

Neben Münzen erlauben auch Siegel und Stempel aussagekräftige Zeugnisse zum byzantinischen Handels- und Wirtschaftssystem.[32] Im Rahmen eines Projektes zur byzantinischen Stempelkunde werden alle erhalten gebliebenen Metallstempel gesammelt, wissenschaftlich bearbeitet und in einem Corpus vorgestellt (*Signacula Byzantina ex Aere*).[33] Diese Artefakte stellen eine bisher vernachlässig-

---

[28] Michael Grünbart (Hrsg.), Gold und Blei. Byzantinische Kostbarkeiten aus dem Münsterland. Ausstellung im Ikonen-Museum Recklinghausen, 23. Juni 2012–21. Oktober 2012 und im Archäologischen Museum der Westfälischen Wilhelms-Universität Münster, 7. September 2013–12. Januar 2014. Wien 2012, darin bes. Alena Tenchova, Byzantinische Münzen, 150–170.

[29] Alena Tenchova bereitet einen Katalog der Münzen vor („Byzantinische Münzen in Westfalen").

[30] Siehe Alena Tenchova, „Arabisch-byzantinische" Münzen aus dem LWL Museum für Kunst und Kultur in Münster. In: Michael Grünbart (Hrsg.), Verflechtungen zwischen Byzanz und dem Orient. Beiträge aus der Sektion „Byzantinistik" im Rahmen des 32. Deutschen Orientalistentages in Münster (23.–27. September 2013) (Byzantinistische Studien und Texte 8). Berlin 2016 (im Druck).

[31] Alena Tenchova-Janzik, Verbreitung und Verwendung byzantinischer Münzen in Westfalen-Lippe. Haller Münzblätter. Nachrichten der Tiroler numismatischen Gesellschaft in Hall in Tirol 8 (2015) (=Beiträge zum 6. Österreichischen Numismatikertag Hall in Tirol, 14.–16. Mai 2014) 129–136. Vgl. Michael Odenweller, Goldmünze und Goldblattkreuz. Die Obolus-Beigabe in frühmittelalterlichen Bestattungen als Zeugnis der Christianisierung Frühmittelalterliche *Studien* 48 (2014) 121–154.

[32] Michael Grünbart – Susanne Lochner-Metaxas: Stempel(n) in Byzanz. In: Wiener Byzantinistik und Neogräzistik. Herausgegeben von Wolfram Hörandner, Johannes Koder und Maria A. Stassinopoulou (Byzantina et Neograeca Vindobonensia 24). Wien 2004, 177–189.

[33] Vorarbeiten: Michael Grünbart, Byzantine Metal Stamps in a North American Private Collection. Dumbarton Oaks Papers 60 (2006) [2007] 13–24; ders., Die byzantinischen Metallstempel im British Museum. Mitteilungen zur christlichen Archäologie und byzantinischen Kunstgeschichte 6 (2009) 171–179 (mit 6 Tafeln). Abgeschlossen ist die Bearbeitung der Stempel für „Spätantike und Byzanz. Bestandskatalog Badisches Landesmuseum Karlsruhe I. Objekte aus Bein, Elfenbein, Glas, Keramik, Metall und Stein".

te Quelle zur Rekonstruktion der Organisation des Warenaustausches und möglicherweise auch des Steuerwesens dar. Man findet auf den *signacula* Eigennamen, Berufsbezeichnungen, Segenswünsche und manchmal auch Angaben zum Verwendungszweck.[34]

Die Münsteraner Byzantinistik nimmt in ihren Forschungen hauptsächlich auf Konstantinopel, das Zentrum des byzantinischen Reiches, und seine Verflechtungen mit dem Hinterland Bezug. Dies ist vor allem der Quellenlage und den Forschungsfragen geschuldet.[35] Der Schwerpunkt liegt in der Erschließung von Primärquellen sowie in kultur- und herrschaftsgeschichtlichen Fragestellungen und trägt zum Verständnis der griechischen mittelalterlichen Kultur bei.[36]

---

[34] Michael Grünbart, Verbreitung und Funktion byzantinischer Metallstempel. In: Claudia Ludwig (Hrsg.), Siegel und Siegler. Akten des 8. Internationalen Symposions für byzantinische Sigillographie (Berliner Byzantinistische Studien 7). Frankfurt am Main 2005, 95–104 (Abb. 200–202).

[35] Für die Bereitstellung der Ergebnisse wurde eine neue Reihe unter dem Titel „Byzantinistische Studien und Texte" initiiert, siehe ›http://www.lit-verlag.de/reihe/bst‹.

[35] Das seit dem Sommer 2015 laufende Projekt im Rahmen des Sonderforschungsbereiches 1150 „Kulturen des Entscheidens" verknüpft beide Forschungsansätze; „Die Rolle des Übernatürlichen in Prozessen herrschaftlichen Entscheidens in Byzanz zwischen dem 6. und 12. Jahrhundert" (›https://www.uni-muenster.de/SFB1150/projektbereiche/projektbereichc/teilbereichc02.html›).

# Corpus Musicae Ottomanicae (CMO)
# Das DFG-Langfristvorhaben zur kritischen Edition handschriftlicher Quellen der osmanischen Kunstmusik aus dem 19. Jahrhundert in Münster

Ralf M. Jäger

## 1. Vorüberlegungen

Unter den traditionellen Musikkulturen des Vorderen Orients ist die osmanische die einzige, deren musikpraktisches Repertoire seit dem 17. Jahrhundert in schriftlichen Quellen überliefert ist, die nicht primär der musiktheoretischen Darstellung dienen. Das bislang nur punktuell erforschte Material umfasst Musikmanuskripte in mehreren Notationsformen, die seit etwa 1640 vorliegen, sowie Musikdrucke des 19. und 20. Jahrhunderts. Die Quellen repräsentieren in zunehmender Überlieferungsdichte das höfische und urbane Kunstmusikrepertoire primär İstanbuls, das auch für die Musikpflege in den Handels- und Verwaltungszentren der Provinzen des Osmanischen Reichs von Bedeutung war, in seinem synchronen Variantenreichtum sowie in seiner historischen Entwicklung.

## 2. Zur musikalischen Schriftlichkeit im Osmanischen Reich

### 2.1. Ein historischer Überblick[1]

Erstmals entstand eine Aufzeichnung des osmanischen höfischen Repertoires um die Mitte des 17. Jahrhunderts mit den Sammelhandschriften des gebürtigen Polen Ali Ufûkî [Albert Bobovski] (um 1610–57).[2] Diese Sammlungen verwenden eine von rechts nach links geschriebene Variante der europäischen Notation

---

[1] Einen detaillierteren Überblick mit Erläuterungen der bedeutendsten Notationsverfahren liefert Ralf Martin Jäger, *Osmanische Notationsformen*, in: *Die Musik in Geschichte und Gegenwart. Allgemeine Enzyklopädie der Musik.* 2., neubearbeitete Ausgabe, hrsg. von Ludwig Finscher, Kassel 1997, Sachteil 7, Sp. 386–397. Nachdruck in: Andreas Jaschinski (Hrsg.), *Notation* (=*MGG Prisma*), Kassel etc. 2001, S. 229–243.

[2] Die Manuskripte befinden sich heute in der Pariser *Bibliothèque nationale*, Signatur Turc 292, und der Londoner *British Library*, Signatur Sloane 3114. Eine kommentierte kritische Edition der Pariser Handschrift, die erstmalig die komplexen Kontexte miteinbezieht, ist von Dr. Judith I. Haug am Institut für Musikwissenschaft der Westfälischen Wilhelms-Universität Münster durchgeführt worden. Die Forschungen wurden gefördert durch die Deutsche Forschungsgemeinschaft (DFG).

und stehen weder notationstechnisch noch geistesgeschichtlich in der osmanisch-vorderorientalischen Tradition. Erst mit der um 1710 von Kantemiroğlu [Dimitrie Cantemir] (1673–1723; Woiwode der Moldau 1710–12) im ersten Teil des *Kitābu ʿIlmiʾl-Mūsīķī ʿalā vechiʾl-I Ḥurūfāt* entwickelten Buchstabennotation lag ein Aufzeichnungsverfahren vor, das konzeptionell auf den funktionalen Parametern der in Verlauf des 17. Jahrhunderts etablierten onomatopoetischen *usul*-Notation zur Fixierung rhythmischer Zyklen aufbaut.[3] Das Notationsverfahren diente nicht nur Cantemir selbst zur Anfertigung einer Sammlung von etwa 340 Instrumentalstücken, sondern wurde im Verlauf des 18. Jh. auch von dem türkischen Musiker Nâyî Mustafa Kevserî Efendi (gestorben um 1770) verwendet. Eine Sonderstellung nimmt daneben die von Abdülbakî Nâsır Dede (1765–1821) im späten 18. Jahrhundert entwickelte Variante einer *ebced*-Notation ein, mit der er in den Jahren 1794/95 im Auftrag Sultan Selîms III. eine Sammlung von Kompositionen für dessen Bibliothek aufzeichnete.[4] Nicht die Notation dieses Mevlevî, sondern die funktionalen Parameter der Notenschrift Kantemiroğlus finden sich in ähnlicher Form zu Beginn des 19. Jahrhunderts als möglicher konzeptioneller Ausgangspunkt für die Entwicklung eines in vielerlei Hinsicht besser geeigneten Aufzeichnungsverfahrens durch eine Gruppe armenischer Musiker um Hamparsum Limonciyan (1768–1839). Mit der ab etwa 1812 zur Verfügung stehenden *hamparsum* (arm. *hamtartsum*)-Notation lag erstmals ein den Vorgaben und Anforderungen der osmanischen Kunstmusik mit ihrem *makam*-, besonders aber ihrem *usul*-System angemessen entsprechendes Notationsverfahren vor, das für nahezu ein Jahrhundert zahlreichen osmanischen Musikern zur Repertoireaufzeichnung diente.

Ab den 1830er Jahren wurde neben der *hamparsum-notası* die von Giuseppe Donizetti (1788–1856) eingeführte europäische Notenschrift zunehmend verwendet, die sukzessive die Notation Hamparsums verdrängte.[5]

Neben dem europäischen und den in einer charakteristisch osmanisch-türkischen Tradition stehenden Notationsverfahren stand den Musikern im osmanischen Reich mit der postbyzantinischen Neumenschrift, wie sie im 18. Jahrhundert von griechischen Musikern wie etwa Petros Peloponissios [türk. Hırsız Petro, Tanbûrî Petros] (+1777) auch zur Aufzeichnung des osmanisch-weltlichen Repertoires verwendet wurde, eine weitere, funktional fundamental andersartige Noten-

---

[3] *Kitābu ʿIlmiʾl-Mūsīķī ʿalā vechiʾl-I Ḥurūfāt*, İstanbul um 1700, Autograph in der Türkiyat Enstitüsü Kütüphanesi (İstanbul), Signatur *Arel Kütüphanesi* Nr. 2768.

[4] Abdülbakî Nâsır Dede: Tahrîriye. Ms. *Nafiz Paşa 1242*, Süleymaniye Kütüphanesi, İstanbul. Eine Edition wurde vorgelegt von Recep Uslu und Nilgün Doğrusöz Dişiaçık, *Abdülbaki Nasır Dede'nin Müzik Yazısı „Tahrîriye"*, İstanbul 2009.

[5] Zur Geschichte westlicher Notation im Osmansichen Reich vgl. z.B. Rûhî Ayangil, *Western Notation in Turkish Music*, in: *Journal of the Royal Asiatic Society of Great Britain & Ireland* 18/4, 2008, S. 401–447.

schrift zur Verfügung.⁶ In der Nachfolge der griechischen Manuskripte erschienen in der osmanischen Metropole ab 1830 Notendrucke, die von konstantinopolitanischen Griechen in der von Chrysanthos Karamalis von Madytos (1770–1846) ab 1821 reformierten Neumenschrift herausgegeben wurden.⁷

Von den insgesamt zahlreichen musikpraktischen Quellen sind bislang die Notate aus Kantemiroğlus *Kitābu 'İlmi'l-Mūsīḳī 'alā vechi'l-I Ḥurūfāt* vollständig in zwei Publikationen mit wissenschaftlichen Anspruch erschienen.⁸ Die Londoner Handschrift Ali Ufûkîs ist in einer ersten Edition 2003 von M. Hakan Cevher herausgegeben worden.⁹ Eine Teiledition des Pariser Manuskripts hat Cem Behar 2008 vorgelegt¹⁰; eine kritische, modernen wissenschaftlichen Standards entsprechende Edition dieses äußerst spannenden Konvoluts hat aktuell Dr. Judith I. Haug in einem von der DFG geförderten Vorhaben in Münster abgeschlossen. Ebenfalls fertiggestellt hat Mehmet Uğur Ekinci in Ankara die Herausgabe des Kevserî-Manuskripts.¹¹ Die bereits vorliegenden oder derzeit entstehenden Editionen erschließen punktuell das musikhistorisch bedeutsame höfische und urbane Instrumentalrepertoire aus der Zeit zwischen etwa 1620 und 1750; ledig Ali Ufûkî und Abdülbakî Nâsır Dede überliefern auch einige vokale Werke.

## 2.2. Zur Entstehung einer musikalischen Überlieferungskultur im 19. Jahrhundert: Die Handschriften in *hamparsum-notası*, ihre Transnotation und kritische Edition

Die zentralen und in ihrer Relevanz für die Kenntnis osmanischer Kunstmusik und ihres Wandels kaum zu überschätzenden Quellen liegen vor in den Musikmanuskripten, die ab 1812 in der Notenschrift des Hamparsum Limonciyan entstanden

---

[6] Zu den griechischen Notenhandschriften vgl. u. a. Kyriakos Kalaitzidis, *Post-Byzantine Music Manuscripts as a Source for Oriental Secular Music (15th to early 19th Century)* (=*Istanbuler Texte und Studien* 28), Würzburg 2010.

[7] Einen Überblick zu den in griechischen Notendrucken des 19. Jahrhunderts herausgegebenen Werken aus dem Bereich der osmanischen Kunstmusik liefert Murat Bardakçı, *Fener Beyleri'ne Türk Şarkıları*, Istanbul 1993.

[8] Owen Wright, *Demetrius Cantemir. The Collection of Notations*. Part 1: Text (=*SOAS Musicology Series* 1), London 1992, und Dimitrie Cantemirs, *Kantemiroğlu. Kitābu 'İlmi'l-Mūsīḳī 'alā vechi'l-I Ḥurūfāt*, 2 Bde., Istanbul 2001. Teileditionen bei Eugenia Popescu-Judetz, *Dimitrie Cantemir – Cartea ştiinţei muzicii*, Bukarest 1973.

[9] M. Hakan Cevher (Hrsg.), *Ali Ufkî. Hâzâ Mecmûa-I Sâz ü Söz*, İzmir 2003.

[10] Cem Behar, *Saklı Mecmua. Ali Ufkî'nin Bibliothèque Nationale de France'taki [Turc 292] Yazması*, İstanbul 2008.

[11] Vgl. Mehmet Uğur Ekinci, *The Kevserî Mecmûası Unveiled: Exploring an Eighteenth-Century Collection of Ottoman Music*, in: *Journal of the Royal Asiatic Society* 22, S. 199–225. Die kommentierte Edition des Manuskripts hat Mehmet Uğur Ekinci 2016 unter dem Titel *Kevseri Mecmuası / 18. Yüzyıl Saz Müziği Külliyatı* bei Pan in Istanbul herausgegeben.

sind. Die Handschriften überliefern zunächst ausschließlich Instrumentalmusik, erst zwischen etwa 1830 und 1850 beginnt auch die Aufzeichnung vokaler Werke. Keine der Quellen ist bislang hinreichend kritisch ediert worden,[12] wenngleich bereits Rauf Yekta, Ali Rıfat Çağatay und Ahmed Irsoy, die Herausgeber der ersten und bis heute richtungweisenden Klassikerausgabe *Türk Musikisi Klasikleri* am İstanbuler *Darü'l-Elhân* (Haus der Musik), als Vorlagen neben anderem auch *hamparsum-notası*-Handschriften aus dem 19. Jahrhundert verwendeten.

Im ehemaligen Archiv des Konservatoriums der Universität Istanbul, das sich heute in der *Nadir Eserler Kütüphanesi* der İstanbul Üniversitesi befindet, hat sich ein Bestand erhalten, der ursprünglich zur Sammlung des *Darü'l-Elhân* bzw. dessen Nachfolgeinstitution *İstanbul Belediye Konservatuvarı* gehörte.[13] Diese Manuskripte kommen grundsätzlich als Quellen für die *Türk Musikisi Klasikleri* in Frage, und bei einigen Notaten lassen sich tatsächlich signifikante Übereinstimmungen zwischen Manuskript und Druck nachweisen.[14] Zwar sind die Editionen des *Darü'l-Elhân* in vielerlei Hinsicht, so etwa durch die konsequente Beigabe der rhythmischen Zyklen *usul* und die ebenfalls beigedruckten Erläuterungen zur notationstechnischem Umsetzung des zugrunde gelegten Tonsystems, sehr präzise und entsprechen den Vorgaben der osmanischen Kunstmusik exzellent. Doch erweisen sich die Notate zugleich als nicht getreu an den ihnen zugrundeliegenden Quellen orientiert, sondern als Kompilationen verschiedener handschriftlicher Vorlagen, die darüber hinaus noch von den Herausgebern bearbeitet wurden. Nicht die musikphilologisch-quellenkritische Herausgabe historischer Quellen, sondern die Edition der aus Sicht der Herausgeber besten Fassung stand im Vordergrund.

Das Vorgehen des Gremiums um Rauf Yekta beruht auf einem traditionellen Werkbegriff, nach dem eine Komposition keine abgeschlossene Einzelleis-

---

[12] Seit 1988 sind an der İstanbul Teknik Üniversitesi die fünf folgend genannten, sich mit *hamparsum*-Notation befassenden, unveröffentlichten Abschlussarbeiten entstanden, die teils Editionen enthalten, die allerdings nach neuesten Maßstäben inhaltlich wie methodisch unzureichend und zudem uneinheitlich sind: Nurdan Tan Sunat, *H. Saadettin Arel'in Türkiyat Enstitüsünde Bulunan Hamparsum Nota Yazılarından bir Bölümünün Günümüz Notasına Çevrimi* (1988); Gülay Karamahmutoğlu, *İstanbul Atatürk Kitaplığı'ndaki 1637 Nolu Yazma Hamparsum Nota Defteri* (1999); Z[eynep] Gonca Girgin, *Başlangıcından Günümüze Kadar Kullanılan Müzik Yazıları ve bu Yazılar İçinde Hamparsum Harp-Şekil Yazısının Yeri ve Önemi* (2002); Sevilay Yenidemirci, *Nişan Çalgıcıyan'ın Hamparsum Müzik Yazısı ile Yazılmış Defterinin Çeviriyazımı* (2005); Duygu Taşdelen, *İstanbul Arkeoloji Müzeleri Kütüphanesi'nde bulunan 1537 Nolu Hamparsum Nota Defterinin Tanıtımı* (2010).

[13] Die Sammlung ist kommentiert erschlossen in: Ralf Martin Jäger, *Katalog der hamparsumnotası-Manuskripte im Archiv des Konservatoriums der Universität İstanbul* (=Schriften zur Musikwissenschaft aus Münster 8, hrsg. von Klaus Hortschansky), Eisenach 1996.

[14] Vgl. Ralf Martin Jäger, *Probleme und Aufgaben bei der Erforschung türkischer Musik*, in: *Pan'a Armağan*, hrsg. von Işık Tabar Gençer und Ferruh Gençer, Istanbul 2006, S. 101–118, hier: S. 112–113.

tung ist, sondern in der Tradierungsgemeinschaft existiert und über die performative Interpretation stetig gewandelt wird.[15] Die Ausgaben des *Darü'l-Elhân* sind in diesem Sinn das Produkt komplexer Überlagerungen von schriftlichen Quellen und oralen Tradierungssträngen nach den wissenschaftlichen, besonders aber auch ästhetischen Prämissen der 1920er Jahre und als solche eine herausragende Zeitdokumentation. Den bereits 1972 von Kurt Reinhard formulierten Anspruch, „die Klassiker-Reihe des Städtischen Konservatoriums zu İstanbul" sei die „wichtigste Quelle" für die historische Musikforschung,[16] erfüllen die *Türk Musikisi Klasikleri* in jedem Fall nicht. Es bleiben die in den Manuskripten überlieferten und der Klassikerausgabe zugrunde gelegten Notate ungenannt, und auch der jeweilige Bearbeitungsprozess durch das Herausgebergremium ist nicht dokumentiert. Unberücksichtigt bleiben neben anderem zudem die Person des Schreibers, die Entstehungszeit und der Entstehungskontext der Quelle, deren Einbindung in Überlieferungstraditionen und die durch die Spezifika des Notationsverfahrens bedingte Notwendigkeit einer Erläuterung der jeweiligen Interpretation des zugrundeliegenden *makam*s.

Die eigentliche Qualität der handschriftlichen Quellen, Einzelvarianten von Werken als Transkriptionen aus dem jeweils aktuellen performativen Kontext bereitzustellen, damit musikhistorische, gattungs- und stilgeschichtliche oder transkulturelle Prozesse zu dokumentieren und deren Untersuchung überhaupt erst zu ermöglichen, bleibt unberücksichtigt und zählt bis heute nicht zu den Intentionen der Herausgeber von Klassikerausgaben in der Türkei und den arabischen Ländern. Die Konsequenz aus diesem Sachverhalt ist tiefgreifend, denn wissenschaftliche Untersuchungen, die auf den *Türk Musikinin Klasikleri* oder den nachfolgenden Klassikerausgaben als Quellen zur osmanischen Musikgeschichte basieren, müssen grundsätzlich revidiert werden. Ein bedeutender Teil der bislang publizierten Forschungen zur Geschichte der traditionellen Kunstmusik wäre neu zu überdenken, und es ist die Frage zu stellen, wie verbindlich das gegenwärtige Wissen über die Geschichte osmanischer Musik überhaupt sein kann. Ähnliche Konsequenzen ergeben sich für die Historische Aufführungspraxis.

### 2.3. Zur Geschichte der *hamparsum-notası* und ihrer Transnotation

Die von der Gruppe um Hamparsum Limonciyan bis 1812 entwickelte Notenschrift wurde im Verlauf ihrer im osmanischen Kontext etwa hundertjährigen Ver-

---

[15] Vgl. ders., *Concepts of Western and Ottoman Music History*, in: *Writing the History of Ottoman Music* (=*Istanbuler Texte und Studien* 33, hrsg. vom Orient-Institut Istanbul), hrsg. von Martin Greve, Würzburg 2015, S. 33–50.

[16] Kurt Reinhard, *Grundlagen und Ergebnisse der Erforschung türkischer Musik*, in: *Acta musicologica* XLIV, hrsg. von Hellmut Federhofer, Basel 1972, S. 266–280, hier: S. 266.

wendung stetig präzisiert und verfeinert. Ihrem strukturellen Konzept entsprechend, das substantiell solche funktionalen Elemente berücksichtigt, die bereits in der Notenschrift Cantemirs ausprägt sind und dazu Parameter der westlichen Notation ergänzt, diente sie zunächst ausschließlich der Aufzeichnung von instrumentaler, ab den 1830er Jahren auch vokaler osmanischer Kunstmusik, bevor sie im Verlauf des 19. Jahrhunderts sukzessive auch im armenisch-geistlichen Umfeld eingesetzt wurde.[17] Die Kenntnis der Notenschrift Hamparsums ist jedoch auch bei gebildeten türkischen Musikern zu keiner Zeit ganz in Vergessenheit geraten.[18]

Mehrere wissenschaftliche Publikationen widmen sich der *hamparsum-notası* und ihrer Transnotation in das westliche System. Die neuere, primär auf die Umschrift der Notation gerichtete Forschung setzt in den 1970er Jahren mit einer Arbeit Heinz-Peter Seidels ein,[19] die bis heute grundlegend ist und durch die Untersuchungen von Ahmed Say,[20] Ruhi Ayangil[21] und Zeynep Gonca Girgin Tohumcu[22], die Seidel nicht zur Kenntnis nehmen, kleinere, aber nicht substantielle Erweiterungen erfahren hat.

Bereits seit Mitte der 1990er Jahre wurden mehrere Publikationen zur *hamparsum-notası* vorgelegt, die neben der reinen Transnotation der Tonhöhen- und Rhythmisierungszeichen auch den Bezug zu den rhythmischen Schlagzyklen *usul* berücksichtigen und erstmalig einen Vorrat diakritischer Zeichen entwickelt, die es ermöglichen, die emische Perspektive des Aufzeichnungsverfahrens zu an-

---

[17] Vgl. Egon Wellesz, *Aufgaben und Probleme auf dem Gebiete der byzantinischen und orientalischen Kirchenmusik*. Münster 1923 (= *Liturgiegeschichtliche Forschungen* 6), S. 87. Auch in den Beständen der beiden armenischen Patriarchate Istanbuls konnte der Verfasser bislang keine Manuskripte mit geistlichem Inhalt auffinden, die in den ersten Dezennien nach der Fertigstellung der *hamparsum-notası* geschrieben wurden. Pars Tuğlacı, *Mehterhane'den Bando'ya. Turkish Bands of Past and Present*. İstanbul 1986, S. 172, gelangt zu einer ähnlichen Einschätzung, wenn er resümiert, Hamparsum habe erfolglos versucht, seine Notenschrift in armenischen Kirchen zu lehren und es seien „the clergy disapproved of his innovations". Amédée Gastoué, *Autres Chants Liturgiques Orientaux* und *Les Notations Musicales Byzantines et Orientales*, in: *Encyclopédie de la Musique et Dictionnaire du Conservatoire*, Première Partie: *Histoire de la Musique. Antiquite – Moyen Age*, Paris 1924, S. 550–556, gibt auf S. 556 die *hamparsum-notası* mit den armenischen Bezeichnungen wieder.

[18] Erhalten ist etwa Kemânî Sâdî Işılays (1899–1969) vermutlich vor 1930 entstandene handschriftliche Transkriptionstafel zur Umschrift der *hamparsum-notası*, (Privatbesitz Ruhi Ayangil, İstanbul).

[19] Heinz-Peter Seidel, *Die Notenschrift des Hamparsum Limonciyan. Ein Schlüssel*, in: *Mitteilungen der Deutschen Gesellschaft für Musik des Orients* 12, 1973/74, S. 72–124.

[20] Ahmed Say, *Müzik Ansiklopedisi*, Bd. 4, Ankara 1985, S. 921–926.

[21] Ruhi Ayangil: *Western Notation in Turkish Music*, in: *Journal of the Royal Asiatic Society of Great Britain & Ireland* 18/4, 2008, S. 401–447.

[22] Zeynep Gonca Girgin Tohumcu, *Müziği Yazmak. Müzik Notasyonunun Tarih İçinde Yolculuğu*, İstanbul 2006, bes. S. 173–183.

gemessen einzubeziehen.²³ Durch die Berücksichtigung notationstechnischer Parameter, die über die Notation einer melodischen Linie hinausgehen, wird es möglich, auch frühe Stufen der Notenschrift Hamparsums zu lesen. Schon der türkische Musikforscher Suphi Ezgi hatte 1953 festgestellt, dass grundsätzlich zwei Entwicklungsstufen dieser Zeichen existieren, die er als „Zeichen Hamparsums" („Hamparsum'un işaretleri") und „Zeichen der nachfolgenden Personen" („Diğer zatın işaretleri") gegenübergestellt.²⁴ Sie weichen in mehrfacher Hinsicht voneinander ab, der signifikante Unterschied liegt jedoch in der Anzahl und im Gebrauch der Rhythmisierungszeichen, die in der ältesten Fassung des Notationsverfahrens nur punktuell verwendet werden. Erst durch die Berücksichtigung der im Konzept der Notation angelegten Ordnungskriterien und Zeichengruppierungen ist eine recht exakte Transnotation der Zeichenquantitäten möglich, auch wenn es im Einzelfall der kritischen Interpretation bedarf. In mehreren Manuskripten, die auf den „Hamparsum'un işaretleri" beruhen und heute als in Ihrem Grundbestand als autographe Handschriften Hamparsums gelten, sind aus diesem Grund von späteren Händen des 19. Jahrhunderts Rhythmisierungszeichen, nicht selten auch variierende melodische Abschnitte ergänzt worden, sodass ein Notat mehrere Varianten eines Werks umfassen kann.

## 2.4. Zu den Manuskripten in westlicher Notenschrift und ihrer Transnotation

Giuseppe Donizetti (1788–1856) wurde im September 1828 vom Reformsultan Mahmud II. (1785–1839) zum Kapellmeister der nach der Vernichtung der Janitscharen 1826 neu aufzubauenden osmanischen Militärmusik berufen.²⁵ Zugleich übernahm er die Musikausbildung am Istanbuler Hof (*Muzika-i Humâyûn*). Donizetti begann seine Tätigkeit mit der Vermittlung der westlichen Notenschrift, nachdem er sich zuvor gründlich mit der *hamparsum-notası* und ihren notationstechnischen Spezifika beschäftigt hatte. In der Folge verbreitete sich, ausgehend von der *Muzika-i Humâyûn* und von der Militärmusik, langsam die westliche Notation und vermochte nach etwa 1850 die Hamparsum-Notation sukzessive zu verdrängen. Während die Notenschrift Hamparsums bis in das 20. Jahrhundert hin-

---

[23] Zuerst in Ralf Martin Jäger, *Türkische Kunstmusik und ihre handschriftlichen Quellen aus dem 19. Jahrhundert* (=*Schriften zur Musikwissenschaft aus Münster* 7, hrsg. von Klaus Hortschansky), Eisenach 1996. Eine kommentierte Übersicht der wichtigsten notationstechnischen Parameter und ihrer Umsetzung im Kontext der kritischen Edition entwickelt der Abschnitt „Zum Forschungskontext und Editionsdesign des ‚Corpus Musicae Ottomanicae' (CMO)", siehe unten.

[24] Suphi Ezgi, *Nazarî, Amelî Türk Musikisi*, Bd. 5, İstanbul 1953, S. 531.

[25] Zu Giuseppe Donizetti und seiner Tätigkeit in der Türkei vgl. Emre Aracı, *Donizetti Paşa. Osmanlı Sarayının İtalyan Maestrosu*, Istanbul 2006.

ein weiterhin tendenziell von traditionalistisch orientierten Osmanen für die Aufzeichnung eines als „klassisch" verstandenen und bereits ab dem späten 19. Jahrhundert sukzessive kanonisierten Repertoires verwendet wurde, fand die westliche Notation primär in der in der nach etwa 1860 neuentstehenden bürgerlich-urbanen *şarkı*-Kultur Verwendung. Der erste Notendruck, ein 1876 von dem İstanbuler Musiker und Komponisten Hacı Emin Efendi (1845–1907) herausgegebenes *fasıl*-Heft, entstand in dieser Notation und repräsentiert das Repertoire zeitgenössischer traditioneller Unterhaltungs- und Kunstmusik, wie es auch, allerdings in weitaus größerer Überlieferungsdichte, in den zeitgenössischen Musikhandschriften in westlicher Notation gesammelt und aufgezeichnet wurde. Die Musik der *şarkı*-Kultur prägt auch solche Manuskripte in *hamparsum-notası*, die von Armeniern geschrieben sind, die im Kontext traditioneller urbaner Musik tätig waren.

Diese für das Verständnis der Musikkultur im Osmanischen Reich und ihres Wandels im 19. Jahrhundert grundlegenden Quellen sind bisher weder wissenschaftlich erschlossen noch in Ansätzen erforscht. Das gilt sowohl für die Musikhandschriften selbst, über deren Verbleib derzeit nur punktuelle Informationen vorliegen, als auch für die funktionalen Parameter der verwendeten Notation, also die Relation von Zeichen und Bezeichnetem in der für die Vorgaben der osmanischen Musik semantisch umgedeuteten westlichen Notation. Die methodisch-systematische Untersuchung dieser notationstechnischen Grundsatzfragen und die Entwicklung eines Systems zur kritischen Transnotation ist ein dringendes Desiderat der Forschung.[26]

## 2.5. *Güfteler*: Zu den Liedtexten und ihrer wissenschaftlichen Edition

Osmanische Lyrik war ebenso wie die arabische und persische primär für den Vortrag bestimmt, der auch musikalisch sein konnte. Zahlreiche handschriftliche wie gedruckte Anthologien belegen diesen Sachverhalt, indem sie den Gedichten in der Titelzeile neben dem Namen des Dichters auch Daten zum komponierten Text beigeben, in der Regel den zugrundeliegenden *makam* und *usul* sowie in einigen Fällen den Namen des Komponisten. Mit dem Wandel der osmanischen Musikkultur im 19. Jahrhundert geriet die Kenntnis des zunehmend unmodernen historischen Vokalrepertoires in Vergessenheit. Während die lyrischen Texte auch

---

[26] Grundsätzlich verwandt, aber noch problematischer ist die Interpretation des vorderorientalischen Tonsystems bei Klavierbearbeitungen, wie sie seit den späten 1880er Jahren in mehreren osmanischen Notendrucken vorliegen. Vgl. hierzu: Ralf Martin Jäger, *Osmanische Musikkultur zwischen Orient und Okzident: Der Beginn der kompositorischen Auseinandersetzung mit Europa an der Schwelle zum 20. Jahrhundert*, in: *Musik verbindet uns. Festschrift für Marianne Bröcker* (= Veröffentlichungsreihe der Forschungsstelle für fränkische Volksmusik der Bezirke Mittel-, Ober- und Unterfranken 62), hrsg. von Heidi Christ, Uffenheim 2006, S. 51–62.

weiterhin in Anthologien erhalten sind, ist die Musik in vielen Fällen verloren gegangen. Auch wenn interdisziplinäre Analysen historischer Anthologien, wie Owen Wright sie in seiner Studie *Words without Songs* für die Mitte des 17. Jahrhunderts unter Verwendung musikwissenschaftlicher, literaturwissenschaftlicher und philologischer Methoden vorgenommen hat,[27] erheblich zur Kenntnis historischer Repertoires und zahlreicher weiterer Details beitragen können, bleibt mit dem Fehlen der melodischen Linien ein wesentlicher Parameter der Gedichte und ihrer künstlerischen Präsentation unrekonstruierbar.

Die Musikhandschriften Hamparsums und seines Umfeldes überliefern, wie bereits zuvor die Manuskripte Kantemiroğlus und Mustafa Kevserîs, zunächst ausschließlich Instrumentalmusik. Erstmalig ist ein Bestand von 20 teils unvollständigen vokalen Aufführungszyklen *fasıl*, die dem höfischen Repertoire nahestehen, in der zwischen 1830 und 1850 entstandenen Handschrift Y.208/6 zusammengestellt worden, die sich heute im Besitz der Nadir Eserler Kütüphanesi der İstanbul Üniversitesi befindet. Die Liedtexte sind hier nur bei wenigen Werken, reduziert auf die erste Strophe, den Notenzeilen beigegeben, da der Schreiber offensichtlich davon ausgehen konnte, dass die zu den melodischen Linien gehörige Dichtung allgemein bekannt war und die Angabe des Textanfangs in der Titelzeile in den meisten Fällen ausreiche. Für eine Edition, die nicht nur der Forschung, sondern auch der Aufführungspraxis Material bereitstellen soll, müssen die fehlenden Textsegmente aus geeigneten, zeitgenössischen Anthologien, die in derselben Sammlung vorhanden sind, kritisch ergänzt werden.

Andere Manuskripte, hierunter prominent die im letzten Drittel des 19. Jahrhunderts entstandene Klassikerhandschrift Y.204/2 im selben Bestand, überliefern die Texte vollständig in den zeitgenössischen Aufführungsvarianten, die von den Versionen in den Anthologien nicht selten abweichen. Hier liegt ein neues Arbeitsfeld der Osmanistik, da die Dichtungen nicht lediglich als literarischer Lesetext, sondern als gesungener Text im Kontext einer oralen Tradierung erforscht werden können, mit allen Konsequenzen, die sich hinsichtlich Rhythmik, Phrasierung und Prosodie, aber auch in semantischer Hinsicht ergeben.

## 3. Zum Editionsverfahren

### 3.1. Zum Forschungskontext und Editionsdesign des „Corpus Musicae Ottomanicae" (CMO)

Das Ziel des seit Oktober 2015 von der Deutschen Forschungsgemeinschaft geförderten Langfristvorhabens ist es, kritische Editionen zunächst von den Hand-

---

[27] Owen Wright, *Words without Songs, A Musicological Study on an Early Ottoman Anthology and its Precursors* (=SOAS Musicology Series 3), London 1992.

schriften in Hamparsum-Notation aus dem 19. Jahrhundert anzufertigen, in einem zweiten Schritt dann exemplarisch mit der Transnotation und Edition ausgewählter in westlicher Notation geschriebener Manuskripte aus diesem Zeitraum zu beginnen. Die gleichfalls wichtige, für die zukünftige musikwissenschaftliche wie orientalistisch-philologische Forschung Material mit hohem Innovationspotential bereitstellende Edition der Liedtexte erfolgt parallel.

Die Handschriften mit ihren musikalischen und dichterischen Werken sind in komplexe Tradierungskontexte eingebunden. Daher wird ihre kritische Edition mit der Erschließung der rezeptionsgeschichtlich wirkungsmächtigsten osmanischen bzw. türkischen Musikdrucke des späten 19. bzw. des 20. Jahrhunderts in einer Katalogdatenbank gekoppelt. Neben den Praktika werden auch die in diesem Kontext relevanten Theoretika und Anthologien berücksichtigt. Diese Datenbank ist ein unverzichtbares Hilfsmittel zur Auffindung von Konkordanzen und wird zu einem Quellenkatalog der türkischen Musikdrucke des 20. Jahrhunderts ausgebaut, der neben den Daten auch gemeinfreie Notate als Digitalisate online bereitstellen kann.

Die Projektdurchführung obliegt einem interdisziplinären Wissenschaftlerverbund unter der Leitung der CMO-Geschäftsstelle in Münster.[28] Sie wird kritisch begleitet durch einen internationalen Beirat, über den zugleich die relevanten internationalen Forscher und Forschungsinstitutionen in die Arbeiten des CMO eingebunden sind.[29]

### 3.2. Das CMO-Transkriptionsverfahren

Die wissenschaftliche Transkription der in *hamparsum notası* aufgezeichneten Handschriften berücksichtigt, wie bereits skizziert, neben der reinen Transnotation der Tonhöhenzeichen eine Reihe weiterer Faktoren, die sich aus den in den Quellen latent implizierten Metaebenen der Notenschrift ergeben. Die folgenden Kriterien sind als Mindestanforderungen an eine Edition historischer osmanischer Musikhandschriften zu verstehen und je nach den Vorgaben einer vorgefundenen Quelle anzuverwandeln:

1. Als „Taktvorgabe" ist der Transnotation anstelle einer Bruchzahl eine einfache Ziffer voranzustellen. Durch die Ziffer wird der zeitliche Umfang des als

---

[28] Zur Struktur des CMO vgl. den Anhang „Standorte und Arbeitsbereiche".
[29] Dem Gründungsbeirat gehören an Prof. Rûhî Ayangil (Istanbul), Prof. Dr. Thomas Bauer (Münster), Prof. Ş. Şehvar Beşiroğlu (Istanbul), Prof. Dr. Walter Feldman (New York), Dr. habil. Martin Greve (Istanbul), Dr. Michael Kaiser (Bonn), Prof. Dr. Mehmet Kalpaklı (Ankara) und Prof. Songül Karahasanoğlu (Istanbul), die als Sprecherin dem interdisziplinären Gremium vorsteht. Prof. Dr. Nilgün Doğrusöz Dişiaçık (Istanbul), Prof. Dr. Raoul Motika (Istanbul) und Prof. Dr. Fikret Turan (Istanbul) nehmen beratende Funktionen wahr.

unteilbare Gesamtheit verstandenen *usul* angegeben, wie dieser aus zeitgenössischen *usul*-Notaten aus dem 19. Jahrhundert hervorgeht. Da die bekannten Notate keine Angaben zur Zählzeit geben, ist auch bei der Transkription darauf zu verzichten.

2. Der *usul* ist in der Aufzeichnung in *hamparsum notası* das primäre zeitlich organisierende Element. Diesem Sachverhalt wird in den handschriftlichen Quellen dadurch Rechnung getragen, dass das Ende eines *usul*-Ablaufs durch ein Abschnittzeichen markiert ist. In der Transnotation ist der Abschluss der *usul*-Periode durch einen Taktstrich im System und die Wiedergabe des Abschnittzeichens oberhalb des Systems markiert. Die Hinzufügung des Abschnittzeichens ist nicht zuletzt von Bedeutung, da dieses Zeichen in anderen notationstechnischen Kontexten anders zu interpretieren ist. So kann das Doppelpunktzeichen unabhängig von einer möglichen Untergliederung des usul eine Binnenstrukturierung vorgeben, die in der Regel acht Zähleinheiten umfasst. Das Zeichen ist in diesem Fall bei der Transnotation durch eine gestrichelte Linie innerhalb sowie einen Doppelpunkt oberhalb des Systems wiedergegeben. Gleiches gilt für alle Abschnitt- und Strukturzeichen.

3. Innerhalb der durch den Doppelpunkt angegebenen Binnenstrukturierung sind einzelne oder mehrere Zeichen in deutlicher Abgrenzung voneinander gruppiert. Diese Binnengruppen umfassen jeweils zwei Zähleinheiten und sind in der Transnotation durch Haken oberhalb des Systems gekennzeichnet. Eine genaue Markierung der Binnengruppen ist insbesondere bei sehr frühen Notaten in der Notenschrift Hamparsums von großer Bedeutung, da sie dort zur Rekonstruktion der in vielen Fällen nicht immer eindeutigen rhythmischen Struktur der melodischen Linie dienen.

4. Ein Zeilenumbruch im Originalmanuskript wird durch einen kursiven Doppelstrich oberhalb des Systems markiert.

Neben der angemessenen Berücksichtigung der Metaebenen der *hamparsum notası* sind einem edierten Notentext noch weitere Informationen beizufügen:

5. Bei Vokalkompositionen soll unter Verwendung geeigneter Hilfsmittel möglichst der Textautor ermittelt werden.

6. Der Transnotation ist unbedingt das durchlaufende Notat des zugrundeliegenden *usul* beizugeben, das möglichst aus einer zeitgenössischen Quelle entnommen sein sollte. Ohne *usul* wäre ein Notat traditioneller türkischer Kunstmusik in hohem Grade unvollständig und würde nicht zuletzt auch eine unzutreffende Vorstellung von der Musik selbst vermitteln.

Insgesamt umfasst das Notationsverfahren des Hamparsum folgende notationstechnische Parameter:

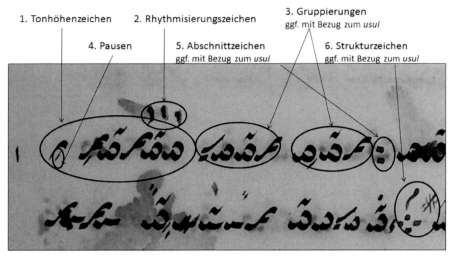

Tatar Gazi Giray Han (1554 - 1607),
*Acem Aşiran [Sâz] Semâî*, [*Usul Aksak Semâî*]
İstanbul Üniversitesi Kütüphanesi, Nadir Eserler, İÜko Y.211-9, S. 047

Die kritische Edition, in der auch die Metadaten der *hamparsum notası* wiederzugeben sind, die primär einen Bezug zum zugrundeliegenden, in der Transkription zu rekonstruierenden rhythmischen Zyklus *usul* herstellen, benötigt neben diakritischen Sonderzeichen einen spezifischen Notensatz, der die Parameter angemessen repräsentiert:

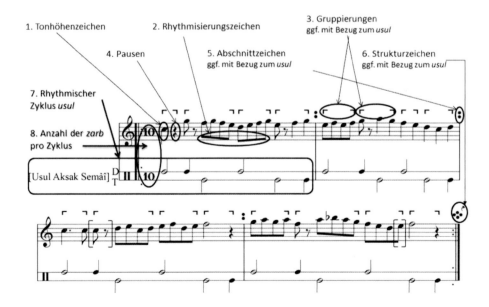

Mit dem an dieser Stelle nur knapp skizzierten Editionskonzept ist es möglich, die sechs primären Parameter der *hamparsum notası* ohne Bedeutungsverlust oder -wandel zu transnotieren und mithilfe eines überschaubaren Apparats diakritischer Zeichen eindeutig zu kennzeichnen. Überdies wird der als Metastruktur im Notat latent gegenwärtige, im Werktitel genannte rhythmische Zyklus' *usul* als substantielles Element anhand jeweils zeitgenössischer Quellen ebenso ergänzt wie die Ziffer zur Angabe der rhythmischen Basiseinheiten *zarb* pro Zyklus.[30]

Die Edition des „Corpus Musicae Ottomanicae" (CMO) wird als Open-Access-Source veröffentlicht. Die Online-Bereitstellung erfolgt sowohl in einer webbasierten Struktur als auch in Form von PDF-Dateien. Durch die konsequente Nutzung der verfügbaren technischen Möglichkeiten wird ein individualisierter und anwendungsbezogener Zugriff auf die edierten Einzelwerke erreicht, die wahlweise z.B. im Kontext der Handschrift, geordnet nach Komponist, *makam*, *usul* oder Textanfang ausgegeben werden können. Darüber hinaus ist vorgesehen, neben der kritischen Edition auch eine Ausgabe für den praktischen Gebrauch herauszugeben.

\*

Die CMO-Editionen stellen der Forschung ebenso wie der Historischen Aufführungspraxis erstmalig das heute noch erhaltene und der Forschung zugängliche Korpus historischer Transkriptionen osmanischer Kunstmusik, wie diese in den verschiedenen Epochen des 19. Jahrhunderts von Musikern und Musikliebhabern vornehmlich in der kosmopolitischen Metropole Istanbul aufgezeichnet und gesammelt worden sind, in größtmöglicher Nähe zu den Originalquellen inhaltlich unbearbeitet und unzensiert sowie ohne Auslassungen zur Verfügung. Auch die den Vokalwerken unterlegten Texte werden erstmalig nicht nach reinen Textanthologien, sondern in ihren Aufführungsvarianten herausgegeben. Mit den Editionen wird die auf musikpraktischen Quellen basierende wissenschaftliche Erschließung osmanischer Musik- und Aufführungsgeschichte, die nicht allein türkische Musikgeschichte ist, sondern als transkulturelles Produkt auch das Schaffen und die Werke zumindest griechischer, armenischer, jüdischer, arabischer und persischer Musiker und Komponisten umfasst, die jeweils ihre eigenen musikalisch-kulturellen Kontexte eingebracht haben, ermöglicht. Es wird eine historische Musikkultur mehrschichtig in ihren komplexen Wandlungsprozessen erschlossen, die nicht nur in Istanbul, sondern auch in den Metropolen Syriens und Ägyptens das Kunstmusikleben substantiell geprägt hat.

---

[30] Die rhythmischen Zyklen *usul* sind von grundsätzlicher Bedeutung für jedes Werk der traditionellen osmanischen Kunstmusik. Bereits die Herausgeber der Klassikerausgabe *Türk Musikisi Klasikleri* am İstanbuler *Darü'l-Elhân* haben diesem Sachverhalt Rechnung getragen, indem sie die *usul-ler* unterhalb der melodischen Linie mitnotiert haben. In modernen Editionen fehlt diese wichtige Komponente.

Die in zentralen Bereichen gemeinsame, durch kontinuierlichen Austausch generierte Musik, wie sie in den Quellen präsent ist, ist durch politisch und ideologisch bedingte nationale Identitätskonstruktionen besonders nach dem Ende des Ersten Weltkriegs umgedeutet und durch in allen Staatsneubildungen auf dem Territorium des vormaligen Osmanischen Reichs durchgeführte kulturpolitische Maßnahmen unter teils massiven Eingriffen nationalisiert worden; der Prozess scheint in einigen Fällen noch nicht abgeschlossen zu sein. Die Editionen erschließen somit auch wissenschafts- wie gesellschaftspolitisch relevantes Material für die Rekonstruktion kulturpolitischer Prozesse, für die an anderer Stelle keine vergleichbaren Quellen zur Verfügung stehen. Damit ist die Perspektive verbunden, der internationalen Musikforschung neuartige übernationale Forschungsansätze zu generieren.

## Anhang: Standorte und Arbeitsbereiche

Das „Corpus Musicae Ottomanicae" (CMO) insgesamt umfasst ein Haupt- und zwei Teilprojekte. Die wissenschaftliche Herausgabe der Handschriften in *hamparsum-notası* steht im Zentrum der ersten, siebenjährigen Arbeitsphase des Vorhabens.

### Münster: Westfälische Wilhelms-Universität, Institut für Musikwissenschaft

Am Institut für Musikwissenschaft in Münster, dem zentralen Projektort, an dem auch die Projektleitung und -verwaltung angesiedelt ist, werden die Handschriften vollumfänglich transkribiert und kritisch ediert.

Das Arbeitsprogramm orientiert sich an den inhaltlichen und historisch-kontextuellen Dispositionen der Quellen. Zu Beginn der Editionstätigkeit konzentriert sich die Arbeit der Editoren auf ein Hamparsum-Autograph, ein um die Mitte des 19. Jahrhunderts entstandenes, von zahlreichen Händen bearbeitetes und verschiedenartige Entwicklungsstufen der Notation aufweisendes Manuskript, sowie auf eine Handschrift aus dem letzten Drittel des 19. Jahrhunderts. In mehreren Fällen sind Manuskripte gleicher Werke in verschiedenen Varianten überliefert. Sie bilden für die erste Projektphase eine in mehrfacher Hinsicht hochinteressante Materialbasis und stellen für die Editionen der weiteren Handschriften zahlreiche Konkordanzen bereit. Es ist eines der Planungsziele des CMO Projekts, dass bereits zum Ende des dritten Projektjahres die vollständige kritische Edition jenes Manuskriptbestands vorliegt, der inhaltlich im Kern die Kunstmusikkultur vor 1828 repräsentiert. Die sich daran anschließenden Arbeiten erschließen dann sukzessive das sich wandelnde Instrumental- und Vokalrepertoire des 19. Jahrhunderts.

Die ursprünglichen Planungen sehen vor, dass die Edition der bislang bekannten Manuskripte in *hamparsum notası* nach 7 Jahren abgeschlossen werden kann. Danach erfolgt die auf fünf Jahre kalkulierte Auswahledition von Handschriften in westlicher Notation aus dem 19. Jahrhundert. Die kritische Herausgabe dieser Notate kann nur exemplarisch sein, da der Quellenbestand bislang kaum in Ansätzen erschlossen ist. Umso mehr sind gerade diese ab den 1830er Jahren entstandenen Handschriften von besonderem Interesse, da sie nach dem heutigen Wissen andere kulturelle Kontexte repräsentieren als die Hamparsum-Manuskripte und somit die Kenntnis des historischen osmanischen Kunstmusikrepertoires erweitern.

## Münster: Westfälische Wilhelms-Universität, Institut für Arabistik und Islamwissenschaft

Ein weiterer Bestandteil des Hauptprojektes ist die kritische Edition der in den Manuskripten überlieferten Texte wie auch die Rekonstruktion fehlender oder unvollständiger dichterischer Vorlagen, die in Kooperation mit dem Institut für Arabistik und Islamwissenschaft der Westfälischen Wilhelms-Universität Münster durchgeführt wird. Die im Kontext der Manuskripte aufgezeichneten, grundsätzlich aber auf der oralen Tradierung basierenden Textvarianten haben das Potential, der Osmanistik ein Textkorpus zu erschließen, das die Lyrik als gesungene Vortragskunst in ihren kulturhistorischen Zusammenhang einzubinden vermag. Die vorliegenden Handschriften belegen, dass im performativen Repertoire bis in das ausgehende 19. Jahrhundert hinein nicht nur die Dichtungen von Zeitgenossen (z.B. Şeyh Galip, Enderunî Osman Vasıf Bey, Mehmed Sâ'dî Bey), sondern darüber hinaus auch eine bedeutende Anzahl historischen Dichtern (z.B. Hâfız, Bâkî, Nazîm) zugeschriebener Werke in ihren spezifischen Varianten in der oralen Tradierung präsent waren. Die am CMO durchgeführten Arbeiten umfassen die wissenschaftliche Edition, die exemplarische englische Übersetzung und die kritische Herausgabe der den Vokalwerken zugrundeliegenden Texte. Weiterhin nimmt dieser Arbeitsbereich die philologische Betreuung des Gesamtprojektes wahr.

## Istanbul: Orient-Institut (Max Weber Stiftung)

Seit September 2013 besteht eine strategische Kooperation zwischen der Westfälischen Wilhelms-Universität Münster und dem Orient-Institut Istanbul im Verbund der bundesunmittelbaren Max Weber Stiftung – Deutsche Geisteswissenschaftliche Institute im Ausland (Bonn). Das Orient-Institut ist in die wissenschaftliche Durchführung des CMO substantiell eingebunden und verfügt über eine projektfinanzierte Mitarbeiterstelle. Diese übernimmt zentrale Aufgaben sowohl im Projektmanagement vor Ort, so bei der Koordination der Zusammenarbeit mit den relevanten türkischen Wissenschaftlern, Bibliotheken und Archiven, als auch beim Aufbau der digitalen Quellenkataloge und der kontinuierlichen Befüllung der Datenbanken. Zudem ist sie eingebunden in die technische Betreuung des Corpus Musicae Ottomanicae (CMO). Die Stelle ist beteiligt an der Online-Edition der Kritischen Ausgabe, so am Aufbau des Onlineportals und der Infrastruktur des Publikationsservers, der Betreuung der digitalen Edition des CMO, der Open Access-Bereitstellung der Online-Edition sowie der Print on Demand-Bereitstellung der Online-Edition. Sie unterstützt schließlich die Mitarbeiter in Münster bei der Klärung von Detailfragen, die den Zugang zu den Originalquellen bedürfen.

## Bonn: perspectivia.net (Max Weber Stiftung)

Das CMO-Editionsprojekt wird technisch umgesetzt und langfristig betreut durch die elektronische Publikationsplattform perspectivia.net, dem internationalen und interdisziplinären Portal der Max Weber Stiftung. Seit Oktober 2015 wird dort die technische Infrastruktur des CMO unter den Bedingungen des Open Access neu entwickelt. Hierbei finden relevante bestehende Konzepte soweit möglich Berücksichtigung, und es wird die spätere unproblematische Einbindung in die Strukturen der nationalen und internationalen Fachinformationssysteme, z.B. den Fachinformationsdient Musikwissenschaft oder das internationale Quellenlexikon RISM – Répertoire International des Sources Musicales, vorgesehen.

Perspectivia.net verantwortet die Zugänglichkeit, Nachnutzbarkeit und Langlebigkeit der Daten. Alle Transkriptinformation sollen sowohl graphisch als auch semantisch und damit maschinell lesbar in offenen, plattformunabhängigen Formaten bereitgestellt werden. Es wird eine Lösung zur Konvertierung der CMO-Noteneditionen in eine maschinenlesbare Struktur nach Maßgabe der Music Encoding Initiative (MEI) sowie eine den Vorgaben der osmanischen Kunstmusik entsprechende Erweiterung des MEI-Vokabulars entwickelt.[31] Die Redaktion von perspectivia.net übernimmt die Veröffentlichung des „Corpus Musicae Ottomanicae (CMO) – Kritische Editionen vorderorientalischer Musikhandschriften". Im Quellenportal von perspectivia.net werden die Kataloge und die kritischen Editionen der Noten und Liedtexte mit den zugehörigen Metadaten veröffentlicht sowie solche Abbildungsdigitalisate, die gemeinfrei oder von den besitzenden Bibliotheken freigegeben sind, bereitgestellt. Neben dem maschinenlesbaren Format sind als Ausgabeformate für die kritische Edition auch PDF und für die Digitalisate PNG geplant. Die Online-Edition wird mittels mehrsprachiger Benutzerführung zugänglich sein; eine Einspeisung in die Digitale Deutsche Bibliothek und weiter in die Europeana ist angestrebt. Zusätzlich sollen die kritischen Editionen der Einzelhandschriften als Book-on-Demand-Ausgaben erhältlich sein. Dieses Angebot wird über einen externen Dienst realisiert werden.

---

[31] Zur Music Encoding Initiative vgl. http://music-encoding.org/

# Geteilte und strittige Räume: Islam und Christentum in Istanbul / Shared and Contested Spaces: Islam and Christianity in Istanbul

Norbert Hintersteiner, Aikaterini Pekridou

Mehrere Institute und Zentren der Westfälischen Wilhelms-Universität unterhalten seit längerem sog. Erasmus Partnerschaften mit Universitäten in Istanbul. So hat auch die Fakultät für Katholische Theologie seit dem Studienjahr 2014/15 ein Erasmus Agreement für Studentenmobilität und Lehrendenaustausch mit der traditionsreichen, auf der asiatischen Seite Istanbuls gelegenen Marmara Universität und hier insbesondere mit deren islamisch-theologischen Fakultät, der İlahiyat Fakültesi, abgeschlossen.

Vor diesem Hintergrund organisierte das Institut für *Missionswissenschaft und außereuropäische Theologien* der Universität Münster mit seinen Studierenden erstmals vom 6. bis 12. April 2015 ein einwöchiges, auf Englisch gehaltenes Seminar zum Thema *„Shared and Contested Spaces: Islam and Christianity in Istanbul"*, das in Kooperation mit Professoren, wissenschaftlichen Mitarbeitern und Studierenden der Marmara İlahiyat Fakültesi sowie mit Vertretern des Ökumenischen Patriarchats, deren Zentren im europäischen Teil der Stadt am Bosporus liegen, durchgeführt wurde.[1]

Der erste Teil des Seminars fand an der traditionsreichen, 1973 staatlich geschlossenen Orthodoxen Theologischen Hochschule von Halki auf der Insel Heybeliada (eine Stunde Bootsfahrt vom Zentrum entfernt) statt, während die späteren Sektionen an der Theologischen Fakultät der Marmara Universität durchgeführt wurden. Das Seminar umfasste umfangreiche Vorträge vonseiten der Koordinatoren – Professoren und wissenschaftliche Mitarbeiter aus Münster und Istanbul – sowie Diskussionsforen mit muslimischen und christlichen Forschern über die Koexistenz von Islam und Christentum in Istanbul. Die Seminarteilnehmer wurden mit gemeinsam geteilten sowie strittigen Positionen und Räumen (*„shared and*

---

[1] Dieser Beitrag ist den TeilnehmerInnen des Seminars gewidmet, ebenso wie den MitarbeiterInnen des Instituts für Missionswissenschaft und außereuropäische Theologien, die mit großem Engagement in der Vorbereitung und Durchführung beteiligt waren (Dr. Octavian Mihoc, Katerina Pekridou, Daniel Huthmacher) bzw. zur Erarbeitung dieses Berichtes (Katerina Pekridou) und seiner Übersetzung (Dr. Helene Büchel) beigetragen haben. Herzlicher Dank gilt den Partnern der İlahiyat Fakültesi der Marmara Universität, allen voran Dekan Prof. Ali Köse und Prof. Rahim Acar, und dem Ökumenischen Patriarchat von Konstantinopel in Phanar in Istanbul, insbesondere Patriarch Bartholomäus I., für den intensiven Austausch und die hervorragende Zusammenarbeit.

*contested spaces*') zwischen Islam und Christentum konfrontiert und hatten Gelegenheit, mehrere Moscheen, christliche Kirchen sowie geteilte Räume auch zu den Gebetszeiten zu besuchen. Einen unmittelbaren Zugang zur orthodoxen Liturgie vermittelte ihnen die Mitfeier der Karwoche an der Patriarchatskathedrale von St. Georg im Stadtteil Phanar. Außerdem gewannen die Studierenden Einblick in das Leben und die Aktivitäten der Katholischen Kirche vor Ort und lernten anlässlich ihres Besuchs des Schwedischen Forschungsinstituts in Istanbul auch die Arbeit des dortigen Zentrums für syrische Flüchtlinge kennen.

Die rein akademische Seite des Seminars bestand in der Erforschung interreligiöser Ritualität, wie muslimischer Frömmigkeitspraktiken an christlichen Kultstätten und des Teilens sakraler Räume unter Muslimen und Christen in Istanbul und der näheren Umgebung. Die Lektüre und das Studium von Beiträgen führender Forscher auf diesem Gebiet – zur Topographie religiöser Vermischung im östlichen Mittelmeerraum (,*topography of religious mixing*'), zum Phänomen hybrider Heiliger und das Aufsuchen von deren Schreinen durch Pilger beider Religionen (,*hybrid saints*'; wie die Verehrung des heiligen Georg von Christen und Muslimen) und zu interreligiös gemischter Gebetspraxis –,[2] boten den Seminarteilnehmern eine tragfähige akademische Grundlage für die Auslotung konkreter Praktiken und Perspektiven zur Überwindung und Gestaltung der Grenzen zwischen den beiden großen monotheistischen Religionen und für ein tieferes Verständnis der Praxis geteilter Schreine und heiliger Stätten. Mit Blick auf dieses Seminar war den Studierenden empfohlen worden, sich mit den Erkenntnissen, Videos und Interviews über geteilte sakrale Stätten vertraut zu machen, wie sie am *Institute for Religion, Culture & Public Life der Columbia University* (New York) im Rahmen einer *Summer 2013 Ethnographic Research* in Istanbul erarbeitet worden waren.[3]

Mehrere Seminarteilnehmerinnen hielten Kurzvorträge zu wichtigen Fragen hinsichtlich der konkreten Koexistenz von Islam und Christentum in der Region, zur Praxis des Teilens religiöser Stätten wie beispielsweise der St. Georgs-Kirche auf der Büyükada Insel, und zu Perspektiven für eine Weiterentwicklung des Dialogs zwischen beiden Religionen. Dieser Teil des Seminars wurde mit dem Besuch der heutigen heiligen Stätte auf der Höhe von Büyükada abgeschlossen.

---

[2] Besondere Aufmerksamkeit richtete sich auf Beiträge von Diogini Alberta, Benoît Fliche, Maria Couroucli, Elazar Barkan und Karen Barkey. Viele von ihnen finden sich in zwei neueren Sammelbänden: Diogini Alberta, Maria Couroucli (Hrsg.), Sharing sacred spaces in the Mediterranean: Christians, Muslims and Jews at shrines and sanctuaries, Indiana University Press 2012; und Elazar Barkan und Karen Barkey (Hrsg.), Choreographies of Shared Sacred Sites, Religion, Politics and Conflict Resolution, Columbia University Press 2014.

[3] Summer 2013 Ethnographic Research in Istanbul, durchgeführt vom Institute for Religion, Culture & Public Life an der Columbia University. Online verfügbar unter: 'http://ircpl.org/projects/cdtr/shared-sacred.spaces/summer-2013/.

Dort konnten die Studierenden die Kirche und das Kloster besichtigen und mit dem Abt über den Besuch von christlichen und muslimischen Pilgern am Festtag des Heiligen ins Gespräch kommen.

Ein weiterer, stärker erfahrungsbezogener Programmpunkt bildete der Besuch der Hagia Sophia, eine Stätte, die von vielen als „umstrittener" sakraler Raum bezeichnet wird. Die Seminarteilnehmer hatten Gelegenheit, von der Geschichte der Stätte zu erfahren, angefangen von der frühen Zeit als christliches Gotteshaus über ihre spätere Verwendung als Moschee bis hin zu ihrem heutigen Zweck als Museum. Eine wertvolle Ergänzung dazu bildete die vertiefte Auseinandersetzung mit der Geschichte im Zusammenhang mit der Besichtigung zweier wichtiger muslimischer Stätten, der Blauen Moschee und der Eyüp-Sultan-Moschee. Dort konnten die Seminarteilnehmer von der Geschichte dieser beiden religiösen Stätten erfahren und am Abendgebet teilnehmen.

Zu den fruchtbarsten Begegnungen zwischen muslimischen und christlichen Studierenden zählten jene an der Theologischen Fakultät von Marmara anlässlich einer Studientagung über „When İlahiyat and Theology Meet", die im Rahmen des Erasmus Studentenaustauschprogramms durchgeführt wurde. Die parallel geführten Sektionen an der Marmara Universität boten Studierenden Gelegenheit, entweder Vorträge über „Kirche(n) in der Christenheit" oder über „Geteilte und umstrittene Räume: theologische und philosophische Annäherungen" zu hören. Diskussionsrunden folgten auf eine Reihe von Vorträgen von Prof. Norbert Hintersteiner über: *„Da'wah für alle Nationen? Christliche Mission in der Weltkirche"*; *„Gemeinschaften des Wortes: theologische Sprache im muslimisch-christlichen Dialog"*; *„Christentum im Süden als Herausforderung für die christliche Theologie"*. Sein muslimischer Kollege, Prof. Ismail Taspinar, Marmara, referierte zu *„Die Orthodoxe Kirche in der Religionsgeschichte der Türkei"*, und die christlich-orthodoxen Mitarbeiter des Instituts hielten Vorträge zu *„Geschichte des Christentums: Einsichten in die orthodoxen Kirchen"* und *„Kalām als geteilter theologischer Raum: Ursprünge und Quellen des christlichen Kalām"* (Vasile-Octavian Mihoc, Münster) sowie zu *„Osteuropäische und orientalische orthodoxe Kirchen in der ökumenischen Bewegung"* (Aikaterini Pekridou, Münster). Im Rahmen des von Prof. Rahim Acar (Marmara) koordinierten Seminars über Religionsphilosophie, welches am selben Tag stattfand, hielt Prof. Klaus E. Müller (Münster) eine Vorlesung zum Thema *„Gibt es Grund zur Hoffnung? Gedanken zur westlichen Religionsphilosophie"*.

Anregende Gespräche zwischen muslimischen und christlichen Studierenden, die sich im Vorfeld des Seminars mit einschlägiger wissenschaftlicher Literatur auseinandergesetzt hatten, konzentrierten sich auf die Frage nach Mohammed und Jesus als Propheten Gottes. Neben der eingehenden Diskussion über das Prophetentum in Islam und Christentum hatten die Seminarteilnehmer Gelegenheit, Fragen nach dem persönlichen Glauben und der je eigenen religiösen Praxis zu stellen und auf diese Fragen zu antworten. Das Gespräch weitete sich über Fragen des Glaubens und der Theologie hinaus auf Bereiche der Sprache und Kultur. Denn die Studierenden tauschten Erfahrungen über das wissenschaftliche und das Alltagsleben in der Türkei und in Deutschland aus. Sie zogen Vergleiche zwischen türkischen und deutschen Modellen von Sprache und Kultur. Eigens hervorzuheben ist schließlich, dass internationale Studenten, die zuvor in Deutschland studiert hatten, aber auch deutsche Studenten türkischer Herkunft, die später in der Türkei ein Studium absolvierten, an diesem Seminar teilnahmen und den Austausch mit ihren Erfahrungen aus der deutschen wie der türkischen Kultur bereicherten.

Im letzten Teil des Seminars lenkte ein Münsteraner Gastwissenschaftler, Prof. Scott Kenworthy (Münster/Ohio), die Aufmerksamkeit auf die geschichtlichen Entwicklungsprozesse im 19. und 20. Jahrhundert in Istanbul und im weiteren geographischen Raum, wobei er das religiös-politische Engagement von Christen und Muslimen in der post-osmanischen Epoche hervorhob. Die Debatte konzentrierte sich auf das türkische Verständnis von Religion und die Rolle von Tradition und Moderne im türkisch-islamischen Denken sowie auf die katholische und orthodoxe christliche Präsenz in Istanbul ab dem 19. Jahrhundert. Darüber hinaus haben die Studierenden einen guten Einblick in das Verstänis von Religion in der Türkei der Gegenwart gewonnen.[4]

Angesichts der geographischen Lage der Türkei als Durchgangsland für syrische Flüchtlinge besuchten die Seminarteilnehmer außerdem das Schwedische Forschungsinstitut in Istanbul. Dort erwartete sie dessen Direktor, Dr. Önver Cetrez, der an einem Forschungsprojekt zur Flüchtlingsthematik arbeitet. Er informierte die TeilnehmerInnen über die Situation der Flüchtlinge und deren Auswirkungen auf die Türkei und die europäische Flüchtlingspolitik und gab Einblick in die Zentren für syrische Flüchtlinge in Istanbul, deren Funktion und Aktivitäten er näher erläuterte.

Die Seminarteilnehmer besuchten schließlich die österreichische katholische Gemeinde St. Georg in Istanbul, wo sie der langjährige Pfarrer Franz Kangler begrüßte und ihnen den Dienst der Katholischen Kirche in Istanbul erläuterte. Sie konnten auch das historische Zentrum von Beyoğlu und den Bazar besuchen, die öffentlichen Verkehrsmittel der Stadt nutzen und Spezialitäten der lokalen Küche verkosten.

---

[4] Siehe Philip Dorroll, „The Turkish Understanding of Religion": Rethinking Tradition and Modernity in Contemporary Turkish Islamic Thought, JAAR 82, 4 (2014), 1033–1969.

## Kongress von Halki: Theologie, Ökologie und die Welt

Das Institut für Missionswissenschaft und außereuropäische Theologie unterhält nicht nur enge Kontakte mit Istanbul über die Erasmuskooperation mit der Marmara Universität, sondern pflegt über die christlich-orthodoxen Mitarbeiter des Instituts auch mit dem Ökumenischen Patriarchat in Phanar einen engen Austausch, vorallem mit Blick auf brennende theologische Anliegen von globaler Tragweite.

Vom 8. bis 10. Juni 2015 fand der sog. II. Internationale Kongress von Halki auf der Insel von Heybeliada statt, an dem eine wissenschaftliche Mitarbeiterin des Instituts, Frau Katerina Pekridou, teilnahm.[5] Er stand unter der Schirmherrschaft seiner Heiligkeit des Ökumenischen Patriarchen Bartholomäus I., der für sein herausragendes ökologisches Empfinden bekannt ist, und wurde nicht zuletzt dank der finanziellen Unterstützung durch das Ökumenische Patriarchat und die Southern New Hampshire University, deren erster kohlenstoffausgeglichener Campus in New Hampshire gleichzeitig zu den ersten in den USA zählt, ermöglicht. Dieser II. Kongress von Halki befasste sich mit dem Thema „Theologie, Ökologie und die Welt" und förderte den Austausch über Umwelt, Literatur und Kunst.

Dieses Treffen entwickelte die Debatte von fünf vorbereitenden Bildungsseminaren, acht internationalen Symposien sowie des erfolgreichen ersten Kongresses von Halki 2012 weiter, der sich mit der Frage nach dem Verhältnis von Ethik und Innovation befasst hatte, indem es weltbekannte Führungspersönlichkeiten aus Literatur und Ökologie, Künstler, Intellektuelle, Pädagogen, Theologen und Studierende zusammenführte.

Der Ökumenische Patriarch Bartholomäus I. eröffnete den Kongress am 8. Juni 2015 an der Theologischen Hochschule von Halki, auf der Insel Heybeliada. Dabei regte er die Teilnehmer an, aufeinander zu achten und einander zur Liebe und zu guten Taten anzuspornen (vgl. Hebr. 10:24), und gleichzeitig darauf zu hören, wie die Himmel die Herrlichkeit Gottes rühmen und das Firmament vom Werk seiner Hände kündet (vgl. Ps 19,2). Er erinnerte daran, dass Menschen, die der Kunst dienen, „Ebenbilder göttlicher Schöpfungskraft und göttlichen Mitleids" sind und der Welt dabei helfen können, die heiligen Geheimnisse ebenso wie die außergewöhnliche Harmonie und Ausgewogenheit, die sich in der Schöpfung entfaltet, zu erkennen.

Dr. John Chryssavgis, Priester und Sekretär des Organisationskomitees, erörterte die schöpferische, wenngleich spannungsreiche Beziehung zwischen Wissenschaft und Kunst. In seinen Ausführungen verdeutlichte er das zentrale An-

---

[5] Nähere Informationen zum Programm, zu den Teilnehmern sowie Berichte zum Kongress bietet die offizielle Webseite: http://www.halkisummit.com. Aikaterini Pekridou (Münster) war Mitglied des Organisations- und Planungskomitees des II. Kongresses von Halki.

liegen der ökologischen Initiativen des Ökumenischen Patriarchats, Versöhnung zwischen der Wissenschaft vom Klimawandel und dem religiösen Ansatz der Schöpfung zu stiften, indem er eine organische Sicht der Welt förderte. Diese alternative Sicht sei, wie Chryssavgis betonte, mehr als eine politische Überzeugung oder eine Aussage, die gerade „en vogue" ist. Sie müsse vielmehr zu einer Lebenshaltung werden. Auf diesem Weg, so zeigte er sich überzeugt, könnten die bildenden Künste sowohl die Religion als auch die Wissenschaft beratend und unterstützend begleiten.

Am 9. Juni 2015 erörterte der Hauptvortragende Terry Tempest Williams, Dichter und Autor, zusammen mit seiner Studentin, Frau Alisha Anderson, die Bedeutung von Welt und Geschichte, Kunst und Ritual, von bindender Zusage und Konnektivität, bei der Lösung von Umweltproblemen. Dies erläuterten sie ausgehend von einer Geschichte der Oquirrh Mountains in Salt Lake Valley. Frau Williams bedankte sich beim Ökumenischen Patriarchen Bartholomäus für seine inspirierende Führung, mit der er die ökologische Krise aufgriff und die spirituelle Dimension des Problems thematisierte. Sie drängte auf einen spirituellen Aktivismus und beschrieb das Wilde in der Natur als eine Bewegung indirekter Aktion. In ähnlicher Weise beschrieb sie Religion und Glauben als eine Bewegung direkter Aktion. Frau Anderson stellte ihren Film über den Verlust der Berge als eine Folge der Ausbeutung der Kupferminen von Rio Tinto vor. Dabei unterstrich sie die Bedeutung von konkreten Orten und Situationen, wenn von Umweltthemen die Rede ist.

Prof. Terry Eagleton, ein Literaturtheoretiker und -kritiker, regte zu einer dialektischen Annäherung an die Kunst an. Ausgehend von einem Überblick über verschiedene geschichtliche und soziologische Definitionen von Kunst zeigte der Vortragende auf, dass sich jede dieser Definitionen, von ihrer eigenen Definition her, de-konstruiert. In seiner Darstellung über das Verhältnis von Glaube, Natur und Kunst lenkte er die Aufmerksamkeit auf die vielschichtigen Bedeutungsebenen von Erfahrung, Kultur, Liebe und Vorstellungskraft.

Der herausragende Bergsteiger und Fotograf James Balog stellte seinen preisgekrönten Dokumentarfilm „Chasing Ice" vor, der die Erinnerung an die Welt verändernden Gletscher festhält. Durch seine künstlerische Arbeit, die die Geschichte der uralten, rasch schmelzenden Eisberge aufzeichnet, betonte Herr Balog den Begriff der „Anthropocene" [= „Szene des Menschen"]. Ausgangspunkt bildet die Vorstellung, dass die Veränderung des Ökosystems der Erde durch die menschliche Tätigkeit den Beginn einer neuen Epoche markiere. Der Vortragende legte den Seminarteilnehmern nahe, sie sollten sich in Fragen der Umweltzerstörung stärker an festzustellenden Tatsachen als an vorgefassten Meinungen orientieren. Er rief die Zuhörer auf, ihre Stimme zu erheben, um die notwendige Wende in Gang zu bringen.

Am 10. Juni 2015 sprach Prof. Raj Patel, Autor und Aktivist, über Ökologie, Liebe und die Kunst der Ernährung. Er zeigte auf, wie Ökologie ein breites Spektrum von menschlichen Beziehungen umfasst, in die Genderrollen und Machtbeziehungen hineinwirken. Er erörterte ebenfalls verschiedene ökologische Technologien und deren Auswirkungen auf das gesellschaftliche Zusammenleben. Am Beispiel einer kleinen Gemeinde in Malawi, deren Lebensweise grundlegend verändert wurde, veranschaulichte er, wie die Kunst der Ernährung durch den Einsatz ökologischer Methoden zur Neubestimmung der Beziehungen zwischen Männern, Frauen und Kindern in der Gemeinschaft führen kann.

Der Priester Prof. Timothy Gorringe befasste sich in seinem Vortrag mit der Rolle der Kunst in kulturellen Transformationsprozessen und deren Beitrag zum Klimawandel. Er beschrieb die Kunst als einen Ausdruck, der nicht isoliert betrachtet werden sollte, als ob er die Menschen ihrer Geschichtlichkeit zu entreißen vermöchte. Seines Erachtens bietet die Kunst menschlicher Existenz keinen Sinn; sie ist „nicht unser Erlöser", sondern konfrontiert uns vielmehr mit unserem menschlichen Niedergang. Ihre Funktion ist, uns Einsicht in die Spannung zu geben, die sowohl der Liebe als auch dem Gebet zugrunde liegt.

Neben den Hauptvortragenden bereicherten die Gesprächsmoderatoren und andere Teilnehmer wie beispielsweise die beiden Professoren aus Istanbul – Prof. Burcu Meltem Arik (Bilgi Universität) und Prof. Burak Demirel (Boğaziçi Universität) – den Austausch mit ihrer Expertise, ihrer fruchtbaren Reflexion und ihren Fragen. In der letzten Sektion des Kongresses ergriff die Studentengruppe der Southern New Hampshire Universität das Wort, um das Verhältnis von Umwelt, Literatur und Kunst aus der Perspektive ihrer Generation in das Gespräch einzubringen und zu einem eingehenden Erfahrungsaustausch anzuregen.

Schließlich richtete der Präsident der Southern New Hampshire University, Prof. Paul Le Blanc, einige Worte an die Teilnehmer und lud sie zum offiziellen Abschluss des Kongresses zum gemeinsamen Abendessen ein, das von einem künstlerischen Abendprogramm mit Rezitation von Gedichten, mit Musikbeiträgen und gemeinsamem Singen bereichert wurde.

Am 11. Juni 2015 besuchten die Seminarteilnehmer des II. Kongresses von Halki das Ökumenische Patriarchat, bevor sie zur Besichtigung mit Führung durch das Chora-Kloster und die Hagia Sophia – zwei Meisterwerke religiöser Kunst – aufbrachen.

## Shared and Contested Spaces: Islam and Christianity in Istanbul (English Version)

The Institute for Missiology and the Study of Theologies Beyond Europe of the Catholic Faculty of Theology (WWU-Münster) organized a seminar in Istanbul from 6–12 April 2015 on the topic of *Islam and Christianity in Istanbul*. The seminar was carried out in cooperation with the academic staff of the Theological Faculty of Marmara University, as well as representatives of the Ecumenical Patriarchate, whose headquarters are located in the city. The first part of the seminar was hosted in the closed historical Orthodox Theological School of Halki on Heybeliada Island, whereas later sessions took place at the Theological Faculty of Marmara University. The seminar included intensive lectures by the coordinators–academic staff from both Münster and Istanbul–, and discussion sessions on the coexistence of Islam and Christianity in Istanbul with the participation of Muslim and Christian scholars. Participants to the seminar were exposed to what have been called "'shared and contested"' sights between Islam and Christianity and had the opportunity to visit several mosques during prayer. They experienced firsthand the Orthodox liturgical life during Holy Week at the Patriarchal Cathedral of St. George at Phanar, and were exposed to the life and activities of the Catholic Church in Istanbul. Lastly, they were acquainted with the work of the Syrian refugee centre in Istanbul during their visit to the Swedish Research Institute in Istanbul.

The purely academic side of the seminar consisted in the study of Muslim devotional practices at Christian places of worship and the sharing of sacred spaces between Muslims and Christians in Istanbul and the nearby areas. The studies of leading scholars in the field, such as Diogini Alberta, Benoit Fliche, Maria Couroucli, Elazar Barkan and Karen Barkey,[6] provided the solid background for participants in the seminar to explore the question of overcoming boundaries between the two monotheistic religions and understand the practice of sharing shrines and sanctuaries. In preparation for the seminar, students had been encouraged to become acquainted with the findings, videos and interviews on shared sacred sites of the *Summer 2013 Ethnographic Research in Istanbul* by the Institute for Religion, Culture & Public Life of Columbia University.[7]

Participants in the seminar presented papers on relevant topics that discussed the coexistence of Islam and Christianity in the area, the practice of Muslims and Christians sharing same religious sites, such as in the case of Aya Yorgi (St. George's Church) on Büyükada Island, and the possibilities of further developing the dialogue of the two religions. This part of the seminar was concluded with the

---

[6] See above, note 2.
[7] See above, note 3.

visit to the actual site on the top of Büyükada, where the students had the opportunity to see the church and monastery and discuss with the Abbot the practice of both Christians and Muslims' visiting the site on the day of the feast of the saint.

Further, the more experiential aspect of the programme involved a visit to Aya Sofia, a place described by many as a "'contested'" sacred space. Participants to the seminar had the chance to follow the history of the site, from its early days when it was a Christian church, to its later use as a mosque, and its current state as a museum. Additionally, the seminar continued with an exploration of the history and visits to two major Muslim places of worship; the Blue Mosque and the Eyüp Mosque, where participants were exposed both to the history of these religious sites and to evening prayer.

Perhaps the most fruitful encounter between Muslim and Christian students took place at the Theological Faculty of Marmara University during the Erasmus Exchange Study Day Programme "'When İlahiyat and Theology Meet.'" Over the parallel sessions at Marmara University, students had the option of attending lectures either on themes in "'Church(e)s in Christianity'" or on "'Shared and Contested Spaces: Theological and Philosophical.'" Discussions followed after a variety of lectures: *Da'wah to All Nations? Christian Mission in the World Church*; *People of the Word: Theological Language in Muslim-Christian Dialogue; Christianity in the South as Challenge for Christian Theology* (Prof. Norbert Hintersteiner, Münster). Further, *The Orthodox Church in Turkey's History of Religion* (Prof. Ismail Taşpinar, Marmara); *A History of Christianity: Insights to the Orthodox Churches* and *Kalām as Shared Theological Space: Origins and Sources of Christian Kalām* (Vasile-Octavian Mihoc, Münster); *Eastern and Oriental Orthodox Churches in the Ecumenical Movement* (Aikaterini Pekridou, Münster). The Philosophy of Religion Conference-Seminar, which took place on the same day, was coordinated by Prof. Rahim Acar (Marmara), and featured a lecture under the topic *Are there any reasons for hope? Reflections on the Western Philosophy of Religion* by Prof. Klaus Müller (Münster).

Stimulating conversations between Muslim and Christian students, who had studied relevant academic literature prior to the seminars, focused on the topic of Muhammad and Jesus as Prophets of God. Apart from the question of prophecy in Islam and Christianity, students had the opportunity to ask questions, and also respond to questions, regarding their faith and religious practices. Conversations extended beyond questions of faith and theology to language and culture, as students shared their experiences concerning academic and other everyday life in Turkey and Germany, comparing Turkish and German languages and cultural patterns. It is noteworthy that international students who had previously studied in Germany, as well as German students of Turkish descent that then studied in Turkey, joined the seminar and enriched the discussions with their experiences in both German and Turkish cultures.

During the last part of the seminar, Prof. Scott Kenworthy (Münster/Ohio) focused on the historical developments of the 19th and 20th centuries in Istanbul and the broader geographical region highlighting post-Ottoman Christian-Muslim religious political engagements. Discussions centered on the Turkish understanding of religion, and the role of tradition and modernity in Turkish Islamic thought as well as the Catholic and Orthodox Christian presence in Istanbul since the 19th century. Lastly, given Turkey's geographical location and its being a passage country for Syrian refugees, participants in the seminar paid a visit to the Swedish Embassy, where they met with Dr. Önver Cetrez, head of the Swedish Research Institute in Istanbul, and were informed about the refugee situation and its effect in Turkey, as well as the Syrian refugee center in Istanbul, its function and activities. Overall, participants received good insights on the understanding of religion in Turkey and Turkish Islamic theological schools.[8]

Participants in the seminar visited the Austrian Catholic community in Istanbul and were welcomed by Fr. Franz Kangler, who introduced them to the ministry of the Catholic Church in Istanbul. They also had the opportunity to walk in the historical Beyoglu area and the bazaar, use the means of transportation in the city and taste the local delicacies.

## Halki Summit: Theology, Ecology and the World

The Münster Institute of Missiology and the Study of Theologies Beyond Europe not only entertains a creative collaboration with Marmara University, but also, through its Christian orthodox academic staff maintains good relations with the Ecumenical Patriarchate on burning issues of global reach.

In this respect, one academic staff member, Aikaterini Pekridou, took part at the "'Halki Summit II'" from June 8–10, 2015 on the Island of Heybeliada.[9] Organized under the auspices of His All-Holiness Ecumenical Patriarch Bartholomew, renowned for his ecological sensitivity and co-sponsored by the Ecumenical Patriarchate and Southern New Hampshire University, the first carbon neutral campus in New Hampshire and among the first in the USA, Halki Summit II focused on "'Theology, Ecology and the World'" and promoted a conversation on the Environment, Literature and the Arts. In the line of five educational seminars, eight international symposia and the successful Halki Summit I in 2012, which discussed

---

[8] See above, note 4.
[9] See 'http://www.halkisummit.com, Aikaterini Pekridou (Münster), served as staff assisting the Organizing and Planning Committees of Halki Summit II.

the environment in relation to ethics and innovation, Halki Summit II brought together world-renowned literary and environmental leaders, artists, intellectuals, educators, theologians and students.

Ecumenical Patriarch Bartholomew opened the summit on 8 June at the Theological School of Halki on Heybeliada Island, calling participants to "'consider how to inspire one another to love and good works'" (Heb. 10, 24), and to listen how "'the heavens declare the glory of God, and the firmament proclaims the creation of His hands'" (Ps. 19, 1). He reminded that people who serve the arts are "'images of divine creativity and godly compassion'" who can assist the world to discern the sacred mystery as well as the exceptional harmony and balance that unfolds in creation.

Revd. Dr. John Chryssavgis, secretary of the organizing committee, commented on the tense, albeit creative relationship between science and art, underlining how the ecological initiatives of the Ecumenical Patriarchate have focused on reconciling the science of climate change with the religious approach of creation while promoting an organic view of the world. This alternative vision is more than a political conviction or fashionable statement; it needs to become a way of living, and this is where the arts can be of assistance to both religion and science.

On 9 June, keynote speaker Terry Tempest Williams, poet and author, together with her student Ms. Alisha Anderson highlighted the importance of word and story, art and ritual, covenant and connectivity in dealing with environmental problems through narrating the story of the Oquirrh Mountains in Salt Lake Valley. Ms. Williams thanked Ecumenical Patriarch Bartholomew for his inspiring leadership in addressing the ecological crisis and the spiritual dimension of the problem. She urged for spiritual activism and described the wild in nature as a movement of direct action; similarly, she depicted religion and faith as a movement of direct action. Ms. Anderson presented her film on the loss of the mountains due to Rio Tinto's copper mine and underlined the importance of place and locality in talking about the environment.

Prof. Terry Eagleton, literary theorist and critic, suggested a dialectical approach to art. After exposing the audience to different historical and sociological definitions of art, Eagleton concluded that each one deconstructs itself based on its very definition. In his exposition of the relationship of faith, nature and art, he called attention to the multiple meanings of experience, culture, love and imagination.

Distinguished mountaineer and photographer James Balog presented his award-winning documentary "'Chasing Ice'" that captures a record of the world's changing glaciers. Through his artistic work that registers the history of ancient mountains of ice rapidly disappearing, Mr. Balog stressed the concept of "'Anthropocene'", the idea that a new epoch has begun when human activity has an impact on earth's ecosystems, and emphasized the importance of evidence over belief when it comes to the destruction of the environment, urging the audience to use their voices in order to bring about urgent change.

On 10 June, Prof. Raj Patel, author and activist, spoke on ecology, love and the art of food. He demonstrated how ecology involves a broad set of human relationships, how gender roles and power relate to it, and talked about different ecological technologies and how they affect community living. The example of a small community in Malawi whose life was transformed, demonstrated how the art of making food using ecological methods can redefine relationships between men, women and children in the community.

Rev. Prof. Timothy Gorringe discussed the role of art in transforming culture with regard to climate change. He described art as an expression which is not isolated and does not lift humans out of their history. In his view, art does not provide us with the meaning of human existence; it is "'not our Saviour'" but rather reveals our degradation. Its role is to teach us about tension, which is seen as the ground of both love and prayer.

Apart from the keynote speakers, the discussion facilitators and other participants, such as local Prof. Burcu Meltem Arik (Bilgi University), and Prof. Burak Demirel (Boğaziçi University in Istanbul) contributed to the conversations with their expertise, fruitful reflections and questions. During the last session of the summit, the group of student participants from the Southern New Hampshire University took the floor to speak on how their generation views the relationship of the environment with literature and the arts and offered their reflections, thus contributing to the conversation. The summit concluded with an artistic evening of reciting poetry, music and singing together with an official dinner and closing remarks by President Paul LeBlanc of Southern New Hampshire University.

On 11 June, participants of Halki Summit II visited the Ecumenical Patriarchate. A guided tour was also provided to the Chora Monastery and Haghia Sophia, both masterpieces of religious art.

# Die Türkisch-Deutsche Universität (TDU) – zwei Länder, eine Hochschule?

Prof. Dr. Dr. h.c. Klaus Backhaus, Maximilian Bader,
Dr. Christina Carlsen

## 1. Ziele und Partner der jungen Hochschule

Staatliche Hochschulgründungen sind heute eher eine Seltenheit. Nicht nur, dass eine neue Hochschule erheblicher Finanzmittel bedarf: Es ist auch eine Sisyphusarbeit, eine neue Universität zu gründen. Dies gilt umso mehr, wenn es sich um die Gründung einer bi-nationalen Universität handelt, bei der unterschiedliche Kulturen aufeinander treffen und durch sprachliche Unzulänglichkeiten auf beiden Seiten sowie räumliche Entfernungen interkulturelle Probleme verstärkt werden. In der ersten Dekade des neuen Jahrtausends wurde genau ein solches ambitioniertes Projekt von zwei seit langem verbundenen Ländern, Deutschland und der Türkei, aufgenommen: Eine deutschsprachige, aber türkische staatliche Universität in Istanbul. 2008 unterzeichnete man das entsprechende Regierungsabkommen, wenige Zeit später den Gründungsbeschluss, 2010 wurde der Grundstein für die Türkisch-Deutsche Universität (TDU) bzw. Türk Alman Üniversitesi (TAU) gelegt. Die Wurzeln des Projekts reichen jedoch bis in die 1950-er Jahre zurück, und auch bis zur Aufnahme des Lehrbetriebs musste noch Zeit vergehen.

Nicht nur administrative Aufgaben waren zu bewältigen, die akademische Zukunft der neuen Universität musste geplant werden. Auf türkischer Seite ist hierfür in letzter Instanz der staatliche Hochschulrat (Yükseköğretim Kurulu Başkanlığı, YÖK) verantwortlich, da die TDU türkischem Hochschulrecht unterliegt. Die deutsche Seite bildete zu diesem Zweck – unter Leitung des Deutschen Akademischen Austauschdienstes (DAAD) als Vertreter des Bundesministeriums für Bildung und Forschung (BMBF) – ein Konsortium von über zwanzig deutschen Hochschulen, um die Studiengänge auszuwählen, zu entwickeln und umzusetzen. Um die Gründung auch physisch voranzutreiben, wurden 2012 in Beykoz im Norden von Istanbul auf der asiatischen Seite zunächst provisorische Bauten fertiggestellt (vgl. Abb. 1). Seit 2015 wird nun das Provisorium in mehreren Bauabschnitten bis 2019 in seinen Zielzustand überführt (vgl. Abb. 2 und Abb. 3. Abb. 2 zeigt das erste bereits errichtete Gebäude).

Der offizielle Lehrbetrieb an der TDU startete im Wintersemester 2013/14 mit den Bachelorstudiengängen „Betriebswirtschaftslehre", „Rechtswissenschaft" und „Technik mechatronischer Systeme" sowie den Masterstudiengängen

*Abbildung 1: Provisorische Bauten auf dem Gelände der TDU*

*Abbildung 2: Das bereits fertiggestellte Fremdsprachengebäude der TDU*

„European and International Affairs" und „Interkulturelles Management".[1] Zum Wintersemester 2014/15 kamen die Bachelorstudiengänge „Politik und Verwaltung" sowie „Wirtschaftsingenieurwesen" hinzu. Im Wintersemester 2015/16 begann der Masterstudiengang „Privatrecht". Zum Wintersemester 2016/17 sollen bis zu sechs weitere Bachelor- und Masterstudiengänge folgen.

*Abbildung 3: Gesamtplan des Ausbaus der TDU*

---

[1] Bereits seit dem Wintersemester 2011/12 können Studierende der TDU mit Hilfe eines Stipendiums an der Technischen Universität Dortmund das Masterstudium „Manufacturing Technology" aufnehmen. Beabsichtigt ist nun, die Lehrveranstaltungen dieses Studiengangs schrittweise an die TDU zu verlagern.

Die Türkisch-Deutsche Universität (TDU) – zwei Länder, eine Hochschule?

**Tabelle 1: Konsortialpartner und Zuständigkeiten**

| | |
|---|---|
| Alice Salomon Hochschule Berlin | Technische Universität Darmstadt |
| Brandenburgische Technische Universität Cottbus | Technische Universität Dortmund |
| Deutscher Akademischer Austauschdienst | Universität Augsburg |
| Fachhochschule Aachen | Universität Bayreuth |
| Fachhochschule Bielefeld | *Universität Bielefeld: Fremdsprachenzentrum* |
| Fachhochschule Südwestfalen | Universität Duisburg-Essen |
| Frankfurt School of Finance and Management | Universität Erfurt |
| *Freie Universität Berlin: Rechtswissenschaften* | *Universität Heidelberg: Kultur- und Sozialwissenschaften* |
| Georg-August Universität Göttingen | Universität Hohenheim: Volkswirtschaftslehre[2] |
| Hochschule Bonn-Rhein-Sieg | Universität Konstanz |
| Hochschule Bremen | *Universität zu Köln: Wirtschafts- und Verwaltungswissenschaften* |
| Hochschule für Bildende Künste Braunschweig | Universität Paderborn |
| Otto Friedrich Universität Bamberg | Universität Passau |
| Ruhr-Universität Bochum | *Universität Potsdam: Naturwissenschaften* |
| SRH Hochschule Berlin | Universität Siegen |
| *Technische Universität Berlin: Ingenieurwissenschaften* | Universität Stuttgart |
| Technische Universität Braunschweig | *Westfälische Wilhelms-Universität Münster: Bachelorstudiengang Betriebswirtschaftslehre* |

Alle Studiengänge gehen aus einer engen Zusammenarbeit zwischen der TDU und dem deutschen Hochschulkonsortium, welches neben dem DAAD mittlerweile 33 Mitglieder hat, hervor. Für die Planung und den Aufbau jeder Fakultät und jedes Studiengangs übernimmt zudem auf deutscher Seite eine einzelne ausgewählte Hochschule aus dem Konsortium die Verantwortung („Federführung"). Tabelle 1 enthält eine alphabetische Liste der derzeitigen Konsortialpartner; die federführenden Hochschulen sind kursiv markiert.

Die Übersicht macht deutlich, dass sich eine Reihe namhafter deutscher Hochschulen in diesem ambitionierten Projekt engagieren. Insofern startet die junge

---

[2] Der Bachelorstudiengang Volkswirtschaftslehre durch die Universität Hohenheim ist in Planung.

Universität unter guten Bedingungen – vorausgesetzt alle beteiligten Parteien halten sich an ihre Zusagen.

Schließlich soll die TDU die besten Errungenschaften türkischer und deutscher Hochschultradition in Forschung und Lehre verbinden. Dies ist nur durch eine systematische partnerschaftliche Zusammenarbeit zwischen den involvierten Akademikern auf türkischer Seite und den Mitgliedern des deutschen Hochschulkonsortiums möglich. Des Weiteren soll sich die bi-nationale Universität durch eine intensive Kooperation mit deutschen und türkischen Unternehmen profilieren. Man spricht von einem Leuchtturmprojekt der deutsch-türkischen Hochschulkooperation. Den Vorgaben des türkischen Hochschulrechts (z.B. das Angebot von Pflichtfächern in türkischer Literatur und Geschichte) sowie den Anforderungen der verschiedenen Studiengänge (beispielsweise türkische Rechtssprache oder englischer Fachjargon) wird Rechnung getragen; überwiegend findet der Unterricht an der TDU aber in deutscher Sprache statt. Im Zielzustand wird die nach türkischem Recht operierende TDU faktisch die größte deutsche Auslandsuniversität sein (mittelfristig geplant sind 5.000 Studierende).

## 2. Das Konzept des Studiengangs Betriebswirtschaftslehre

Das Konzept, das dem Aufbau der TDU zugrunde liegt, zeichnet sich durch ein ausgeprägtes Profil der bisher realisierten Studiengänge aus. Wie ein solches Profil aussehen kann, soll am Beispiel des Bachelorstudienganges „Betriebswirtschaftslehre" (BWL) deutlich gemacht werden. Für diesen ist die Westfälische Wilhelms-Universität (WWU) Münster der federführende Konsortialpartner auf deutscher Seite; Konzeption und Realisation erfolgen partnerschaftlich durch das hiesige Betriebswirtschaftliche Institut für Anlagen und Systemtechnologien mit der betriebswirtschaftlichen Abteilung der TDU auf türkischer Seite.

Wir verwenden zur Beschreibung des BWL-Bachelorstudiengangs die Metapher eines Hauses: Die Basis liefert ein solides Fundament, auf dem das Haus steht und in dem sich die Profilbildung konkretisiert. Das Dach legt noch einmal pointiert dar, was den Kern einer betriebswirtschaftlichen Ausbildung an der TDU ausmacht: Koordination (vgl. Abb. 2).

Das BWL-Studium an der TDU ist durch eine Mischung aus praxis- und forschungsorientierter, aus quantitativ und qualitativ ausgerichteter Lehre gekennzeichnet, sie stellt das Fundament dar. Profilbildend für den BWL-Studierenden ist aber die Bewältigung der Koordinationsaufgabe. Die Kenntnis von Daten und Methoden, von Theorien und Anwendungen ist zwar auch bedeutsam, der Fähigkeit zur Lösung von Koordinationsproblemen aber untergeordnet. Dies ist begründet in der Erkenntnis, dass Managementaufgaben häufig in der Koordination von nicht kompatiblen Teilentscheidungen liegen. Allgemeine Betriebswirtschaftsleh-

*Abbildung 4: Konzeption des Studiengangs Betriebswirtschaftslehre*

re wird deshalb auch unter dem Schirm der Lösung von Koordinationsproblemen diskutiert.[3]

Angesichts der kürzer gewordenen Halbwertzeiten aktuellen Wissens tritt das Faktenstudium in seiner Bedeutung zurück. Gefordert sind Fähigkeiten anstelle von Fertigkeiten. Dies wird intensiv trainiert, um die Absolventen der TDU in BWL zukunftssicher auszubilden. Darüber hinaus benötigen sie in einer sich globalisierenden Welt neben Sprachkenntnissen (an der TDU: deutsch, türkisch, englisch) und dem Blick über den kulturellen Tellerrand auch den sicheren Umgang mit internationalen Entscheidungsproblemen, wie z. B. die Optimierung des Arbitrage-Verhaltens bei interdependenten internationalen Märkten.[4]

Schließlich wird der Gründungsgedanke in die akademische Ausbildung mit einbezogen. Insofern ist der Studiengang in zweierlei Hinsicht auf Selbständigkeit gerichtet. Zum einen wird die unternehmerische Gründungsperspektive eingenommen: Im Rahmen der Allgemeinen BWL spielen Gründungsfragen und die Unterscheidung zwischen Unternehmer und Management eine entscheidende Rolle. Für Studierende bedeutet das den beruflichen Weg in die Selbstständig-

---

[3] Eine detaillierte Auseinandersetzung mit Koordination als Kernelement einer Allgemeinen Betriebswirtschaftslehre findet sich bei Backhaus, K./Herbst, U./Voeth, M./Wilken, R., Allgemeine Betriebswirtschaftslehre – Koordination betrieblicher Entscheidungen, 4. Aufl., Berlin et al. (2009).

[4] Vgl. Backhaus, K. /Voeth, M., Internationales Marketing, 6. Aufl., Stuttgart (2010).

keit. Zum anderen steht selbständiges Lernen im Fokus: Selbständigkeit wird insofern eingefordert, als viele Aspekte in interaktiven Prozessen diskutiert werden. Auch bei klassischen Vorlesungen steht der Dialog im Vordergrund, der die Studierenden dazu veranlasst, zumindest teilweise selbstständig zu arbeiten, damit sie gewinnbringend an der Diskussion teilnehmen können. Erleichternd wirken hier kleine Kursgrößen an der TDU (weniger als 50 Studierende pro Jahrgang im Bachelorstudiengang BWL).

Mit diesem Konzept wird eine moderne BWL angeboten, die sich nicht im Detail verliert, sondern grundlegende Fähigkeiten zu entwickeln hilft. Gerade die Mehrsprachigkeit ist ein wichtiger Erfolgsfaktor. Deshalb ist die Universität Bielefeld mit einem großen Sprachlabor vor Ort und führt einjährige Vorbereitungsklassen mit deutschem Lehrpersonal durch, unterstützt wird sie durch bilinguale Fachkräfte vor Ort. In diesen Klassen können die türkischen Schulabsolventen auch ohne Vorkenntnisse der deutschen Sprache durch intensives Training ein Niveau erreichen, das zum Studium an einer deutschen Universität berechtigt (Deutsche Sprachprüfung für den Hochschulzugang, DSH-Prüfung).

Die erfolgreiche Teilnahme an dieser Prüfung ermöglicht den Studierenden nicht nur die Aufnahme des Studiums, für das sie sich an der TDU immatrikuliert haben, sondern bietet ihnen noch vor Beginn der Vorlesungen die Möglichkeit zur Teilnahme an einer einmonatigen Sprachschule in Deutschland, in der sie ihre Kenntnisse vor Ort weiter vertiefen können. Die Förderung weiterer Sprachfähigkeiten erfolgt studiengangspezifisch. Das BWL-Curriculum sieht zunächst Wirtschaftsdeutsch vor, parallel werden die schulischen Englisch-Kenntnisse wiederholt und später intensiviert, um bis zum Studiumsende auch diese Sprache und ihre betriebswirtschaftliche Anwendung zu beherrschen. Schließlich bieten Auslandssemester beispielsweise im Rahmen von Erasmus-Kooperationen, fachspezifischen Praktika in internationalen Unternehmen und Summer Schools in Deutschland weitere Trainingsmöglichkeiten. Für den Erwerb von Fremd- und Fachsprachenkenntnissen und die spätere Beschäftigung in deutschen und internationalen Unternehmen tätigen Studierende der TDU auch eine entsprechende Investition: Das Bachelorstudium umfasst in der Türkei acht Semester und somit in der Regel bereits zwei Semester mehr als das deutsche Pendant. An der TDU verlängert es sich – sofern die Teilnahme an der Vorbereitungsklasse erforderlich ist – um ein weiteres Jahr.

## 3. Die TDU in der türkischen Hochschullandschaft

Der Weg in einen Studiengang der TDU ist durch das türkische Hochschulrecht gekennzeichnet. Im Vergleich zu Deutschland ergeben sich einige Besonderheiten. Vergleichbar zu Frankreich bedeutet der türkische Schulabschluss nicht das

Lösen einer Eintrittskarte für ein universitäres Studium, sondern berechtigt lediglich zur Teilnahme an einer zentralen Aufnahmeprüfung. Diese besteht aus einem (derzeit) zweiteiligen Multiple-Choice-Test mit einer Dauer von jeweils mehreren Stunden.

Nicht die schulische Leistung, sondern das Ergebnis dieses Tests entscheidet darüber, wer von den über zwei Millionen Teilnehmern pro Jahr[5] an welcher Universität für welches Studium zugelassen wird. Dabei legen sich die Bewerber in der Regel schon vor Absolvierung der Aufnahmeprüfung auf ein oder zwei Fachrichtungen fest[6]. Das Testergebnis entscheidet dann darüber, ob der Absolvent sich im gewünschten Studiengang (und an der gewünschten Universität!) immatrikulieren darf. Da die Nachfrage regelmäßig das Angebot übertrifft (2015 erhielt nur die Hälfte der Prüfungsteilnehmer einen Studienplatz), ist der Zugang zu einer besonders renommierten Universität und/oder einer besonders gefragten Studienfachrichtung nur mit einer entsprechend hohen Punktzahl in der zentralen Aufnahmeprüfung möglich. Viele Bewerber unternehmen daher mehrere Anläufe, um ein besonders gutes Ergebnis zu erzielen. Die Tatsache, dass die TDU bereits relativ früh hohe Nachfrage erzeugt hat, spricht für die Bedeutung, die der jungen Hochschule schon kurz nach Aufnahme des Lehrbetriebs beigemessen wurde.

So verfünffachte sich – aufgrund neuer Studiengänge, aber auch aufgrund steigender Kohortengrößen – die Zahl der Studierenden, welche im Wintersemester 2014/15 im Vergleich zum Vorjahr ihr Fachstudium aufnahmen; im Wintersemester 2015/16 verdoppelte sich diese Zahl erneut. Die große Anzahl an Studierenden der Vorbereitungsklasse des Wintersemesters 2015/16, in welcher türkische Schulabsolventen wie zuvor beschrieben ein Jahr lang ihre Deutschkenntnisse auf ein notwendiges Mindestniveau bringen, bevor sie die eigentlichen Veranstaltungen ihres jeweiligen Studienfachs besuchen, deutet zudem darauf hin, dass sich dieser positive Trend fortsetzen wird.

Einige dieser stark nachgefragten Studienplätze sind dem Bachelorstudiengang BWL zuzuschreiben. Hier haben sich nur türkische Studierende eingeschrieben, die gemäß zentraler Aufnahmeprüfung zu den besten 5% der Türkei zählen. Durch den engagierten Einsatz sowohl der türkischen als auch der deutschen Dozenten ist es somit gelungen, den Studiengang der TDU binnen zweier Jahre auf

---

[5] Die Angabe bezieht sich auf die Anzahl der Teilnehmer für den ersten Teil des Tests, die sog. Yüksek öğretime Geçiş Sınavı (YGS). Nur die erfolgreichen YGS-Absolventen nehmen am zweiten Teil des Tests, der sog. Lisans Yerleştirme Sınavı (LYS) teil. Die gewichtete Punktzahl aus beiden Testteilen entscheidet über das Ranking des Studierenden in der Gesamtzahl der Teilnehmer.

[6] In Abhängigkeit vom gewünschten Studiengang wählen die Teilnehmer mindestens zwei von insgesamt fünf Schwerpunkten des LYS: Mathematik, Naturwissenschaften, Literatur und Geographie, Soziologie sowie Fremdsprachen. Ein Teilnehmer, der sich vorab nicht auf ein Studienfach festlegen möchte, muss sich in allen fünf vorgenannten Bereichen prüfen lassen.

Rang 11 im nationalen Ranking der Universitäten in der Türkei zu bringen. Allerdings ist auch anzumerken, dass die junge Universität das in sie gesetzte Vertrauen auch erfüllen muss. Viele Anfangsschwierigkeiten sind zu bewältigen – nicht nur die einer normalen Hochschule, sondern die einer binationalen Universität.

## 4. Zwei Länder, zwei Kulturen, zwei Sprachen – ein ambitioniertes Hochschulprojekt

### 4.1. Die Innenperspektive

Aller Anfang ist schwer. Das gilt auch für die TDU. Obwohl im „großen Ganzen" die Richtung stimmt, ergeben sich Schwierigkeiten im Detail. Hierbei handelt es sich um Kinderkrankheiten, die bei jeder Innovation auftreten. Eine bi-nationale Universität ist jedoch ein besonders anspruchsvolles Projekt. Die üblichen Probleme der Kommunikation und Abstimmung werden durch die Vielzahl der Beteiligten auf der Mikro- und Makroebene potenziert: An jedem Studiengang wirken das Institut der federführenden Universität auf deutscher Seite und die korrespondierende Abteilung auf türkischer Seite mit, aber auch der DAAD als Financier insbesondere des Lehrpersonals der TDU, das deutsche Hochschulkonsortium als akademischer Ratgeber, die TDU auf mehreren Verwaltungs- und Entscheidungsebenen vom Studentensekretariat bis hin zur Universitätsleitung und nicht zuletzt der türkische Hochschulrat YÖK. Zusätzlich erschwerend wirken räumliche Distanz, sprachliche Hürden und kulturelle Unterschiede. Anhand der folgenden Beispiele, die ausgewählte Erfahrungen der WWU Münster im Bachelorstudiengang BWL widerspiegeln, soll ein Einblick in die Komplexität des Problems gegeben werden.

#### a) Flying Faculty und Blockunterricht: Das Co-Teaching Modell

Wie bereits einleitend erwähnt sollen an der TDU die Errungenschaften türkischer und deutscher Hochschultradition in Forschung und Lehre verbunden werden. Dieses Ziel lässt sich im Lehrbetrieb durch eine gute Mischung von erfahrenen Professoren aus Deutschland, die für Lehrveranstaltungen der TDU einfliegen (sog. ‚Flying Faculty'), und ihren Kollegen in der Türkei erreichen. Lehrveranstaltungen im Bachelorstudiengang BWL finden üblicherweise mit zwei bis vier Stunden pro Woche über insgesamt vierzehn Unterrichtswochen statt.[7] Renommierte deutsche Professoren können jedoch nur wenige Male während des Semesters an die TDU kommen, da sie auch an ihrer Heimatuniversität stark in Lehre

---

[7] Zwischen Vorlesungsbeginn und -ende liegen an der TDU in der Regel fünfzehn Wochen, von denen aber eine den in der Türkei üblichen Zwischenprüfungen vorbehalten ist. Diese finden an der TDU zu Beginn des letzten Drittels des Semesters statt.

und Forschung eingebunden sind. Damit sie den Studierenden während ihrer drei bis vier Aufenthalte dennoch die gesamten Inhalte der übernommenen Lehrveranstaltung vermitteln können, sind pro Aufenthalt ein bis zwei Tage Unterricht im Block erforderlich. In den übrigen Wochen des Semesters wird die Veranstaltung nicht gelehrt. Der türkische Hochschulrat YÖK hingegen sieht für Bachelorstudiengänge gleichmäßig und möglichst wöchentlich über das Semester verteilte Veranstaltungen vor. Ein unlösbarer Widerspruch – wenn nicht beide Seiten auf Arbeitsebene und gemeinsam mit den Kollegen anderer Fachbereiche an einer Lösung gearbeitet hätten. So wurde das Konzept des „Co-Teaching" entwickelt und eingeführt. Beim Co-Teaching wird eine Veranstaltung von einem Mitglied der Flying Faculty und einem Kollegen der TDU gemeinsam durchgeführt. Deutsche Professoren wirken an der Strukturierung der Veranstaltungen mit und übernehmen einen Teil der Lehre in Istanbul (im Block), während die türkischen Kollegen in ihrem Teil für eine Kontinuität während des übrigen Semesters sorgen.[8] Hier können die deutschen und türkischen Professoren zudem gegenseitig wertvolle Anregungen gewinnen, es entstehen Anreiz- und Kontrollmechanismen zur Weiterentwicklung und Verbesserung der Veranstaltung – ein Modell, von dem Universität und Studierende gleichermaßen profitieren.

Dieser Win-Win-Situation wirken jedoch verschiedene Faktoren entgegen, so dass das Modell bislang nur eingeschränkt erfolgreich ist. Da die deutsche Seite über den DAAD die Flying Faculty finanziert, werden zur Budgetkontrolle Mindestlehrverpflichtungen pro Aufenthalt der deutschen Professoren vorgegeben. Auf der einen Seite steht somit die YÖK-Regelung, in jeder Veranstaltung nicht mehr als die üblichen (zwei bis vier) Semesterwochenstunden pro Aufenthalt zu lehren. Auf der anderen Seite die DAAD-Vorgabe, pro Aufenthalt acht Stunden zu lehren. Diese Kluft überbrücken lässt sich derzeit – unabhängig davon, ob das Flying-Faculty-Mitglied bereit ist, wöchentlich anzureisen, oder mit einem türkischen Kollegen im Co-Teaching-Modell arbeitet – nur bei Professoren aus Deutschland, welche an der TDU mehr als eine Veranstaltung verantworten.

---

[8] Am Beispiel einer Veranstaltung mit drei Semesterwochenstunden und eines Professoren aus Deutschland, der maximal viermal während eines Semesters in die Türkei fliegen kann, soll dies verdeutlicht werden. Bei einer Lehrverpflichtung von insgesamt 42 Stunden über das vierzehnwöchige Semester müsste die Veranstaltung in vier Blockveranstaltungen mit einer Länge von jeweils zehn bis zwölf Stunden zusammengefasst werden – die übrigen zehn Wochen des Semesters würde zur Veranstaltung keine Lehre stattfinden. Übernimmt nun ein Dozent an der TDU die Hälfte der Lehrverpflichtung, so lässt sich der Blockunterricht des deutschen Kollegen auf vier Termine mit einer Dauer von jeweils nur vier bis sechs Stunden reduzieren – die übrigen zehn Wochen des Semesters lehrt der türkische Dozent vor Ort. Das Problem des Blockunterrichts würde deutlich entschärft werden, da in allen vierzehn Vorlesungswochen die Veranstaltung gelehrt und in keiner Woche die reguläre Semesterwochenstundenzahl deutlich über- oder unterschritten wird.

Hier müsste der Austausch zwischen den Ministerien in beiden Ländern so gut abgestimmt sein, dass solche Widersprüche das Tagesgeschäft nicht lähmen und der Diskurs zwischen türkischen und deutschen Partnern belastet wird.

### b) Blockunterricht und Semesterplanung

Wie zuvor ausgeführt findet der Einsatz deutscher Professoren teils geblockt und immer zu unflexiblen, weil durch die Heimatuniversität vorgegebenen Terminen statt, häufig zu Beginn oder Ende der Woche, darüber hinaus sind diese Professoren zum Teil für mehrere Lehrveranstaltungen im Einsatz. Dies ist zu berücksichtigen in einer Stundenplanung für das Semester, welche bereits eine normale Universität vor Herausforderungen stellt und in der Regel nur über computergestützte Planungsprogramme gelöst werden kann. Da der Lehrbetrieb für den Bachelorstudiengang BWL an der TDU im Wintersemester 2013/14 aufgenommen wurde, sind derzeit die Stundenpläne von drei Kohorten (Klassen) zu koordinieren und an die Gegebenheiten des Flying-Faculty-Einsatzes anzupassen. Hinzu kommen die Anforderungen von Studierenden, welche die bereits beschriebene DSH-Prüfung nicht regulär am Ende der Vorbereitungsklasse im Sommer, sondern aufgrund guter Deutsch-Kenntnisse bereits oder aufgrund von Sprachschwierigkeiten erst im wiederholten Versuch im Winter bestehen. Da sie zum Sommersemester ihr Studium aufnehmen, viele Veranstaltungen des Bachelorstudiengangs BWL aber aufeinander aufbauen und einen Beginn zum Wintersemester unterstellen, wird diesen Studierenden ein eigener Lehrplan aus ausgewählten Modulen des BWL-Curriculums angeboten. Schließlich existieren gemeinsame Veranstaltungen mit anderen Fachbereichen, ganz zu schweigen von der Abstimmung mit interdisziplinären Studiengängen wie derzeit dem Bachelorstudiengang Wirtschaftsingenieurwesen, der wiederum hohe Anforderungen an die Flexibilität stellt. Der Grund liegt darin, dass auch die Ingenieurwissenschaften eine eigene Flying Faculty besitzen, die es zu koordinieren gilt. Die erfolgreiche Lösung der damit einhergehenden Herausforderungen basiert auf gegenseitigem Verständnis und gut aufeinander abgestimmter Zusammenarbeit zwischen deutschen und türkischen Dozenten verschiedener Fachbereiche.

### c) Kurzfristige Personalplanung und Personalstrategie

Ein weiteres Problem besteht für die TDU darin, auch vor Ort hochqualifiziertes deutschsprachiges Personal für die Lehre und Forschung zu gewinnen. Die meisten türkischen Akademiker können keine oder nur unzureichende Deutschkenntnisse vorweisen, weil die wissenschaftliche Diskussion in vielen Disziplinen in der Muttersprache oder auf Englisch geführt wird. Ein möglicher Lösungsansatz ist die Einstellung qualifizierter wissenschaftlicher Mitarbeiter, welche parallel zu ihrer Promotion eine Sprachausbildung erhalten – mit dem Ziel, sie später an der TDU als Dozenten zu beschäftigen. An dieser Stelle zeigt sich aber eine weitere Hürde, die die bi-nationale Hochschule zu nehmen hat: Die Formulierung und Umsetzung einer einheitlichen Personalstrategie. Während die deutsche Studiengangsleitung den Personalbedarf über die Auswahl von Mitgliedern der Flying Faculty zu decken versucht oder die Einstellung von Langzeitdozenten (s.u.) initiiert (in beiden Fällen vollständig bzw. großteils finanziert durch den DAAD), zeichnet sich die Hochschulleitung der TDU gemeinsam mit der entsprechenden Abteilungsleitung für die Einstellung türkischer Lehrkräfte verantwortlich. Nach welchen Kriterien die Beschäftigung wie vieler und welcher Akademiker erfolgt, ist noch gemeinsam im Rahmen einer studiengangsbezogenen Personalstrategie zu erarbeiten.

Übergreifend betrachtet bedarf es an vielerlei Stellen Fingerspitzengefühl, um neben den organisatorischen und inhaltlichen Themen auch kulturelle Unterschiede in der Herangehensweise an Themen zu beachten. Häufig kommen wichtige Anfragen sehr kurzfristig auf und müssen dann auch dementsprechend schnell bearbeitet werden, was die alltägliche Organisation erschwert. Wichtig hierbei ist, stets zu versuchen, Lösungen für neu aufkommende Probleme zu finden und sich nicht zu scheuen, altbekannte Denkweisen zu brechen und neue Wege einzuschlagen. Auf Arbeitsebene ist hierfür eine hohe Bereitschaft auf beiden Seiten zu finden, Hindernisse bestehen neben bürokratischen Hürden in der Kommunikation und Koordination. Die Steuerung wird aufgrund unklarer Verantwortlichkeiten an einer bi-nationalen Universität erschwert – viele Prozesse müssen erst noch definiert und gelebt werden. Die Probleme der Abstimmung sind teils in den unterschiedlichen Kulturen und den damit teilweise verbundenen unterschiedlichen Denkweisen, teils aber auch einfach in der physischen Distanz begründet – in jedem internationalen Großkonzern sind die damit verbundenen Schwierigkeiten hinlänglich bekannt. Im Bachelorstudiengang BWL haben schon einfache Lösungen wie die Einrichtung regelmäßiger Telefon- oder Videokonferenzen sowie Besuche der deutschen Studiengangsleitung den Informationsfluss erheblich verbessert. Darüber hinaus wurden – mit finanzieller Förderung des DAAD – an die wirtschaftswissenschaftliche Fakultät der TDU deutsche Post-docs berufen, welche als sogenannte Langzeitdozenten vor Ort in Istanbul wohnen und lehren. Diese Langzeitdozenten stehen im ständigen Austausch sowohl mit den deutschen als auch den türkischen Dozenten, was den Informationsfluss deutlich verbessert hat. Zudem haben die Langzeitdozenten umfangreichere Lehrverpflichtungen als ihre türkischen TDU-Kollegen und können somit personelle Engpässe auffangen, wenn sich weder von türkischer Seite noch mit Hilfe der Flying Faculty Lehrveranstaltungen personell besetzen lassen.

Anhand dieser ausgewählten Beispiele wird deutlich, wie aufwändig die Koordinierung eines einzelnen Studiengangs an der TDU derzeit ist und welche Art von Hürden genommen werden müssen. Dafür ist das Resultat, nämlich ein gut funktionierender bi-nationaler Lehrbetrieb einer Fakultät an einer Universität, die sich noch im Aufbau befindet, umso bemerkenswerter und stellt sicher einen fest verankerten Grundpfeiler der türkisch-deutschen Hochschulpolitik dar.

## 4.2. Die Außenperspektive

Die vorgenannten Problembereiche sind vorwiegend interner Natur. Sie müssen gelöst werden und sind zum Teil schon gelöst. Aber es ist auch klar, dass die Herausforderungen nur gemeinsam bewältigt werden können. Anders ausgedrückt: Es ist nicht nur notwendig, dass alle am gleichen Strang ziehen, sie müssen dies auch noch an einem Ende tun. Alle betroffenen Parteien müssen zusammenstehen, um die gute Idee der Gründung einer bi-nationalen, international orientierten Universität in die Tat umzusetzen. Für die Initiierung eines solch ambitionierten Projekts bedarf es Idealismus, für die Umsetzung auch eine gute Portion Realismus. Das muss in der Kommunikation nach außen auch deutlich werden. So ist es notwendig, allen Beteiligten und Interessensgruppen klar zu machen, dass die ersten Kohorten noch nicht ein Studienprogramm erwarten können, wie es sich am Ende etablieren wird. Das gilt für jede Neugründung. Allerdings muss die notwendige Unterstützung von Seiten der Fakultät gegenüber diesen Studierenden sichergestellt sein. Hier lohnt sich das Engagement, weil dadurch ein positives Klima aufgebaut wird, das sich in positiven Word-of-Mouth-Effekten niederschlägt – und das ist die beste, vielleicht sogar auch die billigste Form, glaubwürdig die Vorteile des Leistungsangebotes im Markt zu platzieren. Dieser Effekt lässt sich bestärken durch systematische Besuche bei deutschsprachigen Schulen mit dem Ziel, das Programm vorzustellen und für die inhaltlich neue und profilierte Konzeption zu werben: Am besten unterlegt mit positiven Urteilen der ersten Kohorten. Sie sind die glaubwürdigsten Zeugen für ein Leistungsangebot, das Reputation nicht nur sucht, sondern auch findet. Auf Dauer wird die TDU ihren angestrebten Platz nur finden, wenn ein entsprechender Reputationsaufbau gelingt. Man muss sich aber bewusst sein, dass Reputation nur langsam über die Zeit aufgebaut werden kann. Und sie ist ein asymmetrisches Phänomen: Während der Reputationsaufbau Zeit benötigt, geht der Reputationsabbau relativ schnell. Fatal wäre es, wenn durch inkonsequentes Handeln oder durch „Ausleben von Meinungsverschiedenheiten" die Investition in eine exzellente Ausbildung verspielt würde.

## 5. TDU: Quo vadis?

Mit dem kommenden Wintersemester 2016/17 wird im Bachelorstudiengang BWL zum ersten Mal mit vier Kohorten die volle Kapazität an Dozenten benötigt werden. Dies wird mit einer Steigerung der oben genannten Herausforderungen einhergehen. Nichtsdestotrotz kann mit Zuversicht und Neugier in die Zukunft geblickt werden. Zudem kommen spannende Thematiken zum bisherigen Geschäft hinzu.

So wird beispielsweise zwischen dem Sommersemester 2016 und dem Wintersemester 2016/17 allen drei Kohorten des Bachelorstudiengangs BWL der TDU eine Summer School in Münster angeboten. Die Studierenden, welche sich aufgrund ihrer Studienleistungen für den Aufenthalt qualifizieren, können im Rahmen der Summer School ihre betriebswirtschaftlichen wie auch ihre Deutsch-Kenntnisse verbessern, das Partnerland der TDU kennenlernen und auch Unternehmen vor Ort besuchen.

Des Weiteren ist für eine Universität, die auf bi-nationale Zusammenarbeit ausgerichtet ist, ein Austausch zwischen den beiden Ländern nicht nur in der Lehre bei den Dozenten notwendig, sondern auch bei den Studierenden sowie in der Forschung bei den Wissenschaftlern. Zum Zwecke der Internationalisierung wird im Bachelorstudiengang BWL 2016 ein Austauschprogramm etabliert werden, mit Hilfe dessen sich Studierende der TDU für eine gewisse Zeit, in der Regel mindestens ein Semester, an deutschen Hochschulen immatrikulieren und somit Vorlesungen dieser Hochschule besuchen können. Auch hier wird den Studierenden eine Vertiefung ihrer Deutschkenntnisse und zudem eine Sensibilisierung für die deutsche Kultur ermöglicht, so dass sich die deutsche Komponente der Ausbildung nicht nur in der Lehre und der Unterrichtssprache widerspiegelt. Türkische Studierende haben bereits in der Vergangenheit Auslandssemester in Münster verbracht. Nach ihrer Rückkehr konnten sie die Rolle eines Ansprechpartners für zukünftige Austauschstudenten einnehmen.

Weitgehend offen ist dagegen die Frage einer Intensivierung der Forschungskooperation. Man kann bei einer Neugründung einer Universität nicht an allen Hebeln der Reputationsbeeinflussung gleichzeitig tätig sein. Zunächst einmal gilt es, die Studierenden zu fördern und die Qualität des Lehrangebots auf das angestrebte Niveau zu heben. Sich ganz dieser Aufgabe zu widmen, erfordert schon eine Menge Kraft. Inwieweit auch in der Forschung Kooperationen erfolgreich zustande kommen, wird maßgeblich davon abhängen, ob „die Chemie zwischen den türkischen und deutschen Forschern" stimmt. Nur wenn das der Fall ist, werden nachhaltige Erfolge zu erzielen sein. Für die Reputation sind Forschungsergebnisse aber von großer Relevanz. Positiv stimmt, dass die TDU in ihrer Konzeption die ideale Ausgangslage für gemeinsame Forschung zwischen Wissenschaftlern beider Länder bietet. Und wie auch in den anderen Fachbereichen wurde im Bachelorstudiengang BWL ein Schritt in die richtige Richtung bereits getan: Eine wissenschaftliche Mitarbeiterin der wirtschaftswissenschaftlichen Fakultät der TDU wird einen Teil ihrer Forschung im Jahr 2016 in Münster durchführen. Sie wurde hierzu an einem der betriebswirtschaftlichen Lehrstühle aufgenommen und betreut.

## 6. Fazit

Dem aufmerksamen Leser wird nicht entgangen sein, dass sich der Aufbau einer bi-nationalen Universität, ja bereits der Aufbau eines einzelnen Studiengangs an der TDU nicht ohne Missverständnisse und Spannungen realisieren lässt. Über zwei Jahre sind seit Beginn des Lehrbetriebs vergangen, und immer noch gibt es auf operativer und strategischer Ebene eine Unzahl von Herausforderungen zu meistern und Verbesserungen zu erzielen. Vieles, was noch vor Kurzem möglich war, wird von einem Augenblick auf den anderen unmöglich, vieles, was vor Kurzem noch als gut befunden wurde, dient jetzt als Anlass für eine Änderung und Verbesserung. Das soll aber nicht einen Beigeschmack der Resignation oder Frustration hinterlassen – ganz im Gegenteil. Jede Gründung, jede Innovation birgt eine Unzahl von Gestaltungsmöglichkeiten, von Optimierungspotenzial – und das ist besonders spannend bei einem Projekt, welches eine solch kulturelle Vielfalt bietet. So ist bei den Beteiligten im Bachelorstudiengang BWL weiterhin die Chance und nicht das Risiko das Leitmotiv – in der festen Absicht, der türkischen Hochschullandschaft eine herausragende Universität hinzuzufügen, und in der Überzeugung, dass das „Leuchtturmprojekt der türkisch-deutschen Hochschulkooperation" gerade in politisch unruhigen Zeiten eine Brücke zwischen zwei seit langem verbundenen Ländern bilden kann.

## Bibliografie

K. Backhaus – U. Herbst – M. Voeth – R. Wilken, Allgemeine Betriebswirtschaftslehre – Koordination betrieblicher Entscheidungen (Berlin 2009)
K. Backhaus – M. Voeth, Internationales Marketing (Stuttgart 2010)

Der Artikel gibt die Entwicklung bis zum Zeitpunkt Januar 2016 wieder.

# Der Historisch-Archäologische Freundeskreis e.V. (Münster) und die Türkei

Jörg Wagner

*Abb. 1: Deutsches Grabungshaus im Dorf Eski Kahta*

Der Gedanke, einen Historisch-Archäologischen Freundeskreis zur Förderung der Forschungsarbeiten in der antiken Kulturlandschaft Kommagene am mittleren Euphrat in der Südost-Türkei zu gründen, wurde im Sommer 1967 im Grabungshaus von Arsameia am Nymphaios (Eski Kahta) entwickelt. Auf der Terrasse dieses im traditionellen Stil errichteten Gebäudes *(Abb. 1)*, von dem sich ein wunderbarer Blick auf die gegenüberliegende mittelalterliche Mamlukenburg bietet, saßen an einem herrlichen Abend im August Professor Dr. Friedrich Karl Dörner, der Leiter der deutschen Ausgrabungen in Arsameia am Nymphaios, und seine Gattin Dr. Eleonore Dörner zusammen mit ihren Besuchern, dem Ehepaar Agnes und Dr. med. Gerhard Hellenkemper aus Wesseling. Man sprach über die damals doch recht strapaziöse lange Anreise auf dem Landweg, die das Ehepaar Hellenkemper bewältigt hatte, über die vielfältigen neuen Eindrücke von Land und Menschen in Anatolien und natürlich über die Ausgrabungen in der kommagenischen Residenzstadt Arsameia am Nymphaios sowie über die benachbarten amerikanischen Grabungen unter Theresa Goell im Grabheiligtum von König Antiochos I. von Kommagene auf dem Nemrud Daği, an denen Dörner seit vielen Jahren als Epigraphiker ebenfalls beteiligt war.

Wenn man eine Ausgrabung besucht und die Gelegenheit findet, ein längeres Gespräch mit dem Grabungsleiter zu führen, so landet man zwangsläufig auch beim *nervus rerum* – bei dem Geld, mit dem eine so weit entfernte und dementsprechend kostspielige Grabung finanziert wird. Als Dörner die Probleme einer gesicherten regelmäßigen Finanzierung seiner Ausgrabung und besonders von den bei der Antragstellung im Jahr zuvor noch nicht vorhersehbaren Ausgaben schilderte, machte Dr. Hellenkemper den Vorschlag, dass man am besten einen Verein gründen sollte, der bei finanziellen Engpässen und zuvor nicht exakt kalkulierbaren Ausgaben sofort hilfreich einspringen könne. Man kann sich sehr gut vorstellen, dass dieser Gedanke und die sich daraus ergebenden neuen Möglichkeiten der Finanzierung noch bis tief in die Nacht hinein lebhaft diskutiert wurden.

Nach Beendigung der Grabungskampagne wieder nach Münster zurückgekehrt, setzte Dörner in und außerhalb der Westfälischen Wilhelms-Universität alle Hebel in Bewegung, um diese Idee möglichst umgehend in die Realität umzusetzen. Bereits Ende Oktober 1967 fand im Hause Hellenkemper die Gründungsversammlung mit dem Ergebnis statt, dass am 22. Januar 1968 der „Historisch-Archäologische Freundeskreis e.V." beim Amtsgericht in Münster eingetragen wurde: Dr. Hellenkemper übernahm das Amt des 1. Vorsitzenden, Dr. Dörner fungierte als Geschäftsführender 2. Vorsitzender. Die eingereichte Satzung dieses Vereins wies als zentrale Aufgabe die Förderung der archäologischen und historischen Forschungen in der Kommagene aus, d. h. in erster Linie die finanzielle Unterstützung der erfolgreichen Ausgrabungen in Arsameia am Nymphaios[1] und auf dem Gipfel des Nemrud Daği[2] sowie die Förderung eines intensiven archäologischen Surveys in der ganzen Kommagene. Dieser Survey erbrachte durch die Aufnahme von Siedlungen, zahlreichen Monumenten und Mosaiken, Straßen und Brücken *(Abb. 2)* sowie Militärlagern und Wachtposten viele neue Erkenntnisse zur kaiserzeitlichen Infrastruktur der Kommagene und war zudem auf das weitläufige Stadtgebiet der Brückenstadt Seleukeia am Euphrat/Zeugma ausgerichtet, das heute teilweise im Birecik-Stausee versunken ist. Dort befand sich der wich-

---

[1] F. K. Dörner/Th. Goell, Arsameia am Nymphaios. Die Ausgrabungen im Hierothesion des Mithradates Kallinikos von 1953–1956, IstForsch 23 (1963); W. Hoepfner, Arsameia am Nymphaios. Das Hierothesion des Königs Mithradates I. Kallinikos von Kommagene nach den Ausgrabungen von 1963–1967, IstForsch 33 (1983).

[2] F. K. Dörner/J. H. Young, Sculpture and Inscription Catalogue, in: D. H. Sanders (Hrsg.), Nemrud Daği. The Hierothesion of Antiochus I of Commagene. Results of the American Excavations directed by Theresa B. Goell, 2 Bde. (1996).

*Abb. 2: Bogen der römischen Brücke über den Karasu*

tigste Euphratübergang der Antike, der in der römischen Kaiserzeit von der *legio IIII Scythica* gegen mögliche parthische Einfälle gesichert wurde.[3]

Darüber hinaus engagiert sich der Freundeskreis in der Durchführung wissenschaftlicher Vorträge und Tagungen in Münster, die ihren Niederschlag in umfangreichen Publikationen gefunden haben. Dazu zählen Kolloquien zu einzelnen kleinasiatischen Landschaften wie Kommagene[4] und Bithynien[5] oder zu übergreifenden Themen wie „Zwischen Satrapen und Dynasten: Kleinasien im 4. Jahrhundert v. Chr.".[6] Auch an der Planung und Veranstaltung von archäologischen Ausstellungen hat sich der Verein beteiligt, so jüngst bei der Ausstellung „Zwischen Hellespont und Nemrud Dağ – 80 Jahre Münsteraner Forschungen in der Türkei".[7] Ein weiterer Schwerpunkt der Arbeiten des Freundeskreises liegt in der Vergabe von Stipendien an deutsche und türkische Studenten und Wissenschaftler

---

[3] J. Wagner, Seleukeia am Euphrat/Zeugma, TAVO Beih. B 10 (1976); M. Blömer, Steindenkmäler römischer Zeit aus Nordsyrien, AMS 71 (2014).

[4] J. Wagner (Hrsg.), Gottkönige am Euphrat. Neue Ausgrabungen und Forschungen in Kommagene (²2012).

[5] E. Winter/K. Zimmermann (Hrsg.), Neue Funde und Forschungen in Bithynien, AMS 69 (2013).

[6] E. Winter/K. Zimmermann (Hrsg.), Zwischen Satrapen und Dynasten. Kleinasien im 4. Jh. v. Chr., AMS 76 (2015).

[7] H.-H. Nieswandt/D. Salzmann, Zwischen Hellespont und Nemrud Dağ. 80 Jahre Münsteraner Forschungen in der Türkei, Veröffentlichungen des Archäologischen Museums der Westfälischen Wilhelms-Universität Münster 4 (2014).

*Abb. 3 Arsameia am Nymphaios: Relief mit Antiochos I. und Herakles oberhalb der großen Kultinschrift*

sowie in der Bewilligung von Zuschüssen für die Druckkosten wissenschaftlicher Arbeiten. Seit 1990 wurde verstärkt die Publikationsreihe der „Asia Minor Studien" gefördert, in der seither über 75 Bände erschienen sind.

Dank der Faszination der großes Aufsehen erregenden archäologischen Entdeckungen in der kommagenischen Residenzstadt Arsameia am Nymphaios *(Abb. 3)*, im Grabheiligtum von Antiochos I. auf dem Gipfel des Nemrud Dağı und in der weiteren kommagenischen Landschaft zwischen dem Taurosgebirge und dem Euphrat konnten vor allem Dörner selbst, aber auch seine Doktoranden und Mitarbeiter durch ihre zahlreichen Publikationen und bei ihren vielen Vorträgen nicht nur in Münster und der engeren westfälischen Umgebung, sondern im ganzen deutschsprachigen Raum bis Hamburg und Berlin, Basel, München und Wien, ja selbst in der Türkei zahlreiche Förderer der Forschungen in Kommagene gewinnen. So stieg schon in recht kurzer Zeit die Zahl der Vereinsmitglieder schnell an und liegt seit mehreren Jahrzehnten relativ konstant bei gut 200 Personen.

Über die vom Verein geförderten Projekte werden die Mitglieder jeweils Anfang November auf der jährlichen Mitgliederversammlung in Münster durch Berichte des Vorstands sowie durch Vorträge der Mitarbeiter der Münsteraner „Forschungsstelle Asia Minor" und auswärtiger Fachkollegen über die erzielten Fortschritte in den unterstützten Ausgrabungen und Publikationsprojekten informiert; gleichfalls durch den jährlich zum Jahresende erscheinenden Rundbrief. Daneben führt dieser Verein jedes Jahr, beginnend an Fronleichnam, ein dreitägiges

Jahrestreffen durch, das jeweils an wechselnden Orten stattfindet: In den letzten Jahren in Leipzig, Ratzeburg, Frankfurt, Augsburg, Meißen, Köln, Regensburg, Meppen, Aachen, Bregenz und Goslar; im Jahr 2016 steht das antike Trier mit seinen großartigen römischen Bauten und Monumenten in der Stadt selbst und in ihrer ländlichen Umgebung auf dem Programm.

Darüber hinaus besteht die Möglichkeit, an Studienreisen in den Vorderen Orient teilzunehmen, die speziell für unseren Verein organisiert und zumeist von Mitgliedern geführt werden. So waren wir in den letzten 25 Jahren nicht weniger als 15 mal in der Türkei, aber auch je 2 mal in Armenien, Jemen, Libyen, Persien und Syrien sowie auf Zypern und je einmal in Jordanien, Tunesien und auf Sizilien – in sehr vielen Ländern also, auf die wir heute nicht nur als Freunde der Antike mit großer Besorgnis blicken und von denen uns einige für Jahre verschlossen sein dürften. Für September 2016 ist eine Reise entlang der kroatischen Küste von Pula bis Dubrovnik geplant.

Der in der Gründungszeit des Freundeskreises zunächst auf die Landschaft Kommagene begrenzte Aufgabenbereich wurde im Jahre 1986 nach dem altersbedingten Rücktritt von Hellenkemper und Dörner vom neuen Vorstand unter der Leitung von Jürgen Herzler und Dr. Elmar Schwertheim mittels einer einstimmig beschlossenen Satzungsänderung auf ganz Kleinasien ausgeweitet. Seither wurden und werden in erster Linie die Münsteraner Ausgrabungen in Alexandreia Troas unter der Leitung von Prof. Dr. Elmar Schwertheim und im kommagenischen Doliche unter Prof. Dr. Engelbert Winter gefördert.[8]

Bei verschiedenen Anlässen konnten seither aber auch noch einige andere archäologische Projekte in Kleinasien unterstützt werden wie die Ausgrabungen in Assos, Knidos, Neandreia und Sagalassos oder in Lykien der Tübinger Survey in Kyaneai und Umgebung sowie die Entdeckung und Rekonstruktion des bedeutenden „Stadiasmus-Monuments" in der Hafenstadt Patara, das mit zahlreichen Ortsnamen, präzisen Entfernungsangaben und Routen wesentliche neue Erkenntnisse hinsichtlich der historischen Geographie Lykiens in der römischen Kaiserzeit erlaubt.[9]

Finanziell besonders engagiert hat sich der Freundesreis darüber hinaus in dem von 1988–1991 andauernden Nemrud Dağı-Projekt unter Sencer Şahin, Elmar Schwertheim und Jörg Wagner, in dessen Mittelpunkt die geophysikalische Untersuchung des Grabtumulus sowie die Bestandsaufnahme und Sicherung der antiken Inschriften, Reliefs und Statuen in diesem einmaligen Heiligtum auf dem 2.150m hohen und weithin sichtbaren Gipfel des Taurosgebirges standen *(Abb. 4)*. Die Ergebnisse dieses Projektes konnten in der viel beachteten Ausstellung „Nem-

---

[8] Siehe dazu die Beiträge in diesem Band.
[9] S. Şahin/M. Adak, Stadiasmus Patarensis. Itinera Romana Provinciae Lyciae (2007).

*Abb. 4: Nemrud Dağı: Götterköpfe und Kultreliefs auf der Westterrasse*

rud Dağ – Neue Methoden der Archäologie" im Westfälischen Museum für Archäologie in Münster sowie später noch im Römisch-Germanischen Museum in Köln, im Stadtmuseum in Bergkamen und im Museum für Natur und Mensch in Oldenburg sowie zuletzt im Goethe-Institut in Ankara der Öffentlichkeit vorgestellt werden.[10]

Die vorgegebene Ausrichtung der geschilderten Vereinsziele wurde auch beibehalten, als sich nach sechs Jahren noch einmal die Zusammensetzung des Vorstandes änderte, weil der Jurist Jürgen Herzler schon bald nach der Wiedervereinigung Deutschlands die Stadt Münster verließ und eine neue Position am Oberlandesgericht in Potsdam übernahm. Seit November 1993 wird der Verein von Dr. Jörg Wagner (1. Vorsitzender) und Dr. Elmar Schwertheim (2. Vorsitzender) geleitet. Als Schriftführerin und als Schatzmeister fungierten seit diesem Zeitpunkt Dr. Anke Schütte-Maischatz und Klaus Kunel, wobei in der Zwischenzeit die beiden Ämter der Schriftführerin und des Schatzmeisters durch Dr. Eva Strothenke (seit 2010) und Dr. Frank Biller (seit 2013) erfreulicherweise von der jüngeren Generation übernommen worden sind, sodass der Historisch-Archäologische Freundeskreis sowohl hinsichtlich der Zusammensetzung seines

---

[10] Westfälisches Museum für Archäologie (Hrsg.), Nemrud Dağ. Neue Methoden der Archäologie (1991).

Vorstands als auch der Zahl seiner Mitglieder recht optimistisch in die Zukunft sehen kann.

Ohne die verlässliche Unterstützung durch den Historisch-Archäologischen Freundeskreis, der seit seiner Gründung im Jahre 1968 eng mit der „Forschungsstelle Asia Minor im Seminar für Alte Geschichte der Westfälischen Wilhelms-Universität Münster" zusammenarbeitet, wären einige Projekte in der Kommagene und in der Troas nicht möglich gewesen und so manche Forschungsarbeiten zur kleinasiatischen Archäologie nicht geschrieben worden. Hier fand und findet jeder eine Plattform für seine Unterstützung der Arbeiten in der Türkei, dem die wissenschaftliche Erforschung und die Erhaltung der kleinasiatischen Kulturlandschaften am Herzen liegen. Auch weiterhin soll der Historisch-Archäologische Freundeskreis, den Worten seines Gründers Prof. Dr. Friedrich Karl Dörner folgend, gewissermaßen als „Feuerwehr" bei finanziellen Engpässen den Wissenschaftlern, in erster Linie Archäologen und Althistoriker, zur Seite stehen. Die nunmehr fast 50jährige Vereinsgeschichte zeigt, dass diese „Feuerwehr" immer wieder dringend gebraucht wird.

## Abbildungsverzeichnis

1. Deutsches Grabungshaus im Dorf Eski Kahta (Photo J. Wagner)
2. Bogen der römischen Brücke über den Karasu (Photo J. Wagner)
3. Arsameia am Nymphaios: Relief mit Antiochos I. und Herakles oberhalb der großen Kultinschrift (Photo J. Wagner)
4. Nemrud Dağı: Götterköpfe und Kultreliefs auf der Westterrasse (Photo J. Wagner)

# Türkische Studierende an der Westfälischen Wilhelms-Universität Münster

Dana Jacob, Nina Karidio, Joachim Sommer

Seit Ende der sechziger Jahre gab es einen stetigen Anstieg der Studierenden aus der Türkei in der Bundesrepublik. Bis 2011 gehörten sie in der Regel zu den drei stärksten Gruppen ausländischer Studierender an der Westfälischen Wilhelms-Universität Münster (WWU). Im aktuellen Wintersemester 2015/16 sind 273 Studierende mit türkischer Herkunft an der WWU eingeschrieben:

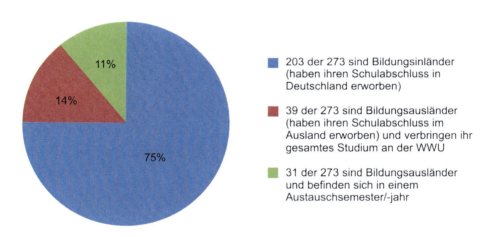

Abb. 1: *Türkische Studierende an der WWU nach Bildungshintergrund (Quelle: statistische Daten der WWU)*

## 1. Rückblick

Weltweit führten die politischen Bedingungen in den jeweiligen Herkunftsländern der ausländischen Studierenden bis in die neunziger Jahre des letzten Jahrhunderts zu einer Politisierung, die auch in der Bundesrepublik seit Mitte der sechziger Jahre die deutsche Studierendenschaft prägte. Wie viele der Gastarbeiter legten auch die Studierenden mit kurdischem Hintergrund bis in die achtziger Jahre keinen nennenswert artikulierten Wert darauf, nicht als Türken eingeordnet zu werden.

In Münster war ein großer Teil der Studierenden aus der Türkei und der Studierenden mit türkischen Wurzeln im „*Türkischen Arbeiter- und Studentenverein Münster*" organisiert und/oder aktiv. Wie bei vielen ausländischen Studierendenvereinen wurde nicht explizit zwischen Studenten und Nicht-Studenten unterschieden. Und auch „*Die Brücke*", das Internationale Zentrum der WWU, konnte als Ort der Begegnung von Studierenden und studentischen Organisationen mit der Stadtgesellschaft und mit internationalen nicht-studentischen Vereinen erlebt werden.

Die Brücke und das eigene Restaurant im Vereinsheim des „*Türkischen Arbeiter- und Studentenvereins*" waren die „Heimat" der Studierenden aus der Türkei.

## 1.1. Studentisches Engagement

Großen Einfluss auf die Entwicklung der türkischen Studierendencommunity hatte Osman O. (Studium 1966–1976), dem 1982 der Grimme-Preis verliehen wurde und 2014 das Bundesverdienstkreuz am Bande durch Bundespräsident Gauck. Er war aktiv in seinem Verein und als Mitglied des Teams der Brücke. Er und andere türkische und ausländische Studierende waren maßgeblich beteiligt an der Gründung der Ausländischen Studierendenvertretung (ASV) als ein autonomes Organ im Allgemeinen Studierendenausschuss (AStA) der WWU – damals einzigartig in der Bundesrepublik. Gemeinsam mit anderen ausländischen Vereinen entwickelte Osman O. für die Brücke das „*Internationale Sommerfest*" vor dem Schloss, bis heute ein buntes Fest der studentischen und städtischen internationalen Vereine, das inzwischen auch von der ASV und dem AStA organisiert wird.

Die türkische Studentin Sevim T. konzipierte 1977 gemeinsam mit ihrer französischen Kollegin in der Brücke über alle religiösen Unterschiede hinweg Angebote, die sich bewusst auch an außeruniversitäre Gruppen und Vereine wandte, um die Integration in die Stadtgesellschaft der ausländischen Studierenden zu fördern. Ein besonderes Beispiel war die „*Internationale Kinderweihnacht*", die in den ersten Jahren viele studentische Familien/Alleinerziehende aus der Türkei und den arabischen Ländern ansprach. Diese Aktivität wurde später durch den Deutschen Akademischen Austauschdienst (DAAD) als Best-Practice-Beispiel einer gesamtheitlichen Integration von ausländischen Studierenden hervorgehoben.

## 1.2. Identität

Bei dem Engagement der türkischen Studentinnen und Studenten schon ab dem Ende der sechziger Jahre war deutlich, dass sich ihr Engagement nicht in erster Linie mit dem Herkunftsland und der Erhaltung türkischer Kultur beschäftigte, sondern dass sich dieses Engagement überwiegend auch auf das Leben in Deutschland bezog. Immer war neben der bewussten Pflege ihrer Kultur eine große Integrationsbereitschaft in die Stadtgesellschaft bei den Studierenden gerade aus der Türkei zu erkennen, wobei es auch keine Rolle spielte, ob die Studierenden eine türkische oder – gerade auch in der zweiten oder dritten Generation – eine deutsche Staatsangehörigkeit hatten.

In den achtziger Jahren begannen sich die Studierenden mit kurdischem Hintergrund zu separieren. Sie gründeten eigene Vereine und Initiativen und wurden insgesamt auffallend aktiv. Die Konflikte im Heimatland spiegelten sich natürlich auch im Leben und in den Veranstaltungsaktivitäten der Studierenden mit kurdischen Wurzeln aus der Türkei wider.

Ohne an dieser Stelle näher auf diese Differenzen eingehen zu wollen, muss aber unbedingt positiv hervorgehoben werden, dass sich das Zusammenleben aller Studierenden aus der Türkei trotz der politischen und kulturellen Unterschiede bemerkenswert friedlich gestaltete. So nahmen beide Gruppierungen z.B. die Brücke als „ihr Zentrum" wahr und entwickelten viele Angebote konstruktiv gemeinsam.

Für die türkischstämmigen Migrantinnen und Migranten war generell die gesellschaftliche Anerkennung ihres Engagements – unabhängig davon, ob es in einem deutschen oder aber in einem türkischen Kontext stattfand – immer ein zentrales Defizit. Ein wichtiger Beitrag aller gesellschaftlichen Akteure war die stärkere Akzeptanz, Einbeziehung und Unterstützung auch der Migrantenselbstorganisationen. Gerade in Münster wurde von politischer Seite bis heute sehr viel in dieser Richtung getan. In der Universität, speziell im Internationalen Zentrum der Universität, der Brücke, war dieser Anspruch schon seit den sechziger Jahren weitgehend umgesetzt. Diese positive Realität prägte nicht nur das studentische Leben, sondern, durch die bewusste Öffnung des Türkischen Arbeiter- und Studentenvereins (im Kontext mit anderen Vereinen und Initiativen) für universitätsferne Menschen mit türkischem und deutschem Hintergrund auch die Akzeptanz in der Stadtgesellschaft. Viele Türkinnen und Türken der früheren Studentengenerationen waren und sind über die Jahre aktiv, insbesondere im *Integrationsrat* (früher Ausländerbeirat) der Stadt Münster und gestalteten so auch die Tagespolitik aktiv mit. 1997 wurde der „*Türkische Studentenverein*" in der Brücke gegründet. Gerade viele junge türkische Studierende engagierten sich in dem neuen Verein. Sie organisierten Veranstaltungen und stellten sich den Wahlen zu den studentischen Organen und waren aktiv in den politischen Parteien. 2014 gab der Vorsitzende Ali B. allerdings die Auflösung des Vereins bekannt, da es an Nachwuchs fehlte. Diese Entwicklung war kein Einzelfall, sondern betrifft auch andere ausländische studentische Vereine, da seit einigen Jahren die Organisationsbereitschaft ausländischer Studierender insgesamt stark abgenommen hat.

*Abb. 2: Veranstaltungsankündigung (Quelle: www.buchmesse-ruhr.de)*

## 2. Aktuelle Situation

In den letzten Jahren sind es nicht mehr nur die türkischstämmigen Studierenden der WWU, die zum Teil in Deutschland aufgewachsenen sind – und ihre erste oder zweite Heimat in Münster finden –, die mit Veranstaltungen und Aktivitäten die türkische Kultur näher bringen oder zur Auseinandersetzung mit aktuellen Themen anregen. Ein neuer Schwerpunkt liegt auf dem wechselseitigen Studierendenaustausch, der durch eine zunehmende Internationalisierung und stärke Kooperationen von Universitäten vorangetrieben wird und eine weitere Dimension im Austausch zwischen der WWU und der Türkei eröffnet.

### 2.1. Veranstaltungen und Aktivitäten in der Brücke

Auch aktuell finden weiterhin regelmäßig Veranstaltungen mit Türkeibezug im Internationalen Zentrum der WWU, der Brücke, statt. Diese werden durch die türkisch-stämmigen Mitarbeiterinnen und Mitarbeiter im studentischen Team der

Brücke organisiert (so zum Beispiel ein „*Länderabend Türkei*" im Wintersemester 2015/16) oder durch studentische und nicht-studentische Gruppen angeboten.

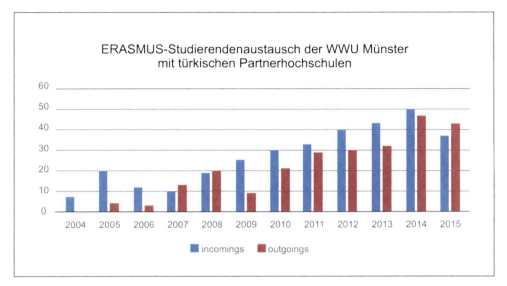

Abb. 3: *Entwicklung des ERASMUS-Austausches der WWU mit türkischen Partnerhochschulen (Quelle: International Office der WWU)*

Diese studentischen Gruppen sind entsprechend der im Rückblick beschriebenen Entwicklungen z.B. kurdisch geprägte Vereine wie „*YXK – Verband der kurdischen Studierenden*", oder die „*Alevitische Hochschulgruppe*". Sie nutzen die Räumlichkeiten der Brücke für Vereinstreffen, öffentliche Vorträge oder kooperieren themenbezogen mit anderen städtischen Migrantenselbstorganisationen.

Eine große Rolle bei den Veranstaltungen mit Türkeibezug im Internationalen Zentrum spielt das „*Kulturzentrum ODAK e.V.*", welches mit der Brücke eine enge Verbindung pflegt. Ihnen gelang es beispielsweise 2014 zwei Lesungen der Deutsch-Türkischen Buchmesse im Ruhrgebiet nach Münster zu holen.

## 2.2. Deutsch-türkische ERASMUS-Kooperationen

Im Rahmen des EU-Mobilitätsprogramms ERASMUS konnten in den letzten 26 Jahren rund zwei Mio. Studierende ein Auslandsstudium innerhalb Europas verwirklichen. Seitdem auch die Türkei vor 12 Jahren in das ERASMUS-Programm aufgenommen wurde, sind die deutsch-türkischen Beziehungen sowohl seitens der Hochschulen als auch der Studierenden durch eine große Begeisterung für ein Studium im jeweiligen Gastland geprägt.

Die ersten türkischen Studierenden, die als ERASMUS-Studierende an deutsche Hochschulen kamen, haben sich als Pioniere verstanden, die ihren Aufenthalt sowohl akademisch als auch kulturell als große Chance sahen. Sie haben den Weg für einen florierenden Studierendenaustausch geebnet, der heutzutage zu einer Selbstverständlichkeit geworden ist – heute stellen die türkischen Austauschstudierenden (,incomings') eine der größten Gruppen im ERASMUS-Programm der WWU dar. Um ihnen den Einstieg in das Studium an der WWU Münster zu erleichtern, wird z.B. bei der Begrüßungsveranstaltung der neuen Austauschstudierenden ein Teil der Vorträge auf Türkisch gehalten.

Die Integration der türkischen Austauschstudierenden läuft in der Regel reibungslos, da sie entweder im Studierendenwohnheim oder in Wohngemeinschaften mit deutschen Studierenden leben. Außerdem nutzen sie das Buddy- und das Sprachtandem-Programm der WWU, um Münsteraner Studierende kennenzulernen. Diese beiden Programme haben den Vorteil, dass sie innerhalb der großen Gruppe der Austauschstudierenden (ca. 600 pro Jahr) individuelle Begegnungen mit Münsteraner Studierenden zum Kennenlernen und zur Verbesserung der Sprachkenntnisse ermöglichen. Darüber hinaus bietet das Semesterprogramm des International Office mit seinem wöchentlichen Stammtisch, den Wochenendfahrten, Kino- und Theaterbesuchen u.v.m. vielfältige Optionen, sowohl deutsche als auch andere internationale Studierende kennenzulernen. Die Freundschaften, die dabei entstehen, prägen die Studierenden über Jahre und beeinflussen häufig ihren weiteren Lebensweg.

Besonders beliebt bei den türkischen ,incomings' ist der *„Europa-Tourismus"*. Mit dem Studienvisum für Deutschland verfügen sie gleichzeitig über ein Schengen-Visum, das sie gerne nutzen, um an den Wochenenden und den Semesterferien andere europäische Städte zu besuchen.

Seitens der deutschen Studierenden ist die Möglichkeit des ERASMUS-Studiums in der Türkei zunächst nur zögerlich angenommen worden. Vor zwölf Jahren haben sich eher türkischstämmige Studierende auf den Weg gemacht, um in der Heimat ihrer Eltern zu studieren. Seit einigen Jahren jedoch zieht es auch mehr und mehr Studierende von Münster in die Türkei, die keine Verwandtschaftsbeziehungen dorthin haben. Dafür besuchen sie mehrere Semester lang Türkischkurse, um sich optimal auf ihren Auslandsaufenthalt vorzubereiten. Ein großer Vorteil für den deutsch-türkischen Studierendenaustausch ist außerdem das Angebot englischsprachiger Kurse auf beiden Seiten, das stetig weiter ausgebaut wird, um die Hochschulen attraktiver für Gaststudierende zu machen. Mithilfe der semesterbegleitenden Sprachkurse ist es Studierenden daher möglich, ihr Studium fortzusetzen und ihre Sprachkenntnisse zu vertiefen. Je nach Sprachkompetenz können sie an Fachkursen in Englisch oder in der Landessprache teilnehmen.

Als eine der beliebtesten Städte für Studierende der WWU nimmt Istanbul einen der ersten Plätze europaweit ein. Ihre guten und spannenden Erfahrungen geben ERASMUS-Alumni an Kommilitonen weiter und tragen somit dazu bei, dass insbesondere im Rahmen des ERASMUS-Programms der akademische und kulturelle Austausch beide Länder bereichert.

Fragt man Münsteraner Studierende, was sie in der Türkei am meisten beeindruckt hat, so sind sich alle einig: Die *Gastfreundschaft*! Denn wer es schafft, die sprachlichen Hürden zu nehmen, wird mit zahlreichen Freundschaften belohnt. Die türkischen Kommilitonen und Mitmenschen sind in der Regel sehr offen und freuen sich, ihren Gästen Land und Kultur näherzubringen.

Ein schönes Beispiel hierfür ist die Studentin Esma G. Sie studiert Islamwissenschaft an der WWU Münster und hat während ihres ERASMUS-Studiums an der Universität Istanbul viele spannende Erfahrungen gemacht. Grundsätzlich weiß man, dass ein Auslandsstudium den akademischen Horizont erweitert. Wer aber islamische Theologie an einer renommierten und traditionsreichen Fakultät in Istanbul studiert, kann sich sicher sein, dass diese Erfahrung das weitere Studium stark prägen wird. Hinzu kommt, dass der Bachelor in islamischer Theologie an der Universität Istanbul eine Dauer von fünf Jahren hat und damit viel breiter aufgestellt ist als der dreijährige Bachelor, der in Deutschland üblich ist. Besonders fasziniert war sie von den großen Bibliotheken, vor allem der alten arabischen Literatur. Begeistert war sie ebenfalls von der Offenheit der Dozenten, die jederzeit erreichbar und ansprechbar waren.

Zum Perspektivwechsel während des Auslandsstudiums gehört auch der Blick zurück in die Heimat. Für Esma G. war es interessant zu erfahren, wie hoch das Ansehen der deutschen Hochschulen aus Sicht ihrer türkischen Kommilitoninnen und Kommilitonen ist. Viele von ihnen wünschen sich die Möglichkeit eines Auslandsstudiums in Deutschland. So wurde für Esma G. der Aufenthalt in der Türkei zu etwas ganz Besonderem, als eine türkische Kommilitonin ihre Freundschaft zum Anlass genommen hat, sich im folgenden Jahr für ein ERASMUS-Studium an der WWU Münster zu bewerben.

# III

# Die Stadt Münster und ihre deutsch-türkischen Beziehungen

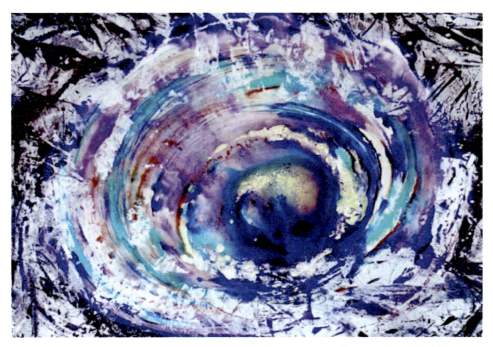

*Christel Aytekin, Farbrotation, Titelbild zu einer Ausstellung in Detmold 2017*

*Ansichten der Stadt Münster (von rechts): gotisches Rathaus mit dem Friedensaal von 1648; barocke Clemenskirche neben dem Erbdrostenhof (oben) von dem Architekten Johann Conrad Schlaun sowie links unten der spätromanische Dom (Ansichtskarte: Martin Hatscher)*

# Die Stadt Münster und ihre kulturellen Beziehungen zur Türkei seit osmanischer Zeit

Paul Leidinger

## Kreuzzüge, Pilgerfahrten, Wissenschaftsaustausch, Türkennot und Orientphantasien

Seit mittelalterlicher Zeit bis zur Reformation waren Münster und Westfalen durch gelegentliche Gesandtschaften, Kreuzfahrer und Pilger mit Konstantinopel und Palästina, dem für Christen „Heiligen Land", in verschiedener Weise verbunden. Zwar wurde das zum Byzantinischen Reich gehörende Palästina seit dem 12. Jahrhundert und 1453 auch dessen Hauptstadt Konstantinopel vom expandierenden Osmanischen Reich erobert, wodurch das Oströmische Reich nach tausendjährigem Bestehen erlosch, doch war es Christen – auch nach der fast zwei Jahrhunderte währenden Zeit der Kreuzzüge (1095-1275) – immer noch möglich, als Pilger das Heilige Land und die dortigen Pilgerstätten – vor allem Jerusalem – zu besuchen. Das nahmen auch zahlreiche Westfalen wahr, die anfangs irrtümlicherweise als Kreuzfahrer die kriegerische Eroberung, später aber als Pilger den frommen Besuch Jerusalems und der Heiligen Stätten als Erfüllung ihres Lebens- und Seelenfriedens ansahen. Trotz der durch die Kreuzzüge bedingten Feindschaft zum expandierenden Osmanischen Reich stand das Abendland immer wieder auch in friedlicher und in wissenschaftlicher Beziehung zu ihm. Das gilt insbesondere für das normannische Reich des Staufers Friedrich II. (1194-1250). Zahlreiche antike Schriften sind dadurch über die Hochschulen des Islam an den Westen vermittelt worden. Sie haben die europäischen Wissenschaften wesentlich beeinflusst und wurden hier mit zu einer Grundlage der Renaissance und des Humanismus im Europa des 15. und 16. Jahrhunderts, an denen auch Münster Anteil hatte.[1]

---

[1] Vgl. Günter Kettermann, Atlas zur Geschichte des Islam, Wissenschaftliche Buchgesellschaft Darmstadt 2001, Karten 36 (1100) und 37 (1300); Paul M. Cobb, Der Kampf ums Paradies. Eine islamische Geschichte der Kreuzzüge, Darmstadt 2014; Heinz Halm, Die Ayyubiden, in: Ulrich Haarmann, Geschichte der arabischen Welt, S. 211-216: Austausch mit Europa. Für die westfälischen Belange vgl. den instruktiven Beitrag von Helmut Lahrkamp, Mittelalterliche Jerusalemfahrten und Orientreisen westfälischer Pilger und Kreuzfahrer, in: Westfälische Zeitschrift Band 106, 1956, S. 269-346; zu den Gesandtschaftsreisen der Münsterschen Bischöfe Erpho 1092, Burchard 1118 nach Konstantinopel und Hermann II. 1188-1190 nach Konstantinopel und in das Heilige Land im Reichsinteresse vgl. Alois Schröer, Die Bischöfe von Münster, in: Werner Thissen (Hg.), Das Bistum Münster, Band 1, Münster 1993, S. 86-88, 94 und 124-126, zum Humanismus in Münster immer noch Hermann Rothert, Westfälische Geschichte, Band II, Gütersloh 1950, 2. Aufl. 1962, S. 301-316 und 342-343.

Die Eroberung Konstantinopels 1453, das nun die Hauptstadt des Osmanischen Reiches wurde, führte in der Folge jedoch zu weiteren kriegerischen Expansionen des Islamischen Reiches vor allem nach Europa. So konnte Sultan Suleiman I., der Prächtige (1520-1566), einer der mächtigsten und erfolgreichsten Herrscher der Osmanen, über den Balkan bis tief nach Ostmitteleuropa hinein vorrücken und hier 1529 mit Wien erstmals auch die Hauptstadt des Habsburger Reiches und damit die Residenz des von Karl dem Großen (768-814) begründeten „Römischen Reiches deutscher Nation" belagern. Kaiser und Papst und die gesamte christliche Welt Europas sahen sich dadurch in ihrer Existenz gefährdet und stellten sich dieser Expansion mit der Organisation eines militärischen Widerstands entgegen, der die christlichen Länder Europas – in Deutschland auch die einzelnen Territorien des Reiches, darunter das Fürstbistum Münster – umfasste. Diese Bedrohung, die als „Türkennot" bezeichnet wurde, war im Europa des 16. und 17. Jahrhunderts – über zweihundert Jahre – das beherrschende politische und militärische Thema der Länder und Menschen dieser Zeit. Es ängstigte nicht nur die vom Osmanischen Reich unmittelbar bedrohten Regionen und Völker in Europa, sondern auch den Alltag der Menschen fernab von den Kriegsereignissen, die fürchteten, dass das Sultansheer weitere Teile Europas erobern und dem Islam unterwerfen könnte. Dies führte dazu, dass Kaiser Maximilian I. von Wien aus schon 1502 neben anderen Aufrufen auch die entfernte Stadt Münster zu einer „Türkenhilfe" aufforderte, die der Aufstellung eines Heeres dienen sollte. Danach wurde dem Fürstbistum Münster wie auch anderen deutschen Landesherrschaften regelmäßig die Zahlung einer „Türkensteuer" zur Finanzierung des Reichsheers auferlegt, vor allem anlässlich der Belagerung Wiens 1529 und später 1683. Die Türkensteuer und auch die Heeresverpflichtung junger Menschen, deren Arbeitskraft in der Heimat fehlte und von denen viele nicht wieder zurückkehrten, andere nur als Verwundete oder auch Verstümmelte die Heimat wieder sahen, belastete die Länder und Gesellschaft Europas über Generationen. Der Name „Türcke" wurde daher vielfach zu einem Angstwort, mit dem Kriegsgräuel und religiöse Unterwerfung verbunden wurden. „Türkenpredigten" der Geistlichen und Glockenläuten zur Mittagszeit, das man „Türkenläuten" nannte, riefen die Menschen zu Bittgebeten und Prozessionen gegen die „Türkengefahr" auf. Auch in den Schulen war das „Türken"-Thema Gegenstand des Unterrichts: Gebete und kriegerische Gegenwehr sollten die islamischen Bedroher des christlichen Abendlandes vertreiben helfen und die von ihnen ausgehenden Gefahren zunichte machen. In besonderer Weise war auch das Fürstbistum Münster in militärische Unternehmen gegen die osmanischen Invasoren auf dem Balkan und vor Belgrad eingebunden. Mit den Kriegsrückkehrern kamen verschiedentlich auch junge türkische Gefangene in das Münsterland, von denen einige hier das Christentum annahmen und sich taufen ließen, teils auch als besonders vertraute Diener an Adelshöfen dienten.[2]

Je mehr jedoch die „türkische Gefahr" abnahm, umso mehr öffnete sich das adlige und galante Europa für die orientalische Kultur, osmanische Sitten und Gebräuche, Architektur, Kunsthandwerk, Malerei und Musik wie auch für die türkische Küche und Kleidung, die auch in Münster und im Münsterland Eingang fanden. So entstand kurz nach 1780 im Barockpark des Bagno in Steinfurt unter dem Grafen und späteren Fürsten Ludwig von Bentheim-Steinfurt ein Moschee-Bau mit sechs Minaretten, der der erste in Westfalen und möglicherweise in Deutschland war, nach Außen hin eine islamische Sakralarchitektur, die aber im Innern nicht der Religion diente, sondern als fürstlicher Schlafsalon und eleganter Freizeitraum ausgestattet war, der auch in der Bildgestaltung mit Sternen, Halbmonden und gekreuzten Säbeln „Europas abwegige Orientphantasien widerspiegelte".[3]

## Von der Feindschaft zur Freundschaft

Mit der erfolgreichen Abwehr der zweiten Belagerung Wiens 1683 durch Sultan Mehmet IV. (1648-1687), der die ausreichende Versorgung seines 200.000 Mann Heeres aus der Heimat nicht sichern konnte, gelang es dem Kaiser und den europäischen Ländern, das türkische Heer in die Bergregionen des Balkan zurückzudrängen und die „Türkengefahr" für Europa auf Dauer zu bannen. Das osmanische Militärwesen war dem europäischen bis in das 16. Jahrhundert überlegen gewesen, doch hatte der Aufstieg von Gewerbe, Wissenschaft und moderner Technik,

---

[2] Vgl. den Katalog: Münster, Wien und die Türken 1683-1983. Ausstellung zur 300-jährigen Wiederkehr der Befreiung Wiens 1683, Stadtmuseum Münster vom 27. Mai bis 21. August 1983, Münster 1983, darin die Aufsätze von Hans Galen, Das Osmanische Reich und Europa, S. 13-26, und Gerd Dethlefs, Münster und die Türken, S. 27-45, der vor allem auf Münsterische Belange in den Türkenkriegen hinweist und im Katalog auf Exponate dazu, insbesondere Münzen und Medaillen (S. 152-174). Zum Kultureinfluss vgl. auch Peter Schiernerl (Hg.), Diplomaten und Wesire. Krieg und Frieden im Spiegel des türkischen Kunsthandwerks, Staatliches Museum für Völkerkunde München 1988.

[3] Vgl. Haydn Williams, Turquerie – Sehnsucht nach dem Orient, London 2014, Deutsche Ausgabe Berlin 2014, S. 126-127. Die bisher für die älteste Moschee in Deutschland gehaltene im Park des Schlosses Schwetzingen entstand als repräsentativer Zentralbau mit zwei Minaretten, einem Vorbau und Nebengebäuden mit einem Arkadengang vor einem künstlich geschaffenen See und einem schon 1774 angelegten „Türkischen Garten" in den Jahren 1778-1795 durch den Architekten Nikolas de Pigage unter Verwendung von christlichen und islamischen Stilelementen nicht unter der Bezeichnung „Moschee", sondern als „Tempel der Weisheit" mit Sprüchen aus dem alttestamentlichen Buch der Weisheit statt aus dem Koran. Der Bau diente keinem religiösen Kult, sondern im Stil der Türkenmode dem säkularen gesellschaftlichen Ambiente. Die Anlage blieb bis heute erhalten, während die Steinfurter „Moschee" im 19. Jahrhundert dem Abbruch verfiel.

die im 19. Jahrhundert die industrielle Revolution in den europäischen Ländern begründeten, seit dem 17. Jahrhundert zu einer Überlegenheit der Europäer im Militärwesen und in der Staatsorganisation geführt, während die Entwicklung im Osmanischen Reich nicht nur stagnierte, sondern seit dem 18. Jahrhundert rückständig war und dessen Niedergang im 19. und 20. Jahrhundert bewirkte.[4]

Dies und die Durchsetzung eines säkularen Rationalismus in der europäischen Philosophie, Staatstheorie und Wirtschaft schon seit der Mitte des 16. Jahrhunderts, der die Religion zwar weiter achtete, aber auf Vernunftgründe zurückdrängte, führten zu einer Überwindung der politischen und religiösen Gegensätze zwischen dem Osmanischen Reich und Europa und auch zu einer Annäherung. Schon 1535 räumte der Sultan dem Königreich Frankreich rechtliche und wirtschaftliche Sonderprivilegien für den Handel ein (Beginn der später viel geschmähten „Kapitulationen", die erst mit den Verträgen von Lausanne 1923 endgültig beendet wurden). Der preußische König Friedrich II., der Große (Regierungszeit: 1740-1786), ein politisch aufgeklärter Staatsreformer des Absolutismus, suchte seit 1749 politischen Beistand beim Sultan. Im Zusammenhang mit dem Siebenjährigen Krieg (1756-1763), den er gegen die übermächtigen europäischen Kriegsgegner Österreich-Ungarn, Frankreich und das zaristische Russland führte, versuchte er das mit Österreich-Ungarn und Russland verfeindete Osmanische Reich aus machtpolitischem Kalkül zum Bundesgenossen zu gewinnen. Das ließ sich zwar nicht realisieren, doch führten die seit 1756 wieder begonnenen Kontakte am 2. April 1761 zu einem „Freundschafts-, Schifffahrts- und Handelsvertrag", der bis heute als Beginn der deutsch-türkischen Freundschaft angesehen wird, die im Ersten Weltkrieg zu einer „Waffenbrüderschaft" führte. Nach Beendigung des Siebenjährigen Krieges wurden im November 1763 Botschaften beider Länder in Berlin und Istanbul begründet. Mit ihnen bildete sich eine islamische Gemeinde in Berlin und eine protestantisch deutsche „Community" in Istanbul, die bis heute dort existiert.[5]

Diese deutsch-türkischen Beziehungen verstärkten sich, als das zaristische Russland seine Expansion nach Süden mit der Annexion der Krim 1783 und dem Vordringen in den Kaukasus auf Kosten des Osmanischen Reiches fortsetzte. Sie führten seit 1789 zu einer Militärberatung Preußens im Osmanischen Reich, die vordem seit 1729 Frankreich wahrgenommen hatte. 1835-1839 wurden sie durch

---

[4] Vgl. dazu Josef Matuz, Das Osmanische Reich. Grundzüge seiner Geschichte, Darmstadt 3. Aufl. 1994, S. 132-208; Suraiya Faroqhi, Kultur und Alltag im Osmanischen Reich. Vom Mittelalter bis zum Anfang des 20. Jahrhunderts, München 1995; Ekkehard Eickhoff, Venedig, Wien und die Osmanen. Umbruch in Südosteuropa 1645-1700, Stuttgart, 5. Auflage 2009.

[5] Vgl. Anne Dietrich, Deutschsein in Istanbul. Nationalisierung und Orientierung in der deutschsprachigen Community von 1843-1956 (Schriftenreihe des Zentrums für Türkeistudien, Band 13), Opladen 1998, S. 65-82. Vgl. auch Hakki Keskin, Die Türkei. Vom Osmanischen Reich zum Nationalstaat – Werdegang einer Unterentwicklung, Berlin 1978, S. 20 f.

den preußischen Militärreformer Helmuth von Moltke fortgesetzt. Sie mündeten in die Reformperiode des Tanzimat von 1839 bis 1876 ein, die Staat, Wirtschaft und Gesellschaft des Sultanreiches an die fortgeschrittene staatliche Organisation und technologische Zivilisation der europäischen Industrieländer angleichen sollte.[6]

## Die Deutsch-Türkische Freundschaft in der Ära des Ersten Weltkriegs

Mit der Gründung des Deutschen Reiches 1871 gewann Deutschland vor den Kolonialmächten Frankreich und England, die sich mit dem türkeifeindlichen Russland 1904 in einer Entente cordiale zusammengeschlossen hatten, das besondere Vertrauen des Osmanischen Reiches. Es führte nicht nur zu einer Fortsetzung der deutschen Militärberatung, sondern auch zum Engagement Deutschlands bei der technischen Modernisierung der Türkei durch den Bau der anatolischen Bahnen nach Ankara 1888 und Bagdad 1903, schließlich mit dem Ausbruch des Ersten Weltkriegs (1914-1918) auch zu einem Militärbündnis auf der Seite der Mittelmächte Deutschland und Österreich-Ungarn, das das politisch maßgebend gewordene revolutionäre jungtürkische Regime gegen gewichtige politische Widerstände in Istanbul schicksalhaft durchzusetzen verstand.[7] Dadurch sollte das Osmanische Reich insbesondere von den sog. „Kapitulationen" befreit werden, die zu einer finanzpolitischen Abhängigkeit von Frankreich und England und damit einer Einschränkung der Souveränität des Sultanreiches geführt hatten. Damit vollzog dies aber zugleich den Kriegsbeitritt auf deutscher Seite, der sich durch die Kriegserklärungen Russlands, Englands und Frankreichs an die Türkei im November 1918 einstellte.[8]

---

[6] Vgl. Carl Adolf Bratter, Preußisch-türkische Bündnispolitik Friedrichs des Großen, hg. von Ernst Jäckh, Weimar 1915 (Deutsche Orientbücherei); Friedrich Karl Kienitz, Geschichte der deutsch-türkischen Beziehungen, in: Zeitschrift für Kulturaustausch 12, Stuttgart 1962, Heft 2-3, S. 199-208; ders., 200 Jahre deutsch-türkische Freundschaft. Ein Rückblick auf ihre Anfänge, in: Mitteilungen der DTG Bonn, Heft 38, Februar 1961, S. 7-9; ferner Hans-Peter Laqueur, Ein türkischer Beitrag zum Friedrich-Jahr (200. Todestag Friedrichs II. von Preußen 1786), in: Mitteilungen der DTG Bonn 108, Dezember 1985, S. 14-18, mit Bezug auf die damals aktuelle türkisch-sprachige Untersuchung des türkischen Historikers Prof. Dr. Kemal Beydilli in Istanbul: Friedrich der Große und die Osmanen – Osmanisch-Preußische Beziehungen im 18. Jahrhundert, sowie die weiteren preußisch-deutschen Forschungen Beydillis, insbesondere auch über die preußische Militärmission Helmuth von Moltkes 1835-1839 im Osmanischen Reich.

[7] Matuz (wie Anm. 4), S. 252-264; vgl. auch die instruktive Untersuchung von Durdu Calikbasi (heute: Legler), Das Osmanische Reich in der Darstellung deutschsprachiger Reiseberichte um die Jahrhundertwende, Norderstedt 2004.

[8] Vgl. Heinz Kramer/Maurus Reinkowski, Die Türkei und Europa. Eine wechselhafte Beziehungsgeschichte, Stuttgart 2008, S. 81-86.

In diesem Zusammenhang entstanden noch vor Ausbruch des Ersten Weltkriegs auf deutscher wie türkischer Seite Türkisch-Deutsche und Deutsch-Türkische Vereine im Februar 1914. Ihnen war eine zivilgesellschaftliche Förderung des noch unterentwickelten anatolischen Landes angelegen, gefördert durch wirtschaftliche und industriell technologische Entwicklungen, aber im besonderen auch kulturell und sozial durch die Gründung deutscher Schulen, Bibliotheken, Krankenhäuser, medizinischer Versorgungseinrichtungen und den Aufbau von Sozialstationen, unterstützt von deutschem Fachpersonal, aber auch durch die Ausbildung von türkischen Schülern und Lehrlingen, vor allem auch für den Bergbau und die Landwirtschaft, in Deutschland. Münster beteiligte sich an diesen zivilgesellschaftlichen Bestrebungen 1916 mit der Gründung einer „Türkischen Gesellschaft". Sie erwuchs aus der Universität und diente vor allem dem Erlernen der türkischen Sprache, aber auch durch regelmäßige Vorträge der Landeskunde Anatoliens mit seinen reichen historischen Gegebenheiten wie der aktuellen Gegenwart des Bündnispartners.[9]

Die 1773 begründete Universität Münster hatte von Beginn an einen Bezug zum Orient durch das Studium orientalischer Sprachen, die ihren Platz in der Theologie hatten. Die Orientalistik war daher im Fächerkanon der Universität wie auch in der 1818 nachfolgenden „Theologisch-Philosophischen Akademie" vertreten. Sie fand ihre nunmehr institutionelle Verankerung in der 1902 neu begründeten Universität Münster mit der Berufung des Orientalisten Hubert Grimme 1910 auf den neu eingerichteten Lehrstuhl für „Orientalische Philologie und altorientalische Geschichte". Dieser wurde 1913 zu einem „Orientalischen Seminar", seit 1919 zu einem Institut erweitert mit den drei Abteilungen: 1. Alter und Islamischer Orient, 2. Christlicher Orient und 3. Indo-iranischer Orient. 1962/63 wurden daraus die fünf selbständigen Seminare für Ägyptologie, Altorientalistik, Arabistik und Islamwissenschaft, Indologie und Ostasienkunde.[10] Hubert Grimme vertrat dabei in seiner Zeit auch das Fach Turkologie, so dass von ihm auch die Initiative zur Begründung einer „Türkischen Gesellschaft" in Münster ausgehen konnte, die ihr Vorbild in den bereits bestehenden und mit der Universität verbundenen drei fremdsprachlichen Gesellschaften hatte: der französischen, der englischen und der italienischen, die mit der 1916 begründeten „Türkischen Ge-

---

[9] Vgl. dazu meinen einleitenden Beitrag im Teil I dieses Buches.
[10] Vgl. Jürgen von Beckerath, Außereuropäische Sprachen und Kulturen an der Universität Münster, in: Heinz Dollinger, Die Universität Münster 1780-1980, Münster 1980, S. 425-428; Ludger Hiepel, Hans Neumann, Ellen Rehm, Das Institut für Altorientalische Philologie und Vorderasiatische Altertumskunde. Über 100 Jahre; Geschichte einer Institution an der Westfälischen Wilhelms-Universität, Münster 2016, S. 2-7.

sellschaft" ihr Tagungslokal im Gasthof Stieger am Alten Fischmarkt in Münster teilten, aber den Ersten Weltkrieg nicht überlebten.[11]

Die Gründung der „Türkischen Gesellschaft" im Ersten Weltkrieg war also keineswegs ein mit politischen Absichten verbundenes Unternehmen, sondern ein bemerkenswertes unpolitisches kulturelles Unterfangen, das leider mit dem für Deutschland und die Türkei verlorenen Weltkrieg 1918 und durch die anschließende Notzeit der Inflation in Deutschland seit 1921 ein Ende fand.[12] Die Türkische Gesellschaft Münster bemühte sich aber, während des Krieges sich an der beruflichen Ausbildung junger Türken in Deutschland zu beteiligen. 1917 konnte sie mit Unterstützung der Stadt, die die Aufenthaltskosten übernahm, einen türkischen Handwerkslehrling zur Ausbildung aufnehmen, dessen Name Suad Fuad war. Er weilte noch 1921 in der Stadt, konnte aber bisher durch Nachforschungen nicht weiter festgestellt werden.[13] Außerdem fand die Reihe der Vortragsveranstaltungen der Gesellschaft in der Bevölkerung der Stadt eine große Resonanz. Eine Reihe Münsteraner und Münsterländer waren im Weltkrieg auch als Soldaten an den orientalischen Fronten im Osmanischen Reich eingesetzt. Sie fanden nach der glücklichen Heimkehr aus dem Krieg als sog. „Asienkämpfer" Kontakt zur „Türkischen Gesellschaft" und den von ihr angebotenen Vorträgen.

Der 1920 von Hubert Grimme von Kiel nach Münster geholte Osmanist Dr. Franz Taeschner, seit 1929 Professor an der Universität Münster für sein Fach und 1935 der Nachfolger Grimmes auf dessen Lehrstuhl, hatte wie dieser auch einen turkologischen Schwerpunkt. Er war von 1916-1918 im Hauptquartier der Palästina-Armee als Dolmetscher eingesetzt und kehrte noch Ende 1918 aus englischer Kriegsgefangenschaft zurück. Er pflegte weiterhin einen engen Kontakt zur Türkei, deren Historische Gesellschaft ihn und den Kollegen Jäschke in Münster zum Ehrenmitglied ernannte.[14]

In anderer Weise war der Münsterische Maler Fritz Grotemeyer damals mit dem Osmanischen Reich verbunden. Durch seine Kontakte mit dem preußischen Kaiserhaus in Berlin und auch der dortigen türkischen Botschaft wurde er 1916

---

[11] Vgl. die Vorbemerkung zum Beitrag von Prof. Dr. Grimme in diesem Band S. 267ff.

[12] Vgl. dazu meinen einleitenden Beitrag in diesem Band S. 21ff.; ferner Sabine Mangold, Begrenzte Freundschaft. Deutschland und die Türkei 1918-1933, Göttingen 2013, S. 247-268, die dort der weiteren Geschichte der Deutsch-Türkischen Vereinigung Berlin und ihres türkischen Schwesterverbandes als zentralen Dachverbänden nachgeht. Der türkische löste sich mit der Flucht ihrer Vorsitzenden nach Deutschland 1918 auf, während die DTV Berlin nach 1918 zunächst weiter existierte und sich 1925 sogar noch einmal erneuern konnte, aber „Anfang der dreißiger Jahre schließlich doch sang- und klanglos erlosch" (S. 254).

[13] Vgl. den Beitrag von Wilhelm Feldmann über die Unterbringung von türkischen Schülern und Lehrlingen in Deutschland im Ersten Weltkrieg, oben S. 55ff.; ferner Protokollbuch der Türkischen Gesellschaft Münster 1916-1921 (Stadtmuseum Münster, Kopie im Archiv der DTG Münster), S. 117, 119 und 145.

[14] Vgl. den Beitrag von Klaus Kreiser in diesem Band, oben S. 305–324.

im Auftrag der deutschen Heeresleitung als „Bildberichterstatter" an die orientalischen Kriegsfronten im Osmanischen Reich entsandt. Von ihm sind 77 seiner Bleistift- oder Ölskizzen erhalten, die im Stadtmuseum Münster aufbewahrt werden, die Szenen der verschiedenen Fronten darstellen, von der Halbinsel Gallipoli und den Dardanellen, die durch eine Invasion der Ententemächte 1915 hart umkämpft waren, über Palästina bis zur Sinaifront mit den Engländern und Ägyptern im Süden und bis zur russischen Nordfront im Taurusgebirge. Allerdings sind es nicht Schlachtengemälde, die Grotemeyer überliefert, sondern Zeichnungen von Personen, Situationen und Landschaften wie zu Friedenszeiten, selbst wo durch Uniformen und Kriegsgerät sich eine militärische Bedeutung abzeichnet.[15]

In diesem Zusammenhang ist auch der von 1935 bis zu seinem Tod 1960 in Münster lebende Korvettenkapitän Otto Hersing anzuführen. Er hatte mit dem von ihm als Kapitänleutnant befehligten U-Boot U 21 vor der schottischen Küste das britische Kriegsschiff Pathfinder versenkt und konnte sich unbemerkt durch die von England und Frankreich kontrollierte Straße von Gibraltar und durch das Mittelmeer bis zu den Dardanellen durchschlagen. Hier gelang ihm am 25. und 27. Mai 1915 die Versenkung der beiden großen britischen Kriegsschiffe Triumph und Majestic, obwohl diese durch U-Boot-Netze geschützt waren. Das hat wesentlich die erfolgreiche Verteidigung der Halbinsel Gallipoli für die Mittelmächte ermöglicht. Hersing erhielt dafür am 5. Juni 1915 den Orden Pour le Mérite. Er hat danach noch weitere feindliche Kriegsschiffe versenken können, u.a. den französischen Panzerkreuzer Charner 1916. Seine U-21 war das U-Boot mit den zweitmeisten Versenkungen im Ersten Weltkrieg. Noch nach dem Krieg wurde er zum Korvettenkapitän befördert. Nach seinem Tod 1960 wurde er in Münster auf dem Friedhof in Angelmodde bestattet, wo das Türkische Generalkonsulat im hundertsten Jahr der Schlacht um Gallipoli 2015 seiner mit türkischen und deutschen Freunden an seinem Grab gedachte.[16]

---

[15] Vgl. den Ausstellungskatalog Münster, Wien und die Türken (wie Anm. 2), S. 136-147 mit Abb. 130-149; ferner die nachstehenden Beiträge über Grotemeyer von Ludwig Budde und Hans Galen in diesem Band.

[16] Vgl. Ludwig Budde, Die Türkeibilder des Malers Fritz Grotemeyer im Kriegsjahr 1916, in: Mitteilungen der DTG Bonn, Heft 110, Dezember 1987, S. 1-7. Vgl. ferner den Katalog Münster, Wien und die Türken 1683-1983 (wie Anm. 2), S. 172 mit der Abbildung einer Hersing gewidmeten Medaille über die Versenkung der Kriegsschiffe Pathfinder, Triumph und Majestic (um 1915), ferner die nachstehenden Beiträge von Hans Galen und Ludwig Budde über Fritz Grotemeyer und die Dardanellen. Am 100-jährigen Gedenktag von Gallipoli hielten sowohl der türkische Generalkonsul Ufuk Gezer wie auch der deutsche Brigadegeneral a.D. Eckhard Lisec Gedenkreden und legten Kränze am Grabmal nieder. Vgl. Westfälische Nachrichten Münster vom 16. April 2015. E. Lisec veröffentlichte jüngst neben anderen Schriften zur Türkei auch ein Heft: Der Unabhängigkeitskrieg und die Gründung der Türkei. General Mustafa Kemal Pascha (Atatürk), Berlin 2016.

## Die Neuorientierung der Deutsch-Türkischen Beziehungen seit 1923 und 1945

Nach dem verlorenen Weltkrieg 1918 entstand mit der Gründung der Türkischen Republik durch Mustafa Kemal Atatürk 1923 auf den Ruinen des Osmanischen Reiches ein den Grundsätzen des Parlamentarismus, des Laizismus und den internationalen Menschenrechten verpflichteter Verfassungsstaat, der sich auch in seiner wirtschaftlichen und technologischen Entwicklung an den modernen Industriestaaten der Welt orientierte. Er hatte in der Lausanner Friedenskonferenz 1922/23 internationale Anerkennung gefunden, um die die Weimarer Republik als Nachfolgestaat des untergegangenen Kaiserreichs Deutschland noch ringen musste. Die Beziehungen zwischen Deutschland und der neuen Türkei waren dabei nach 1918 nie ganz abgebrochen worden, obgleich der neue kemalistische Staat den ehemals jungtürkisch orientierten Verbindungen ablehnend gegenüber stand. Dennoch schlossen beide Staaten 1924 einen Freundschaftsvertrag, dem die Wiederaufnahme diplomatischer Beziehungen und auch Verträge zur Förderung insbesondere von Wirtschaft und Wissenschaft, nicht zuletzt auch der militärischen Aufrüstung folgten, die Deutschland wieder zu einem großen Wirtschaftspartner der Türkei machten.[17]

Mit Beginn der NS-Diktatur in Deutschland 1933 wurde die Türkei das Refugium vieler Deutscher, die aus rassischen oder politischen Gründen dem Zugriff des NS-Staates entflohen und in der Türkei sicheres Asyl, aber auch willkommene Arbeit in der Wissenschaft, Wirtschaft, den Künsten, aber auch in der Staatsverwaltung fanden, mit der sie zugleich ihren Dank für ihre Lebensrettung abstatteten.[18]

Münstersche Beziehungen bestanden dabei wissenschaftlich in der Orientalistik fort, wo Franz Taeschner mit seinem Lehrstuhl für Islamwissenschaft auch einen Schwerpunkt der Turkologie verband. Erst nach 1945 verstärkte sich dieser Schwerpunkt an der Universität Münster dadurch, dass es Franz Taeschner 1947 gelang, mit Gotthard Jäschke einen der damals führenden deutschen Türkei-Historiker, der seit den 1920er Jahren Zeitzeuge der politischen und gesellschaftlichen Entwicklung in der Türkei war, nach Münster zu holen. Gleichzeitig hatte Münster mit Ludwig Budde, der sich 1947 hier für das Fach der Christlichen Ar-

---

[17] Vgl. Sabine Mangold-Will, Begrenzte Freundschaft. Deutschland und die Türkei 1918-1933, Göttingen 2013, vor allem S. 117-268, die diesem Komplex instruktive Recherchen widmet und dabei auch auf München als Sammelpunkt türkischer Kreise und Interessen hinweist.

[18] Vgl. den Beitrag von Reiner Möckelmann in diesem Band sowie seine kürzlich erschienenen Bücher: Wartesaal Ankara. Ernst Reuter – Exil und Rückkehr nach Berlin, Berlin 2013; ferner: Franz von Papen, Hitlers ewiger Vasall, Darmstadt 1916. Vgl. dazu auch meinen Beitrag über Fritz Baade und die Gründung der DTG Bonn 1953/54 in diesem Band und die dort angeführte Literatur zur Emigration Deutscher in die Türkei.

chäologie habilitierte, sowie mit dem von Berlin kommenden Karl Friedrich Dörner als Archäologe, Althistoriker und später Begründer der Forschungsstelle Asia Minor zwei weitere Gelehrte, die ihre Forschungsschwerpunkte in der Türkei hatten und diesem Land, ihren Kollegen und den Menschen dort in besonderer Weise verbunden waren.[19]

Dies trug nach dem Zweiten Weltkrieg dazu bei, die weiter bestehenden wissenschaftlichen Kontakte zur Türkei in Münster zunächst in einem privaten Zirkel wieder aufzunehmen und 1956 eine „Deutsch-Türkische Gesellschaft Münster" zu begründen, die gleichzeitig eine Fusion mit der Bonner DTG schloss. Bereits seit 1954 war Münster durch Einzelmitgliedschaften mit der Bonner Gesellschaft verbunden. Kam der Bonner Gesellschaft am neuen Sitz der Regierung der Bundesrepublik Deutschland – wie 1914 der „Deutsch-Türkischen Vereinigung" in Berlin – neben ihrer wissenschaftlichen Ausrichtung weniger auf kulturhistorischem als auf aktuellem entwicklungspolitischen Gebiet erhebliches politisches Gewicht zu, so sah die Münsteraner „Zweigstelle" ihre Aufgabe darin, die bestehenden kulturhistorischen Beziehungen zur Türkei zu verstärken und durch Vortragsveranstaltungen, Filmvorführungen, Ausstellungen und Studienfahrten Kenntnisse über die Türkei zu vermitteln und dadurch die Annäherung beider Länder zu fördern.

Eine weitere Aufgabe bestand in der Betreuung türkischer Studierender in Münster, das nach 1945 trotz seiner Kriegszerstörungen ein bevorzugter Studienort gerade für Studentinnen und Studenten aus den Nah-Ost-Staaten vor allem aus dem Iran und der Türkei wurde.[20] Sie fanden in der DTG und insbesondere ihrem langjährigen Geschäftsführer und späteren Präsidenten Prof. Dr. Ludwig Budde immer einen hilfsbereiten Ansprechpartner und Ratgeber. Zudem wurde die DTG Münster wie auch die DTG Bonn Ansprechpartner der Wirtschaft und Industrie, die über die Gesellschaft Kontakte zur Türkei suchten und fanden. Das äußerte sich auch in der Mitgliederzahl der DTG Münster, die in den 1950er Jahren ca. 700 erreichte, davon allein fast die Hälfte aus der Industrie, und in der Vorstandsbesetzung, die aus drei Vorsitzenden bestand, davon die beiden ersten als Vertreter der Industrie: Direktor Schreiber, der Leiter des Osnabrücker Kupfer- und Drahtwerks war und auf die Kupfervorkommen der Türkei fixiert war, sowie Bernhard van Delden, der Inhaber eines großen Textilwerkes im Westmünsterland war, und auf den Rohstoff Baumwolle in der Türkei setzte. Erst der dritte Vorsitzende war

---

[19] Vgl. dazu die Beiträge über sie von Dieter Metzler und Elmar Schwertheim in diesem Band.
[20] Vgl. dazu die Jubiläumsschrift zum 40-jährigen Bestehen des internationalen Begegnungszentrums Brücke: „Brücke – Internationales Zentrum der Westfälischen Wilhelms-Universität Münster", hg. vom Auslandsamt der WWU, Münster 1997, S. 6–9.

mit Prof. Dr. Franz Taeschner ein Vertreter der Wissenschaft und Universität, der auch Prof. Dr. Ludwig Budde als Geschäftsführer zugehörte.[21]

Neben dieser wirtschaftspolitischen Ausrichtung der Gesellschaft war es das Ziel Prof. Dr. Buddes, den kulturhistorischen Forschungsschwerpunkt Türkei an der Universität Münster, der durch die Professoren Grimme und Taeschner seit den 1920er Jahren aufgebaut und nach 1945 insbesondere durch Gotthard Jäschke, Ludwig Budde und Karl Friedrich Dörner weiter verstärkt worden war,[22] in einem „Institut für Turkologie" zu bündeln. Diese Zielsetzung, die er in einem Antrag an das Wissenschaftsministerium vom 29.10.1992 noch einmal begründete, konnte er – zwar noch Vorsitzender der DTG Münster, aber bereits in seinem 79. Lebensjahr stehend – nicht mehr realisieren.[23] Dafür wurde 1985 mit dem „Zentrum für Türkeistudien" in Essen ein Modellprojekt begründet, das in weit umfassenderer Weise die mit der Arbeitsmigration entstandenen Fragen und Probleme der deutsch-türkischen Beziehungen in Verbindung mit der Universität Essen, später der Universität Duisburg-Essen, aufnehmen konnte. Gerade für das Industrieland Nordrhein-Westfalen mit einer großen Zahl türkischer Zuwanderer wurde dies zu einem Mittelpunkt auch der aktuellen Fragen der Migrations- und Integrationsforschung. Anstelle eines Türkei-Instituts begründete die Universität Münster in Verbindung mit der Republik Zypern 1995 jedoch ein „Institut für interdisziplinäre Zypern-Studien", das seine Zuständigkeit für die gesamte Europäische Union hat und heute aktuell auch auf die größere Nachbarregion Zyperns im östlichen Mittelmeer-Raum ausgerichtet ist.

## Zur türkischen Arbeitsmigration seit Ende der 1950er Jahre

Mit der Arbeitsmigration seit den 1960er Jahren beginnt ein neues Kapitel der deutsch-türkischen Beziehungen, das vor allem die Großstädte und Industrieregionen erreicht, die mit dem Wirtschaftsboom der 1950er Jahre nach dem Zweiten Weltkrieg enormen Bedarf an Arbeitskräften hatten, die der deutsche Raum selbst nicht mehr befriedigen konnte. So kamen in den 1950er Jahren zunächst Italiener, Spanier, Portugiesen und Griechen als Wanderarbeiter in die Bundesrepublik, seit dem Anwerbeabkommen mit der Türkei 1961 jedoch vermehrt und überwiegend

---

[21] Vgl. meinen einleitenden Beitrag sowie den über Fritz Baade und die Gründung der DTG Bonn in diesem Band. Beide Vorsitzende aus der Industrie hatten jahrzehntelang wirtschaftliche Beziehungen zur Türkei aufgrund der Rohstoffe Kupfer und Baumwolle. So gehörte van Delden nach dem Krieg 1945 offiziellen deutschen Delegationen in die Türkei an und war auch am Abschluss der ersten deutsch-türkischen Handelsverträge beteiligt. Vgl. den Nachruf auf ihn durch Ludwig Budde in: Mitteilungen Heft 73, März 1968, S. 8.
[22] Siehe dazu die Beiträge der Teile I und II dieses Buches.
[23] Vgl. Archiv der DTG Münster.

*Ankunft türkischer Bergleute in Ahlen am 27. Februar 1964. Zeichnung von Martin Hatscher, Ahlen:*
*An diesem Tag wurden die ersten Bergleute aus der Türkei auf der Zeche in Ahlen „angelegt". Mit dem am 30. Oktober 1961 mit der Türkei geschlossenen Anwerbeabkommen kamen auch viele türkische Arbeitsmigranten nach Deutschland. Das Bild hält die ersten Eindrücke der türkischen Arbeitsmigranten in Ahlen fest: oben die Zeche Westfalen in Ahlen und den Bahnhof, darunter die Arbeit unter Tage und das „Glück-Auf-Heim" rechts unten als Unterkunft, vier Objekte, die den Alltag der Neuangekommenen dominierten. Heute leben in der Stadt Ahlen ca. 55.000 Einwohner, davon ca. 12-15% Bürger mit türkischen Wurzeln, prozentual die größte Zahl in allen Orten des Münsterlandes.*

Türken sowie Arbeitsmigranten aus anderen Ländern. *Tabelle 1* und *Tabelle 2* zeigen die Entwicklung der türkischen Zuwanderung seit 1954 in Münster, als sieben türkische Staatsbürger dort lebten, bis 2016 mit 1.735.[24] Das ist für eine Großstadt von 146.200 Einwohnern 1954 und über 300.000 Einwohnern 2016 im Vergleich mit anderen Orten ein geringer Prozentsatz von unter 1% der Bevölkerung, verglichen etwa mit der früheren Bergbaustadt Ahlen, die bei über 55.000 Einwohnern mehr als 10% türkische Mitbürger noch heute nach Auflösung des Zechenbetriebs zählt.

Die geringe Zahl türkischer Einwohner in Münster ist durch die Struktur der Stadt Münster als Verwaltungs- und Universitätsstadt mit einer heute sehr vielseitigen mittelständischen Industrie- und Gewerbestruktur bedingt, die Arbeitsmigranten nur bedingt Arbeitsplätze – zumeist im Gastgewerbe – bieten konnte. Seit der zweiten und den folgenden Generationen bot Münster sich jedoch beruflich Selbständigen oder in gehobenen Stellungen tätigen türkischen Mitbürgern durchaus als Wohn- und Arbeitsort an. So dürften die seit 1954 verzeichneten sieben türkischen Einwohner der Stadt zunächst ausschließlich türkische Studierende an der Universität Münster gewesen sein, ebenso wie die 10 im Jahre 1955 und die 22 und mehr in den Jahren danach, da eine gleiche Zahl Studierender von Prof. Dr. Budde seitens der DTG Münster betreut wurde. Viele von ihnen dürften Stipendiaten gewesen sein, die auch von der Wirtschaft gefördert worden sind.

Seit 1962 stieg die Zahl der türkischen Mitbürger infolge der Arbeitsmigration stetig an, 1975 auch infolge der kommunalen Gebietsneuordnung, durch die eine Reihe von Randgemeinden mit der Stadt Münster zusammen geschlossen wurden, um etwa ein Fünftel auf 1.518. Bis 1998 wurde die Zahl 2.316, der bisher höchste Stand, erreicht. Sie liegt heute nur noch bei 1.735 (31.12.2016), Das sind bei einer Gesamt-Bevölkerungszahl von nunmehr 307.842 (31.12.2016) nur 0,56%.[25] In den Zahlen der Zwischenjahre dürfte die Fluktuation türkischer Studierender, aber auch die wachsende Zahl von türkischen Mitbürgern zum Ausdruck kommen, die die deutsche Staatsbürgerschaft angenommen haben und daher nunmehr als Deutsche zählen.[26] Hinsichtlich der Geschlechter überwiegen die Zahlen männlicher türkischer Mitbürger die der weiblichen durchgehend um ca. 10%, was wesent-

---

[24] Vgl. die Tabellen 1-3 dieses Beitrags. Für die Bereitstellung des Zahlenmaterials danke ich Herrn Prof. Dr. Thomas Hauff, Leiter der Fachstelle „Strategische Stadt- und Regionalentwicklung/Stadtforschung" der Stadt Münster und seinen Mitarbeitern. Ältere Aufstellungen zum Stichpunkt 1982 in dem Ausstellungskatalog „Münster, Wien und die Türken 1683-1983", Münster 1983, S. 159-160.
[25] Vgl. die Tabellen 1-3 zur Bevölkerungsentwicklung Münsters 1954-2016 in diesem Beitrag.
[26] Vgl. dazu auch den Beitrag von Dana Jacob, Nina Karidio, Joachim Sommer über „Türkische Studierende an der WWU Münster" in diesem Band. Nicht erfasst sind türkische Studierende an den anderen Hochschulen und Schüler an den weiterführenden Schulen der Stadt.

lich durch die überwiegende Zahl männlicher türkischer Studierender bedingt sein dürfte.

Hinsichtlich der Nationalitäten haben die Türken ihren ersten Platz 1996 unter damals 157 Nationen in Münster mit 2273 Mitbürgern inzwischen an Polen mit 2.250 Einwohnern (1995: 879) unter derzeit 182 Ländern abgeben müssen. Nach den Polen nehmen infolge der jüngsten Flüchtlingsbewegung Syrer mit 2022 Einwohnern (1995: 150, 2014: ca. 800) den zweiten Platz ein, den dritten Serben mit 1925 Personen (1995: 1975 Jugoslawen), die Türken mit 1.758 (2015) den vierten Platz, gefolgt von Portugiesen (1.641) und Italienern (1041). Der Gesamtanteil der Ausländer an der Bevölkerung der Stadt Münster bleibt aber mit unter 10% im Vergleich zu anderen Großstädten relativ gering, was sich aus der wirtschaftlichen Struktur der Stadt ohne industrielle Großbetriebe erklärt.[27]

## Von der Migration zur bürgerschaftlichen Integration

Mit der türkischen Zuwanderung hat sich auch das Vereinsleben in Deutschland erweitert. Neben der Deutsch-Türkischen Gesellschaft Münster von 1916 e.V. entstand 1984 eine zweite „Deutsch-Türkische Vereinigung Nehir" mit weitgehend gleicher kulturhistorischer Zielsetzung, die sich insbesondere gesellschaftlich gegenüber türkischen Mitbürgern öffnete. Beide Vereinigungen waren durch gemeinsame Veranstaltungen verbunden, doch hat die Vereinigung Nehir ihr Vereinsleben angesichts veränderter zeitlicher Realitäten, an der auch andere Vereine leiden, nach vier Jahrzehnten 2014 eingestellt.

Vor allem entstand eine Reihe türkischer Vereine mit der Zuwanderung, so zunächst an der Universität Münster ein *„Türkischer Studenten- und Arbeiterverein"*, der akademische und nicht akademische Einwanderer zu verbinden suchte. Erfolgreicher war der 1997 begründete *„Türkische Studentenverein Münster e.V."* (TStVM). Er verstand sich neben den „klassischen" Aufgaben der studentischen Interessenswahrnehmung „nicht nur als Mittler zwischen den Kulturen mit der festen Überzeugung, dass die Türkei ein fester Bestandteil Europas ist, sondern betrachtete sich auch als festen Bestandteil der deutschen Gesellschaft mit allen Rechten und Pflichten". Die Vereinsgründer sahen dabei sich und ihre Kommilitoninnen und Kommilitonen zumeist als „erste ihrer Familien überhaupt (an), die in den tertiären Bereich des Bildungssystems, eintreten und eine akademische Berufsausbildung einschlagen" konnten. Sie fühlten sich dabei zugleich in der Pflicht, „Brücken zwischen beiden Gruppen (*der Zuwanderer und der Einheimischen*) zu schlagen, um die Integration voranzutreiben und Toleranz zu fördern".

---

[27] Vgl. Westfälische Nachrichten Nr. 71 vom 24.03.2016 aufgrund von Angaben des Amtes für Stadtentwicklung in Münster.

Die Stadt Münster und ihre kulturellen Beziehungen zur Türkei seit osmanischer Zeit

**Tabelle 1: Türkische Einwohner in Münster 1954-1992[28]**

| | |
|---|---|
| 1954 | 7 |
| 1955 | 10 |
| 1956 | 22 |
| 1957 | 22 |
| 1958 | 26 |
| 1959 | 28 |
| 1960 | 25 |
| 1961 | 29 |
| 1962 | 41 |
| 1963 | 64 |
| 1964 | 100 |
| 1965 | 176 |
| 1966 | 229 |
| 1967 | 221 |
| 1968 | 214 |
| 1969 | 289 |
| 1970 | 387 |
| 1971 | 551 |
| 1972 | 987 |
| 1973 | 1132 |
| 1974 | keine Angaben |
| 1975 | 1518[29] |
| 1976 | 1440 |
| 1977 | 1463 |
| 1978 | 1531 |
| 1979 | 1618 |
| 1980 | 1819 |
| 1981 | 1949 |
| 1982 | 1964 |
| 1983 | 1952 |
| 1984 | 1775 |
| 1985 | 1748 |
| 1986 | 1727 |
| 1987 | 1819 |
| 1988 | 1748 |
| 1989 | 1771 |
| 1990 | 1844 |
| 1991 | 1907 |
| 1992 | 1941 |

---

[28] Quelle: Jahresstatistiken der Stadt Münster. Die Zahlen beziehen sich jeweils auf den Stand am 31.12. des angegebenen Jahres.

[29] Der Anstieg der türkischen Bevölkerung erklärt sich durch die 1975 vollzogene kommunale Gebietsreform in Nordrhein-Westfalen, durch die die Stadt Münster durch den Zusammenschluss mit Umlandgemeinden um ca. 5000 Einwohner wuchs, darunter ca. 400 türkische Mitbürger.

**Tabelle 2: Türkische Einwohner in Münster 1993–2015**[30]

| Jahr | Männlich | Weiblich | Gesamt |
|------|----------|----------|--------|
| 1993 | 1.165 | 910 | 2.075 |
| 1994 | 1.182 | 940 | 2.122 |
| 1995 | 1.247 | 981 | 2.228 |
| 1996 | 1.273 | 1.000 | 2.273 |
| 1997 | 1.242 | 1.027 | 2.269 |
| 1998 | 1.275 | 1.041 | 2.316 |
| 1999 | 1.222 | 985 | 2.207 |
| 2000 | 1.179 | 954 | 2.133 |
| 2001 | 1.197 | 952 | 2.149 |
| 2002 | 1.183 | 923 | 2.106 |
| 2003 | 1.175 | 916 | 2.091 |
| 2004 | 1.108 | 873 | 1.981 |
| 2005 | 1.117 | 911 | 2.028 |
| 2006 | 1.090 | 913 | 2.003 |
| 2007 | 1.069 | 890 | 1.959 |
| 2008 | 1.072 | 901 | 1.973 |
| 2009 | 1.066 | 863 | 1.929 |
| 2010 | 1.020 | 859 | 1.879 |
| 2011 | 1.017 | 875 | 1.892 |
| 2012 | 1.105 | 878 | 1.883 |
| 2013 | 974 | 844 | 1.818 |
| 2014 | 954 | 818 | 1.772 |
| 2015 | 933 | 825 | 1.758 |
| 2016 | 908 | 827 | 1.735 |

---

[30] mit einer türkischen 1.Staatsangehörigkeit. Quelle: Statistisches Informationssystem der Stadt Münster. Stichtag für das angegebene Jahr ist jeweils der 31.12.

**Tabelle 3: Bevölkerung der Stadt Münster 1954–2015**[31]

| Jahr | männlich | weiblich | Gesamt |
|------|----------|----------|--------|
| 1954 | 67.610   | 78.500   | 146.200 |
| 1960 | 83.758   | 96.359   | 180.117 |
| 1970 | 92.895   | 105.983  | 198.878 |
| 1975 | 124.244  | 140.302  | 264.546 |
| 1980 | 126.814  | 142.882  | 269.696 |
| 1990 | 121.138  | 138.300  | 259.438 |
| 2000 | 123.405  | 138.213  | 261.618 |
| 2010 | 131.655  | 145.326  | 276.981 |
| 2015 | 146.140  | 159.095  | 305.235 |
| 2016 | 147.511  | 160.331  | 307.842 |

Man kann daran den Übergang von der Einwanderergeneration zu den Folgegenerationen erkennen. Leider hat sich der Verein nach einer sehr erfolgreichen Arbeit, die neben Vortrags- und geselligen Veranstaltungen auch Dialogmöglichkeiten bei regelmäßigen Stammtischen anbot und immer auch eine große Zahl türkischer Studentinnen anzog, die sich auch an der Vorstandsarbeit beteiligten, nach einem Jahrzehnt 2007 ohne Nachfolge-Verein aufgelöst, vielleicht ein Zeichen für die fortgeschrittene Integration der türkischen Mitbürger in der dritten bis fünften Einwanderergeneration.[32]

In gleichartiger Weise begründete sich zeitgleich ein „*Anadolu Kulübü Münster*", der etwa 30- 40 türkische Akademiker verschiedener Berufe und beruflich Arrivierte umfasste, die durch ihre gesellschaftlichen Treffen und Bildungsveranstaltungen einen landsmannschaftlichen Zusammenhalt praktizierten, der zugleich sich jedoch auch zur deutschen Gesellschaft hin öffnete und sich kooperativ an sozialen und kulturellen Projekten in der Stadt beteiligte. Auch dieser Verein löste sich nach einem Jahrzehnt auf, in dem er wohl keine Nachfolger gefunden hatte.[33]

Ein auch nach Münster hineinwirkender Club ist der 1996 begründete „*Verein zur Förderung der zeitgemäßen Lebensweise, Kreis Münsterland e.V.*", der

---

[31] Quelle: Jahresstatistiken der Stadt Münster, Auszug, Stichtag für das angegebene Jahr ist jeweils der 31.12. Bevölkerungsanstieg aufgrund der Kommunalen Gebietsneuordnung 1975, durch die mehrere Umlandgemeinden mit der Stadt Münster zusammengelegt wurden.

[32] Vgl. das im Dezember 2003 von Osman Öztürk herausgegebene Heft „Türkischer Studentenverein Münster e.V., Münster 2003", 26 S., mit dem der Verein sich vorstellte und für sich warb (Archiv der DTG Münster).

[33] Leider hat der Verein keine archivische Aktenüberlieferung betrieben.

als Zweigverein eines in der Türkei tätigen Zentralvereins sich auf kemalistische Prinzipien einer laizistischen und modernen Gesellschaft stützt, um diese unter ihren Mitgliedern, aber auch darüber hinaus in den Ländern der Welt weiter zu fördern.

Daneben wären noch eine Reihe weiterer türkischer und kurdischer Vereine zu nennen, die vor allem ihre landsmannschaftliche Verbundenheit mit ihrer Sprache und ihrem Brauchtum in ihren Kreisen pflegen, ferner die türkisch orientierten religiösen Vereine, die teils Träger von Moscheen und damit eigener Kulturveranstaltungen sind. Es wäre ein eigenes Thema, diese im Einzelnen festzustellen und in ihrer Arbeit zu würdigen.

Die vorliegende Festschrift nimmt von ihnen nur die DITIB-Gemeinde Münster als zentrale muslimische Gemeinde in einem eigenen Kurzbeitrag auf. In gleicher Weise stellt sie auch das 1982 in Münster eröffnete Türkische Generalkonsulat, seine ausgedehnte Zuständigkeit für die Regierungsbezirke Münster und Detmold sowie seine Arbeit vor.

Daneben aber werden an Beispielen wie „*Bennohaus*", „*Radio Kaktus*", „*Schulische Integration*" u.a. Initiativen aufgezeigt, in denen sich seit der internationalen Arbeits- und Flüchtlingsmigration ehrenamtliche und hauptamtliche Arbeit verbinden, die in vielfältiger Weise der Integration von Türken und Deutschen, aber auch anderer nationaler Zuwanderer in Münster und im Münsterland dienen. Sie sind nur ein kleiner Ausschnitt einer inzwischen bemerkenswert großen Palette von Aktivitäten zur Förderung freundschaftlicher Beziehungen zwischen Deutschland und der Türkei in einem schicksalvollen Jahrhundert zweier Weltkriege, aber auch europäischer Einigung und weltweit notwendiger Verständigung in der Gegenwart, die zivilgesellschaftlicher Anstrengungen gerade heute in besonderer Weise bedarf.

# Die Türkeibilder des Malers Fritz Grotemeyer im Kriegsjahr 1916[1]

Ludwig Budde

## 1. Am Brunnen von Birseba

Die erste Abbildung dieses Beitrags gibt die Vorderseite des Prospekts einer Ausstellung des vergangenen Jahres wieder, die das Stadtmuseum unter der Leitung von Ltd. Museumsdirektor Hans Galen im Rahmen der Jubiläumsfeierlichkeiten der Deutsch-Türkischen Gesellschaft Münster zum 70-jährigen Bestehen von August bis Dezember 1986 veranstaltet hat. Es handelte sich um eine Auswahl von Gemälden des aus der westfälischen Metropole stammenden Malers Fritz Grotemeyer (1864–1947). Die Verbindung des Malers mit der Jubiläumsfeier der DTG wird durch das wiedergegebene Bild offenkundig, das nach der Signatur des Künstlers auf dem Boden des links unten liegenden Wasserkanisters von Grotemeyer im Jahre 1916 gemalt worden ist, im selben Jahr, in dem die DTG Münster nach etwa einjähriger Vorbereitung mit ihren ersten offenen Vortragsveranstaltungen offiziell gegründet wurde.

Thema der Darstellung ist eine Wasserstelle in der Wüste Sinai, die mit weiteren Gebieten des Nahen Ostens – Syrien, Palästina, Mesopotamien und Teile Arabiens (Provinz Hedschas, in der Mekka und Medina liegen, die bereits mit einer Eisenbahn von Norden erreichbar waren) – damals noch zum Osmanischen Reich gehörte, um dessen Bestand die Türkei im sog. Palästinakrieg im Ersten Weltkrieg 1914–1918 mit deutscher Unterstützung erbitterte Kämpfe mit den alliierten Mächten, insbesondere Engländer und Franzosen, geführt hat. Auf der Rückseite der Ölskizze – es existiert eine etwas abgewandelte Fassung im Privatbesitz – hat Grotemeyer selbst, wie jeweils bei den meisten Türkeiskizzen, das Thema benannt: *„Am Brunnen Birseba. Kamele holen Wasser für die Truppen"*. Der Text der Variante lautet: „Wasserholen für die Truppen. Bei dem fürchterlichen Durst bleibt zum Waschen nur sehr wenig übrig." Man muss die Bilder in

---

[1] Wiederabdruck eines Beitrags aus den Mitteilungen der DTG Bonn, Heft 110, Dezember 1987, S. 1–7, mit Zwischenüberschriften, Ergänzungen *(kursiv in Klammern)* und Anmerkungen vom Herausgeber. Vgl. dazu auch den Katalog: Münster, Wien und die Türken 1683–1983. Ausstellung zur 300-jährigen Wiederkehr der Befreiung Wiens 1683, Stadtmuseum Münster vom 27. Mai bis 21. August 1983, hier den Beitrag von Hans Galen, Das Osmanische Reich und Europa (S. 13–24), ferner im Katalog die Abb. 130–149: Skizzen und Gemälde des münsterischen Malers Fritz Grotemeyer von seinen Reisen im Osmanischen Reich 1916 mit der Einleitung und den Kommentaren von Hans Galen (S. 136–147).

Abb. 1: *Fritz Grotemeyer, Am Brunnen Birseba[2] in der Wüste Sinai: Kamele holen Wasser für die Truppen. Skizze (Öl auf Karton), Stadtmuseum Münster, Foto: Robin Thier.*

Farbe sehen, um die eindrucksvolle Atmosphäre der weiten Wüstenlandschaft zu erleben, die Beschwerlichkeit zu erahnen, denen Mensch und Tier vor allem wegen des Wassermangels ausgesetzt waren, die sie in wahrhaft heroischem Einsatz gemeistert haben.

Die skizzenhafte Malweise, die den kleinformatigen Türkeibildern einen besonderen Reiz verleiht, weist darauf hin, dass sie für die Herstellung großformatiger Bilder vorgesehen waren, von denen sich glücklicherweise einige erhalten haben. Das Stadtmuseum Münster besitzt aus dem Nachlass des Malers von bei-

---

[2] Heute Beersheba/Israel, Negevwüste. Der Ort war ein wichtiger türkisch-deutscher Militärstandort an der Sinaifront mit einem Flugplatz und einer deutschen Flugzeugstaffel. Vgl. Heinrich Schmittdiel, (Tagebuch)-Aufzeichnungen, in: Wilfried Lübbe/Theodor Pottmeyer, Die großen Kriege und ihre Auswirkungen auf Beelen, Kriegserinnerungen Beelener Soldaten 1914–1918, Teil II, S. 6–119. Der Autor wurde als Lehrer in Beelen (Kreis Warendorf) am 23. November 1915 als Landsturmpflichtiger eingezogen, einem neuen Luftfahrtkommando zugewiesen und mit diesem sowie 8 Doppeldeckern und 2 Jagdflugzeugen nach Birseba abkommandiert. Die Fahrt dorthin begann am 14. März 1916 von Döberitz (20 km nordwestlich Brandenburg/Havelland) mit der Eisenbahn und den darauf in Teile zerlegten Flugzeugen über Istanbul bis nach Bozanti in Kilikien, der damaligen Endstation der noch unfertigen Bagdadbahn, wo man nach drei Wochen am 4. April ankam. Von dort ging es am 6. April mit 15 Lastwagen und den zerlegten Flugzeugen weiter auf unwegsamen Straßen und mit der Hedschas-Eisenbahn zum Zielort, der nach 44 Tagen am 29. April 1916 erreicht wurde.

den Gattungen eine größere Anzahl, weitere sind im Privatbesitz erhalten. Auf den Rückseiten der Skizzen in Öl, Bleistift oder Kohle stehen in fast allen Fällen handschriftliche Vermerke des Malers, darunter des öfteren „Original von Enver Pascha" und „Original von Djemal Pascha". Nachforschungen nach dem Verbleib dieser Originale in der Türkei sind bisher leider erfolglos geblieben.

Es bleibt die Hoffnung, dass die in Vorbereitung befindliche Veröffentlichung der bisher wieder aufgefundenen Türkeibilder Grotemeyers in dieser Angelegenheit weiter führen.

## 2. Persönlichkeit und Werk Grotemeyers

Über die Türkeibilder Grotemeyers hat der Verfasser dieses Beitrags in Vorträgen vor Mitgliedern und Freunden der Gesellschaft in Bonn und Münster nach seinem bisherigen Kenntnisstand berichtet. Inzwischen konnte eine Anzahl weiterer Bilder aufgespürt werden. Für all dies muss auf die angekündigte Publikation verwiesen werden. An dieser Stelle können nur einige wenige Bemerkungen gemacht werden, die zum Verständnis der Türkeibilder Grotemeyers, seiner künstlerischen Arbeiten überhaupt, seiner Persönlichkeit und der damaligen militärischen Situation der Türkei, besonders an der Palästinafront, notwendig sind.

Heute ist der Maler Fritz Grotemeyer und sein umfangreiches Oeuvre nur verhältnismäßig wenigen Kunstinteressenten bekannt, ganz im Gegensatz zu seiner Lebens- und Schaffenszeit, in der er als ein weltberühmter, hochgeschätzter und beliebter Künstler ersten Ranges bewertet wurde, dem die Großen seiner Zeit, angefangen von Kaiser und Kaiserin, Papst u.a.m. *(Modell)* gesessen haben.

Am 19.06.1864 als Sohn des Konditors Albert Grotemeyer in Münster geboren – Café Grotemeyer, eines der intimsten noch immer –, erhielt der junge Mann zunächst eine Ausbildung als Textilkaufmann, zeigte aber schon früh Interesse für die Malerei, die er anfangs als Autodidakt betreibt, bis er 1887 Schüler der Königlichen Akademie der Künste in Berlin wurde. Zunächst war er Atelierschüler Waldemar Friedrichs, dann ab 1894 Meisterschüler Anton von Werners, den er zeitlebens als seinen Lehrmeister und väterlichen Freund verehrte. Sein zweiter großer Gönner und Freund wurde Adolf von Menzel, der ihm ebenfalls entscheidende Impulse für sein weiteres Schaffen gab. Von der Mitte der neunziger Jahre ab bis 1914 entstanden die berühmtesten Historienbilder Grotemeyers, prachtvolle Porträts, Landschaften, Genredarstellungen, mythologische Phantasiekompositionen und Illustrationen vielfältiger Art. Besonders bei den Bildnissen und den Historiengemälden dieser Periode wird offenbar, dass Grotemeyer Meisterschüler der genannten großen Maler des ausgehenden 19. Jahrhunderts war. Von beiden Meistern hat er den Grundsatz übernommen, dass Können und Sehen Vorbedingungen zur künstlerischen und erlebnisnahen Wiedergabe sind; ganz deren und seiner eigenen Auffassung entsprechend, verlangte er zunächst die äußere Ähnlichkeit, sieht aber die äußere Form als eine Summe von Eigenschaften, als eine Äußerung des formenden Innenlebens und legt damit in seine Porträts die scharf beobachtende Charakteristik, die ihm Anerkennung und Beliebtheit beim Publikum verschafft haben.

Das berühmteste seiner zahlreichen Historiengemälde ist das 7x4 m große, für den historischen Rathaussaal in Münster bestimmte Historiengemälde „Die Friedensverhandlungen im Rathaussaal in Münster 1648". Sieben Jahre lang hat Grotemeyer an diesem Werk, das von Rembrandts Historiengemälden stark beeinflusst ist, gearbeitet, und Menzel, der oft anerkennend an der Staffelei des Malers gestanden hat, war mit Recht darüber verwundert, dass es noch Leute gab, die jahrelang an *einem* Werk arbeiteten.

## 3. Grotemeyers 3. Schaffensperiode 1914–1947, u.a. in der Türkei 1916

Aus der 3. Schaffensperiode Grotemeyers von 1914–1947 interessiert uns in erster Linie das Kriegsjahr 1916, in dem Grotemeyer in der Türkei wirkte. Nach Beendigung des Weltkrieges, als Grotemeyer völlig neu beginnen musste, zumal begreiflicherweise für die Historienmalerei im Großen die Zeit vorbei war, konzentrierte der Maler sich mehr auf Porträtmalerei, Landschaften, Genrebilder, Interieur, Stilleben und auf die Vollendung von Ölgemälden, für die er auf seinen zahlreichen Reisen u.a. in Italien und in die Türkei Skizzen angefertigt hatte. Grotemeyer wohnte und arbeitete damals bis zum Ende des letzten Weltkriegs in seiner Wahlheimat Berlin, besuchte aber nahezu in jedem Jahr bis zu seinem Tode seine Geburtsstadt Münster. Was Münster ihm als Maler wegen seiner vielen Stadtansichten verdankt, ist nicht hoch genug einzuschätzen, zumal die in den Gemälden festgehaltenen Teile des historischen Stadtkerns größtenteils den Bomben kurz vor Kriegsende 1945 zum Opfer gefallen sind.

Beim Ausbruch des Ersten Weltkriegs wurde Grotemeyer von Beginn an als offizieller Kriegsberichterstatter an verschiedenen Kriegsschauplätzen, vor allem an der Westfront, eingesetzt. Die damals und in der Folgezeit entstandenen Zeichnungen und Gemälde sind größtenteils in der Illustrierten Zeitung, deren Hauptsitz Leipzig war, abgebildet. Dieses „Kriegsberichterstatterblatt" hat mehrmals ein ganzes Heft, illustriert mit Grotemeyerbildern, unseren türkischen Kriegsverbündeten gewidmet. Als zu Beginn des Jahres 1916 der Vizegeneralissimus Enver Pascha, einer der damals führenden Männer der Türkei, *(der durch seinen längeren Aufenthalt vor dem Ersten Weltkrieg in Berlin Grotemeyer kennen gelernt hatte)*, Grotemeyer als Geschichts- und Kriegsmaler in die Türkei einlud, sich

*Abb. 2: Fritz Grotemeyer, Skizze: General Johannes Merten (1857–1926), Marine-Offizier der kaiserlichen deutschen Marine. Im Ersten Weltkrieg reaktiviert. In der Türkei Kommandant der Befestigungen der Dardanellen während der Schlacht von Gallipoli 1915 als General der Artillerie des Osmanischen Reiches. 1916 Vizeadmiral (Stadtmuseum Münster, Foto: Thomasz Samek)*

umzusehen und, was er für erinnerungswürdig ansähe, mit seinem Zeichenstift festzuhalten, ist Grotemeyer gern diesem ehrenvollen Ruhm gefolgt.

Auf Ersuchen der osmanischen Regierung, besonders der drei einflussreichsten politischen und militärischen Männer der Türkei – neben Enver Pascha Talaat und Djemal Pascha – hatte die Reichsregierung bereits vor Kriegsbeginn General von der Goltz nach Konstantinopel geschickt. Dieser war zum Militärberater des Sultans mit dem Titel Pascha ernannt worden. Ebenfalls auf Drängen Envers sandte der Große Deutsche Generalstab eine weitere vielköpfige Militärmission unter Führung des Generals Liman von Sanders nach Konstantinopel. Dieser wurde zum Generalinspekteur der türkischen Armee ernannt, während von der Goltz Pascha den Oberbefehl über das Schwarzmeer-Armeekorps erhielt. Liman gab Enver den Obersten Bronsart von Schellendorf als technischen Berater bei und Djemal aus dem Stab des Generals von Falkenhayn den Obersten Kress von Kressenstein als Stabschef, während General Kannengießer mit weiteren Generälen und Admirälen, so von Merten und Usedom, sich der Instandsetzung der Artillerie und der Marine, der Dardanellen-Befestigungen sowie der Verteidigung annahmen.

Die türkische Abwehrstellung an der Palästinafront unter Führung des zu Beginn des Krieges zum General beförderten Kress von Kressenstein und des Oberbefehlshabers der IV. Armee Djemal Pascha, Generalgouverneur von Kilikien, Syrien, Palästina und des Hedschas, verlief bis Ende 1917 von Birseba bis südlich der Stadt Gaza. Grotemeyer hat im Frühjahr 1916 den Vormarsch zum Suezkanal in seiner Spätphase noch miterlebt, bis die tückische dreifache Malaria diesen beweglichen Mann dazu zwang, für längere Zeit den Zeichenstift ruhen zu lassen. Den Aufenthalt im Stambuler Lazarett benutzte er noch zu gelegentlichen Arbeiten, wann immer sein Zustand es erlaubte. Aber durch die sich verschlimmernde Krankheit hat er sehr leiden müssen, wurde völlig taub und kam kraftlos und erschöpft in die Heimat zurück.

Erst einige Jahre nach dem Ersten Weltkrieg kehrten seine schöpferischen Kräfte zurück. Von allen Plätzen, die Grotemeyer 1916 in der Türkei besuchte, angefangen von der Hauptstadt, der Dardanellenfront, Anatolien, der Taurus- und Amanusgebiete, Baalbek, Damaskus, Jerusalem, der biblischen Plätze bis Birseba, Birbirin, Chamra u.a. in der Wüste Sinai hat der Maler Bilder der Natur, des Kriegsgeschehens, der großen und der einfachen Menschen angefertigt, die insgesamt ein unschätzbares Dokument der Zeitgeschichte sind und daher nicht zuletzt auch deshalb Beachtung und Veröffentlichung verdienen, „weil sie" – so hat es sein Freund und Mitstreiter Dr. Constantin Terhardt in einem Aufsatz formuliert: „den deutschen und türkischen Soldaten ein Denkmal setzt, vor allem denen, die dort unten nach Durst, Hunger, Strapazen und Kampf geblieben sind und an die man heute nur noch selten denkt."

# Fritz Grotemeyer an den Dardanellen 1916 – Historischer Hintergrund

Hans Galen

Abb. 1: Fritz Grotemeyer, Der osmanische General Nihat Pacha (Stadtmuseum Münster, Foto: Robin Thier) mit Autogramm 1916

Bei Ausbruch des Ersten Weltkriegs blieb das Osmanische Reich zunächst neutral. Besonders in Russland und auch in England hielten militärische Gremien es aber für eine leichte und strategisch notwendige Beute.

Am 2. November 1914 erklärte Russland und drei Tage später dessen Verbündete England und Frankreich dem Osmanischen Reich den Krieg. Im Gegenzug kam es zu dem Bündnis der Osmanen mit dem Deutschen Reich und Österreich-Ungarn. Beim erstgenannten Bündnis spielte die strategische Idee die ausschlaggebende Rolle, vom englisch-französisch beherrschten Mittelmeer durch die türkischen Meerengen mit Istanbul zum Schwarzen Meer durchzustoßen und so nach Russland einen sicheren und bequemen Weg für militärischen Nachschub zu schaffen. Das russische Heer hatte sich gegenüber dem deutschen und österreichischen bald nach Kriegsausbruch unterlegen erwiesen. Die schwache russische

Kriegsindustrie war nicht in der Lage, genügend und schon gar nicht technisch guten Nachschub zu liefern. Das sollte durch englische und französische Lieferungen über den Seeweg Dardanellen – Bosporus – Schwarzes Meer ausgeglichen werden.

Im englischen Kriegskabinett entwarf man zunächst den englisch-französischen Vorstoß mit schweren Panzerkreuzern durch die Meerengen. Man war überzeugt, dass die schwachen historischen Uferbefestigungen mit ihrer leichten Artillerie der eigenen weitreichenden und schweren Schiffsartillerie nicht gewachsen seien. Am 18.3.1915 fuhr eine zahlreiche englisch-französische Flotte von Panzerkreuzern, begleitet von Minensuchbooten und Torpedobooten, in die Mündung der Dardanellen ein.

Die alten türkischen Festungen am Eingang waren vorweg zerschossen worden. Der triumphale Einzug mit starkem Bombardement der Uferbefestigungen blieb aber bald stecken unter dem Gegenfeuer der Türken und den explodierenden Wasserminen. Die verteidigende türkische 5. Armee stand unter dem Befehl des preußischen Generals Liman von Sanders und unter ihm viele andere deutsche Offiziere. Auf diese ging die vorbereitende Planung und effektive moderne Führung zurück. Am Nachmittag des Tages musste die Flotte abdrehen. Sie hatte – nach militärischen Angaben – ein Drittel ihrer Gefechtskraft verloren und zahlreiche Mannschaft. Das französische Flaggschiff hatte Mühe sich über Wasser zu halten, das stärkste englische Schiff „Queen Elizabeth" erhielt einen Minentreffer und fuhr mit Schlagseite zurück.

Nachdem der Plan der Flottenaktion gescheitert war, wurde vor allem vom Kriegskabinett in London ein Landungsunternehmen der Armee mit Flottenunterstützung vorbereitet. Am 25. April 1915 war es soweit. Unter Schutz von Panzerkreuzern versuchten Transportschiffe Infanterie zu landen. Es waren englische und französische Einheiten sowie solche aus Australien und Neuseeland. Es war ein Szenario ähnlich dem im Zweiten Weltkrieg bei der Landung an der Küste der Normandie. Nach dreitägigen Kämpfen gelang es den Angreifern aber nur, einen schmalen Streifen an der Südspitze der Halbinsel Gallipoli zu besetzen. Die Front blieb stecken, was zu einem verlustreichen Stellungskrieg führte. Das änderte sich auch nicht durch ein zweites Landungsunternehmen am 6. August 1915 einige Kilometer weiter nördlich.

Am 19. Dezember 1915 wurde die nördliche Stellung an der Südspitze von Gallipoli und am 8./9. Januar 1916 die Stellung direkt am Eingang zu den Dardanellen im Schutz jeweils der Nacht geräumt. Das große Unternehmen war gescheitert, die Verteidiger hatten gesiegt. Es war ein großer strategischer Erfolg. Russland blieb isoliert. Die militärischen und politischen Folgen waren vernichtend.

# Fritz Grotemeyer an den Dardanellen 1916 – Historischer Hintergrund

Abb. 2: Karadjeuren, vor der Wache (Skizze Fritz Grotemeyer, Stadtmuseum Münster, Foto: Robin Thier)

Die Verluste von Menschenleben waren auf beiden Seiten verheerend.

In seiner historischen nachträglichen Aufarbeitung der Dardanellenkämpfe errechnete 1927 das Deutsche Reichsarchiv folgende offizielle Zahlen:
- Auf türkischer Seite: Tote 55.000, Truppenstärke 166.000
- Auf englischer Seite: Tote 32.000, Truppenstärke 120.000
- Auf französischer Seite: Tote 3.700, Truppenstärke 23.300

Im Januar 1916 fuhr – nach Besiegung Serbiens – der erste sog. Balkanzug von Berlin nach Istanbul. Der deutsch-österreichischen Seite war es so gelungen, die Verbindung zum Bundesgenossen herzustellen.

Fritz Grotemeyer dürfte mit dem Zug gefahren sein. Im Oktober 1917 fuhr auch Kaiser Wilhelm II. mit ihm, der demonstrativ den Sultan besuchte.

Grotemeyer erlebte 1916 nach dem Ende der Kämpfe bei den Dardanellen das Land friedlich:

Kein Donnern der Schiffsartillerie, kein Aufspritzen des Bodens vom Einschlag der Granaten, kein peitschendes Feuer der Maschinengewehre, keine Berge von Leichen, kein blutgefärbtes Meer am Strand.

Stattdessen: heiterer Himmel, blaues Meer. Malerische Ruinen, friedliche Dörfer, Kamele, Esel, Ziegen, Leute am Dorfbrunnen, saubere Soldaten mit Fez. Kurzum einen romantischen Orient.

Anmerkung zu den Abbildungen:
Alle Zeichnungen sind datiert 1916 und signiert bzw. monogrammiert, mit Angabe der Örtlichkeit bzw. dem Namen der dargestellten Person. Es handelt sich um Kreide – oder Bleistiftzeichnungen auf Karton mit den Maßen 16,5 x 22,5 cm.

## Bibliografie

Ausstellungskatalog „Münster, Wien und die Türken 1683–1983", Stadtmuseum Münster 1983

Heft zur Ausstellung „Fritz Grotemeyer 1864–1947", Stadtmuseum Münster 1986

Budde, L.: Türkeibilder des Malers Fritz Grotemeyer im Kriegsjahr 1916, in: Deutsch-Türkische Gesellschaft E.V. Bonn, Mitteilungen, Dezember 1987, Heft 110, S. 1–7

Mühlmann, C. (Bearb.): Der Kampf um die Dardanellen 1915, Oldenburg/Berlin 1927 (Schlachten des Weltkrieges, hrsg. i.A. Reichsarchiv)

Wolf, Klaus: Gallipoli 1915, Bonn 2008

## Das Türkische Generalkonsulat Münster und die Deutsch-Türkische Gesellschaft Münster von 1916 e.V.

### Ulrich Hillebrand

Seit Bestehen des Türkischen Generalkonsulats in Münster hat die Deutsch-Türkische Gesellschaft Münster bis heute immer eine gute und intensive Zusammenarbeit mit dieser konsularischen Auslandsvertretung gepflegt. Zwei ehemalige türkische Generalkonsuln (Duray Polat und Güneş Altan) sowie eine ehemalige leitende Konsulatsmitarbeiterin (Konsularattachée Nuran Duman) sind zu Ehrenmitgliedern der Deutsch-Türkischen Gesellschaft Münster ernannt worden. Zudem ist die jeweils amtierende Generalkonsulin bzw. der jeweils amtierende Generalkonsul satzungsgemäß kooptiertes Vorstandsmitglied der DTG Münster.

Laut Wikipedia ist ein Generalkonsulat eine konsularische Auslandsvertretung eines souveränen Staates, die eigenständig (unabhängig von der Konsulatsabteilung der Botschaft) organisiert ist. Wie jede Konsularbehörde erfüllt ein Generalkonsulat keine diplomatischen Aufgaben, sondern nimmt in dem ihm zugewiesenen Amtsbezirk in erster Linie die Interessen der Bürger(innen) des Entsendestaates im Empfangsstaat wahr. Die Leiterin bzw. der Leiter eines Generalkonsulats ist Berufskonsul(in) und wird Generalkonsul(in) genannt. In größeren Ländern kann es mehrere Generalkonsulate eines Entsendestaates geben.

So gibt es in der Bundesrepublik Deutschland in folgenden Städten Türkische Generalkonsulate: Berlin, Düsseldorf, Essen, Frankfurt, Hamburg, Hannover, Karlsruhe, Köln, Mainz, München, Münster, Nürnberg und Stuttgart. Das Türkische Generalkonsulat Münster wurde im Jahre 1982 am heutigen Standort (Lotharingerstraße 25/27, 48147 Münster) gegründet. Der Bau eines neuen Konsulatsgebäudes als Eigentum der Republik Türkei an einem anderen Standort in Münster befindet sich zurzeit in der Planung.

Ulrich Hillebrand

Seit 1982 waren die folgenden türkischen Generalkonsuln in Münster tätig:

*İrfan SARUHAN*
*18.01.1982–25.07.1986*

*Sanlı TOPÇUOĞLU*
*26.07.1986–02.08.1990*

*Duray POLAT*
*15.08.1990–23.09.1994*

*Güneş ALTAN*
*30.09.1994–16.09.1998*

*Ergül BAKAY*
*30.09.1998–16.09.2002*

*Alphan ŞÖLEN*
*30.09.2002–30.09.2006*

*Hayati SOYSAL*
*13.10.2006–01.11.2008*

*Gürsel EVREN*
*01.11.2008–01.11.2010*

*Nafi Cemal TOSYALI*
*15.11.2010–31.08.2014*

Das Türkische Generalkonsulat Münster und die Deutsch-Türkische Gesellschaft Münster von 1916 e.V

*Ufuk GEZER*  
*15.07.2014–31.07.2015*

*Pınar Kayseri*  
*seit 31.08.2015*

Seit dem 31.08.2015 leitet Frau Generalkonsulin Pınar Kayseri das Türkische Generalkonsulat Münster, nachdem sie von 2002 bis 2013 u.a. als (erste) Botschaftssekretärin, Vizekonsulin und Botschaftsrätin in verschiedenen Ländern eingesetzt war und von 2013 bis 2015 als Referatsleiterin in der politischen Abteilung für Westeuropa im türkischen Außenministerium in Ankara gearbeitet hatte. In den Jahren 2011 – 2013 war Frau Kayseri im Übrigen als Botschaftsrätin an der Türkischen Botschaft in Berlin tätig. Die Aufgabenbereiche und vorrangigen Ziele des Türkischen Generalkonsulats Münster beschreibt die Generalkonsulin wie folgt:

„*Zurzeit gibt es in Münster nur ein einziges Generalkonsulat als Auslandsvertretung eines Landes. Das Türkische Generalkonsulat ist zuständig für rund 130.000 türkische Landsleute in den Regierungsbezirken Münster und Detmold. Im Alltag des Konsulats geht es vor allem um konsularische und rechtliche Angelegenheiten, um die Zusammenarbeit und Aktivitäten mit deutschen Behörden sowie um den Dialog mit lokalen oder regionalen Institutionen bzw. Vereinen. Das Generalkonsulat ist zudem eine erste Anlaufstelle für türkische Bürger(innen), wenn es um Auskünfte, Rat oder Beistand in Notsituationen geht, und erledigt ferner Aufgaben türkischer Kommunalbehörden, z.B. bei der Pass- und Visumsausstellung, in Bezug auf das Geburtenregister sowie bei der Eheschließung. Innerhalb des Türkischen Generalkonsulats leitet jeweils ein Konsularattaché eine der folgenden Abteilungen: Abteilung für religiöse Angelegenheiten, Abteilung für Bildung und Schulwesen und Abteilung für Arbeit und Soziales. Mit insgesamt ca. 35 Mitarbeiterinnen und Mitarbeitern ist das Türkische Generalkonsulat vorrangig folgenden Zielsetzungen verpflichtet:*

- *Schutz der Rechte und Belange der türkischen Gemeinde,*
- *Unterstützung der türkischen Gemeinde in ihrer Teilhabe am wirtschaftlichen, sozialen, kulturellen und politischen Leben in Deutschland,*
- *Dialog und Erweiterung der Beziehungen mit lokalen bzw. regionalen Behörden und Institutionen,*
- *aktive Beiträge im Rahmen von Aufgaben zur Repräsentation der Türkei,*
- *Förderung der kulturellen und wirtschaftlichen Zusammenarbeit zwischen der Türkei und Deutschland.*

*Das Türkische Generalkonsulat bemüht sich zusammen mit den entsprechenden deutschen Behörden besonders um die junge türkische Generation – im Hinblick auf Bildung, Arbeit und Chancengleichheit in den verschiedenen Lebensbereichen. Darüber hinaus kümmert sich das Generalkonsulat kontinuierlich um den Ausbau und die Pflege der deutsch-türkischen Freundschaft".*

Blättert man durch die inzwischen zahlreichen Akten der Deutsch-Türkischen Gesellschaft Münster, so stellt man schnell fest, dass die bereits erwähnte gute und intensive Zusammenarbeit mit dem Türkischen Generalkonsulat Münster in den letzten 25 Jahren sehr genau dokumentiert ist. Es gab regelmäßig gegenseitige Gespräche und Einladungen, gemeinsam organisierte Vortragsabende, Konzerte, Festveranstaltungen, Fahrten, Vorlesungen und Filmabende, über die man seitenlang berichten könnte und über die eine eigene Veröffentlichung durchaus sinnvoll wäre.

An dieser Stelle soll jedoch nur noch darauf hingewiesen werden, dass insbesondere die hier angeführten Aktivitäten des Türkischen Generalkonsulats und der DTG sehr zur Förderung der gegenseitigen Beziehungen beigetragen haben:

- die jährlichen Einladungen des Vorstands und weiterer Mitglieder der DTG zu den Empfängen des Türkischen Generalkonsuls anlässlich des türkischen Nationalfeiertages,
- die Teilnahme des jeweils amtierenden Generalkonsuls oder eines Vertreters an wichtigen Vorstandssitzungen der DTG,
- die gemeinsame Organisation von Festveranstaltungen zum 75., 80., 90. und 100. Jubiläum der DTG, so z.B. zuletzt die gemeinsame Ausrichtung des Jubiläumskonzerts „Klassische Türkische Musik vom Osmanischen Reich bis zur Gegenwart" mit der türkischen Pianistin und Staatskünstlerin Dr. h.c. Gülsin Onay und ihrem Sohn, Prof. Erkin Onay, am 13.02.2016 anlässlich der 100-Jahr-Feier der DTG Münster mit den sich anschließenden Empfängen,

Das Türkische Generalkonsulat Münster und die Deutsch-Türkische Gesellschaft Münster von 1916 e.V.

– die häufige Teilnahme des jeweiligen türkischen Generalkonsuls oder eines Vertreters an Vortragsveranstaltungen bzw. Vorlesungen der DTG,
– die verschiedenen von Prof. Dr. Leidinger geplanten und durchgeführten Sommerfahrten (meistens durch das Münsterland) für Mitglieder der DTG und Mitarbeiter(innen) des Türkischen Generalkonsulats zum gegenseitigen Kennenlernen.

Möge die nun schon langjährige gute und vorbildliche Zusammenarbeit zwischen dem Türkischen Generalkonsulat und der Deutsch-Türkischen Gesellschaft Münster auch in den nächsten 100 Jahren fortbestehen – zum Wohle beider Länder!

# Die DITIB-Gemeinde und Moschee in Münster
# Geschichte, Organisation und Glaubenspraxis

## Şuayip Seven

Die Eröffnung der DITIB Zentral-Moschee am Bremer Platz in Münster am 30. Mai 2010 ist ein Markstein nicht nur für die bereits seit den 1970er Jahren begründete muslimische Gemeinde, sondern auch ein Zeichen für ihre Botschaft, dem religiösen Frieden zu dienen und diesem Anliegen einen besonderen Ausdruck zu geben. Die feierliche Eröffnung war für tausende Münsteraner ein überwältigendes Erlebnis, an dem die Muslime ihre friedliche Botschaft mit einem schönen Gotteshaus verkörpern durften. Die Besonderheit, durch welche sich diese Moschee von den sechs anderen Moscheen in Münster unterscheidet, liegt gerade in der Schönheit ihrer Architektur, welche sich besonders im Gebetsraum mit in blauer Keramik veredelter Ornamentik und Kalligraphie bestaunen lässt. Zudem liegt diese Moschee am Bremerplatz 42 als einziges islamisches Gotteshaus im Zentrum der Stadt, obwohl in der Größe den benachbarten Häusern angepasst, dennoch sichtbar mit ihrem Minarett und einer kleinen Kuppel auch von außen als Moschee zu erkennen.

Die Geschichte der mittlerweile auf 250 Mitglieder gewachsenen islamischen Gemeinde geht auf die 1970er Jahre zurück. An der Grevener Straße in einem gemieteten alten Haus kam die Gemeinde, die hauptsächlich aus türkischen Arbeitermigranten bestand, vor allem für die gemeinschaftliche Verrichtung des Freitagsgebets und dem am Wochenende anberaumten ‚Teeklatsch' zusammen. Sie zog in das derzeitige Haus am Bremerplatz erst im Jahre 1986. Genau zehn Jahre später konnte sie es – dank der großzügigen Spenden der Gemeindemitglieder – in ihren Besitz nehmen. Zu jener Zeit umfasste das zweistöckige Haus nur einen Kellerraum, welcher bis 2010 als Gebetsraum benutzt wurde, und einen Versammlungsraum im Erdgeschoss sowie weitere Büroräume in der zweiten Etage. Mit der 2010 erfolgten Modernisierung gewann das Haus eine neue große Etage dazu, die als neuer Gebetsraum 2010 feierlich eröffnet wurde. Der Gebetsraum bietet heute zusammen mit einer Empore etwa für 300 Frauen und Männer Platz. Der Ausbau des Hauses ermöglichte es, den alten Gebetsraum in einen großen Konferenzraum umzuwandeln. Die Neugestaltung des Hauses ermöglichte auch den Einbau eines Aufzuges, der vor allem den Senioren den Besuch des Gebetsraumes im dritten Stock ermöglicht. Der gesamte Baukomplex beherbergt heute neben der Moscheegemeinde auch eine moderne Buchhandlung, den Sitz des DITIB-Regionalverbandes Münster und vier Wohnungen.

*Abb. 1: Ansicht der alten Moschee in Münster, Bremer Platz 42 (1986). Rechts der Eingang zur Moschee, zum Versammlungsraum und zum Büro des DITIB-Regionalverbands, links die Buchhandlung und das Verkehrsbüro der Gemeinde*

Im Folgenden stelle ich die Organisation der Gemeinde und das religiöse Gemeindeleben in Kürze vor.

## 1. Die Organisation der Gemeinde

Die DITIB Gemeinde in Münster gehört zu dem Dachverband „Türkisch-Islamische Union der Anstalt für Religion e. V.", welche in Deutschland nach dem türkischen Titel „Diyanet İşleri Türk İslam Birliği" mit dem Kürzel „DITIB" bekannt ist. Wie der Dachverband und seine etwa 900 Moscheegemeinden in Deutschland ist auch die DITIB-Gemeinde in Münster als Verein organisiert. Der Vorstand besteht aus sieben Personen und wird von den Mitgliedern für zwei Jahre gewählt. Nach den neuen Regelungen soll mindestens ein Vorstandsmitglied weiblich sein. Der Sprecher der Jugendabteilung gilt als automatisches Vorstandsmitglied.

Der Arbeitsbereich des Vorstandes bezieht sich hauptsächlich auf die organisatorischen Angelegenheiten, wozu in erster Linie die Abhaltung religiöser und kultureller Feierlichkeiten und die Öffentlichkeitsarbeit sowie gemeinsame Veranstaltungen mit städtischen und anderen religiösen Einrichtungen gehören. Das traditionelle Straßenfest, das den zahlreichen muslimischen und nicht muslimischen Besuchern ermöglicht, bei Spezialitäten der türkischen Küche miteinander ins Gespräch zu kommen, gehört zu einer der jährlichen Kulturveranstaltun-

*Abb. 2: Gebetsraum vor der Sanierung des Gebäudes am Bremer Platz*

gen der Moscheegemeinde. Als Veranstaltungen, die in der Moschee gelegentlich stattfinden, sind vor allem die Hochzeits- und Beschneidungsfeste zu nennen.

Dem langjährigen Vorstandsvorsitzenden der Gemeinde, Mustafa Dayıoğlu, zufolge legt die Moschee auf den interreligiösen Dialog einen besonderen Wert. Demnach schlägt sich der interreligiöse Dialog der DITIB-Gemeinde insbesondere in den gemeinsamen Veranstaltungen der christlich-islamischen Arbeitsgruppe (CIAK) nieder, welche sich in Münster seit Jahrzehnten für einen gelebten interreligiösen Dialog einsetzt. Der Tag der Offenen Moschee als eine Feierlichkeit, die – inspiriert durch die deutsche Wiedervereinigung – jährlich am 3. Oktober veranstaltet wird, bietet den nicht muslimischen Interessenten einen festen Termin, die Moschee von innen zu sehen, Fragen zu stellen und sich zu orientieren. Diese Möglichkeit ist jedoch keineswegs auf dieses Datum beschränkt. Die Moschee-Gemeinde empfängt fast jeden Tag diverse Gruppen der Gesellschaft, insbesondere Schülerinnen und Schüler, zu deutschsprachigen Moscheeführungen. Von dieser Möglichkeit kann jeder Münsteraner unter der Anmeldung mit Kontaktdaten auf der Homepage der Moschee (www.ditib-muenster.de) jeder Zeit Gebrauch machen, so M. Dayıoğlu.

*Abb. 3: Der Neubau der Moschee an gleicher Stelle (2010) mit Minarett und Kuppel*

*Abb. 4: Der alte und neue Gebetsraum: links das Rednerpult (Türkisch Kürsü) für Predigten außerhalb der Gebetszeiten; in der Mitte die Gebetsnische, der Gebetsplatz des Vorbeters (Imām); rechts die Predigtkanzel für Feiertagsgebete*

## 2. Glaube und Glaubenspraxis der Gemeinde

Die DITIB-Gemeinde richtet sich nach der sunnitischen Auslegung der islamischen Religion. Um diesen Aspekt anhand eines Beispiels zu beleuchten, sei angemerkt, dass die DITIB-Gemeinde entgegen der schiitischen Interpretation des Islam nicht an das Imamat glaubt, welches vorsieht, dass die religiöse und politische Führung der Muslime nach dem Ableben des Propheten Muhammad zu den unter dem Schutz Gottes stehenden religiösen Oberhäuptern (*Imām* Pl. *A imma*) übergeht. Die Bezeichnung des Imām wird in der DITIB-Gemeinde ausschließlich für den Vorbeter verwendetet, der die gemeinschaftlichen Gebete leitet. Der islamische Glaube lässt sich hingegen nach der DITIB-Moschee mit den folgenden sechs Grundsätzen zusammenfassen:

1. Einheit Gottes
2. Gesandtschaft der Propheten: u.a. Adam, Abraham, Josef, Moses, Jesus, Muhammed
3. Offenbarung der heiligen Schriften: Psalter, Thora (Altes Testament), Bibel (Neues Testament), Koran
4. Existenz der Engel: Gabriel, Michael, Israfil und Azrael
5. der Jüngste Tag und die Auferstehung
6. die Vorherbestimmung

*Abb. 5: Der neue Konferenzraum im Keller (früher Gebetsraum)*

Die religiöse Unterweisung findet für die Erwachsenen im Allgemeinen anhand der Predigten statt, die im Rahmen der wöchentlichen Feiertage (am Freitag) und der jährlichen Feste (am Ramadan und am Opferfest) gehalten werden. Die Kinder bekommen in der Regel ab 5 Jahren bis zum Erwachsenen Alter in verschiedenen Gruppen am Wochenende praxisbezogenen Religionsunterricht. Die Imame kümmern sich um die gesamte religiöse Unterweisung. Sie werden in der Türkei ausgebildet und für fünf oder zwei Jahre ins Ausland geschickt. Im Moment sind in der DITIB-Gemeinde Münster ein männlicher Imam und zwei weibliche Imaminnen tätig. Jedem, der ein Freitagsgebet in der DITIB-Gemeinde erlebt, fällt die ethnische Divergenz der Moscheebesucher auf. Um die Muslime verschiedener ethnischer Herkunft zu erreichen, werden die Predigten seit gut einem Jahr neben Türkisch auch auf Deutsch verlesen. Dafür werden meistens Studenten der islamischen Theologie an der Universität Münster eingesetzt.

Die religionsbezogenen Tätigkeiten der DITIB-Gemeinde haben ihren Ursprung in den sogenannten ‚Fünf Säulen des Islam'. Sie beziehen sich neben dem Bekenntnis zur Einheit Gottes auf folgende vier Praktiken: Das Ritualgebet, das Fasten im Ramadan, die Pflichtabgabe und die Pilgerfahrt nach Mekka.

Das Ritualgebet wird fünfmal am Tag in der Moschee gemeinschaftlich verrichtet. Trotz der Möglichkeit, das Ritualgebet zu Hause oder am Arbeitsplatz praktizieren zu dürfen, ziehen viele Gläubige vor, zur Moschee zu kommen, da das gemeinschaftliche Gebet nach einer Überlieferung des Propheten Muhammad 27 mal verdienstvoller ist, als das Gebet allein zu verrichten. Die Moschee verfügt im Erdgeschoss über einen kleinen Waschraum, in dem man sich als eine obligatorische Vorbereitung auf das Gebet der Reihe nach unter dem fließenden Wasser u.a. Hände, Gesicht, Arme und Füße wäscht. Wahrscheinlich aufgrund ihrer zentralen Lage wird die Moschee zu all diesen fünf Gebetszeiten gut besucht. Vor allem zum Mittagsgebet erscheinen täglich um die 50 Personen, deren Mehrheit aus Männern besteht. Während des Freitagsgebets, welches am Freitag das Mittagsgebet ersetzt, sind nicht selten alle verfügbaren Räumlichkeiten der Moschee von der Kelleretage bis zum obersten Geschoss bis auf den letzten Platz besetzt.

Der Fastenmonat Ramadan stellt wie in allen anderen islamischen Gemeinden auch in der DITIB-Gemeinde das Highlight der religiösen Gefühle dar. Trotz der anstrengenden Fastenzeit, die im Sommer von der Sonnendämmerung bis zum Sonnenuntergang in Münster bis zu 19 Stunden beträgt, wird auf das gemeinsame Fastenbrechen nicht verzichtet. Es ist erstaunlich zu beobachten, wie inbrünstig die tagsüber fastenden Gläubigen diese körperliche Anstrengung als einen Ausdruck der spirituellen Erfahrung erleben. Dazu dient vor allem die täglich nach dem Mittagsgebet stattfindende gemeinschaftliche Rezitation des Korans, welche bis zur 27. Nacht des Ramadans währt. Das ist die sogenannte Nacht der Bestimmung (*laila al-qadr*), in der die Offenbarung des Korans begann. In dieser Nacht verrichten die muslimischen Gläubigen neben dem für Ramadannächte vorgesehenen Tarāwīḥ-Gebet auch das Gebet der Lobpreisung.

Die Pflichtabgabe, die die reichen Muslime einmal im islamischen Kalenderjahr zu entrichten haben, sammelt die DITIB-Gemeinde auf freiwilliger Basis von ihren Gemeindemitgliedern, um sie mit Hilfe der DITIB-Zentrale in Köln und ihren weltweiten Partnerorganisationen an die Bedürftigen auf der ganzen Welt gelangen zu lassen. Diese im Koran in der 9. Sure und im 60. Vers an bestimmte Bedürftigengruppen gebundene Pflichtabgabe darf nicht zweckentfremdet werden. Daher beschränkt sich die Einnahmequelle der Gemeinde ausschließlich auf die monatlichen Mitgliederbeiträge und die meistens im Anschluss an die Feiertagsgebete stattfindenden Spendenaktionen. Entgegen der herrschenden Ansicht bekommt die Moschee aus der Türkei – außer der Bezahlung der Imame – keine finanzielle Unterstützung. Die DITIB-Gemeinde in Münster konnte die letzte Modernisierung ihres Hauses durch einen Bankkredit finanzieren, welcher wiederum von den Spenden und monatlichen Mitgliederbeiträgen noch zurückgezahlt wird.

*Abb. 6: Straßenfest 2015: Mitglieder der DITIB-Gemeinde u. a. mit der Wissenschaftsministerin NRW Svenja Schulze (Mitte), dem Vorstandsvorsitzenden der DITIB-Gemeinde Mustafa Dayıoğlu (links von ihr) und dem Imām İsmail Gunduz (rechts von ihr)*

Die einmalige Pilgerfahrt (Hadsch) nach Mekka gilt für die Muslime, die gesundheitlich und finanziell in der Lage sind, als eine weitere religiöse Pflicht.

In Zusammenarbeit mit der DITIB-Zentrale ermöglicht die DITIB-Gemeinde in Münster den Muslimen die Pilgerfahrt zu den heiligen Stätten in Mekka und Medina. Die angehenden Pilgerinnen und Pilger (Türkisch *Hacı*) werden vom Imam auf die Pilgerfahrt in Seminaren, die in der Moschee abgehalten werden, vorbereitet.

# Deutsch-türkische Beziehungen des Bürgerhauses Bennohaus in Trägerschaft des Arbeitskreises Ostviertel e.V.

Daniela Elsner, Seval Kocaman

*Bild 1: Das Bürgerhaus Bennohaus*

## 1. Das Bennohaus – alles unter einem Dach

### 1.1. Kurzbeschreibung des Bennohauses

Das Bennohaus ist eine soziokulturelle, kultur- und medienpädagogische, fach- und generationsübergreifende, offene Begegnungsstätte und ein Stadtteilkulturhaus im Ostviertel Münsters. Unter der Trägerschaft des Arbeitskreises Ostviertel e.V. ist es Forum und Treffpunkt für die Menschen im Stadtteil und fördert schwerpunktmäßig Veranstaltungen zur gemeinsamen Freizeitgestaltung, kulturellen und interkulturellen Bildungsarbeit sowie zur Medienpädagogik und dem Erwerb von Medienkompetenzen.

Mit seinen Angeboten möchte das Bennohaus Menschen jeden Alters, jeder Weltanschauung und jeder sozialen Schicht ansprechen. Unter Berücksichtigung der Eigenständigkeit des Einzelnen und Beachtung vorhandener Strukturen und Institutionen bietet es Möglichkeiten, Unterschiede zu überwinden und Gemeinsamkeiten zu entdecken. Die Angebote wenden sich an alle Bürger, insbesondere Kinder, Jugendliche, Senioren und Migranten.

*Bild 2: Die Teilnehmer der intercult-Sendung im November 2014*

Mit seinen mittlerweile sechs Fachbereichen, der Stadtteilarbeit (Bürgertreff, Kulturangebote), Medien (Bürgerfernsehen und Bürgerradio), Pädagogik (Medien- und Kulturpädagogik im Kinder- und Jugendbereich), Internationales (internationale Projektarbeit), Öffentlichkeitsarbeit & Kulturmanagement sowie der staatlich anerkannten und zertifizierten Bildungsstätte im Bennohaus (BiB) ist das Bennohaus crossmedial aufgestellt und engagiert sich in Kooperation mit lokalen, nationalen und internationalen Partnern vor allem in sozialen und kulturellen (Medien-)Projekten und Aktivitäten mit Bürgernähe.

## 1.2. Neuere Geschichte des Bennohauses als Stadtteilbegegnungshaus

Das Bennohaus blickt auf eine lange Geschichte zurück: Was vor knapp 60 Jahren als lose Begegnungsstätte für junge Menschen begann, wurde Ende der 1970er Jahre schnell zu einem Treffpunkt für alle Generationen. Am 1.7.1978 übernahm zum ersten Mal eine hauptamtliche Kraft, der jetzige Geschäftsführer Dr. Joachim Musholt, die Leitung des Bennohauses. Diese ‚Hauptamtlichkeit' sollte der damals schwerpunktmäßig betriebenen Kinder- und Jugendarbeit des Hauses neue Impulse geben. In den Jahren 1978 bis 1989 entwickelte sich das Bennohaus als Einrichtung des Jugendamtes der Stadt Münster immer stärker von einer Einrichtung der Jugendpflege zu einer Stadtteil- und Begegnungsstätte im Ostviertel der Stadt Münster. Das zeigte sich insbesondere an den vielen Projekten mit Schulen und anderen Institutionen sowie den fach- und generationsübergreifenden Arbeitsansätzen.

1993 wurde das Bennohaus nach seiner Renovierung mit einem Festakt feierlich neu eröffnet.

Die baulichen Veränderungen und eine starke Fokussierung der Arbeit auf mediale Aspekte und die Vermittlung von Medienkompetenz leiteten daraufhin die langfristige Entwicklung des Hauses zu einem Bürgermedienzentrum ein. Nach der Neueröffnung des Bennohauses übernahm der Arbeitskreis Ostviertel e.V. (AKO e.V.) die Verantwortung für die gesamte inhaltliche und organisatorische Arbeit des Bürgerhauses. Der Geschäftsführer des Arbeitskreises Ostviertel e.V., Dr. Joachim Musholt, baute die generations- und fachübergreifende Arbeit des Hauses konsequent weiter aus. Heute ist das Bennohaus eine anerkannte sozial-, kultur- und medienpädagogische Einrichtung.

## 1.3. Interkulturelle Arbeit im Stadtteil

Das Bennohaus war und ist ein Begegnungsort verschiedenster Kulturen. Es bietet als Begegnungsstätte im Ostviertel Münsters allen Bürgern, ob mit oder ohne Migrationshintergrund, ein Forum für den Zugang zu Kunst, Bildung, Medien, bürgerschaftlichem Engagement und interkulturellem Austausch. Das Leitmotto des Bennohauses lautet „Integration durch Weiterbildung, Teilhabe und Partizipation". Die aufsuchende Sozial- und Vereinsarbeit, die Aus- und Weiterbildung sowie die Bürgermedienarbeit stehen auch im Vordergrund der integrativen und interkulturellen Arbeit mit Migranten. Diese findet ihren Arbeitsauftrag und ihre Umsetzung sowohl im Leitbild des Bennohauses als auch im ergänzenden Leitbild der staatlich anerkannten Bildungsstätte.

Aufgrund seiner langjährigen Erfahrungswerte im Bereich der Migrantenarbeit hat sich das Bennohaus vor einigen Jahren auch an der Leitbildentwicklung der Stadt Münster auf diesem Gebiet aktiv beteiligt und im Rahmen der interkulturellen Arbeit seine Netzwerkarbeit stetig fortgesetzt und ausgebaut. Zudem ist es Mitglied im Koordinationskreis für Migration und Interkulturelle Angelegenheiten der Stadt Münster und arbeitet eng mit der Geschäftsstelle des Integrationsrates der Stadt Münster zusammen. Jedes Jahr beteiligt sich das Bennohaus außerdem aktiv an den „Interkulturellen Wochen" in Münster.

## 2. Deutsch-türkische Beziehungen des Bennohauses
### 2.1. Kinder- und Jugendarbeit – die Anfänge

Die ersten explizit deutsch-türkischen Beziehungen in Form von Angeboten für türkische Migranten begannen in den 1980er/1990er-Jahren, als sich das Bennohaus als Einrichtung des Jugendamtes zu einem Stadtteilhaus entwickelte. Neben zahlreichen handwerklichen und musisch-kulturellen Angeboten für Kinder und Jugendliche gab es in diesen Jahren verstärkt auch Angebote, die die (Schul-)bildung von jungen Migrantenkindern fördern und sie zeitgleich bei der Integration unterstützen sollten. So wurden unter anderem Schulaufgabenhilfen für türkische Kinder angeboten, die unter fachlicher pädagogischer Anleitung unterstützt und auch sprachlich gefördert wurden.

Mit der Einstellung der türkischen Mitarbeiterin Seval Kocaman begann 1996 die intensivere Arbeit mit türkischen Mitbürgern, Vereinen und Institutionen. Die studierte Diplom-Sozialarbeiterin kümmerte sich zunächst um die Kinder- und Jugendarbeit des Hauses. Im weiteren Verlauf ihres beruflichen Werdeganges übernahm Frau Kocaman die Koordination der Bereiche Stadtteil- und Kulturarbeit sowie die Leitung der Bildungsstätte im Bennohaus (BiB), welche sie bis heute innehat. Durch intensive Kontakte zu türkischen Mitbürgern und Vereinen trug Frau Kocaman zum Ausbau der deutsch-türkischen Zusammenarbeit im Bennohaus maßgeblich bei. So initiierte sie im Bildungs-/Medienbereich und im Kulturbereich gemeinsam mit anderen Mitarbeitern des Bennohauses zahlreiche erfolgreiche Projekte und Formate, die im Folgenden als Beispiele erfolgreicher Netzwerkarbeit dargestellt werden.

### 2.2. Medien und Bildung

Anfang der 2000er Jahre begann die intensive Zusammenarbeit mit türkischen Vereinen, Organisationen und Institutionen im Bereich Bildung und Medien. Mit Hilfe der Neuen Medien und den Möglichkeiten der Bürgermedien wie dem damals im Bennohaus ansässigen Bürger-TV-Sender „tv münster" und dem Bürgerradio „Studio B" sollten schwerpunktmäßig ausländische Senioren dazu angeregt werden, ihre kulturelle Identität neu zu entdecken und öffentlich darzustellen mit dem Ziel einer verbesserten Integration und Partizipation an einer zivilen Bürgergesellschaft. Gelungene und äußerst erfolgreiche Beispiele sind hier das vom Bennohaus initiierte Modellprojekt „Senioren – Medien – Migration – Integration – Partizipation" sowie das erste interkulturelle Live-TV-Format in Münster: „Merhaba Europa".

### a) Modellprojekt „Senioren – Medien – Migration – Integration – Partizipation"

Das Ziel des vom Land NRW geförderten und vom Bennohaus getragenen Projekts „Senioren – Medien – Migration – Integration – Partizipation" (Laufzeit 08.04.03 bis 31.12.05) bestand darin, ausländische Senioren zu einer aktiven Medienarbeit zu ermuntern und sie dabei zu unterstützen. Durch dieses Modellprojekt sollten für und mit älteren Migranten und Aussiedlern Voraussetzungen für einen interkulturellen Dialog geschaffen werden. Im gesamten Projektzeitraum wurden im Bereich Qualifizierung, Fortbildung, Multiplikatorenarbeit sowie Vermittlung und Förderung von Medienkompetenz insgesamt 1553 Migranten geschult und eingebunden. Neben den Hauptkooperationspartnern des Projektes, dem Ausländerbeirat der Stadt Münster, dem Seniorenrat Münster e.V., der Landesseniorenvertretung NRW e.V. und dem Sozialamt der Stadt Münster (Abteilung Sozialplanung) wurde mit 13 Vereinen und Initiativen der Senioren- und Migrantenarbeit aus Münster kooperiert, unter anderem mit dem türkischen Arbeitskreis International e.V. (AKI), dem Türkischen Arbeiter- und Studentenverein Münster e. V. (TASV e.V.) und der Türkisch-Islamischen Union der Anstalt für Religion e.V. (DITIB Münster).

Im Rahmen des Projekts „Senioren: Medien – Migration – Integration – Partizipation" wurde vornehmlich mit Zielgruppen aus der Türkei, Griechenland, Spanien und Portugal gearbeitet. Neben der speziellen Zielgruppe „türkische Frauen" nahmen auch deutsche Senioren, die im Dialog mit Aussiedlern und Migranten standen, sowie Multiplikatoren aus Einrichtungen und Institutionen der Senioren- und Migrantenarbeit teil.

Die Projektziele lauteten im Einzelnen:
– Mediennutzung, Medienkritik, Medienkunde, Mediengestaltung
– Schulungen in den Bereichen Computer, Video und Radio
– Aufbau und Vernetzung einer mehrsprachigen Internetplattform
– Dialog der Kulturen durch interkulturelle Kultur- und Informationsveranstaltungen
– Qualifizierung von Multiplikatoren in medialen Bereichen
– Schaffung von Netzwerken.

*Bild 3: Computer- und Internetkurse mit türkischen Frauen*

Die Zusammenarbeit mit den türkischen Vereinen und Migrantenorganisationen erfolgte über bereits bestehende Netzwerke und aufsuchende Vereinsarbeit. So nutzte beispielsweise der AKI die Möglichkeiten des Modellprojektes, um sich selbst und seine Aktivitäten darzustellen und seine Vereinsmitglieder zu qualifizieren. Die Zusammenarbeit in diesem Projekt begann im Herbst 2003 mit einer filmischen Dokumentation über die Vereinsarbeit und einer Live-Talkrunde im Offenen Kanal „tv münster".

Weitere Projektaktivitäten mit dem AKI und dem Türkischen Arbeiter- und Studentenverein Münster e. V. (TASV e.V.) waren:
1. Der AKI e.V. nahm im Herbst 2003 an einer Schulung zur Bedienung des Redaktionssystems der Projekt-Internetplattform www.senioren-migranten.de teil.
2. Im Oktober 2003 nahmen erstmalig sieben türkische Frauen unterschiedlichen Alters an einem Internet-Einführungskurs im Bennohaus teil.
3. Eine Gruppe von 10 Vereinsmitgliedern des AKI e.V. und des Türkischen Arbeiter- und Studentenvereins Münster e. V. (TASV e.V.) nahm aktiv am Messestand des Projekts auf der Seniorenmesse vitactiv im November 2003 in Essen teil.
4. Auf einem Internationalen Abend im November 2003 im Bennohaus präsentierte sich der AKI e.V. mit einer kulturellen Tanzdarbietung aus der Türkei.
5. Am 04.12.03 fand im Rahmen des Europäischen Magazins FACES eine Live-Talkrunde im Offenen Kanal im Bennohaus zum Thema „Weihnachten – Jahresende in den fünf Weltreligionen" statt, mit Vertretern aus folgenden Grup-

pen und Vereinen: Russisch–deutscher Kulturverein e. V., AKI e.V.; Jüdische Gemeinde Münster, European Himalayan Association, Center for African Culture e.V.
6. Im Juli 2004 beteiligte sich der AKI an der Planung und Durchführung der Sendung „Merhaba Europa". Anlass dieser Sendung war die Halbzeit des Modellprojekts, in der ein Resümee über die bisherige Arbeit gezogen wurde. An dieser Sendung nahmen Vertreter aus verschiedenen Vereinen und Ländern teil, mit denen das Bennohaus bis zu diesem Zeitpunkt zusammen gearbeitet hatte, aus der Türkei, Spanien, Portugal und Russland. Die Vereinsvertreterin des AKI stellte in der Sendung „Merhaba Europa" ihre Organisation und die Aktivitäten im Rahmen des Modellprojekts vor.
7. Der AKI veranstaltet mit dem Seniorentreff „Altes Backhaus" in Münster regelmäßig Treffen unter dem Motto „Migranten im Dialog mit deutschen Senioren". Im Oktober 2004 wurde diese Veranstaltung gemeinsam mit dem AKI filmisch dokumentiert.
8. Mitte Dezember 2004 fand erstmalig eine Schulung im Bereich Computer und Internet mit türkischen Männern (TASV e.V.) und Frauen statt.
9. Februar 2005: Fortführung der PC-Kurse mit türkischen Frauen. Die Durchführung von Kursen mit türkischen Männern und Frauen erwies sich als ungünstig, die Mehrheit der Frauen wünschte bei den Kursen unter sich zu sein.
10. März bis Mai 2005: Fortführung der PC Kurse für türkische Frauen.

Auch die Türkisch-Islamische Union der Anstalt für Religion e.V. (DITIB-Münster) war Kooperationspartner des Modellprojektes. Die Zusammenarbeit mit dem Bennohaus begann im Jahr 2003. Die Mitglieder der DITIB hatten durch Mundpropaganda von dem Modellprojekt gehört und luden Vertreter des Bennohauses in die Moschee ein, um Möglichkeiten der Zusammenarbeit zu besprechen. Besonders die Medienarbeit und die im Rahmen des Projektes ins Leben gerufene Live-TV-Sendung „Merhaba Europa" waren für die DITIB von besonderem Interesse. An den angebotenen Computerkursen nahmen allerdings nur vereinzelt Vereinsmitglieder des Türkischen Arbeiter- und Studentenvereins teil. Hier lag der Projektschwerpunkt auf der Ausrichtung von Computerkursen für türkische Frauen.

Konkrete Projektaktivitäten mit der DITIB waren:
– Im April 2004 wurde gemeinsam mit der DITIB ein Konzept für einen Unterrichtsfilm über die „Rituelle Waschung im Islam" erarbeitet, der in den folgenden Monaten gemeinsam mit Mitgliedern der DITIB realisiert wurde. Das Besondere an diesem Film war es, dass die arabischen Koranverse in deutscher Sprache untertitelt wurden und daher auch deutschsprachigen Zuschauern eine exakte Darstellung der rituellen Waschung im Islam zeigten. Der Film wurde

auch von anderen DITIB-Moscheen in Deutschland als Unterrichtsfilm eingesetzt und trug dazu bei, den Islam in Deutschland verständlicher zu machen.
- Im Juli 2004 nahm ein Vertreter der DITIB an der Live-Talkrunde „Merhaba Europa" teil, in der zur Halbzeit des Modellprojekts über die bisherige Projektarbeit resümiert wurde.
- Im September 2004 fanden an drei aufeinander folgenden Terminen PC- und Internetkurse mit männlichen Mitgliedern der Türkisch-Islamischen Union statt.
- Im Oktober 2004 wurde zum Tag der „Offenen Moschee" ein christlich-islamischer Gottesdienst in einer katholischen Kirche in Münster durchgeführt, aufgezeichnet und im Offenen Kanal „tv münster" im Bennohaus gesendet. Zusätzlich entstand ein Radiobeitrag über diesen Gottesdienst für den Bürgerfunk.
- Im November und Dezember 2004 wurden Computer- und Internetkurse fortgesetzt.
- Von Februar bis April 2005 wurden Computer- und Internetkurse fortgesetzt. Ab Mitte April startete parallel dazu eine Kursreihe für Frauen.
- Ab August 2005 konzipierte und realisierte das Bennohaus gemeinsam mit der Türkisch-Islamischen Union einen Film über verschiedene religiöse Aktivitäten im Islam. Inhalte dieses Films waren beispielsweise eine Beschneidungsfeier türkischer Jungen und der muslimische Fastenmonat Ramadan.

In gemeinsamer Arbeit mit dem AKI, der DITIB e.V. und der Türkisch-Islamischen Union entstanden zudem zahlreiche interessante TV-Beiträge und Talkrunden im Rahmen der Sendung „Merhaba Europa", die im Folgenden skizziert wird.

### b) „Merhaba Europa" – das interkulturelle Live-TV-Format

Im Rahmen des Modellprojekts „Senioren – Medien – Migration – Integration – Partizipation" installierte das Bennohaus im Offenen Bürgerkanal „tv münster" ab Januar 2004 als festen Bestandteil und zentralen Angelpunkt des Projekts die monatliche Live-Talksendung „Merhaba Europa" (Hallo Europa).

Unter der Mitarbeit des Bürgersenders „tv münster" wurde im Vorfeld einer Sendung in den jeweiligen Vereinen und unter der aktiven Mitarbeit der Vereinsmitglieder eine Kurzdarstellung über den Verein und seine Aktivitäten geplant und filmisch umgesetzt. Dieser Kurzbeitrag diente zu Beginn einer Live-Sendung als Einspieler, um den Fernsehzuschauern einen Einblick in die Vereinsaktivitäten zu vermitteln. Im Anschluss stellte das Bennohaus diese filmische Darstellung den jeweiligen Vereinen für weitere Werbung und Öffentlichkeitsarbeit zur Verfügung. Solch eine filmische Vereinsdarstellung zu produzieren war für die am Projekt beteiligten Vereine ein großer Anreiz und bot einen positiven Einstieg in die Arbeit des Senioren-Migranten Projekts.

## Deutsch-türkische Beziehungen des Bürgerhauses Bennohaus

*Bild 4: Computer- und Internetkurse mit Migranten*   *Bild 5: „Merhaba Europa" mit dem TASV*

Die jeweiligen „Merhaba Europa"-Sendungen wurden damals von der türkischen Bennohausmitarbeiterin Funda Akogullari, studentisches Mitglied der Deutsch-Türkischen Gesellschaft Münster von 1916 e.V., vorbereitet und moderiert.

Die einstündigen Sendungen waren gegliedert in die Einheiten Einspieler, Talk, Kochecke und Kultur. In Gesprächsrunden versuchten die Teilnehmer Antworten auf die Fragen zu finden, warum Integration ein so schwer zu definierender Begriff ist, warum dieses Wort nach Jahrzehnten immer noch im Zusammenhang mit der Gastarbeitergeneration thematisiert wurde oder warum Integration noch immer kein vollzogener Prozess zu sein schien. Spanier unterhielten sich mit Bulgaren, Italiener mit Polen, Türken mit Serben, Deutsche mit Kroaten oder Russen mit Portugiesen.

„Merhaba Europa" verfolgte für alle Nationalitäten das Ziel, Integration so zu schaffen, dass weder die Frage der Nationalität noch der Religion eine Rolle spielt.

Der Wert dieser Sendung bestand darin, dass sich nicht nur Experten (z.B. Sabine Christiansen) über Themen wie Migration und Integration unterhielten, sondern die Betroffenen, die Vereinsmitglieder, selbst zu Wort kamen und als Gesprächspartner ernst genommen wurden. Die Gäste in „Merhaba Europa" gehörten zu der Generation, die Integrationsschwierigkeiten hatte und durch eigene Erfahrungen erklären konnte, warum viele der gleichaltrigen Landesleute zum Beispiel die deutsche Sprache nicht (?) beherrschten.

In der Kochecke wurden landestypische bzw. internationale Gerichte vorgestellt und zubereitet. Während sich auf der einen Seite die Menschen über Schlagworte wie „Migration" und „Assimilation" unterhielten, bereitete einer der Gäste ein landestypisches Gericht zu und stellte es den Zuschauern vor. Am Ende der Sendung wurde das Rezept eingeblendet und das Gericht gemeinsam verzehrt.

Im kulturellen Teil von „Merhaba Europa" fanden Live-Darbietungen in Form von Musik und Tanz statt, die das Thema der Sendung bzw. das präsentierte Land auf kulturelle Art und Weise dem Zuschauer näher brachten.

Folgende „Merhaba Europa" Sendungen fanden im Projektverlauf mit türkischen Vereinen statt:
- 22.01.04 Auftaktveranstaltung
- 19.02.04 Türkisch-Islamische Union der Anstalt für Religion e.V.
- 15.04.04 MiMi-Migranten informieren Migranten über Gesundheitsfragen
- 22.07.04 Bilanz und Austausch über die bisherige Projektarbeit
- 14.10.04 Deutsche und ausländische Senioren im Dialog
- 20.01.05 Zuwanderung und Integration
- 13.10.05 Interkulturelle Wochen Münster 2005 mit dem Arbeitskreis International e.V., DITIB e.V. und dem Ausländerbeirat (Die Konzeption und die Vorbereitung der Live-Sendung wurden in Zusammenarbeit mit dem Arbeitskreis International e. V., DITIB e. V. und dem Ausländerbeirat der Stadt Münster organisiert).

### c) Radioproduktionen mit Migranten und Senioren

Ein weiterer Schwerpunkt in der Projektarbeit mit Migranten war die Radioarbeit im Bürgerfunkstudio „Studio B" des Bennohauses. Die hier in Kursen und Workshops produzierten Sendungen wurden im Bürgerfunk beim privaten Lokalfunksender „Radio Antenne Münster" ausgestrahlt.

Im April 2005 startete zum Beispiel ein Radiokurs mit türkischen Migranten zum Themenschwerpunkt „1434. Geburtstag des Propheten Mohammed" im „Radiostudio B" des Bennohauses. Konzipiert und produziert wurde der Radiobeitrag für den Bürgerfunk im Lokalradio „Antenne Münster". Der Beitrag wurde im Mai 2005 gesendet und darüber hinaus als Wettbewerbsbeitrag für den NRW-Radiowettbewerb „Generation Plus" eingesandt.

### d) Weitere Angebote der Bildungsstätte im Bennohaus

Neben den PC-Kursen für türkische Frauen oder Migranten allgemein, die im Laufe des Modellprojektes angestoßen worden waren, konzentrierte sich das Angebot der staatlich anerkannten und zertifizierten Bildungsstätte im Bennohaus (BiB) ab 2011 auch auf die ‚Aufsuchende Sozial- und Vereinsarbeit'. Hier fanden zahlreiche Kooperationen mit Migrantenvereinen statt. Die Weiterbildungsangebote für Migrantenvereine wurden u.a. in Form von Seminaren und Kursen in den Sparten „Pressearbeit" und „Digitale Medienkompetenz" offeriert. Darüber hinaus gab es bis 2014 im Bennohaus für Migranten die Möglichkeit, das „offene Internetcafé" nach telefonischer Voranmeldung kostenfrei und unter fachlicher Beratung zu nutzen. Auch in den vergangenen Jahren kooperierte die BiB mit den türkischen Kooperationspartnern und führte intensive Gespräche mit dem Integrationsrat der Stadt Münster. So gab es 2015 Kooperationsgespräche bezüglich einer Projektzusammenarbeit mit dem Ziel, Vertreter von interkulturellen Vereinen selbst zu Multiplikatoren auszubilden.

Für die Zukunft plant die Bildungsstätte den Ausbau dieser Netzwerkaktivitäten, nicht zuletzt vor dem Hintergrund der aktuellen Flüchtlingspolitik in Münster. Unter anderem ist eine ‚Aufsuchende Flüchtlingsarbeit' mit mobilen Kursangeboten geplant, welche Flüchtlingen die Möglichkeiten der Medien für eine bessere Integration auf dem Arbeitsmarkt aufzeigen sollen.

### 2.3. Kultur

Auch im kulturellen Bereich ist das Bennohaus seit Jahrzehnten in der internationalen und interkulturellen Arbeit tätig und veranstaltet in Zusammenarbeit mit internationalen Organisationen und Vereinen Informations- und Kulturveranstaltungen sowie Tanzabende und Feste. So fand bereits im Rahmen der 25-jährigen Jubiläumsfeierlichkeiten im Jahr 2003 ein internationaler Abend statt, an dem sich türkische Mitbürger Münsters und Mitglieder des türkischen Arbeitskreises International e.V. mit einer türkischen Tanzaufführung beteiligten. Der interkulturelle Dialog wurde gefördert, die Gäste hatten unter anderem die Möglichkeit, die verschiedenen Tanzstile ebenfalls auszuprobieren. Um die Kultur der teilnehmenden Länder eindrucksvoll zu präsentieren, traten die Künstler in landestypischer Kleidung auf. Passend zum bunten Programm wurden türkische Köstlichkeiten gereicht. Eröffnet wurde der Abend durch Dr. Spyros Marinos, damals 1. Vorsitzender des Ausländerbeirats der Stadt Münster.

Im Jahr 2011 fand in Kooperation mit dem Arbeitskreis International e.V. sowie mit dem Türkischen Arbeiter- und Studentenverein Münster e.V. eine interkulturelle Live-Musik-, Kultur-, Tanz- und Informationsveranstaltung mit dem Titel „Eine Reise in die Türkei" statt. Zu der Veranstaltung gehörte eine Präsentation der vielfältigen Aktivitäten und Angebote der veranstaltenden (türkischen) Vereine mit internationaler Vereinsausrichtung. Der Abend wurde zudem mit stimmungsvoller, traditionell türkischer Musik begleitet. Der 1. Vorsitzende des Integrationsrates der Stadt Münster, Spyros Marinos, hielt im Rahmen dieser interkulturellen Veranstaltung eine Rede und gratulierte den Veranstaltern zu so einer beispielhaften interkulturellen Kooperation im Stadtteil, die allen Bürgern, ob mit oder ohne Migrationshintergrund, zugutekam und einen positiven Beitrag zum interkulturellen Dialog der Stadt Münster leistete.

*Bild 6: Die MAFI-Theatergruppe bei den Proben für „Kultur am Kanal"*

Ebenfalls im Jahr 2011 entstand die Idee, im Bennohaus eine Kulturveranstaltung für alle Bürger Münsters zu etablieren. Unter den Leitworten „generationsübergreifend", „integrativ" und „interkulturell" sollte lokalen Künstlern die Möglichkeit geboten werden, sich in den verschiedensten Arten von Kunst, Kultur und Musik einem größerem Publikum zu präsentieren. Am 6. Mai 2011 feierte „Kultur am Kanal" Premiere.

Im Dezember 2013 wurde „Kultur am Kanal" erstmals zweisprachig (deutsch/englisch) aufgeführt, da sich unter den Gästen auch internationale Projektteilnehmer befanden. Im Rahmen des internationalen Projektes „MAFI" (Media Art For Inclusion) brachten sie unter fachlicher Anleitung einer Theaterpädagogin ein kurzes Theaterstück auf die Bühne, welches sich mit dem Thema Integration und Fremdenhass befasste.

Das zweijährige Projekt „Media Art For Inclusion" (MAFI) zielte darauf ab, den interkulturellen Dialog als einen Prozess zu fördern, in dem junge Migranten ihre Fähigkeiten verbessern und entwickeln können. Leitlinie war es, durch den Einsatz digitaler Medien künstlerische Kreativität in Kombination mit interkultureller Kommunikation zu unterstützen.

Die Veranstaltung „Kultur am Kanal" konnte in den vergangenen Jahren als fester Bestandteil des interkulturellen Angebotes des Bennohauses etabliert werden und feierte im vergangenen Dezember sein 5-jähriges Bestehen mit einer Jubiläumsausgabe mit knapp 200 Gästen.

*Bild 7: intercult-Moderator Jakob Töbelmann mit Fulya Yavuz vom AKI e.V.*

Als weiteres Beispiel der weitreichenden Netzwerkarbeit mit Migrantenvereinen und dem Integrationsrat ist das interkulturelle TV-Projekt „intercult grenzenlos" anzusehen. Nach einer langjährigen Pause von „Merhaba Europa" war es 2014 wieder soweit: Das Bennohaus präsentierte den Nachfolger „intercult grenzenlos". In kleinen Filmportraits präsentieren in dieser Sendung verschiedene Migrantenvereine ihre Arbeit und sprechen live über ihre Erfahrungen zum Thema Migration. Verschiedene Künstler ermöglichen einen Einblick in die unterschiedlichen Kulturen.

Das interkulturelle Live-Format wird zweimal im Jahr produziert und aufgezeichnet.

Das Motto lautet: „Mitwirken – Mitreden und Mitgestalten". So fand im Rahmen der intercult-Sendung im November 2014 eine Kooperation mit dem Arbeitskreis International e.V. statt. Der Fachbereich Medien produzierte hierfür einen „Vereinstrailer", der dem Publikum im Rahmen der Sendung präsentiert wurde. Darüber hinaus wurden Live-Interviews mit Vereinsmitgliedern geführt.

Das Bürgerhaus Bennohaus stellte auch im Geschäftsjahr 2015 seine Ressourcen vielen internationalen Vereinen, Migrantenselbstorganisationen und deren Mitgliedern für ihre Vereinsaktivitäten zur Verfügung. Neben Kulturveranstaltungen mit Live-Musik und Tanz bot das Bennohaus Raum für traditionelle Familienfeste.

Ein gutes Beispiel für eigenorganisierte Veranstaltungen in den Räumlichkeiten des Bennohauses ist die Kooperation mit der „Theaterfabrik Ankara" (Odak Kulturzentrum e.V.), die im vergangenen sowie im laufenden Jahr die Bühne im Saal nutzte, um türkischsprachige Theaterstücke aufzuführen. So gastierte sie am 23. April 2015 beispielsweise mit dem Ein-Mann-Stück „ADAM adam", was übersetzt auf Deutsch „Mensch, Mensch" bedeutet. Das Stück vom Regisseur und Schauspieler Nuri Gökasan aus Ankara thematisierte einen Menschen, der seine Seele nicht an das ‚System' verkaufen will.

Im Jahr 2016 sind weitere Veranstaltungen vom Migrantenverein Odak Kulturzentrum e.V. im Bennohaus geplant.

## 2.4. Internationale Projektarbeit

Bürgerschaftliches Engagement und Bürgermedienarbeit im Europäischen Rahmen haben im Bennohaus einen besonderen Stellenwert. Mit Münsters Partnerstädten sowie mit vielen anderen Partnern in Europa wird seit nunmehr über 15 Jahren zusammengearbeitet. Durch die internationale Jugendmedienarbeit und die Jugendbegegnungen werden die Städtepartnerschaften von den Jugendlichen lebendig gehalten und mit Kreativität erfüllt. Gemeinsam erstellen Jugendliche und Multiplikatoren mediale Beiträge zu gesellschaftspolitischen und soziokulturellen Themen, knüpfen Kontakte und Freundschaften und erfahren viel über das gesellschaftliche Leben in den Partnerstädten und anderswo. Durch interkulturelle Bildungs- und Qualifizierungsangebote wird die europäische Zusammenarbeit gestärkt.

Auch mehr und mehr Institutionen im EU-Kandidaten-Land Türkei widmen sich der Arbeit für eine zivile Bürgergesellschaft, sodass der Fachbereich Internationales des Bennohauses sich im Jahr 2015 dazu entschied, die Zusammenarbeit mit der Türkei in Form der Medienprojekte „Community Media for Intercultural and Political Dialogue (CMIPD)" sowie „Lebenslanges Lernen und Medienbildung" voranzutreiben.

### a) „Community Media for Intercultural and Political Dialogue"

Soziale Verbesserungen sowie Entwicklungen in Bildungsfragen stärken das Bild des Fortschritts vor allem in der Region um Istanbul. Auch die Europäische Union wünscht den zivilgesellschaftlichen Dialog zwischen dem Beitrittskandidaten und der EU-Gemeinschaft und fördert diese Bestrebungen.

Das Medienprojekt „Citizen Media for Intercultural and Political Dialogue (CMIPD)" des Bennohauses zielte auf die Unterstützung von Nichtregierungsorganisationen und das Vorantreiben von Demokratie und aktiver Teilhabe der Bürger an Politik und Gesellschaft durch die Vermittlung von Medienkompetenzen im Bereich der Bürgermedien.

Durchgeführt vom Trägerverein des Bennohauses, dem Arbeitskreis Ostviertel e.V., dem im Bennohaus ansässigen Netzwerkverein Youth4Media und der türkischen Partnerorganisation Youth A.R.T., wurde im Laufe des Jahres 2015 ein eigenständiges Medienzentrum in Istanbul aufgebaut. Dazu wurden Mitarbeiter von NGOs und Vereinen in der crossmedialen Medienarbeit geschult, um ihr Wissen in der Türkei an junge Menschen weiterzugeben. Bis Ende des Jahres 2015 hat das Bennohaus gemeinsam mit dem türkischen Partner Projekttreffen und crossmediale Workshops durchgeführt und eine Onlineplattform kreiert.

Nach einer erfolgreichen Kick-Off-Veranstaltung mit Auftaktkonferenz im November 2014 in Istanbul und ersten Trainerschulungen im Februar 2015 in Münster fand im Bennohaus das dritte Projekttreffen im Mai 2015 statt. Dieses war eingebunden in Jubiläumsfeierlichkeiten des Netzwerkvereins Youth4Media, sodass rund 50 internationale und 30 lokale Gäste zur Midterm-Konferenz geladen wurden. Auf der mittlerweile 2. großen Projektkonferenz stellten die Partner ihre bisherigen Projektergebnisse vor und blickten auf die ersten Monate zurück. Unter anderem wurden mehrere Filme gedreht, die im Rahmen der Veranstaltung gezeigt wurden. In zwei Mediencamps wurden zudem bereits einige Medientrainer qualifiziert; außerdem ist im März 2015 die Internetseite zum Projekt (www.citizensmedia.eu) online gegangen. Neben den Projektvorstellungen gaben Experten wertvolle Inputs zur Bürgermedienarbeit.

Zirka 100 Repräsentanten von Jugendorganisationen, Bildungseinrichtungen und NGOs nahmen schließlich an der deutsch-türkischen Abschlusskonferenz „Citizen Media for Intercultural and Political Dialogue" Mitte November 2015 in Istanbul teil. Viele Repräsentanten der beteiligten Projektpartner sowie türkische Organisatoren kamen zu Wort.

Nach eindrucksvollen Expertenpräsentationen türkischer Jugendorganisationen über die politische Beteiligung Jugendlicher, Pressefreiheit und Bürgerjournalismus, bekamen die 20 neuen Media-Trainer ihre Zertifikate. Erfreulicherweise haben auch kurdische Studenten und Mitglieder anderer Organisationen ethnischer Minderheiten in der Türkei erfolgreich an Trainingskursen teilgenommen und können so nun zur Bereicherung des interkulturellen Dialogs mit ihrem Engagement beitragen.

*Bild 8: Dr. Joachim Musholt und Benedikt Althoff (1.u.2.v.l.) mit den türkischen Partnern bei der Eröffnung des Bürgermedienzentrums in Istanbul*

### b) „Lebenslanges Lernen und Medienbildung"

Im März startete ein neues Projekt des Netzwerkvereins European Youth4Media Network im Bürgerhaus Bennohaus mit der türkischen Jugendorganisation Youthart. Am 5. März fand die Auftaktkonferenz im Medienzentrum Istanbul zum Thema „Lebenslanges Lernen und Medienbildung" statt, an der zwei Mitarbeiter des Bennohauses als Experten teilnahmen. Gemeinsam mit Vertretern von türkischen Jugend- und Bildungseinrichtungen werden aktuelle Entwicklungen in den Themenbereichen Medienbildung, Pressefreiheit und interkultureller Dialog dargestellt. Im Zentrum der Projektarbeit stehen die Entwicklung der Zivilgesellschaft und bürgerschaftliches Engagement durch Bürgerjournalismus und digitale Medien.

Mit der Konferenz startet ein einwöchiger Medientrainingskurs im neuen Medienzentrum in Istanbul, welchen Youthart mit Unterstützung des Bürgerhauses Bennohaus 2015 etabliert hat. Mit dabei sind auch fünf Jugendliche aus Münster. Bereits im vergangenen Jahr hatte das Bennohaus türkische Studenten in Münster zu Medientrainern und Multiplikatoren ausgebildet und so eine gute Basis für die zukünftige Zusammenarbeit geschaffen.

Weitere Projekttreffen und Trainingskurse mit Videoproduktionen der Jugendlichen finden im Juni in Thessaloniki und im Oktober im Bürgerhaus Bennohaus statt.

Gemeinsam werden die Jugendlichen aus der Türkei, Deutschland und Griechenland im Rahmen von Workshops mediale Beiträge erstellen und eine multimediale Webplattform mit vielfältigen Filmen und Blogs zum interkulturellen Dialog gestalten. Das 15-monatige Projekt zum bürgerschaftlichen Dialog wird vom türkischen Europaministerium und von der Europäischen Union finanziell gefördert.

## 3. Fazit/Ausblick

Das Bennohaus blickt mit Freude auf über 20 Jahre deutsch-türkische Beziehungen in nahezu all seinen Arbeitsbereichen zurück. Die kulturelle Vielfalt in Münster bietet großes Potential, wenn es darum geht, voneinander zu lernen, doch Inklusion und der kulturelle Dialog können nur dann gelingen, wenn viele Menschen daran teilnehmen und mithelfen. Migrantenselbstorganisationen sind für das Bennohaus nicht nur kompetente Partner in der Zusammenarbeit, sondern auch Experten in Sachen Integration. Voneinander lernen und Vielfalt als Vorteil entdecken – unter diesem Motto versteht sich das Bürgerhaus Bennohaus als ein Begegnungsort für Kulturaustausch und Lernort für Bildung.

Egal ob Medienkurse, Gespräche, Arbeitskreise, Raumvermietungen oder eine Kooperation im Bereich Kultur oder Internationales – interkulturelle Kompetenz ist eine der ‚Schlüsselqualifikationen' für die Zukunft, denn ein Zusammenleben von Menschen unterschiedlicher Herkunft und Sprache verändert nicht nur Weltbilder und Wertsysteme, sondern entwickelt auch neue Orientierungs- und Deutungsmuster, mit denen Lebenswelten gestaltet werden.

Doch auch die Medienkompetenz (Mediennutzung, Medienkritik, Medienkunde, Mediengestaltung) ist eine der Schlüsselqualifikationen, und zwar zu einer aktiven Teilhabe an der zivilen Bürgergesellschaft und freien interkulturellen Kommunikation in einer globalisierten Welt. Die Neuen Medien bieten vielfältige Chancen, die soziale und politische Teilhabe sowie den interkulturellen Dialog der Bürger in Europa zu fördern.

Neben weiteren zielgruppenspezifischen Angeboten des Bennohauses auf lokaler Ebene steht daher für die zukünftige Zusammenarbeit mit Türken und der Türkei nicht nur die lokale, sondern auch die internationale Projektarbeit in den kommenden Jahren im Fokus.

Für ein gemeinsames „Merhaba Europa!"

# Interkultur in Münster gestalten
## Seit über 35 Jahren verlässliches Zusammenwirken von Menschen türkischer und deutscher Herkunft

Michael J. Rainer

Große Fragen der Politik und Gesellschaft entscheiden sich nicht weit weg in der Anonymität, sondern im Nahbereich. Die Geschichte von Kaktus Münster ist dafür ein sprechendes Beispiel – und soll daher hier etwas beleuchtet werden. Heute zählt Radio Kaktus zu den lange eingeführtem Trägern interkultureller Arbeit in Münster. Hier soll es um die Anfänge gehen, bei denen die Grundmotive ausgebildet wurden, die heute noch die Initiativen von Kaktus prägen.

Anfang der 1980-er Jahre gründeten einige Leute im Münsterschen Süd- und Hansaviertel den Verein „DIE RÜBE" e.V.. Ziel war es, vor allem für die Kinder und Jugendlichen aus den Immigrantenfamilien Verbesserungen zu erreichen: Hilfen bei der Hausaufgabenbetreuung, Angebote für gemeinsames Sporttreiben, Anregungen für die Freizeit, regelmäßige internationale Abendessen – darum ging es zunächst. Nach zwei Jahren Improvisation auf allen Ebenen wurde klar, dass für eine solche Arbeit klare Räume, regelmäßige Termine, ein Netz von Ansprechpartnern benötigt wurden. Ein klares Zuhause fand sich in der Evangelisch-katholischen StudentInnengemeinde EKSG-FH an der Friedrich-Ebert-Straße. Über die Gründung des gemeinnützigen Vereins KAKTUS Münster e.V. erfolgte die bis heute wirksame Institutionalisierung der damaligen Leitmotive.

Als hauptamtlicher Gemeindeassistent war es 1983–87 in der EKSG-FH meine Aufgabe, die vielschichtigen Aktivitäten dort im Sinne eines offenen Sozialzentrums zu koordinieren. Im Fokus unserer von beiden Kirchen finanzierten Gemeindearbeit standen die Studierenden der Fachhochschule: angehende Sozialarbeiter trafen hier auf zukünftige Bauingenieure, Architekten, Designer, Betriebswirte, Ernährungswissenschaftler. Zu den Themenabenden über Ökologisches Bauen, Jugend & Gewalt, Religion & Literatur, Kontaktarbeit zur DDR & Osteuropa, Stegreiftheater, Glauben heute usw. kamen auch Studierende aus der Universität, dann und wann auch einige Studienabbrecher oder (befristet) Arbeitslose sowie Interessierte aus der Nachbarschaft.

Zu Beginn 1984 erreichte uns also im Gemeinderat der ehrenamtlichen Vertreter (genannt MAK: „Mitarbeiterkreis") die Anfrage, ob nicht ab April die internationalen Abendessen regelmäßig in der EKSG stattfinden könnten: Die Studierenden wären dort immer herzlich willkommen...: eine klare „win-win-Situation", wie man das heutzutage nennt, wie wir Verantwortlichen damals sofort ahnten.

*Cetin Molla Demirel*

Die Koordination der „Interkulturellen Arbeit" lag vor allem in den Händen von Molla Demirel und seiner Frau Sakine, die zusammen mit einigen weiteren türkischen Familien die Treffen für jedes Mal rund 150 Personen verlässlich vorbereiteten. Mit finanzieller Unterstützung durch das Bistum Münster (zuständig für Personal-, Umbau- und Raumkosten), sowie des Ev. Kirchenkreises Münster (bestimmter Anteil der Sachkosten) konnten wir dort eine offene soziokulturelle Arbeit aufbauen, von der heute viele träumen würden. Und es war kein Problem, die Küche der EKSG zusammen mit Studierenden der Architektur so zu planen und aufzubauen, dass dort solche Großessen vorbereitet werden konnten. Als EKSG selbst betrieben wir an zwei Wochentagen entsprechend auch einen offenen Mittagstisch für Studierende und Nachbarn: Minimensa, später „KESS = Kochen – Essen – Spülen".

Doch es sollte nicht bei der Organisation von Abendessen bleiben. Wir erlebten, dass es bei den Abendessen immer auch Konzerte gab, dass Dichterlesungen (etwa mit Fakir Baykurt und anderen) und Autorengespräche stattfanden. Außerdem wagten Jugendliche mehrerer Nationen erste Auftritte in Tanz und Gesang, und schließlich beteiligten sich auch die Studierenden mit eigenen Einlagen: So

*Thomas M. Heitkämper*

entstand ein Klima des freundschaftlichen Miteinanders, das für Münster außergewöhnlich wurde und allen Beteiligten neue Möglichkeiten eröffnete. Denn mit zunehmenden Verbindungen zu den Familien kamen auch alle Fragen auf den Tisch, mit denen sie sich sonst auseinanderzusetzen hatten: nach Rechtsberatung vielfältiger Art, Umgang mit Behörden und Ämtern, Problemen mit der Sprache, Kontakten zu den Schulen & Berufsschulen, Verbindungen zu Betrieben wg. Praktikum und evtl. späterem Berufseinstieg, nach bi-kulturellen Partnerschaften, nach Altwerden fern der Heimat sowie Schwierigkeiten als „Fremde" in Deutschland u.a.

Diese Themen rund um die Lebensverhältnisse der Einwanderer – vor allem der zumeist türkischen Familien – wurden unsere Themen. Und wir antworteten, indem wir – zusammen mit befreundeten Rechtsanwälten – ein niedrigschwelliges System der Rechtsberatung aufbauten, mit der Fachhochschule Praktikumsstellen für angehende Sozialarbeiter und –pädagogen schufen, zusammen mit den Schulen Sprachkurse für Integrationsklassen aufbauten, Schreibwerkstätten an der Hauptschule einrichteten (vor allem mit Herrn Heitkämper von der Geistschule in

Münster, siehe dessen Beitrag in diesem Buch), für Frauen offene Teeabende organisierten, für Kinder- und Jugendliche Computerkurse anboten u.a.

Wir begleiteten uns gegenseitig: Die Integration ist umfassend, wenn sie keine Themen mehr ausspart und alle gleichzeitig „inkludiert" = mit einschließt, so dass es kein „Draußen" mehr gibt. Schwierigkeiten werden gemeinsam erörtert und gelöst, Urlaube werden gemeinsam geplant, Beziehungen entstehen, Geburtstage und Hochzeiten werden genauso gefeiert wie Beschneidung und Fastenbrechen am Ende des Ramadan. Das Netz trägt, wenn wir uns auch bei traurigen Anlässen nicht egal sind, uns bei Krankheiten und Schicksalsschlägen beistehen, auf Beerdigungen nicht allein lassen… und gemeinsam die Hoffnung auf eine bessere Zukunft genau dadurch nicht aufgeben, weil wir gemeinsam an ihr arbeiten.

Aus alldem speist sich seit 1984 der Hintergrund für den gemeinnützigen Verein Kaktus Münster e.V. Seit den 1990-er Jahren ergab sich eine neue Wirkungsperspektive, als Kaktus die Zusage für einen Sendeplatz im öffentlichen Bürgerfunk erhielt. Das ging einher mit neuen Vereinsadressen: Von der Friedrich-Ebert-Straße über weitere Standorte am Hafenweg und Mittelhafen zur jetzigen Lokalität im Zentrum Münsters am Verspoel. Die Arbeit wird mittlerweile basismäßig gefördert über die Stadt Münster, hinzu kommen Anträge bei nationalen und europäischen Institutionen. Die Medienarbeit führte zum Aufbau einer angemessenen Ausrüstung mit Kameras für Interviews, Dokumentationen, Umfragen und Filmen (gut genutzt für häufige Filmwerkstätten für Jugendliche), mit Ton-Studio und Aufnahmetechnik, mit regelmäßigen Sendezeiten usw. Hinzu kamen Ausstellungen in Gerichten (Sozialgericht, Amtsgericht usw.), Behörden (WWL; Sozialamt), Schulen aller Art, Seniorenzentren (Tibusstift u.a.), im Internationalen Begegnungszentrum der WWU „Die Brücke", in Gemeinden, Kulturorten (wie Rathaus, Krameramtshaus) nicht nur in Münster, sondern auch im Ruhrgebiet und anderen Orten. Dazu kam die Mitwirkung bei Veranstaltungen in Düsseldorf, Bielefeld, Berlin, Ankara und Istanbul u.a. sowie eine umfangreiche Presse- und Medienarbeit. In über 300 KAKTUS – Infos, in Presseberichten und über die interaktive Homepage werden alle Interessierten und Partner regelmäßig auf dem Laufenden gehalten…

Mittlerweile gibt es über 150 Mitglieder, darunter einen Mitarbeiterkreis von über 30 Personen, die je wechselnd Verantwortung übernehmen: Unter der seit Jahren bewährt eingespielten Koordination von Cetin Molla Demirel und Türkan Heinrich lernen Studierende von Sozialarbeit bis Publizistik aktiven Umgang mit Gruppen und Projekten, wagen Schüler und Jugendliche aus Münster und Umgebung, Personen mit und ohne Migrationshintergrund erste Schritte ins Kultur- und Medienleben; sie übernehmen Verantwortung, werden ermuntert, gehört und begleitet: Kaktus Münster gibt den Stimmlosen eine Stimme und verschafft ihnen Gehör.

Resümieren wir: vor allem die freundschaftliche Zusammenarbeit zwischen deutschen und türkischen Bürgern ermöglichte bei Kaktus Münster eine öffentlich relevante Arbeit, die sich nicht aufhält mit kleinen Beiträgen innerhalb der interkulturellen Wochen, sondern die als starke Konstante das Leben in Münster mit prägt. Kaktus Münster nimmt es in seiner Arbeit mit dem ganzen Themenspektrum auf, das uns Menschen aus allen Generationen heute bewegt und herausfordert. Der Verein führte nicht nur deutsche und türkische Bürger/innen zusammen, sondern schafft seit fast 4 Jahrzehnten auch Begegnungen und freundschaftliche Beziehungen zwischen türkischstämmigen und allen in Münster lebenden Kulturkreisen und Nationen. Kaktus Münster ist ein verlässlicher und einfallsreicher Partner geworden, auf den viele Einzelne, Gruppen und Institutionen im Stadt- & Kulturleben in Münster nicht verzichten wollen, wie die Bürgermeister und Vertreter/innen aller Parteien bei vielen Anlässen und in Grußworten eindringlich verdeutlichen.

Aber Kaktus Münster braucht immer auch „die anderen": die Künstler/innen, die bei Ausstellungen mit wirken, die Institutionen, die Raum geben und / oder anfragen, die Aktiven, die als Einzelne oder Gruppen aller Generationen ihre Themen und Fragen einbringen, die Gesellschaft in Stadt und Land: das Gegenüber, um Kaktus-Grundmotive neu zu entwickeln und im Miteinander mit den jeweiligen Kooperationspartnern real mögliche Potentiale zu entfalten.

Das 100-jährige Jubiläum der Deutsch-türkischen Gesellschaft Münster von 1916 gibt einen hervorragenden Anlass, diese Schritte zu echter Integration einmal zusammenhängend vorzustellen und dabei vor allem auch die so kleinen Schritte des Anfangs in Erinnerung zu bringen: als Einladung, an der gemeinsamen Aufgabe mitzuwirken, die Stadtgesellschaft Münsters und die politische Kultur in Deutschland offen zu halten für die Zukunftsherausforderung u n d die Zukunftschancen, die im Zusammenleben der Kulturen liegen. Dabei gilt als Grundsatz, was Johann Baptist Metz, der Münstersche Theologe (und Gründer der politischen „Theologie nach Auschwitz") so formulierte: „Es gibt kein fremdes Leiden: Alles Leid der anderen ist unser Leid!" Anders gewendet: Die Lebenslage der Anderen kann uns nie egal sein, wenn wir die Menschlichkeit gerade in Zeiten der globalisierten Gesellschaft nicht verlieren wollen!

In diesem Sinne übermittelt Radio Kaktus der DTG Münster von 1916 herzliche GLÜCK-wünsche!

# Kann Integration gelingen?
## Wie Engagement und Mitsprache konkret möglich werden

Türkan Heinrich, Jennifer Best

„Kaktus Münster e.V. – Radio Kaktus im Bürgerfunk" ist ein interkultureller, 36-jähriger, gemeinnützig tätiger Verein in Münster, der seit 30 Jahren ein anerkannter freier Träger der Jugendhilfe (§ 75 KJHG) ist. Der Verein setzt sich aus rund 140 Mitgliedern aus über 21 verschiedenen Nationen, besonders aus Türkeistämmigen zusammen. Ziel ist die Förderung von Verständigung aller in der Bundesrepublik lebenden Kulturen, Nationalitäten und Religionen, damit ein friedliches Zusammenleben möglich ist. Kaktus Münster e.V. vertritt die Überzeugung, dass direkte interkulturelle Kontakte in den verschiedensten Lebensbereichen sehr wichtige Schritte sind, um Vorurteile abzubauen und eine wertschätzende und interessierte Haltung gegenüber anderen Kulturen zu entwickeln. Die Arbeit des Vereins ist nicht nur hinsichtlich der Zielgruppen, sondern auch hinsichtlich der Arbeitsbereiche bewusst vielseitig. Es wird sowohl Sozialarbeit als auch Öffentlichkeitsarbeit geleistet, aber auch kulturelle Veranstaltungen und Bildungsmaßnahmen werden angeboten, in deren Konzeption, Durchführung und Dokumentation die jugendlichen und studierenden Praktikanten eng eingebunden werden. So engagieren sich aktuell beispielsweise die Jugendmediengruppen von Kaktus Münster im Rahmen verschiedener Projekte, indem sie viele verschiedene Veranstaltungen und Events mit Aufnahmegeräten wie Film-, Foto- und Audiotechnik festhalten, um ihre Sozial- und Medienkompetenzen zu erweitern:

*„Kaktus Münster e.V. bietet genau das, was die Welt heute braucht: eine Möglichkeit für mich und andere Jugendliche, ihre Meinung frei zu äußern – sei es im Radio oder in einem Zeitungsbericht. Kaktus malt die grauen Wände der Welt in bunten Farben aus und macht es möglich, ganz neue Wege zu gehen."* (Jassin Makoul, 17 Jahre)

Durch Sprach- und Bildungsangebote, Lesungen, Kunstausstellungen und Gesellschaftsabende spricht Kaktus Münster e.V. die breite Öffentlichkeit an. Sie will ALLEN, die interessiert sind und mitarbeiten wollen, Engagement und Mitsprache ermöglichen. Der interkulturelle Gedanke und Mehrsprachigkeit stehen bei all diesen Veranstaltungen im Mittelpunkt.

*Bild 1: Die Jugendredaktion des Kaktus Münster e.V. bei der Aufnahme einer Radiosendung*

Nicht die Konzentration auf die eigene kulturelle Gruppe, sondern das Bekanntmachen und die Akzeptanz der eigenen und der fremden kulturellen Besonderheiten und Lebensweisen ist das Ziel der Arbeit. Durch interkulturelle und mehrsprachige z.B. deutsch-türkische Radiosendungen im Bürgerfunk auf Antenne Münster unter Beteiligung von Kindern, Jugendlichen und Erwachsenen mit und ohne Migrationsvorgeschichte, einer breiten Facebook-Plattform und einem eigenen Youtube-Channel ist es dem Verein möglich, leichter zu anderen Menschen in und außerhalb von Münster Kontakt aufzunehmen. In einem kleinen Tonstudio können Jugendliche unter Anleitung professioneller Sozial- und Medienpädagogen mit interkulturellen Kompetenzen beispielsweise im Rahmen eines *Interkulturellen Magazins* oder *Künstlerportraits* erste Interviews und Moderationstechniken erproben und so ihren ganz persönlichen Beitrag leisten.

*„Kaktus Münster e.V. kann man nicht in Worte fassen, man muss erleben, wie es ist, hier zu sein. Seien es die netten Mitarbeiter, das gemeinsame Mittagessen oder das Mitbestimmungsrecht bei Projekten oder anderen großen Sachen – alles Harmonische fließt hier perfekt zusammen."* (Felix Loistl, 17)

Vom Verein organisierte Weiterbildungsangebote, Ausstellungen und musikalische Veranstaltungen bieten auf vielfältige Weise die Möglichkeit zur Teilhabe und fördern das zivilgesellschaftliche Zusammenwachsen. Die Veranstaltungen sind so konzipiert, dass verschiedene Künstler aus unterschiedlichen Kulturen zu

Kann Integration gelingen? Wie Engagement und Mitsprache konkret möglich werden

Bild 2: Ausstellung „Fluchtpunkt Kunst" in der Bürgerhalle des Landschaftsverbandes Westfalen-Lippe (LWL)

Wort kommen. So zum Beispiel bei der Kunstausstellung „Fluchtpunkt Kunst", die unter Mithilfe des Kaktus-Teams in der LWL-Bürgerhalle eröffnet wurde und nun deutschlandweit als Wanderausstellung realisiert werden soll. Veranstaltungen wie diese sind häufig sehr gut besucht und fördern den gegenseitigen Austausch, die interkulturelle Kommunikation und eine friedliche Auseinandersetzung mit brisanten Themen wie Krieg und Flucht. Dadurch wird auch die Beschäftigung mit fremden Sichtweisen, Lebenslagen und Werten gefördert.

Im Rahmen der Sozial- und Schulsozialarbeit bietet Kaktus Münster e.V. Informationen und Beratung für Alltagsprobleme und behördliche Hilfe besonders für Migranten, (Spät-)Aussiedler und Flüchtlinge. Ein Vorteil ist auch die intensive Zusammenarbeit mit Fachämtern, Behörden, anderen Vereinen, Schulen und Kindergärten in Münster, die beispielsweise Projekte wie „Spielen – Gestern und heute" und die bunte, internationale Spielzeugausstellung des Kaktus Münster e.V. hervorgebracht haben. Der enge Kontakt zur Universität und zu Fachhochschulen ermöglicht außerdem den intensiven Austausch von Studierenden und Lehrenden im Rahmen von persönlichen Gesprächen, Interviews oder Informationsbeiträgen im Verein – so profitieren beide Seiten.

*„Radio Kaktus Münster e.V. kann man nicht in wenigen Sätzen beschreiben! Es ist unbeschreiblich gut, wie man hier mit den Menschen umgeht, mit wie viel Engagement, Hilfsbereitschaft, Freundlichkeit und Mitgefühl. Und dann noch die tollen sozialen Pro-*

*jekte, die wir gemeinschaftlich veranstalten oder besuchen. Einfach nur große Klasse!"*
(Joel Martin Otto, 16)

## Projektbeispiele für eine gelingende Integration und gesellschaftliches Zusammenwachsen:

*Bild 3: Die Sonnenblumenklasse der Primusschule zu Gast in der internationalen Spielzeugausstellung des Kaktus Münster e.V.*

### „Füreinander statt Gegeneinander"

Das Projekt „Füreinander statt Gegeneinander – Starkes Selbstbewusstsein durch Medienwerkstatt und Kunst" richtete sich an ca. 60 einheimische Jugendliche und Jugendliche mit Migrationshintergrund im Alter zwischen 14 und 22 Jahren, insbesondere aus den als Brennpunkte bekannten Stadtteilen Münsters wie Gievenbeck, Coerde, Kinderhaus und Albachten. Das Projekt konnte von 2012 bis 2015 erfolgreich umgesetzt werden und war für das Handlungsfeld der Gewalt- und Kriminalitätsprävention ausgerichtet. Den am Projekt teilnehmenden Jugendlichen und jungen Erwachsenen wurden u.a. in verschiedenen Projektbereichen wie Medien, Musik, Tanz und Literatur Möglichkeiten für den friedlichen Umgang mit inneren und äußeren Konflikten geboten.

Gefördert wurde diese Maßnahme vom Bundesministerium für Familie, Senioren, Frauen und Jugend.

### *„Spielzeug als Kulturgut"*

Mit dem Ziel Kindern und Folgegenerationen einen neuen Zugang zu den verschiedenen Spielzeugkulturen zu schaffen und Menschen für ein wertschätzendes Miteinander zu sensibilisieren, rief Kaktus Münster e.V. eine internationale Spielzeugausstellung ins Leben. Hierfür wurden Spielzeuge aus zahlreichen (Migranten-) Kulturen und Generationen gesammelt. Unterstützung bekam Kaktus Münster e.V. dabei auch aus der Politik: von Bürgermeisterin Wendela-Beate Vilhjalmsson, die als Kind den zweiten Weltkrieg hautnah miterlebte, ihre Kindheitsspielsachen dem Verein stiftete und sich nun als Schirmherrin für die internationale Spielzeugausstellung engagiert. Im Rahmen der Spielzeugsammelaktion und einer Wanderausstellung spendeten zahlreiche BürgerInnen aus Münster und anderen Städten dieser Welt historisches und internationales Spielzeug aus ihrer Kindheit. So trifft die kubanische Puppe auf türkische Märchenfiguren wie Nasreddin Hoca. Die Sammlung ist derzeit in den Kultur- und Kunsträumen des Kaktus Münster e.V. zu besichtigen und wird gerne z.B. von Kita-Gruppen, Schulklassen und Familien besucht.

*Bild 4: Molla Demirel zu Gast als Autor bei einer Lesung im Overberg-Kolleg Münster*

# Interkulturelle Integration in der Schule – der Schlüssel für gelingendes Zusammenleben

Thomas M. Heitkemper im Gespräch mit Michael J. Rainer

**Über die Situation** der türkischen Kinder und Jugendlichen in Münster informierte sich Fethiye Erdincler, für das Türkische Generalkonsulat als Attaché für das Erziehungswesen tätig, bei einem Besuch im Informations- und Medienzentrum für Ausländer und Spätaussiedler im Schulamt Münster. Mit dessen Leiter Thomas M. Heitkämper vereinbarte sie eine intensive Zusammenarbeit.

## Thomas M. Heitkemper – zur Person

- Erfahrungen aus 35 Jahren als Lehrer an Volksschulen (Klasse 1-8) in Münster: an der Antoniusschule, später an der Geistschule (heute Primusschule),
- 35 Jahre Koordinator für Ausländerfragen im Bereich des Schulamts der Stadt Münster,
- 20 Jahre Leiter des Informations- und Medienzentrums für Ausländer und Spätaussiedler IMAS im Schulamt Münster,

Thomas M. Heitkemper (TMH) im Gespräch mit Dr. Michael J. Rainer (MJR), 1. Vorsitzender des Radio- und Kulturvereins Kaktus Münster e.V.

**MJR** Sie sind ein „Mann der ersten Stunde", haben seit den 1970er Jahren konkret zur Verbesserung der Lebens- und Lernbedingungen türkischstämmiger Schüler und Schülerinnen beigetragen.

**TMH** Zunächst kamen „Gastarbeiter" aus den Ländern Portugal, Spanien, Italien, Griechenland, Jugoslawien (wie es damals hieß) und der Türkei. Bei immer größer werdenden Zahlen beschloss das Schulamt der Stadt Münster (Schulamtsdirektor Josef Schölling), „Vorbereitungsklassen" einzurichten. Die Antoniusschule bekam die Spanier und Türken zugewiesen. Andere Hauptschulen (z.B. Überwasserschule) erhielten die übrigen Nationalitäten. In einem Arbeitskreis auf Schulamtsebene, den ich leitete, wurden pädagogische Konzepte erarbeitet. Die Türken waren die größte Gruppe.

**MJR** Die Türken waren auch die schwierigste Gruppe!

**TMH** Nein, die Jugendlichen waren nicht auffällig! Im Gegenteil: sie waren besonders lerneifrig und außerordentlich diszipliniert – manchmal so devot, dass es uns fast unangenehm war! Die Eltern und auch die Jugendlichen selbst waren sehr freundlich! Aber: Wir, die Lehrerinnen und Lehrer, wussten nicht viel von „den Türken"! (Spanier, Portugiesen, Italiener... kannten wir von unseren Reisen etc...)

Wer waren die Türken? Durch die Zusammenarbeit mit der Universität Münster (Prof. Dr. Marianne Potratz, Dr. Manfred Roscheck...), dem Arbeiter- und Studentenverein und mit dem Landesinstitut Soest erhielten wir Informationen über Sitten, Gebräuche, Religion der bei uns lebenden türkischen Menschen. Viele Dinge waren uns fremd: Mädchenerziehung, Frühverheiratung von Mädchen, Fernbleiben vom Sportunterricht, Verweigerung des Schwimmunterrichts, Gewichtung der familiären Bindung, die uns unbekannt war. Wir mussten lernen! Wir mussten umdenken! Wir mussten Integration neu definieren! Wir mussten es schaffen, diese jungen Menschen mit jugendlichen Deutschen und Jugendlichen anderer Nationalitäten (wir hatten teilweise bis weit über 70 Nationalitäten in der Geistschule) zusammenzubringen, damit sie miteinander und voneinander lernten, damit sie einen Bildungsgang beschreiten konnten, der ihren Fähigkeiten entsprach.

**MJR** Wie wurden die Lehrpersonen mit den neuen Herausforderungen fertig?

**TMH** Natürlich war die Arbeit am Anfang für uns Lehrpersonen einerseits sehr schwierig, weil auch sprachliche Probleme uns enorm belasteten – ältere türkische Jugendliche halfen uns bei der Verständigung. Die türkische Sprache war uns völlig unbekannt, unsere Vorkenntnisse von Griechisch, Latein oder modernen europäischen Sprachen halfen uns nicht.

Zum großen Glück erhielten wir schon ein Jahr später eine junge türkische Lehrerin, die in Ankara „Deutsch" studiert hatte: mit der Lehrerin Leman Inan änderte sich schlagartig unsere pädagogische Arbeit. Leman Inan sollte „Türkisch" unterrichten. Eine von uns in Münster neu ausgerichtete Konzeption der „Vorbereitungsklassen" ergab, dass sie auch das Fach „Islamische Unterweisung" erteilte. Die Eltern waren dafür sehr dankbar, weil die Religion für sie eine sehr große Rolle spielte. (Leman Inan unterrichtete zugleich auch in anderen Grund- und Hauptschulen der Stadt.)

In den Klassen gehörten neben „Deutsch als Fremdsprache" auch Mathematik, Geographie, Geschichte zu den Unterrichtsfächern, damit eine Integration in die deutschen Regelklassen erleichtert wurde. Sport, Kunst und Musik wurde teilweise mit deutschen Schülern gemischt. Ziel war es, möglichst schnell die Vorbereitungsklassen zu verlassen, möglichst schnell in Regelklassen überzuwechseln.

Ziel war es auch, Schülerinnen und Schüler den Schulformen zuzuweisen, die ihren Fähigkeiten entsprachen. Schnell ergaben sich Kontakte z.B. zum Pascalgymnasium, zur bischöflichen Hildegardisschule, später auch zu vielen anderen Schulen der Sekundarstufen I und II.

Wie kamen wir zurecht? Ganz ehrlich: Unsere Arbeit erforderte viele Konferenzen, viele Fortbildungsveranstaltungen, die ich organisieren musste, viele Elterngespräche, viel Überzeugungsarbeit, aber: unsere Arbeit war außerordentlich spannend – wir hätten mit niemandem getauscht! Hier muss aber auch erwähnt werden, dass wir große Unterstützung im Schulamt der Stadt (unvergessen: Schulamtsdirektor Otto Kamphues), große Unterstützung durch die Oberbürgermeister/Oberbürgermeisterin, den Rat der Stadt, das Sozialamt, das Jugendamt und durch die Ausländerbehörde hatten – alle sahen unsere Probleme auch als die ihrigen an!

**MJR** Wie kamen die türkischen Schülerinnen und Schüler mit den deutschen Jugendlichen klar? Wie konnten Sie das pädagogisch auffangen?

**TMH** An unseren Schulen haben wir sehr früh angefangen, strukturiert die interkulturelle Vermittlung als wichtige Aufgabe anzugehen. Sportfeste, deutsche Feiertage, türkische Feiertage (Unabhängigkeitstag, Opferfest, Ramadan usw.) und Schulfeste feierten wir gemeinsam – Schüler, Lehrer, Eltern, um auch unsere ausländischen Mitmenschen fest in unser Schulleben einzubinden. Nachbarschulen, das Generalkonsulat, der Imam, der Ausländerbeirat und Politikvertreter wurden eingeladen. Hier haben die Pädagoginnen unserer Schulen großartige Arbeit geleistet!

Es kam dann zu nachhaltigen und auch schulformübergreifenden Kooperationen in unseren Schulen. Ausländische Eltern wurden in Schulkonferenzen gewählt, durften an den jeweiligen Schulkonzepten aktiv mitarbeiten. Sogar das Türkische Generalkonsulat konnte in die gemeinsame Arbeit eingebunden werden.

Unsere Essentials sind ganz einfach: Die Kinder und Jugendlichen sind immer die Brücke zu Familien, mitunter zu richtig großen Familienverbänden. Und die Kinder (meist die sprachbegabteren Mädchen) waren für die Familien meist die Dolmetscher für Schule, Ämter, Gerichte und sonstige notwendige Wege.

Von daher ist die Schule ein Raum, in dem man sehr viel Wichtiges konkret bewegen kann. Uns ging es immer um die größtmögliche Förderung der ausländischen Jugendlichen und die Vermittlung von Toleranz und Lebensmut: Zutrauen in sich selbst und Vertrauen in die „anderen" können sich verstärken. Oftmals war es schwer – gerade in den früheren Jahren –, Eltern zu überzeugen, dass ihr Kind zu einer Realschule oder gar in ein Gymnasium überwechseln sollte. Man muss wissen, dass viele „Gastarbeiter" einfache Leute waren, die bei uns zunächst „nur" etwas Geld verdienen wollten – dann aber die Familien nachholten. Dadurch, dass auch an Realschulen und Gymnasien „Fördermaßnahmen eingerichtet wurden, konnte auch dort Integration gelingen, konnten auch dort ausländische Jugendliche gute Schulabschlüsse erreichen.

Besonders schwierig war für uns, dem – ungerechten – Vorwurf zu begegnen, dass türkische Kinder zu schnell in die Sonderschulen (wie sie damals hießen) geschickt wurden.

In enger Zusammenarbeit mit den Sonderschulen (die Förderunterricht für ausländische Kinder anboten), dem Schulamt der Stadt Münster und dem Türkischen Generalkonsulat konnten diese Vorwürfe deutlich ausgeräumt werden. Unser Ziel war es: Jedes Kind gehört in die Schulform, in der es die höchstmögliche Bildung erhalten kann. Anfängliche Sprachdefizite durften hierbei keine Rolle spielen. Die Konzeption unserer Vorbereitungsklassen schloss eine irrtümliche Zuweisung in eine Sonderschule faktisch aus.

Aber: Die Kinder und Jugendlichen, die besondere Hilfen brauchten und unsere Sonderschulen/Förderschulen besuchten, erhielten große Zuwendung und wurden bis in die berufliche Ausbildungszeit gefördert.

Das wollten wir vermitteln. Mit großer Freude können wir heute sehen, dass die Integration fremder Menschen in unseren Schulen mit großem Eifer vorangetrieben wird, dass unsere damaligen Anstrengungen hervorragend weitergetragen werden und heute in fast allen schulischen Einrichtungen der Stadt Münster selbstverständlich sind.

Hinzu kommt, dass es auch Unterstützer von außen gab und gibt, wie Kaktus Münster mit dem Angebot, Lesungen mit Dichtern und Schreibwerkstätten, Exkursionen & Fotokursen, Filmwerkstätten oder Ausstellungen gemeinsam durchzuführen. Dazu verfügten wir in den Schulen nicht über die notwendigen Fachkapazitäten. Unbedingt muss hier Molla Demirel (Radio Kaktus Münster) genannt werden, der mit enormen Einsatz Jugendliche zusammengeführt und in den o.g. Kursen mit Hilfe von Fachleuten, die er seinerseits organisierte, gefördert hat. Seine Arbeit kooperierte mit dem IMAS (Schulamt Münster) schulformübergreifend. Mädchen durften selbstverständlich ebenso wie Jungen teilnehmen. Religionszugehörigkeit spielte hier keine Rolle.

Weiterhin gab es Förderer etwa in der Universität, die frühzeitig erkannten, wie wichtig interkulturelle Pädagogik ist. Beispielsweise hat sich die Pädagogin Prof. Dr. Marianne Krüger-Potratz hier sehr engagiert und Studentinnen und Studenten für Interkulturelle Pädagogik interessiert. Ihre Forschungsarbeiten stellte sie dem Schulamt (IMAS) der Stadt Münster dankenswerter Weise zur Verfügung.

**MJR** Sie haben ja nicht nur mit Kindern zu tun...

**TMH** Im Raum Schule treffen immer Schüler – Lehrer – Eltern aufeinander. Bei den anfänglichen „Gastarbeiterkindern" bestand Schulpflicht. Kinder und Jugendliche im schulpflichtigen Alter wurden den Schulen zugeführt, bei Sprachdefiziten musste geklärt werden, ob zunächst eine Vorbereitungsklasse (wie wir sie in Münster konzipiert hatten) notwendig war. Probleme gab es vor allem mit Jugendlichen, die nicht mehr schulpflichtig waren. Gemeinsame Anstrengungen von Schulamt, Jugendamt und Kammern ermöglichten es, dass fast immer eine für den Jugendlichen sinnvolle Lösung gefunden werden konnte (die Altersgrenze durfte großzügig gehandhabt werden). Der Erfolg war, dass auch ältere Heranwachsende in die Berufswelt integriert werden bzw. einer höheren Schulbildung zugeführt werden konnten.

Türkische Jugendliche waren schulpflichtig. Probleme gab es bei der Zuführung zum Sport- und Schwimmunterricht. Viele Elterngespräche fanden statt, Lösungen wurden erarbeitet – eine „Brechstange" war nie nötig.

Auch die Berufsschulen/Berufskollegs (zunächst die Adolf-Kolping-Schule und die Hildegardisschule) richteten Kurse für Deutsch als Fremdsprache ein, später folgten auch einige Gymnasien der Stadt, wie das Pascal-Gymnasium und das Paulinum.

Netzwerke entstanden, so zunächst das IMAS. Hinter dem Kürzel verbirgt sich das Informations- und Medienzentrum für Ausländer und Spätaussiedler im Schulamt der Stadt Münster, das sich besonders auf schulische Förderung bezog. Nach einer von mir einberufenen „Medienbörse" wurde diese Einrichtung des Schulamts 1989 ins Leben gerufen und von mir geleitet.

Später kam das Dezernat für Flüchtlinge und Migration hinzu, in dem J. Köhnke die vielen unterschiedlichen Hilfen aller Ämter und Organisationen koordinieren sollte – eine Herkulesaufgabe! Wie bereits zuvor im schulischen Bereich, erregte die Arbeit mit Migranten in Münster auch in NRW, darüber hinaus bis Berlin, sogar in Dänemark große Aufmerksamkeit.

**MJR** Was hat Sie besonders gereizt?

**TMH** Bereits während meines Studiums interessierte es mich, wie es „Ausländern" in Münster geht: wo sie wohnten, wie sie lebten, ob ihre Kinder in die Schulen gingen. Als dann seitens des Schulamts „dringend etwas getan werden musste...", nahm ich Kontakt auf, stellte mich zur Verfügung, unterrichtete ausländische Jugendliche und leitete einen Arbeitskreis für die Pädagoginnen und Pädagogen.

Ziel war es, für jedes Kind die beste Ausbildungsform zu ermitteln, Ängste und Fremdheiten abzubauen, die Eltern zur Mitarbeit zu ermuntern und die Familien zu begleiten – und das war wesentlich mehr als nur Unterrichtung!

Ziel war es ebenfalls, Lehrerinnen und Lehrer zur Mitarbeit zu bewegen, Vorurteile auf allen Seiten abzubauen und statt dessen zu begreifen, dass Menschen fremder Länder, Ethnien und Religionen eine enorme Bereicherung unseres schulischen und kulturellen Lebens sind.

Ziel war es, Fremdenfeindlichkeit sofort Einhalt zu gebieten. Dadurch, dass junge Menschen vieler Nationalitäten und Sprachen miteinander unterrichtet wurden und auch außerhalb von Schule miteinander Kontakt hatten, gelang es uns – mit Verlaub gesagt – viel zum Frieden in unserer Stadt beizutragen.

**MJR** Eine besondere Frage: Wie erkennen und gewinnen wir fähige Schüler für die höhere Schule /das Gymnasium?

**TMH** Diese Frage haben wir uns schon sehr früh gestellt. Wir alle waren uns darüber einig: anfängliche sprachliche Defizite dürfen nicht die Schullaufbahn negativ beeinträchtigen. Sie dürfen keinesfalls dazu führen, dass Jugendliche in eine „Sonderschule" übergeleitet werden.

Es gilt, die richtige Schullaufbahn für jeden einzelnen zu erarbeiten und Wege zu finden, wie die adäquate Schullaufbahn realisiert werden kann. Sehr hilfreich war z.B., dass in den Klassen 9 und 10 eine Qualifikation in der Muttersprache die Zensur in „Englisch" ersetzte. Somit war für viele der Weg frei, frühzeitig eine Realschule oder gar das Gymnasium zu besuchen. Denn Fakt ist, dass der Anteil ausländischer Jugendlicher in den weiterführenden Schulen enorm gestiegen ist.

Heute sind die schulischen Maßnahmen viel weiterentwickelt, heute sind aber auch die Pädagoginnen und Pädagogen aller Schulformen sehr gern bereit, sich der Aufgabe zu widmen – wir sind weltoffener geworden!

Natürlich freuen sich die Lehrpersonen, wenn „ihre Schüler" als Studentinnen und Studenten die Universität und Hochschulen besuchen und dort erfolgreich ein Studium absolvieren oder als Fach- bzw. Geschäftsleute das Leben in unserer Stadt kulturell und finanziell bereichern.

**MJR** Welche weiteren Herausforderungen nehmen Sie wahr?

**TMH** Zum Wohlfühlen in einem fremden Land gehören nicht nur Wohnen, Lernen und Arbeiten, sondern auch das religiöse Leben. Die religiösen Themen werden heute stärker wahrgenommen, sind aber leider auch sehr aufgeladen. Zunehmend wurden Fremdenfeindlichkeit, ja, Fremdenhass, geschürt und durch Ängste und Neid in unsere Gesellschaft hineingetragen. Viele Äußerungen seitens politischer Parteien tragen leider auch dazu bei. Vielfältige Aktionen, zahlreiche Diskussionen, mannigfaltige Begegnungen z.B. in Moscheen und Zentren werden angeboten, um sich besser kennen zu lernen, voneinander zu lernen und sich mit Respekt zu begegnen.

Der Lehrauftrag, den Prof. Khorchide für Islamische Religionspädagogik an der Universität wahrnimmt, ist ein wichtiger Meilenstein im Zusammenleben zwischen moslemischen Menschen und Altbürgern in unserem Land.

Ich glaube, dass wir alle intensiv darüber nachdenken und nachforschen müssen, wo die Ursachen für die heutige aggressive Fremdenfeindlichkeit wirklich herkommen – die Schülerinnen und Schüler unserer Schulen sind unterschiedlicher Herkunft und Religion – hier gibt es viele gute und herzliche Freundschaften! Das ist die Basis für die Zukunft.

Fremdenfeindlichkeit zu begegnen müssen wir als dringliche gemeinsame Aufgabe begreifen und entsprechend handeln! Wer begriffen hat, dass es nur eine Welt gibt – nicht zwei oder drei – kann nicht ausländerfeindlich, kann nicht rassistisch sein!

Anmerkung:

Der benutzte Begriff „Gastarbeiter" stammt aus der damaligen Zeit. Manche Deutsche sind mit unseren „Gästen" leider nicht immer gastfreundschaftlich umgegangen.

Thomas Heitkämper leitet einen Vorbereitungskurs für Aussiedler- und Ausländerkinder.

# Menschen lernen von Menschen

## Molla Demirel

„Radio – Kaktus Münster e.V. hat in den vergangenen 36 Jahren zahlreiche unterschiedliche Projekte mit Kindern und Jugendlichen durchgeführt. Nach Abschluss einer Präsentation und eines Projekts stand seitens aller Beteiligten immer eine zentrale Frage im Raum: Warum leben wir nicht jeden Tag so friedlich zusammen wie an diesem Veranstaltungsabend?

Eine Integration gelingt durch das Zusammenspiel der vielfältigen Kulturen. Das gegenseitige Verständnis kann nur durch den gegenseitigen Dialog und vor allem durch das gegenseitige Kennenlernen erfolgen. Kinder sind nicht diejenigen, die Vorurteile stark ausleben und ihnen die Überhand in ihrem täglichen Handeln geben. Kinder wollen vielmehr die eigene Fantasie ausleben. Kinder produzieren nichts für den Markt. Jugendliche haben viel Temperament. Sie suchen oft nach Wegen, um die in ihnen oft unruhige Energie positiv für sich zu nutzen. Wenn wir uns bemühen, die Erwartungen und Kenntnisse von Kindern und Jugendlichen zu verstehen, dann gewinnen wir ihr Vertrauen. Wenn wir diese Bereitschaft aufbringen, dann werden wir viel mehr von Kindern und Jugendlichen lernen, als wir oftmals denken. Dann können auch wir unsere Lebenserfahrungen besser weitergeben, und Kinder und Jugendliche können diese auch besser annehmen. Das ebnet uns dann den Weg, Kultur- und Generationskonflikte gemeinsam zu überwinden. Wir als Eltern, LehrerInnen, PädagogInnen, ErzieherInnen, SozialarbeiterInnen müssen uns eingestehen, dass die vergangenen 20 Jahre enorme Entwicklungen in den Bereichen Elektrotechnik und Medien mit sich gebracht haben, denen wir uns nicht entziehen können. Diese Entwicklungen haben einen großen Einfluss besonders auf Kinder und Jugendliche, die über weitaus mehr Kenntnisse über die technologischen und medialen Errungenschaften verfügen und diese schneller erlernen als ihre vorangegangenen Generationen. Wir sollten bereit sein, von diesen Kindern und Jugendlichen zu lernen.

Kunst und Kultur bilden das beste Mittel, bestehende Generationskonflikte zu überwinden. Kunst und Kultur beinhalten aufgrund ihrer vielen bildenden Eigenschaften die Aufgabe, eine lebendige und vielfältige Kulturlandschaft zu ermöglichen, diese zu bewahren und auszubauen. Und die KünstlerInnen tragen mit ihren gestalterischen Mitteln dazu bei, Probleme und Herausforderungen in der Gesellschaft und Umwelt aufzuzeigen. Daher sage ich:

*„Ich bin ein Teil von Kindern,*
*die sich wie Knospen im Frühling öffnen.*
*Von Kindern mit blauen und braunen Augen,*
*die wild und ruhig sein können,*
*die ihre Zukunft in ihren Händen tragen."*

Wir vom Team des Radio-Kaktus Münster e.V. sind überzeugt davon, dass die Ergebnisse unserer Arbeit ein guter Beleg dafür sind, wie wir von Kindern und Jugendlichen lernen können, freundschaftlich in einer friedlichen Gesellschaft miteinander zu leben.

## Gedichte von Molla Demirel

| *Meinem Land bin ich entrissen worden* | *Koparıldım Toprağımdan* |
|---|---|
| *Meinem Land bin ich entrissen worden,* | *Koparıldım yurdumdan, yarimden* |
| *entwurzelt bin ich in der Fremde.* | *Kök salıyorum yaban ellere* |
| *Ich bin ausgebeutet worden* | *Sömürülüyorum iliklerime değin* |
| *bis zur völligen Erschöpfung.* | *Kömür ocağında* |
| *Im Kohlenbergwerk, auf Plantagen,* | *Çilek tarlasında* |
| *in kochenden Eisenhütten, auf Bauplätzen,* | *Demir ocağının kızgın ateşinde* |
| *bei Regen und Kälte.* | *Yağmurda / Soğukta / İnşaatta* |
| | *Gücümün son damlasına kadar* |
| | *Çalışan ve sömürülen ben* |
| *Ich bin ausgebeutet worden* | *Döviz bekler yurdum.-Anadolu'da beyler* |
| *in meinem Land Anatolien.* | *Göremezler* |
| *Devisen erwarten die dortigen Herren.* | *Düşünemezler* |
| *Sie sehen mich nicht,* | *Nasıl sel olmuş* |
| *sie denken nicht an mich,* | *Akıyor alın terimiz* |
| *wenn mir der Schweiß von der Stirn rinnt.* | *Gücümüz* |
| | *Kanımız yabanellerin toprağına* |
| | *Sömürülüyorum ben* |
| *Unser Blut und unsere Kraft* | *Diyorum:* |
| *fließen in den Boden der fremden Länder.* | *Yeni doğan gün* |
| *Unser Blut, unsere Kraft* | *Yitirilmeyen umutların habercisi* |
| *steigern die fremde Produktion,* | *Ama kanımızla yükseliyor fabrika bacaları* |
| *beschleunigen fremden Fortschritt,* | *Ve ilerleyen teknik* |
| *verfeinern fremde Technik.* | *Durmadan artan üretim* |

## Menschen lernen von Menschen

| | |
|---|---|
| *Die Gewalt, die uns in der Fremde beherrscht,* | *Artıkça artıyor üstümüzdeki baskı ile zulüm* |
| *wird größer und mächtiger.* | *Çoğaldıkça çoğalıyor* |
| *Mehr und mehr rinnt auch Schweiß* | *Alnımdan ter* |
| *von unserer Stirn.* | *Yaralı yüreğimden akan kan* |
| *Blut spritzt aus der Wunde meines Herzens.* | |
| | |
| *Die Herren meines Landes* | *Yurdumun beyleri daha da vuruyor* |
| *schlagen noch immer Wunden* | *Yüreğimdeki yaraya* |
| *mit ihren Forderungen an mich.* | *Bitmiyor tükenmiyor istekleri* |
| *Was kann ich ihnen entgegensetzen?* | *Ne yapabilirim* |
| | |
| *Meinem Land, meiner Geliebten bin ich entrissen.* | *Koparıldım toprağımdan yarimden* |
| *Bin verweht in die Fremde.* | *Uçuruldum satıldım yabanellere* |
| *Mein Schweiß und mein Blut fließen noch immer.* | *Akıyor terim ve kanım* |
| *Sie fließen für die Fremden.* | *Akıyor halen yaban ellere* |

Aus: Molla Demirel: Blatt für Blatt Gedichte. Hückelhoven, Anadolu Verlag 2001, S. 101 ff.


### *Eure Gesetze*      **YASALARINIZ**

| | |
|---|---|
| *Nicht die Kugeln,* | *Tabancanızdan çıkan kurşun değil* |
| *die aus euren Waffen kamen,* | *Hukuk adına meclisinizden* |
| *sondern die Gesetze,* | *Çıkan yasalar yaraladı beni.* |
| *die im Namen des Rechtswesens* | *Bitti dudaklarımdaki gülücükler* |
| *in euren Parlamenten entstanden,* | *Uçtu umutlarım.* |
| *haben mich verwundet.* | |
| | |
| *Das Lächeln auf meinen Lippen,* | *O gülün dudağından çıkan* |
| *gibt es nicht mehr.* | *Öpücüklerin tadı değil* |
| *Verflogen sind meine Hoffnungen,* | *Acı bir hoyrat sardı bedenimi.* |
| *es ist eine schmerzliche Erfahrung.* | |
| *Es ist nicht mehr der Geschmack,* | |
| *von den Küssen auf den Lippen der Rose,* | |
| *der meinen Körper umgibt.* | |

## Molla Demirel

| | |
|---|---|
| *Dabei warst du* | *Oysa ki sen* |
| *in meinen Augen ein Freund,* | *Gözümde bir dost* |
| *in meinem Herzen ein adeliges Licht,* | *Yüreğimde soylu bir ışık* |
| *in meinen Händen ein Strauß Rosen.* | *Elimde bir deste güldün* |
| *Auch unsere letzten Hoffnungen* | *Son umutlarımızı da* |
| *hast du getötet.* | *Kurşuna dizdin.* |
| | |
| *Schau wie du mit den Parolen* | *Bak,* |
| **„Ausländer raus"** *die Wände beschmutzt,* | *Nasılda kirlettin* |
| *die ich mit meinen Händen errichtet habe.* | *„Yabancılar Dışarı" sloganıyla* |
| *Mit eigenen Händen erschießt du* | *Benim ördüğüm duvarları* |
| *die Freundschaftssprößlinge* | *Ellerinle kırdın dostluk fidanlarını* |
| *in unserem Herzensgarten.* | *Gönül bahçelerimizin...* |
| | |
| *Ich kann aus diesem Land* | *Çıkıp gidemem buralardan* |
| *nicht gehen,* | *Dağılan yuvaların, akan yaşların* |
| *bevor der Preis gezahlt wird* | *Dökülen kanın, damlayan terin* |
| *für die zerrütteten Heime,* | *Kurutulan güllerin bedeli ödenmeden.* |
| *die Tränen,* | |
| *das fließende Blut,* | |
| *den tropfenden Schweiß,* | |
| *die getrocknete Rose.* | |
| | |
| *Mit eigenen Händen habe ich hier die Bauwerke errichtet.* | *Ellerimden yükseldi bu yapılar* |
| *Ergraut ist schon mein Haar.* | *Ak düştü saçlarıma* |
| *Mein Kind ist auf dieser Erde geboren.* | *Bu topraklarda doğdu çocuklarım* |
| *Ich kann aus diesem Land nicht gehen.* | *Gidemem bu ellerden* |
| | |
| *Nicht die Messer und Ketten* | *Ellerinizdeki bıçak ve zincirler değil* |
| *in euren Händen,* | *Meclisinizde onaylanan* |
| *sondern die Gesetze,* | *Yasalar yaraladı beni...* |
| *denen in eurem Parlament* | |
| *zugestimmt wird,* | |
| *haben mich verwundet.* | |

Aus: Molla Demirel: Kiraz Dali ve Acilarim. Der Kirschzweig und mein Leid. Verlag Sanatyapim Yayincilik. Ankara 1996, S. 27 ff.

## Menschen lernen von Menschen

| *Lebt wohl hier* | *Sağlıcakla Kalın* |
|---|---|

*Ich kehre nicht mehr zurück* / *und werde vieles vergessen.* / *Ihr gehört nicht dazu.* / *Versteht Ihr, ich liebe Euch.*

*Sağlıcakla kalın burada* / *Bir daha dönmeyeceğim aranıza* / *Unutulsamda ben* / *Unutamam sizi* / *Anlıyorum şimd sizi seviyorum*

*Seid nicht traurig, mein Herz* / *hat die Trennung gewollt,* / *es schlägt für ein schöneres Leben.* / *Auf unseren Erinnerungen* / *sind die Segel des Herzens gesetzt.* / *Eure Namen – meine Hinterlassenschaft.*

*Üzülmeyin gönlümce seçtim ayrılığı* / *Daha güzelini yaşamak dileğiyle* / *Bırakıyorum adlarınızı anılarda* / *Hangi birisini taşısın yüreğimin* / *Bu küçük yelkeni*

*Ich gehe nun, wie Glas zersplittert.* / *Ich gehe mit der Bürde der Hoffnung.* / *Vielleicht kehre ich eines Tages* / *mit meinen Sehnsüchten zu euch zurück,* / *vielleicht werdet Ihr mir an diesem Tage* / *nicht einmal die Türen mehr öffnen.*

*Gidiyorum işte bir cam gibi kırgın* / *Gidiyorum umut yüküyle* / *Dönersem bir gün boynu bökük özlemle-* / *rimle* / *Belki açmayacaksınız kapıyı bana*

*Lebt wohl, Ihr wart vielleicht nur ein Traum,* / *vielleicht auch Freunde oder Herzensdiebe.* / *Vielleicht war das Gelebte ein Spiel,* / *um jeden Tag habt Ihr gespielt.* / *Vielleicht war Eure blendende Schönheit* / *nur Traum.*

*Hoşça kalın dosttunuz belki* / *Veya yürek hırsızı* / *Bir oyundu belki hergün oynadınız* / *Bir düştü belki göz kamaştıran güzelliğiniz*

## Molla Demirel

*Vielleicht kommt ein Augenblick,*
*und ihr erinnert euch wirklich an mich.*
*Die Wörter werden dann wie scheue Vögel*
*von Euren Lippen fliegen:*
*Wie ein Brot hat er*
*die ganze Arbeit mit uns geteilt.*
*Zu einem unerwarteten Zeitpunkt*
*flog er dahin wie ein Vogel, werdet Ihr*
*scherzen.*
*Vielleicht entspringt Euren Lippen*
*dann aber auch ein Fluch.*

*Lebt wohl, hierher*
*kehre ich nicht mehr zurück.*
*Eure Erinnerungen vergrabe ich in meinem*
*Herzen.*
*Blumen erblühen zu jeder Zeit,*
*in diesem Augenblick verstehe ich,*
*daß ich euch liebe.*

*Olurki bir an gelir beni ararsınız*
*Ürkek bir kuş gibi uçar sözcükler dudaklarınızdan*
*„Bir ekmek bölüşür gibi*
*İşleri kardeşçesine böşlüştü bizimle*
*Ve beklenmedik bir an kuş gibi uçtu" dersiniz*
*Belki dudaklarınızdan dökülen zorlu bir küfür*

*Hoşça kalın burada*
*Dönmeyeceğim aranıza bir daha*
*Anılarınızı yüreğime gömüyorum*
*Ayrılık zor- anladım sizi seviyorum*

*Aus: Molla Demirel: Blatt für Blatt Gedichte. Hückelhoven, Anadolu Verlag 2001,*
*S. 109 ff.*

# Integration als Aufgabe
## Münsterische Publikationen als Anregung

Paul Leidinger

Lange ist darüber gestritten worden, ob Deutschland ein Einwanderungsland ist. Durch die großen Flüchtlingsströme der letzten Jahre aus den Kriegs- und Krisengebieten der Welt in den Friedensraum und das wirtschaftsstarke, aber zugleich geburtenarme Europa wird deutlich, dass eine geregelte Einwanderung durchaus im Interesse der Länder dieses Kontinents liegen und von hier aus auf die Staaten der Einwanderer entwicklungsfördernd zurückwirken kann. Das zeigt auch die Arbeitsmigration nach Deutschland seit den 1950er Jahren, unter denen die aus der Türkei mit ca. 2 Millionen die größte gewesen ist.

Natürlich stellen sich angesichts der großen Einwanderer- und Flüchtlingszahlen Fragen und Probleme der Integration der Einwanderer in die Aufnahmegesellschaft ein. Deutschland ist dabei als ein Land mit einer starken Wirtschaftskraft selbst nicht ganz ohne eigene soziale und wirtschaftliche Probleme. Sie sind in den letzten Jahren immer wieder Anlass fremdenfeindlicher Kundgebungen und Unruhen gewesen, die sich gegen Arbeitsmigranten wie Flüchtlinge richteten. Eine Welle der Ausländerfeindlichkeit, die vor allem türkische Arbeitsmigranten und ihre Familien getroffen hat, brach Anfang der 1990er Jahre in Deutschland aus und ist in ihren strafrechtlichen Folgen, u.a. den heimtückischen Morden an türkischen Mitbürgern, heute noch nicht abgeschlossen. Allein nach dem Bericht des Verfassungsschutzes von 1992 wurden damals in diesem Jahr 2223 Gewalttaten von rechtsextremistischen Gewalttätern in der Bundesrepublik Deutschland gegen Ausländer, insbesondere türkischer Herkunft, begangen. Davon waren 581 Brand- und Sprengstoffanschläge vor allem gegen Unterkünfte von Asylbewerbern und deren begrenzte Habe.

Die Deutsch-Türkische Gesellschaft Münster hat dies seinerzeit unter ihrem Präsidenten Prof. Dr. Ludwig Budde in den letzten Jahren seiner Amtszeit von 1963–1993 mit den in Münster und dem Münsterland existierenden türkischen Vereinen zum Anlass genommen, zu einem Wettbewerb „Schreiben für Ausländerfreundlichkeit" unter der Schirmherrschaft des damaligen Münsterschen Oberbürgermeisters Dr. Jörg Twenhöven in der ganzen Bundesrepublik Deutschland aufzurufen, „um so einen Beitrag zur Ausländerfreundlichkeit und zu einem friedlichen Zusammenleben von Ausländern und Deutschen zu leisten". 31 von den damals mehreren Hundert eingegangenen Beiträgen wurden in einem Buch „Freunde statt Fremde – Beiträge zur Ausländerfreundlichkeit" im Anadolu-

Verlag Hückelhoven mit Vorworten u.a. von Ministerpräsident Johannes Rau und des türkischen Botschafters in Deutschland Dr. Onur Öymen veröffentlicht. Es sind Zusendungen von deutschen und türkischen Schülern ab 9 Jahren, von schulischen Arbeitsgruppen sowie von Erwachsenen in Prosa, Gedichtform, als Theaterszenen oder als Fotos, Zeichnungen und Gemälde. Sie ergeben ein vielfältiges Bild, wie im Schul- und Lebensalltag, aber auch in besonderen Situationen der Umgang zwischen Einheimischen und Zuwanderern erfahren wird, vermitteln aber auch Anregungen, wie ein freundschaftlicher Umgang gestaltet werden kann. Das leider schon bald vergriffene Buch ist heute wieder aktuell und kann angesichts der über zwei Millionen neuen Flüchtlinge, die in den letzten zwei Jahren nach Deutschland gekommen sind, dazu dienen, neue Initiativen zur Ausländerfreundlichkeit und zur Integration zu entwickeln.[1]

Ein anderes Buch ist eine aus einem Forschungsprojekt „Muslimische Jugendliche im Gemeindeleben" des Instituts für Sozialpädagogik der Universität Münster hervorgegangene Arbeit von Dr. Hasan Alacacioglu: „Deutsche Heimat Islam". Es untersucht Einstellungen, Lebensorientierungen und Selbstkonzepte in Deutschland lebender muslimischer Jugendlicher ausländischer Herkunft in der Öffentlichkeit und stellt fest, dass diese sich durchaus an realistischen, lebensnahen und säkularen Grundsätzen orientieren, auch in ihrer Haltung gegenüber ihren islamischen Religionsgemeinschaften. Das ist ein Ergebnis der 1990er Jahre, das einer erweiterten Untersuchung und Fortschreibung nach dem heutigen Stand bedürfte.[2]

Als dritte Schrift kann das Buch des Münsteraner Juristen und Politikers Ruprecht Polenz, Mitglied des Deutschen Bundestages von 1994–2013 und Vorsitzender des Auswärtigen Ausschusses des Bundestages von 2005–2013, angeführt werden, das aus seiner politischen Arbeit hervorgegangen ist: „Besser für Beide – Die Türkei gehört in die EU. Ein Standpunkt". Es ist 2010 in der Reihe der „edition Körber-Stiftung", Hamburg, erschienen. Die Deutsch-Türkische Gesellschaft Münster hat es am 22. Juni 2010 in der Bürgerhalle des Regierungspräsidiums Münster am Domplatz vor einer großen interessierten Teilnehmerzahl in einer lebhaften Diskussion vorgestellt. Polenz „wirbt in seiner Schrift für die Auffassung eines EU-Beitritts der Türkei, sofern diese die EU-Beitrittskriterien erfüllt", ein Standpunkt, der aus einer begründeten außenpolitischen Sicht dargelegt wird. Sie hat ihre Vorgänger in der deutschen Europapolitik seit der Gründung der Bun-

---

[1] Prof. Dr. Ludwig Budde, Prof. Dr. Helmut Koch, Hüsnü Sahin (Hg.), Freunde statt Fremde – Beiträge zur Völkerverständigung, Anadolu-Verlag Hückelhoven 1994, 132 S.
[2] Hasan Alacacioglu, Deutsche Heimat Islam (= Muslimische Bildungsgänge in der globalen Welt, Heft 1), Münster 2000, 146 S.

desrepublik Deutschland 1949 und des NATO-Beitritts 1955.[3] In der Reformära der ersten Amtszeit 2002–2007 des damaligen türkischen Ministerpräsidenten und heutigen Staatspräsidenten Erdogan und auch nachfolgend noch gab das Buch durchaus zu der Hoffnung Anlass, dass ein Beitritt der Türkei zur Europäischen Union in absehbarer Zeit erreichbar sei. Inzwischen haben sich die politischen Umstände im Verhältnis zwischen der Türkei und Europa wesentlich verändert, so dass die Beitrittsfrage vor neuen Hürden steht, aber keineswegs aufgehoben ist. In einer Welt zunehmender Notwendigkeit der Verständigung wird sie weiter eine Option sein, an der sowohl die große Zahl der inzwischen in europäischen Ländern lebenden Türken, aber auch viele Türken in ihrem Heimatland weiter ein nachhaltiges Zukunftsinteresse haben dürften. Es wird die derzeitigen Spannungen im Verhältnis der Türkei zu Europa und insbesondere Deutschland überdauern, weil es dem Frieden dient. „Friede im Innern und Friede nach Außen" aber ist die weiter gültige fundamentale Maxime des Staatsgründers Atatürk, der die 1923 begründete Türkei ihren erfolgreichen Aufstieg seit nun fast einem Jahrhundert verdankt. Schon damals wurde vom französischen Außenminister die Gründung der Türkei als „ein erster Schritt nach Europa" bezeichnet. Ein zweiter war 1952 der Beitritt zur NATO als westlichem Verteidigungsbündnis. Eine friedliche Lösung der gegenwärtigen komplexen Nah-Ost-Konflikte könnte zu politischen Klärungen und wieder Annäherungen führen, auch wenn die Türkei heute mehr ihre nationale Eigenständigkeit betont.

Dass das „Miteinander" von Völkern und Staaten in Frieden und Freiheit in einer globalen Welt sich nicht von selbst einstellt, sondern das Bemühen des Menschen darum von früh an voraussetzt, verdeutlicht ein Kinderbuch, das das deutsch-türkische Beziehungsverhältnis behandelt und jüngst von dem Münsteraner Autorenpaar Andrea und Dr. Thomas Eickhoff mit Illustrationen des Steinfurter Künstlers Kai Schüttler erschienen ist.[4] Es steht unter der Maxime von Albert Camus „Es gibt keine Freiheit ohne gegenseitiges Verständnis". Man könnte hinzufügen: auch keinen Frieden. Das Buch erzählt in instruktiven Bildern in einem eindrucksvollen Großformat die Geschichte einer Freundschaft, die sich zwischen den beiden Mädchen Pia und Ayshe und ihren deutschen und türkischen Eltern entwickelt, seit letztere durch Zuzug Nachbarn geworden waren. Im Spiel und Gespräch lernen sie, sich trotz unterschiedlicher Lebens-, Nahrungs- und Kleidungsgewohnheiten sowie unterschiedlicher Religionen und Mentalitäten zu verstehen und zu achten. Das alles wird in aufschlussreichen Bild- und kin-

---

[3] Ruprecht Polenz, Besser für Beide: Die Türkei gehört in die EU. Ein Standpunkt, edition Körber-Stiftung Hamburg 2010, 105 S.
[4] Andrea & Thomas Eickhoff, mit Bildern von Kai Schüttler: Ayshes Mama trägt ein Kopftuch, Tecklenborg-Verlag Steinfurt 2016, 32 S.

dergemäßen Textgeschichten dargestellt und vermittelt, die auch Erwachsenen das Herz aufschließen. Wie bedeutsam die mit dem Buch verbundene Integrationsinitiative eingeschätzt wird, geht daraus hervor, dass die Regierungsvizepräsidentin Dorothee Feller das Buch im Lambertizimmer der Bezirksregierung Münster am 16. November 2016 mit Zuziehung der Deutsch-Türkischen Gesellschaft Münster in einer festlichen Präsentation mit den Autoren, dem Verlag und weiteren Ehrengästen vorstellte.

Buchvorstellung „Ayshes Mama trägt ein Kopftuch". Von links Prof. Dr. Paul Leidinger (Präsident der DTG Münster), Regierungsvizepräsidentin Dorothee Feller (Vorsitzende der Domfreunde Münster), Andrea und Dr. Thomas Eickhoff (Autoren), Stefanie Tecklenborg (Verlag Tecklenborg), Benedikt Ruhmöller (Bürgermeister a.D. der Stadt Ahlen) und Kai Schüttler (Illustrator)

Vier Bücher – vier Beispiele, die sich der Aufgabe stellen, Aspekte und Fragestellungen der Integration in einer Gesellschaft zu lernen und leben, die nicht mehr einseitig durch heimatliche Lebensmuster bestimmt ist, sondern in einer mobilen und globalen Welt auch von anderen Völkern, Sprachen, Religionen, Sitten und Lebensbräuchen beeinflusst und bereichert wird. Integration setzt daher ein friedliches Zusammenleben voraus und erfährt darin ihre Sinnerfüllung. Sie ist damit eine wesentliche Grundlage für eine gedeihliche Existenz von Völkern und Staaten und für die Sicherung des Friedens in der Weltgemeinschaft. Gerade international tätige zivilgesellschaftliche Partnerorganisationen sind in diesem Zusammenhang ein unverzichtbarer Faktor.

# Ehrenmitglieder und Vorstand der DTG Münster von 1916 e.V.

## Ehrenmitglieder der Deutsch-Türkischen Gesellschaft Münster und Bonn,
von 1956 – 1988 durch Fusion verbunden

**Ehrenpräsidenten:**

Prof. Dr. Hubert Grimme (Ehrenvorsitzender seit 1916, + 1942)

Prof. Dr. Rosenfeld (Vorsitzender 1918–1922)

Prof. Dr. Franz Taeschner (Präsident 1922–1963)

Prof. Dr. Ludwig Budde (1913-2007), Geschäftsführer 1945–1963; Präsident 1963–1993, seit 1993 Ehrenpräsident

Prof. Dr. Fritz Baade (1893–1974), Mitbegründer und Vorsitzender der DTG Bonn 1953/54–1974, Ehrenpräsident 1974

Prof. Dr. Hans Wilbrandt (1903–1988), Vorsitzender 1974–1986, Ehrenpräsident 1986

Prof. Dr. Paul Leidinger, Warendorf, Präsident 1996 - 2018, Ehrenpräsident 2018

**Ehrenmitglieder:**

Bundeskanzler Dr. Konrad Adenauer (1876–1967), Ehrenmitglied 1954

Prof. Dr. Ernst Jäckh (1875–1959), Gründer der Deutsch-Türkischen Vereinigung Berlin 1914, Ehrenmitglied 1955

Vahit Halefoglu, Außenminister der Türkei

Bundestagspräsident Kai Uwe von Hassel, Ehrenmitglied 1988 (+ 1997)

Botschafter Dr. Onur Oymen, Türkei

Frau Sevil Özertan, Münster (Vorstandsmitglied der DTG Münster)

Botschafter a.D. Dr. habil. Ekkehard Eickhoff, Bonn

Botschafter Duray Polat, Sudan

Generalkonsul Günes Altan, Münster

Kulturattachée Nuran Duman, Istanbul (1996–2002: 1. Vizepräsidentin der DTG Münster)

Prof. em. Dr. Karl Hecker (Präsident 1993–1996), dann Beiratsmitglied, 2013 Ehrenmitglied (+ 2017)

Dr. Dr. h.c. Gülsin Onay, Pianistin und Türkische Staatskünstlerin, London (2016)

Ehrenmitglieder und Vorstand der DTG Münster von 1916 e.V.

## VORSTAND der DTG Münster im 100. Jubiläumsjahr 2016

Präsident: Prof. Dr. Paul Leidinger, Warendorf (seit 09. 02. 1996)
1. Vizepräsident: Veli Firtina (seit 2014), Warendorf,
Präsident der DITIB, Region Münster-Detmold
2. Vizepräsident: Ltd.RSD a.D. Dr. Ulrich Hillebrand, Münster
(seit 2002, vordem seit 1986 im Vorstand)
Schriftführung: Dr. Durdu Legler, Münster
Schatzmeister: Dr. Özcan Celik, Münster

**Beirat**
Halit Celebi, Ahlen
Nevzat Deveci, Beckum
Dr. Oliver Ernst M.A., Referent der KAS für Nah-Ost, Berlin
Franz Katzer, Beckum
Murat Korkmaz, Jurist, Emsdetten (2004–2008 Schatzmeister, 2008–2014
    Vizepräsident)
Filiz Oruc-Uzun, Ass. jur., Ministerium für Schule und Weiterbildung NRW
    (von 2008–2012 Schatzmeisterin, vordem seit 2007 Vorsitzende des TSVM)
Sahra Sahin, Münster
Prof. Dr. Elmar Schwertheim, Münster
Prof. Dr. Klaus Zimmermann, Münster

---

**Kooptiert** (gemäß Satzung §8): der/die jeweilige türkische Generalkonsul/in in Münster, derzeit Generalkonsulin Pinar Kayseri

*Logo der DTG Münster seit 1986*

Ehrenmitglieder und Vorstand der DTG Münster von 1916 e.V.

## Vorstand und Beirat der DTG Münster im Jahre 2020

| | |
|---|---|
| Präsident: | Ltd. RSD a D. Dr. Ulrich Hillebrand, Münster (Vizepräsident 2002–2018; im Vorstand seit 1986) |
| Vizepräsident: | Veli Firtina, Warendorf |
| Schriftführung: | Dr. Durdu Legler, Münster |
| Schatzmeisterin: | Nurgül Duran, Greven |

**Beirat**
Nizamettin Barutcu, Münster
Dr. Özcan Celik, Recklinghausen
Nevzat Deveci, Beckum
Dr. Oliver Ernst, MA, Berlin
RBD a. D. Joachim Höpfner, Münster
ORR' Filiz Oruc-Uzun, Wesel
Sahra Sahin, Münster
Prof. Dr. Elmar Schwertheim, Münster
Prof. Dr. Klaus Zimmermann, Münster

---

**Kooptiert** (gemäß Satzung §8): Generalkonsul Ahmet Faik Davaz, Türkisches Generalkonsulat in Münster

## Autorinnen und Autoren

**Aytekin,** Christel, Künstlerin, Lemgo, Vorstand Künstlerinnenforum Ostwestfalen-Lippe, Mitglied im Bund bildender Künstler, Celle; Ausstellungen im In- und Ausland

**Backhaus,** Prof. Dr. Dr. h.c. Klaus, WWU, Betriebswirtschaftliches Institut für Anlagen und Systemtechnologien, Münster

**Bader,** Maximilian, WWU, Betriebswirtschaftliches Institut für Anlagen und Systemtechnologien, Münster

**Best,** Jennifer, Kulturanthropologin BA, freiberufliche Journalistin, Mitarbeiterin bei Radio Kaktus, Münster

**Carlsen,** Dr. Christina, WWU, Betriebswirtschaftliches Institut für Anlagen und Systemtechnologien, Münster

**Celik,** Dr. Özcan, Lehrer für Islamische Religionslehre und Türkisch, Münster und Gronau

**Demirel,** Molla, Medienpädagoge und Sozialarbeiter, Schriftsteller mit türkischen und deutschen Literaturpreisen, Träger der Nadel für ehrenamtliches Engagement der Stadt Münster

**Elsner,** Daniela, Mitarbeiterin des Bürgerhauses Bennohaus, Münster

**Galen,** Hans, Ltd. Museumsdirektor a.D. des Stadtmuseums Münster, Greven

**Grünbart,** Prof. Dr. Michael, WWU, Institut für Byzantinistik und Neogräzistik, Münster

**Hatscher,** Martin, Mitarbeiter im künstlerischen Bereich in den Freckenhorster Werkstätten, Ahlen

**Heinrich,** Türkan, Philologin, Projektkoordinatorin bei Radio Kaktus, Münster

**Heitkemper,** Thomas M., Konrektor i. R., lange Jahre Koordinator für Ausländerfragen, Leiter des Informations- und Medienzentrums für Ausländer und Spätaussiedler der Stadt, Münster

**Hillebrand,** Dr. Ulrich, Ltd. Regierungsschuldirektor a.D., Münster, langjähriger Fachkoordinator für Türkisch bei der Bezirksregierung Münster, Vizepräsident der DTG Münster

## Autorinnen und Autoren

**Hintersteiner,** Prof. Dr. Norbert, WWU, Institut für Missionswissenschaft und außereuropäische Theologien, Münster

**Hohberger,** Wiebke M.A., Doktorandin, Stipendiatin der Konrad-Adenauer- und der Mercator-Stiftung, Hamburg

**Jacob,** Dana, WWU, Leiterin des Internationalen Zentrums – Die Brücke, Münster

**Jäger,** Prof. Dr. Ralf-Martin, WWU, Institut für Musikwissenschaft, Münster

**Karidio,** Nina, WWU, International Office, Münster

**Kocaman,** Sevàl, Mitarbeiterin des Bürgerhauses Bennohaus, Münster

**Kreiser,** Prof. em. Dr. Klaus, ehemals Universität Bamberg, Berlin

**Kryszat,** Dr. Guido, Institut für Altertumswissenschaften, Altorientalische Philologie, Johannes Gutenberg Universität, Mainz

**Leidinger,** Prof. Dr. Paul, WWU, Institut für Didaktik der Geschichte; Präsident der DTG Münster, Warendorf

**Martin,** Dr. Katharina, WWU, Institut für Klassische Archäologie und Christliche Archäologie, Münster

**Metzler,** Prof. em. Dr. Dieter, WWU, Institut für Didaktik der Geschichte, Münster

**Möckelmann,** Reiner, Generalkonsul (in Istanbul) a.D., Berlin

**Nieswandt,** Dr. Heinz-Helge, WWU, Institut für Klassische Archäologie und Christliche Archäologie, Münster

**Oruc-Uzun,** Filiz, Juristin, Ministerium für Schule und Weiterbildung Nordrhein-Westfalen, Düsseldorf, Beirat der DTG Münster

**Pekridou,** Aikaterini, WWU, Institut für Missionswissenschaft und außereuropäische Theologien, Münster

**Rainer,** Dr. theol. Michael, Cheflektor des LIT Verlages, Münster, Vorsitzender des Vereins „Radio Kaktus" e.V., Münster

**Salzmann,** Prof. Dr. Dieter, WWU, Institut für Klassische Archäologie und Christliche Archäologie, Münster

**Schwertheim,** Prof. em. Dr. Elmar, WWU, ehemaliger Leiter der Forschungsstelle Asia Minor, Münster

**Seven,** Dr. Suayip, WWU, Wissenschaftlicher Mitarbeiter im Zentrum für Islamische Theologie, Münster

**Sommer,** Joachim, WWU, International Office, ehem. Leiter des internationalen Zentrums – „Die Brücke", Münster

**Strathaus,** Markus M.A., WWU, Forschungsstelle Asia Minor, Münster

**Wagner,** Dr. Jörg, Vorsitzender des Historisch-Archäologischen Freundeskreises Münster, Tübingen

**Whybrew,** Sebastian M.A., WWU, Forschungsstelle Asia Minor, Münster

**Weigel,** RA. Wolfgang, Vorsitzender der DTG Paderborn

**Zimmermann,** Prof. Dr. Klaus, WWU, Leiter der Forschungsstelle Asia Minor, Münster

**Worte – Werke – Utopien**
Thesen und Texte Münsterscher Gelehrter

Richard Toellner
**Medizingeschichte als Aufklärungswissenschaft**
Beiträge und Reden zur Geschichte, Theorie und Ethik der Medizin vom 16. –
21. Jahrhundert
Die Antworten auf Schillers Frage: „Was heißt und zu welchem Ende studiert man Universalgeschichte?" füllen ganze Bibliotheken. Die in diesem Band vorgelegten Aufsätze und Reden zu Stoffen und Themen der Medizingeschichte, der Theorie der Medizin und der Ethik in der Medizin vom 16. bis 20. Jahrhundert sind entstanden aus der Einsicht, daß die moderne Wissenschaft zur Schicksalsmacht unserer Welt geworden ist und Wissenschaftsgeschichte daher notwendig ist. Nur das Wissen um die historischen Bedingungen der Herkunft der Wissenschaft erhellt ihre Gegenwart, schafft Identifikation mit Wissenschaft und gibt Orientierung für ihre Zukunft.
Bd. 18, 2016, 706 S., 79,90 €, gb., ISBN 978-3-643-12813-3

LIT Verlag Berlin – Münster – Wien – Zürich – London
Auslieferung Deutschland / Österreich / Schweiz: siehe Impressumsseite

**Forschungen zur Geschichte des österreichischen Auswärtigen Dienstes**

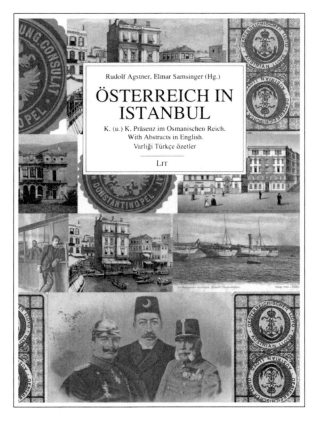

Rudolf Agstner; Elmar Samsinger (Hg.)
**Österreich in Istanbul**
K. (u.) K. Präsenz im Osmanischen Reich. With Abstracts in English. Varlığı Türkçe özetler
Diese Festschrift aus Anlass von „Istanbul 2010 – Europäische Kulturhauptstadt" beleuchtet die vielfältigen Beziehungen zwischen Österreich (-Ungarn) und Istanbul und lädt den LeserInnen zu einem Spaziergang auf k.u.k. Spuren durch die Metropole am Bosporus auf.
This Festschrift in honour of Istanbul 2010 – European Capital of Culture shines a light on the multifaceted relations between Austria (-Hungary) and Istanbul, inviting the reader to discover and trace the Imperial & Royal heritage in the metropolis on the Bosporus.
„Istanbul 2010 – Avrupa Kültür Başkenti" onuruna hazırlanan bu yayın, Avusturya (-Macaristan) ve Istanbul arasındaki çok yönlü iliskilere ısık tutarken okuyucularını Bogazdaki bu metropolde, Imparator ve Kraliyet izlerinde yürümeye davet ediyor.
Bd. 1, 2010, 400 S., 39,90 €, br., ISBN 978-3-643-50230-8

Elmar Samsinger (Hg.)
**Österreich in Istanbul II**
K. (u.) K. Präsenz im Osmanischen Reich. With Abstracts in English. Varlığı Türkçe özetler
Bd. 13, 2017, 540 S., 39,90 €, br., ISBN 978-3-643-50777-8

LIT Verlag Berlin – Münster – Wien – Zürich – London
Auslieferung Deutschland / Österreich / Schweiz: siehe Impressumsseite